临汾年鉴

LINFEN YEARBOOK

2023

中共临汾市委党史研究室
（临汾市地方志研究室） 编

方志出版社
Publishing House of Local Records

图书在版编目（CIP）数据

临汾年鉴. 2023 / 中共临汾市委党史研究室（临汾市地方志研究室）编. —北京：方志出版社，2023.12
ISBN 978-7-5144-6082-7

Ⅰ. ①临… Ⅱ. ①中… ②临… Ⅲ. ①临汾－2023－年鉴 Ⅳ. ①Z522.53

中国国家版本馆CIP数据核字（2023）第252734号

责任编辑：范静
责任校对：刘玉霞
责任印制：梅中英
出 版 者：方志出版社
地　　址：北京市朝阳区潘家园东里 9 号（国家方志馆 4 层）
邮　　编：100021
网　　址：http://www.zgfzcb.cn
发　　行：方志出版社图书营销中心（010-67110500）
印　　刷：山西德美文化产业发展有限公司
开　　本：889毫米×1194毫米　1/16
印　　张：26.5
字　　数：929千字
版　　次：2023年12月第1版
印　　次：2023年12月第1次印刷
定　　价：398.00元

《临汾年鉴（2023）》编纂委员会

《临汾年鉴（2023）》编纂人员

编 辑 说 明

一、《临汾年鉴》是由中共临汾市委领导、临汾市人民政府组织，中共临汾市委党史研究室、临汾市地方志研究室编纂的大型年度资料性文献，是临汾市本级唯一的地方综合年鉴。

二、《临汾年鉴（2023）》以马克思列宁主义、毛泽东思想、邓小平理论、“三个代表”重要思想、科学发展观、习近平新时代中国特色社会主义思想为指导，坚持辩证唯物主义和历史唯物主义的立场、观点和方法，求真存实，全面、客观、系统地记载2022年度临汾市自然、政治、经济、文化、社会和生态建设等各个领域的基本情况，反映年度重要事项与发展变化。

三、《临汾年鉴（2023）》记事断限自2022年1月1日至12月31日。个别条目内容上溯2022年以前，意在增强事物的完整性。

四、《临汾年鉴（2023）》采用分类编排法，设35个类目、223个分目、30个次分目、1645个条目，不同层次的标题用不同的字号、字体和辅助标志区别。全书共收录图8张、表72张、照片67张。

五、《临汾年鉴（2023）》在保持框架基本稳定的基础上，作了适当调整，增加了“应急管理”类目。将原来“临汾市人民政府”类目中的应急管理分目及消防救援、防灾减灾等内容调整至“应急管理”类目，设置了“综述”“安全监管”“消防救援”“防灾减灾”四个分目，做了更加详细、全面的记述。

六、《临汾年鉴（2023）》稿件均由市直各有关机关、部门、驻临单位和各县（市、区）政府组织专人撰写，并经各单位负责人审核。所有数据由于统计的来源、口径、方法、时间不同而有差异的，均以统计局提供的统计资料为准。

七、《临汾年鉴（2023）》数字用法、标点符号用法分别采用国家标准《出版物上数字用法》（GB/ T 15835—2011）、《标点符号用法》（GB/T 15834—2011）。计量单位采用国家技术监督局1993年12月发布的《量和单位》系列国家标准。

八、《临汾年鉴（2023）》采用的稿件，作者署名在文尾。除国家、省、市领导调研照片署名外，彩页图片拍摄时间均为2022年，标注有供图单位。有的稿件因作者不详，未作署名。

2022年9月8日，第二十二届中国国际投资贸易洽谈会在福建厦门开幕，临汾市作为山西省唯一的参展城市，被第二十二届中国国际投资贸易洽谈会组委会授予“中国投资热点城市”称号。

图为临汾彩虹桥　　闫锐鹏 / 摄

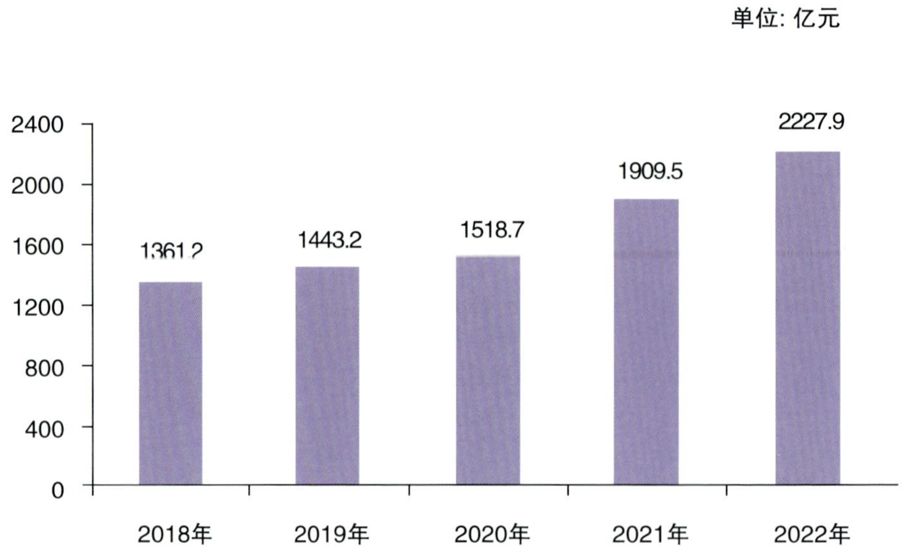

2018—2022年临汾市地区生产总值

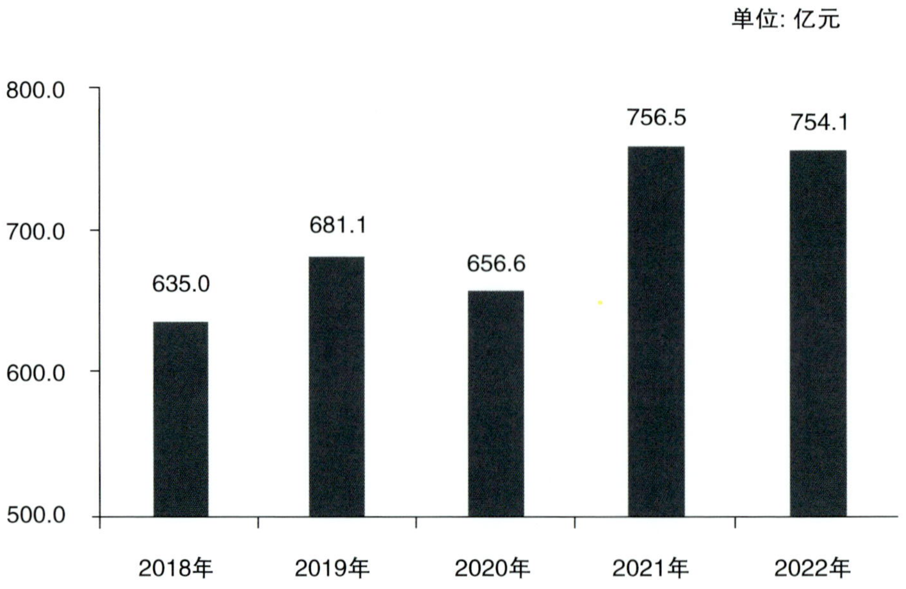

2018—2022年临汾市社会消费品零售总额

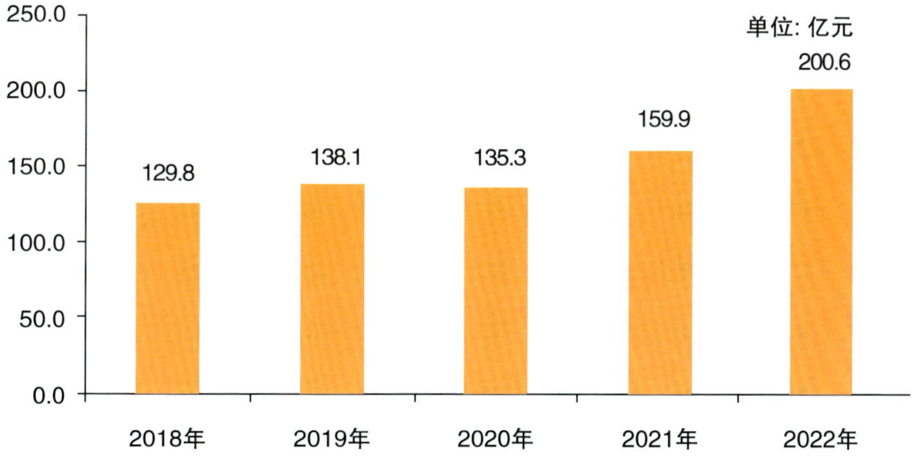

2018—2022年临汾市一般公共预算收入

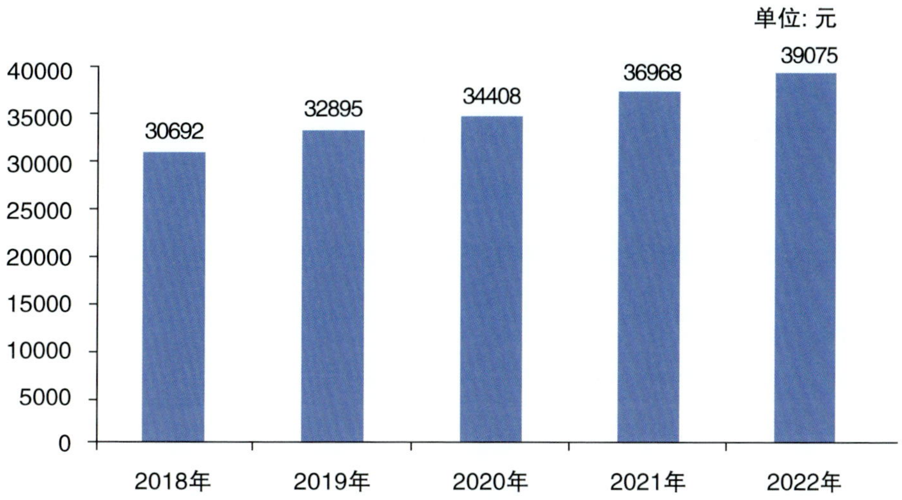

2018—2022年临汾市城镇常住居民人均可支配收入

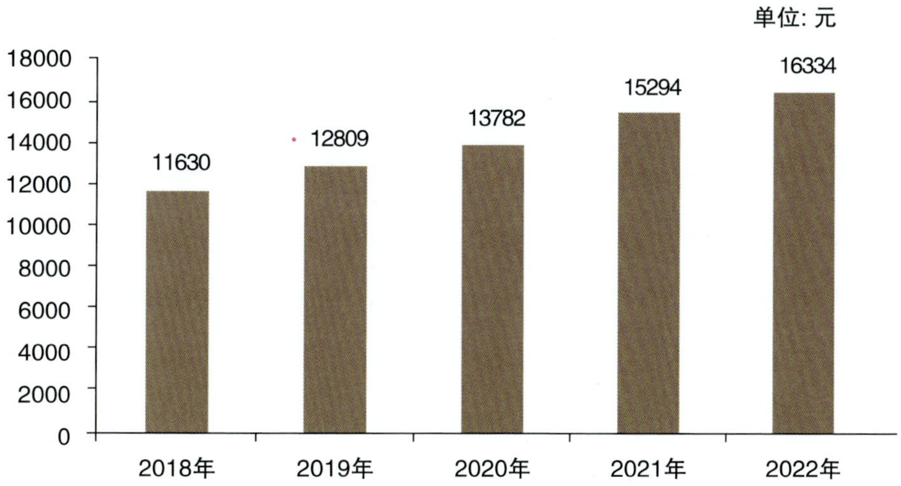

2018—2022年临汾市农村常住居民人均可支配收入

2022年9月17—19日，第三届大河文明旅游论坛世界旅游联盟·黄河对话暨首届黄河流域生态保护和高质量发展重要实验区峰会，在临汾市乡宁县云丘山景区举办。

1 图为中共山西省委副书记、省长蓝佛安在论坛开幕式上致辞

2 图为论坛开幕式

3 图为山西省领导、临汾市领导、世界旅游联盟领导与参会大使及大河流域代表现场共同汇沙

4 图为临汾市委书记闫晨曦（左）和克罗地亚驻华大使馆代办碧塞拉·法布里欧（右）在云丘山景区康家坪元谷农场“大使林”植树

5 图为第三届大河文明旅游论坛——世界旅游联盟·黄河对话

6 图为峰会上沿黄九省（区）生态环境厅领导汇水并共同发布《黄河流域生态环境保护倡议书》

（市文旅局供图）

游论坛——世界旅游联盟·黄河对话
ivilization and Tourism—World Tourism Alliance · Yellow River Dialogue
China 2022.9

3

No.04

4

圆桌对话
PANEL DISCUSSION
主题：河·和·合——河流生态保护与美好生活
第三届大河文明旅游论坛——世界旅游联盟·黄河对话

5

沿黄九省（区）黄河流域生态环境保护
倡议书

6

1 2022年7月8日，五一路快速通道工程体育街至滨河东路开通

2 2022年9月15日，河汾一路（一期）跨铁路立交桥正式通车

3 2022年5月1日，临汾市动物园开园，园内有各类稀有动物50余种、900余头（只）。图为动物园全貌

4 2022年5月，临汾市环境产业园项目一期工程投入运行

（市住建局供图）

1 2022年6月，临汾市农村道路交通安全分级分类管理工作被公安部交管局在全国推广。图为工作人员在张贴海报

2 2022年5月30日，全市公安机关加强新时代公安派出所工作暨派出所警务机制改革现场推进会召开

3 2022年7月，临汾市交警支队自主研发的“交通安全在线教育小程序”，获得公安部、中华全国总工会联合组织的2022年“智慧公安我先行”全国公安基层技术革新三等奖

4 2022年7月8日，临汾市公安局在鼓楼广场举行《反有组织犯罪法》宣传贯彻活动启动仪式

（市公安局供图）

1 2022年5月23日，临汾市中级人民法院开展“严厉打击养老诈骗，维护老年人合法权益”法治宣传活动

2 2022年5月20日，临汾市妇女儿童权益保护工作站（家事审判庭示范站）在临汾市中级人民法院揭牌成立

3 2022年6月29日，临汾市首个优化营商环境人民法庭安泽法院唐城法庭揭牌

4 2022年5月31日，临汾市知识产权保护示范基地揭牌

（市人民法院供图）

1 2022年9月28日，安泽县稻蟹鱼绿色智慧循环农业园喜获丰收

2 2022年，隰县特色农业玉露香梨

3 2022年，乡宁县西坡镇花椒喜获丰收

4 2022年，全国建成首套隰县玉露香梨“呵福式”智能化单通道分拣线、托盘式苹果智能分选流水线

5 2022年，曲沃县无人机植保作业

6 2022年，永和县在黄河岸畔开展农业生产托管服务

7 2022年6月，安泽县冀氏镇王村原生态椴木木耳丰收

8 2022年，古县高山冷凉豆角特色产业

（各县党史方志研究室供图）

5

6

7

8

2022年9月23—27日，2022第四届尧都文化旅游节举办。旅游节以“寻根尧祖·德耀中华”为主题，推出尧文化与黄河文明摄影展、文明探源陶寺行等活动。该活动的举办对于传承和弘扬尧文化，促进文化交流、民间交往、商业交互，进而带动临汾市文旅产业高质量发展具有重要意义。

1 图为开幕式

2 图为启动仪式

3 图为文艺表演

4 图为启动仪式大合影

（市文化和旅游局供图）

目　　录

临汾市人民政府

政协临汾市委员会

临汾市纪律检查委员会
临汾市监察委员会

民主党派

群众团体

经济管理

体　育

社会生活

应急管理

经济开发区

附 录

索 引

CONTENTS

Special Report

Chronicle of Major Events

General Introduction of Linfen City

Linfen City Committee of the CPC

Linfen City People's Congress

Linfen City People's Government

Linfen City's Committee of CPPCC

Linfen Municipal Commission for Discipline Inspection&Linfen Municipal Supervision Commission

Other Political Parties

Mass Organizations

Legal System

Military

Economic Administration

Agriculture and Rural Work

Industry

Business Services

Information Service Industry

Transportation

Finance

Urban Rural Construction and Management

Ecological Environment

Education

Science and Technology

Culture

Tourism

Mass Media

Medical Treatment and Public Health

Physical Education

Social Life

Emergency Management

Characters and Awards

Counties (Districts)

Economic Development Zone

Appendices

Index

特　载

习近平春节前夕赴山西看望慰问基层干部群众

向全国各族人民致以美好的新春祝福 祝各族人民幸福安康祝伟大祖国繁荣富强

新华社太原1月27日电　中华民族传统节日春节即将到来之际，中共中央总书记、国家主席、中央军委主席习近平来到山西，看望慰问基层干部群众，向全国各族人民、向港澳台同胞和海外侨胞致以美好的新春祝福，祝福大家身体健康、工作顺利、阖家幸福、虎年吉祥！祝愿伟大祖国山河锦绣、风调雨顺、国泰民安、繁荣富强！

1月26日至27日，习近平在山西省委书记林武和省长蓝佛安陪同下，来到临汾、晋中等地，深入农村、文物保护单位、企业等考察调研，给基层干部群众送去党中央的关心和慰问。

26日下午，习近平冒雪来到临汾市考察调研。去年10月，山西出现有气象记录以来最强秋汛，全省11市受灾。霍州市师庄乡冯南垣村是临汾市农房受损较为严重的村庄之一，习近平专程来到这里看望慰问受灾群众。他听取了山西灾后恢复重建、秋冬补种、确保群众安全温暖过冬、加强防灾减灾和应急体系建设等情况汇报，随后来到受灾村民师红兵家中看望。

师红兵家4间窑洞去年因强降雨全部倒塌，在政府补助和各方援助下重建了2间装配式住房，目前全家已经入住。习近平仔细察看院落、住房。看到师红兵一家正在做年馍，习近平加入进来，捏了一个枣花，并为面团点上红枣。欢声笑语中，一个个年馍制作出来，格外喜庆。

习近平同师红兵一家老小坐下来拉家常，亲切询问他们重建住房质量好不好、年货置办齐了没有、还有什么困难。师红兵告诉总书记，这房子又结实又暖和，一家人可以踏踏实实过年了，衷心感谢党和政府。习近平指出，我一直牵挂着灾区群众，今天到山西第一站就来到这里，是要实地看一看灾后恢复重建情况。看到村容村貌干净整洁，生产生活秩序得到恢复，重建修缮的房屋安全暖和，家家都在忙年，年货备得也很齐全，庄稼地里孕育着生机，我感到很欣慰。乡亲们在生产生活上还有什么困难，党和政府要继续帮助解决。要统筹灾后恢复重建和乡村振兴，加强流域综合治理，补齐防灾基础设施短板，提升防灾减灾救灾能力，带领人民群众用勤劳双手重建美好家园，用不懈奋斗创造幸福生活。

离开村子时，村民们高声向总书记问好。习近平给乡亲们拜年，希望大家以生龙活虎、龙腾虎跃的干劲把日子过得越来越好。

随后，习近平乘车来到汾西县僧念镇段村，考察当地巩固拓展脱贫攻坚成果、接续推进乡村振兴、加强基层党建等情况。在便民服务中心，村干部向习近平介绍了他们开展为民服务、提升基层治理水平、防止返贫动态监测和帮扶等做法。在村民蔡文明家中，习近平一一察看厨房、卧室和羊圈，详细询问家庭收入多少、生活怎么样。听说一家人2016年底脱贫后，如今靠养羊、外出务工日子越过越红火，习近平十分高兴。他指出，让人民群众过上幸福生活，是我们党百年来的执着追求，我们要不忘初心、牢记使命，一代接着一代干。

村文化广场上十分热闹，村民们打起威风锣鼓、扭起秧歌欢庆佳节。看到总书记来了，人们高兴地欢呼起来。习近平对乡亲们说，我们党的根本宗旨就是为人民群众办好事，为人民群众幸福生活拼搏、奉献、服务。我们如期打赢了脱贫攻坚战，如期实现了全面建成小康社会目标，现在踏上了全面建设社会主义现代化国家新征程。建设现代化国家离不开农业农村现代化，要继续巩固脱贫攻坚成果，扎实推进乡村振兴，让群众生活更上一层楼，在推进农业农村现代化中越走越有奔头。

（节选自《新华每日电讯》2022年1月28日）

大事记

1月

1日　尧都区跨涝河大桥、洰河大桥及尧贤街南北延道路工程完成建设任务，竣工通车。通车仪式在洰河大桥举行。

5日　临汾市政府安委会印发《全市安全生产领域风险隐患大排查大整治“百日攻坚”集中行动实施方案》，从即日起至2022年3月底，全市开展安全生产领域风险隐患大排查大整治“百日攻坚”集中行动。

同日　临汾红丝带学校中国科学院微小卫星创新研究院科普基地揭牌。

7日　临汾市政协主席张建平，市委常委、宣传部部长闫建国，市政协副主席贾二元到市图书馆参观山西省书法（楹联）大赛作品巡展暨“我们的新时代”临汾市2022年迎春书画展。

9日　中国共产党临汾市第五届委员会第二次全体会议暨市委经济工作会议召开。会议审议通过《中共临汾市委全会工作规则》。市委书记闫晨曦对做好2022年经济工作作出部署。市委副书记、市长李云峰就2022年经济工作作出具体安排。

10日　中共临汾市委召开县（市、区）委书记、直属党（工）委书记抓基层党建工作述职评议会。

11日　临汾市召开党史学习教育总结会议。市委书记、市委党史学习教育领导小组组长闫晨曦出席并讲话。市委副书记、市长李云峰主持会议。

13日　临汾市政府与中国华电集团有限公司签订战略合作协议，加快蒲县抽水蓄能项目、隰县百万千瓦清洁能源基地项目建设。市委副书记、市长李云峰，市委常委、副市长崔元斌，华电集团山西能源有限公司董事长徐建伟、副总经理刘少龙出席签约仪式。

14日　山西省副省长张复明在临汾市督导检查文旅市场安全生产工作。

15日　山西省煺焦工艺升级改造启动仪式在晋南钢铁集团举行。

20日　临汾市政府与国家能源集团山西分公司霍州电厂长输供热项目战略合作协议签约仪式在市电子政务中心举行。市委常委、常务副市长王渊，国家能源集团山西分公司副总经理朱伟等参加。签约项目为霍州—洪洞—尧都乏汽长输供热项目，即利用霍州电厂余热及抽汽供热，采用大温差长输技术和储热技术，通过建设霍州电厂—洪洞—尧都供热管线，为市区、洪洞县城区及赵城镇、甘亭镇等沿途村镇提供热源，总供热面积3000万平方米。

同日　临汾市区五一路与鼓楼南大街路口南北向通车。

同日　临汾市自媒体座谈会召开。市委常委、宣传部部长闫建国出席会议并讲话。会议宣读《共建网络文明倡议书》。

22日　2022年“临汾优选”网上年货节直播活动启动仪式在临汾原产地商品体验店举行，副市长张潞萍出席并讲话。

30日　由临汾市委宣传部主办，市文化和旅游局、凤凰网山西承办的“最早中国·春节精彩发布”活动在市图书馆举办。市委常委、宣传部部长闫建国，副市长王云出席。活动现场发布《回家！熊召政老师开讲啦！》《回家！过年！》《好听！回家！》3部新片，讲述临汾故事。

2月

8日　中共临汾市纪委五届二次全体会议召开，市委书记闫晨曦出席会议并讲话。

同日　中国共产党临汾市第五届纪律检查委员会第二次全体会议举行。全会审议通过杨红梅代表市纪委常委会所作的《以全面建设清廉临汾为引领 推动纪检监察工作提质增效 为我市全方位高质量发展提供坚强保障》工作报告。

11日 临汾市委人才工作会议召开。市委书记闫晨曦出席会议并讲话。市委副书记、市长李云峰主持会议。会上宣读命名第三届市委联系的高级专家的决定、为10名突出贡献高级专家颁发证书，表彰国家级专精特新“小巨人”企业、“市级人才工作基地”，发布2022年全市重点人才项目。

15日 临汾市委书记闫晨曦主持召开市委专题会议，研究《临汾市中心城区城市建设与更新三年行动计划》《汾河湾会客厅城市设计方案》编制工作。

同日 “喜迎二十大 奋进新临汾”临汾市2022年元宵合唱音乐会在临汾大剧院上演，在线上同步现场直播。

19—22日 临汾市政协五届一次会议召开。

20—23日 临汾市五届人大一次会议召开。

24日 中国共产党临汾市第五届委员会第四次全体会议召开。全会由市委常委会主持。市委书记闫晨曦讲话。全会审议通过《中共临汾市委关于落实〈中共山西省委关于全面贯彻落实习近平总书记考察调研山西重要指示精神的实施意见〉的实施方案》。

26日 临汾市与山西省同步举行开发区2022年第一次“三个一批”活动。开发区2022年第一次“三个一批”活动以视频连线方式与太原主会场同步举行，临汾市分会场设在临汾经济开发区智能制造产业园标准化厂房内。市委书记闫晨曦出席，市委副书记、市长李云峰主持临汾分会场签约仪式。此次开发区、产业集聚区“签约一批”项目共33个，总投资354.7亿元。签约仪式后，闫晨曦、李云峰等领导实地观摩临汾经济开发区烯炭复合动力锂电池生产项目“临汾烯谷能源”生产线，出席临汾经济开发区科创产业园开工奠基仪式。

同日 临汾市宣传部长会议召开，市委常委、宣传部部长闫建国出席会议并讲话。

3月

11日 市政府举行全市项目建设年动员部署大会暨集中开复工活动。市委书记闫晨曦出席并讲话。

13日 侯马市举行2022年第一批重点项目集中开工仪式，总投资65.03亿元的27个重点项目同时开工。

15日 临汾市委常委、宣传部部长闫建国主持召开全市网络环境专项整治工作汇报会，督促工作任务落实。

17日 临汾市委农村工作会议暨农村集体经济壮大提质行动推进大会召开。市委书记闫晨曦出席会议并讲话。市委副书记、市长李云峰主持会议。市委副书记、洪洞县委书记黄巍就推进全市“特”“优”农业产业高质量发展进行安排部署。市委常委、组织部部长郝献民就全市农村集体经济壮大提质行动进行安排部署。副市长张潞萍传达中央、省委农村工作会议精神，安排部署2022年全市农业农村重点工作。

同日 临汾市农村集体经济发展（集团）有限责任公司在临汾经济开发区揭牌。

18日 临汾市委常委会召开扩大会议，传达学习习近平总书记在全国两会期间重要讲话精神和全国两会精神，研究临汾市贯彻落实意见。市委书记闫晨曦主持会议并讲话。

20日 临汾市在临汾西站举行2022年上半年新兵欢送仪式。

21日 临汾市委书记闫晨曦主持召开市委书记专题会议，听取五届市委第一轮巡察情况汇报，研判分析巡察发现问题，明确提出处置意见，严密部署巡察整改工作，对市委第二轮巡察工作进行研究。

23日 临汾市抓党建促基层治理能力提升动员暨培训会议召开。

24日 临汾市乡村振兴示范创建项目现场观摩推进会在襄汾县召开，副市长张潞萍出席并讲话。

29日 临汾五届市委第二轮巡察工作动员部署会召开。

29—30日 由应急管理部安全生产综合协调司原副司长赵瑞华带队的国务院安委会督导组，在临汾市督导调研建筑施工安全工作。

31日 临汾市政府新闻办公室召开“最美退役军人”“最美双拥人物”“最美军嫂”学习宣传活动新闻发布会。市退役军人事务局党组书记、局长熊伟星，临汾军分区政治工作处主任郭冬旭，市妇联二级调研员杨清凤，市退役军人事务局党组成员、副局长李晓燕，“最美退役军人”代表亢军，“最美双拥人物”代表苏明科，“最美军嫂”代表牛冬梅介绍选树活动情况并回答记者提问。发布会由市委宣传部副部长樊如荣主持。

同日 临汾一中第一附属学校新校区启用，500余名师生入驻并举行升国旗仪式。临汾一中第一附属学校新校区位于河西片区左义南村，占地95.7亩，总投资2.89亿元，可同时容纳2500余名学生就读，2021年完成首批招生，是一所高标准优质九年一贯制学校。

4月

1日 临汾市“争先、进位、崛起”解放思想大讨论总结交流会召开。市委书记闫晨曦出席并讲话。市委副书记、市长李云峰主持会议。

19日 洪洞1000兆瓦光伏发电及光伏支架专业化生产基地项目签约仪式举行。

21—22日 临汾市五届人大常委会召开第一次会议，市委书记闫晨曦出席并讲话。

25—26日 临汾市政协五届一次常委会议召开。

29日 临汾市统筹疫情防控与经济社会发展工作会议召开。市委书记闫晨曦主持会议并讲话。

5月

7日 临汾市巩固拓展脱贫攻坚成果同乡村振兴有效衔接考核评估发现问题整改动员部署会召开。市委书记闫晨曦出席会议并讲话。

9日 临汾市项目推进中心挂牌。市委常委、副市长崔元斌出席挂牌仪式并召开工作座谈会。

13日 临汾市举行支援长春核酸检测应急队和支援太原医疗队欢迎仪式，迎接逆行归来的113位白衣战士。

16日 临汾市召开学习贯彻习近平总书记在庆祝中国共产主义青年团成立100周年大会上的重要讲话精神座谈会。市委书记闫晨曦出席会议并讲话。

17日 临汾市在临汾烈士陵园举行临汾解放74周年纪念活动。市四套班子领导，临汾军分区政委，陆军航空兵学院驻临汾某部、武警支队以及尧都区副县级以上领导干部出席纪念活动。

27日 临汾市委书记闫晨曦，市委副书记、市长李云峰等市领导在市第二小学、尧都区第一幼儿园看望小朋友，代表市委、市政府向全市少年儿童致以节日的问候，向为全市少年儿童事业发展付出辛勤努力的教师、少儿工作者和社会各界人士表示感谢。

同日 由临汾市委宣传部指导、市体育局主办的“喜迎二十大·奋进新征程”2022年全市群众文化活动体育项目比赛启动。

28日 “悦享临汾·回家有礼”文旅惠民活动——“文旅惠民一卡通”首发。副市长王云出席首发仪式。

29日 “悦享临汾·回家有礼”临汾市“文旅惠民天使卡”发放仪式启动。市委常委、宣传部部长闫建国，副市长王云出席发放仪式，向在场的24名医务工作者代表发放“文旅惠民天使卡”。

30日 由临汾市人民医院、市中心医院、市第三人民医院的191名医务人员组成的支援上海医疗队完成任务返回临汾，临汾市在机场举行欢迎仪式。

6月

1—3日 在临汾原产地商品体验店，17个县（市、区）通过线上线下结合、网红、干部直播推介的方式举办“临汾优选”端午直播带游带货活动。全市通过线上线下销售农副产品46.8万单，销售金额18479.56万元。

10日 农业农村部农业机械化管理司司长冀名峰一行在临汾市调研指导“三夏”小麦机收工作。

同日 临汾市举行“我为群众办实事·医疗人才下基层”暨第三届“千名医生进万家”活动启动仪式。

12日 临汾市在永和县召开农村集体经济壮大提质现场推进会。市委书记闫晨曦出席并讲话。

13日 2022年“悦享临汾·回家有礼”惠民购车消费券发放活动启动仪式在临汾市盛特龙汽车销售服务有限公司举行。汽车消费券发放时间从6月15日开始，通过云闪付支付平台每半月发放一次，每轮有效期15天，参与商户主要面向全市限上汽车销售企业，分燃油车和新能源车两种，其中燃油车补贴2000~5000元，新能源车补贴3000~6000元。

同日 山西省人大常委会“三晋人大代表采风行”临汾活动启动，来自中央驻晋、省、市18家媒体的记者参加启动仪式。

13—15日 山西省委副书记、省长、省总河长蓝佛安在临汾市调研黄河流域生态保护和高质量发展工作。

14日 山西省2022年度“情暖老兵”慈善精准帮扶活动在洪洞县启动。活动是由省慈善总会和省退役军人事务厅联合发起的大型慈善活动，对洪洞县、文水县、陵川县、临猗县、壶关县5个县的困难退役军人集中进行精准帮扶。

15日 临汾市“三晋执行利剑”集中发放执行案款活动仪式在市中级人民法院举行。全市两级法院预发放执行案款196笔、金额1.26亿元；对有困难的申请人司法救助37案39人，救助金额134.47万元。

16日 临汾市防汛抢险应急演练在襄汾县举行。

16—18日 山西日报社喜迎党的二十大报道研讨会暨2022年记者年会在洪洞县举行。

18日　临汾市委书记闫晨曦与中国工程院院士、太原理工大学原校长黄庆学举行工作会谈，就进一步深化合作深入交流。

同日　由农业农村部全国农技推广中心组织的11位专家，在翼城县唐兴镇古城村小麦高产高效技术示范基地对山西农业大学“耕播优化水肥精量绿色高产栽培技术”示范田进行现场实打实收测产，见证山西省小麦亩产855.13公斤最新纪录的诞生。

22日　临汾市与山西省同步举行开发区2022年第二次“三个一批”活动。活动以视频连线方式举行，临汾市分会场设在襄汾经济技术开发区高端装备制造产业园通用标准化厂房内。市委书记闫晨曦在临汾市分会场向省委、省政府汇报全市开发区“三个一批”活动情况。全市开发区（产业集聚区）“签约一批”项目23个，总投资101.84亿元；“开工一批”项目15个，总投资29.45亿元；“投产一批”项目14个，总投资55.34亿元。签约仪式后，闫晨曦、李云峰等领导实地观摩襄汾经济技术开发区智能监测型绝热管道制造项目生产线，出席襄汾经济技术开发区云鹏新医药项目开工奠基仪式。

26日　由临汾市科技局、临汾经济开发区管委会联合举办的2022年“清控杯”首届临汾市创新创业大赛在尧都区举行。

27—28日　山西省副省长刘旸在临汾市调研交通、医保和供销工作。

29日　根据王光烈士真实事迹改编的革命历史题材电影《红光》在太原市保利国际影城举行首映礼。

30日　临汾市举行庆祝建党101周年“同心向党·抗疫有我”主题文艺晚会，弘扬伟大建党精神，讴歌伟大抗疫精神，献礼中国共产党101岁华诞。市党政军领导闫晨曦、黄巍、袁振旭、郝忠祥、郭行杰、闫建国、刘海洋、王金珍、薛凤奎、王云、张潞萍、乔飞鸿、王金龙、张瑞萍与社会各界群众一同观看晚会。市委常委、宣传部部长闫建国致辞。

7月

1日　临汾市委书记闫晨曦率领市委常委班子和市人大、市政协主要领导到霍州市、汾西县，开展“牢记领袖嘱托、践行初心使命”“七一”主题活动，召开贯彻落实习近平总书记考察调研山西重要指示精神推进会。市委副书记、市长李云峰出席并主持会议。

3日　“魅力临汾·青啤之夜”2022年临汾市首届青岛啤酒节在华门景区开幕。

5日　临汾市广场文化消夏月活动在市区九州广场启动，2022年广场文化消夏月的第一场文艺演出是“清廉临汾”专场。

7日　“巍巍如天——陶寺遗址考古成果精华展”在浙江省杭州市良渚博物院开展。

同日　2022年全国青少年射击锦标赛（飞碟项目）在临汾射击运动基地鸣枪开赛。比赛为期4天，由国家体育总局射击射箭运动管理中心、中国射击协会、山西省体育局、临汾市人民政府主办，全国各省市的103名运动员参赛。

8日　临汾市区五一路快速通道工程体育街至滨河东路段开通。五一路快速通道工程作为“核心内环”的一项重要节点工程，西起滨河东路，东至脸谱桥，全长3885米，红线宽55米，其中主路标准段采用双向四车道连续流，全线不受信号灯限制，主路设计车速60千米/小时，地面辅路标准段双向四车道，设计车速40千米/小时。工程总投资8.77亿元，分三段同步推进实施：西段从滨河东路到银河路，长度960米，包含滨河东路Y形立交桥和上跨中大街高架桥；中段从银河路到体育街，长度1000米，主路采用下穿方式通过鼓楼南大街；东段从体育街到脸谱桥，长度1925米，主路采用高架桥上跨平阳南街和迎春街与脸谱桥相接。

12日　临汾市举行“政银携手助力项目建设服务实体经济系列活动”工行首站启动仪式。

13—14日　以全国人大民族委员会副主任委员丹珠昂奔为组长的全国人大民族委员会调研组在临汾市调研考察。

15日　临汾市乡镇（街道）综合行政执法人员集中培训暨岗位练兵活动启动仪式在尧都区举行。市领导向尧都区24支乡镇（街道）综合行政执法队授旗。

同日　黄河壶口瀑布旅游区（陕西省延安市·山西省临汾市）晋升国家AAAAA级旅游景区。

同日　应急管理部救灾和物资保障司司长李晓东在临汾市督导调研防汛、应急救灾和物资保障工作。

18日　“全国医疗器械安全宣传周”山西启动仪式在临汾市举行。

20日　临汾市“博士专家企业行”走访调研活动启动。

28日　临汾市开展沿黄板块项目建设和抓党建促基层治理能力提升专项行动集中观摩，观摩后召开总结会暨市委财经委第十五次会议，市委书记闫晨曦出席并讲话，市委副书记、市长李云峰主持。

29日 临汾市全国公安系统英雄模范立功集体代表和全国信访系统临汾“两先六优”人员座谈会召开。

8月

2日 五届临汾市委第三轮巡察动员部署会议召开，会议贯彻落实中央和省委、市委关于巡视巡察工作的决策部署，对五届市委第三轮巡察工作动员部署。

同日 山西省深化医改提质增效工程调度暨推动公立医院高质量发展培训会在临汾市人民医院举行。

3日 襄汾县聚仙饭店“8·29”重大坍塌事故防范和整改措施落实情况汇报会在临汾市召开。会议宣读《山西省人民政府关于临汾市襄汾县聚仙饭店“8·29”重大坍塌事故调查报告的批复》；临汾市汇报襄汾县聚仙饭店“8·29”重大坍塌事故调查处理整改措施落实情况。

4日 山西省妇联和省妇儿基金会在临汾市开展“关爱她·幸福启航”女性健康公益保险金及三晋抗洪灾后重建困难家庭帮扶款发放活动，就乡村振兴巾帼行动妇女创业就业进行调研指导。

6日 由山西省老龄事业发展中心、省医学会联合组织的“2022年老年健康促进行动暨省医学会疼痛学专业委员会‘星火燎原工程’临汾站大型健康义诊活动”在市人民医院门诊大厅启动，全省各地70余名疼痛医学学科专家，在临汾市10个县（市、区）的13个义诊点同步开展义诊。

8日 临汾市党史方志工作暨《临汾市扶贫志》《临汾市全面小康志》编纂工程启动大会召开。会议通报表扬近五年来全市党史和地方志工作成绩突出的单位、个人及优秀成果，下发《〈临汾市扶贫志〉〈临汾市全面小康志〉编纂工作方案》《篇目大纲及资料提供任务分解方案》以及相关说明，下发《关于充实调整我市党史方志专家库成员的通知》，为党史方志专家库成员颁发证书。

同日 2022年临汾市“全民健身日”系列活动启动仪式在市体育场灯光篮球场举行。

10日 山西省考古工作服务项目建设推进会在侯马市召开。

11日 山西省促进氢能产业链发展融资洽谈签约会在曲沃县举行，签约11个项目，融资授信总额近70亿元。

同日 临汾市政府与农行山西分行签署金融服务县域经济全面发展“双百”目标战略合作协议。

14日 “黄河峰会·大河论坛”系列预热活动之“著名诗人颂黄河”采风朗诵活动在永和黄河乾坤湾景区开幕。活动由“黄河峰会·大河论坛”活动组委会、中国诗歌学会主办，临汾市文化和旅游局、永和县委宣传部、永和县文化和旅游局、吉县县委宣传部、吉县文化和旅游局、乡宁县委宣传部、乡宁县文化和旅游局承办。

15日 华翔（洪洞）智能科技产业园一期项目暨新能源科技有限公司光伏支架项目竣工投产仪式在洪洞经济技术开发区秦壁园区举行。项目总投资20亿元，年产精密铸件15万吨，机加工件2亿件，泵浦组装1800万套。

16日 临汾市学习贯彻习近平总书记在省部级主要领导干部专题研讨班上的重要讲话精神理论骨干示范培训班开班，各县（市、区）委宣传部、临汾经济开发区党工委、市直工委、市教育工委、市国资委党委分管负责人参加培训。

16—17日 山西省副省长刘旸在临汾市督导检查安全生产工作。

18日 临汾市创建省级文明城市“百日攻坚”誓师大会在尧都区举行。市委书记、市创建省级文明城市领导小组组长闫晨曦出席并讲话。市委副书记、市长、市创建省级文明城市领导小组组长李云峰主持。市委常委、宣传部部长、市创建省级文明城市领导小组副组长兼办公室主任闫建国宣读《临汾市创建省级文明城市倡议书》。

同日 临汾市委副书记、市长李云峰与中国工程院院士、中星微电子集团首席科学家邓中翰一行举行工作会谈。

同日 2022年山西省群众文化活动锣鼓大赛在霍州举行，全省8个市16支锣鼓代表队同台竞技。

22日 临汾市举行晋南国际农产品物流园水果交易区开业暨枣林路（五一东街—南外环街）竣工通车仪式。

29日 交通运输部公交都市验收专家组对临汾市公交都市创建工作进行验收并召开座谈会。

30日 临汾职业技术学院康养实践教学基地揭牌仪式在山西谷之和健康管理有限公司举行。

9月

2日 临汾市委书记闫晨曦会见斯洛伐克驻华大使杜尚·贝拉。

5日 临汾市以视频连线方式与山西省同步举行开发区2022年第三次“三个一批”活动。临汾市分会场设在霍州经济技术开发区高端装备制造产业园智创园1号厂房。

6日 临汾市未成年人保护家庭教育指导中心揭牌仪式在市人民检察院举行。

6—7日 临汾市委副书记、市长李云峰率团赴福建省厦门市考察招商，走访行业领军企业，开展交流洽谈，诚邀企业家来临投资兴业。李云峰一行先后到厦门国贸集团股份有限公司、福建龙净环保股份有限公司、厦门钨业技术研究中心、厦门市美亚柏科信息股份有限公司、厦门市三安光电科技有限公司，向企业家介绍临汾的区位优势、产业布局、营商环境、招商引资政策等情况，就相关项目合作事宜与企业负责人座谈交流。

9日 第二十二届中国国际投资贸易洽谈会热点临汾·招商引资暨招才引智恳谈会在福建厦门举行。

15日 临汾市区河汾一路跨铁路立交桥通车。工程于2020年8月20日开工建设，2021年6月5日完成旧桥拆除，2022年7月2日完成主桥转体施工。新建河汾一路跨铁路桥梁工程东起华康路，西接河汾一路高架桥，全长816米，红线宽60米，为双向六车道。该项目总投资5亿元，是临汾首座规模最大、投资最大的跨铁路桥梁工程。

同日 临汾市直中小学校法治副校长聘任仪式在临汾第一中学校举行，市中级人民法院8位法官受聘担任法治副校长。

17日 山西省副省长张复明在临汾市会见出席“大河论坛·黄河峰会”的世界旅游联盟主席段强等部分国内嘉宾。

同日 “曲成天籁 沃灌华章”曲村—天马遗址发现60周年、晋侯墓地发掘30周年纪念活动开幕式在曲沃晋国博物馆举行。

18日 第三届大河文明旅游论坛世界旅游联盟·黄河对话暨首届黄河流域生态保护和高质量发展重要实验区峰会在乡宁县云丘山开幕。全国政协副主席、九三学社中央常务副主席邵鸿出席致辞并宣布开幕。生态环境部部长黄润秋，省委副书记、省长蓝佛安出席并致辞。尼日利亚驻华大使巴巴·艾哈迈德·吉达及孟加拉国、克罗地亚、埃及等国驻华使节出席。世界旅游联盟主席段强致辞。省领导吴伟、卫小春、张复明、贺天才、李青山，市领导出席并参加有关活动。

同日 世界旅游联盟与临汾市委市政府在云丘山景区康家坪古村落举办“黄河对话·云丘山之夜”招商推介对接活动。世界旅游联盟秘书长刘士军、副秘书长王昆欣，世界旅游城市联合会副秘书长严晗，北京大学国际旅游研究院教授吴必虎，广东省旅游控股集团有限公司董事朱香山，山西杏花村汾酒集团有限公司副总经理常建伟，华新燃气集团有限公司董事长申彦杰等参加“大河论坛·黄河峰会”的嘉宾出席；省文化和旅游厅厅长王爱琴，市委常委、宣传部部长闫建国，副市长王云、张潞萍、胡晓刚参加。

21日 共青团临汾市第四次代表大会开幕。市委书记闫晨曦出席并讲话。

同日 以“喜迎二十大，科普向未来”为主题的2022年临汾市“全国科普日”主场活动启动。

21—22日 应急管理部副部长、国家矿山安监局局长黄玉治带领国务院安委会第一综合督查组，在临汾市督导检查矿山安全生产工作。山西省副省长贺天才，市委常委、副市长崔元斌陪同检查。

22日 “寻根尧祖·德耀中华”2022第四届尧都文化旅游节启动仪式在尧都区举行。省委常委、宣传部部长吴伟出席并宣布启动。

23日 庆丰收 迎盛会 享临汾 悦生活——临汾首届“平阳农匠·新农人”发布仪式在市区梨园堂举行，发布10名“平阳农匠·新农人”。

24日 临汾市科学创新与精准医学中心成立暨山西省呼吸疾病研讨会召开。市委常委、组织部部长郝献民为程京院士颁发“临汾市临床医学研究中心学术委员会主任委员”聘书，与程京共同为“临汾市科学创新与精准医学中心”揭牌；副市长张潞萍为高占成教授颁发“山西医科大学胸肺疾病研究所所长”聘书，与高占成教授共同为“山西医科大学胸肺疾病研究所”揭牌。

26日 由健康中国行动推进办、全国爱卫办、国家卫生健康委乡村振兴办、国家卫生健康委文明办联合开展的“健康小屋”试点工作在永和县坡头乡索驼村启动。

28日 临汾市喜迎二十大·奋进新征程“五进汾河景区”系列文化活动启动。

29日 临汾市抓党建促基层治理能力提升工作交流推进会召开，市委书记闫晨曦出席并讲话。市委副书记、市长李云峰主持会议。

10月

3日 中国共产党临汾市第五届委员会第五次全体会议召开。全会由市委常委会主持。全会审议通过《中共临汾市委关于深入学习宣传贯彻党的二十大精神的实施方案》，听取和讨论市委书记闫晨曦所作的工作报告。

9日 临汾市信息业工会联合会成立暨二十大精神宣贯大会召开。会议选举产生临汾市信息业工会联合会第一届委员会和经费审查委员会。

16日 中国共产党第二十次全国代表大会在北京开幕。上午10时，市委副书记、市长李云峰，市人大常委会主任袁振旭，市政协主席郝忠祥等市领导在市会议中心与党员干部一同收看实况直播。

11月

1日 临汾市举行2022年“119”消防宣传月启动仪式。

3—4日 山西省委常委、政法委书记郑连生在临汾市调研基层治理、营造法治化营商环境、平安建设等工作。

7日 临汾市举行“奋进新征程·建功新时代”庆祝第二十三个记者节线上表彰活动，表彰奖励2022年度“临汾新闻奖”作品、新闻宣传工作先进集体、外宣工作先进个人、“十佳记者”、“优秀新闻工作者”和全市新闻战线第四届好记者讲好故事演讲比赛获奖选手。

14日 国家艾滋病防治工作视频连线会议召开。临汾市委副书记、市长李云峰在临汾分会场参会并作汇报。临汾红丝带学校负责人以视频形式介绍学校基本情况，中国性病艾滋病防治协会向临汾红丝带学校捐赠物资。

21日 临汾市委宣传部举行学习贯彻党的二十大精神“新时代新征程新伟业”主题采访活动启动仪式。市委常委、宣传部部长闫建国向主题采访记者团授旗。

同日 生态环境部公布第六批国家生态文明建设示范区和“绿水青山就是金山银山”实践创新基地名单。隰县被命名为第六批国家生态文明建设示范区。

12月

8日 临汾市文化和旅游局印发《关于做好全市A级旅游景区有序复工的紧急通知》，决定自12月9日起，全市A级旅游景区有序恢复开放。

11—12日 临汾市五届人大二次会议召开，选举临汾市出席山西省第十四届人民代表大会代表。

16日 临汾市委副书记、市长李云峰会见阿里集团中国区副总裁、西北分公司总经理卫炜一行，就阿里云“便民、兴业、理政”三大业务板块与临汾合作事宜进行交流，推动全市大招商大引资“冬季行动”开局起步。

同日 临汾市党外知识分子联谊会成立大会召开。

19—20日 2022年山西大宁苹果嘉兴市场专场品牌推介会举行。大宁县相关部门及企业代表，浙江省嘉兴市部分水果批发市场、大型商超、水果连锁门店、精品水果批发商户及电商销售平台、果蔬销售加工外贸进出口等企业参加。

22日 纪念临汾市关工委成立30周年暨关心下一代工作表彰会召开。

22—25日 第十九届中国国际农产品交易会在四川省成都市中国西部国际博览城举办，临汾市5家企业的五大类产品参展。

29日 临汾市区环城南路与鼓楼南大街三岔口南北向通车，该工程西起陵园西街，东至规划南城四街，道路全长837米，是市区贯穿鼓楼南北街、联通城东城西部的重要交通枢纽。

同日 2022“智创临汾”首届企业人才推介会暨高校毕业生专场线上招聘大会在尧都云商产业园举办。涵盖建筑、生产、制造等8大行业的71家市内外企业参加招聘会，提供就业岗位1900余个。

（李艳洁）

市情概览

自然环境

【地理位置】 临汾市位于山西省西南部，东倚太岳山，与长治、晋城为邻；西临黄河，与陕西省隔河相望；北起韩信岭，与晋中、吕梁毗连；南与运城市接壤。地理坐标为北纬35° 23′ ~36° 57′ 、东经110° 22′ ~112° 34′ ，南北最大纵距170多公里，东西最大横距约200公里，总面积20302平方公里，占全省总面积的13%。

【地形地貌】 临汾市地形轮廓大体呈“凹”字形分布，四周环山，中间平川，全境分山地、丘陵、盆地三大地形单元。其中，平川面积占19.4%，丘陵面积占51.4%，山地面积占29.2%。临汾盆地横亘全市中部，将整体隆起的高原分为东西两部分山地。东部由北向南为太岳山、中条山，西部是吕梁山脉，海拔多在1000米以上。最高处太岳山霍山主峰，海拔2346.8米；最低处乡宁县师家滩，海拔385.1米。境内有黄河、汾河、昕水河、沁河、浍河、鄂河、清水河7条河流和郭庄、龙祠、霍泉三大名泉。

【气候条件】 临汾市地处半干旱、半湿润季风气候区，属温带大陆性气候，四季分明，雨热同期。气温的特点是冬寒夏热。全市气候自然环境的主要特征是：冬季寒冷干燥，降水稀少；春季干旱多风；秋季阴雨连绵；夏季酷热多暴雨，伏天旱雨交错。2022年临汾市年降水与历年同期持平，年平均气温略偏高，年日照时数偏多。年内降水时空分布不均，明显的过程性降水主要出现在7—8月和10月，阶段性洪涝现象严重，6—7月强对流天气较多，且极端性明显，对生产生活不利；全年日照偏多，对作物生长、收晒较为有利。冬季降水比历年同期偏少15%，前期干旱对冬小麦生长有一定影响；春季降水比历年同期偏少7%，气温偏高，日照时数偏多；夏季降水与历年同期基本持平，降水主要集中在7月中下旬和8月下旬，对春播和夏播玉米生长有利；秋季降水比历年同期偏多一成。全年气候条件对农业生产的影响整体利大于弊。全年平均日照时数2353.9小时，平均气温12.2摄氏度，降水量506.9毫米。

自然资源

【土地资源】 临汾市区域总面积20302平方公里，受水热条件影响，土壤发育较完全，形成深重黏化层，养分含量较为丰富。普遍分布的地带性土壤类型为褐土，此外还有草原草甸土、棕壤土、沼泽土等几种类型。土地资源丰富，稳产高产肥沃耕地分布集中，土地类型多样，宜林草面积大，但森林覆盖率低，水土流失较为严重。后备土地资源仍较为丰富，盐碱荒地、沙荒地、沼泽地可改良开垦为农林牧用地，但需要排水、治河、修建扩岸工程，开发投资很大。土地开发利用率75.1%，土地垦殖率26.2%，耕地复种指数12.6%，农业用地率68%，建设用地率5.6%。

【水资源】 临汾市大小河流200余条，均属黄河水系。流域面积在1000平方公里以上的有黄河干流、汾河和沁河。黄河干流位于临汾市西侧，为晋、秦天然分界线，境内长174公里，流域面积7739平方公里。汾河纵贯全境中部，流域面积10286平方公里。沁河全长95公里，流域面积2288平方公里。河流以季节性河流为主，径流量多集中在7—9月，故形成雨季排洪，旱季断水。在地域分布上，山区大于平川，东山大于西山。全市水资源总量8.52亿立方米。其中，地表水资源量5.87亿立方米，地下水资源量7.58亿立方米，重复计算量4.93亿立方米，全市产水系数

0.08，产水模数4.2万立方米/平方公里。

【矿产资源】 临汾市矿产资源丰富，能源工业发展潜力巨大。探明的矿种有45种，主要有煤、油页岩、铁、铜、锌、铝、金、钴、稀有金属、石膏、石灰岩、白云岩、耐火黏土、硫铁矿、膨润土、大理石、花岗石、重晶石、长石、石英、硅石、磷、硅线石等。其中煤、铁、石膏、石灰岩、白云岩、膨润土、花岗石、大理石、油页岩、耐火黏土等，在省内及全国均占重要地位。煤炭是临汾市第一大矿产资源，主要煤种有主焦煤、气肥煤、贫煤、无烟煤等，其中乡宁为全国三大主焦煤基地之一，且煤层厚，埋藏浅，易开采。铁矿是临汾市第二大矿产资源。截至2022年底，石膏累计探明资源储量5.2亿吨。被誉为“有千种用途黏土”的膨润土分布在本市永和县、大宁县和吉县。2022年，全市规模以上工业企业原煤产量8782万吨，占全省的6.7%；焦炭产量1490.6万吨，占全省的15.2%；生铁产量1237万吨，占全省的21.2%；钢产量1237.2万吨，占全省的19.3%；钢材产量1222.6万吨，占全省19.2%。

【生物资源】 临汾市是全省植物资源最丰富的地区之一，除农作物外，调查到的种子植物有606种。在植物分布上，东南山地丘陵地带以油松栎类和华山松占优势，农作物有小麦、玉米、谷子等，经济林有苹果、核桃、柿、板栗、山楂等，土特产主要有黑木耳、猴头等，名贵中草药植物有菖蒲、竹节人参和灵芝等。东部山地以沙棘、荆条等次生灌草丛植被为主，经济林有核桃、瓦氏椋子、山楂、枣、桑、苹果、梨等，土特产有猴头、佛手和烟草，农作物以玉米、谷子为主。东部山地盛产药材，其中山萸肉、贝母负有盛名。太岳山区以油松、辽东栎林及次生灌草丛植被为主，是山西省主要的林业基地。果品主要有梨、柿。中草药种类繁多，其中以党参、贝母、山茱萸、藿香等最为著名。临汾盆地以冬麦、玉米等农作物栽培为主，特产丰富，曲沃的蔬菜、临汾的尧枣、洪洞的莲菜等闻名于省内外。吕梁山以油松、白皮松、辽东栎林及次生灌草丛植被为主，土特产有松香、生漆、猴头、木耳等，中草药以甘草、五加皮、苍术、党参、核仁等著名。西部黄土残塬丘陵植被以灌丛和草丛为主，土特产有隰县金梨和永和红枣，农作物以冬小麦、玉米、马铃薯为主，经济作物有棉花、大豆等。

森林资源不断增加。2022年，森林覆盖率26.50%。现已查明的主要草种有豆科的胡枝子、蓝花棘豆、米口袋、野豌豆，禾本科的黄茨、隐子草、早熟禾、白羊草，禾草科的薹草、蒿草等。

野生动物种类丰富，陆栖脊椎动物有300余种，占全省总种数的74%。国家一级野生保护动物有豹、原麝、大鸨、金雕、玉带海雕、白鹳、黑鹳和褐马鸡等，其中褐马鸡是世界闻名的珍稀动物，是中国的国宝和特有珍禽。国家二级野生保护动物有大天鹅、鸳鸯。由于临汾市处于古北界的南部，随着夏季太平洋暖湿气团的深入，东洋界动物潜入临汾，古北界和东洋界动物俱有，区系组成复杂。兽类主要有狼、狐、兔、果子狸、猪獾等，鸟类主要有麻雀、家燕、喜鹊、凤头杜鹃、大嘴乌鸦、凤头百灵、石鸡、褐马鸡、胡兀鹫、岩鸽等，两栖爬行类有黑斑蛙（青蛙、田鸡）、花背蟾蜍、无蹼壁虎、中华大蟾蜍等。

建置区划

【建置沿革】 临汾是中华民族发祥地之一，《帝王世纪》称“尧都平阳”，即今临汾。《禹贡》分天下九州，平阳为冀州之地。西周时期，周成王封弟叔虞于唐（今翼城），因唐境内有晋水，叔虞之子燮父“易唐为晋”。春秋属诸侯国晋，晋文公北方称霸时，晋国的中心就在今曲沃、侯马、襄汾一带。战国初期，韩、赵、魏“三家分晋”，韩建都平阳。秦改分封制为郡县制，全国初划为36郡，市域属河东郡辖。三国魏正始八年（247）置平阳郡。西晋永嘉三年（309），刘渊建汉，都平阳。北魏孝昌中置唐州。隋开皇三年（583），置临汾郡，临汾得名沿用至今。唐实行道、府、州、县制，武德初年为晋州。北宋政和六年（1116），始置平阳府，辖临汾、汾西、洪洞、岳阳、乡宁、赵城、霍邑、浮山、冀氏、和川10个县及隰、吉、绛3州。元实行省、路、府（州）、县四级制，为中书省山西宣慰司晋宁路（治临汾）。明清重置平阳府，统领35个州县，包括今临汾、运城两市及晋中市灵石县和吕梁市石楼县。民国3年（1914），废府设道，以道辖县，临汾、洪洞、赵城、襄汾、汾城、曲沃、安泽、浮山、翼城、乡宁、吉县、霍县、汾西、隰县、蒲县、大宁、永和17个县属河东道管辖；

民国16年（1927）废道，各县直属山西省。抗日战争初期，临汾为山西省7个行政区中的第6区。民国26年（1937）11月，山西省政府迁到吉县。日伪统治时，为冀宁道。抗战胜利后，属太岳区。民国37年（1948）5月17日临汾解放。1949年2月成立晋南区，属陕甘宁边区政府，同年9月1日改属山西省。1950年1月6日成立临汾专区。1954年同运城专区合并为晋南专区（驻临汾），辖29个县。1970年专区改地区，晋南专区又按原建制划分为临汾、运城两地区。1978年设临汾地区行政公署，辖临汾、侯马2个市和16个县。1983年临汾县和临汾市合并为临汾市（县级市，2000年更名为尧都区）。2000年11月撤地设市，成立地级临汾市。

【行政区划】 2022年，临汾市辖尧都区、曲沃县、翼城县、襄汾县、洪洞县、古县、安泽县、浮山县、吉县、乡宁县、大宁县、隰县、永和县、蒲县、汾西县，代管侯马市、霍州市。全市共有乡镇137个，其中，镇84个、乡53个、街道20个。

尧都区有街道10个，即车站街街道、水塔街街道、南街街道、铁路东街道、解放路街道、乡贤街街道、辛寺街街道、鼓楼西街街道、汾河、滨河办事处；镇10个，即土门镇、刘村镇、金殿镇、大阳镇、县底镇、魏村镇、吴村镇、尧庙镇、乔李镇、屯里镇；乡4个，即贾得乡、段店乡、枕头乡、一平垣乡。

侯马市有街道5个，即上马街、张村街、路东街、路西街、浍滨街；乡3个，即新田乡、凤城乡、高村乡。

霍州市有街道5个，即退沙街、鼓楼街、南环路街、北环路街、开元街；镇4个，即大张镇、白龙镇、辛置镇、李曹镇；乡3个，即三教乡、师庄乡、陶唐峪乡。

曲沃县有镇5个，即乐昌镇、高显镇、史村镇、曲村镇、里村镇；乡2个，即北董乡、杨谈乡。

翼城县有镇7个，即唐兴镇、西阎镇、南梁镇、隆化镇、里砦镇、桥上镇、王庄镇；乡2个，即南唐乡、中卫乡。

襄汾县有镇7个，即新城镇、邓庄镇、襄陵镇、古城镇、赵康镇、汾城镇、南贾镇；乡6个，即大邓乡、陶寺乡、景毛乡、永固乡、西贾乡、南辛店乡。

洪洞县有镇10个，即万安镇、曲亭镇、赵城镇、明姜镇、甘亭镇、苏堡镇、大槐树镇、广胜寺镇、刘家垣镇、辛村镇；乡5个，即淹底乡、堤村乡、龙马乡、山目乡、兴唐寺乡。

古县有镇5个，即古阳镇、岳阳镇、北平镇、旧县镇、三合镇；乡1个，即南垣乡。

安泽县有镇6个，即府城镇、和川镇、冀氏镇、唐城镇、良马镇、马壁镇。

浮山县有镇4个，即天坛镇、响水河镇、北王镇、张庄镇；乡3个，即东张乡、槐埝乡、寨圪塔乡。

吉县有镇3个，即屯里镇、壶口镇、吉昌镇；乡4个，即车城乡、文城乡、中垛乡、柏山寺乡。

乡宁县有镇5个，即昌宁镇、管头镇、光华镇、西坡镇、台头镇；乡5个，即双鹤乡、尉庄乡、枣岭乡、关王庙乡、西交口乡。

蒲县有镇5个，即蒲城镇、克城镇、薛关镇、黑龙关镇、乔家湾镇；乡3个，即山中乡、古县乡、太林乡。

大宁县有镇3个，即曲峨镇、昕水镇、太谷镇；乡2个，即三多乡、太德乡。

永和县有镇2个，即芝河镇、桑壁镇；乡4个，即乾坤湾乡、楼山乡、坡头乡、望海寺乡。

隰县有镇3个，即龙泉镇、午城镇、黄土镇；乡4个，即城南乡、下李乡、寨子乡、阳头升乡。

汾西县有镇5个，即永安镇、僧念镇、勍香镇、对竹镇、和平镇；乡2个，即佃坪乡、团柏乡。

民族　宗教

【民族】 2022年，临汾市有回族、满族、土家族、蒙古族、苗族、壮族、朝鲜族、彝族、布依族、白族、维吾尔族、仫佬族、畲族、藏族、黎族、侗族、瑶族、塔吉克族、仡佬族、达斡尔族、拉祜族、佤族、哈尼族、土族、锡伯族、傈僳族、羌族、景颇族28个少数民族。

【宗教】 2022年，临汾市有佛教、道教、伊斯兰教、天主教、基督教五大宗教，市级宗教团体5个，即临汾市佛教协会、临汾市道教协会、临汾市伊斯兰教协会、临汾市基督教“三自”爱国运动委员会、临汾市基督教协会。

国民经济和社会发展

【综合】 2022年，初步核算，临汾市地区生产总值2227.9亿元，按不变价格计算，比上年增长

5.2%。其中，第一产业增加值158亿元，比上年增长5.2%，占生产总值的比重为7.1%；第二产业增加值1243亿元，增长7%，占生产总值的比重为55.8%；第三产业增加值826.8亿元，增长3.4%，占生产总值的比重为37.1%。人均地区生产总值56986元。按2022年平均汇率计算为8472美元。

年末全市常住人口390.66万人，比上年末减少0.58万人。其中，城镇常住人口213.98万人，占常住人口比重为54.78%，比上年末提高0.63个百分点。全年全市出生人口2.48万人，出生率为6.35‰；死亡人口3.14万人，死亡率为8.02‰；自然增长率为-1.67‰。

全年全市城镇新增就业54474人，转移农村劳动力74962人。

2022年末临汾市常住人口数及其构成一览表

表1

指　标	年末数（人）	比　重（%）
全市常住人口	3906597	—
其中：城　镇	2139840	54.78
乡　村	1766757	45.22
其中：男　性	1979248	50.66
女　性	1927349	49.34

2022年临汾市居民消费价格比上年涨跌幅度一览表

表2

指　标	涨　幅（%）
居民消费价格	1.9
其中：食品烟酒	2.1
衣着	4.5
居住	0.5
生活用品及服务	1.2
交通和通信	4.7
教育文化和娱乐	1.5
医疗保健	-0.1
其他用品和服务	1.6

全市居民消费价格比上年上涨1.9%，其中，食品烟酒类价格上涨2.1%。

经济新动能加快增长。全年全市规模以上工业中，装备制造业增加值比上年增长20.7%，其中，汽车制造业下降0.1%；高技术制造业增长25.0%，其中，电子及通信设备制造业增长43.1%；工业战略性新兴产业增长9.5%，其中，节能环保产业增长13.2%。全年规模以上服务业中，快递业营业收入比上年增长11.9%。全年通过公共网络实现零售额比上年增长30.4%。

【农业】 2022年，临汾市农作物种植面积546.58千公顷，比上年增加4.52千公顷，增长0.8%。其中，粮食种植面积504.49千公顷，增加3.32千公顷；油料种植面积6.12千公顷，减少0.19千公顷；蔬菜种植面积20.5千公顷，增加0.95千公顷。在粮食种植面积中，玉米种植面积255.72千公顷，增加0.03千公顷；小麦种植面积200.41千公顷，减少0.7千公顷。果园种植面积63.46千公顷，增加2.82千公顷。全年全市粮食产量218.82万吨，比上年增产3.7%。其中，夏粮86.42万吨，增产0.8%；秋粮132.40万吨，增产5.6%。

全年全市完成造林7.61千公顷。全年木材产量100798立方米，比上年下降6.7%。全年全市猪牛羊肉总产量12.52万吨，比上年增

2022年临汾市主要农林产品产量及其增长速度一览表

表3　　单位：吨、%

产品名称	产量（吨）	比上年增长（%）
粮　食	2188187	3.7
其中：玉　米	1179012	5.0
小　麦	864169	0.8
谷　子	35040	−0.7
豆　类	15480	17.6
薯　类	38073	0.5
油　料	12596	0.6
棉　花	22	−29.6
蔬　菜	1061535	4.3
水　果（含瓜果类）	1233584	5.6
其中：苹　果	856757	1.6
红　枣	28248	1.9
食用坚果	41372	−2.0
其中：核　桃	41278	−2.1

长2.7%。其中，猪肉产量11.2万吨，增长2.5%；牛肉产量0.7万吨，增长3%；羊肉产量0.62万吨，增长6%。年末生猪存栏102.25万头，生猪出栏144.65万头。牛奶产量5.03万吨，增长2.2%。禽蛋产量12.16万吨，增长3%。年末全市农业机械总动力241.75万千瓦，比上年增长4.4%。机械耕地面积379.2千公顷，比上年增长2.1%；机械播种面积444.8千公顷，增长2.1%；机械收获面积373.8千公顷，增长3.9%。全市农机化经营总收入达到9.7亿元，比上年增长1.1%。

【工业和建筑业】 2022年末，全市规模以上工业企业636家。全年全市规模以上工业增加值比上年增长10.3%。其中，采矿业增长13.8%，制造业增长0.5%，电力、热力、燃气及水生产和供应业增长11.9%。

全年全市规模以上工业企业实现营业收入3519亿元，比上年增长14.4%。分门类看，采矿业1625.9亿元，增长30.2%；制造业1734.8亿元，增长1.3%；电力、热力、燃气及水生产和供应业158.3亿元，增长39.3%。规模以上工业企业实现利润总额346.9亿元，增长8.4%。规模以上工业企业每百元营业收入中的成本为81.8元，比上年增加2.1元，营业收入利润率为9.9%，比上年下降0.6个百分点；年末资产负债率为67.9%，比上年末提高0.1个百分点。全年全市建筑业增加值60.5亿元，比上年增长0.3%。资质以上建筑业企业完成总产值162.1亿元，增长4.9%，共签订合同额273.8亿元，增长10%。房屋建筑施工面积332.4万平方米，下降2.6%。资质以上建筑业企业共261家，增加8家。其中，特级企业1家，一级资质企业9家，二级资质企业65家，三级资质企业183家，其他企业3家。

2022年临汾市规模以上工业主要行业增加值增长速度一览表

表4

指　标	比上年增长（%）
规模以上工业	10.3
其中：轻工业	17.4
重工业	10.2

续表4

指　标	比上年增长（%）
其中：国有企业	-15.5
集体企业	37.8
股份制企业	11.3
外商及港澳台企业	25.9
其中：煤炭开采和洗选业	13.9
石油、煤炭及其他燃料加工业	-11.7
电力、热力生产和供应业	16.6
黑色金属冶炼和压延加工业	0.2
化学原料和化学制品制造业	20.1
金属制品业	78.8
装备制造业	20.7
汽车制造业	-0.1
燃气生产和供应业	-0.4

2022年临汾市规模以上工业主要产品产量及其增长速度一览表

表5

产品名称	单　位	产　量	比上年增长（%）
原煤	万吨	8782.0	8.5
洗精煤	万吨	5105.7	9.5
焦炭	万吨	1490.6	-7.6
发电量	亿千瓦时	258.0	3.9
生铁	万吨	1237.0	-2.3
粗钢	万吨	1237.2	-3.1
钢材	万吨	1222.6	-7.2
铸铁件	万吨	41.9	-15.4
水泥	万吨	557.2	-3.2
铁矿石原矿	万吨	549.8	-14.6
铁精矿	万吨	190.0	-44.1
精甲醇	万吨	85.9	-7.4
粗苯	万吨	9.6	-14.9
纯苯	万吨	8.2	1.4
化肥（折纯）	万吨	3.2	16.2
塑料制品	万吨	2.3	-5.9

【能源】　2022年，临汾市规模以上原煤产量8782万吨，比上年增长8.5%；焦炭产量1490.6万吨，下降7.6%；发电量258亿千瓦时，增长3.9%；非常规天然气产量18.5亿立方米，下降1.0%。全年全市一次能源生产折标准煤6662.4万吨，比上年增长10%，二次能源生产折标准煤7687.4万吨，增长9.3%。全年全市规模以上工业向省外运输煤炭977.9万吨，比上年下降8%，外运煤炭占煤炭产量的6.2%。全年全

市全社会发电量为271.8亿千瓦时，比上年增长5.6%。全年全市全社会用电总量258.7亿千瓦时，其中，第一产业用电2.4亿千瓦时，占全部用电量的0.9%；第二产业用电183.8亿千瓦时，占全部用电量的71%，其中，工业用电181.8亿千瓦时；第三产业用电37.7亿千瓦时，占全部用电量的14.6%；城乡居民用电34.8亿千瓦时，占全部用电量的13.4%。

【服务业】 2022年，临汾市服务业增加值826.8亿元，按不变价格计算，比上年增长3.4%。其中，批发和零售业增加值136.5亿元，增长1.8%；交通运输、仓储和邮政业增加值98.5亿元，下降2%；住宿和餐饮业增加值17.8亿元，增长3.6%；金融业增加值92.1亿元，增长6.5%；房地产业增加值98.4亿元，下降4.7%；营利性服务业增加值98.1亿元，增长5.7%；非营利性服务业277.2亿元，增长7.3%。全年规模以上服务业企业营业收入下降0.3%。

年末全市公路通车里程19570.4公里，其中，高速公路663.1公里，与上年末持平。全年全市完成邮电业务总量42.4亿元，比上年下降2.8%，其中，邮政业务总量4.5亿元，增长2.6%；电信业务总量37.9亿元，下降3.4%。年末全市固定电话15.3万部，比上年下降22.7%，移动电话453.6万户，下降3.1%，移动电话普及率115.9部/百人。年末4G基站总数16243个，比上年增长0.9%；5G基站总数6533个，增长99.5%。全市宽带接入用户155.1万户，比上年增长10.8%。

【国内贸易】 2022年，临汾市社会消费品零售总额754.1亿元，比上年下降0.3%。按经营地统计，城镇消费品零售额628.4亿元，下降0.5%；乡村消费品零售额125.7亿元，增长0.8%。按消费形态统计，商品零售额676.6亿元，下降0.6%；餐饮收入额77.5亿元，增长2.1%。

全年全市限额以上单位消费品零售额187.5亿元，比上年增长5.4%。

全年新登记市场主体152807户，日均新登记企业79户，年末市场主体总数达423628户。

【固定资产投资】 2022年，临汾市固定资产投资（不含跨市、农户）比上年增长9.1%。在固定资产投资中，国有及国有控股投资比上

2022年临汾市社会消费品零售总额、批零销售额、住餐营业额及其增长速度一览表

表6

指　标	绝对值（亿元）	比上年增长（%）
社会消费品零售总额	754.1	-0.3
分地域：城　镇	628.4	-0.5
其中：城　区	333.2	-1.0
乡　村	125.7	0.8
批发、零售业销售额	2554.3	14.5
批发业	1996.4	17.4
零售业	558.0	5.1
住宿、餐饮业营业额	65.7	5.3
住宿业	8.6	-4.2
餐饮业	57.1	6.9

2022年临汾市限额以上单位商品零售额及其增长速度一览表

表7

指　标	绝对值（亿元）	比上年增长（%）
汽车类	60.5	3.2
石油及制品类	48.8	1.8

续表7

指　标	绝对值（亿元）	比上年增长（%）
建筑及装潢材料类	3.4	42.6
服装、鞋帽、针纺织品类	5.7	-39.9
粮油、食品类	13.2	37.0
家用电器和音像器材类	5.3	13.9
家具类	2.4	13.7
中西药品类	10.9	3.2
书报杂志类	3.5	22.2
金银珠宝类	0.4	-69.7
文化办公用品类	0.9	14.2
化妆品类	0.7	-12.2

年增长16.8%，民间投资下降1.2%。分登记注册类型看，内资企业投资比上年增长6.3%；外商及港澳台商企业投资增长188.8%。分构成看，建筑安装工程投资比上年下降3.4%，设备工器具购置投资增长83.3%，其他投资增长33.2%。分产业看，第一产业投资比上年增长7.9%；第二产业投资增长24.2%，其中工业投资增长24.0%；第三产业投资下降1.6%，其中基础设施投资增长2.9%。

工业投资中，工业技改投资比上年增长8.8%；制造业投资增长17.9%。全年全市在建固定资产投资项目（不含房地产开发项目）1306个。其中，亿元以上项目319个，亿元以上项目完成投资比

2022年临汾市分行业固定资产投资（不含跨市、农户）及其增长速度一览表

表8

行　业	投资额（亿元）	比上年增长（%）
总　计	623.3	9.1
农林牧渔业	28.8	15.6
采矿业	56.6	17.5
制造业	151.2	17.9
电力、热力、燃气及水生产和供应业	75.3	45.4
批发和零售业	1.6	-18.0
交通运输、仓储和邮政业	82.6	3.2
住宿和餐饮业	2.5	1370.4
信息传输、软件和信息技术服务业	3.1	-24.1
金融业	0.1	73.9
房地产业	128.8	-5.1
租赁和商务服务业	1.9	14.3
科学研究和技术服务业	0.4	-33.5
水利、环境和公共设施管理业	55.4	-0.2
居民服务和其他服务业	1.2	984.6
教　育	10.7	-51.9
卫生和社会工作	12.9	1.5
文化、体育和娱乐业	9.2	181.9
公共管理和社会组织	1.2	186.5

上年增长9.9%。全年全市房地产开发投资113.5亿元，比上年下降7%。其中，住宅投资98.2亿元，下降3%；商业营业用房投资5亿元，下降56.3%。

【对外经济】 2022年，临汾市海关进出口总额30.8亿元，比上年增长0.3%。其中，进口额4.3亿元，增长328.0%；出口额26.5亿元，下降10.8%。

全年全市进口铁矿砂4.1亿元，比上年增长509.6%；出口机电产品19.4亿元，增长40.6%，出口PVC塑胶手套4.9亿元，下降66.0%。

全年全市新设立外商投资企业11家；实际利用外资完成1595万美元，增长210.3%。

2022年临汾市房地产开发和销售情况一览表

表9

指　标	单 位	绝对值	比上年增长（%）
投资完成额	亿　元	113.5	–7.0
其中：住　宅	亿　元	98.2	–3.0
房屋施工面积	万平方米	2612.5	12.2
其中：住　宅	万平方米	2007.4	13.5
房屋新开工面积	万平方米	399.4	5.0
其中：住　宅	万平方米	327.4	3.5
房屋竣工面积	万平方米	121.9	–8.4
其中：住　宅	万平方米	92.6	–14.3
商品房销售面积	万平方米	205.1	–33.3
其中：住　宅	万平方米	198.4	–34.1
商品房待售面积	万平方米	53.3	–4.9
其中：住　宅	万平方米	39.1	19.9
商品房销售额	亿　元	120.2	–31.1
其中：住　宅	亿　元	113.5	–32.7

【财政金融】 2022年，临汾市一般公共预算收入200.6亿元，比上年增长25.5%。其中，税收收入162.1亿元，增长39.7%，占一般公共预算收入的比重80.8%。全年新增减税降费及退税缓税缓费39.3亿元。

全年全市一般公共预算支出501.5亿元，比上年增长21.8%。其中，交通运输支出增长37.9%，节能环保支出增长23.4%，卫生健康支出增长21.2%，教育支出增长14.0%，社会保障和就业支出增长6.3%。年末全市金融机构本外币各项存款余额3867.8亿元，比年初增加534.2亿元、增长16.0%。各项贷款余额2352.2亿元，比年初增加303.9亿元、增长14.8%。

年末住户存款2864.3亿元，比年初增长16.5%。年末全市农村合作金融机构（农村商业银行）人民币贷款余额1033.9亿元，比年初增加77.2亿元、增长8.1%；人民币存款余额1429.4亿元，比年初增加102.4亿元、增长7.7%。年末全市共有上市公司4家，其中A股2家、新三板挂牌公司2家。全市辖区证券市场各类证券成交额1867.8亿元，比上年下降28.8%。年末投资者资金账户累计开户数32.7万户，比上年末下降18.7%。全年全市保费收入99.4亿元，比上年下降2.4%。其中，财产业务保费收入26.5亿元，增长9.5%；寿险业务保费收入72.9亿元，下降6.1%。健康险业务保费收入17亿元；意外险业务保费收入1.7亿元。

【教育和科学技术】 2022年末，临汾市高等院校4所。全年新（改、扩）建公办幼儿园10所，认定普惠性民办幼儿园34所，学前教育毛入园率达到98.3%。

全年全市专利授权量1409件。其中，发明专利授权量98件。

2022年末临汾市金融机构本外币存贷款及其增长速度一览表

表10

指　标	年末数（亿元）	比年初增长（%）
各项存款余额	3867.8	16.0
其中：住户存款	2864.3	16.5
非金融企业存款	695.4	24.4
广义政府存款	289.7	-3.2
非银行业金融机构存款	16.2	0.6
各项贷款余额	2352.2	14.8
其中：住户贷款	692.4	13.0
短期贷款	232.6	9.1
中长期贷款	459.8	15.1
非金融企业及机关团体贷款	1659.8	15.6
短期贷款	553.3	10.9
中长期贷款	789.7	12.0

2022年临汾市各类教育发展情况一览表

表11　　　　单位：人

指　标	招　生	在校生	毕业生
普通高等教育	14749	29566	7801
中等职业教育	10674	28839	7884
普通高中	26616	82193	27604
初　中	42260	123841	43977
小　学	44193	277288	44399
特殊教育	185	983	193
学前教育	32873	119062	41355

配合省级完成监督抽查54种产品1359个批次，市级监督抽查了33种产品819个批次。全市共有法定（授权）计量技术机构13个，全年完成强制检定计量器具4.07万台（件）。全市有气象台（站）17个，开展“12121”电话天气自动答询台1个。气象系统开展人工影响天气业务的单位17个，防雹、增雨受益覆盖面积2万平方公里。卫星云图接收站1个。全市有专业综合地震台站1个，市级地震台网中心1个，数字测震地震台网1个，数字测震子台7个，前兆台站23个。

【文化旅游、卫生健康和体育】

2022年末，临汾市共有文化馆18个，博物馆14个，艺术表演团体16个。广播电视台17座。广播人口覆盖率99.42%，电视人口覆盖率99.71%。全市共有公共图书馆18个，档案馆18个。已有11个县级图书馆和9个文化馆达到国家三级标准以上。全年全市重点监测景区旅游接待人数114.1万人次，比上年下降49.8%；门票收入4418.5万元，下降40.8%；旅游经营收入12311.9万元，下降33%。2022年开展“免费送戏下乡”惠民演出1630场，完成场次居全省第二。加强濒危戏曲剧种的传承和保护，开展曲沃碗碗腔、洪洞道情、浮山乐乐腔等公益演出195场。新增24项省级非物质文化遗产代表性项目、5位省级工艺美术大师，非遗保护工作再上新台阶。“书香临汾”建设稳步推进，市图书馆总分馆建设初显成效，2022年共建成47个分馆、8个微型图书馆、2个阳光公益书吧和2个城市书房，让更多读者享受到家门口的公共文化服务。年末全市共有卫生机构（含诊所、村卫生室）4517家，其中，妇幼保健院（所、站）18家。全市卫生机构共有床位2.44万张，其中医院床位1.98万张、卫生院床位3721张。卫生技术人员3.09万人。2022年临汾市参加2022年山西省第十六届运动会资格赛取得11金12银20铜，参加2022年山西省锦标赛取得8金11银20铜的成绩。全年销售体育彩票3.78亿元，比上年增长14.6%。

【人民生活和社会保障】 2022年，临汾市居民人均可支配收入27375元，比上年增长6.5%。其中，城镇常住居民人均可支配收入39075元，增长5.7%；农村常住居民人均可支配收入16334元，增长6.8%。居民人均消费支出14042元，比上年增长1.6%。其中，城镇居民人均消费支出17783元，下降0.9%；农村居民人均消费支出11994元，增长6.2%。

年末全市参加基本养老保险的人数为290.75万人，比上年末增加4.3万人；参加城乡居民基本养老保险的人数为209.15万人，减少1.18万人；参加基本医疗保险的人数为386.71万人，减少1.05万人；参加失业保险的人数为41.28万人，增加2.38万人；参加工伤保险的人数为59.4万人，增加3.11万人，其中，农民工26.01万人，增加4.41万人。全年全市纳入城市最低生活保障的居民2.01万人，发放城市低保资金12857.1万元，比上年减少1255.2万元；纳入农村最低生活保障的居民5.45万人，发放农村低保资金30532.46万元，比上年减少274.24万元。年末全市各类收养性单位床位数9614张，收养人数4120人。年末全市城镇有各种社区服务机构2437个。全年销售社会福利彩票3.09亿元，接收社会捐赠款96.44万元。年末市区建成区新增绿化覆盖面积18.02万平方米，绿化覆盖率达到42.33%，人均公园绿地面积15.1平方米。全市建成区新增绿化覆盖面积71.32万平方米，绿化覆盖率达到40.89%，人均公园绿地面积11.09平方米。人均道路面积达到12.53平方米。

【资源、环境和安全生产】 2022年，临汾市实有耕地面积717.36万亩。年末全市8座中型水库，蓄水总量1.06亿立方米。全市年平均降水量500.5毫米，较上年减少347.6毫米。全市森林面积675.21万亩，森林覆盖率26.5%；全市已建成自然保护区7个，自然保护区面积181.37万亩，占全市总面积的6.0%。全年市区空气质量好于二级以上天数219天，比上年增加25天。地表水达到Ⅲ类水体的比例为55.6%，劣Ⅴ类水体的比例为0，均完成省定目标。市区$PM_{2.5}$浓度均值为48微克/立方米。年末全市城市污水处理率99.34%；市区城市生活垃圾无害化处理率连续13年达到100%；全市集中供热普及率96.31%，提高了0.7个百分点。全年森林火灾受害率控制在0.5‰以内，达到了国家和省要求的标准。林业有害生物成灾率1.1‰，严格控制在省要求的3.5‰以下。全年共发生生产经营性安全事故51起，比上年下降37%；死亡57人，下降37.4%。亿元GDP生产安全事故死亡率为0.026人/亿元。全市地方监管煤矿百万吨死亡率为0.02人/百万吨。 （市统计局供稿）

中国共产党临汾市委员会

综　述

【学习贯彻习近平总书记考察调研山西重要指示精神】　2022年春节前夕，中共中央总书记、国家主席、中央军委主席习近平五年内第三次亲临山西考察调研，第一站就来到临汾，看望慰问基层干部群众，面对面指导工作，全市上下备受鼓舞，倍感振奋。中共临汾市委坚持把学习贯彻习近平总书记考察调研山西重要指示精神作为首要政治任务来抓，常委会第一时间传达学习，持续分专题进行延伸学习，带头在学懂弄通做实上狠下功夫，明确要求把学习贯彻总书记重要指示精神作为各级理论中心组学习第一议题，作为各级党校开学第一讲，教育引导干部群众深刻感悟总书记的领袖风范、为民情怀、务实作风、人格魅力，增强对人民领袖的真心热爱、高度认同和紧密追随。全年共召开4次市委全委会议和30多次常委会会议，把学习贯彻习近平总书记重要讲话重要指示精神不断引向深入。常委会班子成员带头包联民生实事，重要工作和重大决策全面与总书记重要指示要求对表对标。制定和落实《中共临汾市委关于落实〈中共山西省委关于全面贯彻落实习近平总书记考察调研山西重要指示精神的实施意见〉的实施方案》，并将贯彻落实情况作为政治监督的首要任务，强化督导检查，形成贯彻落实工作闭环。“七一”当天，市委常委会带头重走总书记考察调研临汾路线、重温总书记重要指示精神，对贯彻落实工作再安排、再部署，确保总书记重要指示精神在临汾落地落实、结出丰硕成果。牢记领袖殷殷嘱托，进一步强化担当作为。常委会认真学习总书记的实干精神和务实作风，带头加强调查研究，带头稳经济、保安全，带领干部群众把总书记的深切关怀转化成攻坚克难、开拓创新的强大动力，转化为贯彻落实的实际举措，推动临汾市全方位高质量发展不断取得新突破。

【抓好五件大事】　2022年，中共临汾市委以贯彻习近平总书记考察调研山西重要指示精神为带动，突出抓好五件大事。一是以迎接党的二十大为主线凝聚奋进力量。党的二十大召开前，组织开展“奋进新征程·建功新时代”“牢记嘱托·山西答卷·临汾篇”等重大主题宣传活动，营造喜迎党的二十大胜利召开的浓厚氛围。根据中央、省委部署，做好出席党的二十大代表推荐提名工作。党的二十大召开期间，组织全市各界干部群众，满怀激情收听收看大会开幕盛况，跟进掌握大会内容，感受时代脉搏、使命召唤。党的二十大胜利闭幕后，第一时间召开常委扩大会议暨理论学习中心组学习会，对学习宣传贯彻工作作出安排，迅速把全市上下的思想和行动统一到党的二十大精神和确定的目标任务上来。二是抓好常态化疫情防控和应急处置各项工作。坚定不移贯彻总策略总方针，按照省委“早、快、准”要求抓好疫情防控工作，构建组织体系扁平化、排查管控信息化、防控措施落实高效化、单元网格最小化、应急演练实战化、社会防控全民化等“六化”工作格局，高效处置多起局部疫情，确保全市疫情防控形势总体平稳。三是推动经济持续稳定向好。面对经济下行压力，加强党对经济工作的领导，每季度初月和末月召开市委财经委会议、每月召开常委会会议研判经济形势、作出部署；在顶格落实国省稳经济一系列政策措施的基础上，出台稳经济“1+3+N”一揽子政策措施，深化入企入园入区服务，帮助企业纾困解难，GDP、规上工业增加值、固定资产投资、社会消费品零售总额等5项指标增速进入全省第一方阵。四是深入开展“向人民群众交好账”实践活动。常委班子成员带头制定“交账”清单，带领党员干部精准对接基层所盼、民心所向，形成交账事项清单1.4万余条，推动解决农村困难群众洗澡难、养老难等一批群众最关心、最需要、最紧迫的问题。五是完成五届市人大、市政府、市政协领导班子换届任务。坚持正确选人用人导向和“事业为上、人岗相适”原则，综合考虑各方面要素，在充分酝酿、广泛征求意见的基础上，制定干部调整工作方案，做到选出的干部组织放心、群众满意、干部服气。调整配备县级领导干部227名，全市干部队伍的政治素质和结构得到优化。

【产业转型升级】 2022年，中共临汾市委把产业转型升级作为全方位推动高质量发展的重中之重，实施产业转型和数字转型“两个转型”，构建高质量发展现代产业体系。坚持农业产业化、专业化、现代化发展方向，推进沿黄梨果、沿汾蔬菜、沿太岳中药材三大板块建设，加快“临汾优选+智慧农业”发展，推进总投资100亿元、打造100个智慧农业示范点的农业“双百”工程，培育“龙头企业+中央厨房+终端配送”全产业链。加快传统产业建链延链补链强链，煤炭先进产能占比达到84%，34座地方监管煤矿产量稳定保持在省下达临汾市日产13万吨保供要求之上；安泽蔺鑫等8个大机焦项目顺利实施，钢铁先进产能占比达到70%。狠抓新兴产业培育壮大，作出并启动临浮产业一体化发展试验区建设战略部署，并上升为2023年全省经济工作重大任务目标；浮山华润“源网荷储低碳”智慧产业园区、蒲县抽水蓄能电站等一批新能源项目加快推进，华翔智能科技产业园一期项目竣工投产。制定出台服务业助企纾困16条措施，安排3亿元财政资金消费券和补贴，开展“悦享临汾·回家有礼”促消费系列活动，携手百度智能云建设人工智能产业基地，全市服务业增加值达到826.8亿元，比上年增长3.4%。

【项目建设】 2022年，中共临汾市委坚持“抓项目就是抓发展、谋项目就是谋未来”理念，实施领导班子成员带头包联重大项目，开展“项目建设年”活动，铺开项目1040个，总投资4243亿元；抓住国家构建现代化基础设施体系机遇，超前谋划总投资1.26万亿元的2022—2025年重大基础设施项目和产业类项目1045个；与全省同步开展3期“三个一批”活动，涉及总投资494.14亿元的项目148个。狠抓招商引资，在北京市、上海市等地开展招商活动，全年全市签约项目254个，总投资1549.5亿元。新批设立吉县现代农业产业示范区，全市开发区总数达到12家。培育壮大市场主体，全市新增市场主体15.2万户、净增12.8万户，均位居全省第一。

【创新改革开放】 2022年，中共临汾市委坚持把创新作为第一动力，把深化改革作为活力之源，把扩大开放作为必由之路，持续深入推进。打造一流创新生态，全市科技型中小企业数量达到153家，建成2家省级、6家市级工程技术研究中心、4家市级重点实验室，与北京科技大学、上海交通大学等20余所高校建立36个科技成果转化基地，全市整体创新能力和核心竞争力不断提升。常委班子带头领办重大改革事项，年度5个方面24个大项69个小项改革任务顺利推进，国企改革三年行动圆满收官，“承诺制+标准地+全代办”改革持续深化，农业农村、基层治理、财税金融等改革工作同步推进，翼城县“土地入股+集体经营+全产业链托管”模式得到央视新闻报道。全市有进出口实绩的贸易企业达到58家；成功举办第三届大河文明论坛暨首届黄河流域生态保护和高质量发展重要实验区峰会，与斯洛伐克驻华大使举行会谈，提升临汾对外知名度和影响力。

【民主法治建设】 2022年，中共临汾市委加强党对人大工作的全面领导，召开市委人大工作会议，出台《新时代坚持和完善人民代表大会制度，加强和改进人大工作的贯彻落实意见》，支持人大及其常委会依法履行职责。领导制定红色文化资源保护传承条例，启动海绵城市建设管理条例等立法工作。支持政协发挥协商民主重要渠道和专门协商机构作用，打造“凝心聚力、建功临汾”履职品牌，围绕“三大板块”协同联动、乡村振兴有效衔接等重点课题，开展各类协商议政活动22次。推进依法治市，召开市委常委会议、市委全面依法治市委员会会议专题研究部署法治建设工作，制定出台全市贯彻落实《法治中国建设规划》《法治社会建设实施纲要》的实施方案。深化行政执法改革。推进司法体制综合配套改革，侦查权、检察权、审判权、执行权相互配合、相互制约的体制机制健全。制定实施“八五”普法规划。巩固和发展爱国统一战线，组织民主党派开展“矢志不渝跟党走，携手奋进新时代”政治交接主题教育，协助民主党派完成换届工作，加强党外知识分子、新的社会阶层人士统战工作，引导其主动承担社会责任，参与经济社会发展工作。

【宣传思想文化工作】 2022年，中共临汾市委落实《党委（党组）意识形态工作责任制实施办法》及省市实施细则，将意识形态工作纳入全市工作大局、党建工作责任制、年度目标责任考核体系和市委巡察范围，召开2次市委意识形态工作专题会、2次意识形态分析研判会，牢牢掌握意识形态工作领导权。推进“正道”“清风”“清朗”集中行动和专项整治，开展网络环境专项整治年活动。实施党委理论学习中心组“第一议题”制度，推动党委（党组）理论学习中心组列席旁听制度全覆盖，开展党的十九届六中全会精神、习近平总书记考察调研山西重要指示精神等基层宣讲活动4600余场，8家理论宣讲单位被确定为全省“双一百”示范点。推进省级文明城市创建，抓好以“产”兴城、以“绿”靓城、以“建”强城、以“文”润城、以“德”塑城、以“稳”护城六方面工作，推进文明单位、文明村镇、文明社区、文明校园、文明家庭五大创建工作，加快新时代文明实践中心建设提质扩面、提档升级，全市县乡村三级拓展延伸建设文明实践点526个，文明实践岗770个，打造翼城县“日行一善”等一批志愿服务特色品牌。繁荣发展文化事业，实施非物质文化遗产保护传承、地方戏曲振兴等“六大工程”，创作推出电影《红光》等一批优秀文艺作品。加强文物保护利用，陶寺遗址博物馆、晋国博物馆等文博项目加快建设。推进文旅融合发展，启动实施总投资约110亿元的黄河板块旅游发展综合项目，壶口瀑布景区建成AAAAA景区。

【民生事业】 2022年，中共临汾市委面对最强秋汛，在山西省率先出台灾后恢复重建30条硬核措施，受灾群众生产生活秩序迅速恢复，15946户重建修缮农房提前一个月实现全部入住目标。做好灾后恢复重建“后半篇”文章，实施总投资55.17亿元的灾损基础设施建设项目354个，415处因灾损毁国省道修复完成，26座受损水库以及水毁河道堤防等水利工程全部完工，20项汾河流域防洪能力提升工程全部开工。健全完善防止返贫动态监测和帮扶机制，881个村级产业、基础设施项目全部开工建设，全市脱贫劳动力务工就业人数达到11.17万人，累计消除风险监测对象4453户11629人。加强对乡村振兴先行示范县、整体推进县、重点帮扶县的分类指导，推进39个省级、25个市级乡村振兴“四类”示范村建设，投资1000万元将习近平总书记考察调研的冯南垣村、段村打造成乡村振兴示范样板。开展欠薪案件线索“月月清”活动，全市追发劳动者工资等待遇5375万余元。推进教育高质量发展，新开工建设10所幼儿园，认定34所普惠性幼儿园，启动16所义务教育阶段学校新改扩建工程，完成82所寄宿制学校改造工程，民办义务教育在校生占比由22.53%降低至3.85%。加快国家级“卫生应急综合试验区”试点建设和省级区域医疗中心建设，实施市中心医院改扩建、市第二人民医院等8大项目，市区15分钟就医圈加快形成。实施《城市发展与建设更新三年行动计划》，推动涝洰河、河西、尧庙、老城、东城5个片区建设改造。启动实施88个、总投资318亿元的重点城建、城管项目，规划三街道路北段、五一路快速通道、河汾一路跨铁路立交桥等城市交通项目竣工通车，“核心内环、快速中环”框架基本形成，临汾一中第一附属学校建成投用，环境产业园区建成运行，临汾市动物园迁建工程完工开园，168个城镇老旧小区加速改造，一批街头游园、口袋公园建成开放。精准对接基层所盼、民心所向，开展“向人民群众交好账”实践活动，形成交账事项清单1.4万余条，解决了一批群众最关心、最需要、最紧迫的问题。新建或利用原有设施改建农村公共浴室869个、日间照料中心417个。开展“百日服务攻坚、千万岗位推送”专项行动，全市城镇新增就业5.4万人，超额完成省定目标任务，位居全省第一。

【推进绿色发展】 2022年，中共临汾市委深入学习贯彻习近平生态文明思想，强力推动全市生态环境质量持续改善。开展秋冬季大气污染综合治理攻坚，对全市焦化、钢铁等重点企业实施“创A退D”行动，50家企业达到B级及以上等级，实施152项污水处理厂扩容新建等重点工程。市区环境空气质量排名实现“退出倒10”攻坚目标；9个国考断面全部稳定达Ⅳ类以上，优良水体比例55.6%。全面落实黄河流域生态保护和高质量发展重大国家战略，抓住晋西太德塬固沟保塬项目列入国家《黄河流域生态保护和高质量发展规划纲要》的有利条件，加快实施一批生态综合治理和农业产业协同发展的大项目、好项目，构建“塬面、沟道、河川”综合防护治理体系。完成

233个图斑768.95公顷废弃露天矿山和历史遗留矿山修复治理工作，实施营造林11.41万亩。编制《临汾市碳排放总量控制和达峰实施方案》，对省定临汾市64个“两高”项目分类处置，“两高”行业总产能稳中有降。

【扛起主体责任】 2022年，市委常委会坚持党要管党、全面从严治党，研究党的建设议题76项，召开2次市委书记专题会议推进巡察工作。制定和落实《中共临汾市委党建工作领导小组2022年工作要点》《中共临汾市委落实全面从严治党主体责任2022年任务安排》《关于全面推进清廉临汾建设的行动方案》和2022年工作要点。组织市四大班子成员和各县（市、区）委书记前往省党风廉政教育基地，参观“牢记初心使命”党风廉政教育大型主题展，严格执行中央八项规定精神，驰而不息纠治“四风”，持续保持反腐高压态势。扎实开展抓党建促基层治理能力提升专项行动，启动实施总投资2.7亿元的村级集体经济壮大提质项目18个，率先在全省组建市级农村集体经济发展有限公司。“清化收”专项工作清理整改不规范合同6.7万份，化解村级债务3.79亿元，新增资源面积21.7万余亩。招聘2112名大学毕业生到村任职，实现“一村一名大学生”全覆盖。向10个山区县选派153名科技特派员，实现科技人才服务全覆盖。 （市委办供稿）

重要会议

【市委全委会议】 2022年1月9日，临汾市委五届二次全体会议暨市委经济工作会议召开。全会坚持以习近平新时代中国特色社会主义思想为指导，深入学习贯彻党的十九届六中全会和中央经济工作会议精神，认真贯彻落实省第十二次党代会和省委经济工作会议精神，全面落实市第五次党代会的总体部署，听取和讨论了市委书记闫晨曦受市委常委会委托作的工作报告，审议通过了《中共临汾市委全会工作规则》。

2022年1月17日，临汾市委五届三次全体会议召开，会议听取市委常委、组织部部长郝献民对临汾市推荐提名全省出席党的二十大代表人选情况作的说明。投票表决通过临汾市推荐提名全省出席党的二十大代表候选人推荐人选名单。

2022年2月24日，临汾市委五届四次全体会议召开，全会审议通过了《中共临汾市委关于落实〈中共山西省委关于全面贯彻落实习近平总书记考察调研山西重要指示精神的实施意见〉的实施方案》。

2022年11月3日，临汾市委五届五次全体会议召开，全会审议通过了《中共临汾市委关于深入学习宣传贯彻党的二十大精神的实施方案》，听取和讨论了市委书记闫晨曦所作的工作报告。

【市委常委会会议】 2022年1月7日，市委书记闫晨曦在市委常委会议室主持召开五届市委第16次常委会会议。会议学习习近平总书记在党的十九届六中全会、庆祝中国共产党成立100周年大会、党史学习教育动员大会、全国脱贫攻坚总结表彰大会、中央政治局专题民主生活会上的重要讲话精神，习近平总书记视察山西重要讲话重要指示精神，《中共中央关于党的百年奋斗重大成就和历史经验的决议》。研究市委五届二次全体会议暨市委经济工作会议筹备情况，审议并原则同意《市委常委会工作报告》、闫晨曦书记和李云峰市长在市委经济工作会上的讲话。审议并原则同意《市委常委会工作规则（送审稿）》《市委书记专题会议工作规则（送审稿）》《市委全会工作规则（送审稿）》。审议并原则同意《临汾市贯彻落实中央生态环境保护督察报告整改实施方案（送审稿）》。会议研究有关人事事项。

2022年1月11日，市委书记闫晨曦在市委常委会议室主持召开五届市委第17次常委会会议。会议学习《中国共产党纪律检查委员会工作条例》《监察法实施条例》《关于新形势下党内政治生活的若干准则》。通报省委第六巡视组关于对临汾市委开展巡视整改专项检查情况的反馈意见。研究《市委常委班子党史学习教育专题民主生活会对照检查材料》。

2022年1月14日，市委书记闫晨曦在市委常委会议室主持召开五届市委第18次常委会会议。会议学习习近平总书记关于加强党内法规制度建设的重要指示、王沪宁同志在全国党内法规工作会议上的讲话精神，研究临汾市推荐提名山西省出席党的二十大代表建议人选，研究有关人事事项。

2022年1月18日，市委书记闫晨曦在市委常委会议室主持召开五届市委第19次常委会会议。会议研究市人大政府政协换届人事安排有关事项。听取市五届人大代表有关情况的汇报。研究并原则同意《省委涉粮问题专项巡视反馈意见整改方案》《省委涉粮问题专项巡视临汾市问题清单、任务清单、责任清单》。

2022年1月24日，市委书记闫晨曦在市委常委会议室主持召开五届市委第20次常委会会议。会议传达省“两会”精神。学习习近平总书记在中央农村工作会议上的重要讲话、在省部级主要领导干部学习贯彻党的十九届六中全会精神专题研讨班开班式上的重要讲话和在2022年世界经济论坛视频会议上的重要讲话精神。学习林武书记在山西大学讲思政课时的讲话精神。学习《中共中央组织部关于做好2022年领导干部报告个人有关事项工作的通知》精神。

2022年1月28日，市委书记闫晨曦在市委常委会议室主持召开五届市委第21次常委会会议。会议传达学习习近平总书记在山西省考察调研、看望慰问基层干部群众时重要指示精神，研究部署全市贯彻落实意见。学习中共山西省委关于省委常委班子党史学习教育专题民主生活会情况的通报。研究有关人事事项。听取市五届政协委员推荐考察情况的汇报。

2022年2月7日，市委书记闫晨曦在市委常委会议室主持召开五届市委第22次常委会会议。会议学习习近平总书记在中央政治局第三十六次集体学习、在中国同中亚五国建交30周年视频峰会、在2022年春节团拜会上的重要讲话精神。学习习近平总书记关于乡村振兴战略的重要论述，研究临汾市贯彻落实意见。传达学习十九届中央纪委六次全会、省纪委十二届二次全会精神，研究临汾市贯彻落实意见。听取市纪委五届二次全体会议筹备情况的汇报，审议通过《市纪委五届二次全会工作报告》。

2022年2月10日，市委书记闫晨曦在市委常委会议室主持召开五届市委第23次常委会会议。会议传达省委十二届三次全体会议精神，部署临汾市贯彻落实措施。传达学习中央深改委第二十二次、二十三次会议和省委深改委第三十三次、三十四次会议精神，研究临汾市贯彻落实意见；听取全市2021年重点改革事项完成情况报告。听取全市2021年意识形态领域形势分析研判情况汇报，研究下一步工作措施。传达学习全国统战部长会议、省委民族工作会议暨全省宗教工作会议和全省统战部长会议精神，研究临汾市贯彻落实意见。听取社会稳定形势分析研判情况汇报，研究下一步工作措施。传达学习中央、省委政法工作会议精神，研究临汾市贯彻落实意见。传达学习平安山西建设表彰大会会议精神，研究临汾市贯彻落实意见。传达学习全省政法队伍教育整顿总结会精神，研究临汾市贯彻落实意见。学习中共中央国务院《关于加强和改进新时代人才工作的意见》，研究调整市委人才工作领导小组成员有关事项，听取市委人才工作会议筹备情况的汇报。

2022年2月11日，市委书记闫晨曦在市委常委会议室主持召开五届市委第24次常委会会议。会议通报了省委、省纪委监委对樊某某涉嫌严重违纪违法进行纪律审查和监察调查的决定。市委、市人大、市政府、市政协主要负责人和每名市委常委，逐一表态发言，表示坚决拥护省委、省纪委监委的决定。

2022年2月14日，市委书记闫晨曦在市委常委会议室主持召开五届市委第25次常委会会议。会议学习了习近平总书记、李克强总理关于信访工作的重要指示批示精神和书记林武、省长蓝佛安对信访工作批示精神，传达了全国、全省信访工作会议精神，研究了临汾市信访工作。会议听取了市五届人大一次会议和市政协五届一次会议筹备情况汇报，审议并原则通过了《市人大常委会工作报告（送审稿）》和《市政协常委会工作报告（送审稿）》。会议审议并原则通过了《临汾市人民政府工作报告（送审稿）》。会议审议并原则通过了《临汾市中级人民法院工作报告（送审稿）》。会议审议并原则通过了《临汾市人民检察院工作报告（送审稿）》。会议审议并原则通过了《临汾市2021年国民经济和社会发展计划执行情况与2022年国民经济和社会发展计划草案的报告（送审稿）》。会议审议并原则通过了《临汾市2021年全市和市本级预算执行情况与2022年全市和市本级预算草案的报告（送审稿）》。会议研究了关于成立临汾市第五届人民代表大会第一次会议临时党委和政协第五届临汾市委员会第一次会议临时党委有关事项、关于临汾市第五届人民代表大会第一次会议选举办法和政协第五届临汾市委员会第一次会议选举办法、临汾市第五届人民代表大会第一次会议选举和政协第五届临汾市委员会第一次会议选举的总监票人、监票人、总计票人建议名单。

2022年2月23日，市委书记闫晨曦在市委常委会议室主持召开五届市委第26次常委会会议。会议审议并原则通过了《中共临汾市委落实〈中共山西省委关于全面贯彻落实习近平总书记考察调研山西重要指示精神的实施意见〉的实施方案（送审稿）》。会议学习习近平总书记关于保障能源安全重要论述，研究了临汾市贯彻落实意见。会议学习了习近平总书记关于国家粮食安全的重要论述、党的十八大以来全面实施国家粮食安全战略综述、《粮食流通管理条例》以及有关文件精神。会议学习了中共中央办公厅、国务院办公厅印发《关于更加有效发挥统计监督职能作用的意见》和《山西省统计条例》。会议学习了省纪委办公厅《关于习近平、李克强等领导同志在〈当前防范化解地方政府隐性债务风险的若干建议〉上的批示抄清及省纪委监委贯彻落实意见》，研究了临汾市贯彻落实意见。会议传达学习了全国、全省宣传部长会议精神，研究了临汾市贯彻落实意见。会议审议并原则通过了《临汾市深化应急管理综合行政执法改革实施方案》。会议研究了有关案件。会议研究了有关人事事项。

2022年3月18日，市委书记闫晨曦在市政府电子政务中心一楼会议室主持召开市委常委（扩大）会议。会议传达学习习近平总书记在全国两会期间重要讲话精神和全国两会精神，研究临汾市贯彻落实意见。

2022年3月22日，市委书记闫晨曦在市委常委会议室主持召开五届市委第29次常委会会议。会议学习了习近平总书记视察山西关于历史文物保护工作重要论述，研究了临汾市贯彻落实意见。会议学习了《关于全面建设清廉山西的行动方案》，传达了全面建设清廉山西工作专班第一次会议精神，研究了临汾市贯彻落实意见。会议传达学习了全国、全省组织部长会议精神，研究了临汾市贯彻落实意见。会议传达了全省抓党建促基层治理能力提升动员暨培训会精神，研究了临汾市贯彻落实意见。会议审议并原则通过了《中共临汾市委常委会2022年工作要点》。会议审议并原则通过了《临汾市“十四五”应急管理体系和本质安全能力建设规划》。会议听取了“争先、进位、崛起”解放思想大讨论工作情况汇报。会议研究了有关人事事项。

2022年3月28日，市委书记闫晨曦在市委常委会议室主持召开五届市委第30次常委会会议。会议听取了全市一季度经济运行情况汇报，研究了下一步工作措施。会议听取了全市一季度安全生产工作情况汇报，研究了下一步工作措施。会议审议并原则通过了《关于全面推进清廉临汾建设的行动方案（送审稿）》。会议研究了有关案件。会议研究了有关人事事项。

2022年4月1日，市委书记闫晨曦在市委常委会议室主持召开五届市委第32次常委会会议。会议贯彻落实习近平总书记在山西考察调研看望慰问基层干部群众重要指示精神——学习习近平生态文明思想和美丽山西建设重要论述，研究了临汾市贯彻落实意见。会议学习了全国、全省安全生产电视电话会议精神，研究部署了临汾市贯彻落实意见。会议传达了全省整治非法宗教活动，2022年第一次推进会议精神，研究了临汾市贯彻落实意见。会议研究了有关案件。会议研究了有关人事事项。

2022年4月20日，市委书记闫晨曦在市委常委会议室主持召开五届市委第34次常委会会议。会议听取了全市一季度社会稳定形势分析研判情况汇报，研究了下一步工作措施。会议传达了中央政法委第八次新时代政法工作创新交流会、全省贯彻落实《政法工作条例》工作部署会精神，研究了临汾市贯彻落实意见。会议传达了全省综治中心规范化建设提升年活动动员部署会议精神，研究了临汾市贯彻落实意见。会议审议并原则通过了《关于开展“向人民群众交好账”实践活动的实施意见（送审稿）》。会议听取了临汾市创建省级文明城市工作有关情况汇报，研究了下一步工作措施。会议传达了省委抓党建促基层治理能力提升专项行动调度会议精神，听取了临汾市专项行动进展情况汇报，研究了下一步重点任务。会议审议并原则通过了《临汾市贯彻落实省委省政府生态环境保护督察反馈意见整改实施方案（送审稿）》。会议听取临汾市高标准农田建设有关问题的情况汇报。

2022年4月24日，市委书记闫晨曦在市委常委会议室主持召开五届市委第35次常委会会议。会议听取一季度全市经济运行分析情况汇报，研究下一步工作措施。会议审议并通过了《临汾市突发公共事件新闻报道应急预案（送审稿）》。会议研究并通过了“6·3”专案中未处置涉案财物的处置建议。会议研究了有关案件。

2022年5月12日，市委书记闫晨曦在市委常委会议室主持召开五届市委第36次常委会会议。会议学习了习近平总书记关于持续抓好常态化疫情防控重要论述和省委《关于防疫情稳经济保安全以优异成绩迎接党的二十大胜利召开工作意见》，研究了临汾市贯彻落实意见。会议审议并原则同意《中共临汾市委财经委员会工作规则（修订稿）》《中共临汾市委财经委员会办公室工作细则（修订稿）》《市委财经委员会成员名单（修订稿）》《2022年市委财经委重点任务》。会议传达了省委人大工作会议精神，研究了临汾市贯彻落实意见。会议传达学习了全国保密工作会议、中央密码工作领导小组会议、全省机要保密工作会议主要精神，研究了临汾市贯彻落实意见。会议传达了全省党的二十大维稳安保工作部署会议暨更高水平的平安山西建设工作会议精神，研究了临汾市贯彻落实意见。会议传达了省政法队伍教育整顿领导小组专题会议暨进一步肃清孙力军政治团伙流毒影响工作督促会精神，研究了临汾市贯彻落实意见。会议审议并原则通过了《中共临汾市委新时代加强和改进思想政治工作责任清单（送审稿）》。会议审议并原则通过了《临汾市"十四五"战略性新兴产业和未来产业发展规划（送审稿）》《临汾市"十四五"军民融合发展规划（送审稿）》《临汾市"十四五"新材料、新装备、新产品发展规划（送审稿）》《临汾市"十四五"公共服务和社会保障事业规划（送审稿）》《临汾市"十四五"区域融合发展实现高水平崛起规划（送审稿）》《临汾市"十四五"能源革命及现代能源体系规划（送审稿）》《临汾市"十四五"新基建规划（送审稿）》《临汾市"十四五"新业态发展规划（送审稿）》《临汾市"十四五"服务业发展规划（送审稿）》《临汾市"十四五"陆港型物流枢纽城市建设规划（送审稿）》等10个规划。

2022年5月17日，市委书记闫晨曦在市委常委会议室主持召开市委常委会（扩大）会议。会议传达学习中共山西省委十二届四次全体会议精神，研究临汾市贯彻落实意见。

2022年5月26日，市委书记闫晨曦在市委常委会议室主持召开五届市委第38次常委会会议。会议研究了考核有关工作，审定了全市2021年度考核结果。会议传达了全国稳住经济大盘电视电话会议精神，研究了临汾市贯彻落实意见。会议学习了习近平总书记关于就业工作重要论述及全国、全省稳就业工作会议精神，研究了临汾市贯彻落实意见。会议听取了临汾市对国家、省考核评估问题整改情况和自查问题整改情况汇报，研究了下一步工作措施。会议研究了有关案件。会议研究了有关人事事项。

2022年6月17日，市委书记闫晨曦在市委常委会议室主持召开五届市委第39次常委会会议。会议传达学习中国共产党山西省代表会议精神。传达学习林武和蓝佛安在省委稳经济促发展项目谋划推进工作会上的讲话精神。传达学习省委副书记、省长蓝佛安在临汾调研时讲话精神。传达学习全省稳经济工作部署电视电话会议精神，研究临汾市贯彻落实意见。听取1—5月全市经济运行情况汇报，研究下一步工作措施。听取群众反映襄汾县邓庄村上百亩小麦被毁有关情况汇报。会议研究了有关人事事项。

2022年6月30日，市委书记闫晨曦在市委常委会议室主持召开五届市委第40次常委会会议。会议听取了统计监督工作情况汇报，审议并原则通过了《关于进一步学习贯彻〈关于更加有效发挥统计监督职能作用的意见〉的通知》。会议审议并原则通过了《临汾市大气污染整治攻坚量化问责办法（送审稿）》。会议审议并原则通过了《重点县市区工业企业秋冬防强化管控工作办法（暂行）（送审稿）》。会议学习了中央、省委关于产业工人队伍建设改革工作会议精神，听取了临汾市产业工人队伍建设改革工作情况汇报，研究了临汾市贯彻落实意见。会议审议并原则通过了《中共临汾市委关于新时代坚持和完善人民代表大会制度、加强和改进人大工作的贯彻落实意见（送审稿）》、《中共临汾市委关于贯彻落实中央、省委人大工作会议重点任务若干措施和分工方案（送审稿）》。会议审议并原则通过了《五届临汾市委巡察工作规划（试行）（送审稿）》。会议学习了《山西省规范领导干部办理婚丧喜庆事宜规定》，研究了临汾市贯彻落实意见。会议审议并原则通过了《中共临汾市委党建工作领导小组2022年工作要点（送审稿）》、《中共临汾市委落实全面从严治党主体责任2022年任务安排（送审稿）》。会议研究了有关人事事项。

2022年7月15日，市委书记闫晨曦在市委常委会议室主持召开五届市委第41次常委会会议。会议学习了习近平总书记关于做好高校毕业生就业工作的重要指示、王沪宁同志在中央教育工作领导小组第八次专题会议上的讲话及全省2022届高校毕业生就业工作推进会议精神，研究了临汾市贯彻落实意见。会议审议并原则通过了《临汾市自建房安全专项整治实施方案（送审稿）》。会议传达了中央政法委第六次反邪教工作会议和省委政法委反邪教工作会议精神，研究了临汾市贯彻落实意见。会议学习了省纪委印发的太重集团系列违纪违法案件，地方金融系统严重违纪违法案件，郭某、石某某、杨某某等人严重违纪违法案件以及违反中央八项规定精神、违反换届纪律、医保领域违纪违法案件、安全生产领域暨盗采矿产资源违纪违法案件通报。

2022年8月15日，市委书记闫晨曦在市委常委会议室主持召开市委常委会（扩大）会议及五届市委第42次常委会会议。市委常委会（扩大）会议传达学习了全省贯彻落实中央八项规定精神专题警示教育大会精神，审议并原则通过了《临汾市贯彻落实全省专题警示教育大会有关要求的具体举措（送审稿》）。五届市委第42次常委会会议听取了上半年社会稳定形势分析研判情况汇报，研究了下一步工作措施。会议听取了全市上半年安全生产工作情况，研究了下一步工作措施。会议传达学习了国家矿山安全监察局调研督导工作启动会和全省尾矿库安全治理攻坚行动推进电视电话会议精神，研究了临汾市贯彻落实意见。会议传达学习了省2021年度巩固拓展脱贫攻坚成果同乡村振兴有效衔接考核集体约谈会精神，研究了临汾市贯彻落实意见。会议审议并原则通过了《临汾市党政领导干部落实食品安全责任制规定实施细则（送审稿）》。会议审议并原则通过了《临汾市规范党员干部办理婚丧喜庆事宜的实施细则（送审稿）》。会议研究了有关案件。会议研究了有关人事事项。

2022年8月26日，市委书记闫晨曦在市委常委会议室主持召开五届市委第43次常委会会议。会议审议并原则通过了《临汾市关于贯彻落实〈法治中国建设规划（2020—2025年）〉的实施方案（送审稿）》、《临汾市关于贯彻落实〈法治社会建设实施纲要（2020—2025年）〉的实施方案（送审稿）》。会议审议并原则通过了《临汾市“十四五”政府治理能力现代化规划（送审稿）》。会议审议并原则通过了《临汾市关于做好2022年全面推进乡村振兴重点工作的实施方案（送审稿）》。会议审议并原则通过了《临汾市“十四五”农业农村现代化发展及巩固拓展脱贫攻坚成果规划（送审稿）》。会议审议并原则通过了《临汾市“十四五”公共卫生服务体系规划（2021—2025）（送审稿）》。会议审议并原则通过了《临汾市“十四五”开放型经济发展规划（送审稿）》。会议审议并原则通过了《临汾市“十四五”现代综合交通运输体系规划（送审稿）》。会议审议并原则通过了《临汾市“十四五”人力资源开发、教育改革发展规划（送审稿）》。会议审议并原则通过了《临汾市“十四五”“两山六河一流域”生态保护和生态文明建设、生态经济发展规划（送审稿）》。会议审议并原则通过了《临汾市水污染防治量化问责实施办法（试行）》。会议审议并原则通过了《临汾市“十四五”营商环境建设规划（送审稿）》。会议宣读了《关于给予樊某某开除党籍处分的通知》《中共山西省纪律检查委员会关于给予樊某某开除党籍处分的决定》《山西省监察委员会关于给予樊某某开除处分的决定》。

2022年9月14日，市委书记闫晨曦在市委常委会议室主持召开五届市委第44次常委会会议。会议审议并原则通过了《关于临汾市在新时代推动中部地区高质量发展中争先进位崛起的行动方案（送审稿》）。会议审议并原则通过了《临汾市拟申请专项借款项目清单》，研究了借款需求有关事项。会议传达了第九次全国市域社会治理现代化试点工作交流会、全省市域社会治理现代化试点工作经验交流会精神，研究了临汾市贯彻落实意见。会议传达学习了全国信访工作会议、全省信访工作会议、全省信访工作联席会议全体（扩大）会议精神，研究了临汾市贯彻落实意见。会议研究了有关案件。会议研究了共青团临汾市第四次代表大会换届有关事项。会议研究了有关人事事项。

2022年9月27日，市委书记闫晨曦在市委常委会议室主持召开五届市委第45次常委会会议。会议学习了《中共中央办公厅关于浙江省嘉兴市违规改扩建南湖宾馆问题查处情况的通报》《国务院办公厅关于个别地方违规兴建楼堂馆所和乱设乱用财政专户乱存乱放财政资金问题的通报》。会议传达了全国党的二十大安保工作动员部署会议和省党的二十大信访维稳安保工作推进会议精神，研究了临汾市贯彻落实意见。会议审议并原则通过了《临汾市“十四五”社会治理规划（送审稿）》。会议审议并原则通过了《临汾市“十四五”新技术发展规划（送审稿）》。

会议审议并原则通过了《临汾市“十四五”打造一流创新生态，实施创新驱动、科教兴市、人才强市战略规划（送审稿）》。会议审议并原则通过了《临汾市“十四五”文化旅游会展康养产业发展规划（送审稿）》。会议学习了全国、全省安全生产会议精神，研究了临汾市贯彻落实意见。会议研究了有关案件。

2022年10月24日，市委书记闫晨曦在市委常委会议室主持召开五届市委第46次常委会会议。会议传达学习贯彻中国共产党第二十次全国代表大会、中国共产党第二十届中央委员会第一次会议精神。

2022年11月2日，市委书记闫晨曦在市委常委会议室主持召开五届市委第47次常委会会议。会议传达学习了省委十二届五次全体会议精神。会议研究了市委五届五次全体会议有关事项。会议听取了前三季度临汾市经济运行工作情况汇报，研究了下一步工作措施。会议听取了第三季度临汾市意识形态分析研判情况汇报，研究了下一步工作举措。会议听取了第三季度临汾市社会稳定情况汇报，研究了下一步工作措施。会议传达学习了中央组织部《推进领导干部能上能下规定》专题培训班精神，研究了临汾市贯彻落实意见。会议审议并原则通过了《关于规范市直单位年度考核奖发放办法的意见》。会议传达学习了全国城市基层党建引领基层治理工作电视电话会议精神，研究了临汾市贯彻落实意见。会议研究了有关案件。

2022年11月16日，市委书记闫晨曦在市会议中心10号会议室主持召开市委常委（扩大）会议。会议传达学习了《中共中央政治局关于加强和维护党中央集中统一领导的若干规定》。会议传达学习了《中共中央政治局贯彻落实中央八项规定实施细则》《十九届中央政治局贯彻执行中央八项规定情况报告》《关于党的十九大以来整治形式主义为基层减负工作情况的报告》。

2022年11月16日，市委书记闫晨曦在市委常委会议室主持召开五届市委第49次常委会会议。会议研究了疫情防控有关事项。会议审议并原则通过了《临汾市“十四五”城乡人居环境建设规划（送审稿）》。会议传达学习了习近平总书记在《深化规律认识正视风险挑战有效规范引导——当前我国资本运行的三重风险及对策建议》上的重要批示精神及省纪委监委贯彻落实意见，研究了临汾市贯彻落实举措。会议研究了有关案件。

2022年12月9日，市委书记闫晨曦在市委常委会议室主持召开五届市委第50次常委会会议。会议传达学习了习近平总书记关于安全生产的重要指示批示精神和省委、省政府安全工作重要部署，研究了临汾市贯彻落实意见。会议传达学习了12月6日中央政治局会议精神。会议学习了国务院联防联控机制《关于进一步优化落实新冠肺炎疫情防控措施的通知》。会议传达学习了12月8日省委常委（扩大）会议精神。会议学习了省疫情防控领导小组《关于落实进一步优化新冠肺炎疫情防控措施的意见》，研究并原则通过了临汾市《关于落实进一步优化新冠肺炎疫情防控措施的实施细则》。会议听取了1—11月全市经济运行情况汇报，研究了下一步工作举措。会议审议并原则通过了《关于纳入全省经济工作重大事项的报告》。会议听取了临汾市2022年国家巩固拓展脱贫攻坚成果同乡村振兴有效衔接考核评估工作准备情况的汇报。会议研究并原则通过了《山西师范大学临汾学院并入临汾职业技术学院工作方案》。会议学习了《坚决贯彻总体国家安全观全力保障中国式现代化稳步推进》。会议研究了市五届人大二次会议有关工作。

2022年12月27日，市委书记闫晨曦在市委常委会议室主持召开五届市委第51次常委会会议。会议传达学习了中央经济工作会议、中央农村工作会议精神和习近平总书记对爱国卫生运动重要指示精神。会议传达学习了省委经济工作会议精神。会议研究部署了全市新冠疫情防控有关工作。会议传达学习了省委《关于坚决维护党中央集中统一领导的规定》。会议审议了《2022年度市委常委班子民主生活会方案》。

2022年12月30日，市委书记闫晨曦在市会议中心10号会议室主持召开市委常委扩大会议。会议传达了全省领导干部会议精神。

市委办工作

【概况】 2022年，临汾市委办公室坚持正确政治方向，坚定捍卫“两个确立”，坚决做到“两个维护”，切实加强机关党的建设。组织党员赴霍州市冯南垣村、汾西县段村开展“牢记领袖嘱托，凝聚发展力量”主题党日活动，重走习近平总书记考察调研临汾路线、重温习近平总书记重要指示精神，教育引导广大党员干部持续增强对人民领袖的真心热爱、高度认同和紧密追随。组织起草领导讲话、汇报材料等200余篇210余万字，综合文字服务精益求精。编辑《山西临汾信息》《双日要情》等各类信息1049期，被中办、省办采用228条（篇）。受理各类社情民意件2121件，回复率、办结率均达到100%，社情民意通道持续畅通。规范文件阅办、文件制发审批和事项请示等格式和流程制度，阅办各级各类文件1443件，传阅9800余次，分发各类文件548期41720余份。组织市委常委会、专题会等各类会议257次，承办调研、会谈等公务活动110余次。接紧急突发事件、新冠疫情等各类来文1541件，报省值班快报778件。先后对市方舱医院建设、侯马市建邦集团卫生防护距离内居民搬迁、曲沃县废钢产业发展等重难点问题开展督导。特别是对主要领导指示批示抄清台账涉及的78个事项，持续跟踪督办，有力推动了问题解决。做好“13710”信息化督办平台的使用和管理，先后督办了临开盛城投资新建科技孵化园中试基地及配套项目、洪洞开发区三维集团复工复产能耗指标不足等15个事项，14个已办结，1个正在推进中。开展微信泄密专项整顿和保密工作大排查行动，严防泄密事件发生。2022年，共查处机关单位工作人员违规传输国家秘密和工作秘密文件案件15起，处理相关责任人21人。组织开展“保密故事大家讲”保密微视频拍摄征集活动，共制作微视频100余个，乡宁县、侯马市选送作品纳入中央保密办微视频征集评选范围。坚持总体国家安全观，围绕护航党的二十大，推动全市国家安全重大风险防范化解工作，梳理完善《国家安全重大风险清单》，制定工作预案，确保政治领域安全万无一失。

【文秘工作】 2022年，临汾市委办公室围绕市委的重大决策和中心工作，坚持从全局和战略的高度思考问题，研究工作，起草文稿。领会中央、省委、市委精神，起草市委经济工作会议、市委五届五次全会、疫情防控工作会议等文稿，共210余篇135万余字。完善前置审核流程，加大文件精简力度，强化文件审核把关，提高公文质效和规范化水平。全年办理各类文件255件，其中，临发22件，临办发25件，临办发电13件，临字67件，临办字54件，临办通报5期；其中，向省委办公厅报备规范性文件25件。做好中央和省委文件的阅办和管理工作。接收办理中央和省委文件294件，市政府转阅件146件，省直部门、县（市、区）和市直部门文件1003件，累计传阅9800余人次。发放中央和省委文件289期11500余份，发放市级文件139期，其中，发市直单位15100余份、发县（市、区）120期15120份，共41720余份。借阅上级文件187次220余份。做好省委文件的电子化传输和印制、发放工作，通过省委电子公文交换系统印制发放省委文件257期共计9500余份。全年归档中央文件78期178份，省委文件231期537份，市委文件249期971份，省直其他部门、县（市、区）和市直部门办件合订本46本。

【信息工作】 2022年，临汾市委办公室做好全市党委信息和社情民意工作，为党委及时掌握情况、科学民主决策，倾听群众呼声、回应群众关切，推动工作落实发挥了积极作用。全年共收集整理各县（市、区）、市直各部门报送信息6000余条，编辑《山西临汾信息》724期、《双日要情》217期、《临汾信息》53期、《每周要情》44期、《临汾信息·副刊》11期、约稿540篇，被中办、省办采用信息228条（篇）。畅通社情民意通道，通过人民网“领导留言板”、黄河新闻网“我对领导有话说”两个栏目，累计受理网友反映的各类社情民意件2121件。其中，接收省委转办的网民给省委领导留言211件；网民给市委书记留言964件；各县（市、区）承办网友给当地党政领导的留言946件；回复率、办结率均达到100%。

【督查工作】 2022年，临汾市委办公室先后组织对习近平总书记考察调研山西重要讲话重要指示精神和关于高标准农田建设的重要批示精神贯彻落实情况开展了3轮督查，推动各项任务落实落细。围绕学习贯彻党的二十大精神、黄河流域高质量发展、经济工作会、“两会”等中央及省、市重要决策部署安排，进一步细化任务分解，逐项逐条对账，持续跟踪督办，确保中央及省委、市委各项决策部署在基层得到全面有效贯彻落实。特别是对疫情防控、安全生产、粮食安全、生态环境保护、优化营商环境等重点工作开展专项督查，推动各项工作有力有序落实到位。重点对市委主要领导关注的曲沃废钢产业发展、侯马建邦集团防护距离内居民搬迁、尧都贺家庄贫困户生活等问题开展实地督导。整治形式主义为基层减负，加强精文简会力度，明确精简的范围口径，2022年全市制发三大类文件和召开需下级单位参加的会议均控制在目标范围内，切实为广大基层干部减负松绑。严格规范督检考，2022年，列入市级督检考计划的22个事项均已开展。全年共办理市政协提案27件，办结率100%、满意率100%，市委办公室荣获“2022年提案办理先进单位”荣誉称号。

【保密工作】 2022年，临汾市委办公室坚持党管保密原则不动摇，做好服务保障党的二十大、保密专项整治、“三大管理”、宣传教育、监督检查等各项保密工作，确保党和国家秘密绝对安全。提请市委常委会、市委理论学习中心组传达学习全国、全省保密会议有关精神，研究贯彻落实举措。及时调整充实市委保密委员会机构和成员单位，组织召开2次全体会议安排部署年度保密重点工作，审议通过《市委保密委员会工作规则》，市委保密委员会作用发挥更加有力。组织召开全市党委办公室服务保障党的二十大保密工作会议，对服务保障党的二十大的保密工作任务进行再强调、再动员。推进保密专项整治行动，组织全市各级机关单位全员签订社交媒体保密承诺书11万余份，严肃查处多起失泄密案件，并组织开展“回头看”，全面消除泄密隐患。组织开展全市定密工作专题培训，完成全市各级机关单位定密责任人、定密事项、定密授权等事项数据报备，推进全市涉密信息系统风险评估和换证发证工作，开展涉密人员业务培训，保密“三大管理”基础更加稳固。利用“4·15”“12·4”等重要时间节点，开展保密法治宣传教育。修订完善《临汾市2022年度保密工作责任制专项考核细则》，优化考核指标体系，全面完成全市81个市直单位和17个县（市、区）的保密工作责任制专项考核任务。做好高考、中考、公务员笔面试等各类国家统一考试保密管理工作，认真组织开展保密自查自评专项检查，共检查计算机188台，涉密文件300余份，推动问题隐患及时发现解决。加大保密科技装备投入力度，实施保密技术监管平台升级改造，完成各类会议服务保障以及外出保密技术检查工作。开展涉密载体销毁服务。

【档案工作】 2022年，临汾市委办公室围绕中心，服务大局，聚焦“喜迎二十大·档案颂辉煌”主题，开展“6·9”国际档案日系列宣传活动，为党的二十大胜利召开营造浓厚热烈氛围。加强重大活动档案管理，主动作为、提前介入，深入调研、精心指导，推进脱贫攻坚、疫情防控“两类档案”和党史学习教育、重点行业企业用地土壤污染状况调查档案收集、整理、归档和移交工作。全面提升依法管档治档水平，印发《临汾市档案事业发展“十四五”规划》，组织档案工作检查和档案安全检查，实现档案监督检查市直单位全覆盖。推进档案资源体系建设，印发《临汾市市级机关团体企业事业单位档案移交与接收工作规范（试行）》，推行机关档案分类方案、文件材料归档范围和档案保管期限表三合一制度工作。加强档案干部队伍建设，组织参与国家、省档案局档案“三支人才”选拔推荐工作，全市入选国家档案工匠人才1名、省级档案专家2名、省级档案储备专家1名、全省档案工匠型人才11名、全省青年档案业务骨干12名。完成全市各级1236个单位的档案事业统计调查工作、国家重点档案保护与开发工程申报工作、第五批《中国档案文献遗产名录》申报工作。

（辛福宝）

组织工作

【概况】 2022年，临汾市委组织部坚持以习近平新时代中国特色社会主义思想为指导，深入贯彻新时代党的建设总要求和新时代党的组织路线，以迎接党的二十大胜利召开和学习宣传贯彻党的二十大精神为主线，贯彻落实全国组织部长会议精神，坚持以党的政治建设为统领，建设忠诚干净担当的高素质干部队伍，增强基层党组织政治功能和组织力，集聚爱国奉献的各方面优秀人才，各项工作均取得成效。

【思想理论武装】 2022年，临汾市委组织部坚持把学习贯彻习近平新时代中国特色社会主义思想和党的二十大精神作为头等大事和首要政治任务，教育引导党员、干部学深悟透、入脑入心。组织各级党组织和党员、干部学习《习近平谈治国理政》第四卷等指定书目，学习宣传党的二十大精神。举办市委党校主体培训班4期，培训干部200人次。举办市管主要领导干部学习贯彻党的十九届六中全会精神暨习近平总书记考察调研山西重要指示精神专题研讨班，培训市直单位“一把手”70余人次。组织市县两级举办“党课开讲啦”活动16726场次，培训党员22万余人次，推动全市各级党组织和党员干部以高度政治自觉坚定践行“两个维护”。促进党史学习教育常态化制度化，举办2期县级领导干部学习贯彻习近平新时代中国特色社会主义思想暨党史学习教育专题读书班和2期中青年领导干部培训班暨党史学习教育专题培训班，培训200名干部。开展喜迎党的二十大微党课展播，制作系列微党课在临汾组工、党建电视栏目《初心》、临汾党建网同步放映，讲述革命故事、重温经典旋律。制播党建栏目《初心》20期，制作党课作品207部，“学习身边榜样”微视频45部，全市25万余名党员受到党性教育和政治洗礼。

【锻造过硬干部队伍】 2022年，临汾市委组织部着眼临汾推动全方位高质量发展，以精准思维做好干部识别、培养、选用工作。加强分析研判，精准识别干部。开展专题调研，摸底掌握全市各层级各领域领导班子运行情况和干部队伍建设存在的问题，形成《临汾市乡镇领导班子结构现状分析研判报告》，制定《临汾市优化乡镇领导班子结构的实施意见》。落实《临汾市干部政治素质考察评价办法》，结合统筹做好疫情防控和经济社会发展工作，调研了解掌握干部在疫情防控、生态治理、项目建设等重大任务中履职尽责、作用发挥、工作实绩等情况，研判甄别干部政治素质，夯实干部调整配备工作基础。落实中央和省委有关换届要求，围绕“五好”换届目标，完成五届市人大、市政协领导班子换届任务。制定印发《临汾市关于从严控制借调乡村干部的通知》《临汾市乡镇（街道）工作人员轮岗交流制度（试行）》，对基层干部日常管理提出规范性要求，充实增强基层工作力量，凝聚起基层治理合力。对99名下派干部、墩苗干部进行专项考核，提升墩苗干部跟踪管理实效。定期组织市县两级召开年轻干部谈心谈话会议，对年轻干部进行日常教育提醒。市委书记闫晨曦示范带动各县（市、区）委书记同670余名年轻干部座谈交流、谈心谈话。研究制定《关于在抓党建促基层治理能力提升专项行动中开展选调生实践锻炼“十个一”活动的通知》，加强乡镇（街道）选调生、在村任职选调生实践锻炼。推进领导干部个人有关事项报告工作，完成1216名领导干部个人有关事项集中填报。从严从实开展选人用人专项检查，对11个市直单位及5个所属单位选人用人工作开展专项检查。执行“凡提四必”，加强对拟提名干部的“体检”，10人暂缓使用；在人大代表、政协委员的推荐提名中，依法按章办事，严把政治关、身份关、廉洁关和结构关，取消13名在征求意见环节发现问题的代表、委员人选资格，防止“带病提拔”“带病提名”。统筹做好全市2021年度集中考核工作，开展担当作为干部推荐评选，400名担当作为干部脱颖而出。注重用好职务与职级“两条晋升通道”，市管干部职务任免、职级晋升554人次。

【夯实基层党建基础】 2022年，临汾市委组织部坚持大抓基层的鲜明导向，推动基层党组织全面进步、全面过硬。学习贯彻中央和省委“4个文件”精神，落实省委书记林武“6个方面18字”部署要求，聚焦中组部等四部委和省委两个《若干措施》，组织制定任务、制度、进度计划“3个清单”，市级研究确定30个重点项目任务和30项重点制度任务，明确牵头部门、责任县（市、区）和进度计划、完成时限。完成市县两级30项制度建设任务，形成一批针对性、操作性强的制度成果；完成清理规范借调乡村干部工作、村（社区）党组织书记星级初评、市级主题培训、网格优化设置等工作。市级出台集体经济壮大提质3年行动方案等系列文件，构建市县乡村四级联动的、专责谋划推动集体经济发展的国有组织平台，建立“三个四”运行机制，形成龙头引领、集群发展、基地承载、项目带动的发展态势，市集团公司中央厨房等10个项目启动建设，县乡村三级1585个项目落地实施。推进“清化收”专项工作，摸排不规范合同4.5万余份，化解债务2738.48万元，新增资源14.8万亩。制定《关于抓党建促基层治理能力提升高质量推进村改社区工作的意见》，全市20个街道完成管理体制改革，40个行政村改制为城市社区，48个社区完成规模优化调整，夯实党建引领城市基层治理的基础。推进各领域基层党建。加强小区党群服务站点建设、健全社区工作者职业体系、完善在职党员到社区报到参与治理服务常态化工作机制，系统提升城市基层党建治理效能和服务群众水平。临汾市推动提升城市党建引领治理效能，相关经验做法在人民日报社主管的《城市党建周刊》、人民网、新华网刊发。推动党建工作要求写入国有企业公司章程，规范党组织议事规则，推动企业领导人员“双向进入、交叉任职”，实现党建与生产经营深度融合。指导山西师范大学临汾学院和临汾职业技术学院健全完善党委常委会、校长办公会议事规则，推进“双带头人”培育工程；指导市县两级教育工委完善运行机制，理顺公办学校、民办学校党组织隶属关系。完成落实公立医院党委领导下的院长负责制、领导班子建设、内部管理、基层党组织建设、落实党建工作责任不到位等问题专项整治整改，指导修订完善公立医院党组织会议、院长办公会议事规则。成立市级快递、物流2个行业党委，分类推动快递物流企业及分支机构、业务板块、基层网点组建74个基层党组织，实现党组织应建尽建；打造“五有”标准“暖心驿站”500个，加强对新就业群体关心关爱力度。聚焦抓党建促基层治理专项行动工作大局，开展“入企进社抓党建、服务发展促治理”活动，推动1566名工（党）委委员、党建工作指导员帮助解决党建、发展、职工权益保障难点问题4235个。

【建设一流人才高地】 2022年，临汾市委组织部围绕打造一流创新生态，实施更加积极更加开放更加有效的人才政策，激励吸引更多“千里马”在临汾干事创业、竞相驰骋。以“五个一”工作举措推进用“双千工程”市校合作项目。与百余所省内外高校建立联系，引进1627名硕博人才，落地951个市校合作项目，吸纳接收实习实训大学生2600余人，就业创业大学生3870人，柔性引进高校科研专家400余人，建成省级工程技术研究中心3家、重点实验室1家，落成“西北农林科技大学乡村振兴人才工作站”“中国农业大学穆月英教授工作站”“曲沃果蔬研究院”“吉县苹果试验示范站”等一批产学研平台，实现“12大基地”建设全覆盖和全市规上工业企业开展研发活动全覆盖。召开市委人才工作会议，在全市树立尊重创新、尊重人才的鲜明导向。制定《临汾市引进高层次和急需紧缺人才实施办法（试行）》，优化人才引进方式，畅通人才引进渠道。引进5名中央及省科技博士服务团成员到临汾市挂职，全市举办线上线下招聘会514场，机关、企事业单位引进各类人才2.72万名，其中博士研究生279名、硕士研究生627名。支持高等院校、科研院所、公立医院自主组织实施公开招聘，完成好备案的843个招聘计划。加快建设孵化服务平台，组织参与国家级、省级平台载体的申报，入选国家级人才创新创业平台5个、省级平台16个，市级人才平台34个。实施“乡村振兴万人计划”，统筹调配使用县乡事业编制，招聘1189名大学生到村和社区等基层一线工作，引导更多年轻人才向基层一线流动。选派科技特派员下沉一线，向10个山区县选派11批科技特派团，派出1200余名科技特派员，实现“三区”科技人才服务全覆盖，推动科技赋能、人才服务、乡村振兴有机结合。落实《关于构建临汾市人才服务体系的若干措施（试行）》，采取“一事一议”“一人一策”的办法，给予市高层次人才职务待遇、政治待遇和经济待遇。优先推荐高层次人才为优秀共产党员、劳动模范和“两代表一委员”，为符合条件的983名高学历人才发放各类津补贴1196.4万元，为500余名临汾市高层次人才提供健康体检服务，为高层次人才子女义务教育给予“即来即读、特殊照顾、属地负责、保障有力”的优待，制发3260张“临汾英才卡”为优秀人才在医疗保健、交通出行、文旅休闲等多方面开通“绿色通道”，打造827套具备“拎包入住”条件的人才公寓，330余套人才周转房。

【打造模范部门和过硬队伍】 2022年，临汾市委组织部坚持以政治建设为统领，建设模范部门和过硬队伍。把学习贯彻习近平总书记视察山西重要讲话重要指示精神和党的二十大精神作为首要政治任务，召开部务会（扩大）会议、部机关全体干部会议、全市组织系统学习贯彻党的二十大精神培训班专题传达会议。落实“三会一课”等组织生活制度，结合工作确定主题按期开展“支部主题党日”活动，组织全市组织系统举办“喜迎二十大·奋进新征程”迎七一系列活动，教育引导组工干部永葆“红色”政治本色，深化对“两个确立”决定性意义的领悟，增强“四个意识”、坚定“四个自信”、做到“两个维护”。组建部机关文书小组强化文稿写作，常态化选派部机关干部赴省委组织部跟班学习，编印《市委组织部学习资料》15期，促进组工干部综合能力素质、专业能力水平提升。信息、网宣工作保持全省第一方阵，牵头起草的8篇党建研究课题获奖，一等奖课题数量和获奖课题总数均位居全省首位。全面推进从严治部，严格执行中央八项规定及其实施细则精神，召开全市组织系统机关党建暨党风廉政建设工作会议，配合驻部纪检监察组开展工作，发挥好机关党组织、党小组作用，教育引导组工干部严格执行党纪党规和组织人事纪律，以严明纪律督促组工干部知敬畏、存戒惧、守底线。

（王瑞琪）

宣传工作

【理论武装】 2022年，临汾市委宣传部制订下发《2022年市委理论学习中心组学习计划》，指导各级中心组开展理论学习，服务市委中心组全年学习19次，指导全市各级中心组学习1688次。建立全市党委（党组）理论学习中心组列席旁听制度，细化工作方案，下发通知文件，组建17个列席旁听工作组，对全市17个县（市、区）和76家市直单位党委（党组），进行列席旁听；每月向省委宣传部报送全市列席旁听情况，完成县处级及以上中心组学习列席旁听全覆盖目标。

参与撰写山西全方位推动高质量发展面对面通俗理论读物系列丛书。举办全市学习贯彻习近平总书记考察调研山西重要指示精神基层理论骨干培训班和学习贯彻党的二十大精神理论宣讲骨干示范培训班，为全市基层理论骨干梳理宣讲重点，解读宣讲难点，兴起学习宣传贯彻习近平总书记考察调研山西重要指示精神和党的二十大精神的热潮，开展“新思想在山西”宣讲活动5523场，受众20万余人；到17个县（市、区），以及农业农村、文旅、妇联、新经济组织等系统和领域，开展党的二十大精神主题宣讲活动36场，开展基层宣讲1100余场，受众5万余人。在霍州市师庄乡冯南垣村开展全市2022年哲学社会科学普及周活动开幕式，组织安排习近平总书记考察调研山西重要指示精神专题讲座、社科经典诵读、线上文化展览、“献礼党的二十大理论宣讲进基层”等145场社科宣传普及活动，形成哲学社会科学普及的强大合力。规范新型智库，制定下发《关于规范新型智库设立及建设的若干措施》，从机构设立、研究方向、成果报送、出版发行等方面进行规范，推动新型智库健康有序发展，对全市省校合作智库合作基地建设情况进行摸底排查和报送。选树科普基地，临汾市图书馆、临汾博物馆、霍州市师庄乡冯南垣村、汾西县僧念镇段村等10家单位入选山西省社会科学普及宣传基地。

【意识形态工作】 2022年，临汾市委宣传部贯彻落实《党委（党组）意识形态工作责任制实施办法》和省市《实施细则》，出台《关于建立全市党委（党组）理论学习中心组列席旁听制度和意识形态督查“回头看”制度的通知》等制度性文件，对全市党委（党组）理论学习中心组列席旁听和意识形态督查“回头看”工作，作制度上的规定。组织成立3个专项检查组，配合五届市委第三轮巡察，对11个市直单位及所属5个副处级事业单位，开展意识形态工作专项检查。坚持党管意识形态原则，召开4次全市意识形态领域形势分析研判会、4次市委意识形态专题研究会。制定下发《关于做好2022年度意识形态工作及网络综合治理体系建设专项督查工作的通知》，配套制定5套考核表188项考评指标，将《中国共产党宣传工作条例》落实情况、新时代加强和改进思想政治工作落实情况、网络综合治理体系建设情况、《党委（党组）网络意识形态工作责任制实施细则》落实情况等4项工作，与意识形态工作责任制落实情况一体督查、一并考核。落实主管主办和属地管理原则，强化对论坛、讲坛、讲座、年会、报告会、研讨会等各类意识形态工作阵地的常态化、规范化管理，2022年全市举办各类报告会、研讨会、讲座、论坛50余场次，举办第三届大河论坛·首届黄河峰会、“寻根尧祖·德耀中华”尧文化研讨交流会等大型活动，按照要求履行审批报备程序。举办2022年度全市宣传系统意识形态工作线上专题培训班，对全市90余名业务骨干进行培训。做好意识形态领域的风险防范化解工作，梳理风险点，及时研判、有效化解、稳妥处置。

【文化传承】 2022年，临汾市委宣传部围绕“喜迎二十大”这条主线，推进“平阳记忆”文化工程，出版5本《平阳记忆》文化系列丛书，与市气象局联合出版《平阳气象记忆》图书；推动陶寺遗址博物馆和晋国博物馆“两馆”展陈提升工程，打造“博物馆之城”；实施晋国文化挖掘阐发、文艺创作、传播普及、实践融入四大研究工程；召开临汾市晋国文化研究会2022年工作年会，编撰出版《晋学研究》副刊《晋国文化》2期，举行《堤璋讲晋国》音频节目上线启动仪式，播出两个单元20集音频节目。

【社会宣传教育】 2022年，临汾市委宣传部利用围挡、围墙、临街LED电子显示屏、公交出租电子显示屏，刊播悬挂学习宣传贯彻党的二十大精神、市委经济工作会议精神等标语；营造清廉临汾建设、“向人民群众交好账”实践活动等重大活动社会氛围；做好疫情防控、“五一”国际劳动节、五四青年节、双拥工作、创建省级文明城市等36项专项工作的社会宣传。

【社会主义核心价值观建设示范点创建工作】 2022年，临汾市委宣传部指导推荐市人民检察院、侯马市人民医院、蒲县人民医院、山西翼城首旺煤业有限责任公司、尧都区水塔街办事处汾泽社区、霍州市师庄乡冯南垣村、汾西县僧念镇段村、临汾市第三中学校、临汾市汾河公园、山西洪洞汾河国家湿地公园10个单位入选山西省第五批社会主义核心价值观建设示范点。中国人民银行临汾市中心支行、临汾市第一中心学校、临汾市第一小学、尧都区三元社区、霍州前进社区、曲沃晋园6家示范点创建案例入选《山西省社会主义核心价值观建设示范点创建工作案例选编》。

开展第三批核心价值观示范点创建工作，对全市2022年社会主义核心价值观建设成效明显、工作力度大、社会反响好的先进典型，进行命名表彰。命名表彰114个单位，其中，机关24个、医院11个、学校19个、企业13个、社区16个、农村20个、主题公园（广场）11个。建立社会主义核心价值观入法入规协调机制，成立入法入规协调小组，统筹协调临汾市社会主义核心价值观入法入规审查工作。遴选具有较强政治素质、较高理论素养和丰富经验的专家学者建立咨询专家库。

发挥文化科技卫生“三下乡”活动的品牌作用和聚合作用，在霍州市冯南垣村，举办2022年临汾市文化科技卫生“三下乡”集中示范活动启动仪式，市委宣传部等18家单位现场为当地老百姓开展捐赠物资、科普宣传、法律咨询、文艺演出、赠送图书、义诊等活动。征集社会主义核心价值观主题微电影（微视频），向省委宣传部推荐73部作品，市委宣传部荣获优秀组织奖，国网山西省电力公司临汾供电公司创作的微电影《鲁占山来了》获二等奖，襄汾县文化和旅游局、襄汾县文化馆创作的微视频《年味襄汾——福禄》获优秀奖。开展最美科技工作者评选活动，“最美退役军人”“最美双拥人物”“最美拥军家庭”“最美军嫂”选树宣传活动，“最美新农人”评选表彰活动。组织开展“山西最美残疾人”，洪洞一中学生李抒颖、古县太岳凤凰商务有限公司法人郭朋朋成功入选。大宁县医疗集团曲峨镇卫生院医生周娟成功入选“山西最美残疾人”提名名单。

【爱国主义教育】 2022年，临汾市委宣传部创新“好基地讲好故事”活动，拓展讲述层面和宣讲范围。在汾西县段村举办“强国复兴有我”·2022年“好基地讲好故事”宣讲活动启动仪式，推进故事进基地、进机关、进学校、进企业、进军营、进农村、进社区。临汾市“好基地讲好故事”宣讲团被推荐为理论宣讲先进集体。推荐优秀基地申请2023年省级爱国主义教育基地展陈项目补助资金，古县烈士陵园获得20万元、安泽杜村太岳革命根据地旧址获得45万元。认真评审，给予市级资金补助，分别为红军东征永和纪念馆30万元、石兰峰纪念馆25万元，用于建立网上展馆。整合隰县晋西革命纪念馆、红军东征永和纪念馆、石兰峰纪念馆网上展馆，打造网上展馆平台，拓展受教育范围。举办全市社会主义核心价值观暨爱国主义教育专题培训班，各县（市、区）委宣传部副部长、宣教科科长，市直各工委分管爱国主义教育的负责人；省、市级爱国主义教育基地负责人、讲解员70余人参加培训，提高爱国主义教育基地管理水平。贯彻落实习近平总书记关于用好红色资源、赓续红色血脉的重要指示精神，以两办文件下发《临汾市加强红色资源保护管理运用工作联席会议机制》，统筹、指导、协调、推动全市红色资源保护管理运用工作，教育引导干部群众用好红色资源，赓续红色血脉。

【“向人民群众交好账”实践活动】 2022年，临汾市委宣传部起草制定下发《关于开展“向人民群众交好账”实践活动的实施意见》，设计下发全市“需求清单”“服务清单”“工作清单”“督导清单”“交账清单”等，保障“向人民群众交好账”实践活动高标准部署、高质量推进、高水平落实。听取意见、了解民生需求，梳理工作建议，找准工作差距和症结，聚焦基层群众的操心事、烦心事、揪心事，把老百姓“急难愁盼”问题纳入交账清单，解难事、办好事、做实事。

【庆祝第二十三个记者节表彰活动】 2022年11月7日，临汾市委宣传部联合临汾新闻工作者协会举办活动主题为“奋进新征程·建功新时代”第二十三个记者节表彰活动，市委常委、宣传部部长闫建国出席并致辞。全市新闻战线坚持正确的政治方向和舆论导向，用手中的笔和镜头，记录临汾市经济社会高质量发展的新思路、新举措、新亮点、新成就，展示党员干部群众的新形象、新风貌、新姿态、新作为，讲好临汾故事，传播临汾好声音，展示临汾新形象。对评选出的20家新闻宣传工作先进集体、10名十佳记者、40名优秀新闻工作者、58件临汾新闻奖、10名外宣工作先进个人、18名新闻战线第四届“好记者讲好故事”演讲比赛获奖选手予以表彰奖励。

【召开全市对外宣传工作会议】 2022年3月15日，召开临汾市对外宣传工作会议。市委常委、宣传部部长闫建国召集会议并讲话。会议学习习近平总书记关于对外宣传工作的重要论述重要指示精神，传达中宣部、省委宣传部对外宣传工作会议精神，洪洞县、临汾市文旅局、临汾市外事办做交流发言。临汾市对外宣传工作联席会议机制市直成员单位分管领导，各县（市、区）委常委、宣传部部长，临汾经济开发区党工委宣传部部长，省级媒体驻临记者站负责人50余人参加会议。

【《非凡十年·临汾：高质量发展的实践创新》刊发】 2022年10月26日，山西画报刊发《非凡十年·临汾：高质量发展的实践创新》，旨在全景式展现党的十八大以来，在党中央、国务院，省委、省政府坚强领导下，临汾市深入贯彻落实习近平总书记考察调研山西重要指示精神，实施"1355"战略，以"双城"建设为牵引，全方位推动高质量发展的生动实践、显著成效、典型经验、工作亮点，展示全市政治、经济、文化、社会、生态文明建设和党的建设取得的成就和发生的变革。

【对外国际传播】 2022年，临汾市推出的眉户剧《雷雨》入选中宣部"文化外宣资源平台"；新华社"全球连线"栏目报道永和县黄河流域生态保护和高质量发展的短片《外国人看黄河之变：植绿铺就乡村"致富路"》。

【新闻发布】 2022年，临汾市委宣传部规范新闻发布工作，提升新闻发布质量，新闻发布工作更具权威性、专业性、严谨性，全年召开新闻发布会64场。其中，参与省人民政府新闻办发布会1场，市级发布会56场，县级发布会7场。其中，关于疫情防控主题的发布会，全年召开了35场。根据市新冠肺炎疫情防控工作领导小组的安排，结合疫情情况，召开线上线下全市疫情防控新闻发布会，回应社会关切。

【调查研究】 2022年，临汾市委宣传部围绕市委、市政府中心工作，围绕全市宣传思想文化工作的重点热点、面临的突出问题、重大课题研究和典型案例开展调研筹备工作。年初，组织各县（市、区）委宣传部开展关于基层理论宣讲工作开展情况的调研。8月15—26日，组织各县（市、区）委宣传部对口参加全省宣传思想文化系统政策法规研究与调研实务线上培训班，提高宣传干部调研工作能力和水平。9月，起草下发《2022年度全市宣传思想战线调研报告撰写及推荐报送的通知》，以迎接宣传贯彻党的二十大精神为工作主线，将"奋进新征程、建功新时代"为主题的全战线大调研活动作为本年度重点工作，组织各县（市、区）委宣传部、市直宣传文化系统各单位、部机关各科室开展大调研活动，起草《下好先手棋打好主动仗做好新时代宣传思想工作的实践与思考》主题调研报告，遴选出1篇特色调研报告及11篇常规调研成果，按要求向省委宣传部报送2022年调研成果推荐表、推荐汇总表、调研工作情况总结。11月，组织开展全市宣传思想工作书面调研，起草临汾市宣传思想工作书面调研报告。

【推进法治建设】 2022年，临汾市委宣传部起草印发《关于进一步加强全市宣传思想文化领域法治建设的若干措施》，制定《2022年度中共临汾市委宣传部法治建设第一责任人职责清单》，组织市直宣传文化系统各单位、宣传部各科室就行政规范性文件报备工作进行梳理报备，编印文件汇编3册。组织宣传部机关各科室报送法治建设责任清单及2022年任务细化分解表，汇总形成宣传法治建设责任清单及年度工作计划，确保法治建设各项职责任务清晰明确、责任到人。将宣传思想文化领域法治建设纳入意识形态工作责任制，纳入干部考核和领导述法工作。

【群众性精神文明创建】 2022年，临汾市委宣传部坚持明确导向，以文明城市创建工作为统筹，与各地各部门经济社会发展目标和工作职责相衔接，同步布置、同步落实、同步推进，形成党政部门各负其责，群团组织密切配合，新闻媒体引导推进，社会各界与广大市民参与的创建工作机制。

【文明城市创建】 2022年，临汾市召开创建省级文明城市工作推进会、誓师大会，形成党委政府齐抓共管，人大、政协协同督导，城乡统筹、部门联动、全民参与常态长效推进省级文明城市创建的良好局面。聚集短板弱项，谋划部署"六大行动"集中整治，推进39个老旧小区提质改造，新增1200个停车位投入使用，完善"15分钟便民生活圈"，清理各类小广告10万余条，捕捉流浪狗500余只，布置景观小品39处，公益广告13270处，城市环境面貌和秩序大幅提升。对照省测评标准，市创文办完成33类500余个实地点位三轮督查全覆盖，聘请第三方评估公司进行两个波次的精准测评，签订任务书63份，下发督办单136份，整改问题12955个。各县（市、区）都积极行动，按照创文工作部署，主动作为。尧都区开展"创文攻坚"专项行动，主要领导亲自挂帅，创新实施"样板点位"工程。古县健全完善“534”创文工作法，制定下发《创建工作任务书》，完成全国文明城市实地测评和网上资料申报工作，拍摄《文明之花映古岳》创文纪录片。洪洞县在全国有奖征集吉祥物和城市形象Logo，拍摄制作创文公益广告10余个，发布文明创建信息400余篇。乡宁县文明城市创建，注重细节，着力创建质量，氛围浓厚，特色鲜明，亮点突出。

【文明村镇创建】 2022年，临汾市申报省级文明村镇23个，指导全市做好“新时代星级文明户”创评工作，全市星级文明户创评率100%，覆盖率90.1%，五星以上占55%，实现挂牌公示。曲沃县探索运用“认星、评星、倡星、亮星、用星”五位一体，推动乡风村风文明提升。吉县采取乡村一起“抓”、农户自己“报”、村级两会“审”、公开榜单“晒”、两委会上“定”“五步法”开展星级文明户评选工作，营造创“星”、追“星”、争“星”的浓厚氛围。

【文明单位创建】 2022年，临汾市委宣传部推动文明单位向“两非”组织拓展延伸，申报省级文明单位（标兵）20个。完善《临汾市文明单位测评体系》，加强动态管理和重点指导。

【文明家庭创建】 2022年，临汾市委宣传部推荐申报第三届省级文明家庭6户，会同市妇联组织寻找三晋最美家庭活动；配合省委宣传部组织制作山西省第二届全国文明家庭先进事迹宣传视频。

【文明校园创建和未成年人思想道德建设工作】 2022年，临汾市委宣传部推荐申报省级文明校园23所。推进“扣好人生第一粒扣子”教育实践活动，选树发布25名“新时代临汾好少年”，4名获评“新时代山西好少年”，开展“心理健康”服务，“童心向党迎七一”主题征文，“向国旗敬礼”网上签名寄语等活动。推进乡村学校少年宫建设，实现中央文明办要求的乡镇全覆盖目标。

【新时代文明实践中心建设】 2022年，临汾市委宣传部把新时代文明实践中心建设作为精神文明建设工作的重要内容，凝聚群众、引导群众、以文化人、成风化俗，谋划部署，强化组织推动，印发《关于拓展新时代文明实践中心建设的实施方案》，召开全市新时代文明实践中心建设工作推进会，探索新思路、新机制、新方法、新模式，推进阵地建设，全市建成新时代文明实践中心、所、站2464个，实现三级阵地全覆盖，“五有”达标率100%。县乡村三级党组织一把手分别担任文明实践中心主任、志愿服务总队长、文明实践所长、站长；宣传部部长发挥好主导推动、牵头主抓、统筹推进的作用，担任文明实践中心办公室主任。按照“依托存量、不搞增量”的原则，盘活县乡村三级组织，建设中心、所、站三级架构，蒲县、洪洞县、尧都区落实新时代文明实践中心人员编制；统筹协调理论教育、文化惠民、体育健身等各类线上平台资源，整合各类线下教育基地、文化阵地、体育场所等资源，构筑起线上线下、即时联动的支撑体系。新时代文明实践中心的主体力量是志愿者，主要活动方式是志愿服务。立足群众所愿，紧盯群众所需，加强志愿服务队伍建设，通过理论政策宣讲、文化文艺、助学支教、医疗健身、科学普及、法律服务、卫生环保常备队伍和若干具有自身特色和优势的志愿服务队伍，打通宣传群众、教育群众、服务群众的“最后一公里”。按照“有爱心、有经验、有专业、可持续”的标准，以全域志愿服务、全民志愿服务为导向，吸纳乡土文化人才、科技能人、“五老”人员、返乡创业人员、群众性活动带头人等重点人群，组建群众身边的志愿服务队伍。

【社会主义核心价值观建设】 2022年，临汾市委宣传部坚持核心价值观引领，推动公民文明素质和社会文明程度提升。宣传社会主义核心价值观，把社会主义核心价值观融入社会发展各方面。浮山县结合文明城市创建，利用户外大型电子屏、灯箱式阅报栏、灯杆式宣传箱、社区板报等，播放、张贴社会主义核心价值观宣传画、宣传标语，加大宣传力度。临汾经济开发区制作一批社会主义核心价值观宣传版面，覆盖全区。开展“我们的节日”主题活动，曲沃县利用传统优势，推出系列民俗传承活动，建设一批传统节日传承基地。金融系统在“我们的节日”期间，开展移风易俗、敬老爱老、惠民利民等志愿服务活动，体现企业社会责任。全市各级各类机关单位推进网络文明建设，在“抖音”App上开展文明创文、文明交通、志愿服务等视频展示，推进文明办网、文明用网、文明上网、文明兴网。开展“推广公勺公筷共建文明餐桌”专项行动，加强社会诚信建设，发起文明交通、文明旅游、文明餐桌等活动，推动外出佩戴口罩、垃圾分类、公筷分餐、崇尚节约等生活习惯成为新时尚。

【公民思想道德建设】 2022年，临汾市委宣传部坚持典型引领，道德模范和身边好人评选硕果不断。以好人模范评选为抓手，开展好人模范学习宣传和帮扶礼遇活动。市委常委会专题学习习近平总书记给“中国好人”李培生、胡晓春重要回信精神，倡导传播真善美传递正能量，礼赞普通劳动者。中央文明办《〈精神文明建设〉内刊》以综述形式刊载隰县打造“中国好人县”主要做法。隰县王荔荣获第九届山西“助人为乐”道德模范，洪洞县何亚军荣获“诚实守信道德模范”提名奖，3名同志荣获“山西好人”，1人上榜“中国好人”。在市级层面，1个团队和20名同志入选“临汾好人”，举办发布式。霍州市举办“德润霍州·熨帖之州”第六届道德模范颁奖晚会，蒲县举办“善行无疆”十佳“蒲子好人”颁奖盛典和“党群同行善治蒲邑”2022年度“道德银行”颁奖盛典。乡宁县通过首届“身边好人”发布仪式，表彰10名普通劳动者。市文明办通过上门慰问、主动帮扶、邀请参加好人发布式等形式，实现先进典型慰问帮扶礼遇常态化。

【志愿服务】 2022年，临汾市委宣传部强化志愿服务，搭建以文明办为主体，新时代文明实践中心和志愿服务联合会两翼齐飞的“一体两翼”格局。举办临汾市首届新时代文明实践志愿服务项目展示活动。襄汾县依托“尧舜之都最早中国”优势，打造“文明实践+非遗传承”，组织非遗传承人深入社区、学校开展实践活动，让非遗文化拥有更多烟火气。侯马市发挥新时代文明实践中心志愿服务孵化功能，结合“老街大妈”“黄手环行动”等成熟志愿服务项目，促进志愿服务更加规范化。曲沃县发挥“中国成语典故之乡”效能，在全县开展“讲成语学典故”志愿服务活动，借助广播、“快手”、“抖音”等平台普及晋国文化、成语典故。大宁县培育“小龙来义诊”、“红色文艺轻骑兵”、“夕阳红”助力基层治理、“爱心理发”等16个特色志愿服务项目，打造特色志愿服务品牌。市文明办组织“守护临汾——助力疫情防控志愿服务活动”，62个文明单位1981名志愿者连续191天值勤临汾西站。翼城县“日行一善”志愿服务项目荣获全国学雷锋志愿服务“四个100”“最佳志愿服务项目”先进典型。

【“新思想在山西”宣讲活动】 2022年，临汾市委讲师团开展习近平总书记考察调研山西重要指示精神宣讲活动和“新思想在山西”宣讲活动，组织各县（市、区）各单位，遴选理论功底好、宣讲能力强的专家学者、宣讲骨干，组成各类宣讲团和宣讲小分队，结合全国、省、市两会精神、习近平法治思想、习近平经济思想、《习近平谈治国理政》第四卷等内容，在全市范围内开展分众化、对象化、多样化的基层宣讲活动5523场，受众约19万人。

【党的二十大精神宣讲活动】 2022年，临汾市委讲师团开展党的二十大精神重大主题宣讲活动。组建学习贯彻党的二十大精神市委宣讲团，分赴全市各地开展集中宣讲36场。组建法治、机关、校园、企业、农村、社区、工会、青年、巾帼、文艺等10个宣讲分团，在本单位本系统深入开展分众化宣讲，推动党的二十大精神进机关、进企事业单位、进城乡社区、进校园、进各类新经济组织和新社会组织。在市委宣讲团的引领下，各县（市、区）精心组织、周密部署，深入理论宣讲示范点、新时代文明实践中心（所、站）等阵地，开展基层宣讲2100多场，受众20多万人。

【“临汾微宣讲”线上宣讲】 2022年，临汾市委讲师团优化“临汾微宣讲”微信公众平台，新开设线上微讲堂、《百年大党面对面》、党的二十大等主题专栏，运用图文报道、H5、海报、微视频等形式，灵活进行解疑释惑，反映基层宣讲动态，转载发表《第十次春节前夕考察，习近平为何探访山西这两个村》《一图速览二十大报告》《30个知识点带你学习党章》等文章484篇，推动理论宣讲由“一时一地”拓展为“随时随地”。

【“小故事彰显思想伟力”微视频大赛】 2022年，临汾市委讲师团组织开展全市第三届“小故事彰显思想伟力”微视频大赛，动员各县（市、区）各单位广泛参与展现临汾市践行习近平新时代中国特色社会主义思想的实际成果。经过省委宣传部评选，有4个作品获奖，其中《大山信使赵登元》《服务一群人温暖一座城》获得二等奖，《小任行侠记》《青年的回答》获三等奖。

【全市基层理论宣讲工作引领】 2022年，临汾市委讲师团坚持对标一流、争先进位，示范带动全市基层理论事业再上新高度。在山西省委宣传部通报的2022年基层理论宣讲先进集体、个人和优秀理论宣讲报告、微视频中，临汾市委讲师团荣获2022年“全省基层理论宣讲先进集体”荣誉称号；市委党校原副校长、副教授沈新力和尧都区委宣传部常务副部长秦英获得“全省基层理论宣讲先进个人”荣誉称号；霍州市委宣传部制作的《小山村孕育大希望》和汾西县委宣传部制作的《总书记来过我们村》被评为全省优秀理论宣讲微视频。

（闫　健）

统战工作

【政治引领】　2022年，临汾市委统战部开展“统一战线献礼二十大主题宣传教育活动”，举办全市统一战线“百年统战同见证，凝心聚力谱新篇”书画作品展，组织统一战线知识竞赛答题活动，全市2.7万名党员群众参加答题。在民主党派人士中，开展“矢志不渝跟党走·携手奋进新时代”政治交接主题教育，举办“喜迎二十大·同心跟党走”主题征文、故事分享、读书笔会、文艺会演等系列活动，制作的《把一切献给党》MV上线“学习强国”学习平台。举办党的二十大精神专题培训班5期，参训人数600多人。在非公有制经济人士中，深化理想信念教育，举办年轻一代民营企业家培训班，围绕清廉民企建设，开展“重温红色记忆·弘扬廉洁风尚”主题教育。在民族宗教界人士中，引深“爱党爱国爱社会主义”主题教育，围绕铸牢中华民族共同体意识，开展民族团结进步创建活动。坚持宗教中国化方向，为全市宗教活动场所制作悬挂“四进”版面，发放国旗1000余面。在无党派人士、党外知识分子和新的社会阶层人士中，开展“喜迎二十大·同心跟党走”主题教育活动，推进临汾高校、科研院所、国有企业、卫健系统等单位主题活动走深走实。组织举办全市党外知识分子及新的社会阶层人士培训班，开展“迎七一献礼党的二十大”文艺会演。在侨界人士中，开展“侨心永向党·喜迎二十大”专访活动和“追梦中华·奋进新征程”华侨华人短视频大赛，以临汾籍华侨代表人物亲身体验为题材拍摄“根在临汾，回家真好”宣传片。

【新型政党制度建设】　2022年，临汾市委统战部协助各民主党派完成市级组织换届。结合市人大、政府、政协换届，做好党外代表人士政治安排。支持民主党派开展“践初心、献良策”活动，围绕“两个转型”、黄河流域生态保护、乡村振兴、文旅融合等开展调查研究，提交调研报告65份，一系列意见建议被采纳、落地，《建议我省尽快启动中小型水库清淤工程》的直言简讯得到省委主要领导批示。支持民主党派拓展社会服务，引深送教育、送科技、送医疗服务。围绕助力乡村振兴，在尧都区、洪洞县、浮山县、汾西县、隰县、吉县等地建立服务基地，结对帮扶当地的特色产业。推进“九临合作”持续发力，在洪洞县举办“亮康行动”启动仪式，为霍州市、汾西县、洪洞县、翼城县、浮山县等贫困白内障患者免费手术210例，向浮山县捐助价值18万元的医疗器械，助力乡村卫生室标准化建设。

【非公有制经济领域统战工作】2022年，临汾市委统战部指导市、县工商联完成换届工作。优化营商环境，开展“服务民企年”活动，制定《服务民营企业直通车制度》，到企业大走访、大调研、大问计、解难题，组织企业、商会、银行“面对面”交流对接，帮助一批企业解决流动资金紧张问题。联合公、检、法、司和税务部门开展“政策上门”“送法入企”，推动惠企政策落实落细。强化政企沟通，建立市行政审批局、工商联、企业“双月”对接交流机制，召开企业家座谈会，建立健全意见征询、政策反馈、精准帮扶等机制。推进民营经济健康发展，全市培育省级“专精特新”民营企业111户，省级“小巨人”企业23户，国家级10户。推进“万企兴万村”临汾行动，省级实验项目认定数量。构建亲清政商关系，开展清廉民企、清廉商会、清廉机关建设，制定《规范政商交往正、负面清单（双十条）》，清廉民企示范点、清廉商会创建试点工作取得成效。推进“四好”商会建设，临汾市河南商会、临汾市江苏商会、曲沃县剪纸协会、襄汾县电子商务协会、侯马市浙江商会5家商会获评2021—2022年度全国“四好”商会。

【民族宗教工作】　2022年，临汾市委统战部开展民族团结进步创建活动，在全市中小学打造示范学校，推进铸牢中华民族共同体意识进校园、进课堂。完成全省民族团结进步示范单位推荐工作，推荐翼城县北关村村民委员会等12家民族团结进步省级示范单位。争取少数民族聚居村少数民族发展资金共计133万元。举办全市宗教工作重点村（社区）党支部书记培训班，来自全市6个县（市、区）的民族宗教干部、乡镇（街道）统战委员、村（社区）党支部书记近100人参加培训。开展民族宗教政策法规学习月活动。

【党外知识分子和新的社会阶层人士统战工作】 2022年，临汾市委统战部搭建党外知识分子发挥作用的组织平台，组建成立了临汾市党外知识分子联谊会。加强无党派代表人士队伍建设。规范无党派代表人士政治面貌工作，向省委统战部推选了68名省级无党派重点人士、更新认定1500多名市级无党派代表人士、2000多名县级无党派代表人士，完善党外人才信息库。服务新的社会阶层人士创新创业，与市政府联合举办“夜沙龙”活动，组织餐饮、家政、医疗等行业新的社会阶层人士与11家政府部门座谈对接，纾困解难100余条。举办“助企纾困政策”解读会，帮助60余家新的社会阶层人士公司速享早享政策红利。推进组织平台建设，打造乡宁县“新农合作社”、市新联会“会员之家”2个优质活动站和尧都区“山西智创城”实践创新基地。

【海外统战工作】 2022年，临汾市委统战部推进海外联系点建设，在刚果（布）、新加坡、泰国、西班牙等国新建立海外联系点4个，开展经贸文化交流，扩大临汾影响。传播中华文化，组织临汾籍海外华裔少年儿童参加中国侨联举办的“亲情中华·童心欢畅——观影活动”，开展听中文、看中文、写中文活动。

【侨务工作】 2022年，临汾市委统战部加强“华侨文化交流基地”建设，首批命名23家“临汾市华侨文化交流基地”。加强“新侨创新创业基地”建设，旺龙药业集团挂牌山西农大实习实训基地，为更多大学生创新创业提供实践平台。开展“侨胞之家”创建活动，侯马市“侨胞之家”获评全国侨联系统典型选树单位。

【乡村振兴】 2022年，临汾市委统战部驻仁马庄村工作队统筹衔接推进脱贫攻坚与乡村振兴，组织4次防返贫风险摸排、6次收支测算工作。脱贫劳动力转移就业197人，其中省外就业42人、县外省内就业31人、就地就近转移68人，从事种植养殖130余人。落定“厕所革命”重点任务，对全村86个厕户逐户走访排查，做到问题早发现、早防范、早解决。

政策研究

【改革工作部署】 2022年，临汾市委政策研究室制定符合临汾实际的《中共临汾市委全面深化改革委员会2022年重点改革任务》，从促进产业转型和集群发展、优化创新生态和营商环境、推进城市提升和乡村振兴、推动环境治理和绿色发展、抓好民生改善和社会治理等五方面安排24大项69小项改革任务，制定重点改革任务矩阵化推进清单、拟出台改革方案（办法、计划）清单和改革试点清单，形成2022年全市改革工作的“大盘子”。明确市委、市政府主要领导直接抓的6项改革事项、省目标责任制考核涉及的4项改革事项，把这10项改革事项作为重中之重，重点盯、突出抓，确保改革工作不走样、不偏向。

【改革协调推进】 2022年，临汾市委政策研究室对照新发展阶段的新要求，破除阻碍高质量发展的陈旧思想观念和体制机制弊端，推动各项改革向纵深发展。推进改革工作市级领导分工负责制，落实市直牵头部门主体责任制，推动各级党政一把手“四个亲自”抓改革责任，将“全面深化改革”纳入各县市区、市直各部门“一把手”年度述职内容，健全“一把手抓，抓一把手”的改革责任体系。分别对年度重点改革任务、年度试点任务、贯彻落实习近平总书记考察调研山西重要指示精神情况建立台账，明确每项任务的责任部门、目标要求、成果形式，做出进度安排，跟踪任务落实情况、定期调度协调解决问题，推动各项改革任务落实落细。从宏观上加强对全市改革工作的领导，提请市委深改委审议《临汾市市场主体倍增工程实施方案》（送审稿）、《关于抓党建促基层治理能力提升高质量推进村改社区工作的意见》（送审稿）、《关于深化乡镇（街道）综合行政执法体制改革的意见》（送审稿）等改革文件，推动全市全面深化改革工作的发展。

【改革督察考核】 2022年，临汾市委政策研究室发挥督查考核在全面深化改革工作中的指挥棒作用，确保按照既定方向，按照既定时间完成各项改革任务。分别于7月和9月对各项改革任务进展情况进行书面督导，了解进展情况，对未达序时进度的改革任务进行督办，对贯彻落实习近平总书记考察调研山西重要指示精神相关改革情况，进行一月一督促一汇总，确保各项改革任务如期完成。发挥年度考核的激励作用，根据2021年度考核中遇到的实际情况，制定《2022年度全面深化改革考核实施方案》，完善考核指标体系和自查自评、实证考评、书面评议等考核方式。年初制定的24大项69小项改革任务基本完成。

【改革经验推广】 2022年，临汾市委政策研究室对全市在改革工作推进中形成的亮点和经验做法进行梳理总结，编发《临汾改革信息》普刊9期50余篇、专刊7期7篇，在《山西改革信息》上刊发4篇专题信息，对畜禽粪污资源化利用新机制等7个典型经验进行总结推广。

【调查研究】 2022年，临汾市委政策研究室开展3次专题调研。关于“村投”的调研。探索临汾市在山西省率先成立的“村投”初创阶段的发展路径，形成《关于“村投”牵引农村集体经济发展壮大若干问题的思考》，提出9个方面的政策建议。关于服务业的调研。针对疫情常态化下服务业面临的困境，分批召集20个市直相关部门和30余家企业进行座谈，赴尧都区进行实地调研，形成《当前我市服务业面临的困境及政策建议》，分别从政策落实层面和举措出台层面提出13条具体举措建议。关于浮山开发区的调研。推进浮山开发区建设，经过走访企业、察看园区、座谈交流，形成《关于加快推进浮山县经济技术开发区建设的政策建议》。开展乡村组织振兴、市场主体倍增、以县城为重要载体的城镇化建设、体教融合等专题调研，形成了一批较有深度的调研报告，其中，《强化核心，群雁齐飞——山西省临汾市组织振兴引领乡村振兴的实践与探索》被民政部《乡镇论坛》杂志登载，市委书记闫晨曦做批示，以临办通报〔2022〕第3期印发全市各级各部门。

【政策研究措施】 2022年，临汾市委政策研究室针对党中央、国务院出台的六方面33项一揽子稳经济政策措施，结合临汾近年来的发展历程，就如何让政策在临汾落地开花，形成《国家政策红利来了，临汾准备好了吗？》一文。针对市委提出建设“临浮产业一体化发展试验区”的战略构想，在前期调研的基础上，立足全市发展大局，形成《关于加快推进“临浮产业一体化发展试验区”建设的调研和建议》，其中“四个一体化”的提法被市委四届五次全会采用，转化为市委决策。

【创建平台】 2022年，临汾市委政策研究室拓宽决策辅助新路径，搭建决策参谋新阵地，开通“临汾政研”微信公众号。立足机关职能定位，结合政研和改革工作实际，设置“改革之声”“政研视窗”“学习园地”三大板块10个子栏目，反映改革新进展、解读经济社会发展新情况、展示研究新成果，打造政研新名片。7月上线以来，推送145篇公众号文章，累计阅读量10707人次，传播力和影响力稳步提升。坚持把办好内部刊物作为学习交流的重要平台，全年编发《调查与分析》6期1000余份，发至各县（市、区）和市直部门，为各级各地提供决策参考资料。

【协助完成调研工作】 2022年，临汾市委政策研究室按照山西省委政研室（改革办）安排，陪同省委调研组对临汾市农村寄递物流体系建设情况进行实地调研。对全市生态领域省委部署落实情况、有关国内外或具有国际背景智库和咨询机构合作情况、黄河流域生态保护和高质量发展方面的工作进展情况、近年来旅游项目建设情况、中小学思政教育工作队伍建设情况、疫情发生以来全市旅游业整体运行情况等进行书面调研，为省委政研室（改革办）开展调研提供参考。

【承担市委文稿工作】 2022年，临汾市委政策研究室把握中央、省、市的决策部署，学习和掌握上级会议精神，参与市委主要领导《在第一季度经济运行分析会上的讲话》《在贯彻落实习近平总书记考察调研山西重要指示精神推进会上的讲话》《在临汾市沿黄板块项目建设观摩总结会暨市委财经委第十五次会议上的讲话》《临汾市关于晋西太德塬生态综合治理等重点工作的情况汇报》（含7个单项材料）和市委五届五次全会相关材料的起草工作。

【持续推进乡村振兴】 2022年，临汾市委政策研究室驻大宁县曲娥镇道教村的驻村工作队，做好乡村振兴经常性基础性工作，把产业发展作为脱贫群众增收的主渠道，立足道教村实际，采取“村集体+工作队+农户”的模式，以承包经营、务工就业、土地流转等方式，利用原有的10座温室大棚进行矮化樱桃树和甜瓜套种，可带动10户群众增收15万元，为村集体增收20万元以上。 （吴甜甜）

网络安全和信息化

【党的二十大服务保障和学习宣传贯彻】 2022年，临汾市委网信办做好党的二十大服务保障，召开市委网信委第四次会议，传达学习贯彻中央网信委、省委网信委会议文件精神。成立工作领导组，制定工作方案，启动互联网一级响应，实行24小时领导带班和双岗值班。党的二十大召开后，第一时间谋划部署全市网信系统学习宣传贯彻工作，组织召开部署推进会，制定下发《关于党的二十大精神学习宣讲工作方案》和《党的二十大精神临汾市网上宣传引导工作方案》，在“临汾网信”公众号开设“临汾网信微讲堂”，组织市级新闻网站和县级融媒体开设“党的二十大”理论学习专题，通过网络直播、网络视频、网上交流等形式做到全网跟进，在全市网信系统掀起学习宣传贯彻党的二十大精神热潮。

【网络防护屏障】 2022年，临汾市委网信办建立全市信息内容安全巡查技术支撑，将全市60个政务类网站和100个政务类微信公众号纳入全时监测预警，对15家重点市直单位展开网络安全技术评估检查。举办一年一度的“国家网络安全宣传周”“网络安全教育进校园”等宣传教育活动，举办各类活动140余场，摆设宣传展板230余块，印制张贴宣传海报2000余张，发放宣传资料5万余份，受众超过300万余人次。组织技术团队，开展4次网络安全培训和网络安全攻防演练、网络安全事件应急演练。年底对网络安全进校园活动中涌现出的30个先进集体、50名先进个人和200名网络安全卫士进行表彰。

【网络环境专项整治】 2022年，临汾市委网信办确定2022年为“网络环境专项整治年”，组织召开专项整治动员部署会，“净化网络环境、共建网络文明”专题会议、专项整治工作推进会和自媒体座谈会，制定下发《临汾市2022年网络环境专项整治年活动实施方案》，制作发布《共建网络文明倡议书》。排查活跃度较高的网站、平台和账号，建立监管备案台账。走访调研座谈23次，约谈29名属地自媒体账号负责人，关闭违法违规网站平台15家，联合公安机关依法查处网络涉案57起，震慑互联网违法违规行为。

【宣传引导】 2022年，临汾市委网信办组织属地新闻网站开设“奋进新征程建功新时代”“喜迎二十大”等专题58个，转发中央、省级主要网络媒体重点报道、新媒体作品6000余条；编发《临汾网信》245期，推送文章1012篇；印发《临汾市加强网络文明建设的实施方案》，正能量网络作品数量大幅提升；承办“打卡中国·最美地标——你好，山西！”网络国际传播临汾站活动；向“晋彩向未来”短视频征集活动上报优秀作品10件；组织参与全省百佳新媒体账号评选活动，推荐《临汾日报》、临汾广播电视台、今日尧都在线、洪洞融媒、隰县公安等5个优秀网络媒体入选。

【数字乡村赋能】 2022年，临汾市委网信办推进全市信息化建设，联合工信部门开展网络设施IPv6改造，加强党政部门和关键信息基础设施国产化替代工作。在推进数字乡村工作中，多次深入洪洞县、隰县召开座谈会，明确工作任务，跟进推动，经过3年的努力，试点县通过中央网信办的评估验收，推动本地农业农村经济社会数字化转型，增强试点地区农民的获得感。

【党建统揽】 2022年，临汾市委互联网行业党委发挥带头引领作用，对27家重点互联网企业和网络平台开展工作指导，对19家党支部明确了责任包联，推进党支部标准化规范化建设，推动互联网行业规范管理。

机构编制

【重点领域体制机制改革】 2022年，临汾市机构编制委员会（简称委编办）完成国防动员体制改革，以两办文件印发改革实施方案，制定任务清单，列出改革时间表、路线图。组织召开专题会议改革进行安排部署，推动改革有序进行。加大对县（市、区）改革的指导力度，推进县级改革完成。修订临汾、尧都等9个开发区管委会“三定”规定；规范临汾经济开发区纪工委下设“审理调查室”名称，印发吉县现代农业产业示范区管委会“三定”规定，优化主要职责。市本级协调落实行政复议改革要求，为尧都、霍州等6个县（市、区）从本级其他部门为司法部门划转承担行政复议职责编制11名。

【事业单位改革】 2022年，临汾市委编办制定印发市直事业单位政事权限清单试点和章程核准（备案）试点工作方案，推进完成市综合检验检测中心等4家试点单位的政事权限清单试点工作。优化调整事业单位内设机构，为市高层次人才服务中心加挂市深化市校合作服务中心牌子，将市政服务中心水务科“供水”职能调整至热力燃气科，为市计划生育协会调整设置内设科室。科学合理配置事业编制资源，做好中小学教职工编制核定工作，对未达到核定标准的一中中心校核增编制，对民办转公办学校临汾市平阳中学按标准核定编制，为市疾病预防控制中心核增编制。

【基层治理能力和治理体系】 2022年，临汾市委编办指导县（市、区）加强本辖区应急执法力量，16个县（市、区）为应急执法核定编制684名，提高安全监管效能。深化乡镇（街道）综合执法改革。结合抓党建、促基层治理能力提升工作要求，制定《关于深化乡镇（街道）综合行政执法体制改革的意见》，明确乡街执法组织架构，推动县级改革。巩固人口小县试点改革成果，研究浮山县委编委上报的深化人口小县改革机构编制相关请示，建立市县机构“一对多、多对一”运行制度，促进浮山县机构职能人员融合。加强县级权责清单管理，指导各县（市、区）对本级权责清单进行优化，对古县、安泽县的权责清单进行梳理调整。指导各县结合省政府下放的55项执法事项，对乡镇权责清单事项进行调整。

【机构编制管理】 2022年，临汾市委编办做好日常实名制管理，按照“办理一批更新一批”的思路，全年完成800余名人员实名制备案。做好人员转隶后续工作，为521人办理人员转隶手续。推动生态环境垂直管理改革涉及的人员转隶工作，划转人员724人，其中行政人员132人，全额事业人员592人。做好机构编制核查，起草《临汾市党政群机关、事业单位机构编制核查分析报告》，完成机构编制核查工作。指导县级进行指标核对、数据比对，推动县级核查工作按时完成。合理制订用编计划，制订市直2022年市直事业单位公开招聘用编计划。落实市直2022年度退役士兵和转业军官安置计划。提供市直机关单位70余名行政编制用于2022年度定向选调生招录。提供市直事业单位339名编制用于市直事业单位公开招聘工作人员。

【事业单位登记和电子政务】 2022年，临汾市直办理设立登记8家，变更登记92家，注销登记16家。做好事业单位年度报告公示工作，全年申报年度报告事业单位184个。办理统一社会信用代码证书48件。中文域名管理工作方面，全年新注册中文域名18个，对市直300家单位中文域名信息进行更新维护。严管网站标识，为市医疗保障局等3个单位审核发放网站标识。

（徐春阳）

市直机关党建

【党建督导】 2022年，临汾市直工委开展市直机关党建工作专项督导，通过听取主要领导汇报，查阅相关资料，召开各层级党员干部座谈会等方式摸底调查。召开督导汇报分析会，督导组对督导单位的工作情况、特色亮点和存在的问题进行汇报，市直工委书记史全喜逐一进行点评，并对下一步工作进行安排。将督导情况向各单位进行反馈，肯定工作成绩，指出存在问题，提出整改建议。将问题反馈与基层党组织书记抓党建工作述职评议考核工作相互衔接，形成日常管理、督导检查、年终考核的工作闭环。

【“模范机关”建设】 2022年，临汾市直工委以“五型机关”为抓手，建立创建“模范机关”的长效机制，发挥创建模范机关先进单位的示范引领作用。机关党委围绕提高政治判断力、政治领悟力、政治执行力，强化党员思想淬炼、政治历练、实践锻炼、专业训练。教育引导党员高举旗帜、亮明身份、争做贡献，把对党忠诚的行动体现在重大突发事件中，把责任担当体现在服务和保障市委“1355”战略的行动上。

【党的二十大精神宣讲】 2022年，临汾市委宣讲团成员、市直工委书记史全喜在红色礼堂为市直机关作了党的二十大精神宣讲报告会。成立市直机关二十大精神宣讲报告团，由工委书记史全喜担任团长，副书记原芳担任副团长，各机关党委书记担任成员，分别深入市直机关基层党支部、基层站所为广大党员群众进行宣讲，在市直机关掀起学习党的二十大精神热潮。

【基层党组织建设】 2022年，临汾市直工委严格执行新形势下党内政治生活准则，落实“三会一课”、民主评议党员等组织生活制度。坚持和完善重温入党誓词、入党志愿书及党员过“政治生日”等政治仪式，教育党员干部强化“四个意识”、坚定“四个自信”、做到“两个维护”。完善工委统一督促指导责任、部门单位党组（党委）主体责任、机关党组织直接责任，深化上下联动、齐抓共管、统一高效的工作机制。做好机关党建工作制度立改废工作，形成市直工委抓督导、重考评、促发展，机关党委抓建设、重规范、促落实，党支部抓教育、重培养、促提升，党组抓统筹、重引领、促融合的“四抓、四重、四促”机关党建目标措施制度体系。建立市直机关基层党组织工作台账，做到及时提醒、严格审批、程序到位。督促指导了16个机关党委、267个基层党组织按期完成换届选举工作。严格程序，严把发展党员“入口关”。做好基层党组织书记抓党建工作述职评议考核工作，实现市直机关各部门机关党委书记现场述职全覆盖，完善机关党建工作考核评价机制，强化考核结果运用。

【培育和践行社会主义核心价值观】 2022年，临汾市直工委开展市直机关第一届社会主义核心价值观示范点评选活动，培育选树3家爱国主义教育基地、7家社会主义核心价值观示范点。拓宽学雷锋志愿服务活动的渠道和方式，建立志愿活动长效机制。做好省级、市级文明单位的推荐、申报、评选工作，完善季度考核、年终考核体系，实行届内限期整改、停牌整改、摘牌除名制度。组织市直机关观看革命教育题材电影《红光》。七一前夕，组织开展“庆七一倡清廉展风采”主题演讲比赛。

【清廉机关建设】 2022年，临汾市直工委制定清廉机关建设方案，要求党组（党委）落实全面监督、机关基层党组织落实日常监督、机关党员做好民主监督和机关纪委发挥好专责监督作用，强化对“关键少数”和关键岗位的监督制约。执行中央八项规定及实施细则精神和省、市有关办法，开展正风肃纪。要求各机关纪委充分发挥监督前哨作用，敢于监督、善于监督，针对本单位研究部署清廉建设情况、工作目标推进情况和取得的实际效果进行督促协调和监督检查，确保开展活动与抓好工作两不误、两促进。开展清廉文化系列活动、“对党忠诚、清正廉洁”系列教育活动；协调市区内主要街道大型LED电子屏滚动播放廉洁标语和廉洁短视频；编印《清风廉苑》第二辑；对各单位清廉机关建设进行督查，选树10家单位为清廉建设标杆单位。 （王垂平）

巡察工作

【概况】 2022年，临汾市委巡察机构学习贯彻习近平新时代中国特色社会主义思想特别是习近平总书记关于巡视巡察工作的重要论述，深入学习宣传贯彻党的二十大精神，贯彻巡视工作方针，深化政治巡察，各项工作取得新成效，为推进全面从严治党，全面推进清廉临汾建设提供支撑。

【市委巡察工作五年规划编制】 2022年3月，临汾市委巡察办坚持“规划先行，谋定而动”，总结分析四届市委巡察工作经验做法，统筹编制五届市委巡察工作五年规划，构建市县巡察“规划一张图、任务一盘棋、推进一张表”的工作体系，为未来五年巡察工作高质量发展奠定基础。工作规划紧扣党中央、省委、市委关于巡视巡察工作决策部署，明确市委巡察工作指导思想和工作方针，明确“四个紧盯”的监督路径，对上下联动监督网、巡察全覆盖、整改成果运用、基础建设等工作提出明确具体要求。

【市县巡察上下联动】 2022年，临汾市委巡察办在全市住建系统巡察中，市组、提级组“五同”模式开局、“三避”模式统筹、“四互”模式联动，依据工作需求对巡察发现的问题信息情况进行传递互通，针对领域性的面上问题、系统性风险隐患进行共同分析研判，“点对点”共同了解同一类型问题情况，上下类比印证快速核实，发现面上问题191个，问题线索140件。

【深化巡察“后半篇文章”】 2022年，临汾市委巡察办聚焦“民生关切”，坚持“开门搞巡察”，每轮巡察中都注重发现、收集和解决一批群众反映强烈的“急难愁盼”问题，推动被巡察党组织回应群众关切、切实解决问题。针对巡察发现的住房公积金“睡眠账户”4.46万个、资金2.6亿元的问题，住建领域物业管理公共安全隐患较大、电动自行车充电停放难等17类突出问题，临汾广播电视台对退网用户1.26万户、资金112.4万元退费不及时的问题，推动立行立改，回应群众关切，树立巡察权威，被《山西日报》等媒体关注报道。

【五届市委第二轮巡察】 2022年3月下旬至2022年6月上旬，临汾市委派出9个巡察组，对临汾经济开发区、侯马经济开发区、尧都高新技术产业开发区、襄汾经济技术开发区、霍州经济技术开发区、洪洞经济技术开发区等11个开发区开展专项巡察；对尧都区枕头乡岭上村、段店乡李堡村、侯马市凤城乡西赵村、新田乡白店村、霍州市大张镇贾村、白龙镇虎头山村等34个“三个一批”村开展提级巡察；对翼城县、浮山县、大宁县、吉县、蒲县、汾西县6个县的巡察工作开展指导督导。

【五届市委第三轮巡察】 2022年8月上旬至11月上旬，临汾市委派出6个巡察组，采取“一托二”或“一托一”的方式对市住房和城乡建设局、市应急管理局、市能源局、市审计局、市民政局、市统计局、临汾广播电视台、市住房公积金管理中心、临汾日报社、市残疾人联合会、市汾河文化生态景区服务中心等11个单位及所属5个处级事业单位开展常规巡察。统筹17个县级巡察组对各县（市、区）住房和城乡建设局开展提级交叉巡察，对全市85个“三资”管理贪腐问题突出村开展专项巡察。巡察期间，市委组织部与市委宣传部分别派出专项检查组，采取统分结合、以统为主的方式，对11个市直单位开展选人用人、意识形态工作责任制落实情况专项检查。

【“四项监督”贯通融合】 2022年，临汾市委巡察办健全巡察与各类监督协作机制，加强与组织、宣传等部门监督协同配合，对21个单位开展选人用人专项检查和意识形态工作责任制专项检查。完善与审计部门协调机制，抽调审计干部参加巡察26人次，调阅审计报告等材料27份。建立与保密、信访等部门的贯通协作机制，为形成监督合力提供制度机制保障。在全市开发区专项巡察期间，“巡审联动、巡纪贯通”的做法，受到省开发区专项办表扬。

【巡察整改督办】 2022年，临汾市委巡察办强化巡察整改的统筹协调、跟踪督促、汇总分析，推动被巡察党组织履行巡察整改主体责任。常态化采取“总账登记+三单推进”“总账挂号+五账跟踪”的共性问题整改和问题线索处置动态管理督办办法，跟踪了解粮食购销系统机动式巡察、五届市委第一轮巡察反馈意见整改落实、问题线索处置、移交建议办理等情况，跟踪督办180余次，推动巡察反馈问题整改有效推动。

【巡察队伍建设】 2022年，临汾市委巡察办以市委名义出台《关于抽调优秀干部到巡察岗位锻炼的实施办法（试行）》，明确对一个考核年度内抽调参加巡察超过半年的干部在市委巡察机构参加年度考核。调整充实市委巡察组“三库”人员，平均年龄37岁，本科及以上学历占比90%。组织开展五届市委第二轮、第三轮巡察业务培训，邀请相关领域的专家、巡视巡察业务能手授课辅导，实现市县两级巡察干部培训“全覆盖”。发挥巡察“熔炉”作用，全年抽调207名干部参加市委巡察。实施办组轮岗交流锻炼，全年轮岗交流锻炼9人次。

2022年，五届临汾市委第三轮巡察动员部署会召开

（市委巡察办供图）

【巡察信息工作】 2022年，巡察机构实施《巡察信息工作模块化、责任化建设方案》，全年共编发信息、调研文章20期95篇，其中在“学习强国”学习平台刊发1篇，省纪委监委刊发16篇，《晋巡参考》刊发2篇，《支部建设》刊发4篇。

（刘晓红）

机关事务管理

【概况】 2022年，临汾市机关事务管理局围绕省委“全方位推动高质量发展”目标要求和市委

"1355"战略，坚持以党要管党、从严治党为统领，以推进机关事务集中统一管理为抓手，科学优化公共资源配置，有效降低机关运行成本，提升服务保障水平。2022年荣获人力资源和社会保障部与国家机关事务管理局颁发的"全国机关事务工作先进集体"称号。

【机关后勤服务】 2022年，临汾市机关事务管理局推广"楼长负责制"，五大集中办公区每栋办公楼各确定一名楼长、一名监督人员，负责每日对大楼安保、防疫、保洁、设施设备维护等工作进行巡查检点，负责受理服务对象的投诉，负责对物业公司进行日常监督考核。提升机关食堂餐饮服务水平。征求干部职工的意见建议，完善食谱，科学配餐、增加餐品种类。牵头改建市委机关医疗室，组建市直机关医疗室，同市卫健委、市人民医院合作，为医疗室配备超声波、心电图、血糖仪等医疗设备，配齐专业医护力量。提升机关文化生活服务水平。牵头在会议中心筹建"职工书屋"，现有存书3000余册，涵盖时事政治、党史学习、经济管理、人文社科、历史地理及临汾方志等多个领域的书籍。

【办公用房管理】 2022年，临汾市机关事务管理局按照"科学谋划、精准施工、质量上乘、决不返工"的原则，建立"零星维修派单制度"，要求每项维修必须有服务对象满意度签字认可。完成市委办公区绿化补栽、市委餐厅维修改造、市政府西办公楼屋面漏雨翻新、市政府北楼卫生间改造等20余项维修改造项目，完成五大集中办公区50余个单位水、暖、电供给运行保障工作，小修小补100余处。按照"深度挖潜、盘活资产、集中租赁、统筹调剂"的原则，为市委办公室、市政府办公室、市委组织部、市工信局等单位调剂办公用房，将市规划和自然资源局、市科协等单位集中安置到城投大厦办公，对闲置办公用房及时收回统一调剂使用，盘活办公用房存量资产。

【公务用车管理】 2022年，临汾市机关事务管理局按照"应派尽派、先派后租、集约整合、厉行节约"的原则，保障市四大班子、市直各部门重大公务和重要活动用车。实施"公车平台派车+租赁驾驶员+租赁车辆"三结合保障模式。2022年，公车平台派车完成80%的出车任务，租赁驾驶员完成15%的出车任务，租赁车辆完成5%的出车任务。全年保障省市两级疫情防控、环保治理、脱贫攻坚、应急防汛、安全生产检查等公务出行8372台次。完成国家、省部级领导视察工作、省委巡视组以及第三届"大河论坛·黄河峰会"等大型活动的车辆保障任务。

【公务接待管理】 2022年，临汾市机关事务管理局打造"临汾接待"品牌，整合各县（市、区）公务接待资源，建立全市公务接待网络，形成全市公务接待一个标准、一张网络、上下联动的工作格局。接待山西省委脱贫攻坚督导组，省委、省政府乡村振兴督导组，省优化营商环境和开发区重点工作督导六组，省防控办疫情指导组等多个常态化督导检查组，完成督导期间服务保障工作。2022年接待宾客342批2808人次，其中等级任务5批276人次，省部级领导36批73人次，厅级领导413人次，随行1945人次。

【公共机构节能管理】 2022年，临汾市机关事务管理局开展节约型机关创建活动，市直和17个县（市、区）党政机关创建率88%，全市607家党政机关获得国家四部委颁发的"节约型机关"荣誉称号。组织全市公共机构能源资源消耗统计培训，提高公共机构节能管理人员的能源统计业务能力，全市公共机构人均总能耗值、单位建筑面积能耗值、人均用水量等3项强度指标均低于"十四五"时期省定约束性指标30%。 （苗家林）

老干部工作

【概况】 2022年，临汾市委老干部局贯彻执行临汾市委、市委组织部和省委老干部局的工作部署，围绕服务中心大局，秉持用心用情、精准服务理念，融合发挥社会资源，拓展服务项目，拓宽保障体系，满足离退休老干部和老年人学习、生活、健康、娱乐的个性化需求，提高老干部工作质量，提升老干部的幸福感。

【精准助老】 2022年，临汾市委老干部局细化和完善定期学习、情况通报、参加会议等制度，对于行动不便的老同志通过"上门送学""微信助学"等方式帮助其学习；落实参观考察制度，组织市直离退休干部赴曲沃县、安泽县等市内5个县（市、区）进行参观考察。落实生活待遇，执行中央、省、市相关政策规定，做好易地安置和长期异地居住离退休干部的服务管理工作，坚持离退休干部每年体检制度，对5300余名市直离退休干部进行体检，建立健全健康档案。针对部分离退休干部因重大疾病或家庭发生重大变故产生的困难和问题，市县两级老干部门按照《特殊困难离退休干部及遗属帮扶办法》，建立5万~30万元的帮扶基金，2022年向427名特殊困难离退休干部及遗属发放帮扶资金84.8万元。

【党建工作】 2022年，临汾市委老干部局探索离退休干部党建工作新模式，制定《临汾市关于加强新时代离退休干部党的建设工作重点任务清单》，对照落实清单5个方面13条具体任务、39项细化措施，以项目化管理为抓手，责任到人，推动《意见》精神落实落细。制定下发《关于推动离退休干部党员参与社区基层治理的实施方案》，引导老干部通过担任社区网格员，对网格内的各类公共事务、居民反映的问题和矛盾纠纷等进行调解处理。“银发”网格员共解决各类问题260余件，老干部成为联系服务群众“最后一公里”的有力推手。落实党内关怀制度，探索建立干部荣誉退休制度，找准离退休干部政治建设的切入点，激发党建工作新活力，开展干部荣退活动百余场。推进离退休干部党组织示范创建，推动163个建制性离退休干部党支部达标，达到全市离退休干部党组织的68%，破解在职党员与离退休党员“混编”、异地流动老党员管理难题，离退休干部党组织实现从“有形覆盖”到“有效覆盖”。

【文化养老】 2022年，临汾市委老干部局结合老干部兴趣爱好、身体状况，定期组织开展各类活动，让老干部在活动中培养兴趣、施展才华、展示风采，增强老干部的获得感、成就感、幸福感。举办“喜迎二十大奋进新征程”“点亮初心砥砺前行”等文体展演、摄影展、征文活动50余场；组织离退休干部参与“喜迎二十大银龄心向党”全省离退休干部诗书画影作品大赛等系列活动，征集选送200余件作品，62件作品获奖。依托老年大学、老干部活动中心资源，与社会老年教育资源、社区共享资源，推进社区分校、教学点和活动点创建，延伸创办“家门口老年大学”“家门口活动中心”，市直新建社区老年大学分校、教学点7个；完善老年大学的教学体系，开办线上精品课程，开播直播课程30节、录播课程18节，实现停课不停学，延期不延教。开展“四项行动”，引导老同志自觉自愿、力所能及参与到社会治理、疫情防控、关心教育下一代等工作中，举办线上线下红色宣讲200余场、受教育人数超8万人次，组建76支服务志愿队、开展活动550余次，1万余名群众受益；组织139名老专家、开展活动103次，惠及群众和离退休干部6900余人。

【个性服务】 2022年，临汾市委老干部局畅通就医绿色通道，加强与市人民医院沟通协调，为离休干部就医挂号“绿色通道”、老干部医疗服务保障提供便利，使老同志看病就医更加便捷。建立上门体检、巡诊制度，对市直61名高龄、空巢、生活不能自理、居住偏远的离休干部进行“送医上门”，为176名离休干部送上防疫暖心包，为老干部就诊提供方便。推行签约家庭医生，协调市卫健委，为市直4910名离退休干部开展家庭医生生服务项目，为老同志提供个性化医疗服务。成立“党员志愿服务队”，对接临汾市家庭服务业协会，为有需求的老同志提供家政、养老机构、法律咨询、居家养老等服务咨询，进行宏观指导，发挥为老服务桥梁纽带作用。执行定人定责划片联系老干部，做到重大节日庆典、生病住院、特殊困难、家庭重大变

2022年11月18日，临汾市委老干部局举办“助力转型”名老专家义诊活动　（市委老干部局供图）

故、干部去世“五必访”，全年走访慰问老干部41451人次，发放慰问金、慰问品合计778万余元。

市委党校

【科研工作】 2022年，临汾市党校系统立项省委党校课题18项，市委党校立项省委党校课题5项、立项市级课题4项、立项校级课题13项，完成上年度校级课题13项；在各级报刊发表论文56篇，其中国家级2篇、省级15篇、市级39篇；参加地区间科研交流，向全省党校系统学习宣传贯彻党的二十大精神理论研讨会报送参会论文16篇，向晋豫两省八市党校工作交流会报送参会论文6篇；与市委组织部、发改委、科技局、体育局等部门合作，参与涉及临汾市经济社会发展改革、人才建设、城市基层治理等重大事项的理论研究和决策咨询工作。运用市委党校“一号一网两刊”做好科研宣传工作，在公众号宣传报道特色工作、经验做法以及县级党校工作动态，全年编发公众号消息及文稿260余条，关注人数达1000余人；出版《临汾学刊》4期、《决策研究报告》5期。

【自身建设】 2022年，临汾市委党校首次聘任法律顾问1名，原创微视频《宪法宣誓为政初心》在临汾市第五届普法短剧、微视频、微动漫评比中荣获二等奖；被国家机关事务管理局、中直管理局、国家发改委和财政部等四部门联合授予“节约型机关”荣誉称号。

【新校区建设】 2022年，临汾市委党校新校区搬迁项目加快推进，工程完成90%，预计2023年4月底工程完成；智慧校园建设内容已确定，编制完成《新校区智慧校园建设的可行性报告》和《新校区智慧校园建设的初步设计方案》，将送市行政审批局审批立项；地下车库正式立项。

【干部培训】 2022年，临汾市委党校在开发情景教学、案例教学、现场教学等课程基础上，开展大备课，全年共组织新课试讲3次，开发新专题21个，新课占比达到30%；将“用学术讲政治”的理念融入大备课中，在课程设计中增加党的二十大精神、十九届六中全会等内容，理论教育和党性教育占比达到74.6%，提高课程质量。2022年，全年举办主题班次5期，培训学员257人；举办各类社会培训班40期，培训人数达6000余人次；深入街道、社区和17个县（市、区）开展对外宣讲100余场次，培训人次上万人；外请教学30堂课，其中，厅级领导5堂；做好全市抓党建促基层治理能力提升专项行动培训指导专班工作，市县两级举办3036期培训班，培训人数达33万余人；5名骨干教师被纳入市委宣讲团，到各县（市、区）对党的二十大精神进行专题宣讲。

【县级党校业务指导】 2022年1月18日，临汾市委党校召开全市党校常务副校长会议，校委班子成员到襄汾、侯马等基层党校就教研管理、基础设施建设、抓党建促基层治理能力提升等内容考察调研。举办为期1个月的全市党校系统第四期师资培训班，全市党校系统58名骨干教师以线上线下相结合的方式开展培训，内容涵盖党的二十大精神与党性教育、教研咨能力提升与方法探讨、市（县、区）党校教师精品课及赛讲课展示3个单元，实现市县两级党校联动共建。

【全市党校系统第七届教师赛讲】 2022年6月23—26日，临汾市委党校与市总工会联合举办全市党校系统第七届教师赛讲，市委党校26名教师和17个县级党校33名教师参加比赛。参赛教师牢牢把握党校姓党原则，结合自己的专业和特长，打磨教学专题，内容涵盖习近平新时代中国特色社会主义思想、经济文化建设、马克思主义原著原理、党史党建、基层治理等方面。决赛中产生的6名青年教师参加山西省党校系统赛讲，取得二等奖1个、三等奖4个、优秀奖1个的成绩。 （杨舒然）

党史和地方志工作

【概况】 2022年，中共临汾市委党史研究室（市地方志研究室）不负重托、奋力推进十项工作并取得显著成绩。本室紧跟市委部署，率先在全省启动《临汾市扶贫志》《临汾市全面小康志》编纂工程，推动南下干部专题研究、清廉文化资源挖掘取得重大进展，《临汾年鉴（2022）》编纂高质量完成，《讲述黄河故事传承黄河文化优秀文集》在“大河论坛·黄河峰会”成功首发，高质量完成《平阳党史》《平阳方志》各4期编撰出版任务。《凝沙聚力砥砺前行——战争年代党在临汾革命传统和优良作风研究》获全国党史优秀成果三等奖，《历史昭示未来淬鉴坚毅前行》课题报告获临汾市党建研究课题优秀成果二等奖；年终整体工作被省院评定为“优秀，位列全省第一方阵”；在全市年度目标责任考核中被评为“优秀”等次，主任屈波荣记“三等功”；获临汾市“五一”劳动奖状。

【强化顶层设计】 2022年，临汾市委党史研究室（市地方志研究室）起草并协助制发《中共临汾市委办公室关于印发〈临汾市党史和地方志事业发展“十四五”规划〉的通知》《中共临汾市委办公室关于成立和调整有关市委议事协调机构的通知“临汾市地方志编纂委员会”“临汾市党史工作联席会议”》《中共临汾市委办公室关于成立市委党史工作领导小组的通知》《中共临汾市委办公室、临汾市人民政府办公室关于印发〈临汾市扶贫志〉〈临汾市全面小康志〉编纂工作方案的通知》等6个重要文件。贯彻党中央关于加强党对党史工作领导和高度重视修史修志的重要指示精神，市委把党史方志工作纳入全市总体工作战略布局，作为加强党的全面领导的重要内容，及时明确1名市委常委分管、1名副市长协调联系党史方志工作。成立市委党史工作领导小组、建立完善党史工作联席会议制度，成立临汾市地方志编纂委员会、组建专门志、综合年鉴等课题编写编纂委员会，吸收200多个部门（单位）为党史方志工作成员单位。坚持开门研史、开门修志，组建党史方志专家库，吸纳40多名高素质专家学者参与重点课题编研和成果转化资政育人工作。构建起党委统一领导、政府大力支持、专职干部发挥主干作用、其他部门密切配合、社会高端人士积极参与的“大党史、大方志”工作格局，确保党史和地方志事业持续高质量大发展。

【弘扬清廉文化】 2022年，临汾市委党史研究室（市地方志研究室）紧跟市委关于清廉临汾建设重大部署，发挥专业优势，与市纪委监委联合启动清廉临汾建设资料征集和编写工作。8月10日，市委常委、宣传部部长闫建国，市委常委、纪委书记杨红梅专程出席编写推进会议并讲话，推动编写进程。经过10个多月的艰苦努力，征集稿件130多篇，精选加工100篇编辑成书《廉洁守初心 清风正气——临汾清廉故事精选100例》，形成30余万字初稿。该书主要收录临汾历代廉吏的清廉故事和临汾境内发生的重要红色清廉故事，计划2023年完成出版，对于涵养临汾清廉文化，生动教育干部廉洁从政具有独特意义。

【讲好红色故事】 2022年，临汾市委党史研究室（市地方志研究室）贯彻落实习近平总书记“用好红色资源、赓续红色血脉”重要指示精神，着眼丰富党的精神谱系、缅怀临汾老一辈南下外援干部的丰功伟绩，最大程度发掘临汾市南下干部线索，搜集完善相关档案、图片、自传、回忆录等历史资料，10月初形成《临汾南下干部实录系列丛书》送审稿。该书重现临汾解放后作为党中央解放全国重要干部输出地的壮阔历史，记述临汾市南下干部为四川、云南、福建等地做出的突出贡献，分《历史的使命——文献卷》《信仰的力量——回忆卷》《流金的岁月——人物卷》3卷，总计110万字，已通过省地方志研究院审核，进入中央文献出版社审核出版程序。

【《临汾市扶贫志》《临汾市全面小康志》编纂工程】 2022年，临汾市委党史研究室（市地方志研究室）贯彻中国地方志指导小组办公室和临汾市“两志”编纂部署，突出以“临汾之志”记录和服务

2022年8月8日，全市党史方志工作暨《临汾市扶贫志》《临汾市全面小康志》编纂工程启动大会召开
（中共临汾市委党史、方志研究室供图）

“临汾之治”，志记伟大壮举，传承伟大光荣。自2021年开始做了大量前期准备工作，2022年初纳入市委、市政府重要工作日程。5月，市委、市政府两办印发《实施方案》，成立由书记、市长担任主任，市委分管常委和其他有关领导为副主任，130多个部门“一把手”为成员的编委会。8月8日，承办市委、市政府组织召开130多个部门单位150人参加的“全市党史方志工作暨《临汾市扶贫志》《临汾市全面小康志》编纂工程启动大会”，市委常委、宣传部部长闫建国出席并作动员部署，副市长张璐萍主持大会并讲话，室主任、市“两志”编纂委员会办公室主任屈波报告工作。会后，邀请全国知名方志专家授课，举办150人参加的编纂业务专题培训班和专题研讨会。已征集基础资料600余万字，为全面开展统编统纂工作奠定资料基础。

【《讲述黄河故事 传承黄河文化优秀文集》】 2022年，临汾市委党史研究室（市地方志研究室）贯彻落实习近平总书记关于黄河流域生态保护和高质量发展两次座谈会重要讲话精神，抓住中国地方志举办“讲好黄河故事、传承黄河文化”系列活动重大机遇，以弘扬黄河精神为主旨，以宣传推介临汾为目标，组织黄河故事征文活动，在荣获全国征文比赛和讲述决赛多个大奖的同时，从300多篇征文中，选取100篇优秀稿件进行加工，汇编《讲述黄河故事 传承黄河文化优秀文集》并由方志出版社出版，在“第三届大河文明旅游论坛”赠阅交流200余册。

【市、县综合年鉴编纂】 2022年，临汾市委党史研究室（市地方志研究室）把“一年一鉴、公开出版”作为刚性任务，统筹抓好市、县综合年鉴高质量编纂出版工作。年初，修订《临汾年鉴（2022）》编纂条目大纲。11月初，总规模106万字的编纂任务全面完成，通过省院审核，12月进入方志出版社审核程序并取得出版许可。指导和推动县级年鉴编纂，搞好全国精品年鉴品读活动，审核2022版《蒲县年鉴》和《汾西年鉴》，17个县（市、区）的综合年鉴质量都得到了有效提升。完成《中国地方志年鉴（2022）》和《山西年鉴（2022）》临汾市本级及17个县（市、区）的供稿任务，约5.5万字。

【学术平台】 2022年，中共临汾市委党史研究室（市地方志研究室）完成2022年度《平阳党史》和《平阳方志》各4期编辑、出版和赠阅发行任务，从内容编辑、印刷工艺等多方面提升办刊质量，两部期刊刊发政策动态和研究文章200余篇，字数100余万字，交流发行到省内外1200多个部门单位，促进学术交流，有效宣传和推介临汾。12月，为缅怀江泽民同志丰功伟绩，两刊分别刊登了江泽民同志在上海担任市长和市委书记时关于党史和地方志工作讲话摘要，引领党史方志工作者更深层次认识工作的意义和肩负的责任。

【业务指导】 2022年，临汾市委党史研究室（市地方志研究室）履行系统业务管理责任，搞好督导服务，严把著作质量关。制定审核方案，完成《中国共产党蒲县历史（第三卷）》《中国共产党曲沃历史（第一、二卷）》《中国共产党霍州历史（第一卷）》审核工作，反馈审核意见。到年底，县级党史基本著作有6县出版共11部，进入出版程序的有5县13部，完成初稿的8县13部，实现全市党史基本著作编写的全覆盖。

【履行反对历史虚无主义政治责任】 2022年，临汾市委党史研究室（市地方志研究室）认识党史方志工作在意识形态和网络意识形态斗争中的重要责任，主动与市委网信办联合列出历史虚无主义问题清单。坚持办好临汾党史方志网，增补优质信息2000条（篇），“方志中国”“史志山西”微信公众号、临汾广播电视台、《临汾日报》等主流媒体宣传报道临汾党史方志工作29条（次）。发挥系统专业优势，实施转发信息2000多条（次）。针对网上有关抗日战争的错误言论，与临汾军分区、市委宣传部、临汾电视台合作，派出党史专家及业务骨干在临汾电视台录制《塔儿山走出雷锋团》《绵岭、秦岗阻击战》《韩略伏击战》等抗战史实节目，为党的二十大胜利召开营造良好环境。（李艳洁）

临汾市人民代表大会

综　述

【概况】　2022年，临汾市委高度重视人大工作，市委书记出席市五届人大常委会第一次会议作重要讲话。市委组织召开贯彻习近平总书记关于全过程人民民主重要论述及中央、山西省委人大工作会议精神学习报告会；7月4日市委召开人大工作会议，出台《中共临汾市委关于新时代坚持和完善人民代表大会制度、加强和改进人大工作的贯彻落实意见》和《贯彻落实市委人大工作会议重点任务若干措施和分工方案》。市委对市人大及其常委会工作高度重视，就多项工作提出具体指示要求。在立法工作方面，加强对黄河流域生态环境保护，要求市人大及其常委会启动《临汾市晋西太德塬生态综合治理条例》的立法工作；在监督工作方面，要求各级党委以及“一府一委两院”支持和配合人大监督工作，为人大监督工作的开展给予支持和保障；在代表工作方面，市委主要领导以身作则，在代表联络站听民声、察民情、访民意、解民忧，带动全市各级代表厚植为民情怀、践行初心使命，推动解决基层群众急难愁盼问题。全年召开党组会议17次，党组理论学习中心组学习16次。

【法治临汾建设】　2022年，临汾市人大常委会组织86人次地方国家机关工作人员进行任前法律知识考试，进行宪法宣誓，促进“关键少数”做尊法学法守法用法的模范。听取审议“七五”普法决议贯彻落实情况报告，作出“八五”普法决议，开展“国家宪法日”活动，加强地方性法规宣传，对动物防疫法等4部法律法规执行情况进行检查，配合全国人大、山西省人大检查环境保护法等6部法律法规执行情况，推动法律法规实施，引导“最大多数”树立法治意识、提升全民法治素养。对市中级人民法院、市人民检察院工作开展常态化监督，督促强化司法保障，促进司法公正，维护公平正义。坚持有件必备、有备必审、有错必纠，依法审查了报备的规范性文件，开展涉及计划生育、水能资源开发利用权内容的法规、规章、规范性文件专项清理工作。加强信访工作，受理群众来信来访126件次，全部交办、转办、督办。

【市四届人大常委会召开第五十五次会议】　2022年1月11日，市四届人大常委会第五十五次会议召开。市人大常委会主任陈小洪，副主任王国平、王金珍、冯建宁、郑步电，秘书长苏文龙及25名委员出席会议。常委会会议召开两次全体会议，一次分组会议，一次联组会议，其间召开一次主任会议。会议听取审议通过市四届人大常委会关于接受个别省人大代表辞职的决定。　　（李栋蕾）

国家机关工作人员任免

【市人大换届选举任务】　2022年3月20—23日，临汾市五届人大召开第一次会议，会议选举产生市五届人大常委会主任1人、副主任8人、秘书长1人、委员31人；市人民政府市长1人、副市长7人；市监察委员会主任1人、市中级人民法院院长1人、市人民检察院检察长1人。表决通过法制委员会、监察和司法委员会、财经委员会、社会建设委员会、教育科学文化卫生委员会等5个专门委员会组成人员。12月10—12日，因新冠病毒疫情影响，市五届人大二次会议采用“主会场+分会场”视频会议的形式召开，选举出席省十四届人民代表大会代表60名。

【人事任免事项】　2022年，临汾市人大常委会会议各任免职事项共115人次。其中，市人大常委会人员任职19人；市政府人员任职51人，免职7人；市监察委员会人员免职1人；市中级人民法院人员任职13人，免职17人；市人民检察院人员任职3人，免职4人。每次常委会前都组织拟任职人员进行任前法律知识考试，增强拟任人员的知法、守法、执法意识，并进行供职发言和领取任命书的程序演练，确保常委会会议顺利规范。

【宪法宣誓实施】 2022年，临汾市人大常委会会议有人事任职事项时，对宣誓人提前进行宣誓演练，熟悉场地和宣誓流程，严格执行宪法宣誓的规定和程序，保证宣誓工作的庄重和严肃性。2022年，常委会会议上组织宪法宣誓86人。

（李栋蕾）

立法工作

【概况】 2022年，临汾市人大及其常委会坚持“小切口、真管用”的原则，紧扣“1355”战略、“双城”牵引战略、全方位推动高质量发展等市委重大部署确定立法项目，全年制定地方性法规3件。其中，围绕服务生态文明建设，制定实施《临汾市岩溶泉域水资源保护条例》；围绕服务城市建设，制定《临汾市海绵城市建设管理条例》；围绕服务文化建设，贯彻落实党的二十大报告对红色资源保护利用提出的明确要求，制定实施《临汾市红色文化保护传承条例》。8月24日，临汾市五届人大常委会第三次会议初审通过《临汾市红色文化保护传承条例（草案）》，10月4日市五届人大常委会第四次会议表决通过，并于12月9日经山西省第十三届人民代表大会常务委员会第三十八次会议批准，自2023年3月1日起施行。《临汾市红色文化保护传承条例》《临汾市岩溶泉域水资源保护条例》于11月4日经市五届人大常委会第四次会议初审。

【五年立法规划和年度立法计划编制】 2022年，临汾市人大常委会编制《临汾市人大及其常委会五年立法规划（2022—2026年）》，列入项目24件，包括一类项目10件、二类项目14件。立法规划紧扣关系人民群众切身利益的热点、难点问题，既有体现人民群众普遍关注的民生权益保障项目，如城市供热、社区养老等法规，又有体现提升城市整体品位及生活质量的项目，如群租房消防安全、海绵城市建设等法规，体现以人民为中心的立法理念和要求。对全市红色文化、传统古村落以及博物馆工作等以立法来保护促进，点面结合、统筹谋划。规划重点围绕全市泉域水资源保护进行立法，为进一步保障城市大气质量，重点围绕餐饮油烟管理、机动车和非道路移动机械排气污染防治等方面进行立法。《临汾市人大及其常委会2022年立法计划》涉及立法项目两类，包括正式项目和调研论证项目。正式项目为：《临汾市红色文化保护传承条例》《临汾市岩溶泉域水资源保护条例》。2022年立法计划列入4件调研论证项目，即围绕传统村落和乡村特色风貌保护，中小学幼儿园规划建设，促进博物馆发展，农业生产托管服务等方面进行立法的必要性、可行性调研论证，当条件成熟时，可以将调研论证项目转变为正式立法项目。

【年度立法项目调整】 2022年，临汾市人大常委会为贯彻习近平总书记在黄河流域生态保护和高质量发展座谈会及中央财经委员会第六次会议上的重要讲话精神，贯彻习近平总书记考察调研山西重要指示精神，按照国家《黄河流域生态保护和高质量发展规划纲要》规划，根据市委要求，将制定《临汾市晋西太德塬生态综合治理条例》工作列入年度立法项目。该条例由市农业农村局牵头起草，市发改委、市规划和自然资源局、市乡村振兴局等部门配合。由市人民政府提请市人大常委会审议，由市人大常委会农业与农村工作委员会初审，市人大法制委员会进行复审。

为贯彻习近平生态文明思想的重大举措，保护和改善生态环境，全域推进海绵城市建设，将制定《临汾市海绵城市建设管理条例》工作列入年度立法项目。条例由市住房和城乡建设局牵头起草，市规划和自然资源局、市水利局、市生态环境局等部门配合，由市人民政府提请市人大常委会审议，由市人大常委会环境与资源保护工作委员会初审，市人大法制委员会进行复审。

【基层立法点工作】 2022年，临汾市人大常委会规范立法工作，提请主任会议修订《临汾市人大常委会立法联系点工作办法》，完善基层立法联系点的工作制度，健全工作机制。年初调整建立28个基层立法联系点，实现全市17个县（市、区）全覆盖，所涉及的行业部门由4个增加到9个。在《临汾市岩溶泉域水资源保护条例》和《临汾市红色文化保护传承条例》起草审议过程中，发挥基层立法点作用，征集意见建议120余条。

【立法工作制度完善】 2022年，临汾市人大常委会提高立法工作质量，提高立法工作的科学性，规范立法论证程序，法工委起草《临汾市人大常委会立法论证办法》，经主任会议通过。《办法》六章三十一条，从论证方式及程序到立项、起草、审议等各个环节对法规论证进行明确规定，涵盖地方立法的各个环节。（李栋蕾）

监督工作

【概况】 2022年，临汾市人大及其常委会围绕市委决策部署，聚焦人民群众关心关注的问题，全年听取审议"一府两院"专项工作报告15项，开展执法检查5项、专题视察调研5项，审查报备规范性文件8件，制定出台《临汾市人大常委会审议意见办理办法（试行）》等制度性文件，规范执法检查、视察、调研等监督环节，实现全链条闭环式监督。强化经济运行监督，听取审议市政府计划、预算工作报告，审计查出问题报告及整改情况报告，依法批准市级财政决算及预算调整方案，听取市中级人民法院关于创优法治营商环境工作情况的报告。

听取审议"七五"普法工作暨"八五"普法规划情况的报告，作出"八五"普法决议，宣传临汾市地方性法规，提升全民法治意识，推进法治临汾建设。听取审议防范打击电信网络诈骗、未成年人检察等工作情况报告，开展未成年人保护工作调研，支持督促法检"两院"强化司法保障，维护公平正义。在山西省11个地市第一个听取审议市监委专项工作报告即反腐败国际追逃追赃工作情况报告。把握人大信访工作的定位，加强与"一府一委两院"等部门的沟通协调，受理群众来信来访126件次。

【执法检查】 2022年，临汾市人大常委会开展《中华人民共和国就业促进法》和《山西省就业促进条例》执法检查，推动疫情背景下保就业稳就业工作。听取审议落实乡村振兴及现代化发展推进情况报告，推动加快农业农村现代化步伐。听取审议全市"双减"政策落实情况报告，推动"双减"落地见效。听取年度环境状况和环境保护目标完成情况报告，配合全国人大开展环境保护法执法检查，组织部分常委会组成人员和部分省、市人大代表对城建重点工程建设及园林绿化、市容管理、卫生整治等工作进行专项视察。

【民主监督】 2022年，临汾市人大常委会制定监督计划，听取相关单位、人大代表及人民群众的意见建议，注重运用大数据分析，监督工作反映人民意愿，围绕就业、教育、医疗、环境等群众关心关注的问题，确定监督项目28个。开展监督工作，组织调研38项，发放调查问卷16000余份，召开座谈会59次，征求意见建议185条，就城市建设与管理等工作组织代表视察，提出17个问题和14条建议，市政府及其相关部门高度重视，研究处理，逐条进行整改。邀请90人次代表列席常委会会议，150人次代表参加立法调研、起草、论证、评估等工作，组织220人次代表参加专题调研、专项视察、执法检查、计划预算审查监督、国有资产管理情况监督等工作，110人次代表参加市政府及其相关部门、市中级人民法院、市人民检察院组织的座谈、旁听等有关活动。在冯南垣村、段村设立全过程人民民主工作联系点，以人大代表联络站和基层立法联系点为依托，在各县（市、区）设立17个践行全过程人民民主示范点，推进全过程人民民主发展实践。

【国有资产监督】 2022年，临汾市人大常委会加强对国有资产的监管，制定国有资产管理情况监督五年规划，听取审议国有资产管理情况综合报告、金融企业国有资产管理情况专项报告，提出审议意见，督促政府细化分解到相关部门整改落实；加强对政府债务的审查监督，在审查预算草案、调整方案、决算草案时，督促完善政府债务相关内容编报，加强对债务规模、结构、使用、偿还等日常监督，督促政府加强债务风险管控，防范重大风险；实施预算联网监督。完成市人大预算联网系统建设，成为山西省首家符合国产化要求的市级预算联网监督系统。

【经济运行监督】 2022年，临汾市人大常委会定期听取审议计划、预决算、审计查出问题整改报告，强化经济运行监督。拓展预决算审查监督，依法批准市级财政决算及预算调整方案，推进人大预算审查监督重点向支出预算和政策拓展。开展全口径审查，做到预决算监督与审计、国有资产管理、政府债务三项监督相结合，了解预算执行中重点支出、重大项目、重要政策实施等情况，推动积极的财政政策落实落地。市政府及其相关部门重视预算执行和其他财政收支审计查出问题整改情况报告的意见，加大整改力度，整改率90.9%。听取审议创优法治营商环境工作情况报告、开展优化营商环境专题调研，推动优化营商环境政策措施和重点任务落实。听取审议落实乡村振兴及现代化发展推进情况报告，推动加快农业农村现代化步伐。听取审议年度环境状况和环境保护目标完成情况的报告、开展煤矸石综合整治及利用情况调研，提出强化根源治理，加大重污染天气科学应对力度，加强臭氧、挥发性有机物的污染防治等意见，以法治方式推动绿色发展。市政府落实意见，采取开展工业企业深度治理、深化移动源减排、巩固清洁取暖改造成果、严控城市面源污染等措施，为临汾市空气质量首次退出全国重点城市后十位发挥积极作用。

【民生事业监督】 2022年，临汾市人大常委会开展就业促进法律法规执法检查，提出构建高质量就业工作体系和就业服务水平、加强劳动者合法权益保障等意见，推动疫情背景下保就业稳就业工作。听取审议“双减”政策落实情况的报告，提出巩固校外培训治理成果、深化校内环节提质增效等意见，推动减轻义务教育阶段学生作业负担和校外培训负担的政策落实，让教育真正回归本质。开展学前教育普及普惠调研，推动解决人民群众反映强烈的“入公办园难、入民办园贵”的问题，促进教育均衡发展，督促办好人民满意的教育。开展未成年人保护工作调研、听取未成年人检察工作情况报告，增强家庭、学校、社会、网络、政府、司法“六大保护”工作合力，促进未成年人健康成长。听取审议反腐败国际追逃追赃工作情况报告、防范打击电信网络诈骗工作情况报告，开展创建“国家卫生应急综合试验区”工作调研，听取全市医保基金使用管理情况、应急管理体系建设情况等专题汇报，推动民生事业改善和社会治理能力提升。

（李栋蕾）

代表工作

【概况】 2022年，临汾市人大及其常委会贯彻中央、省委、市委加强和改进人大代表工作的要求，把强化履职培训、示范点建设、“委员组团、代表联户”作为工作重点，密切人大代表和人民群众的联系，发挥代表作用。首次和市委组织部在市委党校组织开展3期市人大代表履职能力提升培训班。在山西干部在线学院开设“临汾市五届人大代表履职能力提升网络培训班”；在霍州市冯南垣村和汾西县段村设立“临汾市人大常委会全过程人民民主工作联系点”，拓宽人民群众有序政治参与渠道。指导帮助各县（市、区）人大常委会开展星级代表联络站创建工作，各联络站结合各自工作实际，创新工作模式，打造特色亮点，涌现出一批“精品示范”代表联络站；创新开展“委员组团、代表联户”为民办实事专项行动，按照工作相近或专业相近的原则，将常委会组成人员和部分代表分为7个工作团，在闭会期间有计划、有组织、有特色地开展活动。活动开展以来，390名常委会委员、市人大代表联系群众873户，为人民群众解决实际困难364件；全年组织省、市人大代表列席市人大常委会会议70人次，参加常委会组织的各类活动110人次，组织代表参加市委部门及“一府一委两院”的征求意见、工作座谈、案件旁听等活动100余人次。

【代表建议办理】 2022年，临汾市人大常委会提高代表建议办理工作质量。市五届人大一次会议上，代表提出议案10件，建议、批评和意见242件。市人大常委会高度重视代表建议办理工作，5月25日，组织召开市五届人大一次会议代表议案建议集中交办会，主任袁振旭安排部署代表建议办理工作，全体主任会议成员出席会议。向“一府两院”及相关承办单位下发代表建议办理责任表，市人大与市政府签订责任书。确定8件事关全市改革发展稳定大局和人民群众关注的难点问题的代表建议作为重点建议进行重点督办。要求各承办单位建立代表建议办理台账，便于对代表建议办理情况督促检查，采取“三公开、两见面”的办法，加强建议办理工作，加大督办力度，提高代表建议办理质量，把办实事、求实效、抓落实作为建议办理工作的出发点和落脚点，推动代表建议由“答复满意”转变为“结果满意”。

【代表履职】 2022年，临汾市人大常委会开展星级人大代表联络站创建评选工作。制定印发《关于开展星级人大代表联络站创建工作的实施意见》，推进全市人大代表联络站提质升级，促进人大代表联络站活动制度化常态化规范化，提升全市人大代表联络站工作整体水平，对评选出的星级人大代表联络站进行挂牌。促进市直代表与联络站双向联系。8月，起草印发《关于市级领导及市直下派代表深入人大代表联络站常态化开展活动办法》，保障市级领导及市直下派代表与所在的人大代表联络站双向互动联系，促进领导干部代表进站活动常态化，推动人大代表联络站各项工作规范化开展，发挥人大代表联络站联系群众的平台作用。发放省、市人大代表交通通信补助。完善更新省、市两级人大代表的银行账户和身份证信息，协调财务室12月下旬前将省、市人大代表的交通、通信补助全部发放到位。

【组织省人大代表开展专题调研】 2022年8月26日，临汾市人大常委会根据山西省人大常委会通知要求，组织省人大代表就临汾市城建重点工程建设及园林绿化、市容管理、卫生整治等工作进行专题调研。专题调研由市人大常委会主任带队，30余名省人大代表参加。专题调研中，市人大常委会领导和代表们认真负责、积极参与，把专题调研与提出高质量的议案建议相结合，听取各方面的情况和意见，了解掌握真实情况，为代表在省人代会上提出高质量的议案建议奠定基础。

【市人大代表跨选区专题调研】 2022年，临汾市人大常委会起草下发通知，要求各县（市、区）人大常委会在9月中旬至10月中下旬期间组织市人大代表开展2022年度跨选区专题调研。通过跨选区专题调研的形式，使市人大代表开阔眼界、增长见识，从更广的范围了解市情民意，从全市大局出发思考问题和提出建议意见，推动市人大代表在闭会期间依法行使职权，发挥代表作用。

【配合开展“三晋人大代表采风行”活动】 2022年6月，省人大常委会“三晋人大代表采风行”记者团，以“喜迎二十大、奋进铸忠诚”为主题，对临汾市人大代表工作进行实地采访。常委会配合研究室选定15名五级优秀人大代表，陪同记者团到代表们工作、生活的地方实地采访、拍摄，展现临汾市人大代表工作的新气象、新风貌。

【履职能力提升专项行动】 2022年，临汾市人大常委会开展培训提升履职能力专项行动，与山西干部在线学院联系协调，开设“临汾市五届人大代表履职能力提升网络培训班”专题，网络培训班于2022年9月22日开班，为期半年。6月13日至8月5日，山西省人大常委会人事代表工委分别在贾家庄基层干部培训基地、晋中农业农村干部学院、右玉干部学院组织举办3期省人大代表履职专题学习班。市人大常委会安排专人全程参与，为代表提供优质的服务保障。通过集中培训学习，代表们开拓视野，提高依法履职的能力水平，增强代表履职责任感使命感。

【参政议政渠道畅通】 2022年，临汾市人大常委会召开常委会会议10次，组织省、市人大代表列席人大常委会会议30余人次。协调联系省、市人大代表参加市人大常委会及各机构组织的各项活动110余人次，邀请代表参加市委部门及“一府一委两院”的征求意见会、工作座谈会、案件旁听等活动100余人次，拓宽代表知情知政和参政议政渠道。

【代表资格审查】 2022年2月16日，临汾市四届人大常委会第五十八次会议审议通过《临汾市人大常委会代表资格审查委员会关于临汾市第五届人民代表大会代表资格审查情况的报告》，确认由全市17个县（市、区）和解放军共18个选举单位选出的394名临汾市第五届人民代表大会代表的资格有效。在市五届人大二次会议前，按照法定程序组织召开市五届人大代表资格审查委员会会议，确认调离临汾的4名代表资格终止。12月9日，市五届人大常委会第六次会议表决通过《临汾市人大常委会代表资格审查委员会关于个别代表的代表资格的报告》，确认市五届人大代表现实有代表390名。（李栋蕾）

临汾市人民政府

综　述

【概况】　2022年，面对疫情持续冲击，临汾市人民政府突出“人民至上、生命至上”，因时因势调整优化防控举措，强化医疗资源配置和储备，高效处置多起突发疫情，火线驰援省内外多个地区，减少疫情对经济社会发展的影响。把稳增长摆在突出位置，应对多重超预期因素冲击，顶格落实国省市稳经济一揽子政策、接续政策，打出“1+3+N”①助企纾困政策组合拳，全市经济稳中有进、稳中加固、稳中向好。2022年，全市8项主要经济指标增速均高于山西省平均水平，其中5项位居全省第一方阵。GDP突破2200亿元，同比增长5.2%，增速居全省第4位；规模以上工业增加值同比增长10.3%，增速居全省第4位；固定资产投资同比增长9.1%，增速居全省第2位；社会消费品零售总额同比下降0.3%，增速居全省第2位；限额以上消费品零售额同比增长5.4%，增速居全省第2位；城镇居民人均可支配收入同比增长5.7%，增速居全省第5位；农村居民人均可支配收入同比增长6.8%，增速居全省第5位；一般公共预算收入同比增长25.5%，增速居全省第7位。

【产业布局优化】　2022年，临汾市人民政府把“三大板块”作为全市产业布局优化、结构调整的主战场。沿汾板块加快布局信创产业、未来产业，在百度、字节跳动等企业落地的基础上，成功引进360、阿里云、北京优炫等一批知名数字经济标杆企业，发挥尧都云商产业园示范引领作用，晋南钢铁“一键炼焦”“一键炼钢”开启智能冶炼新时代；发展高端装备制造业，临开华翔智能制造、中部智造钢构架及襄汾诚荣精密铸件等一批重点转型项目加快实施，沿汾战略性新兴产业增加值在全市的占比提升到2/3以上；发展现代农业，曲沃智慧菜谷、洪洞现代农业园加快建设，晋南国际农产品物流园建成黄河金三角最大的农产品交易平台。产业链、创新链、供应链、要素链、政策链“五链”耦合效应在沿汾板块显现。沿黄板块突出农旅结合、文旅融合，黄河一号旅游公路主线全线贯通，乡宁云丘山、吉县壶口瀑布接连创成国家AAAAA级景区，永和乾坤湾创AAAAA级待文旅部评审验收，有望实现“三年3个AAAAA”。成功举办“大河论坛·黄河峰会”，搭建推动黄河流域生态保护和高质量发展的重要平台；壮大新能源、储能和清洁用能产业，蒲县抽水蓄能项目前期手续基本完成，汾西华润100兆瓦光伏、隰县云畅15兆瓦分散式风电等一批新能源项目竣工投产，推进永和12亿立方米天然气开发项目，大宁昕宗酒、花卉等产业蓬勃发展。推进晋西太德塬生态综合治理前期工作。生态保护、乡村振兴、绿色发展的画卷在沿黄板块徐徐铺开。沿太岳板块重点布局先进焦化等传统优势产业，发展新能源、新材料、新产品，安泽蔺鑫170万吨大机焦项目竣工投产，翼城闽光高性能碳负极材料、临染集团新型染料迁建浮山等一批重点项目加快实施，古县开发区涧河工业园区被认定为全省首批化工园区。企业集聚、产业集群、资源集约、效益集成态势加速形成。

【现代化产业体系构建】　2022年，临汾市做好稳粮保供工作，粮食生产克服2021年秋汛影响，实现面积、单产、总产“三增”，翼城县东关村、尧都区岳壁村分别打破山西省水地、旱地小麦亩产单产纪录；实施农业“特”“优”战略，壮大沿汾蔬菜、沿黄梨果、沿太岳中药材产业，农产品精深加工“十大产业集群”②产值124亿元，同比增长27%；“临汾优选”③跃升至2022年中国区域农业形象品牌影响力指数排行榜第6位；古县核桃全产业融合发展示范园创建成为国家级示范园，山西琪尔康翅果生物制品公司入选国家林业重点龙头企业；曲沃县被列入2022年国家乡村振兴示范县首批100家创建名单。第一批上报的14座产能核增矿井全部取得批复；10个煤炭资源接续配置项目获批，在全省数量最多；全年规上原煤产量8782万吨，超额完成增产保供任务；新设立10亿元政府产业引导基金、2亿元市级工业技改资金，全市94个工业转型项目如期投产，产业投资、工业投资、工业技改投资增速均排名全省前列；装备制造业、高技术产业增加值分别增长20.7%、25%，远超规上工业增加值增速；省级氢能“链主”企业④晋南钢铁集团率先构建起“钢—焦—化—氢”全闭环低碳产业链，成为全省氢能应用新标杆。开展“悦享临汾·回家有礼”促消费活动，投入财政资金1.7亿元，拉动消费16.6亿元；打造市区财神楼、鼓楼、华门、时光颂等夜经济集聚区，点燃城市“烟火气”；发展平台经济，全市网络货运企业达到30家，产值突破4亿元；加快旅游景区提档升级，全市A级景区新增7个、达到37个，在全省率先实现所有县（市、区）A级景区全覆盖；安泽飞岭·蒹葭乡居被认定为全国甲级旅游民宿。

【内生动力发展】 2022年，临汾市开发区规上工业增加值占全市比重提高到26.8%、固定资产投资占全市比重提高到27.6%；吉县现代农业产业示范区成功获批，全市省级开发区总数12家，数量居山西省第2位；隰县现代农业产业园入选第四批国家现代农业产业园。开展项目前期手续办理月、集中开复工、“三个一批”⑤等活动，全市争取政策性开发性基金、制造业中长贷、制造业设备购置与更新改造贴息贷款额度均排全省前3位。到上海市、广州市、厦门市等地开展招商活动，签约项目251个、总投资1542.3亿元；特别是临汾市作为全省唯一、全国18个投资热点城市之一，在厦门市举办的第二十二届投洽会上签约项目19个、254亿元。坚持所有审批事项办理都向全国最短时限看齐，建立“办不成事”反映窗口、独任审批等机制，全市146个常规性办理事项87个达到全国最短时限。开展“市场主体建设年”活动，狠抓特色专业镇、乡村e镇等“十大平台”⑥建设，常态化开展“早餐会+下午茶+夜沙龙”政企对接活动⑦，全市市场主体新增、净增数量均为全省第一，总量跃升为全省第三。

【改革开放】 2022年，临汾市国企改革“三年行动”收官，能源革命综合改革深化，农业生产托管“13513临汾模式”⑧被确定为省级农业社会化服务典型案例；财税金融、标准化等重大改革稳步实施。坚持用好“市长创新奖”⑨，形成示范引领效应；与北京科技大学、上海交通大学等20余所高校建立36个科技成果转化基地，襄汾中升钢铁公司富氢低碳冶炼热模拟中试基地⑩开工建设，全市新培育省级技术创新中心2家，新布局市级重点实验室4家。融入“一带一路”⑪及京津冀、中原城市群、关中平原城市群等国家发展战略，陆港型国家物流枢纽承载城市建设加快推进，全市有进出口实绩的贸易企业58家，提高经济外向度。

【城乡建设】 2022年，临汾市启动实施总投资318亿元的88个重点城建项目，五一路快速通道、河汾一路跨铁路桥等“核心内环”“快速中环”控制性节点工程完工，涝河洰河两座大桥、环城南路与鼓楼南大街三岔口南北向建成通车，市动物园开园运营，市环境产业园并网发电，关帝庙片区、铁佛寺片区、财神楼片区、古城公园三期改造、平阳广场改造等工程加快推进，27个各具特色的街头游园、口袋公园镶嵌于城市街区，历史文化、红色基因、时代元素相生共长、融入城市肌理，市区“五大商圈”“15分钟就医圈”“优质教育圈”已具雏形，城市颜值气质价值攀升。全市农村卫生厕所普及率86.6%，高于全国、全省平均水平；开展生活垃圾分类试点工作，推进农村环境卫生“清仓大整治”活动，洪洞秦壁村入选2022年中国美丽休闲乡村。隰吉高速全线贯通，浮临高速、国道108线襄汾—曲沃—侯马过境公路改线等工程开工建设；20项汾河流域防洪能力提升工程开工，“两水济汾”⑫县域水网6座调蓄水库工程主体完工；乡宁县驮涧生态清洁小流域荣获“国家级示范工程”称号。

【民生改善】 2022年，临汾市民生支出占一般公共预算支出比重达到81%。举办春风行动、金秋招聘月、民营企业招聘月等线上线下招聘会692场，组织各类职业技能培训5万人次，“临汾技工”⑬劳务品牌全面叫响，城镇新增就业超额完成省定全年任务、位列山西省第2位。临汾一中第一附属学校等8所新建学校建成投用，高考二本B类以上达线人数同比增加1107人，其中被清华大学、北京大学录取17人，同比增加4人；教育“双减”⑭改革走在全省前列；规范民办义务教育发展完成省定目标任务。推进国家级“卫生应急综合试验区”试点⑮、省级区域医疗中心建设⑯；发挥“刘辉团队”⑰带动作用，申报国家级重点专科2个、省级23个，全胸腹主动脉置换术、微创单髁膝关节置换术等多项新技术达到国家级水平；开展医保支付方式DRG国家示范市提质扩面工作。免费送戏下乡1630场、居全省第2位；博物馆之城建设进展顺利，陶寺遗址博物馆主体封顶。临汾市运动员苗婉茹荣获2022年射击世锦赛女子50米步枪三姿个人金牌，成为该项目中国首位世锦赛冠军；邢佳妮获得2022年全国青年跆拳道锦标赛冠军；举办全国青少年射击锦标赛（飞碟项目）、山西省网球锦标赛等热点赛事。

【绿色平安发展】 2022年，临汾市9个国考断面水质全部达Ⅳ类以上标准、改善率排全国第6位；市区环境空气质量综合指数退出全国“后十”，绿色已成为临汾高质量发展的鲜明底色。安全生产专项整治三年行动收官，开展安全生产大检查大整治大提升行动、“反三违、除隐患、防事故”专项行动，全市本质安全水平提升；执行“三管三必须”⑱实施细则、安全生产责任落实特别规定，用好“四查一倒追”⑲机制，全市生产安全事故起数、死亡人数均实现大幅下降。推进农信社改制化险，清收不良贷款、处置风险资产113.01亿元；推进临投集团战略重组，完善公司治理结构，建立现代企业制度。推进平安临汾建设，提升社会治理效能，大宁县、蒲县荣获“全国信访工作示范县”称号。

【政府自身建设】 2022年，临汾市政府纵深推进法治政府建设，提请市人大常委会审议地方性法规草案3件，全年审查政府性文件67件；办理行政复议案件85件，行政应诉案件39件，提升政府依法治理水平。开展政府系统制度建设年、效率提升年、工作落实年“三个年”活动，推动工作全面提速提质提效。深化政府系统党风廉政建设和反腐败斗争，一体推进不敢腐不能腐不想腐，巩固风清气正的政治生态。（市政府办公室供稿）

名词注释：

①“1+3+N”助企纾困政策：“1”，紧扣政策落实这一主线，出台《关于贯彻落实国省市助企纾困系列政策的实施意见》；“3”，聚焦服务业、工业、中小微企业等三个重点领域，制定我市助企纾困政策服务业16条、工业13条、中小微企业14条；“N”，紧盯国省政策动向，对相关政策体系进行动态更新、充实完善、梳理汇编，推送给党员干部、基层一线、厂矿企业负责人，确保社会各界对惠企政策应知尽知、应享尽享。

②“十大产业集群”：酿品、饮品、乳品、主食糕品、肉制品、果品、功能食品、保健食品、化妆品、中医药品等十个产业集群。

③“临汾优选”：是临汾市委、市政府发布的集农文旅于一体的市级区域公用品牌，产品涵盖果品、菜品、酿品、饮品、畜产品、主食糕品、乳制品、功能保健品、化妆品以及文创产品等。

④“链主”企业：指处于产业链关键环节，具有较强的核心竞争力、较高的行业市场占有率、较好可持续发展力，能主导行业生态和资源整合的龙头企业。

⑤“三个一批”活动：开发区项目签约一批、开工一批、投产一批。

⑥“十大平台”：链长制、城市烟火气、特色专业镇、双创平台、农业龙头企业、开发区升级版、乡村e镇、文旅康养示范区、楼宇经济、流量经济等。

⑦“早餐会+下午茶+夜沙龙”政企对接活动：以“早餐会”的形式，面对面解决重点企业重点工程重点项目实施中遇到的难题；以“下午茶”的形式，针对性解决中小微企业培育发展问题、融资难题，提高中小微企业对各项惠企政策的知晓度；以“夜沙龙”的形式，为青年创业者提供交流互动平台，推动更多青年人创业，促进市场主体倍增。

⑧“13513临汾模式”：“1”，聚焦小麦、玉米等粮食作物一条主线保安全；“3”，健全县、乡、村三级托管服务组织保运转；“5”，将信息、科技、财政、金融、保险等五大要素导入农业生产托管服务体系保发展；“10”，开展“技物耕种管收储烘加销”十个环节一站式服务提质量；“3”，提高农业产业的经济效益、社会效益和生态效益等三大效益促循环。

⑨“市长创新奖”：市委、市政府为全面深入实施创新驱动发展战略，激发全社会自主创新活力，设立“市长创新奖”，奖励在全市经济社会发展中做出重

大贡献、科技创新中实现重大突破的团体或组织。

⑩中试基地：为企业规模生产提供成熟、适用、成套技术而开展中间试验的一种新型科研开发实体。

⑪“一带一路”：是“丝绸之路经济带”和“21世纪海上丝绸之路”的简称。

⑫“两水济汾”：通过实施禹门口东扩、中部引黄、引沁入汾等跨流域调水工程，将黄河水、沁河水引入汾河流域。

⑬“临汾技工”劳务品牌：市委、市政府为全面提升全民职业技能、实现更高质量就业，打造的综合型技能劳务品牌。目前，已形成浮山厨师、襄汾烧饼、晋南钢铁工、乡宁陶艺、蒲县柳编、“霍嬷嬷”霍州年馍等系列品牌。

⑭“双减”：进一步减轻义务教育阶段学生作业负担和校外培训负担。

⑮国家级“卫生应急综合试验区”试点：2021年8月，国家卫健委确定山西临汾、江苏苏州、四川德阳作为首批“卫生应急综合试验区试点城市”。试点城市主要围绕完善突发公共卫生事件联防联控机制、传播卫生应急知识、加强卫生应急队伍建设、提升早期监测预警能力等方面开展试点。

⑯省级区域医疗中心建设：国家卫健委在各省遴选3~4个三甲综合医院，建设省级区域医疗中心，推动优质医疗资源扩容和均衡布局，形成一批具有较强影响力和辐射带动作用的区域医学“高地”，带动区域内医疗服务水平整体提升。

⑰“刘辉团队”：由市中心医院刘辉带领的心脏大血管外科团队，成立于2014年。擅长普通及小切口不停跳冠脉搭桥术、心脏瓣膜置换术；各类先心病外科及介入手术；肺动脉栓塞血栓取出术；主动脉瘤及主动脉夹层的介入和外科手术。累计救治心脏及大血管疾病患者5000余例，手术数量和手术质量连续四年在全省综合医院中排名前列，多项技术达到国内先进、省内领先水平。

⑱“三管三必须”：管行业必须管安全、管业务必须管安全、管生产经营必须管安全。

⑲“四查一倒追”：在隐患排查治理过程中，严格落实企业自查、部门排查、领导检查、专家抽查和倒追安全责任的工作机制。

市政府办工作

【概况】 2022年，面对2020年以来新冠疫情防控的最严峻形势，整建制下沉尧都区，确保疫情防控各项工作衔接有序。常态化组织开展市县两级“早餐会+下午茶+夜沙龙”政企对接活动，坚持专班推进、每日调度、常态化指导督导，推动市场主体倍增，全市市场主体总量位居全省第三，新增、净增均位居全省第一。指导建立市场主体服务专席、“办不成事”反映窗口、“独任制审批”等制度，全市常办业务146个，办理事项有87个达到全国最短时限。开展晨查夜查督查交叉检查，推动企业错峰生产、限值排放、道路扬尘管控、秸秆禁烧等措施落实到位，市区空气环境质量完成“退倒十”的目标任务。牵头出台《关于做好近期促进经济运行有关重点工作的通知》《关于在全市政府系统开展“冬季行动”的工作方案》2个文件，带动全市政府系统形成大干快上、争先进位的干事创业氛围。

【参谋服务】 2022年，临汾市政府办公室紧扣市委、市政府决策部署谋划“三服务”工作，找准贯彻落实的结合点、切入点，尽心尽力，精准发力。以文辅政方面，树立“精品意识”，当好市政府领导的“智囊”和“外脑”。全年起草文稿1000余篇、300余万字，完成市委经济工作会讲话、《政府工作报告》等一系列综合性文字材料起草工作。加大省政府约稿等信息上报力度，46篇信息被国办约稿采用，2022年政务信息工作排名全省第二。调查研究方面，聚焦经济运行、产业转型、开发区建设、乡村振兴、民生事业等重点工作，陪同市政府主要领导调研70余次，组织市政府办公室开展专题调研60余次，国务院大督查后全市3条经验做法被省政府通报表扬；30余项典型经验做法在《山西省政情快报》刊发，《临汾市抢占氢能产业制高点，“链”上发力培育经济发展新动能》《临汾市深耕数字经济赛道，争当“两个转型”排头兵》等5篇调研报告被《晋政信息》采用，为市领导科学决策提供重要参考。严把公文关，做好“制、发、收、传”各个关键节点工作，全年制发政府及办公室文件288件，接收各类公文6000余件，做到规范安全流转。严把会务关，抓好方案制定、会场组织、材料审核等各环节衔接工作，成功组织全市性会议、调研检查等各类活动，展示临汾良好形象。严把值守关，坚持24小时双人在岗值班值守制度，落实突发事件快报原则，做到上传信息及时，下达指令高效，落实督办有力。全年报送值班信息700余条，传达和落实领导批示1582条。

【政务督查】 2022年，临汾市政府办公室聚焦领导关心、社会关注、群众关切的重要领域、重大事项，推动各项决策部署转化为有效管用的举措和行动。发挥政务督查“利剑”作用，全年市级交办事项727项，依托“13710”系统督办国务院、省政府交办事项211件；围绕疫情防控、靓城提质、交通整治等37项重大任务，现场开展督查74次，下发督办函63份，解决各类问题2000余条；11次对27家单位32名相关责任人进行约谈，确保重点工作开展。围绕省政府确定的12件民生实事和“向人民群众交好账”主题活动17项领办事项，逐项确定责任单位、责任人、落实措施和完成时限，推动各项工作清单化、项目化开展，12件民生实事全部超额完成；17项“向人民群众交好账”事项完成15项，2项完成年度目标任务。构建网络舆情处置组织领导、责任落实、优化流程、督导检查4个环节闭环管理机制，全年交办各类事项805条，办理人民网留言518条，办结率95%以上，解决群众的“急难愁盼”问题。定期组织本地自媒体大V召开座谈会议，强化主动发声，及时回应关切。

【政务公开】 2022年，临汾市政府办公室深化政务公开，全年在市政府门户网站公开政府、政府办文件157件，公开解读政策文件57个，依法办理政府信息公开申请42件，编印《临汾市人民政府公报》11期，政务公开工作临汾市考核等次为优秀、排名全省第二位。高质量办理人大代表建议和政协提案，全年办理人大代表建议242件，办理市政协委员提案207件。

（市政府办公室供稿）

外事工作

【概况】 2022年，临汾市人民政府外事办公室履行全市外事工作主体责任，根据党中央对外方针政策，统筹对外资源，配合国家总体外交，服务全市经济社会发展。履行全市外事工作主体责任，贯彻落实省委外事工作委员会2022年工作要点，确定临汾市整体工作思路，谋划全市对外工作，研究制定外事工作要点，具体安排部署全市外事工作。6月30日，由市委外事委主任闫晨曦主持召开市委外事委第四次会议；7月15日，召开全市外事工作会议。完成“黄河峰会·大河论坛”涉外工作；挖掘特色优势，助力山西高质量对外开放，参与山西省举办的“太原能源低碳发展论坛”；对外交流、涉外管理、对外宣传、涉外疫情防控等工作均取得优异成绩。

【国际友城建设】 2022年，临汾市人民政府外事办公室制定临汾市关于落实《2022年国际友好城市工作计划》的具体方案；在春节来临之际，与友城及友好伙伴互致新春贺信；向日本秩父市发出中日友城青少年线上“虚拟互访”系列活动邀请函；收到埼玉县日中友协举行纪念大会的邀请函，向大会发送贺信并录制祝贺视频，寄送日语版临汾宣传册及乡宁县戎子酒庄宣传页，临汾市宣传片在大会期间播发；线上参加沿黄九省、区友协国际青少年联席会议及2022中日友好交流会议；就邀请南非友城参加金砖国家友好城市暨地方政府合作论坛一事与克里斯哈尼市进行沟通，确认其市领导有出席参加意向；收到斯里兰卡阿努拉德普勒市市长求助信，协调相关部门捐助10万元；与乌兹别克斯坦驻华大使馆对接商洽建立友好关系的相关事宜。与乌兹别克斯坦驻华大使馆对接商洽建立友好关系并分别与德国萨安州山西商会、日本山西青年商会对接联系友好合作伙伴、经贸交流等事宜。

【对外交流】 2022年，临汾市人民政府外事办公室线上参加美国犹他州家博会，临汾根祖文化宣传片代表山西在家博会线上热点栏目展播，洪洞大槐树景区中英文虚拟展厅在其主会场展出；征集甄选近百件非遗产品，制作100本带有产品信息二维码的《中国·山西·临汾非遗产品名录》运抵美国犹他州，参加11月举办的临汾非遗产品走进犹他社区展览；推进临汾职业技术学院同犹他大学商学院的线上培训合作项目，培训课程及老师安排就绪。派出3名工作人员承担尼日利亚、捷克斯洛伐克及斯里兰卡大使团随团翻译工作；接待斯洛伐克大使杜尚·贝拉到临汾访问，完成领导会见、餐叙、参访等工作。发动全市外籍人员参加全国友协发起的“汉字缘”2022国际故事大会，11名外籍人员参加。

【涉外管理】 2022年，临汾市未安排领导干部因公出国。报批市人民医院11名医护人员赴喀麦隆执行国家援外医疗任务和市公安局1名工作人员赴塞浦路斯执行押解任务的相关审核材料。对随新华社到永和县参加走访采风活动的外籍人员做好登记备案工作；办理可瑞雅圣世环保设备有限公司因业务需要邀请韩国外籍专家来华协商投资的相关邀请函审核事宜；为山西华德冶铸有限公司10人办理APEC商务旅行卡；摸排临汾市在乌克兰、尼日利亚、刚果（金）、巴基斯坦及斯里兰卡人员及企业。按照属地属人管理原则，与省外事办、市直相关部门及各县（市、区）沟通协调，处理临汾市公民在老挝发生交通事故伤亡、襄汾公民在吉尔吉斯斯坦被刺身亡、浮山公民在菲律宾失联、襄汾公民在以色列身亡4起涉外案（事）件。关注国际形势变化，在官网发布海外领保提醒33条，引导在外人员提高安全意识；开展“平安丝路网”上线启用培训及APEC宣传推介会，保障“走出去”企业人员安全。

【黄河峰会·大河论坛】 2022年9月17—19日，“第三届大河文明旅游论坛世界旅游联盟·黄河对话暨首届黄河流域生态保护和高质量发展重要试验区峰会”在临汾市乡宁县云丘山景区举办。本届“黄河峰会·大河论坛”邀请来自尼日利亚、埃及、孟加拉国、克罗地亚等国驻华大使馆的大使及代办等8位驻华使节参加。活动发挥外事工作在“讲好山西故事、讲好黄河故事”中的作用，提升“黄河之魂在山西”品牌的国际影响力，强化“黄河之根在临汾”品牌的国际效应。活动结束后，向省外事办和市委、市政府报告涉外工作情况，向尼日利亚、埃及、孟加拉国、克罗地亚4国驻华大使馆发送感谢信。

【涉外宣传】 2022年，临汾市人民政府外事办公室整理能够展示全市最新修缮的16处历史文化古迹、优秀特色企业等场所及10类特色外事礼品，推荐上报至省外事办；优化“中国·山西·临汾”英文网站传播平台，精选上传有关临汾经济、社会、文化发展动态内容38篇；向柬埔寨拜林市中资企业邮寄北京冬奥会宣传旗及横幅；向4个友城、友好伙伴及部分海外联系人赠送带有北京冬奥会元素的宣传卡片及纪念品；组织全体人员参与北京冬奥会宣传短视频的录制并发送给友城、友好伙伴及友好人士。

（王海燕）

台港澳工作

【概况】 2022年，临汾市台港澳工作落实新时代对台工作总体方略和港澳工作的各项要求，坚持高位推动。6月30日，市委书记闫晨曦主持召开市委对台工作领导小组会议；7月15日，召开全市对台工作会议，部署全市对台工作。完成“第四届尧都民间祭尧大典”涉台港澳工作。做好临台各领域交流、涉台宣传教育、对台港澳招商引资等工作，服务临汾全方位推动高质量发展。

【台胞接待】 2022年，临汾市台港澳办接待台商农业科技交流团、全国台企联、太原台企协、港商、澳商以及浙江、安徽、山东等地的台胞台商11批70余人。

【临台交流】 2022年，临汾市台港澳事务办公室完成临台交流三大品牌之一的尧文化品牌交流活动。“寻根尧祖·德耀中华”2022年第四届尧都文化旅游节于9月22—26日在尧都区举办。该活动涉台内容主要包括两方面。一是台资经济合作发展交流恳谈活动，即“台商台青走晋来”尧都专题推介会。活动期间，30多名台商参观考察临汾尧都高新技术开发区，后在东方丽

2022年，由30名台湾青年组成的“台青黄河游记团”赴洪洞大槐树寻根祭祖　　（市政府外事办公室供图）

舍酒店举行专题推介会，与会台商与尧都相关部门围绕高端制造、电子信息、现代农业、现代物流、食品加工等内容进行互动交流。二是台胞、台商及港澳同胞祭拜尧帝活动。9月23日，50多名台湾、香港同胞在尧帝陵国祖殿举行参拜活动；现场播放中国国民党副主席连胜文、中华统一促进党总裁张安乐及台北山西同乡会、台北商业总会、中国统一联盟屏东分会、美亚友好协会澳门分会线上参加祭拜活动的视频。

【对台经贸】 2022年5月30日，山西好鲜生海峡两岸农业科技有限公司与乡宁县昌宁镇龙鼻村就高密度室内循环渔业养殖等5个项目签署了合作协议并开工建设。该项目总投资1250万元。与临汾经济开发区沟通对接，山西荣林新能源科技有限公司在临汾经济开发区签署总投资16亿元的石墨烯稀有金属兼容电芯与应用端产品项目。

【对台宣传】 2022年，临汾市台港澳事务办公室完成中央台办2022年度重点网络新媒体宣传入岛项目“梦回母亲河”临汾采访活动。活动中近30名台湾青年、两岸媒体人和黄河文化专家共同相聚临汾，通过实地走访，黄河人家专访，通过感受黄河文化、晋国文化、非遗文化、尧文化、根祖文化等方式体验黄河沿线及临汾的风土人情。强化“山西临汾·尧王故里”网站宣传。2022年，更新各类信息200多条，刊发和更新介绍临汾市风俗人情、旅游资源、主要物产、历史文化、投资环境、招商项目等内容的各类资料30余篇。

（王海燕）

行政审批管理

【概况】 2022年，临汾市行政审批服务管理局促进市场主体倍增，推进行政审批制度改革，打造“三无”“三可”营商环境。“办不成事”反映窗口组建，7月，省人大常委会检查《山西省优化营商环境条例》实施情况报告中建议在全省推广临汾市设立“办不成事”反映窗口的典型做法。11月，省政府在稳增长、稳市场主体等五个方面38项典型经验做法的通报表扬中，对“早餐会、下午茶、夜沙龙”“‘制储运加用’全链条氢能产业发展生态体系”“‘办不成事’反映窗口”3个典型经验做法全省通报表扬。截至2022年底，全市净增市场主体达12.8万户，全省排名第一；市场主体总量42.3万户，同比增长43.1%，总量排名跃居全省第三；拥有企业总量10.3万户，排名全省第三；全市每千人拥有市场主体108.3户，较2021年底增长32.4户。

【审批服务品牌打造】 2022年，临汾市行政审批服务管理局打造“领办、代办、专办+一网通办”四办服务品牌，推进重大项目“省心办”。建立“四办”服务专业团队，为投资项目量身定制“一项目一方案一清单”，一次性告知项目所需材料。全年为68个项目开展“全代办”服务，对25个备案项目进行“秒办”。

【“先证后核”承诺制审批】 2022年，临汾市行政审批服务管理局山西省首家实行“先证后核”承诺制审批，针对药品零售连锁总部已取得营业执照及药品经营许可证的药品零售连锁门店，在核发药品经营许可证事项中试点第一个实行“先证后核”承诺制审批，企业当日便可取得药品经营许可证进行营业，降低企业开办成本。为6家大型连锁药品企业办理51份药品经营许可证。为企业节省开支人员工资42万余元，房租38万余元，为企业增加营业收入75万余元。

【政务服务“就近办”】 2022年，临汾市行政审批服务管理局开展“政银合作”“政企合作”，在与八大银行开展合作的基础上，与市农商行和联通公司签署合作协议，合作网点240余个，发展政务服务“就近办”网点6个。与工行尧都支行合作，将政务民生服务引入临汾东城核心区网点，将217个事项线上申报，打造“就近办”示范点。

【便民化建设】 2022年，临汾市行政审批服务管理局加强乡村政务服务规范化便民化建设，将办事窗口开到群众“家门口”。制定《临汾市进一步加强基层政务服务规范化便民化建设的实施方案》，梳理乡（镇、街道）政务服务事项指导清单115项、村（社区）政务服务事项指导清单43项，下放至乡（村）便民服务站（点）办理。将习近平总书记考察调研的汾西县僧念镇段村、霍州市师庄乡冯南垣村打造为市级乡村便民化规范化标准化试点，建立7×24小时自助服务区，在全市各县推广，让基层群众“小事不出村、大事不出镇”。汾西县通过建立“红色帮办代办服务”工作专班，全县9个乡镇便民服务中心办理各类政务服务事项30132件。

【“办不成事”反映窗口】 2022年，临汾市行政审批服务管理局开设“办不成事”反映窗口，打通政务服务“肠梗阻”。在市县两级政务大厅全覆盖设立“办不成事”反映窗口，实行一窗受理、两类研判、三级响应、四项机制的工作方法，帮助企业群众解答、解决好办事过程中遇到的无法办理、难以办理、不予办理的各种疑难杂症，履行“兜底服务”。“办不成事”反映窗口形成了“一窗受理、两类研判、三级响应、四项机制”的工作机制，创立“1516”工作法，即利用好1个方案、5项制度、1个流程、6项表格，做到全流程、无死角有章可循，帮助企业群众解答、解决办事过程中的“疑难杂症”。“办不成事”反映窗口服务群众800余人次，受理事项29件，除了5件由于政策原因无法办理外，其余24件均已办结，群众回访好评率达到100%，真正成为企业群众办事的兜底窗口。截至年底，各县（市、区）上下联动，全部设立“办不成事”反映窗口。

2022年，临汾市行政审批服务管理局开设“办不成事”反映窗口
（市行政审批服务管理局供图）

【涉企证照电子化】 2022年，临汾市行政审批服务管理局深化“证照分离”改革，梳理制定《临汾市“证照分离”改革事项清单》，推出涉企许可事项117项，其中实行告知承诺41项、优化审批服务52项。办理“证照分离”审批2730件，惠及企业2730家。全年颁发电子证照51类11078个。

【“12345”便民热线】 2022年，临汾市行政审批服务管理局接听市民来电66万余件，企业群众满意率保持在94%以上。开通市场主体服务专席，全年受理市场主体诉求5395件，满意率100%。9月7日，在内蒙古呼和浩特市召开的第六届“12345”政务服务便民热线大会上，第三方评估平台对全国“12345”政务热线监测结果进行发布和表彰，临汾市热线荣获“专业升维典范”奖项。

【“独任制审批”改革】 2022年，临汾市行政审批服务管理局授权11人为“独任审批员”并颁发授权书；梳理推出“独任制审批”事项36项，通过将审批事项受理、审查、核准等环节合并，由“独任审批员”独立完成全程审批，实现“审核合一，一人通办”。办件7500余项。

【专家咨询委员会】 2022年，临汾市行政审批服务管理局建设行政审批“智慧库”。培养“智慧借助”理念，设立专家咨询委员会，聘请中国社会科学院法学研究所副所长李洪雷、北京建筑大学城市经济与管理学院教授姜军、山西财经大学副教授韩永红三位专家学者为专家咨询委员，借助专家“外脑”推动工作，推动新时代行政审批与政务服务工作创新发展。

【行政审批法律法规汇编】 2022年，临汾市行政审批服务管理局在山西省首家编制行政审批法律法规汇编，对全市相对集中许可事项的相关法律法规规章及常用法律法规285部进行梳理，汇编成上、中、下册。对于推进行政审批工作规范化、制度化、法治化进程，提高依法行政水平，起到推动作用。

【通办协作】 2022年，临汾市行政审批服务管理局扩大临汾市“跨省通办”朋友圈，与德州市行政审批局、青岛市行政审批局、威海市行政审批局签订政务服务合作协议，融入黄河流域政务服务通办圈（覆盖6省20市）、“云牵手联盟”（覆盖23省428个政务服务单位），梳理增加“关中平原城市群”通办事项70项。与全国25个省（区、市）近500个城市建立协作关系，满足各类市场主体和人民群众异地办事需求。

【公共资源交易】 2022年，临汾市公共资源交易中心为1565个入场交易项目提供服务，总成交额277.6772亿元，节约5.674亿元，交易溢价6.7881亿元。其中，工程建设项目1027项，成交额220.203亿元；政府采购项目390项，成交额14.0192亿元；土地使用权出让49宗，成交额35.1647亿元；采矿权出让1项，成交额2.2亿元；国有产权交易98宗，成交额6.0903亿元。对《临汾市公共资源交易平台日常管理制度汇编》进行梳理和修订，将制度由原来的22项扩充至37项。通过免收项目投标保证金、提高政府采购价格评审优惠幅度等措施，缩短市场主体交易周期、提高交易效率、降低交易成本，保证政府采购最新政策落实兑现。6月，中心开始实施政府采购文件集体评审机制，要求每个项目由负责科室初审后，各科室负责人集体开会，对项目需求、分值设定、政策功能落实等方面进行研究，并通过表决决定项目能否进入下一步采购流程。完成与省级市场主体评价系统的对接，于7月1日正式上线。鼓励各类市场主体通过公共资源交易电子平台评价系统对中心服务满意度进行线上评价。针对坚持问题导向，积极整改，对市场主体满意度回访，量化整改率，定期开会研究，接收45342条评价信息，好评率99.08%。

【全流程电子化交易】 2022年，临汾市公共资源交易中心把公共资源电子化交易作为一项重要任务来抓。1月，除产权交易项目、土地和矿业权交易项目外，所有入场的公共资源交易项目全部试运行全流程电子化交易；4月和9月，土地和矿业权交易、产权交易分别试运行全流程电子化交易，实现交易全流程电子化全覆盖，促进“不见面”“网上评”落地见效。加强与省级协作，对接公共资源电子监管系统、一体化平台电子保函服务系统、移动版CA数字证书系统；优化电子监管系统数据推送方式，提高数据推送的及时性和准确性；一体化平台电子保函服务系统于1月上线；移动版CA数字证书系统进入测试阶段。交易系统各项功能逐步完善。

【远程异地评标】 2022年，临汾市公共资源交易中心与省级部门进行多次测试调试，在确保具备进行远程异地评标的技术条件下，与省中心及11个地市建立广泛的异地评标协作关系，实行全程线上监督、系统自动留痕。12月8日，与晋城开展首场以临汾为主场的远程异地评标，实现专家资源共享，防范“熟面孔”“老圈子”等现象，从源头上预防腐败行为。全年开展远程异地评标7次。

【建设服务型大厅】 2022年，临汾市政务服务中心让群众只跑一次腿，升级大厅复印服务设备，全年免费向办事群众提供复印服务123111人次；落实“一次性告知”制度，设置“一纸在手中，办事更轻松”公告栏，将办事指南做成活页，方便群众免费取阅，将办事值班制作成二维码方便办事群众查询；方便群众明确办事窗口和办事要件，优化大厅3D导航系统，方便群众快速查看办事指南和办理窗口，实时导航；让办事群众感受到温暖周到的服务，优化学雷锋志愿服务站，为群众提供急救药箱、便民服务箱、便民文具箱等10余项服务内容，按照志愿者为群众提供咨询、帮办、应急服务；向特殊人群提供方便，实现母婴室全面升级改造，爱心母婴室温馨舒适、隐秘安全成为孕产期、哺乳期女职工和群众休息与心理调适的“温馨港湾”。在细节上下功夫，在服务上做文章，优化群众的办事体验感，提升群众的满意度，打造“三无”“三可”营商环境。

【开设绿色帮办代办窗口】 2022年，临汾市政务服务中心成立绿色帮办代办窗口，优化工作流程，完善工作机制，拓展服务内容、扩大服务群体，优化服务内容，制定《特殊人群绿色窗口服务制度》《绿色窗口工作流程图》，为70周岁以上老人、孕妇、军人、医护工作者等特殊群体开通绿色通道，提供全程领办、代办、上门办、临心办服务，事前受理登记、事后评价反馈。

【勘验服务】 2022年，临汾市政务服务中心压紧办件时间，提升勘验效率，收到勘验工单后，第一时间登记流转，第一时间组织勘验，第一时间移交审批科室。全年完成勘验工单894件。加快审批速度，提升勘验效率，为企业提供微信视频勘验服务，疫情期间，微信视频勘验发挥重要作用，当天勘、当天验、当天办，实现“零跑腿”“不见面”“云上办”，让企业零成本、零见面、零跑腿，视频勘验率达到84%。

【政务服务“不打烊”】 2022年，临汾市政务服务中心打造政务服务7×24小时“不打烊”自助服务区，配备“有房无房证明自助机”“自助办税终端”“证照打印自助一体机”三台自助服务终端，可办理有房无房证明打印、税务发票办理、营业执照打印，涵盖民生、税务等多个领域，为群众提供“马上办、随时办、智能办”服务，解决部分群众因节假日放假而无法办理事件的问题。指导吉县与多单位、多企业联合，为新设市场主体提供免费注册登记、开立账户、融资授信、结算转账等全方位的“一站式”综合服务，激发市场主体发展活力，打造政务服务24小时“不打烊”三公里服务圈，推动更多事项网上办、就近办、多点可办，提升政务服务效能，打通服务企业群众的“最后一公里”，成为各县7×24小时政务服务自助点的标杆。

【设立政务大厅分厅】 2022年，临汾市政务服务中心推进政务服务一体化建设，实现“应进必进”“应上必上”，设立“车管所屯里分厅”“临汾市道路交通事故综合处理大厅”“人社分厅”“医保分厅”4个分厅，分厅将服务事项录入全国一体化政务服务平台，提供规范化服务，派督导员定期督导，随时抽查，推进政务服务大厅和各分厅的规范化、标准化、便利化运行。（雷　芳）

信访工作

【领导接访、包案制】 2022年，临汾市委、市政府把信访工作作为“一把手工程”，强化组织领导，周密部署推进，针对不同阶段的信访工作重点任务，作出20余次专题批示。市委书记闫晨曦领办学府熙苑二期信访事项，市长李云峰包联秀水城信访事项，约访群众，跟踪调度，促进案件走上实质性化解轨道；其他市级党政领导和人大、政协主要领导落实领导接访、包案制，帮助群众解决实际困难和问题，全年市级领导干部接待群众39批62人次，包案处理突出信访问题43件。市信访工作联席会议召集人，具体指导信访工作开展，帮助解决信访工作难题，为信访工作开展提供支撑。

【源头治理精准防控风险】 2022年，临汾市紧扣源头治理这个治本之策，重心下移、关口前移、服务下沉，坚持排查、研判、预警、督查“四管齐下”。各地按照“属地管理、分级负责”的原则，坚持和发展新时代“枫桥经验”，对辖区各类矛盾纠纷隐患开展大排查大起底和大化解。建立各类通报机制，让属地掌握信访形势，改进工作，推动“事要解决”。市信访局就“全国信访工作示范县”创建进行专题督导，抓住关键点，加大工作力度，蒲县、大宁县实现圆满创建。

【疑难重点问题化解】 2022年，临汾市紧盯群众“急难愁盼”问题，在“三到位一处理”的总要求下，分类分级聚焦聚力攻坚化解。中央信访联席办分两批交办的1144件重复信访事项，紧盯时间节点，通过各项工作机制，做到常态化推动；对效果不明显的，启动点对点督办机制，指出存在问题，提出改进工作建议，确保信访事项按期解决，1144件交办案件全部化解汇报。按照市委书记闫晨曦指示精神，成立攻坚化解房地产领域信访突出问题领导组，把9个问题楼盘涉及2800余户群众切身利益的信访事项纳入攻坚化解范围。市委书记闫晨曦包联学府熙苑二期项目，实地调查研究，详解来龙去脉，找准化解路径，该项目已复工建设，得到实质性化解。市长李云峰包联秀水城项目，已给群众退还购房款，得到实质性推进。对其他项目，尧都区和市住建局及相关部门按照七种化解模式，形成化解思路和方案，正逐步推进。

（王秉军　侯武杰）

发展研究

【概况】 2022年，临汾市人民政府发展研究中心牢记以文辅政、咨询服务职责，注重顶层设计，突出抓好落实，做好政策解读、刊物编发、课题研究工作，创新建立经济发展人才库，开创临汾智库建设新局面。

【突出顶层设计】 2022年，临汾市人民政府发展研究中心围绕市委、市政府中心工作，对重点工作进行思考谋划，创新提出“精准、高效、前瞻”的工作思路，从信息供给、咨政建言、政策解读的角度，明确刊物编发、课题研究、宣讲解读三个主攻方向，明确中心工作的重点任务和关键环节，由过去分散工作变为集中攻坚。坚持以“建章立制”为抓手，从学习、刊物编发、课题研究、智库建设等方面创新制定4项规章制度，健全全过程管理、闭环落实机制。

【解读宣讲】 2022年，临汾市人

民政府发展研究中心发挥政策宣释、舆论引导职责，在解读“市政府工作报告”方面，克服人员短缺的困难，由2名班子成员分别牵头，在《临汾日报》发表2篇高质量解读文章，推出6期专访电视节目，发挥主力军作用，获得社会关注；围绕“党的二十大精神”“省市党代会精神”“国情省情市情”等主题为全市新录用公务员、市政协新任委员以及相关市直部门、县（市、区）作专题讲座，掌握党对政策宣传工作的主动权；围绕“全面加强基础设施建设”“推进以县城为重要载体的城镇化建设”等国家重大政策，在分管部门重点工作碰头会上为市直有关部门负责人培训讲解。

【刊物编发】 2022年，临汾市人民政府发展研究中心改变过去信息主题不鲜明、质量不高的问题，定位刊物的编发内容、发送范围和时效要求，为各级领导提供更为精准化的决策参考信息。其中，《决策要参》定位为“他山之石”，及时收集、筛选、整理各地推动经济高质量发展的经验做法，编发30期，“政策通平台”等内容受到市政府领导关注转批；《临汾发展研究》主要整理推送本单位及其他部门形成的研究成果，编发12期，其中《关于赴吕梁市交口县、中阳县考察学习的情况报告》受到市政府领导的肯定批示。

【课题研究】 2022年，临汾市人民政府发展研究中心紧扣全市经济社会高质量发展需求，开展专题调研，形成10余篇调研报告。其中，围绕《市场主体倍增工作》《以县城为重要载体的城镇化建设》等，研究市政府交办的一批重大专题；参与起草市政府工作报告、市委经济工作会议讲话等一批市委、市政府布置的重要文稿，参与“双城”建设方案、晋西太德塬生态综合治理条例的起草、编制及论证工作，发挥以文辅政的作用；谋划开展服务中心工作的6项重点选题研究，包括2项省级重点课题，发挥为市委、市政府提供决策咨询服务的职责。

【智库建设】 2022年，临汾市人民政府发展研究中心认识到加强智库建设、凝聚全市智力资源是补齐研究短板、提升决策咨询工作质量与水平的关键。4月，发起成立经济发展人才库，征集到各领域专家人才、各部门骨干力量285人，其中国家、省级专家43人，市级专家、业务骨干及企业家242人；通过发放聘书、《致人才库专家的一封信》，激发专家的积极性和参与感；按照产业发展、乡村振兴、文旅融合、科创事业、民生事业、生态环境6个组别分别建立微信工作群，建立专家交流、专题研讨、课题研究、信息反馈等相关机制；与市委人才办、市促投局等部门沟通，与一批临汾籍在外专家建立联系，扩充人才库。 （闫云鹏）

2022年，临汾市人民政府发展研究中心开展“市场主体倍增”专题调研 （市政府发展研究中心供图）

政协临汾市委员会

综 述

【概况】 2022年，政协临汾市委员会紧扣全市中心工作和发展大局协商议政建言，组织开展协商活动39项、视察调研90余次，形成议政建议报告6件、调研报告和议政发言材料117份。围绕产业转型升级、黄河流域生态保护和高质量发展、沿黄精品景点建设和文旅融合发展、太德垣生态综合治理项目建设等事关全市“三大板块”建设的重大问题开展各类协商议政活动16批次。围绕推进“三大板块”协同联动、全方位推动临汾工业经济高质量发展进行常委会议专题协商，从“三个理清”和“五个建立”8方面提出27条意见建议，得到市委、市政府主要领导批示，有关部门落实并作出工作安排，出台《全市2023年工业产业项目谋划指导意见》等8个专项指导意见。

【深化凝聚共识】 2022年，政协临汾市委员完善同各民主党派、工商联和无党派人士经常性联系机制，重视办理党派团体提案，优先安排大会发言，组织参加政协各项协商活动。各民主党派市委会、市工商联提交大会发言69篇、撰写调研报告39篇、提交提案197件、反映社情民意信息798条（篇）。在全市政协系统开展“书香政协”活动，建立机关“书香政协”读书示范点，设立小型图书室，依托专委会建立委员读书群。开展“委员之家”活动，看望走访基层委员，调研委员企业，关注民族宗教事业，关心各界群众，宣传政策、解疑释惑、增进认同。围绕“推进我市宗教活动场所文物保护与管理”“引侨爱侨聚侨、助推临汾高质量发展”开展协商调研视察活动。

【助力乡村振兴】 2022年，政协临汾市委员会围绕全面推进乡村振兴、提高种粮补贴政策效益、保障粮食安全等重大课题开展专题协商和专项视察调研活动6批次。就全面推进全市乡村振兴协商议题进行常委会议协商，提出6方面21条意见建议，为助推乡村全面振兴提供决策参考。

【助力民生改善】 2022年，政协临汾市委员会围绕推进国家级卫生应急综合试验区、省级区域医疗中心建设和落实教育“双减政策”开展对口协商和监督性视察2次。班子成员开展“向人民群众交好账”实践活动的督导工作，推进为民办实事活动。参与抓党建促基层治理能力提升专项行动，对6个县（市、区）开展督导工作；召开专题培训会，对委员进行政策辅导解读；市、县两级政协围绕相关重点内容开展调研；召开协商座谈会协商建言，为促进全市基层治理能力提升做出政协贡献。

【助力高品质城市建设】 2022年，政协临汾市委员会围绕市区城建重点项目建设组织开展专项视察，现场进行互动交流、协商讨论，委员现场提问，部门现场回应答复，起到鼓实劲，增共识，聚合力的效应。开展“双拥”共建、创建“全国双拥模范城”对口协商，转化协商成果，《关于拥军优属工作的建议》社情民意信息，得到市委、市政府主要领导的批示。

【委员履职途径拓展】 2022年，政协临汾市委员会打造推进委员履职主题活动平台。常委会议审议通过关于深入开展“凝心聚力、建功临汾”主题活动的决议，打造工作品牌，引领委员明确履职方向重点，提升参政议政能力水平。打造“有事来商量”协商平台。市县两级政协打造集委员工作室、协商议事室、社情民意信息联系点为一体的“有事来商量”平台77个，为委员搭建履职平台。打造专委会工作平台。将所有市政协委员分别编入各专委会，各专委会采取务实举措，加强与委员联系交流，布置委员履职作业，丰富委员活动载体，推动实现委员常态化履职全覆盖。打造委员参与界别活动平台。组织开展教体界的“送教上门”、科技界的“政策宣讲”、医卫界的“义诊义治”、农业界的“结对帮扶”等界别特色活动46场次。

【服务管理】 2022年，政协临汾市委员会组织举办“三轮培训”，提升委员素质能力。采取课堂教学与线上教学、理论教学与现场教学、授课学习与课后研讨相结合的方式，举办三轮政协委员能力提升学习培训，各专委会组织委员专题学习9次，采取以会代训方式开展学习研讨、专题辅导5次，使委员明确“政协是什么、委员干什么、应当怎么干”。

【履职能力提高】 2022年，政协临汾市委员会严格提案审查，探索提案办理创新举措，征集提案386件，立案229件，其中确定重点提案11件，全部办复。把反映社情民意信息工作作为“主席工程”强力推进。全年编报信息1512篇。其中，被全国政协、省政协采用183条（篇），被市领导批示23篇，市政协在全省政协年度排名第一，洪洞县政协夺得全省县级政协第一名。协助全国政协开展“博物馆建设”“文物保护利用”“文旅融合发展”等课题到临调研工作。对接配合省政协开展专题协商调研7次。加强与外地市政协横向交流联合，协助省外地市政协开展联合调研5次。加强与各县（市、区）政协的联动互动，统一部署安排各县（市、区）政协同步开展全年各项重要协商活动。 （黄韦衡）

重要会议

【市政协四届第二十五次常委会会议】 2022年2月16日，市政协四届第二十五次常委会会议在临汾举行。会议决定市政协五届一次会议于2月19—22日召开。市政协主席张建平、副主席杨安虎分别主持开幕会、闭幕会。会议听取了市委办公室、市政府办公室关于市政协四届六次会议以来办理提案情况的通报；协商讨论了政府工作报告（征求意见稿）及其他报告；审议通过了政协第四届临汾市委员会常务委员会工作报告和政协第四届临汾市委员会常务委员会提案工作报告，通过了政协第五届临汾市委员会委员名单，审议通过了关于召开政协第五届临汾市委员会第一次会议的决定，审议通过了政协第五届临汾市委员会第一次会议议程（草案）、日程（草案）；列席人员范围及名额。会议还听取了市委组织部有关负责人所作的有关人事事项的说明，表决通过了人事事项。

【市政协五届一次会议】 市政协五届一次会议于2月19—22日在临汾举行。本次会议应到委员356人，实到341人，市委书记闫晨曦，市委副书记、市长李云峰，大会执行主席张建平、郝忠祥、杨安虎、杨忠华、贾二元、程明温、王阿家、蔡志强、李云岗、王金龙、任耀文、张瑞萍出席。张建平主持会议。会议通过了政协第四届临汾市委员会常务委员会工作报告的决议、政协第四届临汾市委员会常务委员会提案工作报告的决议、政协第五届临汾市委员会第一次会议政治决议。

【市政协五届常委会会议】 2022年，五届常务委员会召开3次会议。

五届第一次常委会会议。4月25—26日，市政协五届一次常委会议在临汾举行。审议通过《政协临汾市委员会关于全面贯彻落实习近平总书记考察调研山西重要指示精神深入开展“凝心聚力、建功临汾”主题活动的决议》；审议通过《政协临汾市委员会常务委员会工作规则》《政协临汾市委员会协商工作规则》《政协临汾市委员会提案工作细则》《政协临汾市委员会反映社情民意信息工作细则》《政协临汾市委员会关于强化政协委员责任担当的意见》；审议通过人事事项。

五届第二次常委会会议。9月5—6日，市政协五届二次常委会议在临汾举行。市政协主席郝忠祥，市委常委、副市长崔元斌，市政协副主席王金龙、杨忠华、王阿家、蔡志强、李云岗、任耀文、张瑞萍及秘书长曹樯出席会议。郝忠祥、王金龙分别主持开幕会、闭幕会，崔元斌代表市政府在开幕会上通报了临汾市在“三大板块”协同联动中全方位推动临汾工业经济高质量发展的情况。审议通过《关于在“三大板块”协同联动中全方位推动临汾工业经济高质量发展的建议报告》，审议通过人事事项。

五届第三次常委会会议。12月13—14日，市政协举行五届三次常委会议。市政协主席郝忠祥，副市长张潞萍，市政协副主席王金龙、杨忠华、王阿家、李云岗、任耀文、张瑞萍及秘书长曹樯出席会议。郝忠祥、任耀文、王金龙分别主持开幕会、第二次全体会议、闭幕会。张潞萍代表市政府通报临汾市推进乡村振兴示范创建工作情况。

【市政协五届主席会议】 2022年，临汾市政协五届主席会议共召开4次会议。

第一次主席会议。4月24日召开。会议审议政协临汾市委员会相关制度规则和工作意见，《政协临汾市委员会关于全面贯彻落实习近平总书记考察调研山西重要指示精神深入开展“凝心聚力、建功临汾”主题活动的决议》（草案）；审议通过市政协五届一次常委会议有关事项，市政协五届一次会议重点提案，市政协2022年度重点工作安排及责任分工，《政协第五届临汾市委员会各专门委员会联系委员名单》。会议决定，市政协五届一次常委会议于4月25—26日召开。会议还审议了有关人事事项。

第二次主席会议。7月27日召开。审议《政协临汾市委员会反映社情民意信息工作考评办法》（试行），研究市政协领导包联县（市、区）和重点乡镇（街道）政协工作载体事项，听取市政协“三位一体”工作现场观摩会暨反映社情民意信息工作交流会筹备情况汇报。

第三次主席会议。9月5日召开。会议讨论《关于在“三大板块”协同联动中全方位推动临汾工业经济高质量发展的建议报告（讨论稿）》，讨论通过市政协五届二次常委会议有关事项，研究人事事项，一并提交市政协五届二次常委会议审议。会议决定，市政协五届二次常委会议于9月5—6日召开。

第四次主席会议。12月13日召开。会议审议《关于以示范创建为引领，全面推进临汾市乡村振兴的建议报告》（讨论稿），讨论通过了市政协五届三次常委会议有关事项。（黄韦衡）

重要活动

【中共十九届六中全会精神学习交流会】 2022年1月11日下午，市政协机关召开会议，传达学习党的十九届六中全会精神。会议全文学习《中国共产党第十九届中央委员会第六次全体会议公报》，市政协机关党组（委）成员、机关各党支部书记参加会议。

【抓党建促基层治理能力提升专题培训会】 2022年5月6日，市政协副主席张瑞萍主持举办市政协抓党建促基层治理能力提升专题培训会。市委组织部主持日常工作的副部长李竟及部分市、县政协常委、委员参加。

【市政协机关干部参加全国政协专题研讨班学习】 5月18—20日，全国政协举办第139期干部培训班暨加强和改进新时代市县政协工作专题研讨班。培训采用视频会议的形式进行。市政协党组书记、主席郝忠祥，副主席王金龙、杨忠华、王阿家、蔡志强、李云岗、任耀文、张瑞萍及秘书长曹樯、各工作机构负责人在临汾分会场参加线上培训。

【市区城建重点项目监督性视察调研】 2022年6月2日，市政协主席郝忠祥带领部分市政协常委、委员对市区重点城建项目开展监督性视察调研。视察调研组一行先后深入到五一路快速通道工程、财神楼靓城提质项目、古城路北片区靓城提质改造项目、临汾一中第一附属学校建设项目、山西师大现代文理学院转设新校区项目、环境产业园项目等六个城建重点项目工地，实地察看、听取介绍，与项目建设方进行互动交流，详细了解各工程项目建设情况。

【政协委员履职能力提升专题培训班】 2022年6月27日，市政协党组理论学习中心组会议暨政协委员履职能力提升专题培训班（第一期）开班式举行，五届市政协全体委员将分三期参加集中学习培训。市政协党组书记、主席郝忠祥，市政协副主席王金龙、杨忠华、王阿家、蔡志强、李云岗、张瑞萍及秘书长曹樯出席培训班（第一期）开班式。郝忠祥讲话，蔡志强主持。

【市政协举办学习讲坛】 2022年9月6日，五届临汾市政协常委会举办首次学习讲坛，特邀省统计局专家李文选作GDP核算和经济形势专题报告。市政协主席郝忠祥，副主席王金龙、杨忠华、王阿家、蔡志强、李云岗、任耀文、张瑞萍，秘书长曹樯及常委会其他组成人员参加学习。

【“严守耕地红线　稳定粮食产量”监督性视察】 2022年9月27日，市政协副主席张瑞萍带领部分市政协常委、委员到洪洞县、襄汾县、翼城县，就“严守耕地红线稳定粮食产量”进行监督性视察。实地视察了洪洞县辉瑞农机专业合作社、大槐种业科研试验基地，襄汾县建旺种植专业合作社、襄汾县泽阳种植专业合作社，翼城县现代农业示范园、玉丰现代农业科技开发公司、新翔丰农业科技公司、瑞德丰种业公司，视察了农业生产托管、高标准农田建设、大豆玉米带状复合种植及水肥一体化工程等情况。

【“引侨爱侨聚侨，助推临汾高质量发展”监督性视察调研】 2022年11月9日，市政协副主席、民建临汾市委主委蔡志强带领调研组，在襄汾县开展“引侨爱侨聚侨，助推临汾高质量发展”监督性视察调研。详细了解企业生产经营现状，参观“侨胞之家”，听取“侨胞之家”组织建设、为侨服务和开展活动情况的介绍，并就发挥侨属作用，助力全市经济发展提出意见和建议。

【中共二十大精神宣讲报告会】 2022年12月13日下午，特邀中共临汾市委常委、宣传部部长闫建国作关于中共二十大精神宣讲报告。中共临汾市委常委、统战部部长、政法委书记、市政协党组副书记李强，市政协副主席王金龙、杨忠华、王阿家、李云岗、任耀文、张瑞萍及秘书长曹樯、市政协常委会组成人员出席。（黄韦衡）

专题议政

【2022年度协商工作计划专题汇报会】 2022年3月16日，市政协召开2022年度协商工作计划专题汇报会，会议听取了各专委会2022年度协商计划制定情况的汇报。市政协主席、市委常委、市委统战部部长郝忠祥主持并讲话，市政协副主席王金龙、杨忠华、王阿家、蔡志强、李云岗、任耀文、张瑞萍及秘书长曹樯出席会议，市政协各专委会主任参加会议。

【“国家级卫生应急综合试验区”“省级区域医疗中心”对口协商】 2022年7月22日，围绕推进“国家级卫生应急综合试验区”“省级区域医疗中心”建设这一主题，市政协副主席、民革临汾市委会主委李云岗带领部分市政协常委、委员在市区开展对口协商。先后深入市人民医院感染性疾病救治综合楼项目现场、京东物流华北区临汾分拣中心、市第三人民医院异地新建病区、尧都区铁路东街道三元社区、尧都区中医院、市中心医院屯里院区等地进行实地调研，并召开对口协商座谈会，听取市政府相关工作情况汇报，详细了解了市卫生应急综合试验区试点、“省级区域医疗中心”建设及基层疫情防控能力建设情况。委员们进行了议政发言，就推进临汾市“国家级卫生应急综合试验区”“省级区域医疗中心”建设工作，与市直相关部门及相关医院有关负责人互动交流、对口协商，并提出了硬件建设布局、人才队伍建设、科研力量提升、信息化平台建设等方面的建议。

【“加强文化遗产保护利用助力临汾文化强市建设”对口协商】 2022年8月16日，围绕“加强文化遗产保护利用，助力临汾文化强市建设”这一主题，市政协副主席、民建临汾市委会主委蔡志强带领部分市政协常委、委员在曲沃县开展对口协商。实地调研了石桥堡县委旧址、晋国博物馆、下陈黄帝庙三个历史文化遗址和晋园建设情况，实地了解曲沃县文化遗产保护利用的相关工作，并召开对口协商会，听取市政府相关工作情况汇报，详细了解临汾市文化遗产保护利用工作的具体情况。委员们进行议政发言，就如何加强文化遗产的保护利用与市、县两级相关部门负责人互动交流，对口协商，并围绕顶层设计、人才培养、抱团宣传、活化利用、价值转化等方面内容，提出合理化意见和建议。

【“宗教活动场所文物保护与管理”对口协商】 2022年9月21日，市政协组织市政协常委、委员赴姑射山仙洞沟就“宗教活动场所文物保护与管理”工作进行调研，并召开对口协商会议。市政协副主席蔡志强出席会议并讲话。会议听取了临汾市“宗教活动场所文物保护与管理”工作情况汇报，市政协常委、委员在会上积极资政建言，进行热烈协商讨论。

【参加省政协网络议政远程协商会议】 2022年9月29日下午，省政协召开“深化文旅融合发展理念助力沿黄精品景点建设”网络议政远程协商会议。市政协副主席王金龙、蔡志强在临汾分会场出席会议。部分驻临省政协委员、部分市政协委员、市政协文化文史和学习委全体人员在临汾分会场参加会议。蔡志强作了题为“高质量建设、高标准开发、高水平崛起，努力打造高品质沿黄旅游精品景点”的议政发言。

【“推进双拥共建创建双拥模范城”对口协商】 2022年11月17日，市政协副主席、民盟临汾市委会主委王阿家带领部分市政协常委、委员，深入翼城县、曲沃县就“推进双拥共建创建双拥模范城”对口协商工作进行调研。

（黄韦衡）

专委会工作

【提案委员会工作】 2022年，市政协提案委员会起草完成四届市政协提案工作报告及决议，五届一次全会提案截止时间的决定以及征集和审查情况的通报等；印发了五届一次会议提案征集通知和参考选题196条，关于优秀提案、办理提案先进单位和先进工作者的通报，关于召开提案交办会的通知，认真办理重点提案的函、开展重点提案日常督办的函等；起草完成了提案审查业务培训会、审查会、交办会、全体委员工作会议的主持词和领导讲话；起草完成五届一次会议重点提案拟定建议和主席会议情况说明、政协临汾市委员会提案工作细则（征求意见稿）和修订说明、关于进一步提高提案质量的意见（征求意见稿）、参加全省提案办理工作座谈会交流发言材料、提案审查业务培训稿；编制五届一次会议方案的提案目录、转意见参考的目录和重点提案目录等；精心组织五届一次全会的提案审查业务培训会、审查会、交办会、全体委员工作会议等。

五届一次会议共收到386件提案，立案229件，立案率59.3%。探索开展重点提案日常督办协商，组织提案者、相关界别委员和主管部门就五届一次会议010号重点提案《关于着力发展我市中医药事业的建议》开展日常督办协商，让提案者及时了解办理情况和进程，更好“知情明政”。全年组织委员撰写反映社情民意信息81篇，市政协采用18篇，其中报省政协15篇、省政协采用报送全国政协采用4篇。

【经济和人口资源环境委员会工作】 2022年，市政协经济和人口资源环境委员会深入开展“围绕‘双城’目标，聚焦项目建设，助力‘三大板块’产业转型升级”常委会议题调研，组织部分政协常委、委员及有关方面人士，开展了专题协商，形成调研报告24个，议政发言材料7份，并经市政协五届二次常委会议协商讨论通过，形成《关于在“三大板块”协同联动中全方位推动临汾工业经济高质量发展的建议报告》。开展黄河流域生态保护和高质量发展、疫情防控、安全生产、森林防火等专题视察监督调研，组织部分常委、委员到尧都区、吉县、大宁县等地调研。完成“减污降碳提质，构建现代产业体系，助力经济高质量发展”省政协常委会议题协同调研任务并形成《减污降碳提质构建现代产业体系助力经济高质量发展》调研报告。参加沿汾六市政协“汾河流域生态保护和高质量发展”协商研讨会议，与太原市、忻州市、吕梁市、晋中市、运城市等其他沿汾五市共同建立定期协商研讨机制，参与“坚持治山、治水、治气、治城一体推进”协商交流和实地考察，为汾河流域高质量发展提出有分量有价值的意见建议和决策参考。围绕“汾河流域生态保护和高质量发展”，采取重点县市调研、重点企业走访等形式，广泛宣传黄河流域生态保护和高质量发展战略、省政协汾河流域生态保护和高质量发展协商研讨成果，推动凝聚社会共识。委员全年报送社情民意信息91篇、提案6件，市政协采纳8篇，报送省政协12篇，采纳1篇。

【农业和农村委员会工作】 2022年，市政协农业和农村委员会开展“向人民群众交好账”实践活动，开展“凝心聚力，建功临汾”主题活动，聚焦临汾市“三农”工作，围绕“以乡村示范创建为引领，全面推进我市乡村振兴”开展常委会协商议政，选定6名熟悉乡村振兴工作的主要参与委员领题，确定各自重点调研的内容，编印《学习资料汇编》。采取集中和分散相结合方式开展调研，向市委、市政府报送《以示范创建为引领全面推进临汾市乡村振兴的建议报告》，以高质量的建言助推临汾市推进乡村振兴。组织部分政协常委、委员到洪洞县、襄汾县、翼城县，详细了解临汾市农业示范园建设、农业生产托管、专业合作社、高标准农田建设、种业、大豆玉米带状复合种植等情况，认真听取种粮大户、龙头企业、专业合作社等意见和建议，为保障粮食安全尽政协之力。召开“抓党建促基层治理能力提升”政协委员专题座谈会，助力市委抓党建促基层治理能力提升专项行动，收集政协常委、委员发言材料25篇，县（市、区）政协围绕农村集体经济发展壮大提质，乡镇综合行政执法改革，“清化收”等工作开展调研，形成调研报告17份。配合省政协完成“大力推进‘五大平台’建设，打造山西特优农业高质量发展新引擎”的专题调研。

【教科卫体委员会工作】 2022年，临汾市政协教科卫体委员会开展“推进国家级‘卫生应急综合试验区’、省级区域中心建设”对口协商。线上开展“落实‘双减’政策，提升中小学生心理健康”问卷调查监督性视察调研，收回调查问卷40余份，供临汾市教育部门作决策参考。自主选题开展“加快市体育公园建设”实地调研，向体育部门提出了建设性意见和建议。组织相关人员认真研读《临汾市红十字会改革实施方案》（征求意见稿），形成建议提交市红十字会。召开“为我市卫材企业解困纾难”协商座谈，结合实际，从市场需求、用户体验、差异化生产、服务质量、刺激消费市场等方面提出具体建议，彰显了政协担当；利用提案、信息平台，撰写提交《我市新冠疫情防控工作中亟待重视的几个问题》《进一步加大规模核酸检测管理》等建议，贡献了政协智慧。

【社会法制委员会工作】 2022年，临汾市政协社会法制委员会围绕“推进基层社区治理法制化建设”开展专题议政协商，对基层矛盾纠纷化解、社区治理等工作积极建言献策，形成调研报告29篇。围绕“双拥共建，创建双拥模范城”开展对口协商调研，为推动全市创建双拥模范城贡献了政协力量。围绕“红色资源保护利用”先后开展两次调研，调研成果得到相关部门积极采纳。配合省政协围绕养老服务体系开展联动调研，并针对临汾市实际情况撰写提交了调研报告，为助力全省养老事业可持续、高质量发展提供了临汾支持。配合省政协完成全国政协提案委围绕加强退役军人投身乡村振兴政策制度建设开展民主监督暨重点提案督办活动。为委员履职搭建民主监督平台，全年组织委员参加法院、检察院等单位召开的减刑、假释、重大刑事案件旁听旁审、开放日、征求意见会等27次。全年共报送社情民意信息41条（篇），省政协采用1篇，省政协报全国政协1篇，市政协社情民意采用4篇，报省政协10篇；共提交提案40份，立案23份，为高质量发展献计出力。

【民族宗教和港澳台侨联络委员会工作】 2022年，市政协民族宗教和港澳台侨联络委员会开展“加强联系、发挥港澳台侨优势，促进临汾市招才引智工作发展”对口协商视察调研，组织部分常委、委员到山西古登堡人力资源开发有限公司、山西海易水泵快捷服务有限公司、临汾桂莆木业有限公司等侨企单位，详细了解临汾市在港澳台侨方面引进人才和创新创业情况，并召开对口协商座谈会。组织视察调研，研究人才引进这一课题的详细进展程度，同组织部、人社局、侨联等部门分析工作现状和存在问题，探讨解决思路，力求把每一次调研做精做实，真正把清脉络，找准问题，并撰写了相关的调研分析报告。开展“坚持与时俱进，加强宗教人才培养工作”调研，组织部分常委、委员，先后到临汾市基督教三自爱国运动委员会、尧都区净土寺、尧都区海云寺，给各宗教团体宣导党的十九届六中全会精神，并通过听取汇报、实地查看等方式详细了解各宗教团体对党的宗教政策执行落地的情况，就发现的问题和存在的困难提出具体要求和指导性建议。

【文化文史和学习委员会工作】 2022年，市政协文化文史和学习委员会协同市政协办公室举办3期市政协委员换届培训班，300余名市政协委员和机关干部参加培训。建立了文史委委员读书屋，邀请委员、专家就相关课题进行讲解、研讨，让委员在日常工作中展示能力、展示才华，得到锻炼、得到提升，委员读书屋已经成为政协委员界别小组集中学习活动的重要履职阵地平台。围绕“加强文化遗产的保护利用，助力临汾市文化强市建设”开展对口协商并召开对口协商会议，形成28份专题调研报告，就如何加强文化遗产的保护利用与市、县两级相关部门负责人互动交流，围绕顶层设计、人才培养、抱团宣传、活化利用、价值转化等方面内容，提出合理化意见和建议。开展“推进高标准建设黄河文化公园（临汾段），助推沿黄核心景区和文旅产业融合发展”专项监督性视察调研，形成专项报告，提交市委、市政府。配合省政协开展网络议政，就深化文旅融合发展理念，助力沿黄精品景点建设进行联动调研，市政协作了题为《高质量建设、高标准开发、高水平崛起，努力打造高品质沿黄旅游精品景点》的议政发言。配合省政协完成“全省政协系统喜迎二十大书香墨韵诗歌书法精品展”的征稿任务。抓文史资料编辑，《临汾地名录》的征编工作顺利完成。

（黄韦衡）

临汾市纪律检查委员会 临汾市监察委员会

综　述

【概况】　2022年，临汾市纪律检查委员会、临汾市监察委员会（以下简称临汾市纪委监委）学习二十大精神，贯彻落实省纪委全会部署和市委工作要求，把全面推进清廉临汾建设与推动各项工作提质增效紧密结合，把严的基调贯穿正风肃纪反腐全过程，体现在“惩、治、防”各方面，全市纪检监察工作高质量发展取得新成效。

【政治监督】　2022年，临汾市纪委监委围绕“两个维护”，聚焦政治监督，紧扣习近平总书记考察调研山西重要指示精神贯彻落实情况开展专项检查，通过包联督导示范引领、监督检查压茬推进、明察暗访贯穿始终、点穴式检查和重点抽查协同发力等方式，发现问题1290个，推动制定整改措施1928项，全部跟踪整改到位。紧扣省委、市委重大决策部署落实情况开展监督检查，对全市各级各部门落实省委、市委部署重点任务情况实行清单式管理、台账化推进，监督检查重大工程、重点项目240个，发现问题79个，均已督促整改。紧盯疫情防控工作强化全过程监督，发现并推动整改问题4138个，抽调43名纪检监察干部配合市委、市政府开展督查执纪，向9个县（市）党委下发监察建议。紧盯重点行业领域强化全方位监督，问责脱贫攻坚、乡村振兴、环保治污等领域失职失责党员干部、监察对象225人，以问责倒逼责任落实。紧盯管党治党责任强化常态化监督，压实主体责任、严明政治纪律，查处存在违反政治纪律行为的人员35人。

【纪检监察体制改革】　2022年，临汾市纪委监委深化拓展改革成果，释放制度优势，加强党对反腐败工作的集中统一领导，自觉接受双重领导，落实请示报告制度，向山西省纪委监委和市委书面请示报告130次；加强对县级纪委监委的领导，批准各县（市、区）监委采取留置措施和延长留置时间61人次；协助市委组织召开两次反腐败领导小组会议，对阶段性重点任务进行统筹安排，指导推动各县（市、区）委反腐败领导小组认真履职。深化纪检监察体制改革，做好派驻机构改革后续工作，督促各县（市、区）纪委监委与党委、组织部门协调，落实派驻公安局纪检监察组组长任局党委委员事宜，突出“派”的权威和“驻”的优势；加强信息化机构和队伍建设，成立信息化建设工作专班，设立监督和审查调查技术室，发挥信息技术在纪检监察工作中的支撑保障作用。提升派驻监督效能，开展“室组”“组组”联动监督和“室组地”联合办案，市纪委监委各派驻（派出）机构受理问题线索301件，处置问题线索290件，立案90件，结案84件，给予党纪政务处分84人。

【清廉临汾建设】　2022年，临汾市纪委监委推进清廉建设，明确目标任务，对照山西省委、省纪委监委和省工作专班，制定全面推进清廉临汾建设2022年工作要点和任务清单，督促各级各部门建立工作台账，狠抓任务落实；对清廉临汾建设“五大体系”28个大项和2022年61个小项任务，建立责任清单、监督清单，做到任务、标准、时限、人员“四明确”。强化工作措施，组织召开两次全面建设清廉临汾工作推进会，开展两轮实地督导调研，实行一月一梳理、一季一小结、半年一汇报、一年一考评“四个一”制度，促进重点工作落实。打造特色亮点，在山西省第一个举办聚焦清廉主题的宣传周活动和专场文化演出，组织制作《廉吏曹端》《清风廉韵蔚平阳》等微电影、短视频，开发两条红色文化旅游路线，开通清廉临汾公交专号20辆，推动清廉理念深入人心、清廉文化蔚然成风；突出清廉单元创建这个重点，成立山西省首家清廉民企建设联盟，选树临汾市人民医院、尧都区三元社区等市级清廉单元建设典型，总结提炼出一批具有临汾辨识度的先进经验做法。

【不敢腐、不能腐、不想腐一体推进】 2022年，临汾市纪委监委坚持一体推进“三不腐”，治理效能更加凸显。加大惩治力度，全市纪检监察机关立案3823件，结案3433件，给予党纪政务处分3523人，留置72人，移送审查起诉76人，通过监督办案挽回经济损失1.67亿元；突出对领导干部违纪违法问题的查处，处分县处级干部74人、乡科级干部463人，严肃查处一批严重违纪违法案件；对涉嫌严重违纪违法被立案审查调查的领导干部，向社会公开曝光57案57人；在高压震慑和政策感召下，全市有7人向纪检监察机关主动投案，40人主动交代问题。强化以案促改，针对审查调查中发现的突出问题，向有关单位提出纪检监察建议13份，推进完善制度、系统治理等工作；围绕落实山西省委不能腐制度建设成果，对12家市直单位开展专项监督检查，督促整改问题35个。深化警示教育，召开全市领导干部集中教育大会，协助市委组织市县两级领导干部前往太原参观党风廉政教育大型主题展；注重将案例资源转化为警示教育资源，汇编严重违纪违法干部《忏悔录》《警示录》，拍摄制作《利剑高悬》《“粮”心警示》等多部警示片，开展专题警示教育活动，推动不想腐思想教育常态化、长效化。

监督执纪

【作风建设】 2022年，临汾市纪委监委纠治“四风”，巩固作风建设成果。强化监督检查，出台《关于重要节点期间开展“四风”问题监督检查的工作办法》，对节日提醒、通报曝光、监督检查、线索处置、以案促改等作出明确规定，在重要时间节点抽调专人开展监督检查。严肃执纪问责，纠治影响党中央决策部署贯彻落实、漠视侵害群众利益、加重基层负担以及推诿扯皮、玩忽职守等问题，查处形式主义、官僚主义问题89件，批评教育帮助和处理145人；深入整治节日期间易发的违规吃喝、违规收送礼品礼金、违规使用公车、公款旅游、违规发放津贴补贴或福利等问题，查处享乐主义、奢靡之风问题228件，批评教育帮助和处理318人。注重以案示警，通报曝光典型案例33批102起123人，用身边人身边事教育党员干部，释放越往后盯得越紧、越往后执纪越严、越往后问责越重的强烈信号。健全长效机制，协助市委、市政府印发《临汾市规范党员干部办理婚丧喜庆事宜的实施细则》，分析“四风”问题在不同层级、不同区域、不同领域的具体表现和成因，督促96个单位部门通过召开专题警示教育会、开展专项整治等方式，修订完善制度，深化整改落实。

【日常监督】 2022年，临汾市纪委监委做实做细日常监督，夯实监督基础，推进“智慧监督”工程，开展“电子廉政档案活页册系统”应录尽录等工作；发挥信访监督基础性作用，全市纪检监察机关接受信访举报3378件次，办结化解省纪委监委交办的典型重复举报37件；加强线索受理处置，全市纪检监察机关受理问题线索8819件，处置8681件，对线索处置中发现的突出问题向有关单位提出纪检监察建议24份。突出监督重点，协助市委制定、落实《关于加强对“一把手”和领导班子监督的实施办法》，与各县（市、区）委常委班子、各开发区党工委班子进行集体廉政谈话，约谈领导班子成员、重点岗位人员2167人次。改进监督方式，针对监督对象苗头性、倾向性问题或轻微违纪问题，谈话提醒746人次；回复党风廉政意见23680人次，其中提出暂缓或否定性意见144人次；通过监督检查，发现违纪违法问题线索2729件，提出纪检监察建议152份。提升监督效能，把握政策策略，全市纪检监察机关运用监督执纪“四种形态”处理9298人次，其中运用第一、第二种形态处理8759人次；落实“三个区分开来”要求，坚持常态化打击诬告陷害行为和开展澄清正名工作，为33名干部、4个单位澄清正名。

【专项整治】 2022年，临汾市纪委监委开展专项整治，推动解决民生诉求问题，开展困难群众救助领域专项整治，督促整改各类问题46个；推进房屋产权登记确权颁证清零行动，项目清单首次登记全部完成；会同市直16个职能部门，聚焦教育、医疗、社保等民生领域突出问题，确定19个重点整治事项，集中解决一批群众急难愁盼问题；全市查处群众身边腐败和作风问题1871件，批评教育帮助和处理3048人。推动解决重点领域问题，立案查处涉黑涉恶腐败及充当黑恶势力“保护伞”问题43件、能源领域腐败问题40件、粮食购销领域腐败问题179件、党员领导干部利用开发区资源谋取私利问题52件、安全生产领域违纪违法问题31件；推进临投集团债权债务清欠清收专项行动，累计收回9.9亿元。推动解决基层治理问题，开展“三个一批”重点村监督治理工作，第一阶段34个重点村和第二阶段33个重点村817件信访举报全部办结化解，基层群众满意度提升；推进农村集体“三资”管理贪腐问题专项整治，实行领导班子成员包案，严肃查处一批顶风“蚕食”村集体资产等违纪违法问题。

【巡察工作】 2022年，临汾市纪委监委深化政治巡察，彰显利剑作用。坚持高质量全覆盖，开展五届市委第二、第三轮巡察，对11个开发区开展专项巡察，对34个“三个一批”重点村进行统筹提级交叉巡察，对85个问题突出村开展“三资”管理贪腐问题专项巡察，对市应急局、市能源局等16个单位开展常规巡察，发现面上问题995个，问题线索388件。统筹推进上下联动，开展全市住建系统巡察，对17个县（市、区）进行统筹提级交叉巡察，对发现的问题传递互通，上下类比快速核实，发现面上问题191个，问题线索140件；选派3个巡察指导督导组对6个县巡察工作进行指导督导，推动解决问题52项。提高巡察整改成效，常态化采取“总账登记+三单推进”“总账挂号+五账跟踪”的共性问题整改和问题线索处置动态管理督办办法，跟踪了解粮食购销系统机动式巡察和五届市委第一、第二轮巡察反馈意见整改落实、移交问题线索处置等情况，督促巡察反馈问题有效整改，推动解决群众反映强烈的唤醒公积金“睡眠”账户、物业服务管理17类突出问题等立行立改事项。

重要会议

【市纪委五届二次全会】 2022年2月8日，中共临汾市纪委五届二次全体会议召开，市委书记闫晨曦出席会议并讲话。市委副书记、市长李云峰，市委副书记、洪洞县委书记黄巍，市人大常委会主任陈小洪，市政协主席张建平，市人大常委会党组书记袁振旭出席会议。市委常委、市纪委书记、市监委代主任杨红梅主持会议并作工作报告。市委常委，市人大常委会、市政府、市政协领导班子成员，市法院代院长、市人民检察院代检察长，以及其他厅级领导出席。全会审议通过了杨红梅代表市纪委常委会所作的《以全面建设清廉临汾为引领推动纪检监察工作提质增效为临汾市全方位高质量发展提供坚强保障》工作报告。会议强调，全市纪检监察干部要在全面建设清廉临汾中走在前、作表率，带头建设清廉机关，带头弘扬清廉文化，按照“政治要强、做到绝对忠诚，业务要精、确保本领高强，责任要实、勇于担当作为，作风要正、务求真抓实干，自律要严、恪守清正廉洁”的要求，切实加强思想淬炼、政治历练、实践锻炼、专业训练，不断提升服务保障现代化建设的能力和水平。

【全面推进清廉临汾建设工作专班第一次会议】 2022年4月2日，全面推进清廉临汾建设工作专班第一次会议召开。会议贯彻落实省委、市委关于全面建设清廉山西、清廉临汾行动方案的要求，安排部署2022年工作任务，压实清廉临汾建设责任，全面推开清廉临汾建设各项工作。全面推进清廉临汾建设工作专班组成人员、各县（市、区）纪委书记、临汾经济开发区纪工委书记、市纪委监委有关部门负责人参加会议。市委常委、市纪委书记、市监委主任、市全面推进清廉临汾建设工作专班组长杨红梅出席会议并讲话。会议宣读市委《关于组建全面推进清廉临汾建设工作专班的通知》《全面推进清廉临汾建设2022年工作要点》。会议强调，要加强组织保障，凝聚工作合力。全市上下要群策群力、共创共建，心往一处想、劲往一处使，拧成一股绳，同向齐发力。要强化组织领导，下好全市“一盘棋”。要强化责任落实，种好各家“责任田”。要强化调研指导，打好督导“组合拳”。要强化宣传引导，用好舆论“主阵地”。要进一步提高思想认识、强化行动自觉，认真贯彻市委行动方案精神，对照工作要点，抓好各项任务落实，以清廉临汾建设的实际成效迎接、服务和保障中共二十大胜利召开。

（廉雪峰　李　楠）

民主党派

中国国民党革命委员会临汾市委员会

【概况】　2022年，中国国民党革命委员会临汾市委员会（简称民革临汾市委会）有党员281人。党员中，担任省政协委员1人；市人大常委1人，人大代表3人；市政协常委5人，市政协委员7人；县（区）人大常委3人；县（区）政协常委19人，县（区）政协委员45人。

【组织建设】　2022年，民革临汾市委会深入实施主题教育，确定实施方案、召开动员会、开展系列活动，推动主题教育走深走实。召开民革临汾市委会第五次代表大会，选举产生了民革临汾市第五届委员会。以“强基础、补短板、出亮点”为建设理念，理思路、搭载体、比奉献、展风采，开展示范支部创建和“党员之家”建设，全市7个基层组织，其中，创建示范支部1个，建设党员之家3个，中山书画院3个。市委会修订《民革临汾市委会组织发展规程》和《党员档案七要件存档规定》，规范组织发展工作。按照严入口、重品行、看实绩的原则，2022年发展新党员10名。

【社会服务】　2022年，民革临汾市委会开展“访贫问寒”、“学雷锋·扶危济困”志愿服务等公益性活动，围绕临汾市委乡村振兴，针对隰县玉露香品牌，开展“基地式”帮扶，助力乡村振兴。开展“博爱·牵手”医疗设备捐赠活动，向浮山县医疗系统捐赠超声诊断仪、心电图仪、乳腺治疗仪、光电治疗仪、手术床等价值15万元的医疗器械20余件。各基层组织开展送文化、送法律、送医下乡惠民活动。疫情期间，民革党员捐款捐物，参与疫情防控工作，医卫界党员坚守工作岗位，解除病患疾苦；教育界党员守岗尽责，通过“空中课堂”让孩子们“停课不停学”；法律界党员参加社区抗疫志愿活动，承担社会责任；艺术界的党员以画抗“疫”、以艺战“疫”，以实际行动贡献临汾民革力量。

【祖统工作】　2022年，民革临汾市委会开展“两岸一家亲·新春送祝福”活动，民革襄汾总支、洪洞支部、曲沃支部党员现场书写春联、剪纸，成为推动海峡两岸文化交流的一个重要窗口和平台。寄赠台湾同胞春联500余副及“福”字100余张，接收台湾同胞回赠春联200副。“两岸情”诗社原创诗词楹联作品近300首，编辑《两岸情诗选》。

2022年，民革临汾市委会“两岸一家亲·新春送祝福”寄赠仪式，在民革山西省临汾市襄汾总支党员之家举行　（民革临汾市委供图）

【参政议政】 2022年，民革临汾市委会参加中共临汾市委、市政府、市政协召开的各类协商会、座谈会、情况通报会，就全市重大方针政策的制定、政府工作报告等参与政治协商，提出民革建议。省、市两会期间，向大会提交集体提案30篇，个人提案20篇，大会发言6篇。其中，主委李云岗在省政协会议上提交的《将老年服务中心纳入居民小区建设规划的建议》被省政协列为重点提案；市委会在市政协会议上提交的《关于筹备申报将陶寺遗址列入世界遗产名录的建议》等被市政协列为重点提案。市委会抓住事关全市经济社会发展的战略性、全局性、前瞻性问题开展调研，围绕乡村振兴、文化旅游、基层治理等重大课题，开展专项调研，形成调研报告3篇，即《推进基层社区治理法治化建设调研报告》《关于乡村振兴专题调研报告》《关于尧文化旅游融合发展调研报告》。市委会及各基层组织多次举办“社情民意培训班”，向民革山西省委、市政协等单位报送社情民意信息150余条。李云岗反映的《干旱缺水地区城市绿化美化水资源浪费严重》，贾春阳反映的《建议发行中国历史上收复台湾纪念邮票套票宣示国家主权》被全国政协采用。祁立义、刘平安、逄志俊、王小莉、焦亚辉、张永良等人反映的社情民意被省政协采用。蔡晓刚、吴丽丽、范德琳等反映的社情民意被市政协采用。（吴丽丽）

中国民主同盟临汾市委员会

【概况】 2022年，中国民主同盟临汾市委员会（简称民盟临汾市委会），坚持好发展好完善好中国共产党领导的新型政党制度，提高民盟盟员的政治判断力、政治领悟力、政治执行力。开展“矢志不渝跟党走携手奋进新时代”政治交接主题教育系列活动20余次，沿着习近平总书记足迹前往汾西僧念镇段村、霍州师庄乡冯南垣村，深入感悟习近平总书记重要讲话精神；启动诵读会、短视频征集、图说民盟故事等活动；联合各民主党派机关开展“忆先贤·传家风”经典诵读活动；参加市委统战部“百年统战同见证凝心聚力谱新篇”书画作品展；举行民盟中央美术院临汾分院侯马创作基地揭牌仪式。发挥微信公众号、微信群等媒介的“宣传阵地”作用，开辟“矢志不渝跟党走携手奋进新时代”政治交接主题教育专题、“中共二十大”学习专栏。4月，中共临汾市委统战部对2021年度全市统战宣传理论信息工作情况通报，在统战宣传工作和庆祝建党百年系列活动中，民盟临汾市委会在民主党派中荣获双第一。

【组织建设】 2022年，民盟临汾市委会完成换届，成立监督委员会。实施“人才强盟”战略，严把入口关，质量关，发展新盟员上报盟省委23人。完善和丰富了主委会议、全委会议等议事程序规则以及班子成员民主生活会、机关学习、监督委员会工作条例、参政议政考核奖励办法等各项工作制度。打造学习型、绩效型、和谐型、服务型“四型”机关建设，推进机关干部队伍建设，提升机关干部学习力、创造力、协同力。

【建言献策】 2022年，民盟临汾市委会把资政建言作为履职之要。两会上，民盟临汾市委集全市盟员智慧，提交集体提案15件，个人提案27件，提交大会发言26篇，14篇被列为大会书面发言材料。民盟临汾市委副主委刘科军代表民盟临汾市委作题为《加强县级土地统筹为破解乡村振兴用地难题强基开路》的口头发言。全市盟员关注民生、履职尽责，为临汾高质量发展建诤言、出实招、献良策。收集社情民意、建议、意见等信息280余篇。其中，收到反馈被采用的信息全国政协1篇，省政协2篇，报送全国政协1篇，市政协采用41篇，报送省政协63篇，盟省委采用17篇（二季度）。

【调查研究】 2022年，民盟临汾市委会开展“六个一”调研课题，赴尧都区贺家庄清乐院村进行调研，助力该村第五届樱桃采摘节开园迎客。鼓励村民勇于尝试直播带货等方式方法，打开市场销量。号召盟员广开思路，利用自身优势，从农民切身利益角度着想，利用线上线下资源，支持、帮扶清乐院樱桃基地的发展，发挥民盟影响，以实际行动扩大帮扶成果，助力乡村振兴。开展“脱贫攻坚与乡村振兴有效衔接的做法、成效”“文旅融合发展”专题调研，到汾西县高寒农牧专业合作社、僧念镇段村、师庄乡冯南垣村、霍州署、七里峪红色教育基地、天下霍姓出霍州展陈馆等地调研，重点了解在脱贫攻坚与乡村振兴有效衔接和文旅融合发展工作中的目标定位、人文历史、农业种植、美丽乡村建设、产业发展等工作中，采取的具体措施、取得的成效及存在的问题。开展职业教育高质量发展情况调研，了解侯马市职业中专学校的职业教育基本情况，把握职业教育高质量发展的方向定位，坚持“六新”理念，职业教育高质量发展。注重质量，产教融合，校企合作，赋能中小企业数字化发展，服务区域经济发展。

【理论研究】 2022年，民盟临汾市委会参加市委统战部课题征集活动，有5位盟员参与，其中山西统一战线智库课题有徐梦萧的“浅谈渔业绿色发展思路”“加强高标准农田建设推动农业高质量发展”、沈秀娥的“当代大学生在中华民族共同体意识培养中存在的问题及对策建议”、靳朝晖的“优化山西营商环境的几点建议”，山西省统战理论政策研究课题有郭迎昕的“从大肚弥勒看佛教中国化的特点”、沈秀娥的“当前小学语文教材教辅在铸牢中华民族共同体意识方面存在的问题及对策研究”、米文俊的“传承晋商文化，助力乡村振兴”。

【社会服务】 2022年，民盟临汾市委会开展“学习二十大——农村教育烛光行动”，给襄汾县永固乡南董小学捐赠价值3万元的文体健身物资。赴尧都区贺家庄清乐院村、汾西县高寒农牧专业合作社，帮助两个社会服务基地产业长久发展，助力特色农业发展。在大阳镇中心幼儿园开展“促进乡村振兴、助力乡村教育”活动，发扬民盟“奔走国事、关注民生”的优良传统，关注乡村教育发展；在汾西一中开展“送教下乡”活动，促进城乡教育均衡发展。开展“名医大讲堂”进社区活动，搭建民盟与社区居民之间的沟通平台，方便居民就医，加强健康医学知识在群众中的宣传和普及。开展“喜迎二十大中医药文化进校园”活动，提高学生学习中医药文化的兴趣。在北孝社区门口举办“三八”妇女节普法宣传活动，增强妇女依法维权的意识。开展电信网络反诈宣传活动，帮助学生家长了解电信网络诈骗的手法及防范措施，提高家长的防骗识骗能力与水平；举办“超越自我圆梦高考”励志讲座；举办“执笔丹青书画圆梦”中国画公益讲堂。支援基层核酸检测、争当志愿者；看望慰问尧都公安一线交警，捐赠价值5000元物资；为永固乡卫生院捐赠价值3000元的抗疫物资，用实际行动助力抗击疫情。

（民盟临汾市委会供稿）

中国民主建国会临汾市委员会

【概况】 2022年，中国民主建国会临汾市委员会（简称民建临汾市委会）以主委会、全委会、座谈会、培训会等形式，组织会内各级组织班子成员、会员学习中央统战工作会议精神、政治协商工作条例和中共山西省委、民建山西省委会、中共临汾市委相关会议精神，学习林武在各民主党派新一届领导班子座谈会上的讲话精神、民建山西省主委李俊林在新一届领导班子座谈会上的发言等。召开主委扩大会，传达学习中共二十大会议精神，下发学习《通知》，11月22日，组织举办学习宣传贯彻中共二十大精神专题培训班。

【组织建设】 2022年，民建临汾市委会发展会员31人，发展率4%；完成换届，全年召开9次主委会，2次全委会。成立内部监督委员会，开展以会费督查为主的系列活动。经济工作委员会、理论工作委员会、妇女工作委员会换届，新成立青年工作委员会和法律工作小组。妇委会举办“寻找最美微笑妈妈”评选活动，经委会牵头召开民营经济高质量发展座谈会，青委会拍摄“五四”视频宣传片，理论委承接民建山西省委会调研课题，法律小组走进会员企业提供法律服务等。

【主题教育活动】 2022年，民建临汾市委会开展“矢志不渝跟党走、携手奋进新时代”政治交接主题教育。传达学习习近平总书记考察调研山西重要指示精神和中共山西省委十二届三次全会精神，召开“矢志不渝跟党走、携手奋进新时代”政治交接主题教育专题工作会议；响应民建山西省委会面向全省会员开展的“喜迎二十大·同心跟党走”主题征文活动。临汾民建会员赵玉亮《我的三张“名片”》获得一等奖，郭卫平《拳拳入会心浓浓民建情》获得二等奖，田清华、王霄等获得优秀奖。

【建言献策】 2022年，民建临汾市委会在市政协五届一次会议上，提交政协大会提案议案22篇，议政发言9篇。提交社情民意、直言简讯51篇，其中3篇信息被市主要领导批示；向市政协提交专题调研报告3篇，其中《破解发展瓶颈，壮大集体经济》得到市政协肯定，作为五届三次常委会发言材料。市委会向民建山西省委报送调研报告2篇。

【抗疫助困】 2022年，民建临汾市委会发出倡议，动员和组织全会参加疫情防控，宣传抗疫事迹和先进人物，在微信公众号发布抗疫信息，全会各基层组织和会员团结一心、守望相助，在第一时间投身疫情防控一线工作中，协调物资，主动下沉社区街道等地开展志愿服务、环境消杀等，为共同筑牢疫情安全防线贡献民建力量，展现民建会员服务社会的担当和抗击疫情的决心。在疫情防控工作中，民建会员（企业）捐款捐物75万元，参与疫情防控志愿工作60余人。市委会响应民建中央、民建山西省委号召，助力丰宁脱贫攻坚和乡村振兴工作。市委会副主委芦为民带头捐赠帮扶资金助力丰宁光伏发电建设。2022年民建会员企业捐赠脱贫攻坚和各类社会公益事业款项130余万元。

【助企纾困】 2022年，民建临汾市委会坚持主委走访会员企业制度。市委会主委率队走访会员企业，了解会员企业疫情防控开展情况和生产运营情况，对企业在疫情期间所遇到的困难积极进行协调，帮助解决实际问题。搭建平台，开展互助学习交流。召开民营经济高质量发展座谈会，组织会内企业家座谈交流，通过整合各自资源、实现信息共享，促进企业发展壮大。

（成三强）

中国民主促进会临汾市委员会

【概况】 2022年，中国民主促进会临汾市委员会（简称民进临汾市委会）围绕“矢志不渝跟党走，携手奋进新时代”政治交接主题教育，贯彻落实民进中央确定的“信息化建设”主题年工作要求，对标“四新、三好”要求，夯实思想政治共识，增强履职尽责能力，提升自身建设水平。被民进中央评为“民进信息化建设先进集体”，被市政协评为“反映社情民意信息工作先进集体”。

【组织建设】 2022年，民进临汾市委会贯彻落实《中共中央关于加强中国特色社会主义参政党建设的意见》完成市委会换届工作，选举产生民进临汾市第五届委员会、新一届领导班子和出席省九代会代表，成立内部监督委员会。坚持开展“走基层、访会员、听民声”活动，深入包联组织走访调研。全市28个基层组织全部达到三星以上，实现星级基层组织全覆盖。重新修订《民进临汾市委会组织发展规程》和《会员档案七要件存档规定》，坚持严入口、重品行、看实绩的原则，提高会员发展质量，2022年拟发展新会员16名。在原有5个工作委员会基础上，增设医疗卫生工作委员会。完成妇女委员会和机关工会的换届工作。完善后备干部信息库。

【思想政治建设】 2022年，民进临汾市委会通过以会代训、研讨交流、主题宣讲、专题培训等形式，开展学习教育活动。将政治交接主题教育与各类培训相结合，以政治理论学习和社情民意信息、国际国内形势、临汾市情等为主要内容，加强领导班子、骨干会员和新会员学习研究。采取传统方式与新媒体宣传相结合、线上线下相结合的方式，利用《临汾民进》《临汾民进快讯》等刊物，以及企业微信、视频号、微信群、美篇、主流媒体、网络视频App、《临汾日报》等平台对全年工作进行全面深入的宣传报道。多次活动被中国新闻网、山西新闻网、黄河新闻网、《山西法制报》、今日头条、图说山西等主流媒体广泛关注和报道，制作的MV《把一切献给党》上线“学习强国”学习平台。

【社会服务】 2022年，民进临汾市委会创新探索支部“1+N”联动新模式，以“一家牵头、多家参与、彰显合力”的形式开展义务植树、高考志愿讲座、六一献爱心、唱响红歌《把一切献给党》、“忆前贤、跟党走、传家风”朗诵展演等活动。在“菜单式”服务的基础上建立“支教对口校”“义诊定点站”“科技帮扶园”“法律服务点”和“文化推动点”，开展春联万家、送教下乡、学雷锋志愿服务、访贫问寒等活动。

【参政议政】 2022年，民进临汾市委会参加中共临汾市委、市政府、市政协召开的各类协商会、座谈会、情况通报会，就全市重大方针政策的制定、政府工作报告等参与政治协商，提出民进建议。开展调研活动，围绕省委会确立的文旅融合、双减工作等两项重点课题以及市政协拟定的乡村振兴、社区法治化治理、“双城”建设等课题深入调研，创新开展参政议政课题组务虚座谈会和开门取经会，形成《关于健全教育评价制度和机制，进一步推动“双减”政策落实的建议》《关于进一步深化文旅融合发展，助力沿黄区域旅游精品建设的建议》等6篇调研成果。利用两会平台，在政协全会上提交团体提案20篇、大会发言3件，其中《关于加强我市物流产业发展的四点建议》在政协议政大会上作了口头发言。做好日常信息工作，举办两场社情民意信息工作培训会，提升会员履职能力。反映社情民意信息103条，市政协采用7条，市领导批示1条，转报省政协13条，省政协采用2条，转报全国政协1条，民进中央采用1条。（王　芳）

九三学社临汾市委员会

【概况】　2022年，九三学社临汾市委员会弘扬“爱国、民主、科学”优良传统，做好参政履职、凝聚共识、服务大局等各项工作，加强自身建设，被九三学社中央评为“全国宣传思想工作先进单位”“2021—2022年社会服务先进集体”，多项工作受到九三学社山西省委员会、临汾市政协表彰。

【思想政治建设】　2022年，九三学社临汾市委员会把迎接中共二十大、学习宣传贯彻二十大精神作为贯穿全年的首要政治任务，开展“矢志不渝跟党走、携手奋进新时代”政治交接主题教育，学习领会习近平总书记考察调研山西重要讲话重要指示精神，举办“庆七一”读书分享会、“庆七一”笔会、“喜迎中共二十大，携手奋进新时代”暨九三学社临汾市委员会成立二十周年纪念活动，组织骨干社员前往汾西县段村、霍州市冯南垣村开展“追寻领袖足迹，继续携手奋进”活动。中共二十大召开后，通过主委会议、全体会议等形式，传达学习中共二十大精神，组织线上线下培训，邀请市委党校经济学教研室主任、副教授王俊芳，市政府发展研究中心党组成员、副主任亢思潮作专题辅导。开通运行九三学社临汾市委员会微信公众号，定期发布图文消息，在微信公众号设立“学社史、忆先贤”课堂，深化中共党史、九三学社社史学习，讲好多党合作故事、九三学社故事。组织编印《一路走来影春秋——九三学社临汾市委员会成立二十周年》画册，编印《临汾九三》2期，工作信息简报50余期。

【组织建设】　2022年，九三学社临汾市委员会贯彻落实关于加强中国特色社会主义参政党建设三个文件和五个纪要精神，实施“人才强社”战略，完成九三学社临汾市委员会换届工作，选举产生九三学社临汾市委员会第四届领导班子。按照质量优先、体现界别特色的原则，全年发展社员13名，组织发展保持平稳健康态势。举荐2名社员担任省人大代表，2名社员担任市人大代表，18名社员担任市政协委员。修订完善“三重一大”决策制度实施细则，修订《机关财务管理制度》，推进“六型”机关建设，推动纸质档案信息化。

【参政议政】　2022年，九三学社临汾市委员会发挥基层组织、政协委员积极性，在协商议政上精准建言。在市政协五届一次会议上，提交团体议政发言5篇，被市政协作为大会发言1篇。提交团体提案17件。团体提案《建议我市中小学推广聘任“健康副校长”，补齐学校防疫短板》，赵素丽《关于进一步加强农村生活垃圾一体化处置的建议》，邓跃文《关于解决市区幼儿园“办园难”的建议》，张晓峰《关于临汾传统产业转型发展的建议》被评为优秀提案。提交的团体议政发言《加快新基建产业布局，打造发展“新引擎”》《推动网格精准化 画好社区治理“同心圆”》在市政协五届二次、三次常委会上被作为大会发言。全年报送信息60余篇，其中，朱厚斌提交的《尽快启动我省中小型水库清淤工作的建议》被中共山西省委统战部《直言简讯》采用；张重辉《建议我省将老年人和儿童流感疫苗接种纳入免疫规划》、赵素丽《加快推进“科技小院”建设，助力乡村人才振兴》被省政协采用。

【社会服务】　2022年，九三学社临汾市委员会依托“九临合作”平台，在临汾与生态环境部合作实施的临汾绿色清洁运输试点城市建设、综合监管能力提升项目、晋西太德塬生态综合治理项目、临汾市第五污水处理厂项目及霍州—洪洞—尧都乏汽长输供热项目中发挥作用。在洪洞县举办“亮康行动”启动仪式，为200余名白内障患者实施免费复明手术。对浮山县寨圪塔乡3个村卫生室进行援建，为其采购添置价值3万元的医疗设备器械。多名社员参与大西高铁、西客站志愿服务。创新社会服务形式，在山西竹韵律师事务所挂牌成立九三学社临汾市委员会“法律服务工作站”。（郭　强）

群众团体

临汾市总工会

【思想政治引领】 2022年，临汾市总工会把政治建设摆在首位，组织党组中心组专题学习会16次，组织县处级以上领导干部专题学习专题研讨2次。市总党组书记、常务副主席苏文龙到市总机关、华翔、山焦、市委党校等基层一线开展党的二十大精神宣贯会，其他班子成员深入各县（市、区）工会开展党的二十大精神宣讲。落实向同级党委和上级工会请示报告制度，全年向市委汇报工作10次，向市委、市政府报送专项工作请示报告12次。

【法治建设】 2022年，临汾市总工会将依法治理工作纳入重要工作议程，纳入全市工运事业发展与改革中，调整法治建设工作领导小组，制订《临汾市总工会2022年依法治理工作计划》。推进“八五”普法，利用“3·8”维权月、“12·4”法制宣传日，开展职工普法宣传教育活动，到厂矿、企业、园区开展普法宣传152场次，接受咨询1085人次，现场宣讲22826人次，岗位技能培训3700人次，心理健康辅导316人次，现场受理劳动争议案件22起，办理法律援助案件17起，为农民工挽回经济损失220万元。为疫情防控一线职工优先提供法律服务，推动落实工会劳动法律监督“一函两书”制度，提升工会法律援助维权服务能力。

【理论宣讲】 2022年，临汾市总工会在全市17个县（市、区）、部分市直基层工会建设50个“党史和党的创新理论”宣讲站（点），签约专家团队，聘请山西大学、市委党校等教授担任总辅导员、辅导员，到基层宣讲站（点），围绕党的十九大、二十大精神，习近平总书记关于工人阶级和工会工作重要论述和加强产业工人队伍建设思想政治引领等开展宣讲15场次，覆盖2000余名工会干部及职工。在全市职工中开展产业工人思想状况调查工作，组织开展“临汾市产业职工思想状况调查问卷”“产业职工对二十大精神了解情况的问卷”调研。深化中国特色社会主义和中国梦系列宣传教育，到17个县（市区）开展以“送理论、送文化、送温暖”“进项目、进企业、进工地”为主题的“三送三进”慰问演出活动15场次，覆盖职工2000余人，丰富广大职工的业余文化和精神生活。与山西大学马克思主义学院签订临汾市职工思想政治工作项目合作协议，举办产业工人队伍建设改革工作系列培训会，在全市举办职工思想政治巡回宣讲，开展全市职工思想状况专题调研，形成研究成果4篇并在《山西日报》等主流媒体发表。

【网络安全宣传】 2022年，临汾市总工会完善网络安全管理制度落实工会内部网络安全管理工作。完成春节、国庆、党的二十大等重要节假日的网络安全相关技术保障工作，完成第三方等保测评，督促第三方做好网络安全运维；关注涉工网络舆情工作，了解职工动态、处理舆情事件、正确引导职工发声。开展网络安全宣传周，个人信息保护日宣传活动，联动17个县（市、区）及大型市直企业同步开展，通过线上和线下宣传，开展线下大型宣传和深入企业车间班组开展面对面讲解宣传活动20余场，发放宣传资料10万余份。

【劳模精神弘扬】 2022年，临汾市总工会向全市职工发出向劳模学习倡议书。学习贯彻全国劳动模范和先进工作者表彰大会精神，做好全国、省、市三级“五一”评选表彰工作。向省总推荐2021年度“三晋工匠”评选候选人5名，其中，山西焦化集团有限公司陈亮获得“三晋工匠”提名奖，受到省总工会表彰。通过选树劳模、表彰劳模，激励全市职工积极进取、爱岗敬业、奋发有为。

【社会主义劳动竞赛】 2022年，临汾市总工会在全市举办建筑行业、护士岗位等技能大赛，引导职工坚定必胜信念，在抗击疫情、服务工作大局、推动全方位高质量发展中，发挥主力军作用。聚焦新兴产业、传统产业、基础建设以及传统工艺（手艺）等行业，启动第三届“平阳工匠”选树活动，成立“平阳工匠”学院，在各县（市、区）、市直企业推进1+N实训基地建设。开展“平阳工匠记者行”活动，在“五一”等重要节点开展互动式宣传活动，推动形成崇尚劳模、尊重劳动、尊崇工匠的时代风尚。

【全市职工演讲大赛】 2022年，临汾市总工会通过各行各业职工立足岗位、敬业奉献、创新进取的感人事迹，展现职工在建功“十四五”、奋进新征程中爱岗敬业、敢于担当、勇于创新、甘于奉献的时代风采和精神面貌。组队参加山西省职工主题演讲大赛，获得团体第2名，参赛选手获得银奖1名，铜奖3名的成绩。举办新工会法宣传学习网络知识竞赛活动，通过临汾工会App和网站知识竞赛窗口，发布竞赛试题，经过为期3个月的网络竞答，有19654名职工参与答题。

【工资集体协商】 2022年，临汾市总工会健全以职代会为基本形式的企事业单位民主管理制度，推进工资集体协商，参与劳动关系协调，落实山西省总实施集体协商“稳就业促发展构和谐”三年行动计划，建会企业集体协商覆盖率保持在92%以上。适应共享用工、平台用工等新经济领域用工方式新变化，将工会履行维权职责的重心放在新经济组织、民营企业，重点是农民工，维护好快递员、网约工、货车司机等新就业形态群体的劳动经济权益。

【“五小六化”活动】 2022年，临汾市总工会推进“五小”竞赛，加快“六新”突破，助力14个战略性新兴产业建设，活动覆盖企业1460家，参与职工32万余人次，选树示范企事业单位120个，创建省级、市级职工（劳模）创新工作室和传统工艺（手艺）大师工作室26个；各级工会组织收集“五小六化”成果项目10大类9865个，其中，获得专利项目263个，上报省总优秀项目150个，45个项目获省级奖项，全市“五小”竞赛创造经济效益3.6亿元。在霍州煤电集团筹备开展临汾市首届职工创新交流大会暨对话“平阳工匠”活动。

2022年8月9日，临汾市总工会开展“喜迎二十大 奋进新征程”全市职工演讲大赛 （市总工会供图）

【职工劳动保护】 2022年，临汾市总工会坚持以“安康杯”竞赛为抓手，发挥工会劳动保护监督检查作用，组织职工开展群众性安全生产和职业病防治工作，构筑群防群治安全防线，维护职工生命健康权。在全市1950家企业、6845个班组、49.5万名职工中开展以“强意识、查隐患、促发展、保安全”为主题的“安康杯”竞赛活动。落实各项高温季节劳动保护规定，为高温一线职工送去防暑物品，开展职业病防治法宣传、“安全生产月”和“安全生产咨询日”、煤矿井口群众安全工作站提质等活动，在企业安全生产中发挥作用。

【职工服务】 2022年，临汾市总工会开展“我为群众办实事”实践活动。坚持“春送岗位”“夏送清凉”“金秋助学”“冬送温暖”、大病互助、“妈咪小屋”、心理咨询等传统服务品牌，抓好“爱心驿站”、会员普惠、关爱女职工、“妈咪小屋”等工作。举办“会聚良缘、恋上人才”婚恋交流活动，全市200多名青年职工参加；全市建设“爱心驿站”131个，其中58个通过山西省政府民生实事项目验收，为户外劳动者提供贴心服务。响应市委、市政府关于高效统筹疫情防控和经济社会发展工作的安排部署，发挥工会组织作用，市总工会实施发放专项消费券、全额返还工会经费、开展专项送温暖活动等10项工作举措。开展专项消费券发放活动，全市共发放电子消费券2300万余元、惠及7.67万名职工，覆盖法人单位883家。实施小微企业工会经费全额返还支持政策，全市返还小微企业工会经费及建会筹备金2063.92万元，涉及4054家企业。

【发展壮大工会组织】 2022年，临汾市总工会聚焦“新技术、新业态、新模式”领域，安排实施工会组建专项行动，推进两新组织建会和“八大群体”入会工作。以开展建设模范职工之家“结对共建”活动、小微企业工会经费返还、厂务公开和职代会建制行动为手段，把“八大群体”职工吸收到工会组织中来，全年实现新组建工会组织194家，新发展会员10487人。

【激发基层工会活力】 2022年，临汾市总工会深化“夯基、规范、活力、智慧”四项行动，“夯基固本、创新提升”，健全乡镇、村（社区）和企业小三级工会建设，推动基层工会落实“三双”“四权”和“会员评家”活动，创建“六有工会”和“模范职工之家”，激发各级工会基层组织的活力。

【活动阵地建设】 2022年，临汾市总工会提高工会信息化建设能力，以“智慧工会”为载体，打造全市工会网上职工服务平台，将工会职工大讲堂、劳动技能竞赛、工资集体协商、职工医疗互助、困难帮扶、法律服务、普惠服务等多项工作实现网上办理，仅上半年开展的工会法律知识竞赛就有2万名职工参与并实名注册。全市录入职工会员40万人，下载App会员10万人。

（张　娟）

共青团临汾市委

【建团100周年系列活动】 2022年是中国共产主义青年团成立100周年，共青团临汾市委（简称团市委）组织全市团员开展“学习二十大、永远跟党走、奋进新征程”主题实践教育，全市5875个团支部、15万名团员通过主题团日活动、主题团课、实践教育等形式围绕“党的青年运动史”“庆祝建团100周年”“新时代伟大成就”“党的二十大精神”4个专题学习。团市委在市图书馆举办临汾青年运动历程展览，编纂《临汾青年运动简史》，根据征集的文献、照片、实物等资料，展示党领导下的临汾青年运动史。举办“临汾正青春、青年共奋进”主题活动，展示与临汾发展共同奋进的青年担当和青年风采，直播观看和参与人数超过32万人次。临汾市获得全国五四红旗团委1个，五四红旗团支部1个，全国优秀共青团员3名，全国优秀共青团干部2名，全国优秀少先队员2名，全国优秀少先队辅导员1名，全国优秀少先队大队集体1个。

【青年助力交通秩序环境卫生整治和文明城市创建】 2022年，团市委组织青年志愿者参与文明交通志愿服务，服务5300人次，在全社会营造“文明交通，安全出行”的浓厚氛围，进校园宣传《临汾市电动自行车管理条例》，制作发放文明标语车贴1万张。举办城市街景音乐会63场，通过凝聚“青年之家”力量。开展“青年林”植树活动，在线认捐白皮松2000余棵，300余名志愿者参与种植。与市青年志愿者协会、蚂蚁力量儿童团联合开展“关爱河湖、保护母亲河”净滩活动，小志愿者与青年志愿者300余人到汾河岸边清理垃圾，入选团中央“净滩行动”2022年度百佳案例。开展“我们一起寻找他，送上一朵小红花”学雷锋、找雷锋活动，与《临汾日报》合作推出《一个人、一群人、一座城雷锋精神在临汾》专题片，展示临汾青年志愿者形象。

【助力人才强市】 2022年，团市委与市人才办联合印发《关于在省内外高校建立“临汾市高校人才工作站”的实施办法（暂行）》，在北京大学、清华大学等高校成立首批8家高校人才工作站，依托工作站宣传临汾市人才政策，吸引临汾青年回乡发展。暑期开展“青春兴晋”大学生“返家乡”活动，发布1600余个实践岗位，2000余名大学生上岗参加实践，寒假期间“青春兴晋、临汾有我”活动被新华社报道。组织大学生通过召开组织生活会、主题团日活动，拍摄家乡宣传片等形式，学习习近平《论党的青年工作》，参观临汾市博物馆、临汾市青年运动历程展览、临汾市规划展览馆，参与政务实践、志愿服务、社区服务等。在临汾高铁站开展送温暖活动，发放《致临汾籍返乡青年的一封信》，建立青年人才交流群，介绍临汾人才政策和发展前景，培育青年爱家乡情怀。

【青春助力临汾全方位推动高质量发展】 2022年，团市委开展“夜沙龙”活动，支持助企纾困工作，收集问题诉求22条，邀请相关部门23家，回应创业青年关切的问题，为创业青年提供政策支持。开展“转型蹚新路青联争先锋”青联委员走基层活动，举办青联委员助力临汾转型高质量发展项目对接会，通过专题培训、论坛分享、考察交流等方式，提供交流对接渠道。团市委参与乡村振兴，深化“双争双兴”工程，以培育和服务青年人才和青年组织为抓手，围绕产业、人才、文化、生态、组织五大振兴，开展农村青年促进就业、技能培训500多人次，选树郭朋朋等为农村青年创业典型，深化“童心港湾”农村青少年助学助困工程。

【青少年发展政策体系完善】 2022年，团市委以落实青年发展规划为牵引，聚焦解决青年民生实事，把青年发展制度优势转化为青年工作效能。由团市委牵头起草，市委、市政府出台《关于贯彻落实〈山西省青少年发展规划（2021—2025年）〉的目标任务分工方案》，召开2022年度临汾市青少年工作联席会议安排部署。《方案》聚焦当前全市青少年成长发展迫切需要的核心领域和关键，确定青少年思想道德、青少年教育、青少年健康、青年婚恋、青年就业创业、青少年文化、青少年社会融入与社会参与、维护青少年合法权益、预防青少年违法犯罪、青少年社会保障等领域的38项举措。针对青少年发展的重点诉求，提出“青·思”“青·才”“青·康”“青·恋”“青·创”“青·承”“青·融”“青·护”“青·安”“青·助”10项重点工程。

【青年创新创业】 2022年，团市委联合临汾市中小微企业发展中心、临汾经济开发区管理委员会举办第九届“创青春”临汾青年创新创业大赛，来自全市的60多名企业、选手代表参赛。大赛评选出10个优秀项目进入省赛，在省赛取得1个三等奖、1个优秀奖的成绩。与临汾日报社联合推出“青年创业故事汇”专栏，推出创业青年专题报道20余期，展示临汾青年投身转型发展的青春担当。

【新兴领域青年发展服务】 2022年，团市委提升新兴领域青年的幸福感、获得感和归属感。与市邮政管理局合作，成立临汾市快递行业团工委，下设8个快递公司团支部，建立起服务快递行业青年的团组织，开展快递青年服务月活动。加强青年社会组织建设，临汾17个县（市、区）成立志愿服务类、文艺体育类、创业就业类的青年社团。不摸查联系新兴领域青年、青年社会组织负责人、青少年事务社工等底数，通过“千联万聚常引”项目方案分级分类推动完善骨干人才队伍建设，联系新兴领域青年100人，青年社会组织负责人100人，青少年事务社工100人。

【青少年权益维护综合服务】 2022年，团市委召开预青专项组会议，依托“12355”青少年服务热线建设，发挥青少年事务社会工作专业人才和社会工作服务机构作用，对重点青少年群体提供维权法律、心理健康、青年成长发展等方面服务，实现线上、线下咨询对接工作，全年接听热线357次，提供合适成年人到场，涉罪未成年人社会调查，涉罪未成年人帮教、矫治，未成年被害人救助，强制亲职教育，团体辅导等服务。为涉罪未成年人提供帮教矫治服务67人；维权救助6人、合适成年人到场服务25例、亲职教育服务29人、社会调查服务157人、心理测评8人、家庭教育1人、心理疏导1人。17个县（市、区）和市直学校推广“守护青春”法治广播；在禁毒日期间开展“珍爱生命拒绝毒品”宣传活动，开展“青少年权益维护巡回讲堂”。

【团市委换届】 2022年9月，团市委召开共青团临汾市第四次代表大会，抓住换届契机，坚持从严标准，做好代表、委员选举工作，增强代表、委员的广泛性和代表性，配齐配强“专挂兼”相结合的团干部队伍，为团市委充实新鲜血液。落实“一专一站两联”工作要求，全市建设17个县域团代表联络站，构建“委员—代表—团员青年”的扁平化联系路径；规范化建设5个专门委员会，促进委员、候补委员履行职责、参与团的工作，发挥参谋咨询作用。

【基层组织建设】 2022年，团市委根据团中央、团省委改革文件要求，围绕“改革团的工作力量选用机制、改革组织设置和动员机制、改革团员发展和教育管理机制、推动地方和基层完善党的领导机制”四个方面内容和9项具体举措，出台市级改革方案。督导全市17个县（市、区）共青团基层组织改革工作，争取党委重视支持，纳入全面深化改革整体布局，出台改革实施方案。加强非公团建工作，坚持抓大带小、园区带动、行业牵动，成立临汾市快递行业团工委，临汾8家快递公司建立团支部，服务快递从业青年；153家“两新”组织完成建团并进驻“智慧团建”系统。开展“青年之家”整顿提升行动，摘牌56个不符合标准的“青年之家”，新建36个“青年之家”，推动乡镇街道“青年之家”覆盖率95%以上。

【“智慧团建”】 2022年，团市委依托“智慧团建”系统规范化管理团员。团市委严格入团政治标准和先进性要求，坚持总量控制，注重县区统筹，强化编号管理，提高团员发展质量。全市新发展团员8715人，实行一人一编号管理，同步建立纸质档案和电子档案，年度团员编号使用率99.6%，位列山西省第一。加强团员政治教育和日常管理，解决好“团队衔接”“学社衔接”“党团衔接”问题，保持毕业学生团员组织关系“学社衔接”率在98%以上，提升“智慧团建”各项数据水平。

【团干部队伍管理】 2022年，团市委做好团干部培训，完成团中央、团省委的团干部调训任务，加强团干部培训体系建设，用好省团校临汾国防教育学院等资源，为团干部培训教育整合资源、打造阵地。制定出台《临汾市团县委书记年度履职考核办法（试行）》《临汾市基层团组织书记述职评议考核暂行办法》，开展2022年度县级团委书记述职评议考核工作，开展监督检查。

【少先队工作】 2022年，团市委开展“学习二十大、争做好队员”红领巾“云”争章活动，推动小学实现分批入队；“学习二十大争做好队员”主题教育；开展“红领巾讲解员”活动，全市11万名少先队员注册；开展2022年临汾市少年儿童暑期社会实践营4期，组织近300名少先队员走进尧庙、污水处理公司等10个校外实践教育基地；在霍州市建设少先队实践教育基地，实现“少先队校外实践地图”全覆盖；加强少先队辅导员队伍的政治素质和履职能力建设，举办临汾市少先队工作培训班暨临汾市首届少先队辅导员职业技能大赛；完善少先队组织信息数据库系统信息等工作数据。 （李亚楠）

临汾市妇女联合会

【概况】 2022年，临汾市妇女联合会（简称临汾市妇联）围绕保持和增强政治性先进性群众性，履行引领服务联系职责，团结带领妇女为全面建设社会主义现代化国家、推动临汾市实现全方位高质量发展贡献半边天力量。年初荣获中宣部、司法部、全国普法办授予的“全国依法治理创建活动先进单位”荣誉称号；临汾市尧都区刘村镇妇联被评为全国妇联系统先进集体；临汾市人民检察院、临汾市尧都区铁路东街道三元社区、临汾市翼城县里砦镇里砦初级中学校被评为全国维护妇女儿童权益先进集体；临汾市中级人民法院家事审判庭负责人田亚欣，临汾市尧都区公安局治安大队民警赵向红被评为全国维护妇女儿童权益先进个人。

【服务发展大局】 2022年，临汾市妇联与市人社局、公共就业人才服务中心联合开展临汾市2022年“春风行动”直播带岗网络招聘会——“三八”妇女节专场，全市各级妇联组织提供就业岗位数33700个，达成意向人数5100人，观看人数39000人次。联合市人社局、教育局等6部门在全市开展2022年民营企业招聘月活动，发放宣传资料6100余份，达成就业意向400余人。举办农村妇女创业就业技能示范培训班，培训妇女200名。联合中国妇女发展基金会、省妇联、北京快手科技有限公司在洪洞县举办“她力量”巾帼短视频+直播电商达人专题培训，培训人数80余人。

【思想引领】 2022年，临汾市妇联召开党组理论学习中心组（扩大）学习会议26次，发挥全市2818个村（社区）妇女之家阵地作用，带动妇联干部执委跟进学习党的创新理论最新成果，干部执委深刻领悟“两个确立”的决定性意义。以“巾帼心向党喜迎二十大”为主题，深化巾帼大宣讲，开展“跟党奋进新征程 巾帼建功新时代”群众性主题宣传教育活动500场次，开展“我奋斗·家国美”三晋巾帼先进典型故事分享会37场次，参与妇女10万人次。汾西县高寒农牧专业合作社玉露香梨基地被命名为2022年度“全国巾帼现代化农业科技示范基地”，申报2022年度全国三八红旗集体1个。制定出台《临汾市妇联关于认真学习宣传贯彻党的二十大精神的通知》，组织开展“党的二十大精神进机关”三晋巾帼大宣讲活动，发动全市1305名专兼挂妇联干部，

44438名妇联执委从不同角度解读党的二十大精神。

【家庭文明建设】 2022年，临汾市妇联获评全国最美家庭3户、全国五好家庭3户、省文明家庭4户、省绿色家庭10户、省最美军嫂5名、省最美拥军家庭4户。与市委组织部、市委宣传部、市纪委监委等8部门联合发文推进清廉家风建设。与省妇联举办“亲子共沐书香·强国复兴有我”家庭亲子阅读活动暨“读好书·助抗疫”线上活动，帮助广大家庭筑牢抗疫“心”防线。

建成中国儿童少年基金会在山西省的首个“儿童快乐家园”，服务于辖区230名留守儿童。在市人民检察院建成未成年人保护家庭教育指导中心，定期开展亲子课堂、心理疏导、家庭教育指导服务等活动。在省妇联组织的“儿童友好·明天更好”少年儿童图文创作大赛中，临汾市获奖总数占全省56%，位于全省第一。在省妇联“大国少年·未来有我”少年儿童网络文明实践活动大赛中，临汾市获奖总数占全省的66%，位于全省第一。

深化“美丽庭院”创建活动，评选500户市级“美丽庭院”示范户。以“争当好女性、争做好母亲、争创好家庭”活动为载体，开展文明交通宣传进社区活动，发放宣传资料5万余份，劝导戴头盔5000余人次，讲解典型案例300余频次，参加志愿服务1300余人次，劝阻交通违法行为3万余人次。

【妇女儿童权益保护】 2022年，临汾市妇联以“建设法治临汾·巾帼在行动”活动为载体，开展“三八”维权周、“12·4”国家宪法日、“禁毒宣传进万家”、首个“全国家庭教育宣传周”、“把爱带回家·送法到家·让孩子健康成长”儿童关爱服务、防范非法集资、电信网络诈骗等宣传活动832场次，参与妇女群众近10万人次。联合市委政法委、市中级人民法院等5家单位印发《临汾市婚姻家庭矛盾纠纷“五色”分级预警处置工作方案》，出台《关于进一步加强婚姻家庭纠纷预防化解工作的意见》，联动市中院建立妇女儿童权益保护工作站，联合市人民检察院开展“关注困难妇女群体，加强专项司法救助”活动，在各县（市、区）建立婚姻家庭调解委员会，开展婚姻家庭领域风险隐患大排查、大起底、大化解专项行动，全市摸排重点家庭37117户，涉及妇女儿童49274人，其中智力障碍妇女3285人、精神疾病妇女2451人、其他困境妇女5104人，困境儿童1601人，排查化解婚姻家庭矛盾纠纷250余起。为前期缴纳100元保费，获得理赔的2名妇女每人发放10万元理赔金。为29名符合救助条件的“两癌”低收入妇女申请救助金29万元。为55名困难妇女发放省妇联“晋姐暖心·与你同行”健康公益项目救助金5.5万元。为108个受灾家庭发放省妇基会“三晋抗洪·灾后重建”公益项目救助金10.8万元。为9名困境妇女儿童发放省妇联困境妇女儿童救助金3000元。为19名困难妇女发放省妇基会“紫气东来·幸福启航”公益项目救助金3.8万元。为480名家政一线女农民工送上粗布床单等慰问品。联合市卫健委、市妇幼保健院儿童医院开展“关爱母亲健康”子宫肌瘤免费治疗100例公益活动。联合市中心医院开展儿童先天性心脏病免费救治活动。争取省妇基会价值150万元的李宁牌救灾衣物。

【基层妇联改革】 2022年，临汾市机关、企事业单位妇女组织820个，“四新”领域妇女组织598个，团体会员67个，妇女小组7829个，构建“上面千条线、下面一张网、身边一个家”的基层妇联组织建设格局。下发《临汾市妇联第三届执行委员会工作规则》和《临汾市妇联执委项目领办机制实施方案》，对“破难行动”试点县曲沃县、浮山县、翼城县、蒲县、侯马市的10个“妇女之家”按照“七有”标准进行升级打造，组建市、县两级巾帼志愿服务团18个，以家庭、社区为重点开展公益服务，包括扶老助残、抢险救灾、法律援助、心理服务、社区服务等类别，更好地服务社会、服务妇女儿童。落实《2020—2024年临汾市妇联干部教育培训规划》，推动实施“基层妇联‘领头雁’培训计划”，实现市、县、乡、村四级妇联干部培训全覆盖。按照省妇女儿童专项资金项目实施要求，举办基层妇联执委示范培训班9期，培训执委500余人。

临汾市科学技术协会

【概况】 2022年，临汾市科学技术协会（简称临汾市科协）发挥桥梁纽带作用，履行“四服务”职责，统筹推进“5×3”工作矩阵，团结带领科技工作者，各项事业取得新进步。被中国科协评为“全国科普日优秀组织单位”；被中国科协青少年科技中心评为“科学调查体验活动优秀组织单位”；被国家机关事务管理局、中共中央直属机关事务管理局、国家发改委、财政部联合授予“节约型机关”称号；被省科协、省科技厅、省人社厅、省总工会、省工商联评为“2022年中国创新方法大赛优秀组织单位”；被省农业农村厅、省总工会、省科协、中国农业银行山西省分行授予“农行杯第六届三晋新农人创业创新竞赛优秀组织奖”；被省科协评为“第十七届山西省宋庆龄少年儿童发明奖优秀组织单位”。被中国科协青少年科技中心、中国青少年科技辅导员协会确定为“科创筑梦助力双减试点城市”；被省科协设立为“山西省科协科技创新智库试点”。

2022年，临汾市科协、翼城县科协被中科协评为全国科普日活动优秀组织单位；吉县科协全国科普日青年科学家精神宣传活动、浮山县科协全国科普日食品安全“三进”活动，被中科协评为“全国科普日优秀特色活动”。

【科普活动】 2022年，临汾市科协搭建青少年活动平台，组织开展第37届临汾市青少年科技创新大赛、临汾市青少年科学素养网络竞赛、第二届家庭实验挑战赛等活动。组织全市青少年参加宋庆龄少年儿童发明奖、青少年高校科学营线上活动；强化主题科普，联合相关部门线上线下举办“全国科普日”“气象日”“环保日”“抗癌宣传周”“爱眼日”等活动。做强科普品牌，“科普直播”“科普小视频”“科普讲堂”等品牌科普活动受众数十万人次。丰富科普供给，举办流动科技馆巡展活动；开展健康科普讲解员大赛、家庭实验挑战赛等。创新学会科普，制作科普小视频，举办“科普小讲堂”，在临汾科协微信公众号、视频号、“临汾科普”抖音平台等线上媒体发布，总播放量2.7万次。

【科技工作者服务与宣传】 2022年，临汾市科协召开临汾市科学技术协会第一次代表大会，出台《临汾市科协领导干部联系科技工作者制度》，市科协领导班子分组带队到县（市、区）和市属学会，走访、慰问医院、园区企业、基层农技协的优秀科技工作者和临汾市科协“一大”代表，召开座谈会30余次，参加座谈会的各行各业科技工作者500余人次，收集各类意见、建议和问题总计32项。

组织开展“中国科学家精神进企业”专题宣讲报告会，来自山焦集团相关技术人员100余人聆听报告；组织开展“中国科学家精神进校园”专题宣讲报告会，联动全市各中小学校近万名学生参加；联合市委宣传部等单位，组织社会各界群众观看以讴歌全国科技工作者为题材的电影《谷魂》；组织全市中小学生在线观看“天宫课堂”，为5所农村中学争取到线下资源包，871名同学参加线下活动；开展题为“喜迎二十大，讲好科学家故事”线上演讲活动，全市有300余名学生参加。开展“临汾最美科技工作者”网络投票点赞活动，有213万余次访问量，72万总票数；在临汾广播电视台举办“2022年临汾最美科技工作者”发布仪式，临汾TV和临汾科协抖音号进行直播，临汾电视台进行转播；制作“全国科技工作者日”主题活动宣传片和“十佳最美科技工作者”宣传片，在临汾TV、临汾市科协微信公众号广泛宣传；在市区电子大屏滚动宣传“全国科技工作者日”；《临汾日报》对“全国科技工作者日”系列活动和2022年度临汾市“十佳最美科技工作者”进行专题宣传报道。

【全民科学素质工作】 2022年，临汾市科协履行全民科学素质工作领导小组办公室职责，出台《临汾

2022年，临汾市开展第八届青少年机器人竞赛
（市科协供图）

市全民科学素质行动规划纲要（2021—2025年）》，明确各部门任务职责；出台2022年全民科学素质工作要点，细化工作措施；召开临汾市2022年全民科学素质工作会议，对全年工作进行安排部署；组织动员各行各业踊跃参加山西省全民科学素质竞赛答题，全市参与答题55万余人次，参赛4.5万余人。开展全市全民科学素质工作大讲堂暨联络员培训会，100余人参加。通过不同层次、不同方面的培训，推动全市科协基层组织、科普工作者履职能力提升。推动形成“党委领导、政府推动、全民参与、社会协同、开放合作”的工作格局。

【全域科普】 2022年，临汾市科协在蒲县创新举办全国科普场景科普创新试点实践活动，集聚省级农业、医疗、生态等方面数十名专家分赴社区、协会、基地开展订单式科普讲座、技术服务等。继2021年蒲县成为全省唯一创建成功的“2021—2025年度第一批全国科普示范县”后，翼城县、襄汾县、霍州市创建“2021—2025年度第二批全国科普示范县”，临汾市创建名列山西省第一，构筑起全领域行动、全地域覆盖、全媒体传播、全民参与共享的全域科普工作新格局。

【基层科普服务】 2022年，临汾市科协围绕教育、安全、健康等需求，开展科普服务。邀请省、市有关专家在曲沃里村科普惠农中心服务站开展农业实用技术培训，向生猪养殖户和小麦种植户发放科普图书300余册；邀请市心理卫生协会、市心理咨询师协会、市心理学会专家在段店乡、金殿镇、一平垣乡、武警临汾支队执勤五大队襄汾中队，从提升人际关系与沟通能力的角度举办四场心理健康讲座；联动市护理学会、市医学会、市抗癌协会开展四场线上健康知识科普宣讲；在刘村镇高堆村鸿都龙敬老院开展“科普迎盛会爱心暖重阳”科普志愿服务活动，为院内的老年朋友送慰问品、健康知识科普图书及义务诊疗服务；联合爱尔眼科在水塔社区古城公园、路东街道办卫生服务中心、刘村镇敬老院开展全眼健康科普活动；在古县南垣乡开展科普进农村活动，向村民发放气象宣传资料，赠送农技书籍，开展气象咨询。2022年，全市有8个社区获“山西省优秀科普示范社区”称号，有6个科普惠农中心服务站被评为星级服务站。开展临汾市科普助力乡村振兴培训会，各县（市、区）科协负责人，部分基层科协“三长”、科普信息员、农技员和科普惠农中心服务站、乡村e站信息员及各类基层科普组织负责人80余人参加培训；开展第八届临汾市青少年机器人竞赛科技教师培训会，全市10余个县（市、区）300余名科技教师参加。

【技术对接服务】 2022年，临汾市科协邀请山西省金属学会、山西大学、山西工程技术学院等10余名专家前往“科创中国”山西试点城市（园区）侯马开发区、曲沃县开展入企服务对接活动。多次到山西建邦集团、山西汤荣机械制造股份有限公司、山西东鑫衡隆机械制造股份有限公司、山西晋南钢铁集团焦化厂、智创城、通才工贸有限公司轧钢Midia生产线等重点企业，通过实地察看、听取汇报、现场问询等方式，与一线技术人员进行充分交流，了解企业在技术改造升级、能耗双控、节能减排、减污降碳增效等方面所采取措施，对企业生产和发展过程中存在的问题进行梳理，指出解决路径，建立长期交流合作方式，拓展企业在人才引进、技术攻关、数字与经济融合等方面的发展渠道。对接与举荐，组织企业参加“2022年中国创新方法大赛”、全省“金桥工程”优秀企业项目评选活动、2022年全国大众创业万众创新“创响山西”系列推选活动、“农行杯第六届三晋新农人”创业创新竞赛，一批新技术、新产品被推向市场。

【学会学术交流】 2022年，临汾市科协邀请专家为市心理卫生协会开展NLP心理实操技术专题讲学，助推协会心理服务品牌建设。理论知识与现实咨询工作相结合，在临汾市心理咨询师协会开展个案实操观摩演练、OH卡实操培训，提升学会成员工作技能；以临汾市护理学会为载体开展康复护理专科护士临床实践培训，促进学会成员交流协作，推动区域护理事业繁荣和卫生健康事业发展。

【科技智库试点建设】 2022年，临汾市科协经省科协批准同意，被设为山西省科协科技创新智库试点。为做好智库“试点”工作，在全省第一个制定《临汾科技智库建设实施方案》，构建临科智库联盟、临科智库基地和全国科技工作者状况调查站点三个工作体系。完善《临汾科协科技工作者状况调查站点管理暂行办法》《临汾科技智库管理办法》《临汾市科技智库专家管理办法》，组织选聘临汾科技智库专家搭建临科智库网络平台。

【科技工作者站点调查】 2022年，临汾市科协被中科协列为全国科技工作者站点。按照站点管理要求，完成问卷调查工作；密切联系，了解科技工作者思想、工作、学习、生活状况和现实需求；督促、征集科技工作者的意见，报送征集信息。 （李 莹）

临汾市归国华侨联合会

【思想政治引领】 2022年，临汾市归国华侨联合会（简称临汾市侨联）把抓好侨界群众思想政治引领作为侨联工作的首要职责，组织侨界广大党员干部群众学习宣传贯彻落实。发动市县两级侨联、基层组织，动员侨联干部、归侨侨眷、海外侨胞学习领会全会精神。在市侨联微信公众号开设“总书记的足迹”“习近平系列讲话”“追梦中华”“有侨精彩”等专栏，引导侨界群众坚定不移听党话、跟党走。市侨联一届三次全委会在霍州市召开，组织带领县（市、区）委统战部分管侨联工作的副部长、侨联主席，市侨联一届委员会委员、市侨联界别政协委员、市侨联所属社团组织负责人近50人赴冯南垣村接受教育。参加市委统战部举办的“百年统战同见证·凝心聚力谱新篇”书画作品展，选送作品12幅。其中，《天下无事百姓喜，四方安宁万事兴》荣获二等奖，《同心同德，同向同行》荣获优秀奖。

【经济发展服务】 2022年，通过下发文件、会议宣布、颁发牌匾，临汾市侨联把2021年开展助力乡村振兴征集宣传推介的13种“特色侨产品”，命名为“临汾市特色侨产品”，扩大“特色侨产品”的影响力并提高产销量。协助省侨联，推动山西农业大学实习实训基地、山西农业大学专家工作e站在侯马旺龙药业集团建立，助推校企合作，为大学生创新创业提供了实践平台，为旺龙药业集团发展提供人才智力支撑。在市侨联和乡宁县侨联推动下，10月2—5日，香港亚洲青年协会创会及首席会长、云南省政协港区委员、香港广昌隆集团董事长黄喜润一行12名香港、深圳企业家到乡宁县参观考察，与乡宁县企业家座谈交流，建立临汾市与香港、深圳经济互通、文化交流的桥梁和纽带。

【侨胞权益维护】 2022年，临汾市侨联坚持“以人为本、为侨服务”作为侨联工作的出发点和落脚点。元旦、春节期间走访慰问侨胞105人，发放慰问金7万余元；中秋节、“七一”等节日期间，走访慰问市侨联老领导、海外知名侨胞的国内亲属等。争取到山西省华侨公益基金会的资金支持，用于救助全市受灾困难侨界群众，制定下发《临汾市侨联救灾款项发放方案》，向27户受灾群众发放27661元救助款。了解收集侨界群众需求，解决侨界群众“急难愁盼”问题，增强侨界群众的获得感、幸福感、安全感。缅甸归侨李友棋夫妻二人长期瘫痪在床，其子多年失联，在临汾没有其他亲属。李友棋病重期间，邀请市人民医院医护人员上门检查会诊，在他去世后，帮助处理其身后事宜，收到其远在广州无法返临胞妹邮寄的感谢信。按照市退役军人事务局、市财政局要求，派专人联系、查阅档案，为李友棋家属办理一次性抚恤金、丧葬费、退休人员基础性绩效等事宜。应对疫情防控面临的新形势新任务新要求，保障侨界群众生命安全和身体健康，争取到省侨联的支持。在2023年元旦、春节来临之际，向侨界群众发放每份价值300元的“侨爱心·健康包”80份。开展“八五”普法宣传，制定《临汾市侨联关于在全市归侨侨眷中开展法治宣传教育的第八个五年规划》。开展法律宣传活动，在市侨联微信公众号开设涉侨法规专栏，提升侨界群众尊法学法守法用法的自觉性和主动性。落实《关于加快推进涉侨纠纷在线诉调对接工作的实施意见》精神，加强与中院联系合作，对全市各级侨联维权工作进行指导，确保市县两级18家侨联全部完成调解组织登录、调解员录入。

【海外联谊】 2022年，临汾市侨联加强与海（境）外侨（社）团的联系和联络，拓展海外联谊。在刚果（布）、新加坡、泰国、西班牙等国建立海外联系点4个。刚果（布）联系点，依托洪洞籍企业家李安平创办的天成国际有限公司建立，利用天成国际海外发展平台，加强与刚果（布）以及西非国家的经贸合作与文化交流；新加坡、泰国联系点，依托东南亚华侨华人建立，宣传临汾故事、“临汾优选”产品；西班牙联系点，依托宁波籍华侨赵乃华建立，宣传推介临汾非遗产品，临汾市推荐的太平绣球参展2023年“第十一届墨西哥中国投资贸易交易会”，常年在西班牙展示销售。组织临汾籍海外华裔少年儿童参加中国侨联举办的“亲情中华·童心欢畅——中国侨联请海外华裔少年儿童看电影”活动，将中华文化传播给全世界少年儿童，播撒友谊种子，促进心灵相通；为回乡省亲的临汾籍华侨、加拿大多伦多山西同乡会会长韩加良拍摄“根在临汾，回家真好”短视频，引起了海外华侨共鸣，在中国侨联“追梦中华·奋进新征程·喜迎二十大”华侨华人短视频大赛中荣获优秀作品奖，市侨联被省侨联授予优秀组织奖；向中国侨联“亲情中华·为你讲故事”网上营故事库选送故事提纲、故事内容15篇；命名首批23家“临汾市华侨文化交流基地”，在市侨联微信公众号开设“临汾市华侨文化交流基地”展示专栏，逐一进行推送宣传。开展“侨心永向党·喜迎二十大”专访侨界人士活动，专访文章在《临汾日报》、侨联微信公众号推送，宣传临汾市归侨侨眷代表人物热爱家乡，忠于祖国，对外宣传中国伟大变革，弘扬中华文化的事迹。

【建言献策】 2022年，临汾市侨联发挥市侨界参政议政作用，侨联界别市政协委员在市政协五届一次会议上，积极履职、建言献策，提交书面议政发言材料4份，撰写提案8份。到临汾宜正恒商贸有限公司、山西忠恒生物科技有限公司、山西融鼎能源有限公司、霍州市名都精品酒店、山西华天基纸业有限公司、山西中升钢铁有限公司、戎子酒庄等涉侨企业调研，向省侨联提交《疫情形势下侨企侨商生产经营中的困难与对策建议》，从倾力帮扶侨企侨商纾困解难、做优做强，侨企侨商生产经营中的困难与对策建议，发挥领导干部助力纾困作用等方面提出建议。

【自身建设】 2022年，临汾市侨联为侯马市侨联争取省侨联1万元“侨胞之家”规范化建设项目经费，用于修建一个500余平方米，集羽毛球、乒乓球、瑜伽、跑步机、动感单车等多项健身场所于一体，可容纳200余人的综合性健身文化活动场所，被确定为全国侨联系统“侨胞之家”典型选树单位。为尧都区、霍州市、洪洞县、浮山县、古县、乡宁县、蒲县7个县（市、区）侨联分别争取省侨联1万元基层组织建设项目经费，支持和保障县（市、区）侨联开展日常工作。3次组织全市侨联干部80余人，参加山西省侨联举办的全省助力全方位高质量发展培训班、中国侨联学习宣传贯彻党的二十大精神干部培训班暨第二十六期干部培训班、第十期青年干部培训班（线上）、山西省基层侨联干部学习贯彻党的二十大精神培训班（线上）学习。 （李 婷）

临汾市工商业联合会

【概况】 2022年，临汾市工商业联合会落实“政治建会、团结立会、服务兴会、改革强会”要求，开展大调研、完善工作机制、搭建沟通桥梁，为民营企业解难题、办实事。市“商会组织向新产业、新业态、新商业模式延伸覆盖，助企强企”的做法，得到省委统战部肯定。全市民营经济总量规模扩大，发展势头持续向好。2022年民营经济增加值1074亿元，按不变价格计算，同比增长2.6%，占GDP比重48.2%。山西建邦、晋南钢铁成功入围2022中国民营企业500强榜单和2022中国制造业民营企业500强榜单。山西建邦、晋南钢铁、宏源集团等11家民营企业入围2022山西省民营企业100强。晋南钢铁上榜山西省首次发布的2022山西“链主”民营企业名单。

【临汾市工商业联合会（总商会）第三次代表大会】 2022年1月29日，临汾市工商业联合会（总商会）召开第三次代表大会。市委常委、统战部部长郝忠祥出席开幕式。市各民主党派、市侨联相关负责人应邀参会，省工商联发来贺信向大会的召开表示祝贺，临汾市政协副主席、民建临汾市委会主委蔡志强代表临汾市各民主党派向大会致贺词。大会审议通过张文泉代表二届执委会所作的报告，选举产生新一届市工商联领导班子。会议选举产生新一届市工商联（总商会）领导班子。解建国当选市工商联主席、市总商会会长，乔冠峰、郑雪琳当选市工商联专职副主席、市总商会副会长。马长江、张天福等11位民营企业家当选为副主席，吉兴荣、申青林等12位民营企业家当选为总商会副会长。

【思想政治引领】 2022年，临汾市工商业联合会学习宣传贯彻中共二十大精神。组织机关干部、广大民营企业、商会组织收听收看中共二十大开幕式实况，学习习近平总书记代表第十九届中央委员会向大会所作的报告，宣传报道民营企业、商协会组织对中共二十大的热烈反响。印发《关于认真学习宣传贯彻党的二十大精神的通知》，举办全市工商联干部及年轻一代民营企业家培训班；组织机关干部、民营企业家和商协会负责人赴汾西、霍州开展“沿着领袖足迹，感悟初心使命”主题活动；在红军东征永和纪念馆开展“重温红色记忆 弘扬廉洁风尚”主题活动等。开通市工商联微信公众号，发挥宣传舆情群、政策知晓群作用，与山西新闻网建立合作机制，提升宣传工作质效。公众号设立政策宣传、市联动态、县市区动态、清廉民企、全面建设清廉临汾等工作专栏，全年刊发报道248篇，政策宣传83篇。市工商联荣获全省工商联系统2022年度宣传工作先进单位。

【建言献策】 2022年，临汾市工商业联合会组织非公有制经济代表人士参加市政府工作报告征求意见会，提出修改调整“链主”企业等重要意见建议。向省工商联、市政协上报社情民意信息，聚焦民营经济发展和民营企业家成长，反映民营企业生产生活中遇到的共性和特色问题。组织集中培训，提高界别政协委员参政议政能力。形成《临汾市打造晋陕豫黄河金三角区域中心城市研究》《临汾民营经济增量提质实现新突破》《聚焦民企关切需求助力民企解决难题》等调研报告。依托全国工商联民营企业调查系统，对临汾民营企业季度运行状况、营商环境等开展调查，填报调研问卷1000余份。市工商联获评全省工商联系统2022年度信息工作先进单位。

【亲清政商关系构建】 2022年，临汾市工商业联合会开展“大走访、大调研、大问计、解难题”活动，制订市工商联服务民企工作计划。出台《临汾市工商联服务民营企业直通车制度》，畅通民企诉求表达渠道，搭建民营企业与党委、政府沟通桥梁，助力优化全市营商环境。全年印发6期《民企之声》，建立常态化反映问题、推进服务工作机制。梳理收集到的问题困难、意见建议等，向有关部门反馈，协调推动解决。

【民营企业社会责任履行】 2022年，临汾市工商业联合会推进“万企兴万村”临汾行动。17个县（市、区）启动“万企兴万村”行动。市县两级认定35个“万企兴万村”山西行动实验项目。组织109家企业填写全国工商联“万企兴万村”系统台账，兴村项目131个。组织全市123家企业参与2021年度民营企业社会责任调研。与市人社局联合开展招聘，统计民营企业用工需求。山西华翔集团股份有限公司被评为全国和谐劳动关系创建示范企业。新冠疫情期间，民营企业家弘扬“义利兼顾、以义为先”的光彩精神，参与公益募捐、医疗支持、便民服务、物资保障等活动，保障防疫、生产、生活等物资供应，捐款捐物1000余万元。

2022年，临汾市工商业联合会在兴荣物流开展企业行——金融服务活动 （市工商业联合会供图）

【政银企沟通】 2022年，临汾市工商业联合会与市行政审批局每两个月联合召开一次企业界人士座谈会，激发市场主体活力；与省联社临汾审计中心就金融服务民营企业共创“助企富农贷”；举办企业行之兴荣物流行——金融服务活动，搭建银企交流平台，为山西兴荣、襄汾兴民林业等公司与金融部门促成贷款合作意向；与国家税务总局临汾市税务局联合举办“组合式税费支持政策解析与操作指引”线上直播课程，3000多家纳税人在线观看。

【商会建设】 2022年，临汾市河南商会、临汾市江苏商会、曲沃县剪纸协会、襄汾县电子商务协会、侯马市浙江商会5家商会组织获评全国“四好”商会。组织商协会开展互学互促活动，提高商协会建设水平。培育组建新的商会，指导成立临汾市商砼行业协会和临汾市经济开发区商会，吸收临汾市互联网协会为团体会员。建立实施所属商会考核制度并开展年度会长述职，加强所属商会党建和商会规范化建设。

【送法入企】 2022年，临汾市工商业联合会优化法治环境，强化与公检法司等部门的深度合作，开展“万所联万会”行动，构建起广地域、多层次、全覆盖的法律服务体系。在鑫锐机械、开发区商会开展“送法入企”活动；在市商砼行业协会、互联网协会开展“企业行之送法入企暨援企稳岗劳动用工专题讲座”活动。

【县级工商联组织建设】 2022年，临汾市工商业联合会建立市工商联联系县级工商联、市直商协会和民营企业工作制度，强化组织领导，把联系工作作为强化市县工商联、商协会、民营企业家沟通协调的重要方式，帮助基层解决实际困难。推进“五好”县级工商联创建工作，指导所有县（市、区）工商联完成换届。组织市县工商联开展“一个设立，五个有”、会员管理工作、乡镇街道商会建设等书面调研。市县两级工商联制定并完善市工商联企业家副主席、副会长履职评价办法，开展企业家副主席、副会长履职述职工作，增强责任意识。 （王春军）

临汾市文学艺术界联合会

【主题文艺活动】 2022年2月15日，由临汾市委宣传部、市文联主办，市书协、市妇女书法家协会、市图书馆承办的“笔歌新时代——临汾市第二届妇女书法作品展”在临汾市图书馆开展，妇女书法展展出150余幅书法作品。6月28日上午，市委宣传部、市文联联合举办的“庆七一·颂党恩”清廉文化进机关活动。6月30日下午，市委宣传部、市文联、尧都区委宣传部、尧都区文联联合举办“庆七一颂党恩”清廉文化进校园、进社区活动。活动分别在临汾五中、临纺社区开展。6月26日，市文联联合市农村集体经济发展（集团）有限公司开展“喜迎二十大·奋进新征程”村级集体经济发展短视频大赛活动。11月6日完成作品评选工作，筛选出金奖1名、银奖2名、铜奖4名、优秀奖7名，评选14部精品佳作。大赛以“农村集体经济发展壮大”为主题，打造乡村振兴临汾样板，讲好临汾故事，创作出一批“接地气、沾泥土、带露珠”的好作品，挖掘出一批“产业振兴、人才振兴、文化振兴、生态振兴、组织振兴”的好典型，涌现出一批“来自生活、反映生活”的草根网红达人。

【文艺志愿服务】 2022年，临汾市文学艺术界联合会组织文艺志愿者开展“文化进万家”送春联活动，赠送春联上万余副，为广大群众送去关怀和温暖。2月22日，组织文艺志愿者赴霍州北环办沟口村开展书法捐赠活动。捐赠90幅书法作品。5月12日，组织全市知名的书法家和美术家走进襄汾县古城镇盘道村，开展“喜迎二十大·奋进新征程”——文化进乡村活动。5月21日，组织临汾市作家协会在尧都区姑射山开展“喜迎二十大·奋进新征程”文化进基层活动。5月23日，联合临汾广播电视台、襄汾县、侯马市、浮山县、古县、安泽县、翼城县、曲沃县、隰县、吉县、汾西县等11个县（市、区）媒体平台播放“与人民同行”——纪念毛泽东同志《在延安文艺座谈会上的讲话》发表80周年特别节目。5月27日，组织知名书法家和美术家走进临汾尧都机场，开展“喜迎二十大·奋进新征程”文化下基层活动。8月3日，音协、舞协等相关协会策划参加市第十七届“喜迎二十大·奋进新征程”广场文化消夏月活动。9月3日上午，组织临汾市摄影家协会在汾河文化生态景区开展“喜迎二十大·奋进新征程”文化进景区活动。9月12日，组织市作协近30名作家、文学爱好者走进市汾河文化生态景区开展采风活动。9月26日，组织书画家、影视家走进汾河，开展“丹青绘汾河”和“抖音赞汾河”活动。11月20日，联合临汾广播电视台、侯马市、霍州市、襄汾县、洪洞县、曲沃县、翼城县、乡宁县、古县、安泽县、蒲县、吉县、大宁县、永和县、隰县、汾西县等16个县（市、区）媒体平台播放“时代风尚”——中国文艺志愿者致敬大国重器特别节目，学习宣传贯彻党的二十大精神，展现新时代新征程上的新气象、新风貌、新成就。

【文艺协会换届与人才培养】 2022年2月27日，临汾市音乐家协会第四次会员代表大会召开。大会听取临汾市音协第三届理事会工作报告，审议通过临汾市音协章程和选举办法，选举产生新一届市音乐家协会主席、副主席等。3月19日上午，临汾市摄影家协会第四次会员代表大会召开。大会听取临汾市摄影家协会第三届理事会工作报告，审议通过临汾市摄影家协会章程和选举办法，选举产生新一届市摄影家协会主席、副主席等。8月8日起，市文联组织全市文联系统工作者参加中国文联举办的网络专题培训班，深入学习贯彻中共十九届六中全会精神和习近平总书记在中国文联十一大、中国作协十大开幕式上的重要讲话精神，截至9月8日，全市文联系统106名工作者均完成此次培训。8月8—12日，市文联推选5名各县（市、区）文联负责人参加2022年度山西省文联系统干部综合素养提升培训班。11月29日至12月1日，市文联组织分管“文艺两新”的副主席、组联部和“文艺两新”骨干代表10人参加山西省文联2022年度首期“文艺两新”骨干网络培训班。

【文化交流】 2022年7月6日，临汾市书法家协会、美术家协会联合尧都区文物旅游服务中心成立“尧文化创作基地”，举行揭牌仪式。9月17—19日，“黄河风情”全国书画作品展在云丘山景区开展。书画作品展由第三届“大河论坛·黄河峰会”组委会主办，临汾市文化和旅游局、临汾市文学艺术界联合会承办，临汾画院、临汾市美术家协会、临汾市书法家协会协办。“黄河风情”书画作品展汇集24个省的243名书画作者的作品，其中书法作品142幅，国画作品101幅。9月17—19日，“大河上下”摄影展在云丘山景区开展。摄影展由第三届“大河论坛·黄河峰会”组委会主办，临汾市文化和旅游局、临汾市文学艺术界联合会承办，临汾市摄影家协会协办。展出来自北京市、河南省、陕西省、山东省、甘肃省、内蒙古自治区、青海省等省市自治区146名作者的200幅摄影作品。11月1日，市文联与市消防救援支队签署文化建设战略合作框架协议，就深化文化领域共建合作事宜达成一致意见。 （梁潇云）

临汾市残疾人联合会

【概况】 2022年，临汾市持证残疾人109705人。其中，视力残疾10429人，肢体残疾60266人，言语残疾1484人，精神残疾6740人，听力残疾13405人，智力残疾10618人，多重残疾7123人，一级、二级（重度）残疾56719人，三级、四级残疾52986人。临汾市残疾人联合会以保障残疾人基本生活为重点，加强康复、教育、就业、扶贫、维权等工作，改善残疾人平等参与社会活动的物质条件和社会环境，实现市残疾人事业在新起点上的跨越式发展。

【康复救助服务】 2022年，临汾市将康复机构设置纳入本地基本公共服务体系“十四五”规划，执行定期通报制度，每月对任务完成情况进行通报，对进展缓慢的县市进行督促、约谈，坚决做到部署到位、筛查到位、转介到位、救助到位、服务到位。落实落细康复服务任务。下发《关于做好2022年全市残疾人康复工作的通知》，明确年度六项主要工作任务，以农村低收入残疾人和重度残疾人为重点，做好残疾人康复需求的精准识别、审批确定、服务监管等工作。2022年“疑似残疾人诊断评定和残疾儿童抢救性康复救助服务项目”任务完成评定和救助7693名，完成率为109.06%。其中，为354名初筛阳性0~6周岁儿童提供残疾筛查诊断服务，完成率为155.26%；为6336名疑似残疾人提供了残疾评定服务，完成率103.87%；为1003名残疾儿童提供了人工耳蜗植入手术、肢体矫形手术、基本型辅助器具适配、康复训练等服务，完成率138.15%。全市8379名康复有需求的残疾儿童和持证残疾人，已服务8240人，康复服务率98.34%。其中，4046名有辅助器具需求的残疾人，已服务3985人，辅助器具适配率98.49%。提前达成基本康复服务率和辅助器具适配率均不低于85%的目标。

【“阳光家园计划”】 2022年，山西省残疾人联合会下达临汾市残疾人联合会“阳光家园计划”托养项目任务625人、每人4000元，资金250万元，全市残联结合当地实际，为625名残疾人提供日间照料、康复理疗、工疗、心理疏导、健康知识宣讲、个性化服务等多项服务内容。通过多样化的服务内容，达到“托养一人、幸福一家”的目的。

【残疾人社会关爱】 2022年，临汾市残疾人联合会同临汾市静态交通公司多次协商，在全市18条街道设置21处残疾人免费停车位的基础上，扩展为市区所有路段停车位全免费，市残联同静态交通公司进行签约仪式。残疾人驾驶员凭本人机动车驾驶证、中华人民共和国残疾人证免费停车，方便残疾人出行，维护残疾人合法权益；携手临汾金逸MAX影城举办临汾市“关爱残疾人同筑中国梦”观影《长津湖之水门桥》，观影残疾人200余人；聘请心理咨询老师为300多名残疾人进行心理讲座；与市司法局、法律援助中心出台“情暖三晋，关爱残疾人”实施方案，开展残疾人法律援助专项活动；邀请近道律师事务所卢慧斌等律师免费进行民法典宣讲；“文艺造型”美容美发全体员工为康复中心儿童每月免费理发；中国人寿保险公司为重度困难残疾人进行物资捐赠；九九公益日残工委成员单位为残疾人献爱心。

【特殊困难残疾人家庭走访探视】 2022年，临汾市残疾人联合会加大残疾人家庭访视力度，市残联成立3个督导帮扶组，按照“分片督导帮扶”的原则，由市残联班子成员带队，机关各科室参加，从6月中旬开始，到各县（市、区）走访入户，通过社会募捐部分物资，为每一户访视对象送去米面油等慰问品，了解特殊困难残疾人在生产生活、康复医疗、就业就学等方面的实际情况，掌握面临的突出困难和需要，协调解决残疾人家庭具体困难。2022年全市残联系统走访探视2545人。

【残疾人证上门办理】 2022年，临汾市残疾人联合会针对不少残疾人子女外出、行动不便、交通困难等问题，不能及时到定点残疾鉴定机构鉴定，影响残疾人证办理的现状，动员各县（市、区）残联主动作为，组织相关医疗人员上门服务，坚持面对面为残疾人提供鉴定,真正打通服务残疾人的“最后一公里”。全年上门为1791人办理残疾人证。

【困难残疾人实用技术培训】 2022年，临汾市残疾人联合会结合临汾市具体情况，将任务及资金下达至古县、翼城县等6个县，指导相关县选定培训对象180人，完成培训180人。根据残疾人实际需求，进行种植、养殖、电子商务等实用技术培训，使每个残疾人都能结合自身实际情况，学习到有助于自主创业、就业的实用技术。

【助残帮扶工程】 2022年，省残疾人联合会下达临汾市助残帮扶项目任务603人、资金361.8万元。任务及资金及时下达至各县（市、区），全年完成帮扶493人。发放扶持资金295.8万元，帮助农村困难残疾人家庭发展种植、养殖、加工等新产业新业态。

【残疾人机动轮椅车燃油补贴款发放】 2022年，临汾市残疾人联合会对残疾人机动车辆进行审核，为符合条件的156名残疾人发放机动轮椅车燃油补贴款，每人补助260元，通过银行转账方式发放到受助人手中。

【残疾人健身活动】 2022年，临汾市残疾人联合会围绕主题“科学防疫、康复健身；融合发展、乐享生活”开展残疾人健身周、全国特奥日等活动，8月9日在同盛实验中学艺体馆三楼场馆开展残健融合篮球友谊赛、拔河比赛、旱地冰壶比赛、飞镖比赛，以及筷子夹玻璃球、运送乒乓球趣味项目和乒乓球、羽毛球体验等系列残健融合体育活动。

【法律援助】 2022年，临汾市残疾人联合会通过建立残疾人法律救助工作协调小组、残疾人法律救助工作站等制度，畅通信访渠道，落实残疾人信访工作责任，把矛盾和问题化解在基层，消除在萌芽状态，办理日常接访、市长热线、部门信箱995例，做到件件有着落、事事有回音。全年，妥善处理残疾人来信来访来电395人次，其中“12385”残疾人服务热线提供咨询服务583人次；处理10件“12345”市长热线转办的信访问题。

【残疾人文体活动】 2022年，临汾市残疾人联合会组织参加省残联“展示残疾人艺术才华，喜迎党的

2022年8月，第七届中国残疾人冰雪运动季活动暨临汾市残疾人旱地冰壶比赛在同盛实验中学艺体馆召开 （市残疾人联合会供图）

二十大”为主题的残疾人书法绘画摄影手工艺品作品展，选送作品17件，其中书法作品7件、绘画作品4件、摄影作品6件。参加2020—2021年度山西省残疾人事业好新闻评选活动。作品获得一等奖1件、二等奖1件、三等奖2件，展示出2020年以来各级新闻媒体在宣传报道临汾市残疾人事业方面的优秀作品。组队参加山西省第十二届残疾人运动会旱地冰壶比赛，轮椅组获得了全省第三名的好成绩，团体荣获体育道德风尚奖。

【残疾人助学工作】 2022年，临汾市残疾人联合会完成省级助学项目79人，补助资金39.5万元。加大困难残疾人家庭子女及残疾人大学生资助力度，在实施好省级助学项目的基础上，市残联自筹资金24.1万元，对79名困难残疾人家庭子女及残疾人大学生进行资助，帮助他们完成学业。

【残疾人就业培训】 2022年，临汾市残疾人联合会帮助残疾人掌握一技之长，提高残疾人就业能力，市本级开展培训11期，对366名残疾人开展免费职业技能培训。其中，足疗及修脚1期36人、手工制作工艺品1期19人、小儿推拿2期67人、保健按摩2期90人、电子商务1期53人、家政服务1期26人、计算机操作员1期17人、电商直播1期35人、摄影1期23人、职业技能竞赛赛前集训7人。组织20名残疾人参加山西省第七届残疾人职业技能竞赛，承办陶艺、美发两个项目的比赛。通过赛前集训，临汾市荣获美甲第一名、第二名，陶艺第二名、第三名，3D打印第三名，美发第三名，网络信息安全第三名，盲人保健按摩第四名，男女装制作第四名，摄影第五名，海报设计第五名，中式面点第六名，无人机第五名、第六名。临汾市获得团体优胜奖。

【残疾人投保人身意外伤害保险】 2022年，临汾市残疾人联合会完善残疾人社会保障体系，提高残疾人抵御意外风险能力，筹集资金241.1万元，为全市53575名就业年龄段残疾人投保人身意外伤害保险，全市精心组织，全面摸清底数，确保符合条件的残疾人应保尽保，真正把实事办好、好事办实。

【最美残疾人宣传】 2022年，临汾市残疾人联合会在第三十二个国际助残日到来之际，将“临汾最美残疾人”事迹图片整理成展板、画册形式，进校园、进机关、进图书馆展出。通过组织推荐、深入挖掘事迹、严格遴选报送、社会投票评价、组织综合评审等程序，3名优秀残疾人代表李抒颖、郭鹏鹏、周娟入选“山西最美残疾人”。

（市残疾人联合会供稿）

临汾市红十字会

【县级红十字会工作体制完善】 2022年，临汾市17个县（市、区）红十字会配备专职副会长，管理体制全部理顺，县级红十字会理顺率100%。组织县（市、区）红十字专职人员参加国家、省红十字会组织的各种业务知识线上培训，提升专职人员的能力和水平，为红十字工作的开展奠定基础，确保市县两级红十字工作制度化、规范化高质量发展。

【应急知识普及】 2022年，临汾市承担应急救护员培训任务2000人次，普及任务10000人次。从3月开始，红十字会组织各县（市、区）红十字会及相关工作人员和救护培训专业人士，在全市范围内对学校、公安、景区、机关、企业等部门进行红十字救护员的培训和急救知识普及，每到一处都详细讲解，认真示范胸外按压和人工呼吸等相关的急救知识和技能。培训红十字救护员6942人，普及培训17646人，超额完成培训任务，为助力“健康临汾”建设，保护人民群众的生命健康做出贡献。在中国红十字总会组织的红十字生命教育防灾避险知识竞赛活动中，临汾市红十字会荣获组织三等奖。

【人体骨髓造血干细胞捐献采集入库】 2022年，临汾市红十字会印制捐献骨髓造血干细胞宣传折页3万份，结合“5·8”世界红十字日、“6·14”世界献血者日活动，在临汾繁华地段宣传发放。在市中心血站配合下，完成骨髓造血干细胞血样的采集、入库316人份，安全送达太原市中心血站，完成目标任务。

【人体自动体外除颤仪（AED）安装使用】 2022年，山西省红十字会确定临汾市AED配置点共69台。其中，旅游景区4台，社区街道3台，交通枢纽4台，学校46台，公共场所4台，公安系统1台，机关事业单位7台。完成69个AED配置点的安装投入使用，组织相关工作人员和救护培训专业人士，分期、分批对69个单位的有关人员进行专题培训，11月上旬对2022年省政府民生实事项目AED配置情况进行现场验收，确保在关键时刻能够发挥“救命神器”的作用，为人民群众的生命健康保驾护航。

【无偿献血】 2022年，临汾市红十字会开展宣传、动员工作，印制宣传折页，通过各种活动开展宣传，全年献血32140人次，献血量12.4吨，捐献单采血小板13190人次，采集25327个治疗量。连续25年自愿无偿献血占临床用血比例达100%，是全国无偿献血先进城市。

【主题宣传活动】 2022年，临汾市红十字会以“关爱生命、救在身边”为主题，开展“5·8”世界红十字日活动，通过电子屏播放、悬挂宣传横幅、摆放展览版面、发放宣传单、设立咨询点等多种方式，对救灾、救助、救护，无偿献血宣传与推动、造血干细胞捐献、人体器官（遗体）捐献等相关知识进行宣传普及，发放《中华人民共和国红十字法》、献血法、造血干细胞捐献、预防艾滋病防治知识、人体器官捐献知识等宣传资料5万余份，纪念品2000余份，普及心肺复苏应急救护知识1000余人次。“6·14”世界献血者日活动，以网络平台为载体，通过网络报名，线下捐献的形式开展宣传动员活动，推动、促进无偿献血工作，年献血量达到12吨以上，保障全市临床用血。“9·10”世界急救日活动，以“终身学急救，救护伴我行”为主题，开展急救知识普及讲座、应急救护技能培训、进机关进社区进校园主题宣传。

【遗体、人体器官、组织捐献】 2022年，临汾市红十字会加大人体器官、组织捐献的宣传力度，印制、发放3万余份器官捐献宣传折页。通过微信公众号“中国人体器官捐献”，报名捐献遗体器官的130人，完成实体器官捐献11例。

【白血病、先心病筛查救助】 2022年，临汾市红十字会开展白血病、先天性心脏病等疾病的筛查、登记、申报、救助工作，服务0~18周岁和0~14周岁的儿童。加大宣传力度，扩大知晓群体，筛选、筛查，登记、申报。全年筛查、筛送白血病儿童41人、先心病儿童8人。审核通过白血病资料37份，先心病资料6份。救助符合条件的白血病儿童29名，救助金额92万元。救助先心病儿童1名，救助金额3万元。 （宁建荣　张红斌）

法 治

政法委及综治

【坚持党的绝对领导】 2022年，临汾市委政法委举办政法系统中共二十大精神宣讲报告会，分层分级分类组织政治轮训，掀起学习宣传贯彻热潮。开展贯彻落实《中国共产党政法工作条例》调研座谈、专项督查，对18个县级政法单位开展政治督察。彻底肃清流毒影响，消除政治隐患。实现基层法庭、检察室党支部或党小组全覆盖设立，将党的绝对领导延伸到执法司法最末端，党领导政法工作的运行体系更加健全有效。

【捍卫政治安全】 2022年，临汾市委政法委围绕中共二十大维稳安保主线，落实“两工程一机制”，完成习近平总书记到霍州、汾西考察慰问等重大活动安保任务。查处非法宗教活动组织，建成山西省一流关爱中心。开展社会矛盾风险隐患大排查大起底大化解行动，成立平安法治建设新媒体协会，掌握政法意识形态工作话语权。

【优化法治营商环境】 2022年，临汾市委政法委组织开展联企服务活动，细化“三十二条”举措。推进“三晋执行利剑”行动，综合考核指标位居全省前列。建立“临汾市知识产权保护示范基地”，开通“涉企案件绿色通道”，经验做法被《山西政法动态》刊发推广。宽严相济审慎处理涉企案件，依法平等保护企业和企业家合法权益。搭建永和县黄河生态环境和文化保护检察监督平台、乡宁县云丘山检察公益诉讼生态保护实践基地，开展生态环境、资源保护领域公益诉讼和“消字号产品安全专项监督活动”，以法治智慧、法治力量助推高质量发展。

【维护社会治安秩序】 2022年，临汾市委政法委制定平安建设一票否决、一票否优清单，在法人和非法人组织中建立完善平安建设工作机制，平安临汾共建共享机制逐步完善。开展以“扫黑恶、治电诈、打盗窃、禁毒品、护民生”为重点的专项行动，常态化推进扫黑除恶斗争，依法严惩群众反映强烈的各类违法犯罪活动，打击整治养老诈骗、电信网络诈骗“百日行动”综合战果位居山西省一类，全市刑事案件、治安案件同比分别下降28.3%、10.4%。深化平安创建活动，12个县市被评为省级平安县（市）。

【司法为民服务】 2022年，临汾

2022年，民警深入辖区开展“打击整治养老诈骗”宣传活动
（市委政法委供图）

市委政法委坚持以人民为中心，建设妇女儿童权益保护工作站、亚欣法官工作室，探索完善家事审判社会化工作格局。落实“少捕慎诉慎押”刑事司法政策，依法不批捕730人、不起诉1077人。构建未成年人检察工作社会支持体系，成立18家“未成年人保护家庭教育指导中心”，市人民检察院被评为全国维护妇女儿童权益先进集体。推动“免费法律咨询和特殊群体法律援助惠民工程”，提供免费法律咨询50334人次，为8类特殊群体办理法律援助1146件，办结率110.72%。深化“一网通办”“一门通办”改革，服务群众企业979万件，办理“12345”政务服务便民热线工单1428件。

【提升社会治理效能】 2022年，临汾市委政法委推进综治中心提升年活动，推动乡镇（街道）综治中心与党群服务中心衔接，在县乡两级设置“一厅四室”，实现综治视联网互联互通。拓展“全要素网格”融合体系建设，普通网格全部设置党支部或党小组，探索建立“网格员+律师”基层社会治理法律服务机制。推广运用“企业微信政务版”，构建市域治理“一网统管”新格局，上报有效事件82.06万余件，处置率99.54%。探索“人民法庭+司法所+公安派出所+N”一庭两所、一体两翼多元的联调解纷模式，完善诉讼服务体系建设，一体落实认罪认罚从宽制度和宽严相济刑事司法政策，强化法律监督促进诉源治理，一站式诉讼服务质效、矛盾纠纷多元化解考核成绩位列全省第一方阵。大宁县、蒲县被授予“全国信访工作示范县”荣誉称号，在全省九个县中占两席。

【推动政法队伍建设】 2022年，临汾市委政法委狠抓政治轮训、“三项教育”和肃清流毒影响。落实全面建设清廉临汾重点任务，持之以恒推进全面从严管党治警。一体推进“查改治建”，分类施策、标本兼治，常态化排查整治顽瘴痼疾。加强政法干警履职保护，落实关心关爱政策，树立一大批政法英模，中院家事法官田亚欣光荣当选中共二十大代表。全年有4个集体、7名干警荣获国家级表彰，17个集体、41名干警荣获省部级表彰。举办政法领导干部、乡镇（街道）政法委员等多层次培训轮训，推动实行领导干部、业务尖子上讲台制度，提升防风险、保安全、护稳定能力，政法队伍建设展现新气象。（任弘燕）

公　安

【概况】 2022年，临汾市公安局以开展“喜迎二十大、忠诚保平安”主题实践活动为载体，集中开展夏季治安打击整治“百日行动”等专项工作，防风险、保安全、护稳定、促发展，完成党的二十大、北京“双奥”等重要节点的安保任务，完成“2201”团到临汾考察调研警卫任务，确保全市政治社会大局稳定。全市刑事案件立案数、治安案件受理数同比分别下降28.3%、10.4%，遏制近年来案件持续高发多发态势，在省委平安建设23项考核指标中，16项获评一类、6项获评二类。

【矛盾化解】 2022年，临汾市公安局开展矛盾纠纷排查化解工作，推进“枫桥式派出所”创建和“百万警进千万家”活动，推动落实属地管理责任、源头治理措施、多元化解机制，排查化解矛盾纠纷7432起，防范矛盾累积发酵。完善应急处置等机制，未发生重大群体性案事件。参与金融风险专项整治，破获经济犯罪案件219起，侦破山西省第一起留抵退税案件并在全省推进会上作典型发言。开展公安信访突出问题专项攻坚，压实首接首办责任，拓宽网上信访渠道，交办临汾市的258起信访案件、57起信访积案和梳理摸排出的152起信访事项全部化解处理到位，解决群众合理合法诉求，减存量、控增量成效显著。

【打击违法犯罪】 2022年，临汾市公安局开展以“扫黑恶、治电诈、打盗抢、禁毒品、护民生”为重点的系列专项打击行动，推进夏季治安打击整治“百日行动”，全年打掉恶势力犯罪集团（团伙）2个；现发命案全部侦破，破获25年以上命案积案5起；电诈案件发案数同比下降39.3%，破案数同比上升9.6%，被骗资金同比下降34.3%；破获“涉养老诈骗”案件91起，追赃挽损847万元；“两抢一盗”案件发案数同比下降34.5%；查处“黄赌毒”案件1106起，成功侦破省级涉毒目标案件，缴获毒品35.8公斤，受到公安部、省公安厅通报表扬；破获文物犯罪案件23起，追缴一级文物18件，48小时快侦快破全国级重点文物保护区丁村民宅文物被盗案件，受到公安部、省公安厅贺电表彰；破获“食药环假知”等民生案件228起，侦办的“12·13”制售伪劣液化石油气案，受到公安部贺电表彰、省公安厅嘉奖。

【守护公共安全】 2022年，临汾市公安局完善社会治安防控体系，强化治安要素闭环管控，加强危爆物品清查收缴，收缴枪支93支、炸药35.2吨，未发生涉枪、爆炸案事件。查处各类交通违法行为72万余起，涉及人员伤亡的道路交通事故起数、死亡人数、受伤人数、直接财产损失数同比分别下降14.87%、18.46%、12.89%、10.14%。深化“两工程一机制”建设，健全“情指行”实战化运行机制，启动情报指挥一级响应机制、社会面高等级防控和治安检查站查控勤务。

【深化公安改革】 2022年，临汾市公安局聚焦实战实效，完成“110”平台系统与“12345”热线对接，建立“一键转换，双方流转，三方通话”联动处置机制，解决非紧急警务警情占用“110”资源的难题，确保“110生命线”畅通。聚焦基层警务，33个派出所实行“一室两队”警务模式，27个派出所实行“一室一队+N个警务室”模式，其余101个派出所实行民警驻村制、巡访制、包片制等警务运行模式，释放现代警务运行机制的实战效能。聚焦法治公安，建立健全整治执法顽疾常态化机制，组织开展“一案一考评”、执法规范化建设专项巡查等，考评案件6003起，巡查警情440起、整改问题228个，因执法不规范引发的各类问题明显减少，涉警信访量持续下降。聚焦放管服效，引深“我为群众办实事”实践活动，“一网通办”“一门通办”平台服务群众、服务企业979万件，实现服务水平新提升、警民关系新改善、电子政务新发展。

【锻造过硬铁军】 2022年，临汾市公安局组织开展“警种分类型、支部创品牌”活动，加强“六型”支部建设，推动各项公安工作高标准落实。坚持新时代好干部标准，完成市局150名科级干部调整配备、696名民警职级晋升，提高选人用人公信度。坚持实战实用实效导向，部署开展“筑根基补短板、提能力促实战”实战协同训练等活动，培训民辅警4.5万余人次。坚持严的主基调不动摇，建立正风肃纪反腐和执法制约监督长效机制，查处违规违纪民辅警143人。坚持从优待警，看望慰问特困民辅警、烈士和因公牺牲民警家属2943人，发放慰问金198.3万元。2022年，全市公安机关1名民警、2名辅警献出宝贵生命，2名民警、2名辅警因公负伤，112个集体、771名民警和辅警受到市局以上表彰奖励。

【党的二十大安保工作】 2022年，临汾市公安局紧盯“五个严防、三个确保”工作目标，坚持“万无一失、一失万无”标准和“细致精致极致”作风推进安保维稳各项措施，确保党的二十大安保任务完成。紧扣市局党委决策部署，坚持“党委主责、专班负责、警种担责、督导问责”四责一体推动，成立市县两级公安机关一把手任组长的领导小组，研究制定“总体方案”和“组织领导及运转方案”，细化7个方面36项重点工作任务，设立联勤指挥部并组建7个专班，全时高效运转；启动情报指挥一级响应机制、社会面高等级防控和治安检查站查控勤务，9月26日启动一级加强勤务。紧扣夏季治安打击整治“百日行动”，依法严厉打击各类违法犯罪活动，整治突出社会治安问题，部署开展三轮次夏夜治安巡查宣防集中统一行动，执行巡逻防控“四项机制”和“1、3、5分钟”快速反应机制，实现“警情发案双下降、打击防范双提升”工作目标。深化交通事故预防“减量控大”，全市道路交通事故“四项指数”同比均下降。紧扣“外防输入、内防反弹”和“动态清零”总方针，公安机关广大民辅警立足本职、恪尽职守，战斗在疫情防控的第一线，紧急抽调组织3000名警力，投入各项防疫工作中。牵头组织，采取多部门合署办公的模式开展工作，用最短时间斩断病毒传播链条。

【公安派出所工作】 2022年5月30日，临汾市公安局召开全市公安机关加强新时代公安派出所工作暨派出所警务机制改革现场推进会，总结典型经验，观摩成熟做法，推进派出所警务体系重塑、警务流程再造，推进新时代公安派出所工作，夯实全市公安工作高质量发展的坚实基础。树立“大抓基层、大抓基础”的鲜明导向，把派出所工作置于基础性、先导性地位来抓，以落实责任制为核心改革重塑派出所警务机制，以创建“枫桥式公安派出所”为载体发展好新时代“枫桥经验”，推进12项重点攻坚任务，提高派出所工作现代化水平。深化公安部“百万民警进千万家”活动，强化行业部门信息数据比对，提升执法规范化水平，打造“警务区+网格”融合模式，提高矛盾化解、要素管控、处警办案、群众工作能力，实现“基础牢、出事少、治安好、党和人民满意”工作目标。推进重心下移，推进派出所“一室两队”“一室一队+N个警务室”警务机制改革，建立完善警种部门支援派出所机制，做实各警种组织实施方案。统筹推进警力下沉，打造“1+1+N警网融合”警务团队，落实派出所、社区民警警力配置“两个40%以上”要求。推进保障下倾，完善派出所经费保障、装备配备、基础设施建设标准，推动派出所营房、基础设施全面达标。

【禁毒“清源断流”专项行动】 2022年，临汾市公安局推进新时代禁毒人民战争，全链条打击本地制毒犯罪，防范化解涉毒风险隐患，自3月31日至年底，在全市范围内组织开展禁毒“清源断流”行动。通过“收戒清毒”行动、“平安关爱”行动、“除根”专项行动、“寄递物流禁毒”行动、“禁种铲毒”行动和“无毒”乡镇（街道）创建行动，应对疫情防控常态化下毒情形势新变化，统筹市内市外两条战线、网上网下两个战场，坚持清源与堵源并重、查缉毒品与管控制毒物品并举、减少毒品供应和萎缩毒品消费并抓，统筹各方面力量，整合各方面资源，采取超常规举措，运用最有效战法，推动新时代禁毒人民战争取得新成效。

【禁毒“清源断流”专项行动阶段性成效新闻发布会】 2022年7月8日上午9时，临汾市公安局召开禁毒“清源断流”阶段性成效新闻发布会，以实现“无毒可吸”为总目标，以“清源断流”行动为抓手，严打毒品犯罪、严管吸毒人员、严治毒品问题，推动全市禁毒工作取得显著成效，毒情形势稳中向好。呈现出污水含毒量下降、涉毒违法犯罪下降、缴获毒品量下降、社会面现有吸毒人数下降、新发现吸毒人数下降的“五降”良好态势。

强化破案攻坚。开展“利剑斩毒”“雷霆扫毒”“禁毒百日攻坚”“收戒清毒”等系列专项行动，坚持“挖根、断脉、破网”和“吸必查贩、贩必查吸”一体推进，对毒品违法犯罪展开深度打击。2021年以来，全市破获各类毒品案件744起，抓获毒品犯罪嫌疑人138人，缴获各类毒品85公斤，打掉3人以上团伙14个，查处吸毒人员646人次，强戒205人，抓捕网上涉毒逃犯15名。

强化排查管控。坚持“控新治旧”方针，围绕“挖隐性人员、管在册人员、控高危人员、清脱失人员”，开展吸毒人员“清隐”“清零”战，遏制毒品消费需求。落实“出所必接”，实现闭环管理、无缝衔接；对农村涉毒人员、脱贫涉毒人员精准管控，防止因毒致贫、返贫；收押、收戒18名病残贩毒人员、22名病残吸毒人员。全市社区戒毒、社区康复执行率持续保持在100%，复吸人员下降63.8%。

强化综合治理。坚持多方共治，重拳治理要素行业，深化易制毒物品清理整顿；联合交通局对全市大货车司机、特殊运营车辆，开展“动态清零”战，从源头上遏制“毒驾”风险隐患；与交警部门建立《“毒驾”联合查处机制》《涉毒人员驾驶证件注销机制》，实现无缝对接，吸毒成瘾人员驾驶证件注销“零遗漏”目标。

强化预防教育。适应新形势、新变化，创新“互联网+禁毒宣传”模式，注册“临汾禁毒”抖音号、微信公众号，坚持用活泼的网络形式、生动的网言网语开展“N+禁毒”捆绑式宣传。

【夏季治安打击整治“百日行动”】 2022年6月27日，临汾市公安局对夏季治安打击整治“百日行动”进行研究部署。重点打击性侵、黄赌毒、寻衅滋事、酒驾醉驾等夏季多发违法犯罪，快侦、快破严重暴力犯罪，重拳惩处诈骗老年人、侵害妇女儿童权益犯罪，常态化开展拐卖妇女儿童积案攻坚，深挖彻查聚众类案件中可能存在的黑恶问题，挂牌整治一批治安乱点，净化社会治安环境。落实巡逻防控“四项机制”和快速响应机制，强化对政治中心、繁华商圈、学校、医院、公交以及摊点聚集的早市、夜市、菜市等要害部位和人员密集场所的巡逻防控，加强定点驻巡、夜间临查检查，处置突发情况，提高见警率管事率。持续加大对经营性自建房、出租房屋、私人影院、网约房等重点场所集中排查治理力度，同步开展集中清查收缴非法枪爆物品“百日行动”，消除安全隐患。推进警网融合、警民联防，依托基层综治网格员和驻社区村庄警务力量，开展“百万警进千万家”活动，加大对家庭邻里、婚姻感情、工作矛盾、经济纠纷等易引发“民转刑”和个人极端案事件的矛盾纠纷的排查化解力度，减少恶性案件的发生。

【夏季治安打击整治“百日行动”阶段性成效新闻发布会】 2022年8月24日，临汾市公安局召开公安机关夏季治安打击整治“百日行动”阶段性成效新闻发布会，通报全市公安机关夏季治安打击整治“百日行动”主要工作举措和阶段性成效。“百日行动”以来，全市公安机关聚焦突出违法犯罪打击、社会面巡逻防控、矛盾纠纷排查化解、道路交通安全治理等五项重点工作，建立健全“1+5+N”专项行动工作机制，以“开局就是决战，起步就是冲刺”的精气神，打击整治群众反映的突出违法犯罪和治安问题。行动开展以来，全市刑事案件立案数（1534起）、治安案件受案数（2267起）同比分别下降9.5%、16.5%，刑事案件破案数（925起）、犯罪嫌疑人抓获数（1189人）同比分别上升16.7%、18.9%；侦办部、省、市督办案件58起，依法查处寻衅滋事、聚众斗殴等具有夏季特点案件38起、酒驾醉驾案件1528起，收缴枪支15支、过期未使用爆炸物品7300公斤，排查化解各类矛盾纠纷1287起，挂牌督办治安重点县区2个；部署开展夏夜治安巡查宣防集中统一行动，出动警力10万余人次，发动群防群治力量2万余人次，发放宣传资料9万余份，全市社会治安大局持续稳定向好。

【破获襄汾县全国重点文物保护单位丁村民宅文物被盗案】 2022年8月7日，襄汾县全国重点文物保护单位丁村民宅房屋龙脊和龙头被盗，临汾市、襄汾县两级公安机关抽调精干警力成立专案组，克服现场没有监控视频等不利因素，采取现场勘查、调查走访等措施，循线追踪确定2名犯罪嫌疑人身份。经过48小时连续作战，抓获犯罪嫌疑人2人，追缴全部被盗文物，带破一起涉案价值高达数十万元的名酒名茶盗窃案。

【交通事故预防】 2022年，临汾市交警支队召开调度会议43次，指导全市“减量控大”工作深入开展；坚持每月一督导，坚持一地一策问题导向，制定符合各县市开展事故预防工作的措施，推动全市工作提升。道路交通事故预防“减量控大”综合成绩省考核排名第三。全年出动警力329280人次，警车32928辆次。查处各类交通违法行为634158起，其中酒后驾驶6421起（醉驾862起、饮酒5559起）、涉牌涉证12319起、工程运输车违法1569起、国省道重点违法36773起、农村道路重点违法12464起，行政拘留60人。全年，全市公安交通管理部门处理涉及人员伤亡的道路交通事故1671起，造成333人死亡，1670人受伤，直接财产损失2031882元。与2021年同期相比，事故起数减少342起、下降16.99%，死亡人数减少87人、下降20.71%，受伤人数减少290人、下降14.8%，直接财产损失减少318254元、下降13.54%。发生一次死亡3人以上的较大道路交通事故2起，与2021年同期相比，事故起数减少1起，下降33.33%。

【城市道路“靓城提质”】 2022年，临汾市交警支队围绕服务市政府重点工程建设和市民出行畅通目标，实施严查、严管、严控“三严”措施，查究不文明交通违法行为。自主研发“交通安全在线教育小程序”，促进市区城市道路头盔使用率保持在90%以上；“小程序”技术革新获得公安部、中华全国总工会联合组织的“2022年‘智慧公安我先行’全国公安基层技术革新三等奖”；6个平交路口的交通组织分别在全省和全国推广展示；配合创建“公交都市”，市民出行更趋向于绿色环保；打造交通信号绿波带。实现机动车在城市道路行程平均时间由原7分钟缩短至4分50秒，缩短30%。

【成功破获“12·13”制售伪劣液化石油气案】 2022年，临汾市公安机关严厉打击侵犯知识产权和制售假劣商品犯罪，多警种联动作战，精心组织、缜密侦查，历时6个月循线深挖细查，开展破案攻坚，破获公安部“百日行动”挂账督办“12·13”生产、销售伪劣液化石油气案件，抓获犯罪嫌疑人24名，捣毁生产、销售窝点31处，查扣二甲醚及掺混液化石油气100吨，涉案金额4亿元，取得突出战果，消除重大公共安全隐患，捍卫人民群众生命财产安全。

【农村道路固本强基】 2022年，临汾市交警支队提出农村道路“树立一个理念、压实三级责任、利用两项动能、实施五色预警、农村四级分类”的“13254”管理模式。全年，完成对全市2112个行政村和960个社区的分类管理工作，通过“驻村辅警”实施“一台三书两通报”、三轮车管理“三个一批”等工作机制，夯实农村道路交通安全薄弱环节。农村道路交通安全分级分类管理工作被公安部交管局在全国推广。

【民生警务】 2022年，临汾市车驾管理业务部门推出“7×24小时不打烊服务超市”，全年办理机动车业务724530笔，驾驶证业务122649笔，驾驶人各科目考试530255人次。车管所通过公安部一等车管所复议验收。全年事故处理综合服务大厅垫付道路交通事故救助基金488笔，合计12042050.47

元。其中，抢救费458笔，合计1082.64万元；丧葬费30笔，合计121.56万元；追偿121笔，合计378014万元。

【重要表彰奖励】 2022年，临汾市公安局3个集体、4名个人荣膺公安部荣誉称号；6月16日，山西省全国公安系统英雄模范立功集体代表座谈会在太原召开。省委书记林武，省委副书记、省长蓝佛安会见临汾市受表彰人员。安泽县公安局荣获“全国优秀公安局”荣誉称号，临汾市看守所、尧都区公安局法制大队荣获“全国优秀公安基层单位”荣誉称号，临汾市公安局刘青荣获“全国特级优秀人民警察”荣誉称号，直属分局李岗、曲沃县公安局文波、襄汾县公安局白绍伟3人荣获“全国优秀人民警察”荣誉称号，11月26日，临汾市公安局荣获2021—2022年度公共机构能源资源节约典型案例奖。临汾市公安局在节能管理和制止餐饮浪费工作中，通过探索先进管理方法、健全闭环管理制度、精准数据分析、优化用餐选择、推行特色化服务等有力措施，展现出公共机构厉行节约新风尚。2022年，临汾市公安局技侦支队荣获公安部“2022年度全国公安基层技术革新奖三等奖”，临汾市公安局户政支队被山西省关心下一代工作委员会、山西省精神文明建设指导委员会办公室授予“山西省关心下一代工作先进集体”称号。

（岳华伟　郭艳桃　赵　敏）

检　察

【把握正确政治方向】 2022年，临汾市人民检察院聚焦干警学思践悟、履职亮点成效、基层实践创新等重点领域开展宣传。落实《中国共产党政法工作条例》，执行重大事项请示报告制度，主动向市委、市委政法委报告重要工作11次，市委书记闫晨曦对落实“一号总河长令”工作做出专门批示。夯实管党治党主体责任，开展教育整顿后续工作。开展巡视整改“回头看”工作，形成四个方面31个问题的整改方案，制定整改措施92条，完成整改任务。开展顽瘴痼疾常态化排查整治工作和“以案促改促治”专项整治工作，排查解决“三个规定”填报、涉案财物管理、省院“四大活动”落实等方面存在的问题。

【平安临汾建设】 2022年，临汾市人民检察院贯彻总体国家安全观，发挥检察职能作用，依法打击故意杀人、抢劫等危害国家安全、公共安全等犯罪行为，批捕69件81人，起诉116件164人。常态化开展扫黑除恶，起诉涉黑恶案件2件22人，依法办理全国扫黑办挂牌督办谭某某涉黑案件。落实中央、省、市关于安全生产领域工作要求，依法能动履职护航安全生产，强化案件办理质效，批捕安全生产领域犯罪案件42件47人，起诉157件180人。与市应急管理局合力推动“八号检察建议”落地见效，指导企业完善安全管理制度，共筑安全生产“防火墙”。市院第一检察部被评为平安山西建设先进集体。

【优化法治化营商环境】 2022年，临汾市人民检察院依法严厉打击破坏市场竞争秩序、侵害市场主体合法权益犯罪，批捕42件62人，起诉81件137人。加强与工商联沟通联系，延伸服务触角，在开发区、重点企业等地设立7家检察服务联络站，开展“一对一”联企服务，两级检察机关领导班子先后赴企业开展调研近200人次，倾听司法诉求，帮助解决具体问题。深化涉案企业合规改革，运用第三方监督评估机制，帮助、监督、促使企业规范经营，办理涉案企业合规案件7件，依法用足用好不起诉权，对14名涉罪民营企业家及工作人员作出不起诉决定，减少对企业正常生产经营的不利影响。

【助力保护生态文明建设】 2022年，临汾市人民检察院依法从严惩治破坏环境资源犯罪，与市公安局、市生态环境局联合开展“利剑斩污”专项行动，办理破坏环境和生态资源犯罪案件18件34人。开展生态环境和资源保护领域公益诉讼，立案289件，督促解决阻碍河道行洪垃圾近1100吨，恢复被损毁林地60余亩。融入黄河国家战略实施，制定出台《服务保障黄河流域生态保护和高质量发展实施方案》，常态化开展“携手清四乱、保护母亲河”专项活动，推动搭建永和县黄河生态环境和文化保护检察监督平台、乡宁县云丘山检察公益诉讼生态保护实践基地。“河长+检察长”工作机制日益完善。

【诉源治理】 2022年，临汾市人民检察院融入社会治理新格局，推进社会治理现代化建设，全年制发社会治理类检察建议905份，当好“法治参谋”，促进源头治理。落实“少捕慎诉慎押”刑事司法政策，依法不批捕728人、不起诉1054人，释放司法善意，修复社会关系。与公安局、法院、司法局联合出台《轻微刑事案件赔偿保证金提存制度》，引导刑事办案从单纯治罪模式向综合治理模式转变。落实“谁执法谁普法”责任制，加大执法、普法、学法、用法力度。市院8名干警入选“临汾市八五普法讲师团”。全市165名检察官担任中小学法治副校长，组织法治宣讲183场次。市人民检察院被全国妇联授予“维护妇女儿童权益先进集体”称号，市人民检察院第七检察部被省关工委评为全省关心下一代工作先进集体。

【刑事检察】　2022年，临汾市人民检察院树立“在办案中监督、在监督中办案”的理念，提前介入案件161件，监督立案453件，监督撤案300件。依法履行审判监督职责，提起抗诉28件，提出书面纠正意见52件。推进刑事执行检察工作，对减刑、假释、暂予监外执行监督92件，对监管场所提出纠正意见127件，加强财产性判项执行检察监督，提出纠正意见139件。完成两次对监狱巡回检察工作，纠正违法行为8件。探索社区矫正交叉巡回检察，监督社区矫正对象收监执行18人。

【民事行政检察】　2022年，临汾市人民检察院以实施民法典和民事诉讼监督规则为契机，将精准监督理念贯穿办案始终，办理民事裁判监督案件121件，民事审判活动违法监督57件，民事执行活动监督72件。把握行政检察监督的职责范围，完善和落实新时代行政检察工作格局，办理行政裁判监督案件5件，行政审判活动监督案件9件，行政执行活动监督案件17件，行政违法行为监督案件69件。办理行政争议实质性化解案件137件，促进案结事了人和。

【公益诉讼检察】　2022年，临汾市人民检察院以“公益诉讼守护美好生活”专项行动为抓手，抓住“4+9”办案重点，强化“四大领域”检察监督，立案办理案件1066件，发出诉前检察建议578件，回复率100%。加强与行政机关沟通，推动国有财产保护、国有土地使用权出让领域公益诉讼检察工作，合力保护好国有财产。部署开展“消字号产品安全专项监督活动”，督促召回不合规产品91种651件，形成行政监督与支持并重的新型工作模式。结合工作实际，重点关注行政机关多头管理、质效不高等问题，市县两级院共同推动尧都区土门水源地、高速路口垃圾污染治理工作，成效明显。

（黄永刚）

法　院

【概况】　2022年，临汾市中级人民法院学习宣传贯彻中共二十大精神，围绕中心，服务大局，忠实履行宪法法律赋予的职责。全市法院受理案件55737件，审执结55052件，结案率98.77%，全省排名由第8名上升到第2名。中院审判、执行、诉服综合质效全省排名由第2名上升到第1名。中院法官田亚欣光荣当选党的二十大代表，陈国鹏被最高院评为“全国优秀法官”。

【政治建设】　2022年，临汾市中级人民法院制定临汾法院贯彻落实《中国共产党政法工作条例》的3项具体制度，对重要事项、重大案件做到从政治上审核把关。把支部建在庭上、党小组建在审判团队上，抓党建、带队建、促审判。坚持从严管党治院，建设清廉法院，打造“零违纪”法院，全市法院违纪违法干警数量较上年度下降73%。制定《关于加强全市法院党的政治建设的实施意见》，推进全员政治轮训，举办“临汾法院加强政治建设专题培训班”。编写《临汾法院光影印记（1949—2022）》，制作《忠诚铸法魂》专题片。曲沃法院三晋法治文化展室被最高院评为全国法院文化建设特色项目，尧都区河西人民法庭入选最高院“打造枫桥式人民法庭服务基层社会治理”典型案例。

【特色法庭建立】　2022年，临汾市新建、改扩建人民法庭22个，17个基层法院全部实现特色法庭实质化运转。安泽唐城法庭作为山西省首家优化营商环境特色法庭，探索建立的“三级联动、四员合力、五窗共建”工作机制，被最高院《人民法院报》专版推介。吉县壶口法庭和洪洞赵城法庭率先被省高院确定为环境资源审判人民法庭。侯马服务保障商贸物流法庭、襄汾丁陶遗址保护法庭、曲沃晋国文物保护法庭等一批特色法庭实质化运行，为“三大板块”协同发展、县域经济高质量发展提供优质司法服务。

【创优法治化营商环境】　2022年，临汾市中级人民法院制定《关于进一步创优法治化营商环境促进市场主体倍增实施办法》，建立“临汾市知识产权保护示范基地”。依法审结民商事一审案件26522件、二审案件3617件。两级法院全部开通“涉企案件绿色通道”，对13223件涉企案件快立、快审、快结、快执。依法打击破坏营商环境行为，审结破坏社会主义市场经济秩序犯罪案件284件。《山西政法动态》专版刊发临汾中院创优法治化营商环境的经验做法，在全省政法系统推广。在办理临钢兼并重组、临汾煤气化公司等涉企案件中，运用执行和解、活封活扣等柔性执行方式，帮助企业摆脱发展困境，妥善解决职工安置和全市居民供气供热等民生问题。中院推动成立临汾市破产管理人协会，推进19家“僵尸企业”顺利进入司法程序，发挥破产审判“积极拯救”和“及时出清”功能，以法治方式助力企业新旧动能转换。

【依法审理涉农案件】 2022年，临汾市中级人民法院依法审结农村土地流转、林权转让和乡村产业发展等涉农案件282件。用法律手段保护隰县玉露香、吉县苹果、霍州年馍等特色产业发展。中院审理的吉县40家果农诉广西某苹果收购商买卖合同纠纷系列案，依法保护果农合法权益。隰县法院在县果业局、乡镇社区设立18个诉源治理工作站，高效审理、执行梨果纠纷诉讼案件。

【依法审理环境资源案件】 2022年，临汾市中级人民法院联合10个部门出台《关于建立环境资源行政执法与司法保护有效衔接机制的实施意见》。依法审结各类环境资源案件261件。洪洞法院依法审理的一起土壤污染案件，判决被告赔偿土壤修复损失1200余万元，刷新全市生态损害赔偿最高纪录。侯马法院判令毁林被告在原地补植林木，让受损植被得以修复，青山绿水生机再现。最高院党组成员、副院长杨临萍调研黄河流域生态环境司法保护工作，并召开全国四级法院环境资源审判工作座谈会。两级法院依法审结行政一审案件536件，二审案件279件。发布行政审判白皮书和典型案例，发出司法建议，支持依法行政。尧都区法院审理的矿产资源许可案、襄汾法院审理的工伤保险金案入选全省“行政审判十大典型案例”。

【建设平安临汾】 2022年，临汾市中级人民法院全面贯彻总体国家安全观，坚持宽严相济刑事政策，两级法院依法审结刑事一审案件2618件、二审案件401件。坚定捍卫国家政治安全，严惩宗教极端等犯罪。打击危害社会治安犯罪，依法审结故意杀人、放火、绑架等严重暴力犯罪案件644件，抢劫、盗窃、诈骗等多发性侵财犯罪案件713件。守护人民群众“钱袋子”，开展打击整治养老诈骗专项行动，依法维护受害老年人的合法权益。尧都区法院审理的以“投资收藏品”为由诈骗老年人案件，依法判处主犯14年有期徒刑。遏制网络违法犯罪多发高发势头，依法审结电信网络诈骗犯罪案件413件，判处有期徒刑以上刑罚454人。依法审结贪污、贿赂、渎职等犯罪案件259件，严惩腐败犯罪行为。常态化开展扫黑除恶斗争。依法审结一审涉黑涉恶6案81人、二审6案41人。依法宣判秦志洲涉黑案，对34人判处刑罚。依法审理全国扫黑办专项督办的谭某某涉黑案，将为害一方的“矿霸”绳之以法。排查涉法涉诉信访风险隐患，推动信访案件化解，维护社会安定。防范化解金融风险，依法审结涉金融案件4481件，严惩破坏金融管理秩序类犯罪。防范房地产领域风险，在办理涉学府熙苑房地产开发项目案件中，依法助力烂尾项目全面复工，解决406户业主的安居问题，用法治护航“保交楼、保民生、保稳定”。

【践行司法为民】 2022年，临汾市中级人民法院兑现人民群众胜诉权益，依法执结案件18828件，执行到位金额51.09亿元，执结率98.76%。开展“三晋执行利剑”集中攻坚行动，查封不动产350处，查封、扣押车辆469辆，拘传、拘留222人次，移送涉嫌拒不执行判决、裁定罪立案7人，发布失信限高8147人次，推动“五类案件”4721案全部执结。临汾法院涉党政机关执行工作受到省委政法委、省高院通报表扬，《山西法治报》头版头条专题报道。依法化解家庭矛盾3282起，家事一审案件调撤率达64.06%。中院会同妇联、共青团等单位，设立妇女儿童权益保护工作站，使其成为身心受到侵害的女性和孩子的法治“安全岛”。吸收100名心理咨询师、婚姻家庭指导师作为特邀调解员参与家事案件审理，柔性修复家庭关系，挽救婚姻危机。签发人身安全保护令8份，为家暴受害人提供法律“护身符”。发出山西省首份《家庭教育指导令》，将“家事”上升为“国事”。以曲沃法院审理的家事案件为蓝本编发的《母子的烦心事》在央视播出。坚持和发展新时代“枫桥经验”，在法院诉讼服务中心引入人民调解、行政调解、行业调解、律师调解，建立全市跨域共享的“调解专家库”。探索

“人民法庭+司法所+公安派出所+N”一庭两所、一体两翼多元的联调解纷模式，辐射带动全市90余个诉讼服务点、巡回办案点、法官工作站参与诉源治理，激活审判体系的“神经末梢”。2022年诉前成功调解案件13093件。洪洞、乡宁、隰县3家法院荣获全省“一站式”建设工作先进集体。中院审理《中华人民共和国社区矫正法》施行以来山西省首例社区矫正人员减刑案件。曲沃法院调解全省首例涉及93岁老人的赡养类公益诉讼案件。中院和17个基层法院全面落实法治副校长制度，开展“护校安园”系列普法活动。

【深化司法改革】 2022年，临汾市中级人民法院以改革化解“案多人少”矛盾，选优配强法官助理、书记员，充实审判力量。在山西省中院率先实现1名法官配备1名助理和1名书记员。落实司法责任制，制定9项制度，明确院庭长、审判团队及员额法官的权力和责任，健全办案人员的履职保障和惩戒机制，构建“员额法官审理、合议庭评议、院庭长监督、专委会把关解难、审委会讨论决定”的审判权力制约监督新模式，确保办案全流程、全要素可视可管可控，“让审理者裁判，由裁判者负责”。制定《临汾中院关于进一步推进民事案件繁简分流提高司法工作效率的指导意见（试行）》，建立“首次甄别+二次甄别+补充甄别”交互有序的繁简甄别机制，将更多案件纳入简案快审通道。全年全市法院分调裁审案件占比达到87.03%，速裁快审案件平均审理期限缩短至23.69天。其中，涉企民事案件平均调解时长缩短至13天，调解成功率达到69.81%。推行网上立案、云端庭审、隔空调解、掌上执行等互联网办案新模式，让信息多跑路、群众少跑腿。全市法院网上办理诉服事项87158项，网上立案3491件，跨域立案681件，电子送达24669次，云调解10562次，为司法注入科技新动能。 （胡丽霞）

司法行政

【依法治市】 2022年，临汾市司法局推进依法治市工作。召开市委全面依法治市委员会第五次会议，审议通过《临汾市委全面依法治市委员会2022年工作要点》《临汾市党政主要负责人履行推进法治建设第一责任人职责2022年度工作清单》《临汾市贯彻落实〈法治政府建设实施纲要（2021—2025）〉的实施方案》。市委依法治市办向市直各部门征集2022年度法治为民实事项目，经对报送项目梳理、审核，确定市级10件法治为民实事项目进行公示。加强对习近平法治思想的宣传解读，举办“学习贯彻习近平法治思想推进全面依法治市工作”专题培训班；与市委宣传部联合下发《关于认真组织学习〈习近平法治思想学习纲要〉的通知》。

【法治政府建设】 2022年，临汾市司法局推进法治政府建设，起草贯彻落实“一规划两纲要”的实施方案，印发《临汾市贯彻落实〈法治政府建设实施纲要（2021—2025年）〉的实施方案》，明确责任单位和具体措施，制定阶段性目标和长远目标，推动各项部署落地见效。编制《临汾市“十四五”政府治理能力现代化规划》，以推动政府治理体系和治理能力现代化为根本目标，规划出“五个政府”建设的实现路径，科学谋划“十四五”期间政府治理能力现代化建设。加强行政复议和应诉工作，贯彻中央、省委行政复议体制改革精神，市县两级完成行政复议体制改革任务，核定人员编制，完成职责整合，实现案件“统一受理、统一审理、统一决定”。全市受理行政复议申请308件，审结279件；办理行政应诉案件355件，办结315件。

【立法与行政执法监督】 2022年，临汾市司法局围绕市委“1355”和“双城”牵引战略，突出“小切口、有特色、重实效”要求，科学谋划立法建议项目14项，被市人大常委会全部采纳并列入五年立法规划，2022年，提请市人大常委会审议地方性法规草案3件；履行合法性审核和备案审查职责，加强行政规范性文件和重大行政决策的监督管理，审查政府性文件67件，把好事前、事后两道关口，立法保障全面强化；加强行政执法源头规范，对行政处罚、行政许可等相关执法工作裁量权进行规范；加强行政执法过程规范，深化综合行政执法改革，市直文化领域、城市管理领域、市场监管领域跨部门行使相对集中行政处罚权事项经省政府批准实施。履行行政执法资格管理的主体责任和监督责任，组织公共法律知识考试，加强行政执法资格管理，组织申领行政执法证件人员公共法律知识考试，报名参加考试2025人，通过1842人，通过率为90.96%。

【法律服务优质高效】 2022年，临汾市司法局发挥司法行政职能作用，全市68家律师事务所600余名律师为近百家企业开展法律宣讲百余场次，提供法律建议80余条，审查各类合同600余件，查找法律风险点61个，解决法律问题135件，依法保障企业的合法权益不受侵害，提升企业法律风险防范能力；推进国资律师事务所改制工作，全市14家国资所改革任务全部完成；组织实施省政府民生实事“免费法律咨询和特殊群体法律援助惠民工程”，全市组织393名专业法律服务人员派驻17个县级公共法律服务中心、157个乡级公共法律服务工作站为人民群众提供免费法律咨询50334人次，群众满意度100%，为8类特殊群体办理法律援助1146件，办结率110.72%，超额完成年度任务；值班法律服务人员开展法治宣传230次，举办法治讲座70次，参与矛盾纠纷化解369次，为基层治理提供法律意见129次，帮助化解涉法涉诉信访案件60件。

【普法宣传提质增效】 2022年，临汾市司法局围绕开展“八五”普法，深化法治乡村建设，加强社会主义法治文化建设等重点内容，推进全市普法依法治理工作高质量发展。印发全市开展法治宣传教育的第八个五年规划（2021—2025年），成立了35名专家学者组成的“八五”普法讲师团；推进市级法治宣传教育基地建设，命名山西省临汾第一中学等26个单位、机构、场所为市级法治宣传教育基地；对全市各级各单位报送的28部普法短剧、36个微视频、12个微动漫作品进行现场评比打分，获奖作品在全市各类主流媒体和新媒体上进行集中展播；推进“法律明白人”培养工程，发挥“法律明白人”在农村普法活动、矛盾纠纷调解、村级事务管理作用；加强民主法治示范村（社区）的动态管理，创建“省级民主法治示范村（社区）”44个，创建数量居全省首位，向省厅推荐申报“全国民主法治示范村（社区）”5个；制定《临汾市2022年“12·4”国家宪法日和宪法宣传周活动方案》，举办宪法专题讲座，8000余人次参与；举办“宪法伴我四十年”主题展，通过网络平台进行展播。

【人民调解工作】 2022年，临汾市司法局加强人民调解队伍建设，构建以人民调解为基础的大调解格局。加强行业性、专业性人民调解组织建设，指导成立临汾市家庭服务业协会人民调解委员会，全市实现纵向贯通从市到村、横向覆盖道路、医疗、保险、婚姻家庭、劳动争议、金融行业等多个领域的调解网络体系。组织全市人民调解员参加由山西调解学院举办的“心理学在人民调解实务中的运用”线上培训，举办人民参与和促进法治工作培训班，提升调解队伍素质。在访调对接方面，在全市范围内规范设立18个访调对接调委会，做到访调工作全市各县（市、区）全覆盖。在诉调对接方面，通过法院委托调解、建立人民调解委员会、派驻调解工作室等方式实现诉调对接，通过法院委托调解的案件260件，调解成功105件，派驻调解工作室17个。在公调对接方面，将公安系统开展的“枫桥式公安派出所”创建活动与司法行政系统开展的调解室创建工作相结合，设立调解室17个。开展“调解护稳定、喜迎二十大”专项行动，全市人民调解组织调解民间纠纷6418件，调解成功6406件，调解成功率99.8%。

【筑牢维稳屏障】 2022年，临汾市司法局强化维稳举措，为党的二十大胜利召开创造安定社会环境贡献司法行政力量。对全市“枫桥式”司法所创建工作开展调研督导，对发现的问题制定责任清单，创建完成进度统计表，定期通报，推动临汾市“枫桥式”司法所创建达标。贯彻实施社区矫正法，开展“社区矫正规范执法年”活动；加强对重点社区矫正对象的管控，与检、法、公衔接沟通，每月组织各县（市、区）社矫机构分析研判社矫工作，排查整治隐患，严防社区矫正对象脱管失控；推进“智慧矫正中心”创建工作，侯马、曲沃、古县3个县（市）通过司法部资料审核和远程数据核验。落实服刑人员基本信息核查制度，服刑人员信息核查率达100%；执行重点帮教对象必接必送制度，实现重点帮教对象衔接100%；组织开展刑满释放人员排查工作。建立县市级安置帮教基地18家，全年共为41人次提供就业机会。（杜帅琦　李　郁）

仲　裁

【概况】 2022年，临汾市仲裁委员会按照中央和省提出的“完善仲裁制度，提高仲裁公信力”的总体要求，发挥仲裁服务市场经济主体的优势作用，化解保险类、建筑工程类、房产类等领域的合同和财产权益纠纷。年内，受理各类民商事案件80件，涉案标的额达1.198亿元；审结各类民商事纠纷案件75件，调解及撤案38件，调撤率50.67%。案件类型涉及经济生活的各个领域，除传统的买卖、民间借贷、建设工程施工、租赁、保险、物业、金融借款、交通事故赔偿外，还涉及融资租赁、农业生产经营、知识产权等新类型案件。

【仲裁秘书专业化建设】 2022年，临汾市仲裁委员会注重提高仲裁委工作人员综合素质，组织仲裁秘书每天集中学习一小时，分析和研究仲裁实务中遇到的疑难问题；通过周例会，指导仲裁秘书把好案件程序关、审限关、文字关、裁决关，提高案件办理质量；举办仲裁秘书专题培训班，加强仲裁秘书的业务能力培训和职业操守教育，提升仲裁机构为仲裁员提供服务的质量与效率。建立仲裁秘书承办案数量、案件审理周期、调解案件量、当事人反馈意见等考核标准，对优秀仲裁秘书进行奖励，逐步形成引得进、留得住的激励机制。

【打造专家型队伍】 2022年3月，临汾市仲裁委员会面向社会公开选聘金融、知识产权方向仲裁员80名，选聘人员除符合仲裁法第十三条的规定以外，注重其在相关专业领域的学术成果和办案经验，以提升金融、知识产权相关案件的办案水平。仲裁委有仲裁员320名，其中律师281人、退休法官15人、法学教授9人，高级职称人员15人。举办工程争议解决新趋势指引、裁决书撰写能力提升、知识产权法律实务等仲裁实务培训。

【建立专业工作平台】 2022年，临汾市仲裁委员会加快构建和完善临汾知识产权纠纷多元化解决机制，发挥仲裁机构解决知识产权纠纷的优势，加强知识产权保护，优化营商环境，促进经济稳定健康发展。11月9日，仲裁委与临汾市市场监督管理局联合成立临汾仲裁委员会知识产权仲裁院，受理处理涉及知识产权纠纷的仲裁案件。

【优化仲裁服务质效】 2022年，临汾市仲裁委员会实行立案“一站式”服务模式，为申请立案的当事人提供人性化、规范化的专业服务，树立和提升临汾仲裁形象。设立咨询、立案窗口，落实首问负责制，做到有问必答、快速处置，方便群众咨询服务与仲裁立案。通过严格把好案件立案“入口关”，严格执行回避制度、仲裁裁决核阅制度、重大疑难案件的专家咨询制度，落实审理责任制，实行仲裁文书拟稿、核稿、定稿和签发层层把关，确保仲裁文书不出纰漏，保障案件审理的公平公正、合法合规。在裁决前，注重仲裁调解与和解。案件不管大小，一律先行调解，只要有调解可能，在裁决书作出之前绝不放弃调解，以调解促进“案结事了”。

【宣传工作】 2022年，临汾市仲裁委员会通过仲裁网站、微信公众平台宣传仲裁制度，发布仲裁工作动态93篇，仲裁法律知识70篇；开通仲裁官方视频号、抖音号，发布仲裁宣传短视频59篇。发挥律师仲裁员的作用，通过律师向当事人宣传仲裁、推广仲裁，使企事业单位和社会公众了解律师参与仲裁法律服务的范围、方式和特点，让仲裁成为人们解决民商事纠纷的新选择。开展案例汇编工作，按照提炼裁决要旨、浓缩案件事实、呈现裁决事项及理由的要求，将有影响力、比较典型的案件选编成案例，向“12348”中国法律服务网报送仲裁案例12篇。开展仲裁集中普法活动，突出对民法典、仲裁法以及仲裁制度的独特优势、工作流程、相关制度、典型案例等内容进行集中宣传。

【延伸仲裁服务】 2022年，临汾市仲裁委员会到社区、乡村、企业开展送法上门活动，联合律师事务所为农村集体经济合同专项清理、村级债务化解和新增资源收费（“清化收”）工作提供免费咨询，用实际行动助力乡村振兴；到山西宏源集团有限公司、临汾市政工程集团股份有限公司等大型企业，了解企业遇到的急、难、困等问题，为企业经营生产提供法律帮助。加强与人民调解委员会、访调对接委员会的联络沟通，参加信访部门组织的信访工作听证会，发挥仲裁的专业优势，促进矛盾纠纷及时化解。 （焦　瑞）

军 事

临汾军分区

【思想政治工作】 2022年，临汾军分区聚焦“忠诚维护核心、矢志奋斗强军”，开展“学军史讲战例”活动，联合临汾电视台打造“临汾战史面对面”军事访谈专题节目，经验做法被中宣部列为“新时代、新征程、新伟业”主题采访活动重要新闻线索，《中国国防报》头版头条予以报道。贯彻军委主席负责制，狠抓“三项机制”落实，在省军区以上媒体刊登要讯103篇，信息服务工作位列省军区第一；大抓新闻宣传报道，在《解放军报》、《中国国防报》、中央电视台等中央媒体刊播稿件36篇。

【战备训练】 2022年，临汾军分区分两批组织全区社招文职人员、新任专武干部和民兵干部集训，在山西省专武干部集训比武中，取得单位第二名、4人综合前十名、15人次单科目前五名的好成绩。组织高科技知识竞赛，2人取得全军名次。两次协助战略支援部队完成火箭助推器残骸搜索处理，经验做法被省军区转发。参加省军区军地联合演练，完成西气东输工程防卫防护专项行动演练任务。完成参加应对连锁反应系列方案研案、修案、解案，为执行任务提供基本遵循。

【国防动员】 2022年，临汾军分区采取试点观摩、一线督导、集中考评、现场检查与数据分析相结合方式，完成年度民兵整组任务。采用“对口采集一手数据、多方印证核实数据、纵横比对核准数据”的方法，完成国防动员潜力数据检查审核。把握“一年两征”形势特点，创新宣传模式，规范征集程序，强化廉洁征兵，完成义务兵、直招军士征集任务。

【基层建设】 2022年，临汾军分区制定下发抓建基层工作计划和为基层办实事清单，压茬推进为基层办9个方面19件实事。提高基层自抓自建水平，制订“三基”素质提升工程方案计划，分步展开“六小”活动，夯实能力基础。深化基层风气整肃治理，清理思想认识偏差落差、责任落实缺失缺位、法纪教育不深不实、监督执纪偏宽偏软、监督力量虚化弱化等问题。采取送学培训、集中轮训、机关代训、岗位自训和大项活动实践历炼相结合的方式，提升官兵综合素质，为基层建设发展提供人才支撑。

【“学军史、讲战例”活动】 2022年，临汾军分区以“一份文献资料、一份兵要地志、一份战场态势图、一份指挥员小传、一批民兵支前事例、一次革命精神研讨、一份研究成果、一次战例宣讲”等“八个一”活动为抓手，在全区开展“学军史、讲战例”活动。与临汾广播电视台联合录制访谈节目《临汾战史面对面》，按时对17个县（市、区）宣讲战例录像进行播出。军分区开展的“学军史、讲战例”活动，推动驻地军史学习的常态化、长效化，引导官兵和民兵走进战场遗址、研析经典战例，传承红色基因、担当强军重任。

【征兵工作】 2022年，临汾军分区采取每周通报讲评的方法督导各单位推进兵役登记工作。在征兵宣传方面，辖区所有车站、机场、广场、公园等地设立征兵咨询点，解答征兵新政策，发放宣传单。利用电视台、驻地微信公众平台、广场电子屏幕等播放征兵公益片。组织人员到偏远的乡（镇）、热闹的街道市场，开展宣传鼓动，通过“一对一”“面对面”摸清适龄青年入伍意愿，针对性疏通高学历青年入伍思想；在业务培训方面，深化“学规范、用规范”活动，以新修订的《军队征集和招录人员政治考核规定》和征兵工作“六个规范性文件”等为教材，结合近年来辖区退兵问题，采取集中组织或视频会议形式，组织征兵人员进行业务培训和考核。1月20日，召开全市征兵工作会议。临汾市委常委、常务副市长王渊参加会议并提出具体要求。拟制下发《临汾市2022年上半年征兵工作实施计划》《临汾市2022年度征兵命令》《临汾市2022年春季征兵工作计划》《关于临汾市征兵工作领导机构调整的通知》等。全年2次完成义务兵、直招军士征集任务。

【文职轮训】 2022年，临汾军分区依据省军区《文职人员共同训练纲目（试行）》，按照集中组织、全员参训、突出重点的思路，依托霍州市人武部采取分批集中与异地同步相结合的方式，以社招文职人员为重点组织全区59名文职人员分两批进行轮训。军分区成立由副司令员任组长，战备建设处处长、霍州人武部部长为副组长的集训领导小组，负责整个训练的管理保障。参训人员严格军事化管理，落实“一日生活七项”制度。第一批3月3—16日，第二批3月18—31日，每期14天。通过理论授课、个人学习、考核评定、奖罚并举等方法，完成基本理论、基本技能、基本业务、基本体能、基本素养等内容的学习和训练。

【迎接考评】 2022年5月30日，山西省军区工作组对军分区本级和尧都区、襄汾县、曲沃县、安泽县等4个人武部民兵整组软件资料和基干民兵花名册数据进行考评。工作组采取不打招呼的方式通过随机抽点、现场提问、翻阅资料、查对笔迹、电话问询、座谈了解、走访群众等形式，对各单位民兵整组软件情况进行了解。考评结束后经综合评审，对分区部队民兵整组软件建设质量给予较高评价，就查出的问题提交清单，提出意见建议。军分区针对指出问题召开专题例会，指定专人负责进行整改。

【参与驻地衔接乡村振兴】 2022年9月7日，临汾军分区首长机关参加军委国防动员部组织的“参与衔接支持乡村振兴工作推进会”后，利用视频会议系统召开本级会议。会议传达军队各级关于衔接乡村振兴的指示要求，就分区部队开展“大摸底、大调研、大提升”活动进行安排部署。17个人武部积极行动，围绕本单位“帮扶村防贫监测对象、产业项目运行、消费帮扶潜力、帮扶资金执行”等内容进行调研。9月底，各人武部党委召开专题会议，分析乡村振兴工作形势，研究帮扶措施，把乡村振兴工作融入部队全面建设当中。

【宣传工作】 2022年，临汾军分区在省军区以上刊登要讯103篇，信息服务工作位列省军区第一。在各类媒体刊播新闻稿件70余篇（条）。其中，中央电视台31条（综合频道2条，国防军事频道21条，新闻频道8条），《解放军报》2篇，《中国国防报》头版头条2篇，中央人民广播电台、《中国民兵》、《解放军理论学习》等其他中央级媒体15篇（条）。军分区被省军区表彰为新闻宣传工作先进单位。（骆新新　宋　泉　张少波　张建亮　赵欣欣）

武警临汾支队

【概况】 2022年，武警临汾支队围绕迎接保卫党的二十大任务主线，完成联勤巡逻、武装押解、“2201”团警卫、永和山体滑坡救援等任务，战备水平得到检验。紧盯训练场地和军事设施建设，投入72万元修缮22个训练场地，采购2000余件训练器材下发基层，提升军事训练保障能力。

【完成永和县山体滑坡抢险救援任务】 2022年7月28日，临汾市永和县药家湾镇闫家腰沟村发生山体滑坡，15名群众被困，多间房屋被毁。临汾支队在接到灾情后，迅速按预案展开行动，紧急出动人员车辆装备，第一时间赶赴现场救援，将被困群众全部救出。

【宣讲党的二十大精神】 2022年10月25日，临汾支队组织党的二十大精神学习领会快问快答暨红色讲解员“奋进新征程永远跟党走”主题讲述会，检验官兵对党的二十大精神重要思想、重要观点、重要战略、重大举措的领会理解；发挥红色讲解员“三讲两传”作用。主题讲述会以学习宣传贯彻党的二十大精神为主线，参赛选手饱含真情、主题鲜明、见解独到、逻辑清晰，讲出真情实感，引发广泛共鸣。

【打造为兵服务的“深夜食堂”】 2022年10月初，临汾支队在广泛调研的基础上，探索新型伙食保障模式，本着节约、精致、便利的原则，在基层中队创新开设“深夜食堂”试点建设工作，合理选择布置就餐区域，为官兵创造文

明、温馨、舒适的就餐环境，创新搭配食品种类，为夜间执勤哨兵提供抚“胃”暖心服务。（石亚雄）

人民防空

【训练演练】 2022年，临汾市人民防空办公室参加山西省人防系统“军事周”集训，在全省业务比武中名列第一；参加“铸盾—2022”黄河金三角人防指挥通信跨区支援演练；组织全市人防系统骨干，开展“晋南四市军事周”集训活动。结合“9·18”全市防空警报统一试鸣活动，常态化开展人防疏散演练，人防组织指挥能力得到提升。

【基础战备建设】 2022年，临汾市人民防空办公室按最新体例格式编修《临汾市防空方案计划》。召开人民防空联席会议，常务副市长王渊出席并安排部署，组织业务培训，加强工作指导。市本级人民防空方案修订编制完成专家评审。市人防基本指挥所完成初步设计批复、建设用地规划许可、建设工程规划许可、施工图军事科学院国防工程研究院审查、施工图消防设计审查、监理服务财评备案采购等工程建设前期工作，项目于2022年9月27日奠基开工，按山西省人防办要求如期完成年度任务。

【宣传教育】 2022年，临汾市人民防空办公室面向社会大众，组织“人民防空应急常识网络大赛”，以赛比学、以赛促学；结合“9·18”人防警报试鸣宣传周活动，在临汾电视台播放人民防空基本知识公益宣传片，增强全民国防观念和人防意识，提升全民防护技能和自救互救能力。

【贯彻落实安全责任制】 2022年，临汾市人民防空办公室利用“双随机、一公开”“互联网+监管”等手段，落实过程监督，实现质量监督全覆盖，提升人防工程建设质量。按照《山西省人民防空工程维护和使用管理办法》，围绕安全管理主体责任、属地责任落实及安全隐患排查情况，落实安全隐患监督检查常态化，隐患治理经常化，检查验收制度化要求，确保人防工程安全生产无事故。

（张清龙）

经济管理

发展和改革

【概况】 2022年，临汾市坚持以习近平新时代中国特色社会主义思想为指导，全面贯彻党的十九大、二十大精神和习近平总书记考察调研山西重要讲话重要指示精神，坚决落实党中央“疫情要防住、经济要稳住、发展要安全”的重要要求，克服一系列困难挑战，各项工作取得新成绩、实现新突破，开创新时代临汾高质量发展新局面。全市地区生产总值达到2227.9亿元，同比增长5.2%，高于全省（4.4%）0.8个百分点，增速排名全省第四，较上年前进4位。分产业看，第一产业完成增加值158亿元，增长5.2%；第二产业完成增加值1243亿元，增长7%；第三产业完成增加值826.8亿元，增长3.4%。

【重大战略落实】 2022年，临汾市发展和改革委员会（简称临汾市发改委）落实黄河流域生态保护和高质量发展战略，加快“1（工作方案）+1（规划）+N（实施方案）”体系建设，完成工作方案编写，形成晋西太德塬生态综合治理和绿色高质量发展规划大纲，谋划N个部门实施方案要点；2批次推荐晋西太德塬昕水河流域源头区（隰县段）生态修复综合治理等5个项目报国家相关部门，获得黄河专项资金5000万元支持；推动晋西太德塬和汾河流域2个重点区域列入山西省黄河流域生态保护重点实施区域建设方案（2022—2025）；加快实施晋西太德塬固沟保塬等重点项目，谋划晋西太德塬生态综合治理和有机旱作农业联动发展，协调西山7县完成生态类项目可研编制工作。紧盯碳达峰碳中和目标任务，编制《临汾市碳排放总量控制和达峰实施方案》，构建“1+X”政策体系，启动7大领域研究工作，成立碳排放统计核算工作组；坚决遏制“两高”项目盲目发展，有力推进在建、拟建“两高”项目。起草印发《关于建立健全“十四五”规划实施机制的工作方案》，明确分工，推动“十四五”《纲要》落地落实；持续跟进督促全市28个“十四五”专项规划编制印发和推进实施。

【项目建设及投资】 2022年，临汾市发改委坚持“抓项目就是抓发展、谋项目就是谋未来”理念，开展“项目建设年”活动，开展前期手续办理月、集中开复工、“三个一批”、政银企对接、要素跟着项目走、项目集中观摩等系列活动，加快项目进度。全市铺排项目1040个，全年开复工项目880个，开复工率97.5%，较上年提高2.6个百分点。古贤水利枢纽省级前期手续全部办结，配套项目谋划扎实推进；聊邯长高铁西延临汾、以陶寺遗址博物馆为引领的博物馆之城建设等项目纳入山西省重点工作计划。全市固定资产投资完成623.3亿元，同比增长9.1%，高于全省（5.9%）3.2个百分点，增速排名全省第二，较上年前进2位。其中，产业投资、工业投资、工业技改投资分别增长22%、24%、8.8%，分别比全省高11.3个、12.3个、10.5个百分点。共争取中央、省级补助资金项目68个，下达金额7.4亿元，比上年增加1.54亿元，增幅近30%；地方政府专项债券项目56个，发行额度40.99亿元；政策性开发性基金项目7个，争取额度16亿元，排名全省第三；设备购置与更新改造贴息贷款国家审核通过项目23个，同意贷款需求15.89亿元，排名全省第二；制造业中长期贷款国家审核通过项目37个，同意贷款需求120.73亿元，排名全省第二。谋划2023年建设项目1411个，总投资7630.1亿元，年度计划投资1265.9亿元，是历年来谋划项目数量最多、体量最大、质量最高的一次。全面落实中央财经委员会第十一次会议精神，谋划2022—

2025年重大基础设施项目和产业类项目1045个，总投资1.26万亿元。

【产业转型发展】 2022年，临汾市发改委推动产业转型升级，加速新旧动能转换。建立服务业发展“1+8”工作机制，制定出台《临汾市服务业助企纾困若干措施》《临汾市推进服务业提质增效2022年行动计划》等文件，促进服务业加快复苏、全面提质增效发展，全市服务业增速连续3个季度保持在全省第一方阵。发展物流产业，推动临汾陆港型国家物流枢纽申建通过省级评审。推进晋南储气调峰中心建设，加快天然气产供储销体系建设，重点推进吉县—延川、汾西—蒲县等长输管道建设；指导浮山县、永和县储气调峰设施建设，实施益通、丰百储罐扩容，提升储气调峰能力。推进“双创”工作，加强对智创城11号建设的指导服务。组织曲沃县、古县做好国家农村产业融合发展示范园建设。

【重点领域改革】 2022年，临汾市发改委以能源产业“五个一体化”为牵引，推进能源革命综合改革试点，全市煤炭先进产能占比84%，新能源装机容量占比27.2%。深化国有粮食企业改革，编制完成粮油公司“六定”改革实施方案，处置7户“僵尸企业”，4户进入破产程序，3户完成市场化出清。“社会信用示范区”创建工作取得阶段性成效，信用体系公共信用信息归集种类数量倍增，分级分类监管领域扩面提质，信用宣传及诚信文化育廉工作全面覆盖。落实价格改革，推进农业水价综合改革，健全完善城镇居民阶梯水价制度、城镇非居民用水超定额累进加价制度；合理制定市区天然气配气价格。

【品牌建设】 2022年，临汾市发改委加强品牌建设，强化帮扶指导，助力临汾市入选国家废旧物资循环利用体系建设重点城市；推动山西方略保税国际陆港口岸园区获评省级示范物流园区；指导霍州市获“中国年馍之乡”称号，尧都区众顺小麦粉和吉县人祖山小米荣获“山西好粮油”称号，临汾市八方通达饲料有限公司和吉县人祖山农产品开发有限责任公司荣获“省级粮油产业化龙头企业”称号；推荐山西云鹏制药成功获批省级工程研究中心，实现全市省级工程研究中心零的突破。

【区域交流合作】 2022年，临汾市发改委推进区域交流合作。加快黄河金三角承接产业转移示范区建设，开展《晋陕豫黄河金三角区域合作规划》中期评估和修编工作。参与制订《关中平原城市群协同发展三年行动计划（2023—2025年）》，推动落实。推进关中平原城市群政务服务“跨省通办”，首批29项事项实现“跨省通办”；策划推进关中平原城市群跨区域精品旅游线路开发及文旅协同宣传等工作。提出战略同筹、交通同网、产业同链、文旅同兴、科技同创、市场同建、生态同治、民生同保“八同”理念，加强与运城市务实合作，推进晋南城镇圈高质量发展。

【粮食和物资储备】 2022年，临汾市发改委巩固夯实粮食和物资储备保障基础。粮食仓储物流园区项目各项前期手续加速推进办理。开展年度全市粮食安全生产和储粮安全春、秋季大检查，完成政策性粮食库存数量、质量大清查和夏、秋粮收购工作，全市1.72万吨省级储备粮、13.75万吨市级储备粮和2000吨市级储备油全部数量真实、质量良好、安全宜存。完成年度市级储备小麦轮换任务3.1万吨。出台修订《市级储备粮仓储管理办法》《市级储备粮轮换验收办法》《临汾市市级应急成品粮油储备管理办法（试行）》等文件，加强和规范市级储备粮油管理。推进粮食购销领域专项整治发现问题整改。

【民生工作】 2022年，临汾市发改委坚持兜牢基本民生底线，抓实重点民生工作。抓好稳价惠民工作，对生活必需品价格进行日监测；启动价格补贴联动机制，向优抚对象、低保对象、特困人员等14类保障对象和大中专院校、技校学校食堂发放价格临时补贴；出台民办义务教育学校收费标准，对停车场、景区门票等价格进行规范调整；规范涉企违规收费；落实小微企业和个体工商户优惠电价政策。支持民生工程建设，争取资金支持陶寺遗址博物馆、市人民医院感染性疾病救治综合楼等重大民生项目建设。完成天然气2021—2022年度保供任务，做好2022—2023年度保供工作。推广以工代赈助力乡村振兴；推进采煤沉陷区综合治理；选派专业技术干部人才开展对口援疆；抓好农本调查和成本监审，完成民办义务教育学校学费、住宿费监审工作。 （王 健）

国有资产管理

【深化改革】 2022年，临汾市国

资委锁定国家重点关注的50项改革任务，补短板强弱项，完善中国特色现代企业制度，完成全民所有制企业公司制改革，组织监管国有企业完成“党建入章”，推行“双向进入、交叉任职”和党组织书记、董事长“一肩挑”，建立党组织前置研究讨论重大经营管理事项清单。监管企业董事会应建尽建，制定董事会议事规则、权责清单，制定董事会向经理层的授权制度、授权方案、授权清单，经理层经营管理作用得到发挥。

【优化结构调整】 2022年，临汾市国资委完成“僵尸企业”处置。纳入“僵尸企业”处置范围的市属国有企业45户，全部按照省定标准完成处置。安置职工1473人，解决2152名退休职工问题。基本完成剥离国有企业办社会职能。86户企业“三供一业”和国有企业办教育机构23个、办医疗机构16个、市政职能17个、社区职能15个，全部完成剥离。211户国有企业2020年底前退休人员80682人（其中党员12694人），实现社会化管理。

【健全市场化机制】 2022年，临汾市国资委实行任期制和契约化管理。组织监管企业全部制定经理层契约化管理办法，实行任期管理，董事会与总经理均签订《岗位聘任协议》《年度经营业绩责任书》《任期经营业绩责任书》，总经理结合分工与其他经理层成员签订差异化的业绩目标责任书，按照约定实施考核，实施聘任或解聘、兑现绩效工资。推进用工市场化。指导企业推行管理人员竞争上岗，在投资集团及其子公司实行管理人员竞聘上岗，原有人员全员下岗，制定岗位任职条件、明确岗位要求，采取笔试、面试等程序，实行竞争上岗，录用中层管理人员35名，中层竞聘上岗人数达到了80%；兴闻报业印务有限公司实行内部竞争上岗，通过竞争上岗5人，中层竞聘上岗人数达到40%。组织一级企业及所属子企业制定末等调整及不胜任退出制度，对企业用工制度实行公开招聘，明确“三公开一回避”规定要求，采取公开招聘方式招聘人员。推行市场化薪酬分配机制。对原工资分配机制进行改革，实行岗位绩效工资制。指导监管企业全部制定岗位工资+绩效工资的工资管理办法，按业绩不同实行差异化工资。董事会对经理层、经理层对全体职工分别进行考核，实现全员绩效考核。

【国资监管】 2022年，临汾市国资委聚焦管资本职能，深化国资监管机构职能转变。对国资委成立以来出台的规范性文件进行梳理，推进立改废释工作，其中废止文件2个、修改文件1个。2020年以来出台文件13个，编制成册，形成《临汾市国资监管文件汇编》《国有企业法律法规汇编》《国企改革政策文件汇编》。按照《临汾市市属国有企业负责人经营业绩考核办法》（试行），针对商业类和公益类国有企业的不同战略定位和发展目标，一企一策实行差异化分类考核、突出质量效益。市国资委监管的大多为服务类企业，只有1户为工业企业（染化集团），在下达年度经营业绩考核目标值时，考虑企业实际，在考核目标值中设置全员劳动生产率、净资产收益率、经济增加值等强化质量效益；针对公益类企业例如静态公司，经营业绩考核目标值设置复转军人占比、群众满意度，强化社会效益。制定出台《临汾市市属企业违规经营投资与重大决策终身责任追究实施办法》《临汾市市属企业违规经营投资与重大决策问题线索查处工作指引》等文件，建立完善市属企业违规责任追究制度体系。督促企业按规定在企业公示栏、网站等信息平台披露企业财务、“三重一大”、公开招聘等信息。推进经营性国有资产集中统一监管，构建国资监管大格局。推动改革后保留的正常经营企业向国资部门移交，基本实现由国资部门统一管理企业，形成上下贯通的市县监管体制，政策规定协同一致、行权履职规范统一、改革发展统筹有序、党的建设坚强有力，系统合力明显增强。市级国资委监管国有企业共22户，其他市直部门监管13户。

【履行出资人职责】 2022年，临汾市国资委完成监管企业2021年度经营业绩考核及工资兑现，依据经审计的年度财务审计报告，对监管企业2021年度经营业绩考核目标值完成情况形成考核结果，依据考核结果兑现企业负责人绩效工资。下达监管企业2022年度经营业绩考核指标，在2021年经营业绩完成的基础上，结合近三年企业经营情况，通过分析研判经济形式，由企业提出2022年度经营业绩考核目标建议值，经反复沟通，对监管企业负责人下达2022年经营业绩考核目标值。审核监管企业2022年度工资总额预算，在2021年工资总额清算的基础上，企业根据经营业绩考核指标，做好工资总额预算。通过审核企业负责人工资标准，结合企业考核目标值，审核下达2022年度工资总额预算。审核、批复企业的重大事项，对临汾市投资集团有限公司申请注册发行短期融资券、申请公开发行公司债券、银行续贷等融资行为进行审核并及时批复；对山西临汾染化（集团）有限责任公司增资扩股方案进行审核并报市政府研究，帮助染化集团子公司恒锦盛公司向临汾市产业基金、交通银行进行融资，支持染化集团异地迁建及正常经营的资金需求。

【临投集团重组整合】 2022年，临汾市国资委按照《临汾市投资集团有限公司重组整合方案》要求和临投集团重组整合工作领导组安排部署，推动临投集团重组整合工作。强化年度考核工作，联合市委组织部、市金融办等部门组成专项考核组，对临投集团2021年重组整合工作进行年度考核；加快优质资产填充，向临投集团划入了临汾市能源工程项目评审中心有限公司、临汾市正之和房地产勘测有限责任公司等6户国有独资公司，划入资产总额4233万元；帮助拓宽业务板块，支持临投集团提出的成立临汾市水务投资集团有限公司开展水务业务，对公司成立相关资料严加审核，提出意见建议，报请市临投集团化解金融风险工作领导小组研究，7月公司成立并开展业务；帮助化解不良债务，针对临投集团提出以债务及相应利息作为收购资金，投资收购方略集团持有的山西陆港综保区投资建设有限公司51%股权的方案，对投资方案进行审核，聘请法律顾问对投资方案进行合法性审查，多次召开研讨会，研判投资风险，提出建议意见，帮助临投集团完善投资方案，报市政府研究决定。12月，下发《关于临投集团拟实施股权收购项目的批复》，原则同意该投资行为，帮助临投集团通过“债转股”方式化解不良债务。

【上缴国有资本收益】 2022年，临汾市国资委按规定组织所监管的企业向财政局上缴国有资本收益。上缴83.17万元（其中临汾市正之和房地产勘测有限责任公司30.67万元，临汾兴闻报业印务有限公司49.04万元，能源工程项目评审中心有限公司3.46万元；临投集团3518.78万元、尧圣源公司78.04万元尚未缴纳）。缴纳国有资本收益较2020年度（53.85万元）增加29.32万元，增幅54.45%。

【国资基础管理】 2022年，临汾市国资委重新进行产权登记，组织监管企业在山西省地市产权监管综合信息系统中重新进行产权登记，摸清产权分布状况，做到“底数清楚、归属清晰”。一级企业基本完成。完成2021年度企业统计工作，组织市直相关部门、县（市、区）国资监管机构学习报表软件、填报要求以及填报注意事项，完成5个市直部门、17个县（市、区）的225户企业的年度统计工作。完成财务快报，按照省国资委“需对各（县、市）企业国有资产统计报送”的要求，对市直部门、县（市、区）进行指导，及时、完整、准确地完成数据报送。

【监管国有企业履行社会责任】 2022年，临汾市国资委按照省、市助企纾困工作要求，结合新冠肺炎疫情，组织监管企业对符合房租减免政策的小微企业和个体工商户减免房租6个月，共150.25万元，惠及企业户数34户（其中16户中小微企业、18户个体工商户）。各监管企业将社会责任扛在肩头，将惠企政策落到实处，减轻企业和商户经营成本，增强市场主体获得感和经营信心。 （张子杰）

财　政

【概况】 2022年，临汾市财政局发挥财政职能作用，统筹疫情防控和经济社会发展，优化支出结构，加大财政资金统筹力度，保障重点项目和民生改善，为临汾市全方位推动高质量发展提供财政支撑。

【一般公共预算收入】 2022年，临汾市一般公共预算收入完成200.6亿元，为全年预期目标169.49亿元的118.35%，同比增长25.5%，收入总量位居全省第5，增幅位居全省第7。其中，税收收入完成162.14亿元，为全年预期目标127.87亿元的126.8%，同比增长39.73%；非税收入完成38.46亿元，为全年预期目标41.62亿元的92.41%，同比下降12.31%。

【一般公共预算支出】 2022年，临汾市一般公共预算支出执行502.5亿元，为预算的91.4%，增长22%。其中民生支出408亿元，占一般公共预算支出的81.2%，实现保基本民生、保工资、保运转。从民生支出项目看，教育支出67.69亿元，增长13.97%；社会保障和就业支出87.9亿元，增长5.95%；卫生健康支出执行54.1亿元，增长21.49%。

【退税减税降费】 2022年，临汾

市增值税留抵退税23.3亿元，减税降费66亿元，减免缓缴20项行政事业性收费，充分释放政策红利，为市场主体减负增效。

【激发实体经济活力】 2022年，临汾市财政局发挥应急周转保障资金作用，帮助69户企业转贷续贷31.9亿元。以市级融资担保公司为主体，完成政府性融资担保机构市县一体化改革，注册资本金5.9亿元，为全市4989户小微企业、“三农”主体担保贷款25.2亿元。通过市属金融企业发放委托贷款4.9亿元，缓解中小企业融资难、融资贵的问题。

【发挥财政稳投资促消费作用】 2022年，临汾市投入1.7亿元用于“悦享临汾·回家有礼”促消费活动，释放“乘数效应”，带动消费16.6亿元，促进消费提升。坚持把项目建设作为扩大有效投资的重要抓手，市财政投入16.3亿元，支持五一路快速通道、河汾一路跨铁路桥、环城南路与鼓楼南大街三岔口、平阳广场改造等重点项目建设。拓宽融资渠道，加强PPP项目建设，全市新增列入财政部管理库的项目5个，涉及投资额37.5亿元，发挥政府投资对社会投资的引导带动作用。

【支持产业转型升级】 2022年，临汾市财政投入4267.5万元，用于奖励“小升规”、国家级和省级“专精特新”以及“小巨人”企业等，增强中小企业核心竞争力。安排资金2亿元用于工业企业技术改造，推动产业强链补链，促进产业发展。投入财政奖补资金1.2亿元，用于支持第三产业和新兴产业发展，培育壮大经济发展新动能。

【增收节支】 2022年，临汾市财政局强化收入征管，挖掘增收潜力，确保应收尽收、足额入库；争取上级资金，研究吃透中央和省级补助政策，争取上级政策和资金支持。争取新增债券资金59.9亿元，比上年增加12.6亿元，保障全市多个重点项目的资金需求。争取到1.7亿元财力性补助收入，增加市本级的可用财力。争取到上级疫情防控财力补助4.7亿元，支持各县（市、区）用于核酸检测、医疗设备和防控物资购置以及疫情防控人员工作补助等。争取到中央彩票公益金0.7亿元，用于支持全市养老服务、文体事业、生态环保等方面建设。争取到省财政延缓对临汾市的4亿元扣款，缓解全市财政收支压力。

在节支措施上，调整优化支出结构，降低行政运行成本。严格压减一般性支出，严控“三公”经费，2022年市本级安排“三公”经费预算5235.9万元，比上年减少106.9万元，压减比例2%。严格执行“无预算、不采购”，全年执行政府采购事项3868项，预算金额为13.3亿元，成交金额为12.6亿元，节约金额0.7亿元，节约率5.1%。严格预算评审，全年完成各类评审项目1184个，送审金额47.5亿元，审减金额8.7亿元，审减率18.3%。

【实施重大战略】 在防范化解政府债务风险方面，2022年，临汾市足额偿还到期政府债务本息，遏制新增隐性债务，加大对违法违规举债、虚假化债等问题的查处力度，守住不发生系统性区域性风险的底线。

在乡村振兴方面，加大财政支农投入力度，市本级安排乡村振兴衔接资金8500万元，巩固拓展脱贫攻坚成果同乡村振兴有效衔接；安排农村综合改革资金2.1亿元，重点支持农村公益事业、村集体经济和美丽乡村建设。

在生态环境方面，市财政安排各类污染防治资金3.3亿元，用于大气污染综合治理、水污染防治以及土壤污染防治等支出，市区空气质量持续改善，综合指数退出全国“后十”，优良水体比例持续提升，全市土壤环境总体保持安全稳定。

【保障改善民生】 2022年，临汾市坚持以人民为中心的发展思想，优先保障民生实事顺利实施、民生政策及时落地，增强人民群众获得感、幸福感、安全感。

支持促进就业。安排2亿元用于开展就业分类帮扶，促进就业困难人员、农民工和退役军人等重点群体就业。

支持教育文化事业发展。投入10.5亿元用于学前教育、城乡义务教育、高中教育、现代职业教育等方面，支持教育事业均衡协调发展。投入3238万元用于政府购买市直义务教育民办学校学位，实现民办义务教育在校生规模市域内占比在5%以内，引导和规范民办教育健康发展。投入1.7亿元支持文化遗产保护、公共场馆免费开放等，加力推进公共文化服务体系建设，丰富群众文化生活。

支持提升医疗卫生服务水平。安排4亿元，支持市人民医院感染性疾病救治综合楼建设，推动市中心医院心脑血管综合楼和门诊住院楼扩建，加强救治能力建设，切实提升医疗服务能力。

支持强化社会保障。投入13.4亿元用于城乡居民基本养老保险、优抚对象补助、困难群众救助等事项，加大兜底线、补短板力度，让更多困难群众真切感受到党和政府的温暖。

【预算管理改革】 2022年，临汾市推动预算管理一体化改革，将上级转移支付、上年结转、政府债券等资金全部列入部门预算管理，提高预算编制的完整性、准确性。加大重点绩效评价力度，选择重大民生实事、重点工程建设等项目实施绩效评价，涉及财政资金31.3亿元，将评价结果作为预算编制的依据，提高财政资金使用效益。整理出版《财税制度汇编》，完善财政制度体系建设，指导推进财政事业高质量发展。

【加强国有资产管理】 2022年，临汾市盘活闲置资产，健全完善国有资产共享共用机制，实施市级行政事业单位公物仓管理，提高资产使用效率。推进山西师范大学资产接收工作并逐步修缮使用，贡院校区1号教学楼、体育学院校区修缮改造工程全部完工，山西师范大学实验小学、市体育运动学校完成搬迁。

【提高政府采购效率】 2022年，临汾市启用新版政府采购电子卖场，将多频次、小额零星项目纳入电子卖场执行；全流程推广政府采购信息化系统，实现采购过程公开、透明，降低采购成本。

【规范财政评审程序】 2022年，临汾市财政局征求各方面意见，先制定出台《财政评审业务操作规程》，完善评审机制，提高财政评审的规范性、科学性、高效性。

（市财政局供稿）

税　务

【概况】 2022年，国家税务总局临汾市税务局（简称临汾市税务局）以习近平新时代中国特色社会主义思想为指导，紧扣迎接和学习宣传贯彻党的二十大精神主线，锚定“抓好党务、干好税务、带好队伍”的税收现代化目标，发挥税务部门职能作用，全年组织税费收入642.3亿元，同比增长52.9%。其中，税收收入完成420.9亿元，同比增长44.8%，总量、增幅均创历史新高，分别排山西省第四、五名；非税收入完成90.5亿元，同比增长7倍；社保费征收130.9亿元，同比增长10.8%。完成各级次税收收入任务，超额完成预算安排的社会保险费和非税收入任务，在全方位高质量促进临汾经济社会发展中贡献税务力量。

【退税减税降费】 2022年，临汾市税务局落准落稳退税减税，为市场主体减轻税费负担和增加现金流104亿元。开发应用“大数据平台智能退税”，在留抵退税攻坚战中作用明显，确保政策红利精准直达市场主体。

【以税资政】 2022年，临汾市税务局建言献策，加强税收经济分析，参与的省局课题得到总局和省领导5次肯定批示，“四梁八柱”税收经济分析人才培养体系得到省局领导认可，报送的市级退税减税效应分析被省局作为模板在全省推广。全年市县两级向当地党委政府报送税收经济分析报告85篇，得到肯定性批示36篇。

【深化征管改革】 2022年，临汾市税务局落实中办、国办《关于进一步深化税收征管改革的意见》，拓展改革的广度和深度；落实省局“夯基优服”专项行动任务，解决

2022年10月，临汾市税务局工作人员与百姓一同劳动，同时开展税收宣传　（市税务局供图）

基层难点、堵点；做好全电发票受票扩围试点工作，全市首票“预先服”完成率均达100%。与人社、医保实现“一厅联办”，推进社保费“统模式”改革；高质量推进个税、企税汇算清缴；规范耕地占用税征收管理；“一目一策”加强资源税征管质量监控分析；配合完成全市不动产“清零行动”涉税任务；承接国有土地出让金和矿产资源专项收入等非税收入征收职能划转。

【税收法治建设】 2022年，临汾市税务局加强法治建设，推进“三项制度”，做好非强制性执法试点工作。审结重大税务案件20件，高效复议案件2件，发挥“法律服务中心”作用，执法资格考试通过率达100%，公职律师队伍及法律顾问为防范和化解法律风险作出积极贡献。推送风险任务，应对各级风险任务4006户次，入库税款3.4亿元，其中大企业风险任务应对61户，入库税款2.6亿元；搭建的“大数据实现四税费联动管理”风险模型成效初显；完善“一户式”大企业税收管理。对霍州市、洪洞县、临汾经济开发区等县市局开展税收执法督察和审计。向社会公布税收违法“黑名单”13户，加强联合惩戒；积案清理率78.1%；聚焦“假企业”“假出口”和“假申报”开展打击虚开骗税靶向整治，全年税务稽查共立案314件，查补1.64亿元。

【优化营商环境】 2022年，临汾市税务局深化“放管服”改革，连续第9年开展“便民办税春风行动”，细化完善112条便民服务举措。“非接触式”办税和“一次不跑”范围不断拓宽，全市90%以上的企业涉税业务实现网上办理，网上申报率每月达到99%以上。推进“全程网上办”和“跨区域通办”，推广“简事快办”“一分钟办”“办不成事处理”等窗口服务措施，80%以上事项可“一次办结”，84项实现“同城通办”，74项实现“全省通办”，6项实现“跨省通办”。扎实推进“春雨润苗”专项行动，促进小微企业健康发展。推广应用征纳互动平台，覆盖近6万户纳税人，解决诉求6280条，精准推送减税降费优惠政策656条。“两条热线”高效率办结税费咨询3998个，举办线上纳税人学堂8期，促进政策落实。对接服务临汾市唯一“链主”企业晋南钢铁集团，促进重要产业链高质量发展。深化“银税合作”，助力722户小微和民营企业获取贷款20亿元。在2022年总局纳税人满意度调查中，排名首次跃升全国前30%。 （郭柱子）

规划和自然资源管理

【概况】 2022年，临汾市规划和自然资源局聚焦“两统一”职责，高质量保障发展，高标准保护资源，深化改革保护生态，开创规划和自然资源事业新局面，一批大事要事取得新突破，为临汾双城建设和高质量发展提供保障。

【耕地保护】 2022年，临汾市规划和自然资源局加强耕地数量、质量、生态“三位一体”保护，夯实各级政府耕地保护责任。将永久基本农田作为国土空间规划的核心要素，控制非农建设占用永久基本农田。改进耕地占补平衡，挂牌交易补充耕地项目10宗963亩，产能64.7万公斤。拓宽补充渠道，启动新一轮43个补充耕地项目，保障适度超前的基础设施建设用地需求。遏制耕地“非农化”、防止“非粮化”，妥善处理存量，坚决遏制新增，对新增问题项目及地块实行挂号、销号管理，坚守710.78万亩耕地红线。

【用地保障】 2022年，临汾市规划和自然资源局改革计划指标管理模式，坚持土地要素跟着项目走，全年供应建设用地1.55万亩，保障奥体中心、规划三街、霍永高速、云鹏制药、中伟精机、晋南钢铁、万鑫达焦化、宏源新能源、晋南农产品物流园等一大批重点项目落地。完成市级网上交易平台建设，规范交易秩序，保障土地交易市场“公开、公平、公正”。深化“标准地”改革，出让“标准地”29宗1981亩，在山西省第一家实现开发区工业用地全部以“标准地”出让。

【生态治理】 2022年，临汾市规划和自然资源局推进“两山七河一流域”生态保护与修复治理，完成汾渭平原废弃露天矿山、黄河流域历史遗留矿山生态修复项目，总规模1.1万亩，改善矿山地质环境，提升资源供给的规模质量。开展全域土地综合整治，试点项目总规模9360亩。推进大宁、古县省级农村土地综合整治项目，实现土地开发整理向土地综合整治转变，支持乡村振兴战略。

【矿政管理】 2022年，临汾市规划和自然资源局推进煤炭资源接续配置，全市10个煤炭资源接续配置项目经省政府研究通过，为煤炭增产保供提供坚强的后备基础。加强矿业权市场建设，挂牌出让水泥灰岩矿1宗。完成汾西县4个铝土矿区核查工作，上报省自然资源厅纳入出让项目库，为地方经济发展注入活力。全市油气企业投入勘探资金2.87亿元，勘探井开钻17口，完钻21口。中石油煤层气大宁—吉县区块新增煤层气探明储量360亿立方米，推动煤层气产业持续、健康、快速发展。

【民生保障】 2022年，临汾市规划和自然资源局深化不动产登记改革，拓展延伸“互联网+不动产”功能建设。完成房屋产权确权登记颁证“清零行动”，为群众颁发产权证书19.1万户，实现“愿登可登，愿登尽登”。提升测绘地理信息服务水平，开展地理信息资源录入工作，加快基础测绘数据产品的采集和更新，提升对城乡建设的精确和快速空间定位保障能力。做好行政审批服务工作，自然资源行政审批“三级联办”平台山西省首家投入运行，实现“全业务全流程网办”。建立清单式审批制度，构建便民利企、阳光高效的行政审批工作机制，优化营商环境。

【规划管控】 2022年，临汾市、县两级国土空间总体规划形成初稿，完成全市“三区三线”划定，根据部、省最新要求进行完善，搭建国土空间规划“一张图”实施监督信息系统。省级审核通过交通、水利、能源、化工项目162项，调出基本农田5.11万亩，报送能源化工项目133项，总面积12.17万亩，为经济建设留足发展空间。高水平服务城市建设，完成快速交通专项规划编制，打造中心城区15分钟快速交通圈，为“双城建设”提供规划支撑。完成铝锅巷及两侧地块城市设计，塑造宜居舒适的人居环境。

【执法监察】 2022年，临汾市规划和自然资源局组织开展常态化地毯式、拉网式排查，重拳打击各类自然资源违法行为。全年查处自然资源违法案件343宗，其中土地127宗、矿山18宗、规划17宗、林业181宗，罚款金额共计1.33亿元，移送司法、纪检机关57宗。开展常态化打击非法违法采矿边界行动，消除监管盲区。开展“边界行动”“百日攻坚行动”，全市出动执法巡查4.5万人次，排查出337个问题已全部整改到位。采取“人防+技防”措施，市、县局投入8481万元，建成市级视频监控系统，各县设立监测点位870个，加快构建全天候、无死角的安全监管体系，维护自然资源管理秩序稳定。

【风险防范】 2022年，临汾市规划和自然资源局落实地质灾害防治和森林防火措施，在407处地质灾害隐患点安装监测预警设备，发送预警信息6.2万条，排查治理林区输配电设施火灾隐患195.74公里，排查整改森林火灾隐患37处，打击处理和教育违规野外用火人员136人，追责问责29人。利用新兴网络媒体宣传地质灾害防治、森林防火和相关防灾减灾知识，全年实现地质无灾害、森林无火情。2022年地质灾害搬迁2000户，开工率100%、入住率73.52%，超额完成省定任务。吉县地质灾害“隐患点+风险区”双控试点建设成果通过省级验收。乡宁县、蒲县政府筹集1.6亿元，对56处高危地质灾害隐患点实施工程治理，消除安全隐患。

【林业管理】 2022年，临汾市规划和自然资源局创新开展国土绿化行动，提升生态系统碳汇能力。落实“绿化、彩化、财化”要求，统筹推进，及早动手，提升森林质量，完成营造林11.41万亩、森林抚育6.52万亩，厚植绿水青山生态底色。推进林长制改革，全市设立四级林长4273人，其中市级林长9人、县级林长144人、乡级林长941人、村级林长3179人，压实森林资源保护责任。市级林长巡查11次，签发市级总林长令2次，部署森林草原防灭火、破坏森林资源案件查处整改等工作，提升林草资源保护、病虫害防控、森林防火工作质量。（孙寅铖）

金融监管

·中国人民银行临汾市中心支行·

【概况】 2022年，中国人民银行临汾市中心支行（简称人行临汾市中心支行）持续释放金融政策红利，引领辖区金融机构靠前发力、精准发力、持续发力，为临汾实体经济健康发展提供金融支撑。落实总行、人民银行太原中支关于金融支持稳企纾困的工作部署和市委关于市场主体倍增、服务业困难行业恢复发展的政策安排，强指导、扩投放、搭平台、优服务，提升市场主体融资可得性和便利度，截至2022年底，临汾市各项贷款余额2352.18亿元，同比增长14.8%，增速位居山西省第二。

【窗口指导】 2022年，党中央、

国务院和上级行稳企纾困系列政策出台后，人行临汾市中心支行迅速成立稳企纾困工作专班，“清单式”抓惠企责任落地。会同市金融办、银保监等部门出台加大信用贷款投放、开展首贷户拓展、做好续贷转贷支持等17条金融支持举措，纳入全市稳企纾困政策安排。组织召开临汾市货币信贷政策落实暨金融稳企纾困推进会，引导金融机构准确把握信贷政策导向，通过调整内部资金转移定价、提高容忍度、差异化绩效考核等措施，加大对稳企业保就业重点行业群体的信贷支持力度，落实落细各项金融支持政策。强化财政政策与信贷政策的协同，推动市财政设立2.7亿元信用保证基金、1200万元融资担保降费奖补资金，激发金融机构、担保公司助企纾困的积极性。在全市范围内组织开展金融服务小微企业授权、授信、受理回告、尽职免责“四张清单”公示行动，推动小微企业金融服务能力提升。

【政策资金撬动】 2022年，人行临汾市中心支行落实好碳减排、支持煤炭清洁高效利用、科创、交通物流等阶段性货币政策工具，通过名单推送、定期监测、融资对接等多重举措，撬动金融机构加大对绿色发展等国民经济重点领域和薄弱环节的信贷投放。截至2022年底，全市绿色贷款余额137.3亿元，同比增长85.5%；交通物流行业贷款余额212.3亿元，同比增长11.4%；有64家专精特新企业获得银行授信25.5亿元，获贷率达81%。发挥好普惠小微贷款支持工具余额增量1%的激励作用，全年，为符合条件的13家地方法人金融机构提供普惠小微贷款支持工具激励资金2417.25万元，直接撬动18.45亿元的普惠小微贷款增量。

【搭建融资平台】 2022年，人行临汾市中心支行按照名单推送+政银企洽谈的思路，一方面联合市发改委、中小微企业发展中心、商务局、文旅局等6个部门，分行业摸排企业融资需求，将全市43个重点项目主体、79个省级以上专精特新企业、20家能源保供煤电企业、绿色转型煤炭企业和420家相关部门推送的批发零售、文旅和交通运输企业等纳入重点支持市场主体名录库名单，推送给金融机构，引导金融机构聚焦名单内企业，推广供应链金融产品和“一次授信、随借随还”的信用贷款产品。另一方面市县两级联动，联合政府相关部门组织召开稳企纾困政银企洽谈会7场次，面对面为企业宣讲政策，推介产品，现场为54家企业提供融资支持178.9亿元。

【金融服务】 2022年，人行临汾市中心支行深化数据治理工作，创新编写《金融基础数据评估手册》，相关工作做法《临汾中支以“五零”为目标构建数据治理体系》信息被总行调统司《动态信息》刊登采用；推广简易开户服务，开通小微企业开户“绿色通道”，实现企业账户平均开户时间缩短至1.5天；推动银行机构减费让利“应减尽减”，加大优惠政策宣传力度，通过电话、短信、弹窗等形式精准通知客户13.6万次，全年支付手续费让利实体经济8340万元，惠及小微企业和个体工商户9万户；与市税务局构建“六联合”联动协作机制，推进各项退税“退快、退准、退稳、退好”，实现日均业务100%办结率，截至2022年底，办理增值税留抵退税21.53亿元；联合发改委出台《临汾市农村信用体系建设实施方案》，推广“背靠背整村授信”试点经验，引入百行征信有限公司在临汾拓展涉农征信业务，深化农村信用体系建设，相关做法在2022年全省征信工作会议上做经验交流。

【稳企纾困专属服务】 2022年，人行临汾市中心支行开展“银团万企行”金融稳企纾困专项行动，组织金融机构分片包干，深入重点商圈、园区、企业、商铺开展“问需求、送资金、解难题”活动，提升稳企纾困金融服务能力和服务温度。针对存量贷款以不漏一户为原则，进行“地毯式”对接，简化办理手续，通过延后还款时间、延长还款期限、展期、续贷等多重措施，减轻市场主体还款压力和资金周转困境。针对新增客户需求，推出“专属政策安排、专属利率优惠、专属信贷产品、专属审批通道、专属信贷额度”的“五专”服务模式，提高信贷支持力度。

【金融管理】 2022年，人行临汾市中心支行开展打击治理洗钱违法犯罪、反电诈、“征信修复”乱象治理等专项行动，向公安部门推送可疑线索849条，协助公安破获一起跨境网络赌博案件，撰写的典型案例报告被总行支付结算工作动态采用；开发“银警通”风险信息共享平台，共享涉诈电话卡、银行卡、被惩戒人员等信息，该平台建设完成并试运行。推动全市16个县（市）建立“市县联动、一体覆盖”的金融纠纷调解工作机制，截至2022年底，达成调解协议36笔，相关经验做法被太原中支《党建工作信息》予以交流。

【外汇管理与服务】 2022年，人行临汾市中心支行推进外汇汇率避险工作。年内行领导带队深入8家外汇企业开展实地调研，引导企业树立汇率风险中性理念，向56家企业下发电子调查问卷，联动银行深入30家（次）企业调研，推动汇率风险中性理念入脑入心。与财政局、金融办等部门就设立中小微企业外汇衍生品业务专项补贴方案进行多次磋商，争取支持。引导涉外企业加强汇率风险管理，全市办理外汇衍生品业务的银行由1家增为4家，新增首办户企业8户，截至2022年底，全市外汇套保率2.74%，位居山西省第四。推进贸易外汇收支便利化政策试点落地，实现便利化试点零的突破。

【高风险机构“清零”】 2022年，人行临汾市中心支行配合市政府制定《临汾市地方金融机构风险化解基金管理办法》，推动化险资金全部筹集到位，指导侯马农商行增资扩股、清收不良、核销贷款，达到退出标准，如期实现“清零”目标。防化风险的工作做法在山西省金融稳定工作会议上进行经验交流。

【宣传引导】 2022年，人行临汾市中心支行营造“存款安全”的社会氛围，在5月存保宣传月，组织金融机构开设“护航新征程、存保伴您行”主题宣传抖音直播间，制作沙画、情景剧等8个喜闻乐见的节目，获得点赞15.4万次；组织成立青媒工作室，运用新媒体方式开展“守住百姓钱袋子”宣传活动，制作的《守护个人金融信息安全》等13个宣传微视频，被“学习强国”学习平台App、总行“成方三十二”平台及太原中支公众号采用；创新制作《学习贯彻保密法、筑牢保密防火墙》微视频被总行央行网院采用，全行优化金融服务的做法被《金融时报》刊登20余次。

【风险识别】 2022年，人行临汾市中心支行对全市25家地方法人金融机构开展压力测试工作，对评级结果为7级的金融机构与9家村镇银行做到日监测、周报告，落实总行中小银行风险防控专题会议精神，组织对全市中小银行金融风险进行全面评估，强化应急处置措施。

【助力乡村振兴】 2022年，人行临汾市中心支行配合市政府推进乡村振兴“四类”示范村建设。为做好金融支持工作，通过“一县一专班、一村一清单、一户一施策”举措，引导金融机构加大乡村振兴“四类”示范村创建，“贷”动涉农融资提质扩面降本。“专班式宣传”以县为单位建立工作专班，组织近200名金融宣讲员联合64个示范创建村金融服务网点开展政策宣讲活动，提升涉农主体政策知晓度；“地图式对接”，通过村委推荐和走访评级等形式，建立授信“白名单”，创新设计授信名单“数据地图”，信贷员通过在地图上点击操作，就能够精准匹配客户的融资需求；“个性化服务”，指导金融机构针对涉农主体用款特点，推出多种“一次授信、循环使用”的随借随还信贷产品，创新“科学分配+灵活调剂”的再贷款资金分配机制，通过限额调频方式，满足支持“四类”示范村创建的地方法人银行新增限额要求。截至2022年底，全市涉农贷款余额1251.82亿元，同比增长16.71%。临汾金融支持乡村振兴经验做法先后以《临汾市中支引金融活水助推农业生产托管新模式》《临汾市中支“三个一”举措支持乡村振兴“四类”示范村创建》为题，被总行分支机构以动态形式予以刊发。太原中支行长高波在全省三季度工作例会上，对临汾市中支加大金融支持乡村振兴力度，推动辖区涉农贷款显著增长给予点名表扬。

（葛　亮）

·银保监工作·

【概况】 2022年，临汾银保监分局强化全面从严治党，防范化解金融风险，提升金融服务质效，服务临汾全方位推动高质量发展，各项工作取得显著成效。截至12月末，全市银行业资产总额4617亿元，较年初增加595亿元，增长14.79%，各项贷款余额2412亿元，较年初增加317亿元，增长15.09%，高于山西省平均增速5.02个百分点，增速位居全省第三。保险业实现保费收入99.42亿元，位居全省第三位，提供风险保障6.17万亿元，赔付支出30.21亿元，同比增长2.92%，高于全省平均增速5.27个百分点。

【重点领域金融支持】 2022年，临汾银保监分局督促引领全市银行机构聚焦产业转型发展、项目建设、制造业发展、绿色金融等重点领域，加大信贷投放，保持信贷资金的有效供给。截至12月末，全市银行业制造业贷款余额271.45亿元，较年初增加83.23亿元，增长44.23%，高于山西省平均增速25.92个百分点；绿色信贷余额

140.24亿元，较年初增加66.05亿元，增长89.03%；支持重点工程项目数201个，贷款余额450.45亿元，较上年同期增加76.73亿元；支持转型综改建设企业480家、项目171个，贷款余额158.19亿元，较去年同期增加26.88亿元。

【普惠金融发展】 2022年，临汾银保监分局创新开展融资对接“区县行”活动，组织召开政府部门、金融机构、企业代表三方现场洽谈会，取得34亿元对接成果，其中中小企业贷款发放率达86%。开展金融服务小微“网格化”工作，将全市划分为264个“网格化”区域，推动银行业机构摸排市场主体8.9万户，向1.2万户小微企业和市场主体发放贷款26亿元。截至12月末，普惠型小微企业贷款余额274.55亿元，较年初增加49.17亿元，增长21.82%，高于各项贷款增速6.73个百分点，有贷款余额的户数57956户，较年初增加12106户，完成“两增”目标。

【助企纾困】 2022年，临汾银保监分局牵头成立服务实体经济工作领导小组和稳经济工作专班，印发推进稳住经济政策措施专项行动实施细则等政策文件9份，确保助企纾困政策落地实施。截至12月末，全市银行业支持民生领域重点住宿和餐饮业贷款余额1544亿元，较年初增长24.37%，高于山西省平均增速8.71个百分点；支持受疫情影响较大行业批发和零售业贷款余额455.33亿元，增长25.04%，高于全省平均增速4.73个百分点。

【乡村振兴】 2022年，临汾银保监分局组织开展巩固拓展脱贫攻坚成果同乡村振兴有效衔接考核评估自查自评。截至12月末，全市脱贫人口小额信贷投放5.69亿元。督促银行机构改善三农领域金融服务。截至12月末，辖区涉农贷款余额1280.88亿元，较年初增加195.16亿元，增长17.98%，高于各项贷款增速2.98个百分点；普惠型涉农贷款余额287.78亿元，较年初增加67.93亿元，增长30.84%。

【民生保障】 2022年，临汾银保监分局加强新市民金融服务，督促引领辖内银行机构发放新市民金融服务贷款12.29亿元，各保险机构为1400余家企业、28万余户新市民提供保险保障900余亿元。加大消费者权益保护，2022年转办银行业保险业消费投诉715件，处理完毕689件，投诉客户满意率87%。持续强化保险保障功能，截至12月末，全市农业保险保费收入2.84亿元，同比增长9.72%，提供风险保障149亿元，赔付支出1.53亿元，受益农户15.1万户次。

【金融风险防控】 2022年，临汾银保监分局坚持底线思维，稳妥处置各类风险，金融风险防控取得新进展。

防范信用风险。开展资产质量专项排查，监测不良贷款处置进展，督促各机构真实合规处置不良。2022年处置不良贷款43.39亿元，较上年增长58.4%，其中处置农合机构不良贷款39.74亿元，占全省近三分之一。截至12月末，辖内各银行业机构不良贷款余额62.05亿元，较年初减少2.16亿元，不良贷款率2.57%，较年初下降0.49个百分点，不良贷款实现“双降”。

推进法人银行机构风险处置。推进高风险机构风险化解，指导侯马农商银行制定“十四五”期间风险处置方案，推进临汾市政府成立农信社风险化解专题领导小组，设立风险化解基金。截至12月末，侯马农商银行9.33亿元风险化解基金全部到位，不良贷款余额由年初的19.99亿元减少至4.99亿元，不良贷款率由30.68%降至7.13%。截至12月末，12.1亿元信用卡不良资产全部入账反映。

严防逾期交付房地产企业项目风险。开展银行业机构涉房地产企业及项目风险情况全面排查，针对排查发现问题，向市政府专题汇报相关情况，争取工作支持，召开加强商品房预售资金监管账户管理工作会议，推动逾期交付房地产企业项目风险化解。

【银行业保险业改革】 2022年，临汾银保监分局推动辖内银行业保险业高质量发展。强化农村中小银行公司治理。开展公司治理领域监管法规落实情况督导调研，督促落实政策规定。开展股权和关联交易问题整改，问题整改率91%。高度关注内部人控制和外部人操纵苗头性问题，组织开展监管排查，对法人机构进行画像。落实利润分配政策，强化各机构利润分配底线思维。规范保险机构经营管理。引领辖内财险公司参加自律公约，维护车险市场秩序。指导辖内人身险公司开展满期给付和退保风险排查，督促结合实际修订完善应急预案，应对和处置风险。开展保险公司分支机构专项排查，针对达不到经营标准、同址办公等问题，提出监管要求，整改规范。开展保险中介机构“多散乱”问题专项整

治，截至年底，督促撤销“三无”机构10家。（王国梁）

审　计

【审计成果】 2022年，临汾市审计局完成审计项目72个，查出主要问题金额713527万元，出具审计报告和专项审计调查报告67篇。审计处理处罚金额117032万元，审计促进整改落实有关问题资金10255万元，核减投资额2838万元。移送处理事项97件，其中移送纪检部门78件。移送处理落实事项43件，处理涉案人员80人。临汾市审计局在山西省审计厅2021年度目标责任考核中被评为先进单位；临汾市审计局农业农村科被山西省审计厅表彰为山西省审计系统先进集体。

【财政审计】 2022年上半年，临汾市审计局完成对市直17个单位2021年度预算执行情况审计和13个单位2020年度财政财务收支审计，查出部分单位预算编制不科学、收入管理不规范、支出管理不严格、资金分配和使用效益不够高等问题55个。下半年，开展8个县（市）财政决算审计，查出部分县（市）财政收入不真实、虚列财政支出、存在政府债务风险等问题67个，提出加强财政管理、提高财政资金使用绩效等建议25条。

【经济责任审计】 2022年，临汾市审计局开展18名党政领导干部经济责任审计和自然资源资产离任审计，其中县委书记1名、县（市）长8名、市直领导干部4名、县公安局局长2名、县审计局局长3名。查出重大决策部署贯彻执行不到位、经济社会发展规划和政治政策落实不细、经济风险防控存在隐患等方面问题126个，提出落实主体责任、落实好规划引领作用、合理制定规章制度等建议56条。

【民生审计】 2022年，临汾市审计局开展市本级和17个县（市、区）2021年度衔接推进乡村振兴补助资金审计、石楼县巩固拓展脱贫攻坚成果同乡村振兴有效衔接相关政策和资金审计，共查出资金投向不合规、资金拨付不及时、项目实施不规范、进展缓慢、效果不佳、易地扶贫搬迁点配套设施不完善等问题133个，督促加快资金拨付8700万元，完善项目相关手续36个，移送处理事项11件。开展“人人持证技能社会”专项资金审计，查出少收基金存款利息、违规发放培训补贴等问题11个，移送处理事项5件。其中，移送纪委监委线索2件，追回培训补贴170.51万元、基金存款利息收入1792.42万元。开展市本级和5个县（市）2022年防汛救灾灾后基础设施修复建设和资金使用情况跟踪审计，抽审资金6.95亿元、项目311个，抽查单位117个、乡镇88个、行政村307个，走访调查农户1123户，查出专项资金分配拨付不及时、资金闲置、项目进展缓慢等方面问题53个。

【政府投资项目审计】 2022年，临汾市审计局开展河西（第三）污水处理厂建设工程项目竣工决算审计，报审投资9427.39万元，核减投资2619.52万元，核减率27.78%。开展2021年度拟发旅游奖励性资金审计，核减资金5.3万元。

【其他专项审计】 2022年，临汾市审计局对全市16个县（市）2011年至2021年高标准农田建设资金和项目开展交叉审计，查出违纪违规和管理不到位等方面问题315个，督促登记固定资产5.87亿元、加快拨付资金1.16亿元、办理完善相关手续67项。开展开发区高质量发展重大政策落实及相关重点事项专项审计，查出重大政策落实、招商引资项目落地建设投产、土地资源配置利用等7个方面48个问题，移送纪委监委案件线索60件。

【审计查出问题整改】 2022年，临汾市审计局全年审计发现问题需整改668个，督促完成整改549个，整改率82.18%。其中，市本级预算执行审计发现的55个问题，已督促完成整改50个，整改率90.9%。

（茹　江）

统　计

【概况】 2022年，临汾市统计局紧扣市委、市政府发展战略和工作思路以及省统计局重大决策部署，开展“统计服务提升年”活动，履行统计职责，提升服务水平，及时准确地反映全市经济社会发展成绩。市统计局被国家机关事务管理局、中共中央直属机关事务管理局、国家发展和改革委员会、财政部联合评定为国家级“节约型机关”；被省人力资源和社会保障厅、省统计局联合表彰为山西省统计普查工作先进集体；临汾统计工作在全省统计业务综合考核中再度蝉联“优秀”等次。

【“统计服务提升年”活动】 2022年，临汾市统计局开展“统计服务提升年”活动，通过更好服务党政决策、更好服务部门联动、更好服务基层建设、更好服务社会需求“四个更好”任务指引，推动统计服务提升见效。谋划和推进统计监测，形成从“事前预报”至“事后反馈”的完整闭环。每“日”对重点企业生产进度进行监测，动态把握经济运行总体趋势；每“周”收集整理全市主要工业品价格、房价、地价，将统计监测的触角延伸到经济变化的最前方；按“月”开展黄河金三角城市主要指标、分县（市、区）三次产业和产业投资等指标监测，为比较研判和掌握进度提供便捷参考；分“季”测算GDP核算基础指标运行情况，掌握各领域经济运行变化，提出需要关注的情况和相关建议；按“年”发布统计公报，整理完善主要指标历史台账，编印出版《临汾统计年鉴》《临汾市情概览》等产品，打造研究宏观经济形势的实用工具。把握疫情常态化形势下经济社会发展的特点和规律，加强对经济形势的把脉和诊断。按月召开分析点评会议，提高全市及分专业、分领域的进度分析质效，编印形成《临汾市经济运行监测报告》11期。撰写《比较借鉴：临汾运城两市农业发展对比》《关于我市2022年1—5月GDP总量与长治、晋城、运城差距加大的原因》等分析。紧跟领导关心关注问题，形成《双碳目标下临汾市风光电发展情况研析》《临汾市脱贫地区易地扶贫搬迁后续扶持情况调研报告》等多篇专题报告；围绕农村养老、城市青年住房、生育意愿等进行专题调查和研究；组织申报科研课题20篇，比2021年多9篇。反映党的十九大以来全市经济社会发展成就，组织撰写系列分析报告9篇，形成《喜迎二十大奋进新征程》一书。

【巩固统计基层基础】 2022年，临汾市统计局将基层建设作为重点工作。坚持践行“一线工作法”，班子成员全年近20次赴重点县（市、区），深入约50家基层单位，开展经济形势调研，对经济运行和企业生产经营中存在的问题进行对接交流。各专业科室近30次前往重点县（市、区），对业务工作进行面对面帮扶指导，掌握情况更准、了解问题更清、采取措施更实。以问题为导向、以需求为指引，坚持市县联动、齐抓共管，市一级重点组织对市县领导、工作专班和相关部门统计人员的培训，县一级着重联合行业主管部门，开展对乡镇、村、联网直报单位统计人员的培训。2022年市统计局邀请省局领导来临授课7次，选派人员外出培训5次，组织基层业务培训10次。市县两级组织培训304期，共计11428人次参加。将信息化和网络安全建设与统计业务一体谋划推进，建立网络安全通报机制，做好日常维护和运行安全工作，保障国家、省、市、县四级统计部门的线上指挥调度。落实互联网和统计内网边界白名单访问控制，做好网络攻击预警和应急处置工作，确保冬奥会、“两会”等重点时期网络安全。

【统计监督】 2022年，临汾市统计局贯彻落实习近平总书记关于防范和惩治统计造假、弄虚作假重要批示精神，推动各级领导干部从政治高度认识统计工作。提请市县党政班子学习《监督意见》和《山西省统计条例》等内容，市委、市政府主要领导带头参加，就做好统计工作和着力发挥统计监督职能作用作出部署。市委常委会审议通过，以“两办”名义印发《关于进一步学习贯彻〈监督意见〉的通知》。坚决贯彻落实习近平等中央领导同志关于防范和惩治统计造假、弄虚作假重要批示精神，开展统计造假不收手不收敛问题专项纠治。与市纪委监委沟通对接，结合临汾实际

2022年，临汾市统计局组织人员深入基层服务指导
（市统计局供图）

印发实施方案，细化工作举措和时限要求。落实“四个必查”“三个一批”工作要求，开展专项纠治重点抽查，将抽查发现的问题向当地党委政府反馈，要求限期整改到位。开展统计造假屡禁难绝问题专题调研，分析原因，提出建议。加强对质量管控、责任落实等方面相关制度的跟踪问效，执行《数据质量审核评估上报表》，规范数据上报流程，压实源头审核责任。不定期组织各专业针对国家和省局查询任务开展统计数据质量核查，必要时要求企业提供数据来源说明及相关印证资料，及早发现奇异值，降低数据差错率，确保源头数据质量。2022年各专业实地核查150余次。对4个县（市、区）98个单位（项目）开展执法检查，对28家企业作出行政处罚决定，将违法企业信息推送至信用管理平台开展信用惩戒，对相关统计违纪违法责任人提出处分处理建议并按要求移送。

【统计新闻宣传】 2022年，临汾市统计局坚持“以人为本、统计为民”的工作理念，按照省市关于“进一步加大统计数据和统计知识的宣传解释力度，提升政府公信力”的要求，从统计角度回应社会关切，提高群众对统计工作的认可度和满意度。做好重点领域信息公开，对外发布月度、季度和年度统计数据，分析解读经济运行情况。联合市政府新闻办公室、国家统计局临汾调查队召开新闻发布会，介绍主要经济数据和全市经济运行情况。完成统计信息报送和宣传工作，2022年全市统计系统被省级以上网络采用信息794篇，得分位居全省第二。其中国家内网采用55篇，创历史新高。“临汾统计在线”微信公众号全年推送文章1039篇，在全国市级统计调查系统微信公众号综合影响力月度50强榜单中月月有名，最好成绩排在第五，稳居全省11市第一。联合临汾日报社，在《临汾日报》、“临汾日报”微信公众号等媒体平台，开办“漫说统计”专栏，发布专题内容20期，采取“漫画+图解+事例”的形式，对各领域常用统计知识进行宣传，同步编印《漫说统计》“口袋书”。市县联动举办以“数说新时代奋进新征程”为主题的第十三届“中国统计开放日”活动，以展板形式展现党的十八大以来临汾经济和民生事业发展取得的辉煌成就，通过发放宣传品、宣传手册等，吸引群众参与咨询。

【统计重点领域改革】 2022年，临汾市统计局贯彻新发展理念，落实高质量发展要求，探索制定临汾市高质量发展综合绩效考核统计报表制度，推动统计数据更加准确全面真实反映经济发展变革进程。规范实施县级GDP统一核算，完成17个县（市、区）季度GDP统一核算工作。创新能源消费统计，在全省首家探索创新实行原煤实测热值台账，方便企业计算原煤加权平均折标系数，规范企业数据报送。完成全市第十二次中国公民科学素质统计调查工作。开展开发区主要经济指标核算工作，规范开发区企业数据采集流程。加强对“四上”企业入库的全流程跟踪服务，指导推动353家单位入库，868个项目顺利入库纳统，确认开发区单位80家。

【普查调查】 2022年，临汾市统计局按要求推进人口普查后续工作。对全市第七次全国人口普查120个先进集体和225个先进个人进行评选表扬。编印临汾市第七次全国人口普查年鉴资料，完成10篇七人普查课题的撰写。总结普查经验，完成市县两级五经普筹备机构的组建，工作机制建立以及经普前期调研工作，形成调研报告。落实经费预算工作，完成全市“两员”数量的测算，摸清PAD数量。作为全省3个国家级行业智能赋码系统试点之一，指导尧都区统计局先行先试，对抽取的1800家单位进行测试，完成国家专项试点任务，形成试点报告，为智能赋码系统工作提出建设性意见，得到省局和国家的表扬认可。（任晓霞）

统计调查

【住户调查大样本轮换】 2022年，国家统计局临汾调查队贯彻落实国家统计局、省政府和山西调查总队关于大样本轮换工作的部署要求，大样本轮换工作取得良好成效。临汾市人民政府办公室印发《关于切实做好住户调查大样本轮换工作的通知》，成立大样本轮换领导小组和办公室，各县（市、区）成立由政府分管负责人任组长、有关部门参加的工作领导机制，落实人员、经费，保障轮换扎实起步。开展专业人员和辅助调查员培训，确保参与样本轮换工作的人员熟知方针政策、知悉方案制度、掌握工作流程；利用电视台、报纸、宣传栏、电子屏、公共交通、微信公众号、朋友圈、微信群等载体，开展样本轮换宣传，前往调查小区开设宣传台，通过横幅、海报、宣传手册等大力精准宣传，发放抽纸、扇子等宣传品，提高公众知晓度。成立2022年临汾住户调查大样本轮换工作组，分为8个现场调查小组，奔赴16个调查小区，各小组组长统筹协调安排，完成尧都区建筑物清查、调查小区图绘制、住宅名录表编制、摸底调查等工作。全市完成两轮抽样框信息核实，184个调查小区的确认、小区图的绘制、建筑物清查，26349宅的摸底调查，1840户记账户的开户、试记账和培训工作。

【农作物面积遥感测量和对地调查】 2022年，国家统计局临汾调查队对国家定点的5个县（区）开展农作物面积遥感测量实地调查，协调推进尧都区、洪洞县、襄汾县3个产粮大县粮食生产调查和农业生产形势调研等工作。市县两级国家调查队主要领导亲自主抓、统筹布置，分管领导及时跟进、组织实施，指定专人负责。深入5个县（区）对业务骨干开展培训，指导遥感业务，解决对地遥感测量中遇到的实际问题，规范数据保存和传输。全年完成5个县（区）55个村，165个样方，6000余个地块秋冬播、春播和夏播面积的遥感测量数据采集与图像审核、上报工作，从源头上确保规范、数据可靠。

【粮食畜牧业统计调查】 2022年，国家统计局临汾调查队承担17个县（市、区）粮食畜牧业统计调查任务。坚持党建与调查业务深度融合，提高调查数据质量和服务水平，推动“调查一线党旗红 农业调查数据实”党建品牌创建工作走深走实，提升党建引领，破解制约乡镇、村统计调查工作效能提高的问题。深化制度落地。修订完善《粮食统计调查规范化标准实施办法》《粮食统计调查流程图》《临汾市粮食畜牧业统计调查基层人员业务指导手册》，对粮食畜牧业全面报表的上报注意事项进行再部署，确保各县（市、区）粮食全面统计基层基础工作扎实到位。执行山西调查总队数据质量评估办法，严格审核、科学评估建立联审机制，确保调查数据质量。建立与农业部门、畜牧部门沟通会商机制和数据信息共享机制，按规定做好数据管理、发布、使用和资料共享。全年完成年报和定期报表上报工作，开展6次重点形势调研，为市委、市政府提供调查报告30篇，课题1篇，4篇经验交流被山西调查总队和国家统计局网站刊发。

【主要畜禽监测调查】 2022年，国家统计局临汾调查队承担14个县（洪洞、乡宁、安泽3个国家队直报山西调查总队）140家大型畜禽养殖场（户）调查任务。严格国家调查方法制度落实，结合基础工作检查、执法检查、形势调研等，每季度抽取重点场户开展入户检查，落实落细入户调查长效机制。采取集中培训与线上“微课堂”相结合方式，通过“以会代训”、搭建QQ群和微信平台等方式，开展经常性、针对性的培训交流，畅通沟通渠道，扫除业务盲点，联合畜牧部门开展大型名录库摸底工作，总体实现培训常态化和调查样本全覆盖。利用国调资讯公众号、QQ和微信工作群、业务培训会、入企调研、结对共建等方式，“线上+线下”多维度宣传统计法律法规，坚持逢会必讲法，入企必宣法，提高依法统计意识。通过规范台账落户、实施专业数据质量检查、统计执法检查，夯实基层基础，确保数据的真实性和准确性，全年完成4个季度数据上报工作。

【城乡住户一体化调查】 2022年，国家统计局临汾调查队执行国家调查方案，落实山西调查总队下发的《住户类调查工作规范化标准》，细化工作方案，加强对辅助调查员的考核管理，及时对市区记账户开展地毯式回访，严把数据采集、录入、汇总、审核和评估等关口，确保源头数据质量。多方位培训，提升业务能力，举办全市住户调查业务培训班，提升工作水平；对辅助调查员和记账户进行点对点，一对一培训，使记账户均能熟练掌握记账要求；建立微信互动群，答疑解惑，定期发放记账注意事项。通过电子记账经费、设备、网络环境等支持，推进住户调查电子记账工作，电子记账开户率有所提高，截至2022年底，全市17个县（市、区）1880户记账户中，电子记账率78.4%。全年完成市区13个城乡调查点130户居民收支调查任务、6个调查点60户农民工监测调查任务、4个调查点40户农民工市民化动态进程监测调查任务和17户网购监测调查任务，同时组织实施全市1880户居民收支调查和450户脱贫县农村住户监测调查工作。

【劳动力调查】 2022年，国家统计局临汾调查队承担全市除永和县外的16个县（市、区）、83个调查点、1328户的月度劳动力调查工作。执行劳动力调查国家方法制度，贯彻落实总队业务规范化标准及市队业务规范化标准实施细则，制定出台《临汾市劳动力调查工作考核评比办法》，从经费落实、人员配备、台账建立、陪访督导、数据审核以及报表说明与工作总结撰写情况等方面进行量化考核与评价，严把采集、录入、汇总、审核和评估等关口，确保源头数据质量。全年实现16个县（市、区）陪访督导全覆盖，促进劳动力调查工作规范化。加强数据审核查询，及时反馈核实问题，加大电话回访抽查力度，提升数据质量。建立调查员队伍并加强业务培训。全市16个县（市、区）选聘43名劳动力调查专项公益岗，85名辅助调查员；全年集中开展2次业务培训，确保培训全覆盖。2022年末，对16个县（市、区）劳动力调查工作进行考核评比，对成绩突出的先进单位进行表彰。

【居民消费价格调查】 2022年，国家统计局临汾调查队执行国家调查方法制度及山西调查总队《流通和消费价格调查工作规范化标准》要求，夯实基层基础，提高源头数据质量。坚持三定一直、同质可比、实际成交、实事求是的采价工作原则开展直接调查。执行《辅助调查员管理办法》和《辅助调查员考核奖惩办法》，加强对辅助调查员的管理。建立入点、抽查、更换、查询等10类统计台账。坚持后台审核、价格抽查、跟班督导和季度评估机制。密切关注、捕捉与价格相关的热点和焦点信息，加强主要食品等价格的动态监测，按月向市政府提供居民消费价格指数情况及报告。全年完成全市283个采价点，1079个规格品的月度跟踪调查任务。

【工业生产者价格调查】 2022年，国家统计局临汾调查队执行国家统计方法制度及山西调查总队《工业生产者价格调查工作规范化标准》要求，推进统计调查工作制度化、规范化，提升源头数据质量。强化流程管控，执行《工业生产者价格调查工作流程图》，严把数据入口关、审核关，确保数据真实准确。采取多种培训方式，提升统计人员业务能力和法治意识。通过“党建+专业”结对共建活动、入企回访、数据自查及执法检查等方式，对30家样本企业进行回访、7家企业进行执法检查，完成全市110家工业生产者价格样本企业调查任务。

【采购经理调查】 2022年，国家统计局临汾调查队按照“同行业、同规模”要求，对样本企业开展一对一核实替换，夯实调查样本基础。2022年有样本企业62家，全年通过强化企业统计基层基础工作、数据质量核查、统计执法检查、季度回访、现场培训等措施，对全部样本企业开展基础工作自查，对26家企业开展数据质量核查，抽取7家重点企业开展统计执法检查，保障采购经理调查数据质量。

【服务经济运行】 2022年，国家统计局临汾调查队发挥国家调查队“快、精、准”“轻骑兵”优势，统筹做好统计调查数据生产分析、经济社会发展情况研判预警等各项工作，开展信息收集和专题研究，完成数据精准、反映及时、情况翔实的经济社会发展成效和民生诉求调研分析报告，为各级政府宏观决策提供科学依据和智力支撑。完成主要统计调查指标动态监测和信息发布。按季开展主要调查数据评估和经济形势分析，全年按月、按季、按年向市委、市政府、相关部门等提供统计调查数据4400余笔，定期通过《临汾经济运行监测》《统计公报》、“临汾国调资讯”微信公众号、《临汾日报》、临汾新闻网、市政府网站等刊物和媒体向全社会发布各类调查信息。围绕市委市政府重点工作和国家、省、市约稿开展专题调研。2022年，受国家局，省委、省政府和市委、市政府委托，围绕经济社会发展热点、焦点组织开展快速调查、紧急调研和专题调研110余次，形成中共十八大以来发展成就系列报告等针对性强、关注度高的专项调研报告176余篇。其中，《临汾市开展义务教育劳动课程成效显著存在问题仍需持续关注》等9篇报告被国家局网站全文刊发，12篇报告被市政府《政务信息》全文采用。完成《疫情对调查工作的影响》《疫情下企业经营面临挑战扶企惠企仍需持续发力》《疫情对居民收入影响较大消费信心有待提振》等涉疫紧急调研报告20余篇。加大重点调查和课题研究，深度挖掘，预警研判经济发展趋势和规律，反映经济社会转型发展和党中央各项方针政策落实成果，全年组织完成8项课题和重点调查报告。打造一网（临汾统计调查信息网）、两刊（《临汾调查》双月刊、《临汾调查专报》）、一号（“临汾国调资讯”微信公众号）服务品牌。全年向市委、市政府报送临汾调查专报11期，编印《临汾调查》双月刊6期，推送“临汾国调资讯”微信公众号719篇，微信公众号在全国统计系统市级排名11个月进入前50。全年发布各类调查信息156条，调查报告176篇。其中，山西总队采用251篇（条），省委、省政府采用27篇（条），国家局采用59篇

（条），市政府《政务信息》采用12篇（条），市委、市政府主要领导批示4篇。

【服务零售结构调查】 服务零售结构调查是国家统计局从服务消费市场供给方的角度出发，通过对服务行业经营者的调查，推算服务行业通过交易提供给其他单位和居民个人用于非生产、非经营用的服务活动价值总额在其总收入中的占比，为国民经济核算服务零售额测算提供基础数据和有关资料。服务零售结构调查为一次性年报，调查方式是调查员对所有样本单位逐一上门访问，现场核实填报，高质量完成20家调查企业上报工作。

（王　磊）

市场监督管理

【公平竞争审查】 2022年，临汾市市场监督管理局组织召开临汾市公平竞争审查工作联席会议第四次全体会议；利用多种媒体开展宣传，开展首届中国公平竞争政策宣传周活动；创新工作思路，组织开展线上交叉检查。制定下发交叉检查实施方案，对各县（市、区）从事公平竞争审查工作的执法人员进行统一培训，开展为期3个月的线上交叉检查。检查梳理各县（市、区）政府、政府办公示的政策措施文件2001份，查阅涉及公平竞争审查的文件266份，对其中涉嫌违反公平竞争审查标准的20份文件提出修改建议，向相关县（市、区）政府下发核实整改函；提高审查质量，组织开展第三方评估。由第三方评估机构对2022年度市政府、政府办出台并公开发布的全部文件，以及各县（市、区）政府、政府办及各市直部门出台的部分文件400余份进行评估。

【保供稳价工作】 2022年，临汾市市场监督管理局加强元旦、春节、冬奥、国庆等重大节日期间市场价格监管工作，确保人民群众过好节日。在全市开展为期9个月的涉企违规收费专项整治行动，确保降费政策落实到位，助力企业发展。加强疫情防控期间市场价格监管，全市出动16527名执法人员，对21173个市场主体进行检查，发放《关于规范疫情期间价格行为的提醒告诫函》5380份，张贴《关于疫情防控期间规范价格行为维护价格秩序的通告》1740份。调整成立临汾市市场监管局粮食购销市场监管工作领导组，把抓好粮食购销领域市场监管执法纳入工作重点。组织开展教育收费、行政事业性收费、房地产物业收费、化肥、煤炭、医药、转供电转供水等7个领域专项整治，营造公平有序的市场价格环境，助力经济增长。

【保护消费者权益】 2022年，临汾市市场监督管理局开展“3·15”系列活动，举办临汾市2022年“共促消费公平”消费维权年主题宣传活动启动仪式，发布消费维权典型案例、评析消费投诉热点。开展“诚信经营放心消费”创建工作，倡导实体店开展线下无理由退货承诺活动，不定期发布消费警示（提示），促进消费环境不断改善。“12315”消费者申诉举报中心倾听解答群众诉求、分析消费热点难点问题，登记、解答、分流、转办消费者咨询投诉举报24424件，为消费者挽回经济损失近297.72万元。组织开展2022年度假冒侵权伪劣商品统一销毁行动，销毁食品、药品、化妆品、防疫物资，酒类、建材类、生活类用品等七大类假冒伪劣物资，货值约120余万元。全市出动执法人员13010人次，查处各类违法案件2164起，罚没款1517.16万元。

2022年9月22日，临汾市市场监督管理局开展医疗器械质量安全守护行动，对装饰性彩色隐形眼镜经营行为进行检查

（市市场监督管理局供图）

【食品安全监管】 2022年，临汾市市场监督管理局完成对17个县（市、区）人民政府、市食安委25个成员单位食品安全工作评议考核及结果上报工作；创建“全国食品安全示范城市”；推进食品安全“两个责任”工作机制，按照上级要求的时间节点科学建立A、B、C、D四级包保主体台账和包保干部台账，完善3个清单，签订《食品安全责任与任务承诺书》；对校园周边实行全方位、流动式监督检查，防范不合格儿童食品流入市场，确保校园周边食品安全；加强2022年高考中考期间校园食品安全监管，完成临汾市“两会”等重大活动期间餐饮服务安全保障任务；开展全市食品安全“守底线、查隐患、保安全”专项行动、生产经营含金银铂粉食品违法行为的专项监督检查、食醋生产领域专项整治行动、食品生产安全风险排查防控专项行动、农村假冒伪劣食品专项整治、食盐安全专项整治行动、2022年春秋季开学期间学校（含托幼机构）食堂及其周边餐饮食品安全集中检查等活动；完成2021年度（2021年4月1日至2022年3月30日）455批次食品核查处置网上清零工作；全年完成食品抽检18267批次，查出不合格品314批次，不合格率1.72%，公示率100%。

【药品安全监管】 2022年，临汾市市场监督管理局牵头制定《临汾市深入开展药品安全专项整治行动实施方案》，在全市范围内开展药品安全专项整治行动。以严查违法、严控风险为主线，加大监管力度，打击药品、医疗器械、化妆品领域违法犯罪行为。通过整治行动，完善监管机制，堵塞监管漏洞，消除监管盲区，提升监管能力。在全市范围内开展为期5个月的使用单位大型医疗设备专项整治行动，开展2022年医疗器械质量安全风险隐患排查整治。加强医疗器械监管能力建设，对全市20家医疗器械生产企业进行全覆盖检查，构建生产企业“一企一档”数据库，对全市31家医疗美容机构进行全覆盖检查，提升智慧监管水平。全市立案42起，罚没款35.94万元。按照“化妆品线上净网线下清源”专项行动要求，结合日常监督检查持续开展网络经营排查，督促经营者履行化妆品网络经营者义务。由山西省药品监督管理局、临汾市人民政府主办，市市场监督管理局承办的2022年“全国医疗器械安全宣传周”山西启动仪式在临汾市举行。开展以“安全用药同心同行”为主题的全国安全用药月，利用网络平台等多种方式宣贯。开展“安全用妆、携手‘童’行”为主题的化妆品安全科普宣传周活动，加强化妆品监管相关法规宣传贯彻，提升公众对儿童化妆品安全和合理使用的认知水平，呵护儿童健康成长。全年药品抽检完成489批次，医疗器械抽检完成39批次，化妆品抽样完成50批次。

【特种设备安全监管】 2022年，临汾市市场监督管理局组织召开临汾市特种设备安全工作电视电话会议。做好“两节”“两会”冬奥会等重点时段特种设备安全工作，防范和坚决遏制各类安全事故的发生。开展特种设备“百日攻坚”行动，对人员密集场所和人员聚集区的电梯，制冰用压力容器等共20家特种设备使用单位进行监督检查。组织全市市场监管系统开展市场监管领域各类燃气安全风险隐患排查，配合燃气主管部门开展燃气安全整治，确保充装环节安全。全市市场监管系统紧紧围绕三年行动目标任务，加强隐患排查和风险管控“双预防”制度建设，突出重点，通过强化监督检查、开展各类专项整治、加强宣传教育等手段，在提高本质安全上持续发力，推进特种设备安全专项整治三年行动，使三年行动圆满收官。推进特种设备安全大检查、大整治、大提升行动，推动安全生产“十五条硬措施”落实落地，排查特种设备安全风险隐患，对发现非法违法行为进行严厉打击。全市出动检查人员2909人次，检查单位1137家，检查设备2313台（套），发现隐患268个，整改隐患265个，发放安全监察指令书144份，督促整改67家，立案查处7起。

【产品质量安全监管】 2022年，临汾市市场监督管理局制定20类851批次工业产品质量监督抽查计划。组织开展重点工业产品质量安全隐患排查，出动执法人员2027人次，车辆305车次，排查企业数量705家，隐患排查工作中发现问题企业53家，发现152个质量隐患，存在的问题已整改完毕。抽检产品64批次，帮扶企业2家，解决质量问题2个。组织开展2022年度工业产品生产许可证获证企业“双随机、一公开”监督检查和农资产品、塑料污染、成品油、消防产品等质量专项整治。开展非道路移动机械销售企业质量监管，对辖区内所有非道路移动机械销售企业及在售机械逐一进行摸排并建立台账。开展电动自行车质量安全监管专项整治。下发《临汾市场监督管理局关于开展电动自行车质量安全监管专项整治的通知》，打击电动自行车质量安全相关违法违规行为。全市出动执法人员946人次，检查生产企业1家，检查销售单位404家，抽检电动自行车产品26批次。立案1起，罚没款0.12万元。

【优化市场主体】 2022年，临汾市市场监督管理局推进市场主体倍增工程各项安排部署，出台《临汾市市场监督管理局培育和激发市场主体活力全力促进市场主体倍增20条工作措施》，全市新增各类市场主体115465户。自2021年获得外商投资企业登记注册权到2022年底，新登记注册外资企业30户，投资总额约3.05亿美元（折合人民币约21.26亿元）。做好全市市场主体年报工作。加强宣传，创新服务，推进全市市场主体年报公示工作。开展“双随机、一公开”部门联合监管工作。发挥部门联合双随机领导小组作用，主动牵头、认真组织，与成员单位制定临汾市部门联合双随机抽查计划，并报省领导小组备案，推进双随机监管工作。开展非公党建工作。坚持大抓基层的鲜明导向，突出两个覆盖，理顺体制机制；聚焦实质作用，推行“七要素”融入法；推动党建指导站一体化标准化建设。5月7日，在中共山西省委非公有制经济组织和社会组织工委委员（扩大）会议上作交流发言；5月25日，《非公有制企业党建》杂志在“一席谈”栏目介绍“临汾经验”；7月25日，市委《每周要情》〔2022〕第27期在“央媒临讯”中予以上报；9月22日，国家市场监管总局《全国小个专党建简报》第170期，3次介绍临汾个体户党建引领市场主体倍增的先进做法。

【优化市场营商环境】 2022年，临汾市市场监督管理局依托省网络交易监测系统，坚持每日巡查，排除、淘汰无效数据。全年监测巡查省内平台12次，网站5714个次，网店23847个次，微信公众号8418个次，配合市局业务科室对线上经营主体检查监测30家次；组织开展“电商平台点亮”行动。对辖区网站、网店进行梳理和监测，对正常运行的网站、网店逐一通知其“亮照、亮证”。对网页涉及黄赌毒、已注销主体网站、网店移入异常库，全市督促亮照、亮证316家，移入异常库273家，清理网络交易平台违法商品信息、无效网址265个次，实地检查网站、网店37户，审核通过企业电子标识申请8家。组织开展专项整治行动维护市场经济秩序，严查市场混淆、商业贿赂、虚假宣传、不正当有奖销售、商业诋毁、侵犯商业秘密、互联网不正当竞争等违法行为。以重点领域、重点行业、重点市场为抓手，做好大要案件的查处工作，打击不正当竞争行为。全市查处反法案件15起，罚款19.0375万元。成立临汾市广告行业协会，加强对全市广告企业服务、指导，促进广告业健康发展；依托省局媒体广告监测平台和全国互联网监测平台，指定专人负责，坚持每天定时监听监看，移交违法线索21条，做到查看率和处理率均为100%；按期完成国家总局2021—2022年度广告业统计工作，全市145家统计单位已按期上报统计信息；召开民营医疗机构和房地产开发企业发布广告活动行政指导会，签订禁止发布虚假广告承诺书；组织公益广告宣传活动，借助广告牌、公交车、电子大屏、电视台发布“禁止销售野生动物”“疫情防控”“提倡公勺公筷”“3·15”等一批公益广告，受众15万余人。全市有自愿性认证证书1465张，强制性认证证书99张。2022年度，采取“双随机一公开”的方式检查自愿性认证证书25张，强制性认证证书12张。与环保、公安、交通部门联合对机动车排放检验检测机构和第三方环境检测机构进行双随机抽查，检查比例达到80%。

【质量强市战略】 2022年，临汾市市场监督管理局在全市开展QC小组活动，向山西省质协推荐7个QC活动小组，进行活动成果交流。印发《关于深化首席质量官制度的意见》，要求各级政府质量奖（含提名奖）企业首席质量官覆盖率100%，申报“山西精品”“临汾优品”等区域公用品牌企业首席质量官覆盖率100%。完成检验检测服务业统计工作，按要求组织获得资质认定的检验检测机构上报统计数据，审核、上报率100%。开展小微企业质量管理体系认证提升行动，全市通过线上、线下参加培训企业520家次，参加培训人数3949人次。帮扶13个行业206家小微企业获得质量管理体系认证证书。创新监管模式，开展计量监管执法专项整治行动。通过监督抽检，规范计量检定行为，促进计量检定工作规范化、科学化和制度化；通过法定计量检定机构计量比对，促进法定计量检定机构技术水平的提高，确保量值传递准确可靠，维护消费者和经营者的合法权益；通过能源计量审查工作，帮助企业夯实能源计量基础，提升计量能力和水平，助力全市低碳绿色发展。

【标准化强市战略】 2022年，临汾市市场监督管理局批准成立“临汾市园林绿化标准化技术委员会”“临汾市旅游标准化技术委员会”“临汾市农业技术推广标准化技术委员会”“临汾市果桑药茶标准化技术委员会”。组织专家对年初公开征集到的10项市级地方标准草案开展立项论证，下达2项市级地方标准制定计划。指导帮扶尧都区正元养老院和洪洞大槐树申报3项省级地方标准。召开首批7家市级标准试点建设推进会，现场对标准化工作骨干开展试点建设知识培训，完成首批市级标准化试点的年度考核；组织行业专家论证2022年度公开征集的第二批市级标准化试点项目、批复下达11个市级标准化试点项目、帮扶指导在建的1家国家级、3家省级标准化试点完成年度考核。组织申报山西省首届标准化创新贡献奖项目和个人参评，其中，临汾市2人荣获个人优秀奖，1个标准项目荣获三等奖。指导隰县玉露香梨、吉县苹果、永和苹果参与“山西标准”（标识）培育。组织开展十大行业标准化建设，召开全市十大行业标准化建设部署工作会议，出台《临汾市十大行业标准化建设实施方案》，明确临汾市“十四五”期间标准化工作具体要求、主要任务和保障措施，力争在生态环境、旅游服务、农业农村、园林绿化、养老服务、非公党建、公共法律服务、物流服务、金融服务、政务服务等十大行业标准体系得以初步构建。

【知识产权强市战略】 2022年，临汾市市场监督管理局深化“蓝天”“双随机一公开”“冬奥会奥林匹克特殊标志”等专项检查，加强关键领域、重点环节、重点区域的行政执法，知识产权保护工作取得显著成效；推进知识产权维权援助服务体系向基层延伸，全市实现全覆盖设立18个知识产权维权援助工作站。下发《临汾市商标品牌服务工作站建设工作方案》，两家工作站已设立，全市商标品牌服务指导站建设正在推进。11月，与临汾市仲裁委成立知识产权仲裁院，完善知识产权大保护体系。“临汾市数字经济知识产权密集型产业集聚区”和“临汾市加工业知识产权密集型产业集聚区”分别在尧都区和临汾经济开发区揭牌。与中国银行临汾市分行签署战略合作协议，推动“银企对接”活动，共有5家企业利用自主知识产权成功实现质押贷款4780万元。

【品牌强市建设】 2022年，临汾市市场监督管理局按照《临汾市人民政府关于建设品牌强市的实施意见》，开展临汾品牌培育工作。7月，临汾市标准化和质量强市领导小组办公室牵头设计“临汾优品”Logo，录入“临汾优品”候选产品127个。其中，农产品及农副产品66个（“临汾优选”26个），工业产品25个，服务业产品19个，非物质文化遗产17个。向省局推荐培育“山西精品”17个。

（张志敏）

海关管理

【概况】 2022年，临汾海关落实海关总署、太原海关和山西省委、省政府，临汾市委、市政府的各项工作部署和安排，践行“铸忠诚、担使命、守国门、促发展、齐奋斗”的工作要求，统筹疫情防控和外贸稳增长，统筹发展和安全，全年各项工作有序推进。临汾市进出口贸易数据实现“U”形反转，全年实现正增长。外贸进出口总值30.8亿元人民币，同比增长0.3%，较全省增速高出17个百分点。全年临汾海关受理报关单1146票，同比增长4.9%；税收入库764.0万元，下降62.6%；检验检疫出入境货物218批，货值5059.6万元；签发各类原产地证书1743份；实有备案企业386家，增长14.2%。

【安全生产】 2022年，临汾海关抓好安全生产工作，召开安全生产专题工作会2次，制定安全生产相关制度4项；开展“安全生产月”宣传活动，定期对重点领域开展安全检查，及时清除风险隐患；开展“口岸危险品综合治理”百日专项行动，落实出口危险化学品查验要求，排查高风险企业和“影子”商品，全年检出出口危化品不合格率23%。

【国门守护行动】 2022年，临汾海关防范外来物种入侵，织密国门安全“防护网”，开展“国门绿盾2022”专项行动，制定《临汾海关严防动植物疫情疫病传入和外来物种入侵“国门绿盾2022”行动方案》，严防动植物疫情疫病及其他禁止进境物传入；开展国门有害生物监测，在辖区2个县区的132个监测点开展监测工作，防范外来生物入侵和重大动植物疫情传播；注重收集境内外动植物疫情动态信息，

2022年，临汾海关组织相关工作人员在水果企业查验
（临汾海关供图）

全年共收集上报相关信息59条。

【对外开放平台建设】　2022年，临汾海关跟进服务临汾（侯马）综保区申建工作，开展申建评估，向政府解读《综合保税区设立指标评估体系》指标情况，分享综保区政策学习资讯共15次；成立综保区政策业务咨询小组，专门解答业务咨询。推进方略保税物流中心迁址工作，在太原海关新址建设和验收工作专班的指导下，督促企业开展新址建设工作。

【助企纾困】　2022年，临汾海关制定《落实促进外贸保稳提质十六条措施》，“一企一策一专员”助企纾困，服务地方外贸发展。推行“提前申报”“两步申报”“先放行后改单”“多证合一”“24小时预约通关”等举措，推进RCEP相关工作，引导和帮助企业用足用好政策，2022年新增产地证备案企业6家，新增产品5项，新增属地报关企业1家，完成1家山西省首家供港澳蔬菜生产企业备案，助力华翔完成山西省首家经核准出口商备案，开展出口“破零行动”，全年辖区出口检验检疫业务共实现8项“零的突破”。加强与地方相关部门的协调配合，与临汾市商务局签订全面深化合作备忘录，与辖区曲沃县政府、吉县果业局等部门开展座谈，就优化临汾外贸发展达成共识。

（张小凤）

农业农村

农　业

【概况】　2022年，临汾市农业农村局坚决落实党中央国务院，省委、省政府和市委、市政府部署的“三农”工作大事要事，完成全年目标任务，全市农业农村工作呈现稳中加固、稳中向好的发展态势，为全市经济社会发展起到了“压舱石”“稳定器”的作用。全年临汾市一产增加值完成158亿元，增速5.2%，总量在山西省排名第二，增速全省排名第六。一产固定投资完成26.4亿元，增速7.9%，增速全省排名第七。全市农村居民人均可支配收入完成16334元，增幅6.8%，全省排名第五。

【粮食生产】　2022年，临汾市农业农村局履行粮食安全政治责任，实施种业振兴和有机旱作农业行动，推广大豆玉米带状复合种植，依托全市涉农领域问题排查整改，举一反三开展毁青麦、土地撂荒、高标准农田建设等各类涉农领域问题排查整治，保障粮食安全，夯实农业发展基础。2022年，全市完成高标准农田建设33.54万亩，进度117.27%。全市粮食生产实现种植面积、总产量和单产的“三增”。粮食播种面积756.7万亩，比目标任务751.8万亩增加4.9万亩，增长0.65%；总产21.88亿公斤，比上年21.11亿公斤增加0.77亿公斤，增长3.65%；平均单产289.15公斤，比上年280.79公斤增加8.36公斤，增长2.98%。大豆玉米带状复合种植10万亩。翼城县唐兴镇东关村、尧都区大阳镇岳壁村分别以亩产855.13公斤和579.9公斤打破山西省水地、旱地小麦亩产最高单产纪录。翼城县在2022年全国大豆高产竞赛“金豆王”（带状复合种植）评选中名列第四（全省有2县获此荣誉），夯实粮食稳产保供基础。

【特色产业】　2022年，临汾市农业农村局按照“产业化、专业化、现代化”的发展思路，围绕“三大板块”特优产业发展目标，引领带动特优农业产业高质量发展。特优产业提质扩面。推进隰县国家级现代农业产业园和7个省级现代农业产业园建设（吉县苹果，翼城县苹果、谷子，乡宁县花椒、酿酒葡萄，汾西县肉鸡，安泽县以连翘为主的中药材，曲沃县蔬菜，古县核桃、中药材），依托农业产业示范园区建设，推进梨果、蔬菜、中药材、畜牧等四大特色产业发展。在落实“非农化”“非粮化”要求的情况下，盘活闲置土地，2022年全市新发展水果（包括品种改良）2.03万亩，改造中低产果园8.04万亩，新发展中药材21.02万亩，新（改）建设施蔬菜3592亩。

【农产品加工销售】　2022年，临汾市聚焦打造水果、蔬菜、中药材、畜牧等10条产业链链主企业，推动农业产业延链、补链、壮链、优链。新认定市级龙头企业42家，推荐3家企业进入省级国家级龙头储备库，培育认定5家省级示范联合体。新培育国家级示范社10个、市级示范社20个，市级示范家庭农场23个，省级示范家庭农场22个；全年农产品加工企业销售收入257亿元，同比增幅37%。

【品牌创建】　2022年，临汾市农业农村局加大绿色有机产品认证，全市新增绿色食品产品89个，有机农产品7个，地理标志农产品1个，三者总数分别达到160个、7个和27个；申报“圳品”13家企业14个产品，全市“圳品”达到19家企业25个产品（约占全省127个的20%），“供深基地”10个；新登录全国名特优新产品名录5个，总数达到16个；7个产品入选山西省第一批66个“有机旱作·晋品”，总数位列全省第二。“临汾优选”品牌全面叫响。聚焦打造品牌营销、市场销售、生产、政策支持四大系统，围绕培育“龙头企业+中央厨房+终端配送”全产业链，建成中央厨房、晋南农批，评选发布第二季“临汾优选”产品，举办“悦享临汾·回家有礼”端午直播带货、“临汾优选”年货节及“庆丰收迎盛会享临汾悦生活”丰收节系列活动，带动全年销售农副产品36亿元。“临汾优选”区域公用品牌从2021中国区域农业形象品牌影响力指数排行榜第55位跃居2022排行榜第6位，市场影响力不断增强。

【种业振兴】 2022年，临汾市农业农村局围绕解决“种源”问题，成立临汾市种业振兴工作领导小组，推进种业振兴行动落实落地。完成2个县的农作物种质资源系统调查和晋南驴、洪洞奶山羊畜禽遗传资源的调查；建设300亩“珍珠玉米”种质资源良繁基地，推进晋南驴畜禽遗传资源的保护利用。完成小麦、玉米、大豆的品种区域试验、生产试验；在尧都区、洪洞县等县安排农作物新品种展示点7个1686亩。山西君实种业有限公司承担国家级玉米种子救灾备荒储备任务；山西新翔丰农业科技有限公司参与省级小麦联合育种攻关；5个玉米品种、8个小麦品种通过山西省审定。落实农作物制种基地13.5万亩，翼城县、浮山县、洪洞县承担省级小麦良繁基地建设任务；侯马市茂州牛业有限公司和永和县欧李帮扶合作社被确定为山西省第一批省级畜禽良种扩繁推广基地。开展种业监管执法年活动，春季、秋季农作物种子市场专项检查中抽取种子样品68个，3个不合格种子交由属地管理部门进一步调查办理。全年进行种子执法检查57次，出动执法人员3211人次，检查企业880个次，受理投诉举报案件2件，立案查处案件70件，移交司法机关1起案件，涉案货值金额28.254万元，罚款金额13.365万元，没收违法财物货值0.054万元。

（罗尧幸）

农村工作

【农村改革】 2022年，临汾市农业农村局推进农村重点改革事项，组建市级农村集体经济发展有限公司，构建起“1+17+N”的四级农村集体经济市场主体体系，全市农村集体总资产量达到194.4亿元。2112个行政村集体经济收入全部超过10万元。其中，102个行政村达到百万元以上。“13513”一站式全产业链农业生产托管“临汾模式”，被推荐为2022年国家农业社会化服务典型案例。开展“清化收”工作，全市摸排合同101879份，其中不规范合同70830份、已整改70822份；清收债权17884万元，化解村级债务44566万元，新增资源面积216562亩，释放农村发展活力。推进二轮承包到期后再延长30年试点工作，全市2022年有3个县市的5个村二轮承包到期。洪洞县万安镇鲁生村纳入全国延包试点；侯马市高村乡东台神村为市级延包试点；洪洞县万安镇东垣村、韩侯村，翼城县唐兴镇下石村为县级延包试点。5个村按照方案开展试点工作，完成承包农户和地块的调查工作及问题矛盾的摸排处理，开展合同签订工作。探索推进农村金融改革，市政府与省农行签订“双百协议”，3年内在全市支持以“临汾优选”产品为主的100个智慧农业示范点，打造优选精品基地。创新设立“托管贷”“活体贷”及“乡村振兴贷”等金融政策，解决农业经营主体贷款难的问题。

【农村人居环境整治】 2022年，临汾市农业农村局组织开展农村人居环境整治提升行动，突出解决农村困难群众洗澡难、洗衣难的问题，提升乡村宜居宜业水平。9月中下旬在临汾市组织举办第三届“大河论坛·黄河峰会”活动期间，组织开展为期60天的农村环境卫生“清仓大整治”活动，各级投入资金5992万元，群众筹劳10.2万人次。2022年全市农村户厕改造年度计划7.1万户，实际完成78428户，完成率110.2%。争取百度公益基金300万元，用于灾后重建农户卫生厕所建设，2093户修建改造完成。统筹调度农村垃圾和污水治理等工作，全市510个行政村开展农村生活垃圾分类试点，构建稳定运行的长效管护机制；完成47个行政村生活污水处理任务；完成44个规模养殖场粪污处理设施的建设任务。

（罗尧幸）

畜牧业

【畜禽生产】 2022年，临汾市畜产品总量45.3万吨。重点监测的生猪产业，生猪存栏152.1万头，同比增长8.9%，出栏192.9万头，同比增长6.9%，规模猪场399个，同比增长10%，规模场能繁母猪存栏6.5万头，同比增长29.3%，完成考核指标任务。11家企业挂牌国家级生猪产能调控基地，13家企业成为省级生猪生产调控基地。其他畜禽方面，牛存栏13.6万头，同比增长

12.6%，出栏5.3万头，同比增长11.6%；羊存栏128.5万只，同比增长15.8%，出栏78万只，同比增长9.6%；活家禽存栏1713.3万只，同比增长10.1%，出栏4273.1万只，同比增长18.4%。畜禽生产保持快速发展态势。

【特色产业】 2022年，临汾市召开晋南（肉）牛产业发展大会，制定《临汾市晋南（肉）牛全产业链高质量发展实施意见》，协调金融部门出台优惠政策，农行发放“临汾市·单企智慧畜牧·千头晋南牛活体抵押贷款首贷1000万”，山西茂洲牛业牵头组建成立晋南肉牛产业联盟。以晋南牛品牌为依托，以茂洲牛业为链主，打造10万头晋南肉牛全产业链新集群，将晋南牛种质资源优势转化为畜牧强市经济优势。

【项目建设】 2022年，临汾市新建改扩建95家畜牧企业。在15个县开展粮改饲，完成收贮面积11.25万亩，收储31.76万吨。永和县出台《永和县加快养羊全产业链发展的实施意见》《永和县养羊产业发展奖励补贴方案》，隰县出台《隰县畜牧产业化龙头企业发展补贴方案》。

【种业保护】 2022年，临汾市畜牧发展中心推进晋南牛保种工作，在山西省晋南驴保种场曲沃县晋合泰农副产品有限公司开展晋南驴遗传资源普查性能测定，群体特征、体尺体重、生长发育、屠宰数据等基础资料通过第三次全国畜禽遗传普查工作系统上报。重新申报畜禽遗传新资源1项（洪洞奶山羊），洪洞县万和养殖专业合作社确定为省级测定单位。对濒危品种襄汾马开展回溯核查，仅在襄汾县发现1匹襄汾马母马。组织参加山西省首届家畜繁殖职业技能竞赛，获得团体优秀奖。

【防疫能力】 2022年，临汾市畜牧发展中心做好规模养殖场程序免疫和散养户春秋两季集中免疫，高致病性禽流感、口蹄疫、小反刍兽疫等重大动物疫病应免尽免，免疫密度达到100%。强化人畜共患病的防控，制定畜间布病防控五年行动方案，进行畜间布病基线调查，开展炭疽监测。尧都区、翼城县、安泽县、永和县、曲沃县利用中央资金推进兽医社会化服务，乡宁县在中央补助资金的基础上，县政府配套44万余元，支持兽医社会化服务。8家规模养殖场强制免疫病种“先打后补”。洪洞县（山西华运种猪有限公司）、侯马市（山西茂洲牛业有限公司）进行净化场创建申报。新认定全市官方兽医278名，组织开展线上线下技能提升培训，官方兽医学习达标率、参考率全省第一。与市总工会、市人社局联合举办2022年全市动物防疫、动物检疫职业技能竞赛，选拔优秀选手参加省级竞赛，获得动物检疫竞赛团体三等奖。

【为民服务】 2022年，临汾市畜牧系统以“向人民群众交好账”实践活动为契机，解决畜牧从业者生产销售难题。搭建销售平台。在平阳广场建立临汾市名优畜产品展销中心，展出各县（市、区）名优特色畜产品。在疫情管控期间，为八方通达饲料企业协调办理省级通行证，协调解决养殖户家禽运不出去，江西6户养蜂户放蜂道路不通的问题。在疫情防控静默管理期间，协调相关部门为彦畅春屠宰企业官方兽医、杨晓奇肉食等畜产品加工销售企业办理通行证，保障畜产品生产加工运输供给问题，保障市民的畜产品需求。

（罗尧幸）

农业机械

【概况】 2022年，临汾市按照国家、省、市关于“三农”工作的部署要求，聚焦稳粮保供、特色转型，保障粮食安全，促进农民增收，推进农业生产全程全面机械化，以技术推广、项目示范为抓手，按照“平川普及应用、山区宜机改造、全程全面推广”的农机化工作定位，推进农机购置补贴和作业补贴工作精准实施，优化农机装备结构，推进机械化有机旱作农业，推广农机化新技术、新装备，发展果园、中药材、设施农业及产后加工等特色农业机械化，拓宽农机服务领域，提升农机服务水平，农机安全生产形势稳定，农机化宣传工作成效显著，完成各项农机化任务。全市农机总动力241.75万千瓦，拖拉机、联合收割机57999台，配套机具11.17万台（件）；农机社会化服务组织477个；主要农作物综合机械化水平79.26%，高于全省平均水平4个百分点，小麦生产基本实现全程机械化；玉米综合机械化率85%以上，全年实现农机总收入9.74亿元。

【农机装备】 2022年，临汾市突出稳产保供和农机智能化发展，满足丘陵山区、设施农业、特色农业、畜牧业、农产品产后加工等方面的机具需求，实施农机购置补贴政策，带动11568户农户购置农机具17520台（件），报废更新机具129台(件)，全市农机总动力241.75万千瓦，拖拉机保有量54887台。其中，大中型拖拉机保有量19325台，约占总保有量的三分之一，配套机具11.17万台（件），配套比1：2。小麦联合收割机3112台，玉米联合收割机3977台，马铃薯收获机918台，农产品初加工作业机械7204台，建成18个智慧农机信息服务平台，无人植保机达到296台，应用于农业生产，提高作业效率。引进无人收割机等智能化和精准化农机装备，推动农机精准播种、精准植保、精准施肥和减损收获等技术应用。设施农业、果菜茶、畜牧业生产机械装备也实现稳步增长，大功率、高性能、智能化、复合式作业机械装备快速发展，农机装备数量增加，装备结构优化。

【农机化生产】 2022年，临汾市发挥农机化在农业生产中的主力军作用，抢抓农时，开展“春耕”“三夏”“三秋”等重要农时的农机化生产，完成机耕、机播、机收任务，主要农作物耕种收综合机械化率达到79.26%，机耕、机播、机收率分别达到84.8%、82.06%、68.96%，保障全年粮食丰产丰收，为全市粮食生产安全提供重要保障。全市小麦综合机械化率95.77%，基本实现全程机械化；玉米综合机械化率增长迅速，达到85%；全市完成小麦收获面积301.7万亩（其中机收小麦面积299.42万亩），复播玉米176.628万亩（其中机播玉米面积176.3944万亩），小麦机收率和玉米机播率均在99%以上。“三夏”期间开展“一队一岗一车”服务活动，分别下乡服务111次，提供各类作业接待服务2485次，为576户机收困难群众收获小麦1664.8亩，为困难群众节省作业费用8万余元，被中央电视台、山西电视台等官方媒体宣传报道。“三秋”期间，为防范灾害天气对秋收的影响，制定《“三秋”农机作业突发事件应急处理预案》，成立应急作业服务队，成立履带式玉米联合收获机应急作业服务队，联系气象部门跟踪推送天气情况，保障秋收作物颗粒归仓，小麦适时播种。在“三夏”“三秋”期间，为确保粮食颗粒归仓，推行机收减损，承办山西省机收减损大比武活动，印发《临汾市2022年玉米机收减损大比武活动的实施方案》，创新机收减损大赛形式，推动机收作业精细高效、提质减损。

2022年，“三夏”期间，农业机械在紧张作业，确保全年粮食能够丰产丰收　（市农机发展中心供图）

【机械化有机旱作农业】 2022年，临汾市实施农机深松整地作业任务73.56万亩，农机深松作业监测终端安装使用实现17个县（市、区）全覆盖，推动深松作业监管精准化、智能化。优质杂粮全程机械化作业补助项目10000亩，其中，翼城谷子全程机械化作业补助项目面积5000亩，蒲县高粱全程机械化作业补助项目面积5000亩，在播种、收获期间召开谷子、高粱全程机械化作业现场演示培训会，组织机手、群众参加谷子、高粱机械收获、秸秆还田、旋耕整地等机械作业，提高机手作业技能，通过补助项目带动，全市有机旱作农业技术得到大面积推广应用，推进粮食增产增收。

【农机技术推广】 2022年，临汾市农业机械发展中心（简称农机局）围绕“三大板块”战略布局，发挥农机化推广项目引领示范作用，推动粮食作物和特色产业机械化协同发展，推广农机新技术新装备。实施粮食作物播种机械化技术试验示范项目；实施“机田证”一体化项目；实施500亩丘陵山区宜机化改造项目、玉米密植生产全程机械化试验和“机田证”一体化项目；完成主要粮食作物农业机械技术集成示范基地建设和宜机化果园开沟施肥机械化技术试验，完成谷子全程机械化作业补助项目面积5000亩；实施粮食作物干燥烘干技术示范项目，建立中药材黄芩、柴胡生产机械化示范基地；实施高粱全程机械化作业补助项目面积5000亩，建立高粱收获机械化技术示范区，引进高粱收获机4台；建立果园机械化新装备新技术推广示范区；增加水果冷藏保鲜储藏库容1700立方米，储量220吨；实施5000亩丘陵山区宜机化改造项目；实施3万亩秸秆综合利用项目；加强农机化新技术推广工作，为稳粮保供提供农机装备和技术支撑。

【农机社会化服务】 2022年，临汾市农机社会化服务水平显著增强。全年创建9个省级农机示范社场户、完成农机化新型经营主体提档升级试点建设项目2个，培育市级农机示范合作社10个、机械化示范家庭农场5个、农机示范大户5个，农机化经营主体不断壮大。深化政银、政企、政校合作“三个合作”，促进农机社会化服务组织向专业化、规模化发展。为农机社会化服务主体办理贷款1016笔，金额6396.7万元；与石油、供销等部门合作，开展农机燃油和农资购买等优惠活动，全年为农机户节约用油和农资成本100余万元，与电信部门开展战略合作，利用5G技术探索农机智能化建设，探索“互联网+农机”发展新路径；与临汾职业技术学院深化合作，搭建农机技术人才培训平台，促进农机人才向新型职业化、现代化转型。“两个联盟”取得新进展，大豆玉米带状复合种植农机作业联盟和无人机植保联盟的成立，为机手搭建交流技术、共享市场的平台，为开展作业调度，保障作业需求提供了保障。临汾市农业机械发展中心荣获山西省第七届农机操作手暨第三届无人植保机培训技能大赛优秀组织奖，选派的优秀农机手获得无人植保机大赛第九名。

【农机安全管理】 2022年，临汾市做好农机安全生产技术服务工作，以农机安全生产宣传教育为重点，抓好农机质量调查，确保农机生产安全。完成变型拖拉机清零任务，杜绝变拖安全隐患。协调各县（市、区）农业农村局、行政审批局及农机中心在岗的安全监理“四员”160余人开展农机安全监理员培训及考核工作。组织开展“平安农机”示范县创建活动。完成对5家企业5个机型的46台收割机的质量调查工作，保障农民合法权益。

【农机化信息宣传】 2022年，临汾市农机中心采编信息353篇，其中，被中国农机化信息网采用90余篇，被省中心信息网采用294篇。撰写的《临汾农机党旗红夏收战场解民忧》被农业农村部农机化司采用，发布在“三夏”小麦机收快报上，向全国各地推广典型经验；古县农机中心撰写的《古县农机“党建+”富民惠民百姓夸》被省中心评为山西农机化信息网十佳好信息。全年有300余条农机化工作新闻在中央、省级及市级各类媒体和平台发布，“三夏”期间，“一队一车一岗”党员志愿服务工作先后被中央电视台《新闻联播》、山西省《新闻联播》报道；“三秋”期间，汾西县机械化助力秋收提质增效的新闻和大宁县高粱机械化收获效率高的新闻分别被中央电视台和新华社报道；永和县10万亩梯田改造成果三次被央视新闻联播报道，多次被省市主流媒体报道。“临汾农机”抖音账号制作推出60条短视频。其中，在“3·15”消费者权益日期间，开展为期一周的农机质量安全线上宣传活动，视频的点击量超过2万次；“三夏”期间推出9个宣传片和12条高质量信息，被国家、省、市媒体关注点赞并转发，视频的点击量超过3万次。（张靖琳　罗尧幸）

干部驻村帮扶

【优选派驻干部】 2022年，临汾市选派590支驻村（乡镇）工作队、584名第一书记、1247名工作队员。其中，中央选派驻村第一书记3名；省派驻村工作队50支，驻村第一书记50名，工作队员102名；市派驻村（乡镇）工作队111支，驻村第一书记97名，驻村（乡镇）工作队员237名；县派驻村工作队429支，驻村第一书记434名，工作队员908名。各县（市、区）结合地方实际情况还选派帮扶工作队355支、帮扶工作队员1041名，主要帮扶贫困人口多的一般村。驻村工作队驻村发布情况为：脱贫村514个、重点乡镇14个、乡村振兴示范村34个（其中，既是脱贫村又是乡村振兴示范村24个）、易地扶贫搬迁安置点87个（其中，既是脱贫村又是移民安置点的46个）。

【驻村干部能力素质提升】 2022年，临汾市按照“五项重点百日攻坚专项行动”工作方案，克服

4月疫情影响，以视频形式在全市范围内召开驻村第一书记和工作队长专题培训会。按照“市级抓重点、县乡全覆盖”要求，驻村办专职副主任带队赴吉县、蒲县、翼城县、浮山县、永和县、古县、安泽县、尧都区、乡宁县9个县（市、区）对驻村第一书记和工作队开展集中专题培训。全年市级组织参与培训驻村第一书记和工作队员10期1891人次，县级组织培训452期35405人次，其中1722名驻村干部参加3天/期的集中培训，实现培训全覆盖。

【提高驻村到岗履职水平】2022年，临汾市落实“六化十到位”的要求，利用干部驻村帮扶信息管理平台每天对驻村干部的签到和日志上传情况进行检查，对没有按时签到、上传日志及签到地点异常的驻村人员，根据属地管理原则，督促各县（市、区）对被通报干部约谈、问责、召回。市级下发10期《通报》涉及306人，召回2人，各县（市、区）针对反馈的问题完成整改。从12月1日起，根据省驻村办日调度工作要求，市、县两级每天对中央、省、市、县四级驻村干部开展飞行检查工作任务，对无故不到岗的，县驻村办要作出情况说明并报告市驻村办。市委组织部从12月6日开始，确定专人对干部在岗和走访情况进行调度，提升干部驻村履职工作水平。

【解决群众“急难愁盼”问题】2022年，临汾市按照省乡村振兴局“五项重点百日攻坚”专项行动的部署和省驻村办《关于在全省深入开展驻村帮扶“入户大走访”专项行动的通知》要求，印发《驻村干部走访台账》，要求各级驻村干部在走访过程中对照“八必访”要求，发现农户存在的困难和问题，分类协调解决，直至问题清零。全市各级驻村干部入户走访在村农户132528户，电话访谈不在村农户105644户。其中，走访1次的农户3563户，走访2~3次的农户43704户，走访4~5次的农户33009户，走访6次及以上的农户157896户，解决群众“急难愁盼”问题8133个，全市驻村干部入户走访率达100%。

【帮扶单位责任落实】2022年，临汾市帮扶单位主要负责人原则上每年到帮扶村调研督导不少于2次、每季听取1次驻村工作汇报；帮扶单位工会福利采购比例不低于30%，省市县驻村帮扶单位包销帮扶村农特产品分别不少于3万元、2万元、1万元。督促帮扶单位落实相关责任，全市各个帮扶单位履行帮扶责任和对驻村干部的跟踪管理责任，单位主要负责人走村入户调研7868次，助销帮扶村群众农产品共11495.33万元，帮助群众务工就业45119人，发展党员652人。

【驻村干部保障】2022年4月，临汾市与太平洋产险临汾分公司沟通协调，印发《关于进一步做好全市驻村干部人身意外险保障工作的通知》，将驻村帮扶干部意外伤害保额由30万元提高到50万元，意外医疗保额从3万元提高到5万元，督促帮扶单位为选派的驻村干部办理人身意外伤害保险，做到应保尽保。全市为驻村干部缴纳人身意外保险1879人，缴纳金额93.95万元；所有驻村干部领取驻村补助；市级为第一书记配备5000元工作经费。

【防止返贫动态监测帮扶】2022年，临汾市根据省乡村振兴局关于《山西省2022年防止返贫监测帮扶集中排查工作实施方案》和《山西省2022年防止返贫监测帮扶第二轮排查暨巩固脱贫攻坚成果和乡村建设信息采集工作实施方案》的安排部署，干部驻村工作队全程参与大排查工作。全年新纳入“三类户”1175户2990人，全市“三类户”累计6865户17196人，占全市脱贫人口6.6%，高于全省平均水平（5.35%）。

【星级化评定和积分制考核】2022年，临汾市各县（市、区）上半年对驻村干部开展星级化评定，全市评出“五星级”驻村工作队175支，占驻村工作队总数的29.76%；“三星级”驻村工作队372支，占驻村工作队总数的63.27%；“一星级”驻村工作队41支，占驻村工作队总数的6.97%；“零星级”驻村工作队0支（乡宁县对2支驻乡镇工作队未评星）。第一、二、三季度对驻村工作队员进行积分制考核，第一季度考核为优秀等次284名，合格等次649名，基本合格等次67名；第二季度考核为优秀等次279名，合格等次612名，基本合格等次50名，不合格7名；第三季度考核为优秀等次283名，合格等次641名，基本合格等次65名。第一、二、三季度对驻村第一书记进行积分制考核，第一季度考核为优秀等次150名，合格等次311名，基本合格等次25名；第二季度考核为优秀等次170名，合格等次353名，基本合格等次32名，不合格13名；第三季度考核为优秀等次147名，合格等次310名，基本合格等次25名，不合格6名。

水 利

【概况】 2022年，临汾市水利局锚定生态修复、水网建设、民生水利三大重点，推动水资源管理、水生态修复、水工程建设、水灾害防御、乡村振兴水利保障等重点工作开展，强化兴水惠民的行业担当。

【水利项目】 2022年，临汾市水利局水利项目谋划围绕“突出一流域，建好一张网、民生提质效”三大重点，健全完善市县两级工作机制，建立市级三年滚动项目储备库，报省厅备案。汾河流域防洪能力提升工程、中部引黄县域配套工程、汾河廊道曲沃段水生态及盐碱地综合治理与提升工程等纳入省市重点工程有序推进。贯彻落实国家开发性政策性金融支持水利基础设施建设政策，推动落实融资项目2项，获得省级财政投融资奖励1000万元；城乡供水和小水网建设7个项目纳入省级统筹实施的国开行第一批打包金融支持项目，总投资30亿元。部署推动2023年度项目谋划储备工作，规范制度化标准化运行，出台《临汾市水利建设项目储备和审报制度（试行）》，推动项目谋划储备提质增量，储备重点项目84项，总投资130亿元。

【水利投资】 2022年，临汾市水利局水利投融资机制加快改革创新。坚持“两手发力”，加强与发改、财政部门对接，落实政府债券、金融信贷和社会投资投入水利建设，2022年，全市落实各级水利建设投资17.24亿元，其中中央投资3.9亿元、省级投资8.07亿元、市县投资5.27亿元。除财政性资金以外，落实省级一般债券3.7亿元，地方政府专项债券4.15亿元，贷款和企业投资0.55亿元，呈现投资快速增长、结构多元优化的良好态势，非财政水利投资占比49%。

【严格水资源管理】 2022年，临汾市水利局印发《关于做好取用水管理专项整治整改提升工作的通知》《临汾市取用水管理专项提升三年行动方案》《关于加快推进取水许可手续办理工作的通知》，组织各县（市、区）推进整改提升工作，全市完成整改项目2032个；开展县级地表水指标的细化分配工作，将取耗水指标按流域分解到各县（市、区），细化汾河干流取水指标。印发《关于做好2022年取用水监测计量有关工作的通知》，争取中央资金255.5万元，组织取水在线计量设施新建、改建320个，全部完成。建立节水联席会议制度，全年召开联席会议3次，实行月调度制度；4批10县（侯马市、曲沃县、尧都区、乡宁县、洪洞县、安泽县、霍州市、襄汾县、翼城县、隰县）县域节水型社会达标建设通过上级验收。

【水生态修复】 2022年，临汾市水流域面积50平方公里以上河流划界及公告全部完成，1000平方公里以上的洪安涧河、浍河、昕水河岸线保护与利用规划全部批复并印发实施，全市149条有堤防河段全部建立堤防安全包保责任体系。印发《关于进一步加强河湖“四乱”问题排查整治的通知》，常态化、规范化地开展河道清“四乱”，各级河长、巡河员开展巡河行动，全年立行立改解决各类问题281处。逐段落实河道采砂管理河长、水行政主管部门、现场监管和行政执法“四个责任人”，开展河道采砂专项整治，规范河道采砂。加强对省市县审批的涉河建设项目进行事中事后监管，2021年省级监管发现的11处问题全部整改完成。加强同各开发区的沟通协调，涉水区域评估进展实行双周调度、每月通报机制，全市12个开发区需要开展的23项涉水区域评估全部编制完成，15项按照权限取得批复。市管河流生态流量保障目标全部制定并印发，在汾河和浍河跨界断面增设自动监测站，其他主要支流增设人工监测断面；加强农业用水管控，推进节水灌溉、定额管理，灌溉高峰实施错峰取水和应急管控，统筹推进抗旱春夏浇与基流保障；全年浇地完成灌溉面积238.13万亩，灌溉取水27395.7万立方米。安泽县兰河、大宁县义亭河工程全面完工，隰县东川河、永和县芝河工程主体完成，蒲县东川河有序推进，完成投资1.38亿元；尧都区汾河吴村段、侯马市浍河、霍州市汾河、汾河廊道曲沃段、乡宁县马壁峪等5处生态修复项目完工1处，完成投资11.32亿元，其中2022年完成投资3.34亿元。《临汾市水资源超载区治理方案》通过省厅审查。汾河流域地表水用水量下降，侯马超采区地下水位上升。实施水源置换，襄汾县和翼城县禹门口东扩黄河水水源替代工程具备供水条件；侯马城市生活水源置换项目可研报告已经批复，水资源论证报告已经通过技术审查；强化泉域水资源保护，配合省厅完成泉域生态保护实施方案编制工作，禁止新增岩溶地下水用于生产，关闭、禁采、限采对岩溶泉域有重大影响的矿井，泉域重点保护区内采矿权全部退出，开展龙子祠水源地达标建设工作，水源地安全保障年度自评估结果为优良。截至年底，全市完成新增水土流失初步治理面积521.33平方公里，完成全年任务512平方公里的101.8%，超额完成全年任务。2022年临汾市水利局获“全国水土保持先进集体”称号，乡宁县驮涧生态清洁小流域获“国家水土保持示范工程”称号。实施小流域综合治理，生态清洁小流域治理，黄土高原塬面保护、坡耕地水土流失综合治理，新建淤地坝、淤地坝除险加固等水土保持项目，总投资22677万元，新增水土流失综合治理面积169平方公里。完成淤地坝除险加固21座；新建淤地坝28座，投资完成率21%；坡改梯23000亩，投资完成率48%。

【水工程建设】 2022年，临汾市20项汾河流域防洪能力提升工程全部开工，其中汾河干流曲沃乡村段、尧都区乡村段、侯马段及洪洞三交河4项工程防洪部分主体完工，20项工程完成投资7.53亿元，全市防洪能力提升年度建设任务基本完成。按照山西省水利项目储备管理提升3年行动方案要求，提出2022—2024三年项目建设滚动清单。汾河流域防洪能力提升工程、汾河廊道曲沃段水生态及盐碱地综合治理与提升工程等纳入省市重点工程有序推进；贯彻落实国家开发性政策性金融支持水利基础设施建设政策，建立同市农发行、市农行、市投资集团等银企对接合作的工作推进机制，成立工作专班与分班，推动落实融资项目2项，获得省级财政投融资奖励1000万元；纳入省级统筹实施的国开行第一批打包项目7项，落实金融基金作为资本金项目2项；项目谋划储备制度体系健全完善，出台《临汾市水利建设项目储备和审报制度（试行）》。引沁入汾浮山供水工程完成全部分部工程、单位工程的验收。汾西北掌水库完成单位及合同工程验收。隰县南峪水库建设任务完成，申请蓄水验收。蒲县四沟水库完工，待临汾市行政审批局验收。永和县桑壁河山洪沟道治理工程全部完工并完成资金支付。制定出台《临汾市水利工程建设质量与安全监督管理办法》，开展质量与安全专题培训。提高全市水利工程建设质量与安全监督管理水平，规范监督行为。

【落实防汛责任制度】 2022年，临汾市汛期经历9次强降雨过程，汛期全市平均降雨量382.9毫米，汛期启动水旱灾害防御Ⅳ级应急响应三次，发布临汾市山洪灾害气象风险预警19期，共享雨情公报70期，气象灾害预警145期、水位预警4期，全市出动2303人次，对水库、淤地坝、堤防等重点防洪工程以及在建工程和山洪灾害点开展巡视排查和隐患整治，排查整改各类隐患78个，汛前修复上一年度秋汛水毁的1座水电站、5座水闸、26座水库、66公里堤防、274座淤地坝等水利工程，为全市安全度汛提供保障。全市没有发生因洪灾造成人员伤亡和重大财产损失的情况。

【乡村振兴水利保障】 2022年，临汾市水利局落实“四个不摘”要求，紧盯国考、省考等各类考核评估督查发现饮水安全问题，成立以局长为组长的巩固拓展脱贫攻坚成果同乡村振兴有效衔接农村饮水问题整改工作专班，制定印发《临汾市巩固拓展脱贫攻坚成果同乡村振兴有效衔接农村饮水问题排查整改工作方案》，组织各县（市、区）开展大排查、大整改。市级排查1个问题，组织县级排查29个问题，均已按期限整改完成，巩固提升33个村庄1.52万名农村人口的饮水条件。全市落实各级农村供水工程维修养护资金6182.01万元，全部完工，维修工程1045处，受益农村人口78.14万人。尧都区神刘灌区续建配套和节水改造工程资金1265万元。2022年下达农业水价综合改革面积任务8.64万亩，资金695.5万元，全部完工。下达各级农村供水保障工程资金5685.88万元（大宁县70万元省级资金被整合），工程投资全部完成，建设农村供水工程130处，巩固提升12.09万人的饮水条件。年度人口核定及直补资金发放，截至2022年6月底，全市大中型水库移民直补资金按年度全部发放完毕，发放直补资金1815.66万元。后期扶持项目方面，下达大中型水库移民后期扶持基金3361万元，涉及7个县（市、区），共立项39个，完工19个。

【水行政执法监督】 2022年，临汾市水利局开展防汛保安专项执法行动，将涉及淤地坝及塘坝等影响防洪的违法行为纳入行动中，对涉及河道、水库、淤地坝、塘坝等影响防洪的违法行为线索进行摸排，结合汛前安全检查，对于检查中发现的问题进行甄别和梳理。制定《关于开展2022年地下水超采治理专项执法行动的通知》，打击违法违规取水，纠正取用水户取用水中不规范行为，立案处罚案件19起，处罚金额44.1万元。建立安全生产监管责任清单，形成全市水利行业安全监管检查“一张表”，实时更新、动态管理；组织开展重要时段和关键环节安全生产集中整治，排查整治水利行业建筑施工、工程运行、办公区域等人员密集场所存在的安全隐患；开展全市水利行业安全生产大检查大整治大提升活动，出动检查组9个，检查生产经营单位14家，排查并整改问题21条；开展汛前安全生产和防汛备汛大检查，排查整改隐患215条。开展“打击水土保持违法行为保护黄河中游生态环境”专项行动，对存在未批先建、未验先投、不缴纳水土保持补偿费等违法违规问题进行整治，排查整改水土保持违法违规项目57个，销号率100%。

【河湖长制】 2022年，临汾市各级河长巡河近25万次，其中市级河长巡河184次，县级河长巡河4711次，乡级河长巡河11420次，村级河长巡河23万余次，同市检察院联合印发《“河长+检察长”工作机制实施方案》；启动无人机巡河，实现昕水河、浍河、洪安涧河、涝洰河等市管河流首轮无人机巡河，发现问题移交地方处置。要求各县（市、区）逐堤落实安全包保责任。3月，各县（市、区）完成水利部堤防水闸基础信息数据库中所有堤防信息的复核补充，全市现有河道堤防149条均全部建立安全包保责任制。对全市水文站水文监测环境保护范围内危害水文监测设施安全、干扰水文监测设施运行、影响水文监测结果的活动进行专项整治，对水文监测环境保护范围划定和公告提出要求，为水文站提供良好监测环境，保障水文监测工作正常进行。协调推进汾河流域防洪能力提升非工程任务，妨碍河道行洪突出问题整治梳理录入“三个清单”问题125个，全部整治完成；河道内耕地种植结构调整核实任务14720.7亩，于5月底全部完成；河道内阻水片林核实需移除13.7亩，于5月底全部移除；干流影响行洪桥梁改造涉及桥梁4座，有序推进；全市汾河流域111条有堤防河段全部建立堤防安全包保责任体系；四乱备案延期问题涉及尧都洰河2处，6月29日完成整改；分洪缓洪区设置已完成现场复核并上报省厅。分洪缓洪区已设置完成。

【供水管理】 2022年，汾西灌区引水1.544亿立方米，其中农业用水1.19亿立方米、非农业供水2950万立方米；灌溉面积31.62万亩，71.52万亩次。引沁入汾引水4300万立方米，其中工业供水550万立方米。所有指标完成年初目标任务。围绕供水主线，以管理促提升，抓好斗渠测水、水位巡查、水量核对和水费结算工作，为保障粮食生产、实现乡村振兴战略提供了坚强的水利支撑。按照“一企一策”管理模式，拓展供水市场，提高服务质量。做好龙子祠泉域区域内的巡查管控和维护清理工作，发现问题上报处理，确保工程及周边防护设施完好。

【工程建设和管理】 2022年，汾西灌区完成汾西灌区水毁修复工程，投资400万元，主要项目包括七一渠维修加固、龙子祠南泉水毁修复、跃进渠清淤等；完成汾西灌区2020年续建配套与节水改造骨干工程省级配套114万元的工程项目；完成汾西灌区农业节水灌溉试点工程可行性研究报告及初步设计的申报及批复；完成中央水利抗旱资金工程实施方案的编制；完成“灌区一张图”外边界绘制。引沁方面，为保证高效供水，2022年投入85万元用于工程维修养护，保证了供水设施运行。

【安全生产】 2022年，汾西灌区完成防汛预案编制工作，落实主体责任，开展安全生产大检查，指导监督各基层单位按照渠道枢纽工程及机电设施安全运行管理办法运行管理；与上级主管部门主动对接，完成七一水库、羊舍沟水库预案批复，完成2021年第三季度维修养护和2021年水毁修复工程项目验收工作；配合开展河长制工作，与市、县（区）河长办对接，明确各自职责，加大巡查力度，对沿渠的水污染隐患和渠道未加护栏安全隐患进行通报，在占用渠堤的道路上修建安全防护栏，垃圾和其他污染源实行属地管理，沿渠群众的人身安全和水源安全得到保证。

浍河灌溉管理分公司完成供水2457.73万立方米，其中农业供水1418.56万立方米，工业供水1039.17万立方米，公司加强安全生产，安全形势持续向好。召开安全生产例会12次，组织安全生产大检查10次，签订安全管理协议13份，建立安全风险辨识评估和安全管理台账，落实安全生产闭环管理。完成冬春火灾防控、冬奥会安全生产、安全生产大检查大整治大提升、第21个全国安全生产月、消防宣传月等专项行动。

【水库防汛】 2022年，浍河灌溉管理分公司立足“防大汛、抗大洪、抢大险、救大灾”，坚持预警、预报、预演、预案“四预”措施，做到六个到位。成立以临汾市副市长张潞萍为总指挥的浍河水库防汛指挥部，完成“五个责任人”上报、公示、培训教育、日常履职等工作。组建150人的常备防汛抢险队伍，与3家施工企业签订防汛应急抢险协议。按中型水库防汛要求，储备防汛备防石3400立方米、编织袋15万条等各类防汛物资。编制上报批复浍河水库《调度运用计划》《防汛抢险应急预案》等，送至每个指挥部成员手中。6月20日，组织180余人，在浍河水库进行2022年防汛演练，验证防洪预案的操作性和可行性。由公司主要领导、分管领导和科室负责人、库区管理站人员组成防汛值班队伍，分值班、巡查、测报3个班组，实行24小时在岗制度。

【项目建设】 2022年，浍河灌溉管理分公司实施浍河水库2022年建设管理与维修养护项目，完成投资80万元。取得省发改委对浍河水库除险加固工程项目的批复，批复投资3830万元。完成2021年建设管理与维修养护政府购买服务项目的工程扫尾、资料整理、绩效评价、工程审计工作。

【运行管理】 2022年，浍河灌溉管理分公司强化学习培训，系统学习《土石坝修理与养护》《水工钢闸门和启闭机安全运行规程》等专业知识和操作规程。规范工程巡查维护，落实一日一巡查，一日一记录，关注水库重点区域和设备设施的运行状态。加强工程监测，对水库断面渗流、绕渗实行每日监测，重点区域每月两次沉陷测量，每月两次对比和分析，掌握大坝安全运行状况。5月25日，浍河水库获得水库运行管理标准化省二级单位。参加蒲县四沟水库运行管理工作。通过探索水库管理“以大带小”管护模式，实现“走出去”的有益尝试。 （王　谦　孙亚丹）

乡村振兴

【部署推进责任落实】 2022年，临汾市委、市政府把巩固拓展脱贫攻坚成果同乡村振兴有效衔接作为重大政治任务来抓，召开市委常委会议6次、市政府常务会议4次，召开全市综合性会议和专题性会议共12次。市委、市政府主要领导多次深入各县（市、区）调研指导和现场办公，分管领导组织各县（市、区）和相关行业部门多次召开会议，安排部署重点工作，深入实地调研指导。对巩固衔接领导小组进行调整，市委书记、市长担任“双组长”，市委副书记担任第一副组长，市委组织部部长、市政府分管副市长担任副组长，15个专项工作组调整为13个。市农村工作领导小组、市巩固衔接领导小组多次组织召开会议，对重点工作进行研究部署。各县（市、区）书记、县长遍访脱贫村全覆盖，解决脱贫群众急难愁盼问题。出台《临汾市关于做好2022年全面推进乡村振兴重点工作的实施方案》等重要文件。各县（市、区）每月召开巩固拓展脱贫攻坚成果同乡村振兴有效衔接月例会。对各县（市、区）重点工作情况一月一评价，一月一排队。全市590支驻村（乡镇）工作队、1247名驻村工作队员、584名驻村第一书记，按照“六化十到位”要求，开展驻村帮扶工作。全市各级帮扶单位投入资金1864.14万元，引进资金7127.16万元，实施万元以上项目286个，帮助帮扶村销售农产品2.28亿元。驻村帮扶入户大走访专项行动深入开展，各级驻村干部入户走访实现多轮全覆盖，解决群众急难愁盼问题8133件，发布短视频2.2万个，政策宣传覆盖26.6万户。

【动态保障】 2022年，临汾市义务教育失学辍学儿童动态清零，建设改造82所寄宿制学校。对困难群众实行参保分类资助全覆盖，未发生因病规模性返贫。全市乡镇卫生院、行政村卫生室标准化、规范化建设达标率95%以上。9月，国家卫健委等单位筹建的全国首家“健康小屋”在永和县索驼村建成并投入使用，提升了健康帮扶和医疗服务水平。全市农村危房改造任务涉及11个县（市）221户，全部竣工。市水利局、乡村振兴局联合公布农村供水服务监督热线，接到热线电话12个，反映问题全部解决。浮山县设立200万元农村饮水安全准备金，用于工程维修养护，保证工程长期发挥效益。全市农村最低生活保障标准从5666元提高到6000元。

【特优产业】 2022年，临汾市乡村振兴局推进沿黄梨果、沿汾蔬菜、沿太岳中药材为主的“三大板块”，推动产业做大做强。全市新发展水果（包括品种改良）2.03万亩，改造中低产果园8.04万亩；新发展中药材10万亩；新（改）建设施蔬菜3187亩，脱贫地区特优产业发展势头强劲。“临汾优选”在“2022中国区域农业形象品牌影响力指数”位居全国第六、全省第一。推广“智慧农业”，市政府与省农行签订“双百协议”，支持打造100个智慧农业示范点。规范全市850座村级光伏电站运维管理和收益分配，收益1.39亿元，设置公益岗位1.8万个，促进脱贫群众和村集体经济收入稳定增长。

【稳岗就业】 2022年，临汾市脱贫劳动力务工就业11.07万人，完成年度目标任务的103.9%，其中省外务工就业2.27万人，完成年度目标任务的112.8%。全市新增帮扶车间50个，全部完成认定程序，帮扶车间总数140个，吸纳脱贫劳动力3065人。打造“临汾技工”劳务品牌，培育襄汾晋襄酥烧饼、浮山厨师2个省级品牌，9个市级劳务品牌，形成脱贫劳动力转移就业新格局。

【收入增长】 2022年，临汾市乡村振兴局落实省里支持脱贫人口增收30条政策措施，出台全市加大力度促进脱贫人口增收的实施方案。2022年全市脱贫人口人均纯收入13348元，高于全省脱贫人口人均纯收入（12406元）942元，位于全省第三，比2021年增加1652元，增幅14.1%（2022年省下达临汾市脱贫人口增收考核指标为增速18.5%，12月经省乡村振兴局通盘考虑，对各市的收入增速指标进行相应调整，临汾市14.1%的增速达到省要求），比全市农村居民人均可支配收入增幅（6.8%）翻一番。加快实施产业项目，开展为期一个月的“悦享临汾回家有礼”“临汾优选”端午直播带货活动，线上线下销售农特产品14.2亿元。加强农村脱贫劳动力转移就业指导，发放务工就业交通补贴和稳岗补助2249.4万元，确保脱贫劳动力持续增收。率先在全省组建市级村发集团，构建起“1+17+N”的四级农村集体经济市场主体体系，全市行政村集体经济收入全部超过10万元，其中93个行政村达到百万元以上。抓好保险兜底、社会救助等保障性政策落实，增加脱贫人口转移性收入。

【监测帮扶】 2022年，临汾市乡村振兴局用好农户自主申报、干部走访排查、部门筛查预警、信访舆情处置4种方法，开展常态化动态管理和两轮集中排查，确保监测对象应纳尽纳、应扶尽扶。全市“三类户”6865户17196人，监测对象占脱贫人口比例为6.6%，比2021年底的5.5%上升1.1个百分点，高于全省（6.3%）0.3个百分点。对“三类户”因户施策，精准帮扶，4480户11707人已解除风险，2385户5489人仍在重点监测帮扶，守住不发生规模性返贫的底线。

【搬迁后扶】 2022年，临汾市搬迁户配套帮扶车间43个，保证每年向有就业意愿、有劳动能力的搬迁劳动力提供不少于3个就业岗位。全市搬迁劳动力就业人数24530人，就业率93.73%。实施易地搬迁后续扶持项目141个，总投资3.43亿元，实现每个安置区至少有一项稳定增收主导产业。开展“五好安置区”创建工作，有13个安置区创建为“五好社区”，促进搬迁群众在新环境安居乐业。

【规范资金项目】 2022年，临汾市投入衔接补助资金14.7亿元，其中中央资金5.45亿元；省级资金3.86亿元；市级财政投入8500万元，增幅0.59%；县级财政投入4.54亿元，增幅1.3%。实施项目1259个，开工率100%，完工1207个，完工率95.9%。全市中央资金支出进度达100%，中央、省、市、县四级资金支出进度为94.3%。全市各类资金投入形成扶贫项目资产18857个，资产现值33.66亿元。各县（市、区）开展扶贫项目资产管理“回头看”，确保扶贫资产保值增值，长远发挥效益。

【示范创建】 2022年，临汾市实施省级乡村振兴示范创建39个村，市级25个村，县级69个村，在全省数量最多、体量最大、覆盖最广。省市县创建项目总体进度分别达到98.3%、94.7%和90%。在全市实行“月通报、月调度、月观摩”机制，相继在襄汾县、曲沃县、安泽县3个县召开现场观摩推进会，促进全市示范创建工作开展。10月8日，曲沃县经农业农村部、国家乡村振兴局评审，被列为2022年国家乡村振兴示范县首批100家创建名单（全省仅有3个县：太谷县、曲沃县、临猗县）。洪洞县秦壁村入选2022年中国美丽休闲乡村。翼城县“五个三”推进农村“厕所革命”的做法在《全国农村人居环境》公众平台推广。农村公共浴室建设率先推进，全市80%以上的行政村建成公共浴室并投入使用。

【乡村治理】 2022年，临汾市1863个村实现“一肩挑”，筑牢基层党组织建设战斗堡垒。实施“一村一名大学生”培育计划，推动到村（社区）任职的大学生真正融入基层、扎根基层、服务基层。参与并配合在全省率先组建的市村发集团，投资2.69亿元启动实施18个集体经济项目，带动县乡村三级实施2385个集体经济项目，全市村级集体经济收入达4.15亿元。参与出台《临汾市开展新时代“星级文明户”创评工作实施意见》，全市评选村级星级文明户418798户，乡级星级文明户26138户。

【小额信贷】 2022年，山西省下达临汾市农村脱贫人口小额信贷投放资金任务5.37亿元。截至年底，完成发放资金5.69亿元，完成率107%，涉及10601户脱贫户和监测户，超额完成省下达的投放任务。

【培训提升】 2022年，临汾市乡村振兴局采取视频教学、实地宣讲等形式，对参与乡村振兴的同志进行政策培训和宣传，基本解决政策不清楚、工作不会干等问题。7月，市乡村振兴局统一编印培训教材，统一命题（A、B、C三套试卷），各县（市、区）自行组织为期2~3天的培训，然后闭卷考试并上报考试成绩，实现县乡村所有乡村振兴干部培训考试全覆盖。

【重点强化调度】 2022年，临汾市乡村振兴局聚焦国考省考重点指标，从11月25日起，在全市开展2022年度脱贫人口收入信息采集“回头看”，对脱贫人口和监测户收入再分析、再研判，核实核准，确保数据真实准确、线上线下一致。从12月1日起，全市每天对驻村干部在岗情况和入户走访情况进行调度，提高帮扶工作成效以及群众满意度、认可度。11月12日，向各县（市、区）下发问题整改“三清单”台账，涉及群众满意度、脱贫人口增收、防止返贫动态监测和帮扶、易地搬迁后续扶持等方面139条问题，整改完成138条。自11月中旬以来，省考核评估组到吉县、大宁县、永和县、隰县、浮山县5个重点帮扶县开展第三方评估。第一时间将省反馈的共性问题清单下发到17个县（市、区），将分县个性问题清单“一对一”下发到有关县。要求各县(市、区)对照省考反馈问题清单，抓紧排查，建立“三清单”问题排查整改台账，立行立改加快整改。5个重点帮扶县（除汾西外）的省考反馈个性问题31条，17个县（市、区）自查出97条问题，全部完成整改。

【问题排查整改】 2022年，临汾市市县两级召开考核评估问题排查整改动员部署会，在全市开展“奋战三十天清仓大会战”专项行动，采取“十条硬措施”，组织动员1.58万余人，集中整改期排查出2248条问题。截至9月底，市县两级全部整改到位，市级抽取31%进行提级验收，合格率90%以上。组织多方力量开展问题排查，8月排查出问题183条、9月157条、10月107条。建立健全巩固拓展脱贫攻坚成果11个方面的长效机制，巩固提升整改成果。浮山县挂牌督办以来，推行干部帮扶“312”（“3”就是填好《农户基本信息表》《帮扶工作表》《农户收入测算工作表》3个表格；“1”就是用好《政策指南》；“2”就是通过“政策明白卡和收入测算卡”相框式入户实现两个明白）工作法，解决防止返贫动态监测和帮扶机制不到位的问题。经市级验收组实地验收，符合摘牌条件，向省报送摘牌验收申请报告。

【宣传工作】 2022年，临汾市开展宣传报道，2022年在国家、省、市各类媒体刊发稿件3000余篇次，编发市级简报40余期。“临汾乡村振兴”公众平台发布信息1100余条，“中国乡村振兴”“山西乡村振兴”公众号转载20余条，提升临汾市工作的知名度。6月15—17日，央视记者到安泽县府城镇风池村、霍州市师庄乡冯南垣村，进行深度采访。国庆期间在央视农业农村频道《脱贫之后再出发》专题片中播出。7月4日，《人民日报》报道《山西襄汾县推进农村公共浴室建设 村里有澡堂 心里暖洋洋》的经验做法和成效。

工业

工业和信息化

【概况】 2022年，临汾市工业和信息化局（简称临汾市工信局）抓调度、稳投资、降成本、优环境，工信工作稳中有进、进中向好。立足“稳住”，工业经济运行“基本盘”更加牢固。坚持“周调度、月分析、季研判”工作机制，形成抓工业运行调度的浓厚氛围。1—12月规上工业增加值同比增长10.3%，排名山西省第四；完成工业投资283亿元，同比增长24%，排名全省第四；完成工业技改投资111亿元，同比增长8.8%，排名全省第五。聚焦“立起”，专业镇和产业链培育强势起步。制定《临汾市促进专业镇高质量发展实施方案》和《临汾市工业重点行业产业链及链长工作机制实施方案》，编制完成《临汾市工业重点行业产业链图谱》；遴选襄汾晋作古典家具、侯马中医药康养、霍州年馍、乡宁紫砂陶+戎子酒庄+云丘山农旅、尧都区精密铸造、曲沃氢能、汾西肉鸡、吉县苹果、隰县玉露香梨9个市级专业镇，建立“9+N”专业镇梯次培育体系；建强精品钢、高端装备制造、绿色焦化、新材料、清洁能源、医药大健康、数字产品制造及应用7条重点产业链，年产值达1514亿元，占全市工业总产值的53%。拼搏“进好”，工业高质量发展“新动能”更加强劲。全市钢铁行业先进产能占比达到70%，钢铁产能置换工作走在全省最前列；开展铸造产能公告及置换，完成96户企业590.33万吨铸造产能公告，山西诚荣装备制造有限公司23.85万吨精密铸件项目、山西中兴铸业有限公司5.94万吨精密铸件项目铸造产能置换成为全省模板；全年装备制造业、高技术制造业增长迅猛，增速分别为20.7%、25%，均远超规上工业增加值。“两化”融合，数字转型跑出“加速度”。建成5G基站3090个，总数达到6533个，排名全省第三，4个5G融合应用项目获奖全国“绽放杯”5G应用大赛，5个“两化”融合项目获得省级支持资金1689万元，全市钢铁、焦化、装备制造业等主导行业企业基本完成ERP（企业计划资源管理系统）、MES（生产制造执行系统）等关键管控软件集成应用。服务企业，工信发展“大环境”更加优化。制定出台《临汾市工业助企纾困若干措施》《服务业助企纾困若干措施》《中小微企业助企纾困若干措施》等43条助企纾困政策措施，组织召开焦化行业和钢铁行业早餐会、项目推进现场会和专题会。2022年，全市抽调1678名干部，深入“四上企业”帮扶3730次，梳理收集问题956个，实际解决问题848个。

【工业转型升级项目建设】 2022年，临汾市持续实施工业转型升级项目建设“323”工程，通过动态管理、优进劣出，全年实施推进工业转型升级项目324项，总投资1965.66亿元，其中制造业项目219项，总投资1065.88亿元；能源类项目105项，总投资899.78亿元；完工或部分完工项目94项。324个项目完成投资412.7亿元，其中2022年完成投资237.5亿元。

【特色专业镇打造】 2022年，临汾市工信局制定形成《临汾市促进专业镇高质量发展实施方案》，印发《专业镇发展“冬季行动”方案》，强力推进专业镇高质量发展。构建“9+N”梯次培育体系，细化培育目标，首批重点打造襄汾晋作古典家具、侯马中医药康养、霍州年馍、乡宁紫砂陶+戎子酒庄+云丘山农旅、尧都区精密铸造、曲沃氢能、汾西肉鸡、吉县苹果、隰县玉露香梨9个市级专业镇。

【工业重点行业产业链培育】 2022年，临汾市工信局制定《临汾市工业重点行业产业链及链长工作机制实施方案》，编制完成《临汾市工业重点行业产业链图谱》，重点培育精品钢、绿色焦化、高端装备制造、新材料、清洁能源、氢能、数字产品制造及应用等7条产业链。

【数智赋能】 2022年，临汾市工信局夯实网络基础设施建设，推广5G融合应用，提升工业产业“两化”水平，推动农业、工业、服务业、政府治理领域加大5G技术应用，拓展5G融合应用场景。2022年，全市建成5G基站3090个，总数6533个，排名山西省第三；4个5G融合应用项目在全国“绽放杯”5G应用大赛获奖，5个“两化”融合项目获得省级支持资金1689万元；全市钢铁、焦化、装备制造业等主导行业企业基本完成ERP（企业计划资源管理系统）、MES（生产制造执行系统）等关键管控软件集成应用。

【民营经济】 2022年，临汾市工信局坚持以政策落实推动民营经济高质量发展，出台《临汾市工业助企纾困若干措施》《临汾市服务业助企纾困若干措施》《临汾市中小微企业助企纾困若干措施》，鼓励民营企业克服困难、抓住机遇、乘势而上，让民营经济更具韧性和潜力；开展“早餐会”“下午茶”“夜沙龙”政企对接活动50余场次，面对面解决重点行业、重点企业“急难愁盼”问题；组织召开水泥、钢铁、脱硝等产品产需对接洽谈会，强化客户、供应商企业和技术专家三方交流互信，帮助企业降成本、减库存；健全政府守信践诺机制，清理拖欠中小企业无分歧账款505.4万元；做好“专精特新”企业培育，新认定省级“专精特新”中小企业32家，较2021年增长88%；新认定省级专精特新“小巨人”企业9家，累计23家。

【入企服务】 2022年，临汾市工信局制定印发《临汾市2022年度入企服务实施方案》并出台配套政策措施，系统开展惠企政策宣讲解读培训，到企业一线收集问题并协调解决，提高服务企业质量，推动入企服务取得实效。组建市级工作专班，实施“千人千企”专项行动，全市抽调1602名干部，到“四上企业”帮扶3092次，梳理收集问题741个，解决问题608个。

【国资国企改革】 2022年，临汾市工信局（国资委）按照国、省国企改革三年行动工作要求，梳理短板弱项，集中力量补漏补缺，推动国企改革三年行动各项任务完成。转变监管方式，制定完善监管权力和责任清单，动态调整优化；提升企业活力与效率，推行员工公开招聘、管理人员竞争上岗、末等调整和不胜任退出、全员绩效考核等制度，三项制度改革取得长足进步；指导企业始终坚持在完善公司治理中加强党的领导，全部建立完善全面从严治党责任制度、跟进督办制度等，以高质量党建引领企业高质量发展。 （张子杰）

能源工业

【能源安全供应保障】 2022年，临汾市社会原煤产量9334万吨，超额省定目标（8895万吨）439万吨，同比（8427万吨）增加907万吨，增速10.76%。规上原煤产量8782万吨，高于市定目标（8400万吨）382万吨，同比（8074万吨）增加708万吨，增速8.77%。煤炭采选业占工业增加值比重74.7%，比2021年度增加4.8个百分点。1座矿井实现竣工投产，新增产能90万吨/年；3座国家调规矿井试运转，新增产能（规模）420万吨/年；14座生产矿井取得产能核增批复，净增产能700万吨/年。煤炭洗选企业标准化管理规范三级及以上企业210座（其中，一级16座，入洗能力3980万吨/年；二级86座，入洗能力10870万吨/年；三级108座，入洗能力11950万吨/年），洗选能力26800万吨/年，产能占比85.9%，全省排名第一。将保供政治账放在第一位，对照省定650万吨的电煤保供任务，签订电煤中长协687.3万吨（含央企），年终履约率达到103%。制定《临汾市非常规天然气提升上产2022年实施方案》，督促企业加大投资力度，加快产能建设，到企业调研帮扶，解决实际问题，提升采气能力。全年实际产量21.57亿立方米，同比增加3.37亿立方米，增幅18.54%，完成全年任务的101.36%，位列全省第二名。

【改善能源消费方式】 2022年，临汾市能源局制定《临汾市2022年冬季清洁取暖工作实施方案》，确定5627户清洁取暖改造任务，采暖季前完成5637户清洁取暖改造，完成2022年目标任务，受到省清洁取暖领导小组办公室对2022年度清洁取暖工作表现优异的单位和个人通报表扬。制定《临汾市2022年散煤污染专项整治工作方案》，布局洁净煤供应点85个，全市洁净煤入户17.95万吨，入户率101.3%。通过每月召开能耗“双控”及煤炭消费减量工作例会，开展用能预算化管理试点工作，制定下发《临汾市2022年用能预算化管理试点方案》等措施，2022年临汾市能耗强度完成-4.7%，全省排名第二。临汾市2022年煤炭消费总量控制目标较2020年煤炭消费总量实现负增长，控制在4199万吨以内。全年全市全社会煤炭消费总量3838.89万吨，同比减少130.81万吨，较2020年煤炭消费总量4201.01万吨减少362.12万吨，实现煤炭消费总量负增长的要求。

【能源结构转型】 2022年，临汾市建成4座智能化煤矿、80个煤矿智能化采掘工作面，绿色开采试点建成4个煤矿，累计建成18个，超额完成省定煤矿智能绿色建设任务。全年完成“三改联动”改造360万千瓦（临汾热电#1机组、#2机组，霍州发电厂#1机组，兆光发电厂#3机组节能降碳改造任务；临汾热电#1机组、#2机组，霍州发电厂#1、#2机组灵活性改造任务），超额完成省定150万千瓦的改造任务，完成率达到240%。实施日调度、定期通报、“退出机制”等有力措施，推动新能源项目建设。2022年，全市并网新能源发电装机容量213.77万千瓦，其中光伏发电装机容量143.32万千瓦，风电装机容量59.2万千瓦，生物质发电装机容量11万千瓦，水电装机容量0.25万千瓦。全市并网新能源发电装机容量占比达到27.17%，超额完成市定（27%）目标任务。组织抽水蓄能相关专家对全市10个县（市、区）选定的12个站点资源情况进行实地勘探，对确定资源条件较好的侯马市、翼城县、洪洞县、浮山县4个县市督促完成《项目初步分析报告》，上报省能源局。下达竞配方案，优选审核上报新能源项目。12月29日，省能源局印发《关于下达山西省2022年风电光伏发电保障性并网年度建设计划的通知》下达临汾市8个项目94万千瓦建设规模指标。

【能源管理服务】 2022年，临汾市能源局开展各类安全生产专项行动、电力安全生产标准化建设工作、双重预防机制建设，电力行业实现“零事故”。落实“放管服”要求，用好国省最新政策，降低准入门槛，只要项目能耗强度符合要求，为企业出具符合能耗“双控”目标的意见，协助企业办理能评手续，出具41个非两高项目能耗双控目标影响意见，能耗要素保障90.17万吨标准煤。

【国企改革】 2022年，临汾市能源局按照《临汾市国企改革行动方案（2021—2022年）》要求，4户破产企业财产清理、审计、评估、清算工作已结束，2户申请财政改革专项资金的报告报至市企改办，推进破产工作。4户正常经营企业通过实施“六定”改革，完善企业法人治理，激发企业内生活力。

（李腾飞）

电力工业

【概况】 2022年，国网临汾供电公司经营范围覆盖临汾14个县（市、区），供电2.03万平方公里、397万人。客户总量160.93万户。其中居民145.13万户，用电量占比18.45%；大工业862户，用电量占比53.56%；一般工商业10.36万户，用电量占比12.32%；农业用电4.29万户，用电量占比3.13%；煤矿、化工、交通、冶金等高危及重要客户79户；安泽县、乡宁县、蒲县3个地电县2022年趸售电量24.7亿千瓦时，占公司总售电量12.59%。承担11万户清洁取暖电力用户，31633户分布式光伏（其中744座村级扶贫光伏）送出任务。2022年，公司5个单位、4个

2022年，临汾市建成4座智能化煤矿。图为山西蒲县宏源集团北峪煤业智能化调度指挥控制中心（市能源局供图）

班组分别获省公司先进集体、工人先锋号等荣誉，1个班组获山西省工人先锋号荣誉，隰县公司解红丽获山西省五一劳动奖章，变电运维中心、吉县公司2人获“电力行业优秀技能选手”称号。

【电网建设】 2022年，临汾主网以北部霍州、西部孟门、南部临汾3座500千伏站为支撑，16座220千伏站沿汾河形成南北2个220千伏双环网，6座220千伏站分布两山形成东西2个220千伏双环网，构成三角四环主干网架，供电区域覆盖1区2市14县。

变电站规模：500千伏变电站3座，主变18台，容量5000兆伏安；220千伏变电站34座，主变73台，容量10393兆伏安（主网22座/46台/7890兆伏安，用户12座/27台/2503兆伏安）；110千伏变电站112座，主变223台，容量8966.5兆伏安（主网58座/117台/4859.5兆伏安，用户54座/106台/4107兆伏安，其中地电11座/22台/864.5兆伏安）；35千伏变电站177座，主变328台，容量2995.01兆伏安［主网77座（其中开关站1座）/151台/1582.1兆伏安，用户100座/177台/1412.91兆伏安］；10千伏开关站41座（主网38座，用户3座）。

输电线路规模：220千伏线路80条、1910公里、电缆1.19公里；110千伏线路135条、1615.44公里、电缆8.09公里；35千伏线路165条、1503公里、电缆15.4公里。

配电规模：城市配网10千伏线路210条，长度1253.6公里，联络率74.8%，N-1通过率61.9%。其中电缆750.1公里，电缆化率59.8%，架空线路503.5公里，架空线路绝缘化率75.3%；10千伏开关站23座；公用配变1571台，容量797兆伏安；柱上开关481台；用户22.43万户，户均容量3.6千伏安。

2022年，国网临汾供电公司新建和续建35千伏及以上项目35项，同比增长120%，年度建设任务完成，实现开工率、投产率100%。

【电源建设】 2022年，临汾电网总装机8132.33兆瓦，其中集中式光伏29座、容量697.43兆瓦，风电11座、容量606.4兆瓦，生物质电厂8座、容量122兆瓦，水电1座、容量2.5兆瓦，低压分布式光伏31633座、容量870.1兆瓦。

省调电厂31座（兆光、霍州、浍滨、汾泽、河西、南钢、佳盛、尚佳、和鑫、美能、亿武、淄垣、伏垣、邑垣、戎阳、院科、怡康、逐光、沃瑞、沈峪、致远、集源光伏、盈风岭、锦风岭、贺兰、双字坪、扶摇、金桥沟、程野、金马、傲力风电），装机容量6034.43兆瓦；地调小电厂52座（正信、荣昌、惠民、天惠、金惠、合众、泽宇、华得宇、旭泉、同福、汤荣、润发、瑞业光伏、恒华、云畅风电等）、县调小电厂1座（畅银电厂），装机容量1227.8兆瓦。其中火电（燃煤+尾气余热+瓦斯）29座，容量898.9兆瓦；光伏13座，容量159.4兆瓦；风电2座，容量45兆瓦；其他（生物质+水电）9座，容量124.5兆瓦。

临汾电网接入500千伏系统电厂2座（兆光、霍州），机组4台，容量2400兆瓦；接入220千伏系统电厂14座（兆光、浍滨、汾泽、河西、扶摇风电、金桥沟风电、淄垣光伏、伏垣光伏、邑垣光伏、沃瑞光伏、贺兰风电、戎阳光伏、怡康光伏、致远光伏），机组8台，容量2842.8兆瓦；接入110千伏系统26座，39台，容量1422.63兆瓦；接入35千伏系统24座，29台，容量487.5兆瓦；接入10千伏以下系统19座，23台，容量109.3兆瓦。

【经营管理】 2022年，国网临汾供电公司强化经营管理，提质增效成效显著。截至12月底，公司售电量完成201.57亿千瓦时，同比增长5.08%；受理新装、增容用电容量647.62万千伏安，同比增长27.56%，净增接电容量335.59万千伏安，同比增长74.32%。参与省公司购售同期电费结算模式下分次结算试点工作，面向72户高压客户应用分次结算，促收合理预收电费，压降电费回收风险。承担售电公司市场化交易亏损电费回收任务，金额625.94万元。

轮换智能表25.73万只、HPLC模块151.75万只，低压表计轮换率100%，HPLC模块覆盖率95.65%，全省第二。建立“市级直查、联合督办、适时约谈”数字化内控工作机制，强化“事前、事中、事后”三道稽查工单管控防线，完成反窃查违任务2031.22万元。台区线损率压降至3.2%，挽回电量损失约2082万千瓦时。完成32.52万户高、低压客户现场普查工作，发现整改异常47.81万条，营销普查整改质效全省第二。

【安全生产】 2022年，国网临汾供电公司完成安全生产专项整治工作任务，清单所列问题隐患202项，完成整改。形成制度措施清单10项、推广典型经验7条。落实《临汾市人民政府安全生产委员会办公室关于印发全市安全生产大检查大整治大提升行动方案的通知》，开展安全生产大检查，细化落实文件5个，明确8类286项隐患排查内容，形成“一表一库”（工作任务表、问题隐患库）。入库隐患35条，达到专业全覆盖。开展“安全责任年”活动，编制领导班子“两个清单”，完成228个组织、1571个岗位安全责任清单修订。完成60家外包队伍1789人安全准入考试、安全资信报备和资质审查。“专人+清单”保障现场安全有序，组织对106号、39号、33号等反违章重要文件进行系统性的学习宣贯，各专业摘录相关条款，形成专业反违章清单，工程作业、计划检修分别由监理和工作负责人在现场对照检点、兜底。

【电力运行】 2022年，国网临汾供电公司电力运行方面按照“四个精益”开展工作。精益计划管控，保障电网安全稳定运行。落实减现场、降风险、促安全、保供电总体要求，按照“三不安排”和“三精益安排”原则，平衡取消检修计划153项，优化方案、调整工时工序46项，全年安排计划128项，同比下降26%，发布风险预警81项。精益配网管理，供电可靠性稳步提升。贯通配电自动化、用电信息采集与D5000信息流，建立多专业协同会商机制，开展配网图模更新与运行数据质量分析，配网透明化率提升至100%。精益绿色低碳，新型电力系统初步建立。服务区域全绿电。分析沿黄五县新能源出力、负荷特性内在联系，整合光照强度、气温变化等7类影响要素，搭建分布式光伏发电模型，绘制绿电地图、并网站线监控图，基本解决屋顶光伏不可观、不可测的技术难题。精益二次管理，提高本质安全水平。巩固电网三道防线。完成48站备投专业化巡视，消除17站25项装置老旧、二次回路未完善等运行缺陷，实施1站备投实传和12站开入量核对，110千伏变电站备投问题清零。精益基层管理，夯实市县一体化。推进市县一体化专业管理。建立按岗分类、轮岗实践、业务承担培训机制，开展员工跨专业技术交流。

2022年8月14日，工作人员实施110千伏刘台线停电作业
（国网临汾供电公司供图）

【电力市场】 2022年，国网临汾供电公司开展重点民生客户安全用电技术服务，对接医院、核酸检测点等781户，新闻媒体、民生供应等625户防疫用电，指导客户消除安全隐患，保障防疫指挥中心、政府机关、防疫单位可靠供电、11.16万户清洁取暖电力用户温暖过冬。落实小微企业“三零”服务举措，开展小微企业项目后评估，2022年城市、农村区域小微企业均实现160千瓦及以下低压接入“零投资”，接入小微企业2358户，为238户小微企业发起配套电网改造工程，投资建设配电变压器198台，节省客户投资6499.86万元。完成2022年度临汾市营商环境“获得电力”指标自评和“获得电力”改革成效宣传工作，组织综合监管问题整改、涉企违规收费、“三指定”等自查自纠行动，组建三个检查小组落实分片包干，专项整治基层单位影响客户“获得电力”的顽疾问题。推广线上办电，组织推广网上国网App线上受理、“一证办”、“办电e助手”、“完工码”等线上办电场景应用，每个业扩工单实现办电全流程线上可视、线上交互。

【农电工作】 2022年，国网临汾供电公司狠抓乡镇供电所基层基础建设，队伍建设巩固向好。开展业务培训10次、指标分析提升会33次，1547名网格经理全员签订《供电服务网格员公开承诺书》，公示廉洁从业、故障抢修、业扩报装等服务标准6620份。承揽3项“揭榜夺旗”任务，侯马市、襄汾县分别在网格化服务、供电所管理方面探索先行，得到国网山西省电力公司领导及专业部门的专项调研认可。成立供电所管理中心，建立“星级供电所”和“星级员工”动态考评机制，“双星创建”和“标杆引领”齐头并进，遴选命名176名工匠能手和星级员工，晋档升级22个星级（标杆）供电所。

2022年，完成配网工程建设八批次186项，完成投资计划5.86亿元。落实中央部署相关工程项目按期完工；6县（市、区）4865户清洁取暖配套项目按时完工投运；完成45个老旧小区电网改造；全年完成27批次142项业扩配套项目建设任务，惠及小微企业238户。采取“专人加清单”管理模式，编制“配网作业前检查清单”“配网作业现场检查清单”，由现场监理根据清单逐项检点，确保现场安全措施到位。

【科技工作】 2022年，国网临汾供电公司启动3项跨年科技项目，完成3项群创和2项骨干项目研发，储备2023年科技项目1项、群创4项、骨干1项。加强技术标准、知识产权及成果培育。推进标准化良好行为企业创建。申请发明专利20余项。1项成果（基于激光法和超声法的真空管真空度无损检测装置）经中电联鉴定达到国际先进水平。

2022年，公司获科技奖6项，其中省部级奖1项（“基于激光法和超声法的真空管真空度无损检测装置”获国网公司科技进步三等奖），实现国网奖零突破。获省公司科技奖5项，其中参与的“输变电工程环境敏感点空间电磁环境监测关键技术及应用”获一等奖，牵头申报的“调控自动化全业务交互智能化可视分析研究与应用可行性、跌落开关快速短接装置”获二等奖，“一种电力电网施工用电快速接头保护装置”“一种电网施工安全升降架”分别获专利二、三等奖。

【信息工作】 2022年，国网临汾供电公司网络与信息系统整体运行稳定，未发生八级及以上信息系统及网络安全事件。未发生违规外联、弱口令等安全事件，信息安全各项指标完成率均100%。其中执行漏洞扫描分析治理20次，修复中高危漏洞设备22台次，风险预警单处置53项。开展2022年度《网络安全责任书、承诺书》全员签订工作，签订完成3987份。召开一期网络安全培训班，提升各级人员对网络安全的理解和基层人员的处置能力。9月6日，在公司开展主题为“网络安全为大家，网络安全靠大家”的宣传活动。督促调控中心和运检部按期完成当年等保测评工作。对公司的外网自建系统进行梳理，关停下线7个，剩余3个已联系厂家做第三方测试。按照人资部《关于梳理2022年度各类委员会和领导小组的通知》要求，对公司数字化工作领导小组内容进行全面修订。采用“桌面+实战”的方式，完成2次网络安全应急预案演练工作。完成冬奥会、中共二十大期间网络安全保障工作。

【优质服务】 2022年，国网临汾供电公司深化供电服务管理，坚持正面宣传、正向引导。树立典型示范引领标杆，在15个县公司选树7件优质服务典型人物事迹，包括“好人”类4件、“好事”类2件、“好做法”类1件，通过系统内外部媒体渠道进行宣传，并入省公司评选，引导供电服务人员转变思想作风、工作作风，打造“有温度”的供电服务品牌。组织1547名网格经理全员签订《供电服务网格员公开承诺书》，公开廉洁从业、故障抢修、业扩报装等5类服务标准，在社区、村委等场所公示6620份。在采暖季到来前，通过网上宣传、入户走访等方式，了解客户诉求，深化清洁取暖电力配套服务风险防控成果应用，市县公司业扩、电价、优服专工组成工作组，针对业扩报装延迟、执行范围不明确、电价执行误解、政策答复不规范、设施隐患及低电压等5类潜在的服务风险点，明确防控措施，对涉及的工单进行提级管控，逐单检点防控措施落实情况，对因落实不到位、人员责任引发的工单，严厉考核，制定整改措施，直至问题闭环。

【品牌建设】 2022年，国网临汾供电公司开展品牌建设工作，全年外部媒体发稿1153篇，其中《山西临汾：科学编制供电方案 助小微企业用电报装“零投资”》视频在中央电视台《正点财经》栏目播出，《一场特殊的高考》《电力“蜘蛛侠”不惧“烤验”保供电》《金丝皇菊美丽经济》《电费单和便利贴背后的贴心服务》4个视频在新华社视频通稿刊播。公司编制《电亮品质生活——国网临汾供电公司服务经济社会发展白皮书（2021）》，展示实现综合价值最大化的履责行动。组织开展“晋电晋善晋美”社会责任月系列活动，提升公司开放透明形象。公司首个“电力爱心书屋”在大宁县而吉村揭牌，以文化育农助力乡村振兴。公司社会责任根植项目“‘伏’助你我他——社会责任根植推动林区火灾隐患治理方式创新”获省公司优秀社会责任根植项目。公司微电影《鲁占山来了》荣获第五届山西省社会主义核心价值观微电影展播二等奖。

【乡村振兴】 2022年，国网临汾供电公司落实决策部署，服务乡村振兴，完成19项重点任务，制定《驻村工作实施细则》，开展驻村帮扶工作自评价，1万余名帮扶对象无一人返贫。助力汾西段村创建乡村振兴示范村，投资700余万元建设农村新型电力系统，荣获“国家电网公司助力乡村振兴示范村”称号。光伏扶贫电站年平均发电能力高于90%，扶贫光伏电费补贴月结月付4.65亿元，惠及505个村49785户。为“低保户”“五保户”减免电费403.71万元，投入配套资金300余万元助力16个乡村电气化项目投运，助力脱贫劳动力就业2000余人。落地2个产业捐赠项目，新建2个爱心超市，消费扶贫金额超过70万元，壮大集体经济、帮助农民增收。开展“央企人在村里”典型事例评选和驻村工作队“四个一”（故事、照片、视频、日志）好事例评比活动，经验做法被《人民日报》、新华社等中央级、国家级媒体报道21次。

（曹莎莎）

中小微工业

【概况】 2022年，临汾市规上工业企业净增95户，完成率190%，全省排名第二；认定32家“专精特新”中小企业、9家省级“小巨人”企业，截至2022年底，全市培育省级“专精特新”企业111户、省级专精特新“小巨人”企业23户、国家级专精特新“小巨人”企业10户，位居全省前列；新培育认定市级双创基地3家，省级双创基地4家，省级基地数量较上年度翻一倍，截至2022年底，省级双创基地共有10家。全市范围内开展送政策、送服务、送温暖“下午茶”活动，举办市级“下午茶”3场，收集企业诉求30条，解决21条、推进9条，解决融资需求4亿元，全系统2022年累计举办106次，收集企业发展问题建议370条，解决融资、土地需求难题330条；举办“三进四送”暨志愿服务活动，受益企业2400余家。2022年，全系统开展“三进三送”活动407场次，对接金融机构364次，企业获得资金支持109.13亿元，走访调研807次，入企1850家、梳理需求973条，解决问题469个；引导41家企业完成规范化股份制改造，推荐32家企业申报股改奖励资金，推荐25家企业纳入“山西省上市挂牌后备企业资源库”；认定市级公共服务平台6家，1家服务机构被认定为省级公共服务平台；推荐41名优秀企业家参加山西省中小企业高质量发展专题培训班；开展2021年度全市民营企业工程系列中、初级专业技术职务任职资格评审申报工作，495人通过民营企业工程师评审，355人通过民营企业助理工程师评审。

【“小升规”企业培育】 2022年，临汾市中小微企业发展中心起草《2022年全市规上工业企业净增工作实施方案》，以市政府办公室文件印发，坚持“一手抓多升规、一手抓少退库”，强化服务，精准施策，构建工信、投促、统计、税务、财政等部门协调联动机制，将目标任务纳入高质量发展考核指标，按“月通报、季考评、年考核”适时调度，助推任务完成。做好1月“小升规”企业补充入库工作，对2021年12月底规上工业企业条件的企业完善资料、指导入库。全市申报入库企业104户，退库企业9户，净增95户，超额完成省定50户目标任务，任务完成率190%，全省排名第二。推进规上工业企业净增工作，全市中小企业系统协调税务、工信等部门，建立“小升规”基础库和培育库，基础库入库企业371户，培育库入库企业229户。

【“专精特新”企业培育】 2022年，临汾市中小微企业发展中心围绕“专精特新”中小企业市定15户目标任务，做好“专精特新”及“小巨人”企业培育认定工作，牵引带动全市中小企业高质量发展调研摸底，建立“专精特新”企业培育库，全年培育库收集68家企业。开展“专精特新”专题政策解读和专题服务。对未申报成功的中小微企业重点培育，激发企业自愿申报热情，应报尽报。统筹专企培育与疫情防控，建立“2022年临汾市专精特新企业培育申报”工作群。3月，到尧都区、临汾经济开发区、襄汾县、侯马市“专精特新”培育目标企业开展入企服务，服务企业20余家。4月，以“2022年专精特新政策解读及申报要求”为主题组织线上专题培训，邀请专家对培育库企业进行项目申报前线上专题培训。5月，组织全市“专精特新”企业参加全省中小企业区域创新服务对接活动，进行产品展示和专利技术成果对接；组织培育库企业参加省局关于“专精特新”政策解读线上培训。组织申报2022年省级“专精特新”中小企业、省级“小巨人”企业和国家级专精特新“小巨人”企业，经市级初审、省级组织专家评审公示，认定32家“专精特新”中小企业、9家省级“小巨人”企业。全市培育省级“专精特新”企业111户、省级专精特新“小巨人”企业23户、国家级专精特新“小巨人”企业10户。

【惠企政策宣传落实】 2022年1月13—24日，临汾市中小微企业发展中心在全市范围内开展网络问卷调查，调研企业样本561家，涉及36个条目168项内容，涵盖煤炭洗选业、农副食品加工业、制造业和服务业，对科技水平、融资、营商环境、现金流、用工成本、原材料、订单和市场、税费等情况进行摸底。帮助企业了解政策、掌握政策、用好政策，释放政策红利、激发市场活力，梳理国省市支持中小微企业发展的各项优惠扶持政策，条目式列出各项政策的实施主体、政策出台以来落实情况。梳理近年来国省市出台的23个文件以及国家税务局相关公告14个，印制《促进民营经济发展政策汇编》《促进中小企业发展实操手册》，供企业经营管理者和社会各界知晓运用。全市中小企业系统帮助中小企业争取财政奖励资金8004万元。争取“小升规”省级奖励资金1328万元，惠及企业64户；市级资金1300万元，惠及企业130户；县级资金440万元，惠及企业58户。争取“专精特新”省级奖励资金340万元，惠及企业17户；市级资金360万元，惠及企业21户；县级资金206万元，惠及企业12户。争取“股份制改造”省级奖励资金2140万元，惠及企业49户；市级奖励资金360万元，惠及企业18户；县级资金30万元，惠及企业4户。争取山西省技术改造专项资金奖励700万元，惠及企业7户。争取国家级专精特新“小巨人”企业奖励700万元，惠及企业7户。为洪洞开发区打造省级大中小企业融通型特色载体争取建设资金100万元。

【企业发展环境创优】 2022年，临汾市中小微企业发展中心作为临汾市促进中小微企业发展工作领导小组办公室，推动落实政策措施，突出强化政策协调和指导督促。推动21个成员单位加强工作协同，推动市县两级促进中小微企业发展协调机制更趋完善。加大助企纾困力度，减轻企业负担，助推规下工业企业上规升级，印发《关于中小微企业助企纾困若干措施》《全市规上工业企业净增工作方案》，以“喝杯下午茶、聊聊发展事”为主题，在全市范围内开展送政策、送服务、送温暖“下午茶”活动。围绕营商环境、企业融资、政策扶持、人才引进、企业用工等问题现场办公、逐一解答，或者形成解决方案、承诺限时解决，激发市场主体活力。线下组织专家、金融机构组建服务团队，到侯马晋南电商物流园、曲沃三星现代物流园、襄汾十方泽科技创新园等进行志愿服务，通过与企业面对面交流、咨询、探讨，为园区、基地的规范建设、运营及入驻企业的健康发展提供全方位的解疑与指导，解决企业生产经营中的难点、痛点、堵点。受理“清欠问题线索台账系统”平台反馈问题线索15条，拖欠金额1895.14万元，根据要求及时和线索单位联系核实情况，建立督办台账、推进解决清欠问题，解决线索6条，解决拖欠欠款1228.42万元。

【政策落地方式创新】 2022年1月20日至2月16日，临汾市中小微企业发展中心对各类市场主体进行1个月集中宣传。6月1日，启动助企纾困送政策、送服务、送温暖“中小企业服务月”活动，在翼城县、洪洞县、曲沃县、古县、侯马市、乡宁县、襄汾县、浮山县等14个县（市、区）开展专场活动，组织专家进企业、进园区、进基地，送政策、送服务、送温暖，为中小企业搭建交流平台，帮助企业享受更多政策红利。6月27日，组织中心干部职工走上街头开展普法宣传，发放政策汇编等宣传手册，解答过往群众、企业咨询，详细讲解各类政策措施，提高帮扶政策关注度、知晓度；在各双创基地、园区同步举办“纾困解难助力发展”主题座谈会，围绕银企合作向参会企业介绍小微企业融资产品、提供融资服务，就企业融资贷款方面合作、企业银行业务方面等疑难问题进行现场解答。开通网易客户端政策解读栏目，制作“临汾市中小微企业政策解读”微信网络版二维码，包含政策汇总、政策解读、创新创业、融资服务、项目申报等7个模块，发布信息175条，实现惠企政策集中汇聚、精准查询、主动推送，推动政策服务从“企业找政策”向“政策找企业”转变。推出临汾市中小微企业抖音账号，发布政策信息、动态，做到企业有呼、服务必应，拍摄并上传政策性短视频30条，播放量6742次。《临汾日报》设立“专精特新”专栏，从4月30日起开始推广宣传，发出华德冶铸、汤荣机械等10篇国家级专精特新“小巨人”企业发展经验。在《临汾日报》累计宣传中小微企业报道18条、《山西日报》2条。6月8日，山西人民广播电台政风行风栏目专题连线临汾市纾困帮扶企业的经验与做法。推出“临汾中小微企业发展中心”微信公众号、视频号，结合阶段性工作重点，推送政策信息、工作动态、学习内容、县（市、区）工作动态，推送法律法规102条、国省市政策40条、政策解读62条、学习内容223条，向省局报送信息402条，位居全省第二。

【助推企业创业创新】 2022年，临汾市中小微企业发展中心组织开展大中小企业融通型创新创业特色载体建设工作，贯彻落实省市关于推动创新创业高质量发展决策部署，把支持开发区改革发展与促进中小企业发展有机结合起来，洪洞经济技术开发区被认定为2022年省级大中小企业融通型创新创业特色载体。开展2022年省级小微企业创业创新基地及示范基地、市级小微企业创业创新基地认定工作，新认定省级双创基地4家（临汾清控创新基地有限公司、曲沃县三星现代物流园、山西汤荣创业创新基地、山西十方泽科技创新产业园）。开展市级“创客大赛”，7月27—28日，联合共青团临汾市委、临汾经济开发区管理委员会共同举办2022年临汾市“创客中国”中小企业创新创业大赛暨第九届“创青春”临汾青年创新创业大赛，65家参赛单位携创业项目参赛，评选出大赛一、二、三等奖及优秀奖。

【缓解企业融资困难】 2022年，临汾市中小微企业发展中心建市级规范化股份制改造中小企业培育库，挖掘和筛选一批市场发展前景好、改制上市意愿强的企业纳入规范化股份制改造中小企业培育库，给予重点培育，专业化辅导，帮助企业建立现代化企业制度，入库企业46家，引导41家企业完成规范化股份制改造。推荐山西福轩矿业股份有限公司等32家企业申报股改奖励资金，推荐25家企业纳入“山西省上市挂牌后备企业资源库”。2月开展中小微企业融资需求调查，收集94家企业资金缺口8亿元，融资需求情况推荐给各银行机构，引导开展银企融资对接，帮扶企业解决融资问题。5月10日，组织企业参加全市政银企对接会。7月，联合工商银行举办中小微企业融资服务面对面专场活动。建立工作推动协调机制，联合市金融办下发《关于对小微企业融资担保业务实施补助的通知》，落实2022年度小微企业融资担保业务降费奖补政策，组织担保机构申报2022年度小微企业融资担保业务资金补助，引导地方支持扩大实体经济领域小微企业融资担保业务规模，降低小微企业融资担保成本。对辖区内所有担保机构，定期邀请专家组织培训和政策解读，发挥中央财政资金的激励作用，引导更多金融资源配置到小微企业。针对省局切块下达给临汾市2022年度中央补助小微企业融资担保业务资金71万元，组织融资担保有限公司和侯马经济技术开发区海融中小企业融资担保有限公司申报，其中临汾市融资担保有限公司符合申报条件，奖励资金已拨付。

【企业公共服务】 2022年，临汾市中小微企业发展中心提升中小企业整体素质。推荐优秀企业家参加清华大学、北京大学、上海交通大学山西省中小企业、民营企业董事长研修班、浙江大学山西省中小企业助力乡村振兴专题培训班、华中科技大学山西省中小企业高质量发展专题培训班，推荐41名企业家参加。4月29日，邀请清控创新基地王浩睿专家通过公众号举办《政策云直播、线上解读会——2022年“专精特新”政策解读及项目申报》培训，服务受众1100人。5月2日、3日、12日，组织全系统线上收看上海交通大学高天娇、牛耀光教授高端培训系列《科技产业园区发展核心要素强化途径》、浙江大学吴晓波教授讲座《新时代的企业家精神》。强化对中小企业的各项服务保障，开展2022年度省级、市级中小企业公共服务示范平台认定工作，2022年认定市级公共服务平台6家，洪洞立达培训学校被认定为省级公共服务平台。建立中小企业园区信息监测和共享机制，对12个省级以上开发区进行摸底调查，创建中小企业园区培育库。2个中小企业园区（山西汤荣装备制造工业园、临汾经济开发区中小企业园）被授予“山西省中小企业园”牌匾。 （雷临鸽）

城镇集体工业

【概况】 2022年，临汾市城镇集体工业联合社承担对各县（市、区）基层城联社及其成员企业“指导、维护、监督、协调、服务”的职能。全市城联社系统有16个基层城联社（2010年，侯马市城联社被撤销并入该市供销社）、60个成员企业（其中，市直企业9个）、1个事业单位（资产经营中心）。成员企业从事的主要产业有：涉农产业、工美产业、地产开发、机械制造、工艺印刷、物贸流通等，涵盖一、二、三产业领域。2022年，市城联社系统企业实现工业总产值（现价）44896万元，增长7.97%；工业增加值12780万元；主营业务收入30664万元；利税总额5618万元，完成各项经济指标。

【推动转型发展】 2022年，临汾市城镇集体工业联合社指导支持古县“古树核桃”新建年产150吨核桃深加工生产线及年产100吨蜂蜜产品生产线，全年线上销售17场，销售额53.12万元，依托博士工作站，研发上市新产品“每日坚果”，提升“古岳古树”的品牌效应；古县城联社独资企业古县厚润堂中药材发展有限公司，完成918亩中药材种植任务，超额完成年度500亩的计划；市三合公司拓展既有住宅加装电梯业务，全年共签订电梯加装合同的电梯为59部，实际完成51部，实现产值1530万元；市广鑫农业科技股份有限公司投资1300万元，引进德国果品分拣包装生产线项目，建成4000平方米苹果标准化包装车间，已投入运营，实现经济效益和社会效益同步增长。

【工作思路和发展规划】 2022年，临汾市城镇集体工业联合社完成对全市16个县（市、区）城联社、工艺美术行业和9个市直企业的调研，制定未来五年的工作思路和发展规划。坚持以习近平新时代中国特色社会主义思想为统领；始终坚持以人民为中心的发展思想；坚持全方位高质量发展要求；坚持统筹安全和发展；坚持全面从严治党，贯彻体现到城联社各项工作全过程。坚持稳中求进，促进成员企业发展，做好“第一要务”文章；坚持传承创新，培育壮大工美产业，做好“临汾名片”文章；坚持市场导向，实现市场主体倍增，做好“新生活力”文章；坚持效益优先，监管运营集体资产，做好“良性循环”文章；坚持人民至上，增进城联民生福祉，做好“城联情怀”文章；坚持大局观念，服务乡村振兴战略，做好“城联担当”文章；坚持人才强社，锻造城联职工队伍，做好“第一要素”文章；坚持政治引领，加强基层党建工作，做好“主责主业”文章。通过3~5年的努力，实现城联系统上规模企业零的突破，实现城联系统创新型项目零的突破，实现国家级工艺美术大师零的突破。

【理顺城联职能】 2022年，临汾市城镇集体工业联合社与市文旅局共同向全市各县（市、区）下发《关于做好全市工艺美术行业管理工作的通知》，明确城联社在发展工艺美术事业中的具体职责。加大工艺美术人才培育的工作力度，开展第五届市级工艺美术大师的评审工作，评选出43名市级工艺美术大师，举办临汾市工艺美术大师精品展，展出作品126件。2022年，开展紫砂陶艺、杞柳编织和剪纸刺绣等工艺美术技能培训，培训人数达350余人次。通过传承创新，抢救修复50副年久残缺的平阳木版年画雕版，印刷成画、装订成册，使之成为宣传平阳木版年画的“临汾名片”。（李 斌）

商贸服务

综　述

【商务重点指标稳定增长】 2022年，临汾市社会消费品零售总额完成754亿元，增速高出山西省增速2.1个百分点，在全省排名第二。全市外贸进出口总额完成30.8亿元，增长0.3%，高出全省增速17个百分点，目标任务完成和同比增速均位居全省第五。批发业销售额1996亿元，增长17.4%；零售业销售额558亿元，增长5.1%；住宿业营业额8.6亿元，增速-4.2%；餐饮业营业额57亿元，增长6.9%，批零住餐指标分别位于全省第五、第七、第六、第三。

【开发区建设】 2022年，临汾市商务局做好开发区申报设立工作，新批设1家省级开发区（吉县示范区），全市开发区数量12家，位居全省第二。推进开发区高质量发展，9家工业类开发区工业投资完成142.8亿元，增长20.34%，高出全省增速8.44个百分点；规上工业增加值增长19.8%，高出省、市增速5.6个和9.5个百分点。推进项目建设，与全省同步开展三次“三个一批”活动，项目总数148个，总投资494.14亿元。优化营商环境，推进“承诺制+标准地+全代办”改革，全市开发区实行“承诺制”项目78个，出让“标准地”19宗、1264.77亩，实行“全代办”项目192个，设置领办代办岗位146个，全流程实行“承诺制+标准地+全代办”项目19个。

【对外开放提质加速】 2022年，临汾市商务局培育外贸主体。实施外贸主体倍增工程，挖潜、重点帮扶，培育新外贸增长点。新增进出口额亿元以上企业2家，全市有实绩的外贸企业达到58家。支持企业做大做强。落实外贸惠企政策，帮助华翔、方略保税等5家企业上报省商务厅争取中央外经贸发展资金补助；为19家外贸企业办理出口信用保险保费市级财政补贴150万元；全市进出口额超千万元的企业达到15家，其中亿元以上7家，较上年增加4家。升级开放平台。制定出台《临汾市“十四五”开放型经济发展规划》，建立外贸转型升级政策储备库，滚动更新、推动落实；依托华翔等骨干企业，促进产业集聚发展，运营外贸转型升级示范基地。全年基地内企业实现外贸进出口额6.05亿元，同比增长4.2%。

【消费市场恢复发展】 2022年，临汾市商务局促进消费增长，开展“悦享临汾·回家有礼”、新能源汽车消费补贴等消费促进活动，发放资金1.7亿元，拉动消费16.6亿元；在春节、中秋期间2次向全市27632人次困难群众发放“爱心消费券”3426.3万元。推进夜经济发展，规划设置财神楼、鼓楼、时光颂等50个夜经济集聚区，尧都区新百汇步行街、华门步行街被确定为省级夜经济示范区。推进商贸品牌建设，振兴老字号，乡宁“牖见斋”金砂紫陶获“三晋老字号”；推进餐饮企业服务提质，荟锦园、禾悦轩、霍宴3家企业获“山西品牌餐饮企业”称号，薛老五丸子面、岳师傅剪刀面、霍州饸饹面、翼城浆水面、浮山刀拨面5类面食获“山西十大面食”称号；开展成品油市场、二手车市场等重点行业专项整治，市场秩序进一步好转。运行监测、执法监督等工作推进。

【电商发展】 2022年，临汾市商务局推进电子商务进农村示范工作，完善农村电子商务公共服务体系，健全县乡村三级物流配送体系，扩大电子商务进农村覆盖面，全市8个县获评电子商务进农村示范县。支持区域公共品牌建设，推动农特产品网络销售和对接活动，组织企业参加“6·18”“双十一”“网上年货节”“直播不停歇”等活动，组织14个县参加太原古县城年货节活动，促进线上线下融合发展。在全省乡村e镇网红直播大赛中，全市获奖项23个，位居全省前列。启动乡村e镇建设工作，尧都区、洪洞县、襄汾县、曲沃县、吉县、侯马市、霍州市、隰县、大宁县、蒲县、汾西县、乡宁县、安泽县、翼城县等14个县（市、区）列入全省乡村e镇（2022年首批建设6个）。

（鲁婷婷）

餐饮服务

【概况】 2022年，临汾市餐饮业从传统手工业进化到现代工业阶段，竞争维度升级，餐饮行业坚持按照科学发展的要求，以打造临汾餐饮品牌为中心，参加活动，扩大交流，培养人才，提高烹饪餐饮的影响力和知名度，促进临汾餐饮经济发展。全年餐饮业营业额57亿元，增长6.9%。

【发挥行业自身作用】 2022年3月4日，临汾市餐饮服务中心参与指导，临汾市名厨协会·海鲜专业委员会成立。3月17日，由中心组织，临汾市名厨协会邀请临汾老中青三代名厨在岳师傅剪刀面就餐饮行业发展进行座谈。9月18日，在临汾市餐饮服务中心的参与指导下，临汾名厨西餐专业委员会成立。

【纾困餐饮业发展问题】 2022年4月1日，为缓解中小餐饮门店受疫情影响，尧都区农商银行小微事业部携手临汾名厨协会召开贷款授信现场会。9月29日，临汾市名厨协会9名名厨受邀参加乡宁县陶艺杯第二届职业技能大赛，担任评委。

【引导餐饮业健康发展】 2022年4月，临汾市餐饮服务中心完成山西省商务厅“晋味山西”申报工作。临汾市申报100余家企业和面试品牌，3家餐饮企业获“山西品牌餐饮企业”称号，5个面食品种获“山西十大面食”称号。7月28日，豫晋陕三省六市大师邀请赛开幕，名厨协会会长贾兴旺及秘书长张建栋受邀担任大赛评委，临汾市派出2位名厨参赛，分别荣获金奖和特金奖。8月开始，中心根据创建省级文明城市工作方案职责，不定期地对城市餐饮行业开展督导检查。11月11日，临汾市市场监督管理局召开市级标准化试点中期评估会议，市名厨协会会长贾兴旺、秘书长张建栋、常务副会长担任会议评估专家。根据省总工会《关于动员引导全省广大职工积极消费促进以餐饮服务业为重点的小微企业发展的通知》要求，市名厨协会动员全市餐饮行业参加“云闪付”惠民活动，500余家企业参与到“云闪付”惠民活动中来。

【发展措施】 2022年，临汾市餐饮服务中心加强协会组织建设，提高自身的组织活动能力。搭建活动平台，为会员提供良好服务。开展技术交流，组织餐饮企业、厨师参加上级组织的各类交流会展评比活动；自行组织餐饮企业、厨师到外地与同行交流，扩大和提高烹饪餐饮业在外界的影响力和知名度；促进市内餐饮企业、厨师相互学习交流。搞好技术培训，通过聘请外地名师讲学、办培训班等，提高厨师的整体素质。开展名菜、名点、名师、名店推介评定工作，挖掘创新临汾名菜、名点，搞好名师、名店推介，为品牌打造奠定基础。

（李　刚）

家政服务

【概况】 2022年，临汾市以家政服务业提质扩容“领跑者”国家试点标准为抓手，细化家政服务业管理职责，深化家政服务业有限供给，实现行业发展保障机制。全市有家政服务企业386家（以实际运营数为准），较往年增长48%；家政从业人员4.6万人，较往年增长31.4%；年营业额8.2亿元，较往年增长31.4%；培育3家竞争力强服务质量较高的员工制家政企业（2021年员工制家政企业2家），增长50%；推广员工制家政企业使用规范合同文本，覆盖率100%（2021年覆盖率为50%）。2022年，参与家政兴农行动的企业数为5家（2021年2家），较2021年增长150%，建成社区家政服务网点52个，较上年增长41%（2021年37个服务网点），社区服务网点服务人员数100余人，较上年增长28%（2021年服务人员数为78人）。

【会员服务】 2022年，临汾市家庭服务业协会做好服务工作，依托上级组织支持，发挥纽带作用，开展学习考察活动，加强与大专院校的联系，实现资金、技术、人才服务等方面的资源对接，帮助会员单位优化资源配置。定期、不定期召开经验交流、沟通、学习会议，使各会员单位可以相互沟通、平等对话、相互学习、互相借鉴。本着“团结、协调、服务、惠民”的宗旨，团结家庭服务业从业人员履行政府赋予协会的各项职责。与企业保持密切联系，关注企业生存发展现状和动态，做好政府相关单位与企业间的上传下达工作。会长单位山西尧乡姐妹服务集团有限公司号召全体员工疫情捐款捐物8万余元。提交疫情下全市家政企业的经营调查情况，阐述行业存在主要问题，分析产生问题原因。

【职业技能提升】 2022年，临汾市家庭服务业协会提升家政服务人员的整体素质，实现由“家务劳动”到“家政专业技能服务”的提升，加快家庭服务业专业化职业化进程，发展“一县一品”，其中“尧乡姐妹劳务品牌”被市委、市政府确定为市级劳务品牌。根据市级劳务品牌发展思路，组织2000余人次“尧乡姐妹”劳务人员技能专项培训并给第三方职业技能等级认定，提高“尧乡姐妹”劳务品牌。

（郝怡智）

招商引资

【概况】 2022年，临汾市促进外来投资局围绕市委“1355”战略部署和“三大板块”产业布局，贯彻落实市委、市政府关于招商引资工作的要求，紧盯目标任务，采取措施，一批战略性新兴产业项目先后落地，招商工作取得新成效，为临汾市全方位高质量发展提供支撑。

【招商引资及利用外资】 2022年，临汾市签约251个项目，总投资1542.3亿元，完成市定任务1500亿元的102.82%（完成省定任务1166亿元的132.3%）。开工项目206个，开工率82.07%（省定任务40%）。新开工项目计划投资额477.2亿元，完成市定任务450亿元的106.05%（完成省定任务429亿元的111.2%）。固定资产项目到位资金274.2亿元，完成市定任务130亿元的210.9%（完成省定任务120亿元的228%）。非固定资产项目到位资金19.8亿元，完成省定、市定任务12亿元的165%。2022年，全市新设外资企业11家，同比增长83.3%；实际利用外资到位3809.24万美元，完成全年任务3000万美元的126.97%。

【招商引资推进】 2022年，临汾市委、市政府主要领导多次对招商引资工作做出批示指示，提出具体要求，对接重点企业及客商，专题研究并推进重点招商项目。市政府主要领导率团参加第二十二届投洽会和招商恳谈会，开展小分队招商；市政府分管领导多次听取招商工作汇报，多次召开招商引资工作推进会议、约谈会议，出席全市招商引资工作第19次双周例会，率队赴广州市开展小分队招商，市级层面调度招商任务指标的效果明显。

【健全工作机制】 2022年，临汾市促进外来投资局把召开全市招商引资工作双周例会作为统筹指导全市招商引资工作的一项重要工作调度机制长期坚持。全年召开招商引资工作双周例会23次，调度招商引资目标任务完成情况，跟进签约项目、在谈项目情况，安排招商引资工作。丰富会议形式内容，以会代训。针对招商系统干部能力欠缺的问题，邀请专家学者、业务骨干开展业务专题培训2次；组织全市促投系统干部参加省投资促进局举办的线上培训；以“实地观摩+现场会”的形式在蒲县召开双周例会，学习好的经验做法。通过召开双周例会，各县（市、区）晒成绩、晒项目，相互借鉴学习，比学赶超，协调解决招商引资和项目签约落地开工中存在的问题。通过实地调研指导、按月通报指标完成情况、以市政府办公室的名义下发提醒函、约谈等方式加大市级层面的协调调度力度，推进签约项目落地。全年全市招引落地资金5亿~10亿元以上项目20个、10亿元以上项目10个。

【对接洽谈】 2022年，临汾市领导带队分别赴上海市、广州市、日照市、厦门市等地开展小分队招商，赴京东（山西）数字经济产业园、阿里云创新中心（太原）进行考察对接；组织相关县区及开发区赴上海祝桥镇对接产业转移相关事宜；全年指导或参与县区开展小分队招商160余次，推进对接项目的签约落地；与山西省投资促进局组织省异地商会会长、企业家到临汾市考察对接，推动临汾市与商协会建立合作交流机制，用好商会强大的会员企业资源，促成更多项目落地；发挥“双招双引”大使宣传推介临汾的优势作用，举办2022年临汾市“双招双引”工作对接视频会议，聘请浙江东日农业发展有限公司董事长徐金伟、广东中投环保股份有限公司董事会主席张灿仰担任临汾市招商引资与招才引智大使；邀请浙商企业家考察团、中来股份、江苏美科、青海丽豪、上海君泽私募基金等企业来临对接考察；与京东集团、阿里云创新中心、晋南农批积极对接推进重点项目；在曲沃县组织召开氢能产业链招商引资座谈会，推进氢能产业链招商；与重点商会及知名企业召开对接座谈会或视频对接会20余次，组织相关企业到临汾考察合作，对外宣传优惠政策、招商项目，推进项目合作。

【校友招商引才基地建设】 2022年，临汾市促进外来投资局对接高校及高校校友，全市建立校友招商引才基地17个；完善重点高校校友企业家信息库，收录信息120条；通过高校校友投资或引荐，签约项目52个，总投资267.6亿元，已到位资金28.9亿元。

【借助展会平台开展招商活动】 2022年，临汾市促进外来投资局参加国家、省重点展览展会，开展招商活动。在第二十二届国际投资贸易洽谈会期间，临汾市荣获“中国投资热点城市”称号，开展“8+1+N”系列招商活动，举办“热点临汾·招商引资暨招才引智恳谈会”，签约协议19个，总签约额253.73亿元；组织参加晋阳湖·数字经济发展峰会有关论坛活动，与20余家企业就推进数字经济高质量发展进行对接洽谈；参加2022年太原能源低碳发展论坛和2022年中国（太原）国际能源产业博览会，组织14家企业布展参展，签约项目4个，总投资30.18亿元；在第三届“黄河峰会·大河论坛”举办期间，承办“黄河对话·云丘山之夜”招商推介活动；参加“全球浙商三晋行——助力山西产业链发展大会”“2022中国·山西（晋城）康养产业发展大会”和“2022中国·山西（晋城）康养产业推介对接会”，对接客商、宣传推介临汾，寻求合作机遇。

【提升外资利用水平】 2022年，临汾市促进外来投资局分解全市利用外资指标任务；依法依规开展“互联网+监管”“双随机、一公开”等工作；组织浙商企业家考察团与外资企业对接，协助企业探索解决资金困难的途径；到外资企业开展专题调研，解决华德冶铸关于产能和土地供地的诉求；组织外资企业代表参加省商务厅举办的重点企业落户奖补政策培训班，帮助企业了解政策红利，把握发展机遇；联合省贸促会开展“涉外企业商事法律服务三晋行——临汾站”活动，召开座谈会，实地考察调研粤丰环保等外资企业，宣传外资政策，向涉外企业提供法律援助，听取企业发展现状和需求。多项措施坚定外资企业投资发展的信心，促进实际利用外资水平提升。

供销合作

【概况】 2022年，临汾市供销合作社联合社出台《关于深化社有企业改革的实施方案》，制定《关于加强社有资产监督管理的指导意见》，印发《关于2022—2024年社有企业工程类实行协议管理的通知》，建立直属企业预算管理制度，完善社有资产监管制度体系。对各直属企业进行人员编制管理，规范用人备案和招人计划申报，调整3名直属公司“一把手”，选拔任用7名企业副职，配备6名企业监事。对市社直属企业开展审计，发现问题31个，根据审计报告及审计整改要求，所有问题全部整改完成。成立临汾市供销合作社社有资产管理委员会，设立临汾市供销合作社合作发展基金，强化对社有企业的监管职责。聚焦为农服务主责主业，开展“临汾供销优选”进门店、进超市、进市场、进平台活动，临汾供销农产品公司（原临汾供销机械厂）“农产品展销中心”和贸易公司“供销社便民店”投入运营；农资公司恢复农资销售业务，设立县域合作点4个，建立示范田5处，改变直属企业完全依靠房屋租金生存的格局，结束20年无主营业务的状况。

【综合改革】 2022年，临汾市供销合作社联合社坚持增量扩面与提质增效并举，实施综合改革培育壮大工程，完成改造提升薄弱基层社12个，建设乡镇为农服务综合体2个；新建、提升惠农服务中心12个；新建、改造升级农村综合服务社70个；新建、提升惠农服务站18个、庄稼医院6个；基层服务网点覆盖全市所有乡镇及62%的行政村。发展曲沃“三位一体”综合合作试点，成立县级农合联1个、乡级农合联7个，实现试点县域乡镇全覆盖。乡宁县供销合作社将“三位一体”综合改革与社有企业改革同步推进，生产合作部、供销合作部、信用合作部三大社企服务部各司其职。市社与工商银行临汾分行签订战略合作协议，开展金融服务合作，合作共建“兴农通”农村普惠金融服务点，解决农村金融网点稀少、农民存贷款困难等问题。2022年，新增土地托管面积7.87万亩，其中全托管面积2.51万亩、半托管面积5.36万亩，新增农业社会化服务面积16.11万亩次。创新农资经营服务，通过开展电话订购、网上预约、线上指导等方式，采取保本微利、预约供应、送货上门等服务措施，全年销售肥料14.61万吨、农药451吨、农膜229吨。2022年开展县域流通服务网络建设提升行动，改造提升县级物流配送中心1个、乡镇综合超市5个。推动浮山县供销合作社培育县域流通服务网络强县，以浮山县新供销电子商务有限公司为引领，建设县级分拣中心1个、冷藏库2个、实体体验网店29个、农村综合服务社28个，建成县有电商公司和分拣中心、乡有电商体验实体店、村有综合服务社的三级配送网络。参与举办2022年晋陕豫黄河金三角（曲沃）国际果蔬博览会，助力黄河金三角区域特色农产品走向全国、远销海外。召开经济运行工作推进会，全系统购进总额80.66亿元，同比增长8.21%；销售总额82.98亿元，同比增长7.38%；营业总收入11.69亿元，同比增长3.34%；实现利润总额1093万元。

【民生服务】 2022年，临汾市供销合作社联合社组织尧都区创建食盐安全示范区活动，建设供销云便利终端网点；集中对7家直属单位老旧住房和办公楼进行维修改造，改造扩建两个自行车棚；落实市委“清零行动”要求，为120户居民办理了房产证。实行领导包片、科室包县工作机制，把主要经济指标、综合改革任务完成情况等工作作为对各县（市、区）社考核的重要依据，召开年中全系统经济运行分析会，集中交流改革发展中的经验教训，解决改革发展中存在的痛点难点，综合改革6项考核指标均位列全省前3。加大信息宣传力度，提升信息宣传质量。各类信息被省级及省级以上采用119篇，获总社信息报送工作先进单位、社情民意信息工作先进联系点和省社社情民意联系点管理先进单位。

（刘学敏）

石油营销

【石油销售】 2022年，中国石化临汾石油分公司零售上在大幅减少营销投入、保持高价格到位率的情况下，优化营销措施，强化精准营销，追求差价总额最大化。汽油依托油非互促、“7折券”营销、品牌汽油推广、政府消费券、第三方资源引入等推动扩销创效。柴油以桶装终端客户为重点，开展“一户一策”，做好农机、工矿、基建等小额配送客户开发，通过与农机局合作、限时降、石化钱包群组、柴油豆群组、油非互促等营销方式，带动柴油销售3000余吨，小额配送及支农惠农群组客户超5000人。直分销上，以“拓展客户，做大汽油，扩展总量”经营策略为指导，顺势营销，利用疫情管控入晋资源受阻契机，发挥资源优势扩销增效。配合政府开展“打非治违”，查扣非法加油运营车辆23台、取缔非法自建罐3处、加油机26台，罚没非法油品52吨。

【客户服务】 2022年，中国石化临汾石油分公司聚焦油非互促、油非融合，完成20座7折券样板门店打造。全年7折券使用96086张，带动非油销售793.4万元。打造综合服务“生态圈”。与金融、通信等行业深化交叉营销，线上线下双渠道引入政府消费资源，6—12月政府消费券使用金额2725.32万元。

【网络发展】 2022年，中国石化临汾石油分公司以构建“油气氢电服”综合能源服务格局为目标，结合临汾地区网络现状及政府“十四五”规划，理清发展思路，科学指导发展，增强网络发展能力，提高成品油市场控制力。

【基础管理】 2022年，中国石化临汾石油分公司加强进销存运各环节油品数质量监管，杜绝库站违规违纪违法行为。定期开展易捷商品进货查验、索证索票自查工作，依法合规处置临过期商品，保障食品安全。强化安全环保基础管理，强化HSE体系建设，落实重大危险源专项检查整改，推进绿色企业创建和固废、危废源头减量化工作，从严承包商、直接作业环节管控，推动隐患项目治理，提升安全环保管理水平。

【服务地方振兴乡镇】 2022年11月，中国石化临汾石油分公司落实“央企消费帮扶兴农周”工作部署，将乡村振兴工作有效结合，组织开展“石情化意为爱加油”消费帮扶品牌建设活动。工会协调职工食堂、鼓励机关干部职工购买央企帮扶商品目录中的农副产品，按照规定落实相关工会经费用于支持消费帮扶。购买36000余元的商品用于易捷超市消费帮扶专区，食堂购买7000余元的商品用于食堂平常饭菜的制作，160余名干部职工采购商品15000余元，总共采购商品7万余元，以实际行动促进脱贫地区农副产品的销售和流通，帮助脱贫地区群众变产品为商品、变增产为增收，助力乡村振兴。

【助力夏收】 2022年，中国石化临汾石油分公司服务当地农机用户，履行石化责任，向县区传达上级公司要求部署，与当地农机部门取得联系，摸清农机作业时间、收割面积、农机数量、各类农机的用油需求量等，备好夏收所需吨柴油，合理配置资源，安排运力，确保油品供应。根据各县区小麦种植面积、加油站分布状况，按照就近、方便的原则，确定夏收定点加油站，宣传石化钱包优惠政策，切实让利惠民。通过开辟夏收农机用油绿色通道、24小时优先加油、设置服务台，提供车辆停放、免费休息、简餐、洗澡、洗车等便民服务，用实际行动为农机用户助力夏收。成立夏收服务小分队，悬挂“中国石化支援夏收服务车”标识的专用油罐车，直达田间地头，为农户送油送水，保障油品供应。

【企地共建】 2022年9月1日，中国石化临汾石油分公司与三元社区、市图书馆联合举办“喜迎二十大书香润石化——流动图书车服务”活动。流动图书车以中型客车为载体，采用无线上网等方式与市图书馆连接，实现图书的通借通还，现场办理借阅书刊以及查询等服务。流动图书车服务，解决员工由于工作忙、路途远，导致借书难等问题，方便公司员工与社区居民阅读，发挥图书馆的文化阵地作用。市图书馆挑选了史类、红色教育、少儿类等居民喜爱的图书供大家借阅，实现公共文化资源共享，当天办理读者证63张，图书借阅268册次。

【油品业务】 2022年，中国石油山西临汾销售分公司坚持精准营销一体化运作。把控节奏增效益，召开营销一体化会议12次，油品销量大幅增长，纯枪价格到位率同比增长1.17个百分点，实现量效齐增。坚持精准施策纯枪提质增效。突出零售核心地位，坚持汽油扩销增效、柴油保量提质，深挖每座站、每把枪、每名员工的潜力，纯枪销量同比增幅16.5%。坚持精准定位直批扩销提质。实施全区域销售，细化辖区市场，寻找目标客户，开发新客户80余个。

【企地融合】 2022年，中国石化临汾石油分公司整顿和规范临汾成品油市场秩序，落实安全生产主体责任，遏制安全生产事故发生，配合各级政府“打非治违”工作助力当地成品油市场整顿。3月21日下午，尧都区公司接到应急局通知，在县底镇发现查封一处销售汽油黑窝点，该公司立即赶往现场，协助政府执法部门开展认定和查处工作，提供技术支持和安全指导，控制黑窝点，封存一个地埋罐，扣留一部移动加油车，罚没汽油5吨。3月22日，协助相关部门，制定挖罐、回填方案，对油罐进行填沙作业，确保油品处置安全，履行社会职责。

【非油业务】 2022年，中国石油山西临汾销售分公司提升店销能力，酒类实现毛利同比增幅21%。烟草方面14座站档位累计提升24档，20档及以上加油站增长至18座。打造化肥专卖店8座，组织现场观摩会8场，培育示范田8块。

【投资工程】 2022年，中国石油山西临汾销售分公司拓展新能源领域建设。全年调研新建加油加气项目3座，充换电项目1座，加氢项目1座。紧盯高效市场项目不放松。向县（市、区）商务部门建言献策，尧都区城市建成区5座意向项目成功列入临汾市成品油行业“十四五”规划。强化工程管控保障运营。在疫情和升级管控的双重压力下，合理安排工期、严抓工程质量，完成侯马油库和翼城九站工程改造项目。

【风险管控】 2022年，中国石油山西临汾销售分公司提升安全监管能力。编制232份各岗位安全生产责任清单，强化责任落实；强化事故应急演练，同政府职能部门联动

2022年，中石化襄汾石油分公司服务地方助力夏收
（中石化临汾公司供图）

开展演练6次，配备应急、防疫及防汛物资1024件。加强安全教育培训，全年参训人员753人次。全年开展数量稽查95站次，自查油样179份，职能部门抽检88站次油样162份，合格率100%。开展“质量月”活动，宣传质量文化知识、学习质量事故案例、培训业务知识，提升数质量管控水平。

【基础管理】 2022年，中国石油山西临汾销售分公司发挥运营监控中心指导、监督职能，全年下发运营通报12期，下发促销政策清单、促销话术、奖励清单58期，现场操作更加规范，服务客户价值凸显。坚持“以量定员，以员定薪，减员不减薪，增员不增薪”，修订完善绩效考核管理办法，突出业绩导向，强化全员考核，开展加油站劳动竞赛，以销量定收入，员工队伍活力得到激发。

（田欣　黄子康）

烟草专卖

【概况】 2022年，临汾市烟草专卖局（公司）坚持以习近平新时代中国特色社会主义思想为指导，坚决贯彻党中央、国务院决策部署，落实国家局、省局各项任务，坚持稳中求进工作总基调，统筹疫情防控和生产经营，保持经济运行在合理区间。2022年，全市销售卷烟15.24万箱，种植烟叶面积0.53万亩。

【改革创新】 2022年，临汾市烟草专卖局（公司）制定《2022—2025年品牌布局发展规划》，健全完善更符合市场真实需求、更加科学合理的三级共育品规目录和品牌进退规则，重点品牌销量和销售收入比重达到历年最好水平。落实“互联网+政务服务”工作要求，实施行政许可事项全流程网上办理，实现“数据多跑路、群众少跑腿”。强化原创性和引领性技术攻关，自主研发的“以智能化建设推进‘智慧对标’管理”项目获得软件开发著作权，“提高职业化零售客户比重”课题获全国烟草行业第三十二届QC成果发布三等奖。

【治理效能提升】 2022年，临汾市烟草专卖局（公司）把对标管理作为“一把手”工程，结合实际构建“1+3+N”对标管理制度体系、“多层多维”高质量对标体系、“5×7”对标责任链体系，初步形成具有临汾烟草本土特色的对标体系。推进“对标+”活动常态化制度化，以“挂图作战”方式组织开展干部领题、合理化建议征集等管理实践活动，推动“关键质变”赋能“发展量变”。建立责任全覆盖、管理全方位、监管全过程的安全风险预防控制体系，强化网络安全防护，健全安全风险分级管控和隐患排查治理双重预防机制，压实安全生产主体责任。

【监督管理】 2022年，临汾市烟草专卖局（公司）落实“八五”普法规划，整合法治资源、规范从业行为、化解风险矛盾，推动由“谁执法谁普法”向“谁主管谁普法、谁服务谁普法”的责任制延伸。突出机制创新、综合治理和靶向发力，打假断线、打私断链、打非断源成效明显。全年完成2起网络案件，其中1起三级国标网络案件、1起国标网络案件。落实过渡期监管政策，开展电子烟市场清理整顿专项行动，维护电子烟市场秩序。

【助力乡村振兴】 2022年，临汾市烟草专卖局（公司）投入乡村振兴专项帮扶资金35.2万元，用于帮扶济困和各项社会公益活动。其中，投资28万元，为帮扶村建设“五化”文化广场；开展“我为群众办实事”活动，为定点帮扶村道德银行（爱心超市）补充2万元物资；投资1.2万元，为蒲县定点帮扶村平整修复被泥石流冲毁的70余

2022年，临汾市烟草公司全天候联合执法　　（市烟草公司供图）

亩集体土地；投资2万元，对吉县定点帮扶村公共设施进行修缮；投资2万元，为永和县定点帮扶村修建一座凉亭。营造“人人参与消费帮扶济困”的良好氛围，号召干部职工传播“以购代捐”消费帮扶理念，帮助定点帮扶村果农销售梨4250余公斤，为果农增加收益34000余元。（毛文涛）

盐业专营

【盐企社会责任】 2022年，临汾盐业分公司在“3·15”“5·15”及高考等期间开展“学雷锋、送温暖、防疫情”“共促消费公平、晋盐关爱民生”“晋盐奉献爱心，助力学子圆梦”等社会公益宣传活动，进行“碘缺乏病”防治及“三减三健”等科普知识宣传，向群众发放“晋盐”品牌知识宣传资料；与省地病办、市卫健委、疾控中心等多个部门加强合作，到学校、社区、乡村为群众进行义诊、体检、检测等，履行盐企社会责任。

【服务质量提高】 2022年，临汾盐业分公司开展“食盐消费新观念、绿色健康传万家”“食盐安全健康”“中秋深耕市场、宣传进村入户”“市场营销走访宣传”和“进千店入万户”“食盐专营百日普法宣传”等一系列宣传活动，根据客户需要进行供货；“调结构”，推介“富硒海藻盐”和“低钠盐”等“改善型”盐品，促进消费理念转变、提升群众生活品质；与大型连锁超市续签供货协议，参加政府促进经济复苏的“悦享临汾，回家有礼”数字消费券使用等活动。

【市场经营秩序整治】 2022年，临汾盐业分公司按照市政府办公厅印发的市食安委开展专项整治活动文件和区市监局发布的通告，配合市监局开展“宣”“营”“打”“护”“四位一体”食盐专项整治行动和“食盐安全”创建活动，向群众提供安全放心食盐，向尧都区“五保户”赠送一年食盐量，维护人民群众身体安全和食盐健康。

【抓储备稳市场】 2022年，临汾盐业分公司履行社会责任、稳定食盐储备、保障市场供应，重视食盐储备工作，结合现有储备资源、科学研判市场需求，落实食盐储备计划，稳定全市食盐市场，提供资源保障和坚强后盾。（戴　雪）

信息服务

通　信

·电信业务·

【概况】　2022年，中国电信临汾分公司（简称临汾电信）坚持以客户为中心、推进5G网络建设和云改数转、坚持强化科技创新和维护网络安全，完成全年各项工作目标。

【市场运营】　2022年，临汾电信年度收入完成31235万元，完成率97.8%，增幅10%，份额提升-0.1%，收入份额达到10.44%，双轮驱动仍需再发力。基本面稳中有进，基础收入28259万元，完成率100.5%，增幅9.9%，增幅位居第三。全面落实客户服务，综合满意度提升至第一。宽带用户净增2.4万户，达到27.2万户，同比增幅11.7%；移动用户净增4.6万户，达到54.9万户，同比增幅13.9%；流量服务大幅提升，户均流量从10G提升到10.5G；5G用户大幅增长，5G用户渗透率达到61.8%；给予客户需求的产品优化，全屋Wi-Fi渗透率达46.1%。

【社会责任】　2022年，临汾电信向临汾市各项工作提供及时可靠的通信资源，第一时间解决通信系统网络问题，在智慧教育服务中彰显通信力量等，确保疫情防控“不掉线”、网络支撑“不停歇”、服务群众“不断档”。完成隰县金丽华疫情集中管控点紧急网络监控工作，实现疫情集中管控点的视频监控；完成隰县忘忧山庄120间酒店房间网络开通及检测，确保“停课不停教”；完成100余端固话加装，保障隔离学生正常用网；完成德斯凯隔离酒店网络布局；48小时内保障了洪洞东方假日方舱医院三层网络开通；5小时内尧都区方舱医院完成云会议设备网络架构及使用。发挥中国电信5G+云网融合优势，将最好最先进的网络技术和信息化应用于定点医院、方舱医院、视频监控等重要单位和机构，提供与医疗信息化系统配套建设的云网资源以满足个性化需求。配合尧都区各乡镇政府部门完成108、309国道沿线商铺视频监控，关键位置启用了摄像头AI功能，为监管部门提供了视联网平台线上监管手段；提供尧都区东方丽舍酒店会议室局域网无线覆盖加多台电脑上网信息查询，满足150名流调人员网络用网需求；为尧都区方舱医院提供网络应急支撑，提供三个移动应急网络、5GCPE等设备保障方舱医院网络设备正常使用。

【网络建设】　2022年，临汾电信推进网络建设，4G基站总量达到2346个。强化对市区、县城、乡镇、重点农村无线网络的连续覆盖，市区、县城覆盖率分别达到97.62%和97.74%，重点高速覆盖率达到97.03%、大西高铁覆盖率达到98.52%，网络覆盖率和服务能力稳步提升。接入网端口建设完成8.5万端口（覆盖用户数23.72万户），端口建设完成率151.55%，城市宽带覆盖率由96.4%提升到96.53%。千兆光宽升级累计完成20.99万端口，临汾所有县、市、区的城市区域均可接入千兆光宽业务。

5G网络方面，2022年重点聚焦临汾市区，完成了临汾市区及洪洞县、襄汾县、曲沃县、侯马市等重点县城的连续覆盖和其他县城核心区域的覆盖。截至2022年12月底，已开通5G室外基站1512个。

【服务提升】　2022年，临汾电信秉承“用户至上，用心服务”的理念，以提升客户满意度为目标，坚持问题导向，完善服务流程，实施服务监督；优化倒三角支撑，提升服务能力；围绕客户感知，开展专项服务活动。通过营业厅触点服务、智慧家庭工程师触点服务检查、社会监督员的反馈、用户反馈等多途径发现问题，前后端联动，协同解决。开展总经理抓服务、管理者跟班、好服务更随心、送培训到一线、存量深耕等专题活动，不断提升客户满意度。2022年营业厅用户测评满意度为99.96%，较上年提升0.11%；智慧家庭工程师用户测评满意度99.82%，较上年提升0.02%；全年用户越级申诉压降下降11%。全年临汾市电信分公司推进渠道建设，共新建渠道104家，累计渠道494家，从源头上有效解决用户办理难、服务难的问题。

・联合通信・

【移动业务】 2022年，中国联合网络通信有限公司临汾分公司（简称临汾联通）坚持市场导向、优化用户体验、创新产品差异化、注重品牌宣传等多种手段不断增强市场竞争力。坚持市场导向，关注市场需求，倾听用户心声，精准把握市场趋势，以市场导向的理念发展新业务、推出新产品，更好地满足用户需求。创新产品差异化，通过与众不同的产品差异化和增值服务，满足客户的不同需求，更好地提升市场竞争力。注重品牌宣传，坚持以品牌战略为方向，发挥品牌传播的重要作用，加强品牌口碑管理，利用互联网、媒体等广告宣传渠道，提高品牌的知名度和美誉度。截至12月临汾联通移网用户规模128.3万户、5G用户88.8万户、5G渗透率达到69%。

【宽带业务】 2022年，临汾联通加快网络强国、数字中国的战略规划部署，以“坚持服务国家战略、服务地方经济社会发展”的央企责任，践行“数字信息基础设施运营服务国家队、网络强国数字中国智慧社会建设主力军、数字技术融合创新排头兵”新使命，为老百姓提供“用得上、用得起、用得好”的信息通信服务，丰富人民生活，立足“大连接、大计算、大数据、大应用、大安全”五大主责主业，赋能临汾数字经济发展，助建“数字临汾”新格局。截至2022年12月临汾联通宽带用户规模58.37万户，300兆及以上高速率宽带达30.11万户，融合渗透率达80%。以“资源投放精准性、网络布局前瞻性、业务交付时效性、网业协同衔接性”为标准，通过体制保障、一体运营、聚焦感知、锻造能力、创新求变、资源整合六大方面，加快打造“千兆精品”宽带品牌，巩固千兆领先优势。通过千兆光网建设覆盖、应用普及和行业赋能，推动千兆城市建设“民生工程”“民心工程”重要工程，带动经济社会高质量发展提供坚实网络支撑，成为新型信息消费市场快速增长的重要动力。截至2022年12月临汾联通千兆用户规模5.92万户，千兆渗透率达10.1%。

【政企业务】 2022年，临汾联通在5G应用扬帆行动中，以项目签约落实“执行力”、商机分级管理增强“战斗力”、三库一能力提升“支撑力”、标杆打造提高“影响力”，深挖市场需求，强化支撑效能，全年签约1.8亿元，全省排名第二。纵深穿透5G+智能矿山、5G+智慧城市、5G+工业互联网、5G+智慧交通等4个行业领域，打造7个省级标杆；助力本地支柱型产业转型升级，树创了“智能矿山”和“工业互联网”2个行业领域品牌名片，智能矿山领域2022年签约5841万元，占全省签约总额的三分之一，地市级煤炭市场保持领先；开创“全国首个5G+智能综采案例”“全球首个5GtoB公网专用风筝方案商用案例”和“全国首个5G+无人驾驶场景应用项目”3个首例；工业互联网2022年签约378万元，累计签约1498万元，晋南钢铁5G+工业互联网项目评选为“工信部优秀案例”。数字政府专项行动中，成立数字政府专项工作组和逻辑BU，因地制宜确定数字政府“4+4+4”工作体系，推动形成全市“一盘棋布局、多条线推进、全区县行动”的工作格局。梳理临汾市“两转”省级重点项目清单66个项目，临汾市政府贴息贷款项目66个，乡村e镇项目6个，实行清单制管控，压实责任，确定区县公司经理为项目负责人，在每日夕会中汇报跟进情况，累计签约3265万元。率先与数字政府主管部门市行政审批管理局开展“政企合作”，发挥联通营业网点资源优势，共建“政务服务专席”，共创“政企合作、优政惠民”特色品牌。

【获奖荣誉】 2022年，临汾联通突出“行业首个”差异化优势，推进5G产业创新发展与赋能数字经济并重，揽获第五届“绽放杯”5G应用征集大赛专题赛决赛五项大奖，全国总决赛2个三等奖。

【通信保障】 2022年，临汾联通保障省、市级政府重要活动、会议10余次，助力地方疫情防控服务18个区县公司，聚焦数字政府、数字乡村、智能煤矿等重点领域举办多场主题推介会。

【网络能力提升】 2022年，临汾联通新建光缆1383.25皮长公里，累计达到19839皮长公里；新建互联网出口带宽200G，互联网出口带宽达到1440G；新建IDC能力600G，IDC出口带宽达到2540G；完成临汾骨干云池建设，形成VCPU1114核，内存2880G，存储829.6T的云资源池；新建物理基站560个，物理基站数量达到5038个；移动网用户日均流量增加159TB，整网日均流量达到650TB。新建FTTH宽带端口4.6万线，FTTH宽带端口累计达到113.4万线；新增千兆FTTH宽带端口41.16线，千兆FTTH宽带端口累计达到54.6万线。（吴　鑫）

·移动通信·

【概况】　2022年，临汾移动分公司实现收入规模“继续突破”；HBN收入占比提升，实现收入结构“继续优化”；客户份额全省第一，实现用户规模“继续领先”；净利润超额完成目标，实现净利润目标“继续达成”。

【移动市场发展】　2022年，临汾移动分公司“一拓、一保、一提质”工作高质量落地，通信份额65.83%，居全省第一。依托“3+X”体系，数智化赋能精准运营，5G机套网经营取得良好成效。

【宽带市场发展】　2022年，临汾移动分公司家庭市场领先扩大。推广“1+2+N”家庭融合产品体系，提升区域市场掌控力，宽带份额取得提升。以千兆宽带为引领，提升家庭用户使用感知，家庭市场优势扩大。

【市场发展】　2022年，临汾移动分公司深化“网+云+DICT”融合发展，政企收入份额保持区域领先。聚焦数字化转型关键领域，拓展百万级项目20个。重点产品发展取得新突破，专线收入份额实现“三分天下”。精细开展成员运营，强化规模保拓、加大融合深度、提升成员价值，取得良好成效。

【网络能力】　2022年，临汾移动分公司网络质量实现双领先。响应省政府“五变三”要求，5G建设集约高效推进，由密集城区向热点农村全面铺开，5G基站总数达3156个。推进传输汇聚层以上结构优化，县局双节点双平面达成率实现100%，重要OLT双上联率实现100%。以市场发展为牵引，全年新增家宽端口超10万个，累计达到142.6万个，宽带城市覆盖率超过98.2%。

【新兴市场发展】　2022年，临汾移动分公司以重点业务为引领，快速扩大黏性业务规模，紧抓客户需求，精准匹配业务，实现权益驱动价值提升。特别是在临汾市中心医院项目中，通过融合发展，权益产品匹配，成功落地全省首个中国移动云盘与医院融合项目，运行以来客户查看报告约230份/日，新增医疗行业活跃用户0.99万户/月，新增收入1.2万元/月。（韩腾飞）

邮政服务

·邮政业务与管理·

【概况】　2022年，中国邮政集团有限公司临汾市分公司（简称临汾市邮政公司），下辖17个县（市、区）分公司，机关设6个综合职能部门，3个市场经营部门，4个经营支撑部门，1个直属单位。全市从业人员共计2436人，大专以上学历人员占比75.79%。全市共有邮政网点227个。其中，普遍服务局所198个，城市道段总数302条，乡邮投递道段203条，乡邮投递里程单程长度达17825公里。全市建制村共计2112处，自提点1732处。从城区到乡村实现了用邮全覆盖，通邮率达100%。

【服务乡村振兴】　2022年，临汾

2022年，临汾移动和临汾市中心医院达成全省首个中国移动云盘融合项目（市移动公司供图）

市邮政公司聚焦“村社户企店”五大客群，统筹内外优势，以“线上+线下”销售农产品为中心，构建“一县一品”农产品发展格局，对寄递、金融业务进行延伸，逐步构建起农民获利、消费者获益、邮政获客、政府获赞的邮政惠农协同生态。合作社提质增效项目卓有成效，培育了1家国家级惠农合作龙头企业，6家区域级中邮惠农示范社，培育数量列全省第一，累计开展网沙、社沙2760场，带动办理储蓄存款8614万元、寄递收入87.1万元。以微视频的形式，帮助辖内55家合作社宣传推介创新发展的生动实践，帮助他们扩大社会知名度和影响力，隰县鑫杰果业专业合作社的微视频登上了央视。

【业务能力提升】 2022年，临汾市邮政公司完成尧都区分公司处理场地用电改造和区域划分改造项目；完成3个县分公司5处老旧网点原址及迁址改造项目；完成日常零星维修工程26项，其中包括6个县分公司机要室改造项目和汾西县分财富中心改造项目；完成5个县分公司7处网点店招改造更新；维修配备CRS、ATM、移动展业、公众教育屏等基础设备，用设备升级推进人员能动性进一步释放。

【三级物流体系建设】 2022年，临汾市邮政公司在4个重点示范县完成三级物流体系县级处理中心的建设，并开始运营投入使用。全市新增75辆农村投递车辆，超额完成省分公司的指标要求，农村投递道段汽车化占比达到83.6%，重点示范县隰县、吉县占比达100%，乡镇建制村农村投递频次全部达到周五班及以上。邮快合作建制村覆盖率达到70%，快递进村业务量1953.2万件，均已超额完成省分公司的指标要求。实施乡邮道段“私车公助”，参加的非运营面包车共计66辆，全部安装GPS统一监管，提升乡村运能，筑牢邮快合作基础。

【不动产产权证照“EMS免费邮寄送达”】 2022年，3月30日上午10时，临汾市邮政公司与临汾市自然资源确权登记中心就“不动产权证书寄递项目”举行签约了仪式，双方达成了战略合作，签约合作仪式的成功举行标志着临汾市不动产产权证照“EMS免费邮寄送达”服务正式开通。双方本着“合作共赢、全民受益”的服务宗旨，发挥各自资源优势，打通政务服务“最后一公里”，在实现“最多跑一次”的同时，实现领证“不用跑”，便民利民更进一步。临汾市邮政公司制定“专人+专班+专项投递”模式，企业人员和普通群众前往临汾市自然资源确权登记中心办理业务，可按照自愿的原则选择“免费邮寄送达”服务，窗口工作人员会对需要送达的材料和资料进行审核，两个工作日内完成制证，随后将证照和相关资料交由专班揽投员负责包装、打单、收寄和投递，并做到门对门、人对人当面签收，确保“不动产权证书寄递服务”工作安全高效。4月1日上午11时，临汾市首封不动产权证书邮件送达，3月30日申请办证的陈女士在家中收到了邮政揽投员送来的不动产权证书。

【警邮合作“隔离病毒，不隔离服务”】 2022年4月，网办中心警邮合作平台推出“隔离病毒，不隔离服务”的便民举措，临汾市邮政公司与临汾市公安局交通警察支队车辆管理所网办中心联合宣传，倡导广大办事群众在疫情期间登录交管“12123”平台线上办理车驾管业务并选择邮政寄递服务，临汾市分派驻人员将协助车管所工作人员及时审核相关业务，并现场对证件、牌照等邮寄品进行封装，确保办结后第一时间收集整理，进行消杀后通过邮政寄递渠道顺利寄出，确保证照号牌第一时间安全、准确地寄送到申请人手中。

【邮政为春耕保驾护航】 2022年，临汾市邮政公司通过及早安排、科学防疫、组建队伍、大力宣传、传授农技、畅通渠道等一系列举措，排除万难，助力农户，让农民朋友们放心春耕。疫情期间，要求全市均做好人员、场地、车辆等的消杀工作，定频次对场地喷洒消毒液进行消毒，全方位对配送农资的车辆消毒，人员定期核酸检测，配送过程全程佩戴口罩。截至5月，全市累计配送化肥9万余袋，配送覆盖105个乡镇，900个行政村，服务农户1万余户。6月，央视一套《朝闻天下》节目将临汾市邮政公司响应国家“防范疫情，不误春耕”的农资保供号召，自行联系协调货运、火运配货1070吨的先进事迹进行了报道，邮政化肥品牌影响力持续提升。

【助农活动】 2022年，临汾市邮政公司建立“基地＋农户＋平台”的运作模式，完善“线上＋线下”和“推介会＋电商平台＋促销活动”的营销模式。依托邮乐网做大做强“临汾振兴馆”，不间断地参加邮乐平台各类促销活动，与全国“邮乐小店”前50名店长单线联系，利用店长资源进行全国推广。拓展社会电商平台，建立淘宝“临汾邮政助农馆”、临汾邮政“抖音小店”，通过直播、抽奖等形式增强粉丝黏性，引导客户下单，以老客户带新客户实现销量提升。发挥邮政的协同优势，与金融、寄递等板块合作，在客户群内以送权益的形式开展玉露香梨展销活动和社区团购，激活邮政客群的消费潜能。加强与外省邮政和省内其他行业的联系，以落地配、单位福利等形式，规模化销售玉露香梨。据统计，2022年，临汾邮政线上线下多渠道发力，累计销售玉露香梨3.8万件，销售额达280多万元。

【“邮”文化的个性化婚礼服务活动】 2022年9月4日，临汾市邮政公司为史先生和常女士带来别样的婚礼服务。以个性化邮票为切入点，历时三个多月研讨修改数稿，最终确定了制作110版婚庆个性化邮票，用于馈赠亲朋好友的创意，设计个性化明信片及首日封。婚礼现场，2名邮政服务人员化身邮政形象大使，将鲜花递到新人手中，送上喜被贺礼，并向在座嘉宾介绍婚庆个性化邮票，当场就激发起很多嘉宾想用个性化邮票纪念重要日子的热情。两位形象大使还参与了新人首日封、明信片签字仪式，并与在场嘉宾一同见证新人美好幸福时刻。此次个性化婚庆服务活动是临汾市分集邮、金融、寄递专业协同服务的首次成功尝试，“邮”文化的个性化婚庆服务深得在场嘉宾夸赞。 （贺芸琪）

2022年，邮政人员在婚礼现场为新人及宾客送上“邮”文化祝福 （市邮政公司供图）

·快递业务与管理·

【概况】 2022年，临汾市邮政管理局坚持稳态势、提质效、优服务、惠民生、保安全，抢抓农村寄递物流服务全覆盖纳入全省民生实事的重大利好政策，统筹疫情防控和行业发展，推进全市邮政快递业高效能治理和高质量发展。全年临汾市邮政行业寄递业务量完成9947.39万件，同比下降1.75%；行业业务收入完成10.53亿元，同比下降0.92%。其中，快递业务量完成3705.26万件，同比下降8.7%；业务收入完成5.84亿元，同比下降8.32%。

【“放管服”改革】 2022年，临汾市邮政管理局优化许可核查流程，提升“互联网+政务服务”水平，指导企业有序开展许可备案和许可延续工作，开通分支机构名录寄递服务，实现快递企业分支机构备案从“最多跑一次”转向“一次不用跑”，完成全市第一件“分支机构名录”寄递业务。截至2022年12月底，全市共有邮政普遍服务营业局所198个；快递品牌10个，快递企业及其分支机构、末端网点1060个。

【农村寄递物流服务全覆盖】 2022年，临汾市邮政管理局办好省政府年度民生实事，强化与市发改委、市财政局的协调对接，成立工作专班，先后召开工作推进会10余次，开展实地督导调研30余次。到2022年9月底，全市16个县（市）123个乡镇100%建成快递综合服务站，1849个行政村100%通快递，累计申报农村下行快件数量257.52万件，农村寄递物流服务基本实现全覆盖，城乡循环更加高效畅通。

【助力乡村振兴】 2022年，临汾市邮政管理局以“邮政+‘一市一品’”开发为主攻方向，积极与特色农产品种植户、农村电商等农产品上下游融合发展，提高揽收配送时效和服务质量，引导邮政企业下沉服务末端，加强信息衔接，拓展业务地域，挖掘营收潜力，推进吉县苹果、隰县玉露香梨等精品项目，服务乡村振兴，全年共带动农特产品销售额1010万余元，邮政包裹业务量126万余件。

【寄递渠道安全治理】 2022年，临汾市邮政管理局发挥全市寄递渠道安全管理领导小组协同机制作用，融入平安临汾建设，落实“七号检察建议”，开展全市邮政快递业安全生产大培训，深化与公安、国安等部门联防联控，确保重要节日、重大活动期间寄递渠道安全平稳有序运行。全年以寄递渠道安全为重点，统筹推进疫情防控、安全生产、群体稳定等工作，共出检525人次，下达责令整改通知书109份，行政处罚20起，累计罚款27.2万元。

【邮快合作】 2022年，临汾市邮政管理局加快推动邮快合作建设，在全市采取“城市综合运用、乡镇邮快并行、农村以邮为主”的推进思路，鼓励引导邮政与快递企业通过共同分拣、共用运力、共享网络等方式降低成本、提升投递率，同仓共配成为双方共识，邮快合作已覆盖17个县（市、区）137个乡镇2112个建制村，全年累计投递26.2万件，产生收入11.9万元。

【服务水平提升】 2022年，临汾市邮政管理局巩固建制村通邮成果，全市建制村周三班以上投递比例保持100%，周五班投递频次占比较上年提升75.38%，全年建制村通邮周打卡率持续保持在99%以上；巩固扩大乡镇局所专项整治成果，确保补白局所不返白、自办网点能持续，全年无“营投合一”转“营投分离”、委代办转自办“开倒车”现象；坚持以“邮政+政务服务”提升公共服务能力，全市警邮合作网点达到28个，税邮合作网点87个，政邮合作覆盖17个县（市、区）；税邮合作累计代征税款372.33万元，产生寄递业务2320件，政邮、医邮合作产生寄递业务分别达到1284件、2388件。

【绿色环保治理】 2022年，临汾市邮政管理局聚焦包装减量化、标准化、循环化，积极落实“9917”工程，坚持行业绿色低碳发展，开展重金属和特定物质超标包装袋与过度包装专项治理，全年邮政快递业45毫米以下窄胶带封装实现100%，电子面单使用率达到99%以上，可循环快递箱（盒）应用规模达到1.2万个，回收复用瓦楞纸箱120余万个，为实现碳达峰、碳中和做出行业贡献。

【保通保畅】 2022年，临汾市邮政管理局落实“保供应、保畅通、保稳定、保安全”要求，广泛争取地方支持，推动行业稳运行保通畅。多位市领导先后深入行业调研督导，听取工作汇报，作出指示批示。静态管理期间，班子成员坚持在岗在位、靠前指挥，深入贯彻疫情防控相关决策部署，跟进查找保通保畅堵点，制定方案、狠抓落实，组织邮政、快递企业调配人员车辆，点对点配送、无接触送达，完成了疫情防控物资保障工作。

【关心关爱快递小哥】 2022年，临汾市邮政管理局联合市交通运输局、市发改委等八部门制定印发《关于做好快递员群体合法权益保障工作的实施方案》，开展关爱快递员“暖蜂行动”和“快递从业青年服务月”活动，建立沟通机制、拓展活动内容。联合省、市总工会深入快递一线“夏送清凉”“冬送温暖”。推进“人人持证、技能社会”建设，推进基层快递网点优先参加工伤保险、职业技能提升培训与技能等级评价取证等工作。全年，新增参加工伤保险总人数2824人，职业技能提升培训总人数1159人。

【邮政政务服务】 2022年，临汾市邮政管理局推进邮政综合服务平台建设，提升邮政政务服务水平，引导邮政企业助力政务服务“零跑动”，把相关证照为群众免费邮寄到家，让人民群众不再二次跑动，享受到更加优质高效便捷的公共服务，提升人民群众用邮满意度，该服务已在尧都区行政审批大厅试点开展。 （张　阳）

无线电管理

【保护民航用频安全】 2022年，临汾市无线电管理局开展“村村响”专项排查工作。年初管理局向临汾市政府汇报关于“村村响”设备设置的相关工作后，市政府下发《关于统计上报“村村响”设备设置使用情况的紧急通知》，临汾市各县（市、区）统计上报“村村响”设备后，管理局立即开展全方位排查工作，共对110余个村落设置的喇叭进行了检查。

【排查民航应急频率和GPS频率干扰】 2022年5月初，临汾民航向上报应急导航频率受到干扰，历时半月之久，5月18日，临汾市无线电管理局在监测至洪洞县涧桥南路时，发现中心频点为1575兆赫，带宽40兆赫的不明信号，技术人员经过测向，将不明信号定位至路边一私家轿车内。检查后，现场在车内发现车载GPS干扰器一个。随后，对车辆所有人非法在车内设置干扰器干扰临汾民航GPS定位一案进行立案查处，6月初向自然人张某某下达处罚决定书，给予当事人没收非法设置使用无线电发射设备（干扰器）的行政处罚。10月13日，在尧都区金殿镇东麻村，查处全频段信号屏蔽一个，现场拆除扣押。11月9日，曲沃曲新驾校，查处非法设台设备一套。查处古县润泽园小区私家车GPS干扰器一个；洪洞县大槐树镇苗村一个存放二手车院内查处大型GPS干扰器一个；在吕梁山林局查处视频传输设备擅自改频案一件。

【国防动员建设】 2022年，临汾市无线电管理局完成了年度军事年鉴工作和国防动员潜力核查工作。完成民兵应急排改编工作。将单位的一班一排整编为一个电磁频谱监测排；协助临汾某部排查其用频干扰，成功完成干扰查处工作；协助某部完成导航台预选址工作。

【年度频占费收取】 2022年，临汾市无线电管理局共管理设台单位52个，其中新纳入管理台站1个，新设台纸质资料齐全。全年及时抄送审批文件及上报初审资料。全年向38家企事业单位收取频占费用196590元，频占费做到了全额上缴。全年共办理业余执照核（换）发40余份。

【无线电管理行政执法】 截至12月底，临汾市无线电管理局参加省公务员考试、高考等工作会议，及时进行部署落实，组织完成各项考试保障工作共计42次，共投入人员449人次，投入设备264台/套，工作时长312小时，车辆133车次，保障中未发现作弊信号。共查处案件3起，没收违法设置的无线电设备5部；排查移动通信干扰6起，干扰排查率100%，排查其他干扰8起，干扰排查率100%，所有干扰均有干扰排查报告。

【监测站建设】 2022年，临汾市有固定监测站3个、小型站23个（包括民航小型站5个）、移动站2个、可搬移站2个、便携式监测设备3个；实际开展无线电监测工作的固定监测站3个、小型站23个、移动站2个、便携式监测设备1个。全年累计监测时间38488小时。通过每日采集监测数据，认真比对分析信号特征并逐一核实台站属性，共监测排查不明信号90个。主动查明45个不明信号。

【党的二十大期间无线电安全保障】 2022年，临汾市无线电管理局为驻临汾某部对北远距导航台拟迁场地进行电磁环境监测，勘察工作顺利完成。对辖区内7套无人机无线电反制设备测试。临汾站对广播频段进行监测，未发现“黑广播”信号。通过对各个重点频段进行监测，未发现“黑广播”“伪基站”“GOIP”等非法信号。按照省无线电监测中心《关于开展二十大期间无线电安全保障专项监测工作的通知》要求。开展保障党的二十大期间无线电安全专项监测工作。本次专项保障监测活动期间，民航、铁路部门使用频点未发现干扰及异常信号，相关部门也未反映有干扰出现。 （纪　昀）

交通运输

公路建设与管理

【概况】 2022年，临汾公路分局以提升干线公路网综合服务能力为目标，以强化项目前期运作为重点，把握国省道规划调整、过境路优化改线、低等级路提档改造三个重点推动项目储备实施，推进路网结构优化升级，引导和推动公路建设持续健康发展。

【工程建设】 2022年，临汾公路分局围绕“十四五”期间谋划过境改线项目16项，建设里程467.33公里，总投资约293.16亿元。开工建设项目4项，建设规模总计131.57公里，总投资82.16亿元；开展前期工作项目12项，建设规模总计约335.77公里，总投资约211亿元。谋划低等级路升级改造项目19项，累计建设规模925.42公里，总投资约272.64亿元。全年开工建设1项，推进前期项目2项，均按PPP项目模式推进。监管在建项目3项，1项已竣工通车，1项超额完成年度投资计划，1项因项目公司融资到位滞后影响当年施工进度，当年完成总投资的65.3%。

【道路养护】 2022年，临汾公路分局开展三轮路面病害处治活动，完成处治坑槽8.9万平方米、沉陷2.72万平方米、车辙11.4万平方米，同步碎石封层34.3万平方米、刷油33.4万平方米、灌缝138.3万平方米、贴缝7.34万平方米。

【公路环保】 2022年，临汾公路分局将公路环保作为践行全方位高质量发展和绿色发展的一项重要政治任务，多措并举助推公路环保工作见实效。高标准实施20项养护工程，共完成投资4.5亿元。统筹1579.1万元费用完成中、小修养护工程56项，应急抢修工程26项。

【安全生产】 2022年，临汾公路分局坚守安全生产底线红线，压实安全生产责任，筑牢安全生产防线，推进安全制度落实。深化安全专项整治，开展安全专项行动，落实落细问题隐患整改、重大隐患挂牌督办、追责问责和联合惩戒“四个清单”制度。全年共开展安全大检查10次，排查隐患142处，完成整改142处，整改率达100%。

【治超费收管理】 2022年，临汾公路分局规范治超费收管理，严格落实超限检测工作制度和通行费收费标准。全年检测货运车辆540.18万辆，查处非法超限超载车辆400辆，卸载货物3640吨，全部按照工作流程移交交警处罚，移交当地治超办进行源头核查，严格执行“一超四罚”工作流程，超载率0.007%，低于0.2%的控制上限。路政服务大厅全年共受理超限运输许可3884件，全部落实限时办结制度。全年处置路产赔偿事件149起，收取路产赔补偿款126.8万元。西涧北收费站收费总额为4771.3万元。

【应急能力提升】 2022年，临汾公路分局完善应急体系，加强队伍建设，强化物资管理，为及时高效处治突发灾害事件提供制度、人员和物资支撑。全年累计开展各类应急演练21次。

铁路机务管理

【概况】 2022年，侯马北机务段有机车301台，其中配属机车261台（内燃59台、电力202台）、入助HXD2C型机车40台；主要机型有DF4B型15台、DF4BK型7台、DF7型19台、DF8B型16台、SS4型72台、HXD2型130台、HXD2C型40台、HXN5B型2台。承担南同蒲线侯北至孟塬间及侯北至太北间、侯阎线侯北至韩城间、侯月线侯北至嘉峰间、介西线介休至阳泉曲间、孝柳线孝西至东槽间、瓦日线瓦塘至长子南间、中鼎物流园至太原北六场间货运任务。共有专调机车36台，承担27站（侯北站、介休站2个枢纽站，25个中间站）调车作业任务。侯北段区设置内燃中修台位2个，年生产能力62台，主要承修DF4B、DF7B、DF7C、DF7G、DF8B型内燃机车；设置小辅修（C1-C3）台位5个，年生产能力656台。介休段区设置内燃小辅修台位1个，年生产能力60台；轨道车（接触网作业车）2个年修台位、年生产能力240台，1个大修台位、年生产能力12台，主要承修全局轨道车（接触网作业车）。

【安全生产】 2022年，侯马北机务段推进安全大检查和专项整治，有效管控142项风险隐患。建立安全管理长效机制，修订事故救援、安全考核等30余项办法，健全44项技术规章。细化防溜措施，专项分析列车保留作业过程，通报典型问题92件。教育乘务员“敢下闸、敢停车”，以雨为令列卡控，经受住了多轮强降雨考验。挂牌督办解决段区分路不良调车安全等8类典型问题，安全预警45次，重点帮促3个车间。坚持严爱结合，追责“红线”问题8件、指令书11件、C类及以上事故苗子306件，奖励安全有功人员566人次、29.5万元，2人受到万元以上重奖。严抓立标、学标、对标、达标，深化标准化规范化机务段建设，胜利实现第十一个安全年。

【机车设备】 2022年，侯马北机务段修订机车检修范围63项、工艺23项，完善5种机型11项整备作业指导书。加强5T、6A、车载数据分析，实施17项季节性专项整治，消除质量隐患6300余个。制定机车质量卡控清单107项，严抓“四大关键”质量问题，专题通报298期。实施SS4机车主断路器等8项整治，保证老旧机型质量稳定。开展和谐机车源头质量整治5项，技术改造升级6项，技防、物防作用更加明显。落实机车整备管理办法、整备工作检查办法，提升机车整备质量和效率。

【经营管理】 2022年，侯马北机务段加强预算执行监控，多措并举，降低成本支出。开展“三公”经费、“小金库”专项治理，严肃财经纪律。深化修程修制改革，机车大修（C6修）、中修（C4修）、小辅修总计减少136台次。推进劳动组织改革，节约岗位50个。落实2批次节支降耗清单，减少配件委外修24项514.01万元，节约服务型业务外包39.7万元，累计节支886.03万元、超额率2.77%。废旧物资处置收入108.9万元，运输其他业务利润完成50.5万元。

【科教工作】 2022年，侯马北机务段加大科技创新力度，合理化建议和技术改进成果、QC、科技论文共计获奖24项，“自制受电弓气阀板试验台”荣获全国铁路青年科技创新奖。开展管理人员各类培训846人次，专项考试8期涉及1100人次。组织91名拟单独顶岗的新职司机到整备车间跟班学习，完成主要工种、三新人员、提职培训共2812人次，“2+1”定向培养高职毕业生190名。开展职业技能竞赛3328人次，9人取得全局前三名的好成绩。培养全路技术能手1人，集团公司技术能手、拔尖人才22人，技师、高级技师15人。

（冯少伟）

铁路车务管理

·临汾火车站·

【概况】 2022年，临汾火车站坚持强基达标、提质增效，节支降耗、改革创新。践行用标准保安全、用辛苦换安全、用激励促安全的“三用”工作方法。截至12月31日，临汾站胜利实现安全生产4881天。

【职场环境改善】 2022年，临汾火车站按照“少花钱、多办事”的思路，遵循“实用适用、适度超前、梯次推进、动态完善”的原则，打造“安全、现代、绿色、内实、外美”的工作生活环境，整治车站职工宿舍楼，解决车站房屋漏雨和水电路老化等一批“大问题”，让基层职工的幸福指数持续提升。

【客运提质上量】 2022年，临汾火车站推动“铁路+文化旅游”，加强营销宣传推介，扩大客运市场份额，改善旅客服务设施，提高温馨服务水平。全年旅客发送24万人次，客票收入2203万元。

（王志勇）

·大西高铁临汾西站·

【概况】 2022年，临汾西站是侯马车务段管辖下的二等客运站，站中心里程K509+138，设到发线5条，其中Ⅰ、Ⅱ道为正线，3、4、6道为到发线；设基本站台和岛式站台各1座；站台上均设风雨棚各1座，车站设旅客地道2座。设大型养路机械停留线1条，工务轨道车库线、接触网作业车库线各1条，抢修列车停留线1条，车站西安北方向设折返线，安全线1条。车站设有6个人工售票窗口、10台自动售取票机、14台进出站闸机，综控、消防设施各1套。全站共完成旅客发送1588899人，进款收入14648.2万元。截至2022年12月31日，临汾西站实现安全生产第八个安全年，安全天数为3114天。

【新老兵运输】 2022年，临汾西站细化趟车分工方案，主动与军代处、武装部、派出所等单位联系，做好协调配合，并根据车次、人员、停靠站台、车厢位置、兵源等制定新兵运输趟车组织方案，合理安排各岗位人员，明确分工、责任到人，有序做好新兵进站上车；加强新兵组织，新兵运输当日车站要在明显处所设立签到处，方便与接兵部队联系，指定专人做好军运计划、席位核对以及票据填写工作，受理后付凭证后，候车室严格落实凭票候车制度，严禁送兵家属进入候车室，对新兵所上车厢的停靠位置提前做好确位工作，指定专人使用引导牌引导新兵排队等候，确保新兵运输安全有序。

【消防安全培训演练】 2022年7月24日，临汾西站组织开展消防安全知识专题培训学习演练活动。在消防控制室现场，首先对消控室资料正确填记方法以及交接进行了认真讲解，随后老师采用理论与模拟演练相结合的方式，对消防设备原理、模块按钮之间的关系及操作方法，消防应急电话、消防应急广播系统的使用进行了详细的讲解，组织相关人员对防火面罩的佩戴使用进行了演练；在售票通道配备的消防器材处详细讲解了消火栓、灭火器的配置要求、使用方法以及发生初起火情的应急处置；车站对讲解演练过程全程录像，便于日常学习和实际操作。

【安全隐患处理】 2022年6月18日12：50，临汾西站客运值班员温某接3道停车的G627次时，发现1道北部有多块轻飘浮物，其中一块长1米、宽0.5米的编织袋横在道心，立即汇报车站值班干部站长崔洪涛，并根据指示通知工务及车站行车应急值守人员吴刚，于12：58至13：01封锁处置完毕。客运值班员接车巡视认真，车站处置及时，防止了可能出现的司机误判停车和飘浮物再次被刮至接触网的风险。

2022年，临汾西站做好新兵的运输工作
（大西高铁管理处供图）

【突发事件处置】 2022年9月11日D5334次（车型：CRH5A-5032）7：54：21到站停妥，旅客孙某在5号车厢门口处候车，7：54：43D5334次开门，脚踏板还未伸出来，该旅客便上前乘车，一脚踏空在列车与站台的间隙处，身体卡到了车门与站台之间。在4号车厢处接车的客运值班员王文屏第一时间发现立即赶往现场，并通知列车长和司机5号车门处卡了一个旅客不要开车，通知站台北边客运员许振军到5号车厢处，并汇报站长崔洪涛。由于旅客背着背包，卡在原地无法动弹，列车长和随车机械师赶来将脚踏板收回，在热心旅客和现场工作人员的齐心协力下，7：55：55将旅客从列车与站台的缝隙里拉了上来。当场确认旅客是否受伤？是否需要去医院检查？旅客声称自己没事，随后旅客选择继续乘车，列车长重点关注。整个处置过程仅用时1分12秒即处置完毕。随后，客运值班员王文屏随后通知列车长D5334次临汾西站客运作业完毕。列车长确认后通知司机可以开车。列车于7：57：53关门。D5334次于7：58分开车。

（何富平）

临汾尧都机场

【概况】 2022年，临汾尧都机场合作航司13家，共开通23条航线，通达北京、上海、广州、深圳、杭州、武汉、南京、重庆、长沙、成都、天津、青岛、海口等29个城市。全年完成起降6125架次，完成旅客吞吐量38.2万人次，完成货邮吞吐量274.7吨。旅客吞吐量位居全省第三。2022年，完成运营收入2265.24万元。其中，航空性收入1290.26万元，非航空性收入974.98万元。

【安全管理】 2022年，临汾尧都机场印发保障能力提升方案、50项年度重点工作任务清单、31项安全生产硬措施等文件。开展专项检查25次，机场公司检查31次，发现各类隐患共计210个，完成整改207个，整改率98.57%；修订《机场使用手册》《航空安保方案》《危险品管理手册》等5部公司级手册；完善并印发安全类文件及制度20项，办理各类安全文件875份，制定专项方案22个，各类专项总结35份，专项报告46份；参加平安民航、危险品管理、风险管理、法定自查规范、运行管理规章等培训，受训人员158人次，全面提升参训人员业务能力。

【安全投入】 2022年，临汾尧都机场完成道口改扩建、消防等级升级、特车库航管楼改扩建、跑道嵌缝施工、飞行区划线、航站楼室外楼梯及停车场公共卫生间等项目建设，采购消防器材、割草机、拖拉机、模拟机、鸟杆鸟网等设施设备，完成消防站6级升7级，增设火警受理系统及火警图文信息系统。全年安全投入约2000万元，是机场运营以来投入最多的一年，牢固机场安全基础，提高安全运营水平。

【机场改扩建项目】 2022年2月，经临汾市委、市政府批准，临汾尧都机场启动机场改扩建项目。7月20日，组织召开机场总体规划修编评审会。10月31日，民航华北地区管理局对临汾尧都机场总体规划修编进行批复，将临汾尧都机场定位为国际、中型机场，同意将本次机场总规修编等级从4C级提升至4E级机场规模进行规划。

【服务质量】 2022年，临汾尧都机场将提升服务质量和旅客满意度作为全年重点目标任务来抓。协调西北空管局、山西空管分局、临汾陆航旅、西安空军指挥所等单位，与空军管制员开展技术交流建立长效协调机制，随时关注航班的动态，优化航班时刻，合理使用跑道起降，利用一切资源保障航班正常运行，全年放行率达96.39%，高于行业88%平均值8.39个百分点；结合临汾市省级文明城市创建工作，规范服务管理，制定印发服务质量管理体系和服务质量管理相关制度，修订投诉管理制度，做到发现问题及时分析，及时整改；对航站楼候机厅整体地板进行集中清洁，对航站楼进出港大厅及候机厅的花卉进行了重新布置和摆放，为旅客营造整洁舒适的出行环境。全年旅客服务满意度达90.8分。

（白雪洁）

2022年，临汾尧都机场开通临汾—杭州航线
（临汾民航管理处供图）

交通运输管理

【概况】 2022年，临汾市交通运输局聚焦完善综合立体交通网布局，全年完成交通固定资产投资118.87亿元。其中，高速公路及连接线完成投资52.72亿元，隰吉高速全面建成，黎霍高速、浮临高速有序推进；国省道项目完成投资25.88亿元，国道108、241、341改线等项目进展顺利；“四好农村路”完成投资8.4亿元，建成401公

里，超额完成任务；三个一号旅游公路完成投资16.43亿元，黄河一号旅游公路主线工程291公里已全线贯通；灾毁恢复重建完成投资15.44亿元，1190个项目完工率达到98%，全市交通网络结构更加完善，衔接更加顺畅。2022年，在全省交通运输系统年度考核中排名第一。

【运输服务】 2022年，临汾市交通运输局聚焦国家公交都市创建，全面完成31项创建任务，建成公交专用道6条56.6公里，开通定制公交线路24条，推出“8023”等网红公交线路，日均客运量达16.7万人次，已恢复至疫情前水平，乘客满意度达到98%。聚焦绿色出行，推进纯电动公交车购置、置换工作，市区522辆公交车、1862辆出租车全部更换为纯电动车型；投入公共自行车5055辆，投放共享单车4000辆，提升城市绿色出行水平，2022年临汾市被交通运输部和国家发改委评为“绿色出行创建考核评价达标城市”。

【物流体系】 2022年，临汾市交通运输局聚焦平台经济发展，协调、帮助、支持物流企业成立网络货运平台，全市新增注册40家，取得营运资质30家。依托物流枢纽园区，发展多式联运，侯马方略进出口货值达3.77亿元，洪洞龙马已入驻8家年营业收入2亿元以上的企业，上缴税收总额2.28亿元，物流枢纽辐射带动能力不断增强。全面开展助企纾困送政策、送服务、送温暖工作，推进交通物流专项再贷款工作，累计发放贷款4400余万元。全市规上交通运输服务业完成营收64.53亿元，货物周转量完成130.9亿吨公里。

【行业治理水平提升】 2022年，临汾市交通运输局投入资金6000余万元，及时处置路面病害，加大清扫保洁力度，累计修补坑槽15万平方米、修复路肩12万立方米、清理垃圾16万立方米、绿化补植树木100棵，优良中路率达90.79%。围绕火车站、飞机场等重点场所，累计出动执法人员1.7万人次，检查企业1000余家，依法对金恒宇、晋鸿安等企业进行行政处罚，累计查处非法营运行为256起。强化源头监管，狠抓路面运输关键环节，累计投入执法人员12万余人次，检测货运车辆725万余辆次，查处非法超限超载行为600余起，处罚源头企业24家，罚款48.4万元，超限超载率控制在0.2%以内。

【生态环境保护】 2022年，临汾市交通运输局严格大气污染防治绿色运输示范区管控，累计引导14万余辆柴油货运车及散装物料运输车就近驶入高速；开展国六重型燃气车治理，累计路查路检国六重型燃气车近6000辆，处罚84辆。为打造临汾“绿水青山”贡献了交通力量，临汾市交通运输局被省人社厅和省生态环境厅评为山西省污染防治攻坚战先进集体。

【安全生产】 2022年，临汾市交通运输局严格落实“三管三必须”原则，从严压实各方责任，以安全生产专项整治三年行动为抓手，先后组织开展道路运输“百日攻坚”、各县（市、区）交叉检查等专项行动6次，累计排查整改风险隐患1649条，已全部整改完成，全年未发生重大及以上安全事故。

【出租服务】 2022年，临汾市推进出租汽车电动化工作。根据山西省人民政府《关于印发山西省打赢蓝天保卫战三年行动计划的通知》要求，市区出租车更新新能源纯电动汽车工作已于2020年底全部完成。出租汽车车辆在到达报废期限后，均更新为新能源纯电动汽车。2022年各县市完成更新纯电动出租车44辆。截至年底，全市累计更新纯电动出租车共计2574辆。其中，市区1862辆、霍州市335辆、襄汾县97辆、翼城县119辆、曲沃县29辆、乡宁县95辆、浮山县1辆、大宁县4辆、汾西县3辆、蒲县7辆、侯马市5辆、吉县3辆、永和县14辆。

【爱心送考】 截至2022年，临汾市举办“爱心助考”15年，市区6家出租公司共计1862辆出租汽车、458辆公交车参加爱心助考活动，累计服务17442人次。

【网约车平台管理】 2022年，根据国家7部委《网络预约出租汽车经营服务管理暂行办法》和市政府《临汾市网络预约出租汽车经营服务管理规定实施细则》要求，对市区申请从事网约车服务的平台公司进行严格审核，严把准入关。截至年底，全市共许可网约车平台20家（其中市区许可8家、县市许可12家），共注册车辆90辆。

【95128出租汽车电召平台】 2022年，为响应国务院、交通运输部有关方便老年人出行的要求，临汾市道路运输发展中心配合“95128”平台在全市范围内的推广工作。市区所有巡游出租汽车已完成“95128”平台的注册工作，

并有序正常运行。2022年1—10月全市“95128”平台累计完成电话约车29293单，手机App服务1436288单，累计服务1681286人次。全市还剩余一个浮山县暂未开通“95128”电召服务，经协调省联运公司“95128”平台已与浮山县相关部门进行了接洽。

【班线客运服务】 2022年，临汾市道路运输发展中心对各县（市、区）中心进行安全督查、对辖区道路客运企业、汽车客运站进行安全检查，做好全市道路旅客运输安全管理工作，防范和遏制重特大事故的发生。截至年底，共配合开展11次安全检查，累计出动人员20余人次，检查企业11家、汽车站8家。根据有关规定，组织并实施全市省、市际班线客车、县际以上旅游（包车）客车年度审验及技术等评相关工作，会同各县（市、区）中心赴道路客运企业、检测线、客运站进行审验，承担客车技术等级评定、证件打印及发放工作。截至年底，完成37家企业，共计完成521部客车年度审验工作、850余部客运车辆技术等级评定工作、核发信息表（附卡）330余件，并完成车联管理档案整理相关工作。

【货运（危货）服务】 2022年，临汾市道路运输发展中心加强对全市物流企业的安全管理，严密防范、严厉打击涉及寄递物流领域的违法犯罪活动，通过禁毒宣传、反恐防暴教育等活动，提高从业人员对毒品的认识，从源头上杜绝毒品运输，增强群防联防意识，确保寄递物流领域安全稳定。参与完成危险货物运输企业现场勘验和国家标准、技术规范符合性核查的服务保障工作。1—10月共参与勘验停车场7家。办理道路运输证的危货车辆115辆，其中牵引车47辆、挂车37辆、整车31辆。做好道路货物运输企业、道路货运站（场）、物流服务业的质量信誉考核工作。截至年底，县市两级已完成考核危货企业64家、普货企业665家，考核工作正在紧张有序进行。完成全市道路危货车辆的年度审验工作。1—10月共审验危货运输车辆3100辆，并与属地交通部门共同对驾驶员、押运员掌握危货运输操作规程、应急处置、应知应会知识等方面进行考核，对车辆的消防设施设备配备情况进行抽查，督促企业落实安全生产主体责任。参与制定道路货运站（场）、物流园区的发展规划。配合市发改委，参与重点推进“南方略北龙马”陆港型国家物流枢纽建设，加快构建汾西县冷链物流中心等物流节点网络体系，县乡村三级寄递物流体系全覆盖的调研活动。提供道路货运站（场）、物流园区的相关数据，为道路货运站（场）、物流园区的发展规划提供服务。推进全市客货邮融合发展，统筹解决农民群众幸福出行、物流配送、邮政寄递三个“最后一公里”问题，以服务乡村振兴、建设人民满意交通。

【机动车维修市场服务】 2022年，临汾市道路运输发展中心在临汾市城区及周边155公里之内维修烤漆房末端处理采用“活性炭+催化燃烧（分解）”工艺处理挥发性有机污染物（VOCs）的基础上，向辖区各县市推广，未按当前要求完成涉挥发性有机污染物（VOCs）工序改造的不得从事喷涂作业。截至2022年10月25日，全市已完成挥发性有机污染物（VOCs）处理新工艺改造71家（其中尧都区39家、临汾开发区3家、侯马市12家、翼城县10家、襄汾县3家、霍州市3家，洪洞县1家），辖区各县（市、区）废气处理设备升级改造投入近2000万元。同时属地运输中心深入企业督导全面落实了涉喷漆汽修企业错峰作业。与各县（市、区）就《运政系统》汽车维修行业数据不准确问题向省中心进行了反映。并就临汾市对千余家企业数据逐项与县（市、区）道路运输发展中心实时进行核对和修正，确保系统数据在统计周期反映市场真实情况。加强检测机构质量信誉考核。截至年底，已完成27家考核工作，从基础管理、技术管理、安全管理等方面与标准进行对照，对不足之处提出具体整改意见。

【机动车驾驶员培训】 2022年，临汾市道路运输发展中心重新制定了《从业资格业务办理工作流程》，做到业务办理责任到人，实行首问负责制。制定完成《临汾市道路货物运输驾驶员从业资格考试制度改革工作流程》，实施分类管理，规范货车驾驶员计时培训系统的使用，确保考试制度改革工作平稳过渡，基本实现了学员“一次报名、一次培训、一次考核”，避免培训内容交叉重复，切实减轻学员负担。根据临汾市交通运输局《关于做好机动车驾驶员培训经营备案有关工作的通知》要求，严格按照交通运输管理职责对已经许可或者备案的驾培机构依法实施监督，下发了《关于进一步规范机动车驾驶员培训经营备案工作的通知》，组织召开驾培机构规范备案工作推进会，并与市交警支队车管所通过互通有无，形成有效驾培管理工作信息共享机制。截至年底，全市共计42所驾培机构，有39所驾培机构完成规范备案（许可）。根据相关规定，报考出租汽车驾驶员从业资格者必须提供无吸毒记录的相关证明材料。临汾市区6家巡游出租汽车公司在册出租驾驶员及市区公交车驾驶员已全部完成吸毒筛查。

【水路运输服务】 2022年，临汾市针对原侯马香邑湖风景旅游区水运企业、尧都区润州园风景区，申请水运企业办理事项进行了咨询，给予技术性建议和指导。按照船舶规范化总体要求，对辖区内船舶进行管理，完成船舶检验工作。坚持“谁检验、谁签字、谁负责”的原则，提高船检质量，确保船舶适航。强化水污染防治工作，设立水上垃圾接收点10处、油污回收点7处，完成船舶垃圾接收点、船舶油污回收点建设任务。其中，汾河公园码头设立垃圾接收点3处、油污回收点3处，浍河水库设立垃圾接收点2处、油污回收点1处，船舶设立垃圾接收点4处、油污回收点2处，永和县于家咀设立垃圾接收点1处、油污回收点1处。完成市蓝天救援队、侯马市申请船员和吉县申请船员在忻州船员考试基地的两期报名、学习、考试工作。

【应急保障】 2022年，临汾市道路运输发展中心完成应急指令1次，配合交警事故队完成紧急倒运事故车甲醇1次，更新道路运输应急保障储备运输企业9家，应急运输车辆125辆，应急维修企业61家。组织并主办“临汾市交通运输应急救援综合演练”1次。对市本级“两客一危一重”及维修企业共计47家，进行日常服务指导。

【科技信息服务】 2022年，临汾市道路运输发展中心加强与上级网络安全部门联系，严格重要信息系统和日常工作密码管理，强化运政系统服务数据的隐私保护，确需查验证件、采集和使用信息的，必须按照信息使用许可制度办理相应手续后进行，确保信息不外泄，保障信息网络安全。做好“12328”交通运输服务监督电话的管理服务工作。根据省厅的工作要求，完成“12328”与“12345”市长热线的归并工作，9月完成归并。1—10月，监督热线共呼入电话175840条，人工接通电话171128条，人工接通率97.32%，其中信息咨询工单169977条，投诉举报工单1151条，办结1151条，办结率100%。做好城市客运的失物招领和投诉处理工作。1—10月，共处理市长热线转办投诉63起；处理“12328”热线转办投诉396起；通过客运监管平台查找遗失物品268起，找回物品182起，有轨迹未见物品73起，无轨迹的13起。

【出租汽车监控管理信息系统建设】 2022年，临汾市实施出租汽车监控管理信息系统，截至年底，全市出租车的车载设备安装，机房设备搭建已全部完成，实时监控、违规行为报警、广播、车辆定位、空重车、运营数据等部分功能已经实现。

【公交线路运营及硬件设施】 2022年3月19日，临汾公交13辆23路铛铛公交车上线运营；6月17日，临汾公交“1314”“520”微笑主题公交正式上线；8月4日，高铁公交枢纽场站硬化改造工程竣工；8月10日，临汾公交8米新能源公交投运；8月18日，临汾公交22路“8023”主题微循环浪漫巴士投运。新增城乡接合部特色公交线路一条（刁家庄—乔家庄—12路公交车。）新增市内商圈公交微循环线路一条（新百汇—体育南街—22路小公交车）。全年调整公交线路5条：4路（乔家庄—高铁）；8路（锦悦城—临钢）；11路（兴荣物流—平阳北街）；16路（锦悦城—车站街）；17路（新百汇—解放东路电校口）。

（许　聪　庞燕东）

高速公路综合行政执法

【概况】 山西省高速公路综合行政执法总队临汾支队（简称临汾支队）组建于2021年9月，是在山西省原临汾交通运输执法局机构框架基础上，整体转变职能组建成立的。单位性质为省交通运输厅直属的自收自支事业单位，正处级建制。临汾支队负责本辖区高速公路路政（含治超）执法工作；承担高速公路超限运输、涉路施工许可的现场勘验、核查工作；监督指导高速公路超限检测工作；负责本辖区高速公路运政执法工作；负责本辖区高速公路建设、养护工程质量安全监督执法工作；参与交通工程质量安全事故和投诉举报的调查处理工作。承担信息化建设与管理工作；承担安全生产、应急值守和应急处置工作。承担支队领导交办的其他工作。

【综合执法工作】 2022年，临汾

支队管辖高速公路里程675.9公里，除八大队（管辖里程67.2公里）与中交翼侯公司未对接外，其余7个大队（管辖里程608.7公里）都已完成对接，正常开展执法工作。从事巡查工作人员81人，实现执法巡查常态化，及时发现查处损害路产路权案件，消除影响公路安全畅通的行为；发现问题及时督促经营企业进行整改。截至12月底，巡查里程154624.8公里，巡查率47.6%。开展路政专项执法检查73次，开展治超专项执法检查53次，开展超限检测监督指导56次，开展运政执法专项检查65次，参与处置突发事件3起，开展疏困解难便民服务20起。

【执法执勤巡查】 2022年，临汾支队各大队对辖区内公路桥梁、隧道、涵洞、公路标志等设施以及服务区、停车区、收费站、超限检测站点等场站进行调查，建立路产信息台账；对建筑控制区、公路用地范围内存在的违法建筑物、非公路标志等违法设施进行排查登记并建立台账；对辖区内涉路施工情况进行摸底。收集各项目许可资料，建立涉路施工监管台账，保障高速公路完好、安全和畅通。对违法超限、大件运输、擅自取土、封控区破坏护坡、损坏公路未及时报告等违法行为共处罚30225元。截至年底，已办结处罚案件4件，路政案件2件，治超案件3件。

【高速收费站督导检查】 2022年，临汾支队配合省保通保畅第十督导组围绕22项督导调研内容，从驻同厅属各单位到客货运场站、客货运企业，严格按照部颁标准进行核查，到高速收费站、普通国省、县乡干线、寄递物流运输企业等，按同一尺度督导检查保通保畅、疫情防控、防汛备汛等具体工作，督导组通过查验资料、实地督导、随机走访等方式，详细了解实情、掌握情况，自4月20日开始到11月底共出动110余天次，对临汾市17个县（市、区）设置公路防疫检查点42个、56条农村公路进行督导检查，提高高速公路收费站防疫检查的效率，提高车辆通行速度，为省厅及时了解掌握全省高速公路收费站疫情检查情况提供依据。

【治超专项监督指导工作】 2022年，临汾支队配合省交通厅、省高速公路综合执法总队推进高速公路治超称重设施和联网改造工作，临汾支队调研小组制定督导调研方案，明确调研时间和范围，突出工作重点，确立调研的具体措施，分别对临汾南高速公司、临汾北高速公司、晋中分公司、中交翼侯等高速公路37个超限检测场所进行调研，并将调研情况汇总上报。

【专项自查工作督导】 2022年，临汾支队在专项整治的基础上，深挖细查支队及各大队内部行政执法工作中存在的问题，建立台账、制定清单、强化整改，于1月28—30日、2月7—10日进行专项工作督导，在临汾市交通运输局组织召开座谈会并听取动员部署阶段的汇报，查阅相关领导组建立和工作方案制定情况资料，“12345”政务服务热线和“12328”交通运输服务监督电话的投诉、受理、办结情况，2021年专项整治期间的整改台账。参加临汾市交通运输综合行政执法队与8家企业、道路运输协会的座谈交流。组织专人到霍州市、洪洞县、安泽县、曲沃县交通运输局、交通运输综合执法队、客运站等相关单位进行实地查看。对总队要求调查落实的问题进行汇总上报，完成督导工作。

【高速路政宣传】 2022年5月7日至6月3日，临汾支队组织开展2022年“守护公路安全、争当服务先锋”路政宣传月活动，印制《中

2022年5月15日，临汾支队代表省厅检查隰吉高速项目防汛备汛工作　　（综合行政执法临汾支队供图）

华人民共和国行政强制法》《山西省高速公路管理条例》《山西省高速公路综合行政执法事项清单（2022版）》等7部与高速公路综合行政执法密切相关的法律法规及规范性文件、宣传资料各1000份，宣传绶带50条，横幅15条，展板23块，张贴标语10余条。临汾支队宣传组通过深入式走访、互动式交流，将最新高速执法政策送进千家万户，共出动执法人员493人次，出动执法车辆86车次，对高速公路公司关停收费站巡查54次；对高速公路关停服务区巡查18次；结合纪律作风整顿，梳理整改问题17个；结合实际开展暖心服务活动1次，走访企业15家、学校2个、现场宣传42场次，依托“两微一端一抖一网”等新平台推送宣传信息43条，与高速沿线政府领导共同开展入企服务，走进运输企业宣讲路政政策，多家新闻媒体跟踪报道。

（郭　琦）

高速公路管理

·临汾南高速公司·

【概况】　2022年，临汾南高速公路管理有限公司（简称临汾南高速公司）以深化改革为动力，以提质增效为目标，以标准化、精细化、数智化为路径，完成全年目标任务。全年通行费收入11.72亿元，完成年度征收任务10.73亿元的109.23%；人均通行费收入127.3万元；人工成本投入产出率达1108.05%；门架连通合格率等20项联网收费系统运行指标明显提升，其中9项指标位列集团前列，其余各项指标均控制在行业标准和集团要求范围之内。2022年，临汾南高速公路管理有限公司荣获省部级以上奖项：临汾南公司乡宁西收费站被评为2020—2021年度全国“安康杯”竞赛活动“优胜班组”。“数字化养护物资管理系统V1.0”获得国家版权局颁发的计算机软件著作权登记证书。“全息车机管理系统V1.0”获得国家版权局颁发的计算机软件著作权登记证书。“基于BIM技术的高家河隧道结构健康监测系统”获得国家版权局颁发的计算机软件著作权登记证书。“高家河隧道结构监测数据实时采集系统”获得国家版权局颁发的计算机软件著作权登记证书。

【收费营收】　2022年，临汾南高速公司开展文明微笑服务培训及竞赛活动，有效提升窗口形象及企业文化品牌影响力。配合属地政府开展柴油货车、散装物料车及大气污染整治，通行费增加约1500万元。利用108、209、309等并行国道翻修改造时机宣传优惠政策，重点引导货车通行高速公路，通行费增加约6000万元。配合收费站出口防疫点对货车实施“点对点”闭环管理，通行费增加约1.2亿元。开展稽核效能提升专项行动，全年共追缴通行费47.1547万元。推广发行ETC设备，发行ETC设备1867套。

【路况路貌管养】　2022年，临汾南高速公司逐步扩大自主养护份额，将路面坑槽、裂缝修补等工作纳入自主实施范畴，节约养护成本约39.7万元。开展路况检测和调查，应用路面养护决策系统，实现养护工程精准决策。加大预防性养护投入，对辖区沉陷路段实施“物探+钻探”勘察，探索采用高分子聚合材料对路基落水洞病害进行精准处治。持续开展路域环境整治活动，沿线路容路貌焕然一新。

【信息监控】　2022年，临汾南高速公司依托视频监控平台、高德智慧交通公共服务平台等智能化手段，加强信息自动采集能力。加强与邻近路段及邻省公司信息共享协调联动，与临汾交广电台签订路况信息实时播报合作协议，向社会公众提供出行信息服务。

【路网运行保障】　2022年，临汾南高速公司构建联勤联动新模式，在长临路段先行先试路养隧警错峰巡查机制，搭建路况信息共享平台，从机制上实现路况巡查全覆盖。加强涉路逃逸车辆追查，全年共破获逃逸案件10起，追回路赔款19.49万元。

【路域经济】　2022年，临汾南高速公司制定《深入开展路域经济发展工作实施方案》，有序推动6个领域16项重点举措开花结果。与路桥机电公司合作建设分布式光伏发电项目18处，减少电费支出约48万元。将1处闲置院落及4处闲置房屋对外租赁，实现收益10.73万元。在枢纽互通区打造150亩芍药种植园。根据集团公司《关于涉路施工项目赔（补）偿计费标准的指导意见》，推进各类工程涉路施工补偿工作。

【科技赋能】　2022年，临汾南高速公司针对性引入的就地热再生技术，实现旧路面混合料100%循环利用，较传统铣刨加铺每平方米造价节省约15元。开展固废低碳综合利用，对废旧的330块波形护栏板修复矫正后进行合理利用，节省费用约18.15万元。利用废旧铣刨料自主研制混凝土和沥青拦水带，节约养护成本约30%。自主研发的“全息车机管理系统V1.0”，为一车一档管理提供强有力的数据支撑。创新研发的“隧道消防管网电伴热智能控制系统”，同比实现电伴热系统节能降耗26.3%。加快推进收费数智化管理应用，西交口无人值守收费站投入使用后，可减少人员6人，年节省人工成本约45万元。推进质量管理小组和质量信得过班组评审工作，获得部级优秀QC课题1项、省级优秀QC课题2项、部级质量信得过班组1个。

【风险防控】 2022年，临汾南高速公司全年未发生一起生产安全责任事故，安全生产形势稳定向好。修订完善“1+15”应急预案，围绕高速公路运营17项致险情景，累计组织开展应急演练113次。开展安全生产专项整治三年行动和“百日攻坚”集中行动，累计进行安全生产和疫情防控检查270余次，排查整改各类问题隐患170项，成功处置各类事件272起。组织开展年度安全风险评估工作，投入147万元实施养护作业现场安全立体布防系统项目，在临吉路段45处中央分隔带加装安全预警和防撞设施，有效降低车辆撞击中央分隔带端头风险。开展安全生产月活动，获得集团公司“安全生产月—平安交控”系列活动团体一等奖，13名干部职工分别获得个人一、二、三等奖和优秀奖。（李家宁）

·临汾北高速公司·

【概况】 临汾北高速公路管理有限公司（简称临汾北高速公司）于2020年4月2日正式成立，2022年，担负着临汾至侯马段、霍永高速公路东段、霍永高速公路西段、霍永西二期、临汾环城等路段的运营管理任务，管养里程共计239.292公里。

【收费治超】 2022年，临汾北高速公司征收通行费63480万元。开展精准营销、主动营销、政策营销，加大ETC推广发行和“晋e行”App、差异化收费政策宣传力度，推动通行费收入增长。开展打击偷逃通行费专项行动，全年稽核工单完成43071量，完成率100%，共追缴通行费79.19万元，追缴5306辆，处理对账工单4422辆，完成率99.93%。完成所属15个收费站84条出口车道称重系统优化改造，为临汾、永和收费站收费车道新增智慧机器人和自助发卡一体机，智慧交通建设迈出坚实步伐。

【信息监控】 2022年，临汾北高速公司加强路网运行监测，对所辖路段图像完好情况及路网运行情况进行实时监控，及时发布出行服务信息和报送各类突发事件，做到“12122”、顾客咨询电话全天候在线，服务投诉有效处置率达100%，全年消除树叶遮挡摄像头问题331处，路面障碍物事件166起，车辆故障235起。定期对辖区内视频监控图像和视频云联网巡检，开展隧道机电专项工作检查，全年共巡查检查400余次，做好重要时间节点通信光缆安全保障工作。做好网络安全工作，定期对互联网网络、收费、监控、治超网络主、辅节点设备，以及服务器、路由器、交换机、工作站等进行全面排查，严格执行网络安全事件零报告机制，防范化解重大网络安全隐患。按照《公路隧道养护技术规范》，制订维护计划，以周为单位、隧道为节点、系统为主线，采取日常维护、经常检修、应急检查相结合的方式，分阶段开展管养工作，全年开展巡查检查1602次，修复故障326次，修复率100%，完成隧道机电设施经常性检修4次和定期检修

2022年5月7日，临汾南高速公司成立公路护路排，并会同尧都区武装部、县底镇镇政府共同举行授旗仪式

（临汾南高速公司供图）

1次，有效处置隧道停电、交通事故、车辆故障等突发事件177次。

【安全生产】 2022年，临汾北高速公司强化安全责任落实和制度体系建设，对安全生产委员会工作制度、安全生产费用使用和管理等二十六项制度进行修订。修订《高速公路运营风险防控手册》，全年针对桥梁隧道、边坡涵洞及易发生地质灾害路段开展检查8次、专项行动5次，排查出安全隐患81条，整改81条，整改率达100%。加强应急处置和安全保障能力，编制修订突发事件综合预案、专项预案和现场处置方案，建立1个一级物资储备中心，6个二级物资储备中心，全年公司组织大型桌面演练4次、实战演练4次，各基层单位开展应急演练13次。

【道路养护】 2022年，临汾北高速公司高速公路总体技术状况（MQI）96.1，MQI优等路率99.6%；路面使用性能指数（PQI）95.8，其中长延高速霍永东段96.3，长延高速霍永西段96.3，侯平高速侯马段96，京昆高速临汾段94.4，临汾绕城高速95.6，陵侯高速翼侯段94.2，明曲高速95.6；一、二类桥梁比例达99.7%，一、二类隧道比例100%。强化日常养护和预防性养护，开展“灌缝补坑”、排水设施排查等专项整治行动，加强路基灾害风险排查，做好桥梁伸缩缝修复及箱体病害维修工作。加强路域环境整治，制定《扬尘污染防治暨路域环境再整治再提升专项行动方案》，开展“扬尘污染治理”“移动污染源管控”等工作，把路域环境整治贯穿到养护管理全过程、全周期。

【路网运行保障】 2022年，临汾北高速公司路产损坏追偿率≥90%，入口非法超限超载车辆零驶入；交通事故平均处置时间较上年降低10%以上；特殊气候条件交通管制时长较上年降低10%以上，2022年交通事故平均处置时间比集团平均127分钟缩短19分钟。加强收费站、服务区等易堵场所的巡查频率，深化路警联合、路路联合机制，及时处置各类突发事件。加强养护施工现场安全管理，加大对施工单位的监督检查力度，督促施工单位做好安全防护措施，降低道路施工对行车安全的影响。加强路产肇事逃逸查处力度，与高速交警、服务区、修理厂等单位建立信息共享机制，提高追逃成功率，有效挽回路产经济损失，保障高速公路设施完好。优化工作方式和流程，建立二维码电子意见箱，通过接受群众监督，规范一线人员处理路赔案件，杜绝发生“公路三乱”。

2022年5月12日，临汾北高速公司养护人员开展路面灌缝作业
（临汾北高速公司供图）

【创新发展】 2022年，临汾北高速公司在汾西路产维护站打造“职工创新工作室”，自主研发的“一种用于安全锥桶半自动收放系统的传动装置”，解决了安全锥摆放间距不均衡、工作效率低、施工作业安全性差等问题，并荣获国家实用新型专利证书；攻克动态路段观测难题，针对霍永山区易塌方、沉陷较高风险隐患路段，研究攻关实时动态路段观测课题，采取安装户外太阳能摄像头的方式，实时动态掌握路段运行状况，降低风险隐患路段等级。

【环境保护】 2022年，临汾北高速公司开展“双碳”工作，做节能降碳的“宣传者”“倡行者”“传播者”。开展光伏新能源项目规划，各收费站配合开展光伏发电板铺设等工作，降低收费站车道设施、监控设备、办公及生活等用电成本，减少二氧化硫、氮氧化物、一氧化碳等排放污染，推动“碳达峰、碳中和”目标实现，响应绿色低碳发展要求，打造低碳能源收费站。开展“两山七河一流域”生态修复工作。公司制定《2022年度原生态绿色走廊建设方案》，打造明曲高速及霍永段原生态绿色走廊，全年累计补植乔木12901株，补植灌木3000平方米，病虫害防治20万平方米，清理杂草及铺设除草布10164平方米，提升高速公路运营通行环境。打好污染防治攻坚战，加强扬尘污染、水污染综合治理工作力度。制定临汾北高速公司《扬尘污染防治暨路域环境再整治再提升专项行动方案》，把高速公路路域环境再整治再提升贯穿养护管理全过程、全周期；全年累计机械清扫40909公里，路面人工保洁159315公里、清理沿线垃圾4215公里。

【路域经济】 2022年，临汾北高速公司制定《路域经济发展实施方案》，成立工作专班，形成路域经济发展工作思路。先后组织业务部门赴交科集团、环保公司、养护集团等单位交流座谈，推进深化合作。开展房屋等闲置资产租赁工作，全年签订租赁合同7份；推进“多能互补、源网荷储”分布式光伏发电项目，完成收费站区广告位租赁，拓展机械设备租赁业务，严格控制工程成本；推动生态环保和绿色种植，累计种植连翘等药材8000余株；推进固废利用，规范处置不可循环利用闲置资产，实现经济效益和社会效益双提升。

【深化改革】 2022年，临汾北高速公司从工作实际出发，加强对改革工作的统筹谋划、整体部署和统一领导，印发《深化改革三年行动实施方案（2020—2022年）》《深化改革三年行动工作任务清单》，成立深化改革三年行动领导组，形成上下贯通、协同联动的合力推进机制，构建集部署、推进、检查于一体的工作体系，任务清单内的44项改革任务全面完成。

（吴彩贤）

金 融

综 述

【概况】 2022年，临汾市政府金融工作办公室（简称临汾市金融办）统筹防范化解重大金融风险、深化地方金融改革、金融服务实体经济三大任务，推动全市主要金融指标进军全省第一方阵、重点金融改革任务有序推进。整体金融风险安全可控，全市金融业实现了健康稳定发展。银行业方面，全市银行业金融机构截至2022年12月末，全市本外币存款余额3867.8亿元，比年初增加534.23亿元，增长16.03%；各项贷款余额2352.18亿元，比年初增加303.93亿元，增长14.84%，存贷比为60.81%。

三类公司方面，截至2022年底，全市共有融资担保公司9家，注册资本金20.15亿元，在保余额为51.51亿元，在保户数为22930户；小额贷款公司12家，注册资本9.8亿元，贷款余额为9.5亿元，贷款户数为1044户；典当行13家，注册资本1.66亿元，贷款余额为0.6亿元，贷款户数357户。

【银企精准对接】 2022年，临汾市金融办建立完善政银企常态化对接机制，发挥与市发改委、市工信局、市中小企业局和各银行机构的1+3+N政银企对接工作机制作用，拓展与市科技局、市商务局等部门对接，召开全市政银企对接会，推动12家企业与11家金融机构现场签约142亿元。开展常态化入企服务、送金融进企业、“三个一批”专题对接、千名行长结对子、“下午茶”融资对接专场、金融服务实体经济冬季行动等系列活动，全年累计精准推送186个项目、2053.18亿元融资需求，累计达成贷款意向800亿元、新增授信447.58亿元、完成投放125.38亿元。建立临汾市小微企业、个体工商户等无贷户“两张名单”，共梳理汇总276785户无贷户企业，其中小微企业86336户、个体工商户190449户，组织小微企业、个体工商户无贷户企业与辖区内各银行机构进行精准对接，建立完善常态化监测调度工作机制。截至年底，全市“两张名单”企业已对接有效户数3629户，已放款10.19亿元。

【融资担保体系改革】 2022年，临汾市金融办成立融资担保市县一体化运营改革领导小组，制定《临汾市市县一体化运营改革实施方案》，在6月底完成全部改革任务。通过改革，整合重组13家运营低效的县级融担机构，完成对市级融资担保公司的增资扩股，资本金规模从3亿元增加至5.9亿元，增强了市级担保公司担保能力。改革后，全市政府性融资担保机构总量从改革前的20家减少至1家，按照统一组织机构、统一资本管理等“九统一”标准，出台6个方面、35项配套制度，初步建成以市融资担保公司为主体的全市政府性融资担保体系。开展银担合作，推动市融担公司与工行临汾分行、建行临汾分行等10家银行完成业务授信和准入，银行授信总额19.1亿元；与16家农商行签订合作协议并取得“总对总”业务合作额度39亿元。截至年底，政府性融资担保机构在保金额达25.79亿元，较2021年底的10.29亿元增加15.5亿元，业务增长率为150%；在保户数为5436户，较上年底的3156增加2280户，业务增长率为72.24%；融资担保放大倍数由2021年底的不足2倍增长到3.37倍，业务规模及服务市场主体数量有了大幅度的增长。

【金融机构监管】 2022年，临汾市共有融资担保公司9家，注册资本金20.15亿元，在保余额为51.51亿元，在保户数为22930户；小额贷款公司12家，注册资本9.8亿元，贷款余额为9.5亿元，贷款户数为1044户；典当行13家，注册资本1.66亿元，贷款余额为0.6亿元，贷款户数357户。临汾市政府金融办加强地方金融机构监管力度，联合市地方金融协会和会计师事务所组成检查组，对全市9家融资担保公司、16家小额贷款公司、20家典当行和1家融资租赁公司开展现场检查、监管评级及年审工作。强化地方金融机构审批管理，提升机构发展效能。

【宣传活动】 2022年，临汾市金融办建立完善防范非法集资宣传教育长效机制。集中开展“守好钱袋子·护好幸福家”为主题的防范非法集资宣传月活动，并将防非宣传与“金融知识普及月”、“敬老月”、“5·15”打击和防范经济犯罪宣传日、国家安全宣传日等全国性活动深度融合，多渠道、高频次开展集中宣传活动。全年累计开展防范非法集资宣传活动455场，发布典型案例119个，“百团千场”宣讲活动251场，累计发放宣传材料30余万份。

【政策支撑】 2022年，临汾市政府成功申报全省首批信用保证基金试点城市，争取省级财政资金6600万元，设立了总规模2.66亿元市级信用保证基金，最高撬动26亿元信贷资金支持小微企业和个体工商户发展。积极争取省级金融机构政策支持，推动中行、工行、农行等省级银行与市政府达成战略合作协议，在“十四五”期间为临汾新增不少于400亿元信贷支持，支持临汾市经济高质量转型发展。争取政策性资金，落实国家盘活存量资产政策措施，推动农发行临汾市分行成功投放盘活存量资产贷款3.12亿元，专项支持市政供热、排水管网等资产盘活。创新金融服务乡村振兴模式，与农业银行山西省分行签订“双百协议”，为全市100个乡村振兴和三农项目提供不少于100亿元资金支持，2022年已完成投放资金36.4亿元；创新服务乡村振兴金融产品，召开全市晋南牛产业发展座谈会，推动农业银行创新推出“活畜抵押贷”产品，完成全省首笔1000万元活牛抵押贷款投放。

2022年6月15日，临汾市防范非法集资宣传月集中宣传日“守住钱袋子·护好幸福家”活动启动。图为市处非办工作人员介绍防范非法集资宣传工作的重要性
（市金融办供图）

【市场主体融资渠道】 2022年，临汾市金融办全面推进企业上市倍增计划，加快全市重点企业北交所上市推进工作，完善上市挂牌组织领导、绿色通道、政策落实等工作机制，推动更多企业在多层次资本市场挂牌上市。2022年，全市累计新增晋兴板挂牌企业44家，新增入选“省上市挂牌后备企业资源库”企业数量43家，落实省市财政金融奖励政策，为14家山西股权交易中心“晋兴板”挂牌企业申报省级奖励资金140万元，落实市级奖励资金120万元。加快推进政府产业基金设立工作，出台《临汾市政府投资基金管理办法》和《临汾市政府投资基金（母基金）设立方案》，推动市济林公司和临汾创投基金管理公司签订基金公司合伙协议，正式注册成立“临汾市政府产业引导基金有限合伙（合伙企业）”。加快基金投资工作，谋划储备临汾市染化集团、侯马益通股份、洪洞大槐树、晋南钢铁氢能项目等一批优质拟投资项目和企业，并完成对临汾市染化集团的投资。

【非法金融活动整治】 2022年，临汾市金融办开展打击整治养老领域非法集资专项行动，完成省处非办转办的6批次269条“12337”平台线索和自行排查的2条养老领域非法集资线索的核查处置工作，转办风险提示函4份，向市县及相关市场主体下发风险提示5条。开展第三方财富管理公司专项清理规范工作。对91户重点企业和其在10家银行机构开立的92个账户开展重点排查，撤销账户11户，久悬账户和长期不动户银行已采取管控措施。开展辖内第三方支付机构的风险排查。对全市存量合作商户共8707户逐户开展了排查，共有9户商户营业执照状态为非正常经营状态，均已在业务系统内注销并完成商户的清退工作。

【金融风险防范和处置】 2022年，临汾市金融办化解临投集团各类债务89.2亿元，守住不发生债务违约的底线。清收处置农商行不良资产83.99亿元，申请省级化险基金2.33亿元、市县两级筹集资金2亿元、社会募集资金5亿元等，共计9.33亿元，完成高风险机构出清。严厉打击非法集资。1—12月，全市公安机关立案侦查非法集资案件4起，涉及金额4136.79万元，涉及人数990人。33起非法集资存量案件司法审结15起，涉及金额1.26亿元，涉及人数2370人，存量案件化解稳妥有序。“6·19”非法集资案，开展了5次资金清退工作，清退资金1.35亿元。

（薛慧敏 郭 锦）

银 行

·中国工商银行临汾分行·

【概况】 2022年，中国工商银行临汾分行（简称工行临汾分行）以服务地方经济、为企业提振发展信心“输血”为己任，强化风险防控、积极响应政府助企纾困政策，加大贷款投放力度，降低融资成本，开展减费让利，为企业减负赋能，提升服务质效。截至2022年末，存款余额突破400亿元、贷款余额抵近300亿元，连续两年实现两次关键性的规模跃升，当年存款净增72.29亿元，增幅22%，贷款净增79.74亿元，增幅36%。2022年，在贷款不良率保持在0.26%优良风控水平的基础上，各项贷款累计投放254.3亿元，余额达到298.4亿元，贷存比74.75%，较全市金融机构平均水平高出13个百分点，贷款规模和增量实现同业双第一，普惠金融贷款余额和增量实现双翻番。

【项目建设】 2022年，工行临汾分行精准对接临汾市“十四五”规划，围绕临汾市打造双城建设的总体布局，坚定推进国企和民营双线服务，截至12月底，累计投放融资270余亿元。其中，累计投放一般性流动资金贷款近120亿元，交通企业、新能源公司、PPP项目以及房地产开发等企业投放项目贷款90余亿元，重点支持基础设施建设、新能源、制造业、传统产业转型升级、房地产开发等项目，全年已审批、审批中和待上报的法贷项目近50亿元。

【普惠金融】 2022年，工行临汾分行坚持聚焦为企业尤其是中小微企业纾困解难，做普惠金融的担当者。截至12月末，工行临汾分行银保监普惠口径贷款余额8.01亿元，较年初净增4.28亿元（不含质押），同比增幅114.79%；人行降准口径贷款余额8.81亿元，较年初净增4.64亿元。新拓小微企业客户169户，银保监普惠口径有贷户1059户，较年初净增650户，年度计划完成率325%。核销处置法人不良资产198.5万元；核销扶贫小额不良贷款97.06万元。银保监普惠口径普惠型小微企业法人贷款、普惠型个体工商户和小微企业主贷款不良率分别较年初下降1.41%、1.1%。银保监口径贷款利率4.37%，内部口径小微企业融资利率4.07%，均较上年下降30BP，降低小微企业融资成本，让利实体经济。

【支持“涉农”产业】 2022年，工行临汾分行与脱贫区域职能部门对接，先后对6个县域发放脱贫贷款173笔，累计发放865万元。加强扶贫逾期贷款的清收处置，核销逾期不良累计63户100余万元。主动对接符合山西粮食生产补贴支持政策的新型农业经营主体与农户融资需求，对耕地确权到位的主体积极开展农村承包土地的经营权、集体经营性建设用地使用权等抵质押贷款业务。加大对符合条件的农业生物育种重大项目中长期信贷投入，支持育种联合攻关、种业基地建设和优势种业企业发展，强化种业育繁推产业链的金融服务，提升现代种业企业融资便利度。围绕临汾春耕农资保障、“菜篮子”产品供给，聚焦主产区和重要物流节点，拓展供应链融资业务，加大对重要农产品生产加工、仓储保鲜冷链物流设施建设等信贷支持。围绕山西省农业“特”“优”战略，聚焦山西省“十四五”农业现代化三大战略五大平台、农产品精深加工十大产业集群、现代农业五大体系建设等重点领域，对农光互补复合等重大项目加大金融支持，围绕农产品精深加工十大产业集群领域，择优支持清香型白酒、山西老陈醋、系列特色肉制品、低温乳品、苹果、梨、红枣、药茶、杂粮主食糕品、中成药、杂粮功能食品、翅果油保健品、功能性化妆品等山西特优标志性产业链融资需求，推动山西农业产业转型升级和产业链融合发展。重点支持高效节水灌溉、输配电、农田防护等农业基础设施工程，满足农产品流通体系、农业现代化示范园区建设、智慧农业建设、农业科技提升等领域融资需求，满足有机旱作业、设施农业建设、农业物质装备和信息化水平、绿色农业等领域融资需求，支持“全产业链”培育社会化服务体系领域融资需求。

【提供延伸服务】 2022年，工行临汾分行深化落实与行政审批局签订的服务市场主体合作协议，主动与行政审批局、人社局、图书馆等单位达成共识，将政务、社保、图书借阅等民生服务引入工行网点，通过政银融合，将工行网点变身为百姓身边政务民生服务窗口，首批在6个网点同步开通“政务社保就近办”服务，16个网点开通“社保就近办”，实现“就近可办、多点可办、少跑快办”，为群众提供种类齐全的政务社保服务。秉承“减费让利，惠企利民”的理念，落实四部委降费让利工作要求，应降尽降，小微企业综合融资成本下降30BP，个人住房按揭贷款利率下降55个BP，对所有客户免收部分票据业务手续费、降低借记卡刷卡收单业务服务费，对小微企业和个体工商户免收单位结算账户管理费、降低单位结算账户开户手续费、降低人民币对公转账汇款手续费、降低企业网上银行年费、按不高于成本价收取电子银行安全认证工具工本费。响应临汾市政府“悦享生活·回家有礼”系列活动，推出系列贴近百姓生活、减费让利的惠民活动，包括“消费有礼、安居有礼、直播有礼、结算有礼、融资有礼”五个类别，满足市民出行、消费、安居乐业的各项需求。

【网点标准化建设】 2022年，工行临汾分行按照省行网点优化建设相关要求，结合三年规划，将辐射重合度较高，布局不合理的活力支行向河西区域进行迁址，经多次多地实地勘探，对房屋结构、证件权属、周边客群、消防设施等情况进行摸底了解、论证，通过视频连线与设计公司沟通，最终选定河西区域碧桂园商铺作为新址，该项目已上报省行，待批复后启动装修工作。以改善客户服务体验、提升品牌形象、服务网点转型、优化硬件环境为目标，以统筹兼顾、重点聚焦为原则，统筹考虑网点装修年限、经营现状、产权属性、业务发展，优先对八年以上未装修网点、重点城市行网点、资源富集网点进行标准化装修改造与量化提升。通过综合运用“撤、迁、优、改”组合拳及对智能机具的合理优化调整，银行标准化业务继续加快向线上和自助渠道分流。截至2022年末，全辖布放自动柜员机120台，较上年末减少22台，均为设备报废。智能柜员机布放58台，减轻了柜员的压力。

【金融科技】 2022年，工行临汾分行发挥金融科技领先优势，探索“行业+金融”发展新路径，融合“线上+线下”服务渠道，创新“平台+金融”服务模式，深化银政合作、银企互动，为金融发展持续赋能。围绕政府关切问题，通过“兴农通”App移动金融服务，为县域政府、企业和个人提供村务、普惠、民生、服务点等服务，打造更有温度、更为务实、更加智慧的工行服务乡村振兴模式。以科技赋能助力企业数字化转型，打开银企合作新局面，搭建全省首个工业智慧园区，通过“员工码”实现园区“一码通行”，促进企业业务发展与管理效率双提升，助力辖内重点行业领军企业转型发展。参与结算金融数字化转型发展建设，全国首创工银聚资金监管平台，实现交易合同上传、付款计划提交、移动端审批、数据实时跟踪等功能，实现资金集中统一管理，解决资金监管滞后问题。已为山西某路桥项目和部分房地产企业投产使用，监管资金超20亿元。助力医疗行业数字化转型升级，为某医院提供“床旁结算”便民结算服务，将“窗口服务”前移至“病区服务”，真正打通服务患者的“最后一公里”。顺应数字政府建设要求，构建“金融科技+政务”服务新生态，以金融科技赋能司法实践。推行工总行自主研发的“智慧政法”综合服务平台，为政法客户提供涵盖账户申请、案款收缴、案款退还、案款移交、电子回单与对账单下载等功能的一站式信息化平台，推动执法流程与案款信息互通互融。

【服务标准化培训】 2022年，工行临汾分行在全辖开展了为期38天、覆盖全辖16个支行41个网点449名员工156名三方服务人员的“对标、达标、创标”网点服务质效提升驻点培训，围绕“客户体验”，用“对标”的意识、“达标”的行动、“创标”的精神，外聘专业团队强化培训，统一标准、统一模式、全员通关，运用6S管理，强化服务环境整治、调整优化厅堂布局，规范服务行为，营造优良环境，站稳客户立场，保障客户权益，做好网点金融服务。7月底聘请三方公司对全辖网点进行“神秘人暗访”，暗访警示视频全行晨会观看、分析，对屡查屡犯问题、屡教不改人员进行重罚，有效巩固了培训成效。

【消费者权益保护】 2022年，工行临汾分行全年组织了四次服务（消保）工作会议，通过对各专业部门及支行各项指标的分析、对支行投诉工单占比、百万客户落地工单数量、超时占比、客户满意度等基础指标分析，将弱项指标提示到网点，对比旺季营销考核分值用钱说话点到痛处。通过服务委工单占比较多部门对工单类型、处理方法、专业压降措施的讲解，借用典型案例明确告知支行处理途径及解答口径，发挥服务委成员部室统筹协调智能，加强服务管理牵头部门与相关部门的协作联动。高度重视客户诉求，压降投诉治理。2022年，共受理客户之声系统工单4758笔，较同期增加1598笔，增幅为50.57%；投诉类工单544笔，较同期减少258笔，降幅为32.17%；调阅监控、核实瑕疵工单23笔，确认有责工单4笔，同比减少2笔；监管转办投诉26笔，同比减少23笔；小额补偿9笔，补偿金额31413元；金融纠纷多元化解6笔，补偿金额481919元。

【消保宣传宣教】 2022年，工行临汾分行组织消费者权益保护金融知识宣传活动，开展“‘3·15’共促消费公平共享数字金融”“普及金融知识万里行”“金融知识普及月 金融知识进万家 争做理性投资者 争做金融好网民”“切实解决老年人运用智能技术困难”“普及金融知识，守住钱袋子”“守住钱袋子，护好幸福家”“网络安全为人民，网络安全靠人民”“我为消保扛大旗”等宣传活动，通过金融知识宣传活动增强金融消费者的自我保护意识和风险责任意识。通过全辖电子屏、宣传栏积极开展宣传，参与宣传员工人数2172人次，印发纸质宣传资料份数28500份，制作宣传美篇100余篇，宣传短视频3部，活动涉及消费者32600人次。

【完善绿色信贷政策体系】 2022年，工行临汾分行根据总行绿色信贷政策，按照贷款的“绿色”程度，即贷款企业或项目对环境的影响程度及其面临的环境与社会风险大小，将境内法人客户全部贷款分为四级、十二类。四级包括友好类、合格类、观察类与整改类，十二类共包括友好一类（即生态保护类）、友好二类（即清洁能源类）、友好三类（即节能减排类）、友好四类（即资源综合利用类）、合格一类、合格二类、观察一类、观察二类、整改一类、整改二类、整改三类和整改四类贷款。对不同绿色类型的企业执行不同政策；对友好类企业（项目），按照“积极支持、稳步推进”的信贷原则，确定友好类企业（项目）为未来信贷投放的战略方向，逐步扩大其在全部公司贷款中的比例；对合格一类企业（项目），在有效防控信贷集中风险的前提下，合理支持该领域客户（项目）的融资需求，把握好融资总量和同业占比；对合格二类企业（项目），要加大客户信贷结构优化调整力度。优先满足企业投向国家鼓励支持的节能减排、循环经济等领域项目的融资需求，合理支持达到行业国内清洁先进水平、能耗和污染物排放指标优于行业平均值和国家限值要求企业（项目）的融资需求；从严控制对达不到行业国内清洁基本水平、能耗和污染物排放指标超过行业平均值和国家行业限值要求的企业（项目）的融资；严禁对产能或生产工艺属于淘汰范围的客户（项目）发放融资，现有融资应尽快收回。对观察一类企业（项目），新增融资须谨慎；企业在工行的信用等级原则上不得高于A+级。加强对企业或项目环保依法合规方面的跟踪监控，对已整改达标两年以上且整改达标后未发生新的环保违法行为的，可根据分类标准，调入相应类别。对观察二类企业（项目），根据其面临的环境与社会风险大小及其对信用风险的影响程度严格把握新增融资；企业在的信用等级原则上不得高于A级；督促客户对环保违规或不达标问题尽快整改。对整改类企业（项目），视同退出类客户，严格控制新增融资，现有融资加大压退力度。

【绿色信贷投放】 2022年，工行临汾分行支持风力发电。对某新能源风能有限公司“9.9万千瓦风力发电项目”发放贷款40919.65万元，对某“19.5兆瓦风电项目”发放贷款6800万元支持。贷款已开始陆续归还，截至2022年12月末，以上两个风电项目贷款余额为32633.2万元。以上两个风电项目已全部投产，项目产能为21330万千瓦时，可节约标准煤79514.38吨，二氧化碳当量193216.91吨，减少氨氮969吨，减少氮氧化物470吨，节水518000吨。支持铁路交通运输业，铁路货物运输、铁路旅客运输业某铁路通道股份有限公司、某客运专线有限责任公司和某铁路集团有限公司3户企业贷款余额为193055.4万元。支持天然气输送管道，对某能源有限公司、某燃气有限公司、某天然气有限公司三户天然气生产和供应业清洁能源项目进行支持，截至2022年12月末，以上三户共贷款余额3511.18万元。其中，项目贷款余额2884.64万元，网上小额贷款余额626.55万元。光伏新能源，对某300兆瓦光伏新能源+储能项目发放89370万元项目贷款，截至2022年12月末，已发放贷款23146万元，支持项目的建设。融资租赁涉及绿色信贷，为工银金融租赁有限公司办理回购型应收租赁款保理业务7笔，合计100700万元。

·中国农业银行临汾分行·

【概况】 2022年，中国农业银行临汾分行（简称农行临汾分行）按季开展“主体业务同业（系统）市场份额提升季”活动。年末，全行各项存款余额375.79亿元，较年初净增54.25亿元；日均余额345.98亿元，较年初净增39.12亿元，为历史最高。其中，个人存款余额291.66亿元，较年初净增38.42亿元，日均余额267.36亿元，较年初净增25.66亿元；对公存款余额84.14亿元，较年初净增15.84亿元，日均余额78.62亿元，较年初净增13.46亿元。全行各项贷款余额176.38亿元，较年初净增36.38亿元。其中，个人贷款余额73.48亿元，较年初净增11.76亿元；法人贷款（含贴现）余额102.9亿元，较年初净增24.62亿元。全行信贷投放导向明显，规模逐步扩大，贷款增量提升。全行实现营业收入8.54亿元，同比增加1.5亿元，完成全年计划的102.7%。其中，中间业务收入（含卡分期）1.63亿元，同比多增1502万元；中间业务净收入9942万元，同比多增1278万元。全行实现拨备前利润5.06亿元，同比多增1.34亿元；拨备后利润4.44亿元，同比多增0.64亿元；净利润（账面）3.24亿元，同比多增0.39亿元；成本收入比39.95%，同比下降6.31%。

【实体经济支持】 2022年，农行临汾分行支持实体企业优先发展，全年累计向山西焦化、山西通才等制造业企业投放贷款36亿元，向乡宁国电投、华润新能源等绿色低碳企业投放贷款5亿元，向山西东鑫机械、山西华德冶铸等“小巨人”企业投放贷款4000多万元，完成对山西华翔、国电霍州光伏等客户贷款授信审批，总授信金额超10亿元。年末，全行法人贷款余额首次突破百亿元，信贷结构趋于优化。落实减费、让利、降息政策，执行最低加权平均利率3.8%，全年累计向648户普惠小微客户投放贷款达10.04亿元，助力解决融资难、融资贵的问题。加大纾困解难，支持复工复产，疫情期间累计为134户185笔小微企业办理展期续贷手续1.02亿元，为乡宁云丘山、洪洞大槐树2个景区调整了还款计划。完成首贷户236户，位居全省农行系统前列。全年累计投放个人贷款14.4亿元，增量全省农行系统排名第一，较上年提升3个位次。其中，个人住房贷款累计投放9.2亿元，个人生产经营贷款累计投放4.55亿元，个人消费贷款累计投放6138万元，分别位居全省农行系统第一、第四和第三，实现个人住房、生产经营和消费贷款协同发展的格局。

【乡村振兴服务】 2022年，农行临汾分行坚持“三农”县域的基本定位，突出服务乡村振兴领军银行目标，“三农”县域基础地位日益显现。年末，全行县域各项贷款余额105.78亿元，较年初净增24.52亿元，增速30.4%，增速高于全行17.86个百分点，增速全省农行系统排名第三。其中，涉农贷款余额65.22亿元，占全行贷款比例的36.78%，较年初净增17.22亿元，较上年末提升2.7个百分点，完成计划的177.53%，计划完成率全省农行系统排名第二，较好完成“两高于、两提升、一确保”目标。营销惠农特色产品，深化“三资”管理等数字场景建设，“惠农e贷”余额达12.82亿元，较年初净增4.35亿元，完成计划的124.28%，计划完成率全省农行系统排名第二；“智慧畜牧贷”产品覆盖所有支行，余额达1755.5万元，投放量全省农行系统排名第四；新增赋能型“惠农通服务点”183个，计划完成率全省农行系统排名第一。8月，签订“双百”战略合作协议，制定出台“九条措施”，针对协议名单内客户，累计向省级以上农业产业化龙头企业、“智慧农业+临汾优选”、县域重点特色优质产业等60余个合作客户提供信贷支持38.65亿元，特别是围绕10万头晋南黄牛产业，向山西茂州牛业发放“全省单企首笔1000万元活体抵押智慧畜牧贷”。

【重点客户营销】 2022年，农行临汾分行把客户建设作为基础性工作来抓，个金方面，全行个人折效客户285.19万户，较年初净增23.74万户。其中，个人折效贵宾客户14.24万户，较年初净增1.75万户；私行月达标客户328户，较年初净增69户，客户增量位居四大行第一；月达标客户金融资产存量50亿元，较年初净增11.16亿元，金融资产存量和增量均位居四大行第二；社保卡新开户1.42万张，存量达2.04万张，卡均存款6184元；发行优抚证2.4万张，市场份额19.8%；全年营销现金信托4单、保险金信托1单，实现保险金信托零突破。对公方面，全行对公折效客户6884户，较年初净增589户，完成省分行计划的115%，其中，机构类账户净增338户，包括财政社保类账户13户、法院诉讼费账户18户（实现全覆盖）、村级账户142户（含村委会16户、村级集体经济组织119户、专业合作社7户）、学校类账户10户、医院类账户6户；三资监管账户468个，较年初净增141户。信用卡方面，全行有效激活客户24.81万户，较年初净增7582户，增量客户四大行排名第一；新增收单商户4752户，完成全年计划的183%，全省农行系统排名第四。网金方面，全行个人掌银客户累计达到97.87万户，较年初净增8.04万户，增量客户四大行占比29.04%，四大行排名第一；个人掌银时点月活客户39.39万户，四大行占比27.05%，四大行排名第二；互联网高频场景客户3.14万户，存量客户系统内占比11.22%，全省农行系统排名第二，较年初净增8039户，完成省分行全年计划的107.18%，全省农行系统排名第五。

（吴云峰）

·中国建设银行临汾分行·

【概况】 2022年，中国建设银行临汾分行（简称建行临汾分行）围绕开辟金融服务绿色通道、精准做好疫情防控，加大实体经济重点领域和薄弱环节的支持力度，从行业政策、重点领域、审批授权、流程优化等多方面给予政策和制度支持，将支持实体经济发展落实落细。

【重点项目建设】 2022年，建行临汾分行紧盯重点领域项目，做好能源保供服务。围绕省市政府确定的重点工作和重点领域，抢抓机遇、主动担当，积极营销推进省市重点工程和项目，全年大中型对公非贴贷款新增25.22亿元，四行排名第二，主要投向隰吉高速、吕梁山煤电、临汾热电、大唐电力等重点项目。为霍州煤电、山西焦化、晋南瑞能等13个客户新增授信额度60.79亿元。

【减费让利】 2022年，建行临汾分行根据减费让利政策，本年发放的隰吉高速贷款利率由原来的4.1%下降至3.3%，大唐热电贷款利率由原来的4.36%下降至3.95%，蒲县远天风电贷款利率由原来的4.185%下降至3.2%，此项政策的落实，加强了银企合作关系，履行了社会责任，做到了降费不降服务，减轻了企业融资成本。

【推进乡村振兴战略】 2022年，建行临汾分行制定《临汾分行2022年度金融服务乡村振兴行动方案》，主动对接区域内涉农大中型客户贷款业务需求，取得曲沃晋南瑞能300兆瓦光伏项目、乡宁大唐清洁能源光伏项目、乡宁国电投风电二期项目和洪洞华得宇新能源100兆瓦光伏项目共计19.789亿元授信批复，已投放1.18亿元贷款。2022年，涉农贷款新增7.23亿元，增速为45.67%。翼城县农业产业链生态场景金融服务体系建设项目逐渐显效，在翼城县共计授信2664万元。全行裕农通服务点累计布放1963个，行政村覆盖率94.66%，实现民生缴费10.5万笔。完成蒲县“道德银行”App注册1.2万户，覆盖行政村67个，发放乡村振兴卡1.5万张。依托建行生活+善融商务兴农平台，对接优质涉农商户，采取工会福利方式购买涉农商户商品，用实际行动助力乡村振兴，全年共计扶贫交易金额22.83万元。

【支持中小微企业发展】 2022年底，全行普惠贷款余额19.67亿元，较年初新增5.9亿元，省行系统排名第二，普惠贷款余额、新增额均创历史同期最好水平；普惠贷款较年初新增6.94亿元，新增占比35%，四行排名第一。为20户“专精特新”小微企业授信5979万元，商户经营快贷较年初新增2227户、3.63亿元。

【网点服务能力提升】 2022年，建行临汾分行优化物理渠道服务环境，对新装修网点、新设网点由市分行渠运部实地察看测量，合理设置网点功能区域分布，各类标识全辖统一尺寸，统一制作。按计划实施对标网点入库工作。对标“千佳”网点为业务经营部、车站街支行、襄汾支行，对标“五星”网点为霍州支行、洪洞支行、乡宁支行。定期开展业务学习，提高操作技能。要求各基层网点定期开展业务学习和培训，开展形式多样的培训方式，提升员工主动参与的积极性，达到有效的培训效果。加强箱包接送、自助设备清机加钞、保险柜使用及钥匙保管等环节的培训指导，培养员工合规理念，逐步提升柜面业务操作水平。

【助力“悦享临汾·回家有礼”数字消费券发放】 2022年，建行临汾分行以“建行生活”App作为2022年政府消费券发放平台，助力全市消费经济升级。为助力政府消费券的顺利发放，建行临汾分行组建政府消费券发放项目组，对接市政府、市商务局、市文旅局、全市入统名单商户，深入探讨合作模式，具体包括：安排部署市区、县域38家建行网点包干联动，对接消费券在库名单商户，引导培育餐饮住宿、零售通用、百货家居、家电、成品油等领域限上入统企业和旅游景区积极参与活动，扩大活动场景辐射。加速完成商家入驻、消费券配置、商户培训及合规教育等一系列工作。完成布点528家商户、829户门店，并全部完成信息录入和收单工具布放工作。提前开展海报、易启秀等宣传物料制作，安排网点将主题海报按时布放在所有合作商家、社区、商场、写字楼等、人员聚集区醒目位置。同步组织全员通过抖音、快手、视频号、朋友圈等多渠道转发分享消费券相关宣传活动，营造活动氛围，将宣传普及全民。5月30日—12月31日，建行临汾分行共承接发放总额为1.25亿元的数字消费券，累计发放共4396897张，分为4类6种，主要投放餐饮、住宿、家居家电、零售通用、文旅各生活领域。截至12月31日，“悦享临汾·回家有礼”数字消费券累计发放（滚动发放）17930万元，带动消费5.42亿元，杠杆倍数4.71倍。

【品牌建设】 2022年，建行临汾分行补充完善劳动者港湾服务设施，确保“劳动者港湾”服务标准执行到位。组织开展“港湾有爱温暖相伴——老年健康知识讲座”、“关爱员工关注健康——健康知识讲座”、我为低碳生活“建”言、“港湾青年说脱口秀”、“致敬劳动者您的路上港湾守候”、“感谢你我的老师”、“金融知识进校园活动”、“特色民俗知识知多少趣闻问答活动”等一系列活动。

2022年，建行临汾分行开展“金融知识进校园活动”——临汾信息职业技术学院（建行临汾分行供图）

【绿色金融发展】 2022年，建行临汾分行紧跟总行信贷政策导向，做好信贷结构调整，提升绿色信贷占比，加大绿色信贷支持力度，为盾安新能源、粤丰环保、远天风电、乡宁国电投、大唐乡宁、晋南瑞能、临汾华得宇等授信达30亿元。围绕全省930并网清单，做好金融保障和服务工作，为华润、国电投、格盟等在临项目提供信贷支持，930项目累计授信超10亿元。

【专项治理】 2022年，建行临汾分行制定《临汾分行员工违法违规行为专项治理方案》《临汾分行2022年度基层机构内控合规案防考核方案》《临汾分行监管案件风险专项整治活动方案》，组织开展信贷、信用卡、理财、印章、网点现金管理等14项重点风险排查，共计排查业务32324笔、排查人员4578人次。

·中国银行股份有限公司临汾市分行·

【概况】 2022年，中国银行股份有限公司临汾市分行（简称中行临汾市分行）以“建设全球一流现代银行集团”为愿景，以总行“八大金融”，省分行“十大战略”为抓手，扩优势、固底板、战疫情、促发展，深入开展经营和管理工作。截至年末，中行临汾市分行在全省系统内综合考核排名第一，时点余额、日均余额均突破300亿元；各项贷款日均余额162亿元，较年初新增18亿元；实现营业收入6.81亿元。

【场景建设】 2022年，中行临汾

市分行推进场景建设工作，围绕政务场景，以“案款通”产品为依托，积极对接当地法院；围绕医疗场景，对接洪洞中医医院智慧医院项目、霍州煤电总医院智慧医院项目、曲沃中医医院智慧医院项目、临汾市妇幼保健院项目；围绕教育场景，完成洪洞县晋槐高级中学一卡通缴费项目立项工作。以K12为抓手，推进襄汾支行教育场景建设，全年共完成17户的K12轻应用教育场景建设协议签署及系统录入。围绕文旅场景，与洪洞大槐树寻根祭祖园智慧景区进行项目对接。

【乡村振兴】　2022年，中行临汾市分行立足县域地方支柱产业，在辖属乡宁支行先行先试，围绕苹果收购产业链条，拓展思路、守正创新，在省分行的支持下，创新特色场景“果商贷”对私普惠产品。截至12月末，累计放款1000余万元；与吉县县委、县政府对接，深入一线了解吉县苹果产业，成功为其中三户苹果产业企业投放信贷资金共计5000万元，以实际行动支持地方特色产业发展。“果商贷”创新产品的落地，为地方企业和果商客户有效解难纾困。

【助企纾困】　2022年，中行临汾市分行将临汾市当地重点企业及工程项目建设，作为业务发展及使命担当的重要手段，为临汾市整体发展提供优质高效的金融服务支持。截至12月末，大公司贷款余额69.39亿元，较年初新增3.79亿元，主要投向高速公路、批发零售、基础设施建设、热电联产、煤炭开采、公共设施管理、制造业等行业；结合中行临汾市分行授信政策，以省重点产业和重点项目为落脚点，支持传统制造业转型升级高质量发展。截至2022年末，累计为制造业大公司客户提供信贷支持7.1亿元。

【深耕小微企业】　2022年，中行临汾市分行以深耕中小企业为宗旨，依托产品和服务优势，在产品创新、宣传服务上做足功课，实现了中小企业客户数量、投放金额和经营效益的同步增长；在全辖推广各类创新产品，根据企业近两年纳税金额，推广“税贷通”业务；根据企业在政府采购平台中标情况，推广“集采通宝”业务；根据企业知识产权评估情况，推广知识产权质押贷款业务；坚持科技引领，推广线上纯信用小微企业授信产品“中银企贷”等，有效解决中小微企业客户融资难问题，使小微企业足不出户就能够获得信贷支持。截至年末，中行临汾市分行共计为7325户小微企业减免转账手续费107.8万元；通过线上业务新拓展授信金额4.15亿元，较年初新增2.65亿元。普惠型小微企业贷款余额13.17亿元，较年初净增4.8亿元。

【跨境金融】　2022年，中行临汾市分行通过开展银企对接与外汇分析会议、赴外贸企业宣讲、优化全线上业务办理模式，帮助客户树立汇率风险中性理念。截至12月末，中行临汾市分行累计办理对公汇率保值业务1.06亿美元，占全市叙做总量的86.96%，对当前金融支持疫情防控和“稳外贸”发挥了积极作用。

【绿色信贷】　2022年，中行临汾市分行聚焦“八大金融”，推进“十大战略”业务，践行“30·60”碳达峰、碳中和发展任务，根据企业经营发展状况，从环保、行业政策等多个风险点进行整体评估，为山西正大制管有限公司提供授信资金支持2亿元、为吉县远景风电有限公司投放绿色信贷20895万元。在贷款方面，简便信贷手续，高效放款审批，降低贷款利率；在日常结算方面，给予最大幅度价格优惠，帮助企业降低结算成本，推动其高质量快速发展。2022年，山西正大位列山西民营企业100强第68位，并入围工业和信息化部“2022年度绿色制造名单”。

【公益惠民】　2022年，中行临汾市分行推动产业扶贫，发挥“公益中行”平台作用，深化拓展消费扶贫，推广销售永和农特产品，加大产业扶贫授信支持力度，做到政策不变、力度不减。深化与各级农村农业主管部门等省内农业企业的合作关系，围绕各地农业产业化项目清单，支持本地优势产业提档升级，支持农业品牌做大做强，发挥带贫益贫作用。截至年末，消费帮扶金额28.5万元，完成率达138.9%。

（王柯渊）

·中国农业发展银行临汾市分行·

【概况】　2022年，中国农业发展银行临汾市分行（简称农发行临汾市分行）坚持稳字当头、稳中求进，发挥“当先导、补短板、逆周期”职能作用，狠抓信贷投放、优化金融服务、全力助企纾困，取得良好的经济效益和社会效益。

【支持稳产保供】　2022年，农发行临汾市分行配合政府粮食宏观调控，统筹支持政策性收储和市场化收购，及时足额保证政策性粮油增储和轮换资金供应，确保储备、轮换等粮食调控政策有效落地和粮食收购的顺利进行。全年投放各类粮棉油类贷款2.29亿元。确保增储、轮换等粮食调控政策有效落地和夏秋粮收购的顺利进行，为全市建设中央、省、市、县四级完备的粮食储备体系做出积极贡献。

【巩固脱贫成果】 2022年，农发行临汾市分行聚焦易地搬迁后续扶持、脱贫地区特色产业发展、“万企兴万村”行动、定点帮扶等重点，用足用好差异化支持政策，加大信贷和资金投入，确保支持力度不减。累计发放各类帮扶贷款2.89亿元，累计收回各类帮扶贷款2.38亿元，年末帮扶贷款余额16.15亿元。其中，粮棉油类帮扶贷款投放810万元；基础设施类项目帮扶贷款投放2.27亿元；产业帮扶类贷款投放0.53亿元。

【乡村振兴服务】 2022年，农发行临汾市分行围绕临汾“双城”定位，聚焦“项目建设年”1360个项目，支持农业农村建设。持续加大对黄河流域生态环境建设与保护、城乡一体化、农村人居环境改善、物流、林业、水利、旅游、交通、棚改等“三农”重点领域和薄弱环节的支持力度，加快推进办贷进度，助力打造农业强、农村美、农民富的乡村振兴“临汾样板”。全年累计投放各类贷款204510万元，助力全市经济快速恢复和高质量发展。累计投放绿色信贷10.51亿元，占投放额的51.37%，开启乡村振兴绿色新篇章。

【打造服务品牌】 2022年，农发行临汾市分行积极优化整合农业小企业贷款产品，推广普惠小微贷款线上平台，探索供应链融资新模式，提升信贷产品支持实体经济和小微企业的精准性和支持力。深入贯彻“以客户为中心”的办贷理念，形成“机关服务基层、后台服务前台、全行服务客户”的营销办贷工作格局，第一时间攻克难点、疏通堵点、消除痛点，保障信贷事项顺利推进，缩短小微企业贷款审批周期，提高客户资金使用效率。优化服务水平。（常英哲）

2022年，中国农业发展银行临汾市分行支持108国道拓宽改造项目
（农发行临汾市分行供图）

·中国邮政储蓄银行临汾市分行·

【概况】 2022年，中国邮政储蓄银行临汾市分行（简称邮储银行临汾市分行）认真履行“服务‘三农’、城乡居民和中小企业”的战略定位，承担“普之城乡，惠之于民”的社会责任，坚持金融服务实体经济的本源，依托覆盖城乡网络优势，为临汾人民提供更加优质、更加便捷、更加高效的金融服务，成为全市乃至区域金融市场的重要力量。业务收入增幅5.51%。连续6次荣获“临汾市文明单位”荣誉称号，被评为临汾市“银行业宣传工作优秀组织单位”，品牌影响力逐步提升。

【平台搭建】 2022年，邮储银行临汾市分行依托线上、线下网络优势及专业服务能力，将科技赋能和乡村振兴相结合，面向临汾市县域地区搭建平台，把金融服务融入民生应用场景，助力县域民生行业转型发展，推动乡村公共服务线上化。全年开放式缴费平台交易金额总计1.49亿元，其中乡村振兴项目交易金额1.21亿元。从结构来看，营业收款类占比64.3%，民生类占比26.86%，教育类占比8.84%。从民生情况来看，邮储银行临汾市分行与县域“水、燃、热”行业企业客户对接并达成合作，16个县域覆盖12个，民生缴费县域覆盖率75%。

【服务实体经济】 2022年，邮储银行临汾市分行主动融入临汾经济发展大局，打造银政、银担、银保等服务平台，破解企业融资难、融资贵、融资慢的“死结”。截至2022年末，为小微企业及小微企业主、广大农商户投放信贷资金46.95亿元，小企业“首贷户”共发放贷款31户，发放金额4439.3万元；累计投放创业担保贷款1694笔、3.6亿元。扶持新能源出租车更换项目，累计发放车主快贷425笔、4076.28万元。创新产品，累计发放“污水贷”5300万元，“燃气贷”1.09亿元，垃圾处理贷款715万元，为环保类企业解忧纾困；推广线上贷款业务，累计发放小微易贷4.88亿元，让小企业主足不出户，享受快捷便利的线上金融服务。

【信用体系建设】 2022年，邮储银行临汾市分行以邮储银行省市县三级三农金融事业部的服务模式为依托，发挥市县两级三农金融服务管理委员会和乡村振兴领导小组的作用，配备专人开展乡村振兴的各项工作。成立市、县两级农村信用体系建设领导小组，重点围绕普通农户和新型农业经营主体，开展农村信用体系建设。通过整村推进，全面开展信用户、信用村信息采集和主动评级授信。截至12月末，累计建成1679个信用村、完成62303户信用户的评定，累计发放信用贷5984户、2.51亿元。通过核心企业产业链贷款、农保贷等贷款产品加大对农业龙头企业、农业产业联合体、家庭农场、农民合作社等新型农业经营主体的支持力度。全年对接省级以上新型农业经营主体271家，对龙头企业、家庭农场、农民合作社等新型农业主体发放贷款42笔、1101万元。通过与山西省农业信贷融资担保有限公司合作农保贷业务，为农户及农业经营主体发放农保贷贷款395笔、1.87亿元。截至2022年12月末，涉农贷款余额25.76亿元，较年初增加4.08亿元；普惠型涉农贷款余额13.57亿元，较年初增加2.36亿元。

【脱贫攻坚】 2022年，邮储银行临汾市分行在脱贫攻坚战役中，深入扶贫前线，累计发放扶贫贷款11443笔、5.51亿元。邮储银行临汾市分行对脱贫地区保持现有金融扶贫政策总体稳定，力度不减。支持贫困地区特色产业，坚持“一县一业、一村一品”，分类做好已脱贫人口的金融服务，防止已脱贫人口返贫，助力巩固拓展脱贫攻坚成果同乡村振兴有效衔接。截至12月末，发放脱贫人口小额贷款1748笔、8597万元。

【助学贷款】 2022年，邮储银行临汾市分行正式纳入生源地助学贷业务经办银行，创新开展全流程线上模式，通过贷款申请线上化、系统审批模型化、放款流程自动化，实现多方共赢。学生与家长足不出户即可通过互联网申请助学贷款，在外打工的家长也无须返回原籍，实现“让信息多跑路，让学生与家长少跑腿”，更契合业务办理过程中常态化疫情防控的要求；线上流程化作业，有效节约了教育部门成本与精力投入，助贷管理机构主责主业更加突出，精准资助和资助育人工作水平提升。

【减费让利】 2022年，邮储银行临汾市分行结合实际情况，多措并举通过开展信用户信用贷、极速贷、非房业务利率优惠等一系列活动，同时主动减息，为普惠小微贷款在原贷款利息基础上减息1%，减轻了广大经营者的融资负担，促进了小微经营者的事业发展。

（赵文军）

·交通银行股份有限公司临汾分行·

【概况】 交通银行股份有限公司临汾分行（简称交行临汾分行）成立于2009年12月25日，是交通银行山西省分行新建第一家省辖分行。截至2022年12月末，交行临汾分行本外币资产总额为57.8亿元，较年初增加5.18亿元；负债总额为57.17亿元，较年初增加5.86亿元。人民币各项存款时点余额55.09亿元，较年初增加8.58亿元；日均余额52.65亿元，较年初增加6.44亿元；人民币各项贷款时点余额39.16亿元，较年初增加7.31亿元；日均余额33.72亿元，较年初增加4.17亿元。2022年外部监管考核中，外汇管理考核首次荣获最高评级“A类银行”，征信、反洗钱工作均被评为A级。

【乡村振兴】 2022年，交行临汾分行共计召开3次乡村振兴工作领导小组推进会，确定挖掘县域企业、农业项目等重点工作。加快公司产品应用，通过链金融、线上产品服务乡村振兴。以核心企业链金融业务为抓手，通过信用证、保理业务撬动金融资金流向县域企业加快项目储备，以基础设施、光伏项目等为重点，加快服务农村基础建设。“普惠两增”贷款余额2.42亿元，较年初增加0.73亿元，完成率117.62%；小微制造业贷款增量0.37亿元，计划完成率122.98%；两增贷款客户数245户，较年初净增109户，进度任务完成率131.33%；小微首贷户增量21户。审批吕临能化、晋南瑞能、大唐乡宁清洁能源光伏项目，授信金额9.5亿元。对接“农业农村基础设施建设重大项目清单汇总表”“全省农业农村重点项目”“重点新型农业经营主体”三项清单，逐户对接，积极推进。截至2022年末，涉农贷款余额16.63亿元，较年初净增4.4亿元，增速35.93%。农户贷款余额15户143.72万元。其中，农户农林牧渔业贷款11户55万元，主要为脱贫小额贷款，农户消费贷款4户88.72万元。上年将总行申请到的9.8万元捐助款全部用于定点帮扶村基础设施重建，帮扶村的桥梁、受损道路和村委会围墙均已完工，全部捐助款项均有效利用。

【消保服务】 2022年，交行临汾分行消保评级A+单位，在人民银行太原市中心支行2021年金教基地评估工作中摘得四星级荣誉（临汾唯一一家），得到监管机构认可，在金融知识宣传创作与公众教育方面7个作品被采纳。从投诉受理、流转、处理、回复、溯源整改等方面逐一进行优化，缩短各环节时长，加快投诉处理，争取客户投诉在72小时内办结。加强消保审查的事前防范作用，消保审查应审尽审。将消保审查纳入现行产品治理机制，实现机制协同，提升产品管理工作效率。完善创新型金融知识宣教工作，有效防范化解金融风险。依托金教基地，对内组织开展集中性教育宣传活动，对外采取金融知识进乡村、进社区、进学校、进商圈、进企业等形式，提升社会群体的金融知识和消保知识水平，提升宣教普及实效，客观回应热点问题，引导良好舆论氛围。对违反销售专区录音录像管理制度的销售人员及相关责任人，按照《临汾分行关于严格执行销售专区录音录像要求的通知》予以相应处罚。

【服务实体】 2022年，交行临汾分行介入市政基础设施、民生工程、制造业、绿色信贷等领域，压实服务实体责任。截至2022年末，乡村振兴贷款余额16亿元，较年初净增4.4亿元，任务完成率293%；制造业贷款增量3.07亿元；绿色信贷贷款增量0.52亿元、支持双碳政策工具贷款投放量1.85亿元；科技金融贷款增量1.03亿元；涉农贷款余额16.63亿元，较年初增4.4亿元。

【绿色金融】 截至2022年末，交行临汾分行绿色信贷余额为6700万元，较年初新增5179万元，增幅为340.49%。新增双碳政策工具支煤再贷款1.85亿元。梳理下发绿色信贷潜在客户清单，强化绿色信贷项目储备工作，营销绿色信贷项目，加大节能环保、清洁生产、清洁能源等绿色产业信贷支持力度，落地2个项目6.5亿元（晋南瑞能、大唐乡宁清洁能源）。加速绿色信贷项目落地投放。截至12月末，通过传统贷款、普惠E贷业务，新增绿色信贷客户3户；通过人行双碳工具低息发放支煤贷款1.85亿元，支持当地煤电企业发展。 （朱晶晶）

·临汾信用联社审计中心·

【规模结构优化】 2022年，临汾信用联社审计中心（简称临汾农信）坚持以优化存款、贷款转型为总抓手，以“稳中求进”为总基调。在统筹规模发展与成本把控的基础上，加大财政性资金、居民储蓄存款、商户日常流水的营销力度，壮大核心负债规模，稳住存款“基本盘”。围绕“回归”与“转型”，坚持质量优先、做小做优的经营理念，做大做强普惠金融，坚决把“三农”与小微作为第一主业，狠抓基础阵地、基础客户与基础性金融服务的“全覆盖”。在整村授信工作中，引导全员把农村作为精神家园，把农民作为衣食父母，把农业作为发展之本，宣讲金融政策、采集数据信息、对接融资需求、开展评级授信。重科技赋能，借助网贷平台，实现信贷业务办理效率的大提升和办理模式的大变革，提升了客户体验度。

【改革化险】 2022年，临汾农信主动与市县两级政府沟通汇报，加大与企业对接联系，汇聚多方资源力量，形成强大化险合力，完成了侯马农商行的高风险化解任务；对风险资产出重拳、下猛药，对内加压层层传递清收压力，对外联合全面掀起清收风暴。截至2022年底，清降各类风险资产113亿元。

【信贷工作】 2022年，临汾农信把纵深推进信贷转型、做实全面授信作为助力乡村振兴战略的关键抓手，全省农信系统率先启动“全面授信”系统研发工作，上线使用网贷平台，小贷营销模式变革的经验和效果，得到肯定认可，深化政银合作、创新“金融人才挂职”机制，实施“网格化营销”，狠抓基础客户，信贷转型初见成效。截至2022年底，农户授信户数36.43万户，覆盖面59.56%；小额贷款93.42亿元，较年初净增25.2亿元，增速36.94%，较上年同期增加4个百分点。 （夏广朝）

·光大银行临汾分行·

【概况】 2022年，光大银行临汾

分行发展普惠金融，助力脱贫攻坚，提升服务水平，加强金融服务宣传，积极履行社会责任。截至2022年12月31日，临汾分行一般存款时点余额61.35亿元，一般存款年日均57.28亿元，各项贷款（不含贴现）时点余额11.33亿元。社会责任指标方面，对公普惠贷款余额5351万元，较年初新增4851万元；绿色信贷新增1000万元，制造业贷款增加1800万元。截至12月31日，储蓄存款时点29.88亿元，个贷累计投放16896万元，财富客户数2334户，较年初新增279户。

【税收情况】 2022年，光大银行临汾分行共上缴税金331.16万元，较2021年同期增加10.2万元，同比增长3.18%。其中，增值税292.68万元，附加税35.12万元，印花税3.36万元。

【提供金融保障】 2022年，光大银行临汾分行落实央企担当煤炭保供政策，通过不断与上级审批部门的沟通协调，上半年成功为市3家大型煤炭企业投放授信金额总计29亿元，下半年，成功为其新增上报5亿元一般风险授信。为煤电行业的有序生产提供金融保障。

【零售客群建设】 2022年，零售方面客群建设步伐加快，重点搭建军人优待卡、社保卡、征信查询等多个营销渠道和项目，实现新客户和新资金的同步导入。尤其是军人优待证项目，临汾分行落实优抚政策，对接退役军人事务局和服务站，迅速推进优待证信息录入工作，实现导客9000多人，并同步拟定“千元计划”营销活动，逐步实现从用户到客户再到优质客户的转化。信用卡新增发卡1.77万张，全年信用卡交易户数17.55万户，清算笔数约925万笔，清算额约220亿元，清算笔数和金额稳居临汾同业市场第一位。

【中长期信贷投入】 2022年，光大银行临汾分行对基础设施项目，给予专人衔接推进、前置定价审批、绿色审批通道等支持政策，针对纳入国家级和省级重点项目清单的基建项目，在现有FTP减点优惠基础上，可额外享受20-40BP专项优惠补贴。2022年为国家发改委重点项目呼北国家高速公路山西离石至隰县段项目审批通过30亿元30年期项目贷款。截至年底，投放首笔配套贷款3300万元，该笔贷款为山西省股份制商业银行落地的首单国家基础设施重大项目配套融资。

【拓宽零售渠道】 2022年，光大银行临汾分行零售条线发挥协同联动，在公私联动方面，11月，零售存款新增2亿元，授信企业信用卡项目发卡200余张，开展“走进企业”营销活动90余场，通过有效联动，实现公司业务和零售业务的融合发展。在集团联动方面，代销光大永明保险1100万元，建行以来首次站上千万元大关，实现历史性的突破。

【支持民营制造业发展】 2022年，光大银行临汾分行为临汾市两家民营钢铁企业审批授信2.5亿元，为一家民营黑色金属制造业企业审批授信2.7亿元，支持临汾优质民营制造企业发展。

【助力绿色信贷发展】 2022年，光大银行临汾分行强化绿色信贷资源保障，加快绿色贷款发展，积极推动临汾经济绿色低碳转型。全年绿色信贷余额为2000万元，增加金额1000万元，增速为100%。截至年底，已为两户绿色信贷企业审批通过1.5亿元授信，计划2023年一季度投放。

【普惠小微企业信贷投放】 2022年，光大银行临汾分行将普惠贷款指标纳入部门平衡计分卡中考核，2022年度普惠业务考核占公司KPI总分数的25%，并列为评优评先的重要考核依据。截至2022年12月31日，普惠小微企业贷款余额8800余万元，较年初增加3500余万元，增速67.93%，高于各项贷款增速113.76%。其中小微企业信用贷款余额3651万元，较年初新增2651万元，增速265%。

【普惠涉农贷款投放】 2022年，光大银行临汾分行针对政府部门下发的各类客户名单进行分类筛选，以县域为单位梳理出优质企业，安排各机构专人对接，按月汇报进展，开展全行范围的名单营销工作。2022年度普惠涉农贷款余额3704.66万元，较年初增加2517.07万元，增长率211.95%，高于各项贷款增速257.78%。

【普法宣传】 2022年6月15日，光大银行临汾鼓楼支行携手临汾水塔街派出所和水塔街社区进行“守住钱袋子，护好幸福家”金融知识宣传活动。为社区群众发放印有防范诈骗、非法集资等相关内容的宣传折页，根据折页内案例向社区居民进行讲解，得到一致好评，尤其对容易上当受骗的老年居民宣导，

2022年6月15日，光大银行临汾鼓楼支行携手水塔街社区进行"守住钱袋子，护好幸福家"金融知识宣传活动。图为银行员工为社区居民进行金融知识宣传　　（光大银行临汾分行供图）

更加强其对手机短信链接和陌生电话的警惕意识，防范电信网络诈骗的同时，守护了金融消费者的金融安全。

【支持医药卫生企业发展】　2022年，光大银行临汾分行为临汾市医药卫生企业提供信贷支持。截至年底，已为多家国有、民营医药卫生企业提供授信金额1.26亿元，其中本年新增7000万元，为临汾市医疗健康事业发展贡献力量。

【金融科技服务】　2022年，"云缴费"为光大银行线上服务"名品"，可以使老百姓足不出户就可以轻松便捷缴纳水、电、气、暖、社保等各种日常费用。截至年底，临汾市城乡居民通过光大"云缴费"平台完成的社保缴纳交易达800余万笔、累计金额24.5亿元。

【机构业务增长】　截至2022年12月底，光大银行临汾分行公司业务授信余额38.4亿元，其中对公贷款13.8亿元，表外授信24.6亿元，所有授信业务均处于正常状态，没有一笔问题贷款。　（史　琰）

证　券

【概况】　2022年，山西证券股份有限公司临汾分公司在机构业务方面，围绕公司转型和省内发展战略，积极了解政府相关政策，了解公司业务及平台优势，利用公司的专业优势支持区域经济发展。围绕新三板，北交所业务对临汾辖区优质企业进行走访，联合市中小企业局对辖区企业进行资本市场培训；联合金融办对襄汾、古县、安泽县域企业进行多层次资本市场培训，促进企业对资本市场了解，对优质企业进行走访调研，培育后备企业。在钢铁市场价格大幅波动之际，针对性走访钢铁企业及下游铸造企业，进行期货套期保值相关业务营销，帮助企业规避价格波动带来的影响。利用"金融助力、乡村振兴"帮扶活动，协助公司助力汾西县举办玉米"保险+期货"培训会，并到汾西县永安镇下山村晋福膳食品有限公司，后加楼村玉露香梨酒厂进行调研。

【合规风控】　2022年，山西证券股份有限公司临汾分公司在业务与管理过程中的风险防范、监督和检查，建立和完善风险控制的长效机制，建立完善基础工作标准和流程，建立定期和专项内部审计制度和规章、案例学习制度。在客户适当性管理方面，参与各类投资者教育宣传，把客户适当性管理工作落到实处。

【反洗钱工作】　2022年，山西证券股份有限公司临汾分公司反洗钱工作中，强化各营业部反洗钱教育宣传、客户身份识别、大额交易和可疑交易监测分析等工作，在2021年人民银行反洗钱分类评级中，临汾分公司被评为A级。

保　险

【概况】　2022年，临汾市共有43家保险机构，其中产险公司22家，寿险公司21家。全市保险公司保费收入99.4亿元，同比增长-2.37%。其中，产险公司保费收入26.47亿元，同比增长9.49%；寿险公司保费收入72.93亿元，同比增长-6.06%。全市保险公司赔付支出27.02亿元，同比增长6.09%，其中产险业务赔款14.16亿元，同比增长-3.83%。寿险给付15.53亿元，同比增长11.19%。

【财产险市场运行情况】

1.保费收入。2022年，临汾市财产保险业务发展稳中有进，全市实现保费收入26.47亿元，同比增长9.49%；承保保额为46298.36亿元，同比增长19.24%；承保数量542.99万件，同比增长-7.67%。行业综合成本率为92.47%，较上年同期下降4.42个百分点。行业综合赔付率为63.58%，较上年同期下降4.64个百分点；行业综合费用率为28.89%，与上年同期基本持平。

全市车险保费收入16.55亿元，同比增长6.34%。其中，交强险保费收入5.58亿元，同比增长-0.30%；商业险保费收入10.97亿元，同比增长10.07%。

全市非车险保费收入9.92亿元，同比增长15.16%。非车险市场大部分险种保费收入同比实现正增长，同比增幅前三位为信用保险3072.41%、特殊风险保险1147.21%、家庭财产保险102.41%。

2.赔付支出。2022年，全市财险公司已决金额共计141645.29万元，同比上升-3.83%。其中，车险已决金额为90822.51万元，同比增长-4.56%；财产险已决金额为11367.12万元，同比增长-3.07%；农险已决金额为15091.96万元，同比增长-28.91%。

3.经营情况分析。2022年，行业综合成本率为92.47%，较2021年下降4.42%。行业车险综合成本率为95.58%，较2021年上升0.44个百分点。行业综合赔付率为63.58%，较2021年下降4.62个百分点。行业车险综合赔付率为63.9%，较2021年下降0.77个百分点。行业综合费用率为28.89%，较2021上升0.2个百分点。行业车险综合费用率为31.68%，较2021年上升1.21个百分点。

4.农业保险经营情况。2022年，全市经营农业保险的公司有人保财险、国寿财险、太平洋财险、平安财险、中煤财险、大地财险六家公司，农业保险保费收入28377.67万元，同比增长9.74%，其中政策性农业保险保费收入27760.94万元，同比增长10.13%，商业性农业保险保费收入616.71万元，同比增长-5.4%。

【人身险市场运行情况】 2022年，临汾市人身险公司累计保费收入72.93亿元，同比增长-6.06%，累计业务支出15.53亿元，同比增长11.19%，累计从业人员12039人，同比减少2792人。

机构发展情况。2022年，全市共有人身险公司21家，包括1家健康险公司，2家养老公司。三级机构未发生变化，四级机构减少4家。

人力发展情况。全市人身险公司从业人员12039人，较同期减少2792人。其中，个险人力11445人，较同期减少2764人；银保人力391人，较同期增加3人；团险人力203人，较同期减少31人。

总保费收入情况。2022年人身险市场实现总保费收入72.93亿元，同比增长-6.06%。

产品业务保费情况。2022年，传统产品保费收入共计34.19亿元，同比增长0.4%，占总保费收入的46.88%，业务结构占比上涨3.02个百分点；新型产品保费收入共计23.58亿元，同比增长-10.13%，占总保费收入的32.33%，业务结构占比下跌1.47个百分点；健康险保费收入共计14.2亿元，同比增长-12.61%，占总保费收入的19.47%，业务结构占比下跌1.45个百分点；意外险保费收入共计0.97亿元，同比增长-12.43%，占总保费收入的1.32%，业务结构占比下跌0.1个百分点。

渠道业务保费情况。2022年，个人业务保费收入共计47.42亿元，同比增长-5.18%，占总保费收入的65.02%，市场份额上涨了0.60个百分点；银保业务保费收入共计21.02亿元，同比增长-3.25%，占总保费收入的28.83%，市场份额上涨了0.84个百分点；团体业务保费收入共计1.02亿元，同比增长-45%，占总保费收入的1.4%，市场份额下跌了0.99个百分点；其他渠道保费收入共计3.46亿元，同比增长-14.31%，占总保费收入的4.75%，市场份额下跌了0.46个百分点。除个险、银保渠道市场份额有所上升外，其他渠道的市场份额都有所下降。

各县（市、区）保费收入情况。17个县（市、区）中有2个保费收入实现正增长，分别是翼城县和隰县。其余15个县（市、区）保费收入同比出现负增长。

给付、赔付情况。2022年，全市累计业务支出15.53亿元，同比上升11.19%。其中，年金给付3.09亿元，同比上升1.28%；满期给付5.28亿元，同比上升25.25%；死伤医疗给付支出2.94亿元，同比下降4.08%；累计赔款支出4.22亿元，同比上升16.05%。

退保情况。2022年，全市累计退保14.36亿元，同比上升25.65%。退保同比上升的公司有10家，同比下降的公司有10家，平安养老无退保情况。退保同比超过100%的公司有6家。

【服务经济社会发展】 2022年7月8日，临汾市人民政府正式批准设立了“临汾市道路交通事故处理综合服务大厅”。保险业在保险服务窗口、社会救助基金服务窗口积极发挥作用，为当事群众提供道路交通事故处理一站式办结程序。实现了“让数据多跑路、让群众少跑腿”和“一门通办”的目标。道路交通事故处理综合服务大厅设立了多元化调解室，将行政调解、人民调解、保险调解及诉前调解有机结合，最大限度地降低当事群众办事成本，节省司法资源。调解窗口运用大数据构建人民法院与公安机关、调解组织、保险机构、鉴定机构相互衔接，打造协调联动工作格局，实行理赔计算、调解、鉴定、诉讼、理赔等业务信息共享和在线处理，对各类交通事故损害赔偿纠纷进行调解，实现道路交通事故损害赔偿纠纷的全程信息化快速处理。

2022年节假日期间，高速公路快处快赔共计415笔，定损金额合计310.5万元。2022年底，服务大厅救助基金窗口全市共垫付159笔，合计427.74万元；保险服务窗口共理赔125笔、合计112.5万元。

【保险纠纷调解】 2022年，临汾市保险纠纷人民调解委员会，致力于调解保险消费者和保险机构之间涉及道路交通事故、人身保险理赔、保单退保等财产和人身保险领域的合同纠纷，有效保护会员公司和保险消费者的合法权益。截至年底，调委会已建立与临汾市中级法院、尧都区法院、永和县法院和霍州市法院多方“诉调对接”平台，通过诉前调解，实现保险纠纷的快调解、快结案、快赔付，取得与诉讼途径相同的维权效果，免除诉讼负担，降低维权成本。为方便消费者，保调委建立“流动调解室”，将调解室搬到村镇、企业、医院、田间地头等地方，为化解保险纠纷建立起多层次、多渠道的工作格局。2022年，临汾市保险纠纷人民调解委员会共受理咨询投诉112起，财险16起，寿险96起，投诉案件大部分转为调解案件已处理成功，有效化解保险业和客户的矛盾。临汾市保险纠纷人民调解委员会共受理调解266起，调解163起，涉案金额1095.35万元，出具协议金额244.87万元。“流动调解室”共开展流动调解12次，涉及5个县、12个村庄，涉案金额21.64万元，协议金额20.18万元。尧都区法院“诉调对接”案件共受理76起，涉案金额680万元，调解成功19起，处理金额89.4万元。

【保险宣传】 2022年，临汾市保险业以“3·15”、“7·8”、防范非法集资、金融联合宣教等宣传活动为契机，宣传普及保险知识，引导消费者树立正确的风险防范和维权意识，倡导科学理性的保险消费观念，提高公众保护自身权益的能力，将防范金融风险落到实处。

（毕　晶）

备注：1.山西省保险行业协会2022年对人身险业务数据口径进行调整，部分数据同比可能存在轻微误差，因此分析报告仅供参考。

2.报告中人身险公司地市级机构数据为省协会财务数据，各县（市、区）数据为省协会业务数据。

3.此表所用的数据为各公司内部管理报表数据，未经审计，各保险公司及临汾市保险行业协会不对该数据的用途及由此带来的后果承担任何责任。

4.由于计算的四舍五入问题，保费收入及同比可能存在细微误差。

【中国太平洋财产保险股份有限公司】 2022年，中国太平洋财产保险股份有限公司临汾中心支公司（简称太平洋财险临汾中支）应对市场非理性竞争和阶段性波动，全面推进总任务目标。全年实现总保费收入3.13亿元，同比增长15.93%，市场份额排名第四。其中个客保费收入18950.42万元，同比增长16.49%；团客保费收入2602.14万元，同比增长11.85%；个信保费收入5296.98万元，同比增长63.39%；三农保费收入4471.48万元，同比增长23.67%。

2022年，太平洋财险临汾中支紧扣与乡村振兴合作协议，将协议转化为保单，落实分公司与省扶贫办的战略合作协议，开单县支9个，防贫保覆盖县域率达到52.9%，是全省防贫保项目落地县域最多的机构，落地保费203.83万元。

城乡建设与管理

住房和城乡建设

【概况】 2022年，临汾市住房和城乡建设局制定出台《关于促进房地产业良性循环和健康发展的实施意见》，组织开展“悦享临汾·回家有礼——购房惠民活动”，6月全市房地产市场到访人流量环比增长20%，成交量环比增长10%，总优惠幅度5.3%，每套住房平均优惠3.97万元。市区房地产市场到访人数增长近3倍，成交量环比增长2.5倍，总优惠幅度6.3%，每套住房平均优惠5.67万元，拉动了消费，实惠了百姓，活跃了市场。1—9月全市商品房销售面积累计上报153.5万平方米，同比下降28%。与1—8月（同比下降29.1%）相比，降幅收窄1.1个百分点，全省排名第八。

【城市基础设施建设】 2022年，临汾市住房和城乡建设局坚持创城引领，加快城市更新，建设智慧、活力、产城融合的新东城，以文旅、行政、商业商务为主的中心城区，宜居、宜业、时尚休闲的河西新城。按照“交通体系完善、精品街道营造、配套设施完善”的目标，谋划实施项目51项，其中续建10项，新建35项，开展前期6项，总投资246.19亿元。构建快速交通体系，打造滨河东路、河汾路、迎春街、五一路连通的“核心内环”，规划三街、河汾一路、尧贤街、环城南路连通的“快速中环”，五一路快速通道全线开通，河汾一路跨铁路立交桥主线通车，环城南路与鼓楼南大街三岔口改造加紧施工，河汾一路跨汾河大桥等六个节点工程抓紧前期准备。临汾一中第一附属学校建成投用，临汾市动物园迁建工程完工开园，临汾市环境产业园区建成投运，城市综合服务功能明显增强。

【住房保障能力提升】 2022年，临汾市住房和城乡建设局加大城镇棚户区改造力度，新开工793套，完成率100.7%，基本建成1975套，完成率197.5%；城镇保障性安居工程完成投资7.33亿元，完成率149%；城镇住房保障家庭租赁补贴发放2772户，完成率104%。老旧小区改造开工168个，涉及居民15953户、楼房516栋，总建筑面积152.01万平方米，开工率100%。既有住宅加装电梯已完成加装37部，提前完成省厅下达30部的加装任务。

【乡村建设推进】 2022年，临汾市住房和城乡建设局推进农村住房品质提升，136户农村危房改造任务已全部开工，累计竣工124户；85户动态保障任务全部开工，累计竣工76户。加大农村生活垃圾治理力度，全市2112个行政村全部具备垃圾转运能力，7857个自然村垃圾收运处置体系已覆盖7771个，覆盖率98%，基本实现“村收集、镇（乡）转运、县处理”的目标任务。加大建制镇污水处理设施建设力度，尧都区土门镇、洪洞县明姜镇等8个已完工。

【建筑业发展推进】 2022年，临汾市住房和城乡建设局加大对建筑业企业的扶持力度，截至9月底，全市259家建筑业企业累计完成建筑业总产值95.8亿元，同比增长11.5%。开展建筑市场“双随机、一公开”执法检查，共检查建筑业企业86家、监理企业18家、招标代理企业4家，检查在建项目289个，发现问题91条，均已整改完毕。加强招投标行为监管，市本级招标个数20个，建筑面积24.4万平方米，总造价13.58亿元，公开招标率、招标公告、中标候选人公示和中标结果公示公开发布率、招标投标中标备案率均达到100%。全市新开工建筑项目107个，建筑面积209.96万平方米，建筑节能标准执行率100%；装配式建筑项目19

个，建筑面积46.1万平方米，占新建建筑面积比例为22%；设计阶段执行绿色建筑标准项目65个，建筑面积126.8万平方米，执行绿色建筑比例达到78.2%。

【行业质量安全监管】 2022年，临汾市住房和城乡建设局完善工程质量安全管理制度和责任体系，全面落实参建各方的工程质量安全主体责任，严格执行工程质量终身责任制。以城市建设安全生产专项整治三年行动为抓手，以危大工程、起重机械、有限空间作业、防高坠等为重点，开展安全生产检查，确保建筑施工安全。加强抗震消防审验监管，消防设计审查、验收、备案工作全过程管理完备，对违反消防法规的23个建设项目进行处罚，共处罚金90.9万元。加强建筑施工扬尘污染治理，构建"源头预防、过程严管、违规惩戒"的长效监管机制。（张家华）

城市管理

【概况】 2022年，临汾市城市管理局推进靓城提质项目，市区完成中大街、向阳路、鼓楼南北街、财神楼南北街4条示范街和古城路北片区靓城提质项目，完成平阳大桥、西关彩虹桥、锣鼓大桥三桥亮化，开展御景水城、脸谱桥亮化，办理鼓楼西、贡院街靓城提质街景改造及道路改造前期手续，启动栖隐园建设，把生活、景观、形象、文化融合，休闲空间、休息座椅和功能空间融合。开展雨污分流改造项目、燃气管网改造项目、龙祠水源地改扩建项目、雨污管网错接混接治理项目，为城市高质量发展提供支撑。

【燃气整治】 2022年，临汾市城市管理局开展高层楼房气瓶清收行动、乡村红白理事会气瓶整治行动，整治液化气经营市场。全市共排查出燃气安全一般隐患2789处，并全部整改。全市累计清收、置换非法气瓶163429瓶，查处非法经营黑窝点48个、无证经营气站6个，20个小区高层住宅609户液化气瓶全部清收，移送公安查处案件12起，移交当地执法队2起。市区管道燃气公福用户999户、液化石油气公福用户3415户的"三强制"和报警器改造全部完成，累计更换合格灶具6498个。全市13家长期无证经营管道燃气的企业，9家已经取得燃气经营许可证，3家已进入审批程序，1家完善审批资料。全市共完成65.2公里旧燃气管网更新改造，燃气安全水平得到整体提高。

【园林绿化】 2022年，临汾市启动国家园林城市创建工作，召开8次推进会，递交《临汾市创建国家园林城市实施方案》和《关于申报国家园林城市的函》，开启"国家级"创建的新征程。全市新增"口袋公园""小微绿地"106个，新建或改造绿道40.83公里，对1370个花箱、花钵栽植14万余株花卉，补栽绿篱色块36000余株、时令花卉30000余株，提升城市园林景观效果，为文明城市创建增色添彩。成立临汾市园林绿化标准技术委员会，审核论证通过《临汾市园林绿化管养标准》《常见园林植物病虫害防治技术规范》和《园林绿化景观基础配置指南》三大技术标准，组织编写《临汾市城市绿化管理办法》《临汾市城市绿线管理办法》《临汾市古树名木保护管理办法》《临汾市单位附属绿地和居住区绿地管理办法》。

【安全运营】 2022年，临汾市城市管理局开展全市供暖冬病夏治行动，市区完成常规检修2289项、改造项目972项、研发项目1037项，确保检修保养到位、安全保护到位、管理规范到位。市区新建管道

2022年，临汾市绿化工作人员进行常态化园林绿化管护
（市城市管理局供图）

1060米、9.6兆瓦热力站1座、2.2兆瓦热力站1座，改迁管道586米，更换二级管网锁闭阀8122个，保温7座热力站10台机组。开展窨井盖和消防栓专项整治，全市普查建档井盖47187个，加装防坠装置35577个，更换消防栓60个，消防栓井盖除锈刷漆439个，安装消防栓标识牌452个，加装智能监测终端70个。开展下水道异味专项治理，围绕“一查、二测、三清、四冲、五档、六管”工作思路，对52条道路共9651个雨检井进行全面排查，对3423座雨检井进行清掏，对234处堵塞水道进行疏通。对异味严重的228处进行重点治理，通过安装除臭栅、封堵、喷洒生物除臭剂、安放植物除臭板，治理效果显著。开展市政设施风险普查，共普查市政道路820条、市政桥梁215座，完成率100%，验收合格率100%，完成市区4座大桥、1座桥涵、6个地下人行通道及4个下穿桥梁的结构性定期检测和常规检测，实施桥梁设施维护，保障安全。

【油烟治理】 2022年，临汾市城市管理局以城市管理综合行政执法队为主体，周密部署，步步为营，深入推进，最大限度地减少商户的抵触情绪。通过正反两方面典型宣传，形成强大的舆论氛围。先从市委、市政府、人大、政协机关开始，再从军分区下手，对商户形成震慑。再从城市管理系统下手，对热力公司、自来水公司，立案处罚，对手续不全的181家单位全部移交市场局查处。对市区进行地毯式检查，合格单位公开挂牌，形成羊头效应。市区共3198家餐饮单位挂牌，占总数的90%以上。截至2022年10月底，临汾城市管理综合行政执法队出动执法人员3万余人次，复查餐饮油烟排放单位10500余次，对1282家餐饮单位进行督促整改。处理大气办转交的餐饮油烟污染问题365个。

【精细管理】 2022年，临汾市城市管理局细化网格管理区域，督促“门前三包”责任制落实。引深“一周一巷”整治，开展“八整八治一承诺”，做到清理一处、干净一处，整治一处、巩固一处，提高常态化管控水平。开展市区综合整治百日行动，建立管理服务对象微信群43个、发通告3736份、与门店签订承诺书4595份，对50余条街道进行拉网式整治，当场处罚942件，处理群众反映问题568条。开展捕狗行动，对市区流浪犬进行不间断抓捕，共捕获流浪犬331只。开展封号行动，共清理各类小广告25308张，粉刷小广告8440个；采集通讯号码344个，实施停机处理325个，接受处罚后复机194个，处罚38800元。规范便民服务摊点。在市区规划了23个便民摊点疏导点、18个夜市摊点疏导点、3个早市摊点疏导点，共可容纳1758个摊位。开展洗城行动，推行“1223”道路机械作业模式，对市区主次街道巡回开展8轮大清洗。对重点区域周边进行一日一平面，一周一立体清洗。置换环卫作业车辆15辆，实现清洁化、低碳化运营。环卫垃圾费清收取得重大成效，2022年共收取垃圾处理费4785.5万元，促进垃圾的分类化、减量化和资源化，提升了城市生活垃圾处理水平。化解1900万元的环卫职工养老保险欠费历史遗留问题，保证环卫工人利益，促进环卫事业可持续发展。严格渣土管控，共出动8955人次，对67处在建建筑工地巡查，查处辆违规车150辆，处理案件115件。保障城市容貌整洁有序，提高城市文明程度。

【最美城管评选】 2022年3月开始，临汾市城市管理局开展“最美城管”评选活动。共评选出203名“月最美城管”及22名“年度最美城管”，树立和宣传了一批事迹感染人、品质带领人、精神激励人的先进典型。

【执法改革】 2022年，临汾市城市管理局梳理权责清单和执法事项，以城市管理现代化为指向，坚持以人为本、依法治理、源头治理、权责一致、协调创新，对城市管理领域的行政处罚权进行了全面的梳理，共梳理处罚事项451项，协调推进跨部门行使相对集中行政处罚权工作，形成法规体系完善、保障机制完善的城市管理执法工作新格局。

【督查工作】 2022年，临汾市城市管理局对市区精品街道的市容市貌、环境卫生、园林绿化、市政设施等方面工作开展情况、人员到岗情况、在岗履职情况等进行督导检查。坚持每天一督查，每周一通报，现场留记录，督办有落实。对发现的问题及整改情况进行汇集整理，及时进行分析评估，得出结论形成书面材料上报，提升市区精品街道各项工作的有序推进。跟踪、协调、完善上级督办事项，对市委、市政府下发的督办函等重要文件，要及时进行跟踪调查，该处理的处理，该完善的完善，加强督导检查，工作留痕，归入档案，建立问责档案，避免相似问题再次发生。全年共出工作周通报29期，精品街通报31期，污渍整改通报28期，重点工作安排43期，督办交办事项41项，舆情回复36件，疫情督查日志21期，疫情督查通报11期，百日行动形象照40期，“百日行动”最美商铺评选431个。

【宣传教育】 2022年，临汾市城市管理局以公众号为阵地，加大宣传力度。设立多个栏目，全方位公开城管工作。组织山西新闻网、黄河新闻网、临汾新闻网、临汾广电网及部分自媒体负责人，召开媒体座谈会，就城市管理工作与媒体进行交流沟通，主动接受监督。在《临汾日报》、融媒体发表文章280篇，与临汾电视台共同采编新闻，共刊播320期节目，部分工作受到人民网、央视新闻、山西新闻联播等央媒、省媒关注刊发。利用自媒体宣传平台、局门户网站，发表各类信息486条，顺利通过省、市各级网站工作相关考核。公众号全年发布文章1463篇、原创文章787篇，总阅读量68.7万次，转发分享量约5.2万次，平台关注人数增加至6509人次，宣传工作取得显著成效。首次尝试政务工作短视频创作，策划制作《城管带您看临汾》《城管讲文明》《城管在场》《城管普法》《最美城管》《交通综合整治行动》《城管抗疫》等系列专题短视频及各类短视频90余条，取得良好宣传效果。

（雪　剑）

园林事业发展

【概况】 2022年，临汾市园林事业发展中心（简称临汾市园林中心）围绕市委、市政府“多城联创”战略目标，以创建国家园林城市为主线，以忠诚干净担当为底线，真抓实干、锐意进取，园林绿化品质不断提升，城市生态环境显著改善，开创园林事业发展新格局。全年管养面积140余万平方米，行道树2万余株。全年发现上报市区损绿毁绿事故40余起，保护园林公共财产不受损失。

【精细化管护】 2022年，临汾市园林中心按照制定完善《加强市区园林管理工作的实施方案》，对辖区18个节点的1370个花箱、花钵共计栽植14万余株花卉，适时补栽绿篱色块36000余株，修剪行道树7600余株，根据植物病虫害的生理习性，对管辖范围内的苗木普遍喷洒杀虫杀菌剂约200车次；完成出车13000趟次，浇水13000立方米，高空作业、吊车共作业1810小时，全面落实精细化管理，促进园林绿化管养水平稳步提升。

【园林考核】 2022年，临汾市园林中心定期开展绿化管养考核，强化考核结果运用，将社会化管养考核结果与管养费支付挂钩，在考核后进行公开通报并提出整改措施，实现“一周一考核，一月一汇总，一季一兑现”，从根本上提升园林管养质效。全年对辖区绿地进行19次考核，对精品街进行16次考核，对社会化管养绿地进行10次考核，确保市区园林绿化景观的全面提升和整体划一。

【标准化体系建设】 2022年2月22日，临汾市园林中心成立山西省首个批准的园林绿化行业的标准化技术委员会，包括政府、企事业单位、协会精英，专家学者等相关人士，有效整合行业资源，发挥园林绿化领域专家人才优势。园林中心制定《园林植物常见病虫害防治技术规范》《园林绿化管养规范》和《道路绿化景观设计基础植物配置规范》三项市级地方标准，并于2022年11月颁布实施。

【代征代建】 2022年，临汾市园林中心围绕上级部门关于对代征代建道路和绿地移交工作的部署，中心制定《市区绿化移交管理办法》和《临汾市园林绿化工程技术监督管理规程》。严格交接手续，对13处代征代建道路和绿地进行现场复核，接收代征代建绿地6万余平方米，并根据绿地现状存在的缺损、占用、景观效果差等问题，分别提出规划新建、恢复原状、提质增效等一系列有效措施。

【创建国家园林城市】 2022年，临汾市园林事业发展中心创建国家园林城市是临汾市实施多城联创的重要内容，园林中心作为市创建国家园林城市领导组办公室，先后派出考察组到太原市、晋中市、长治市、晋城市等地进行学习交流，7月，按照市政府及上级部门的安排，全面启动市区园林城市申报工作后，制定《临汾市创建国家园林城市实施方案》，成立工作专班，集中办公，在较短的时间内完成申报资料的编制、电视专题汇报片及画册的制作，如期向省住建厅上报，并通过了初审。（闫雪娇）

城市管理综合行政执法

【专项治理】 2022年，临汾城市

管理综合行政执法队围绕城市管理执法中心工作，坚持依法行政和文明执法相结合、集中整治与长效管理相结合的原则，狠抓城市“脏、乱、差”的治理，维护了市区道路交通秩序，改善市容市貌环境。在市区内开展环境百日综合整治行动、道路交通整治行动、省级文明城市创建行动，全方位整治乱堆乱放、乱贴乱画、流动经营等违章行为，持续推进“一周一巷”整治行动，实现管理整治工作的全覆盖，推动城市管理执法工作的开展。

【液化气无证经营整治】 2022年，临汾城市管理综合行政执法队从规范液化气经营行为入手，组织人员进行排查，对无证经营液化气重拳出击，依法查处。全年查处非法经营黑窝点48个，查处无证经营气站6个，查扣液化气钢瓶1744个、电子秤30台、导气泵12台、导气枪69把、汽车15辆、电动三轮2辆、电动二轮2辆，液化气市场安全运行得到有效保障。

【违法行为查处】 2022年，临汾城市管理综合行政执法队结合城市管理执法的职责任务，对建筑市场、液化气经营市场以及其他违法行为依法进行查处，全年共立案查处违法案件123件、结案73件，罚款2384628.23元，当场处罚10213件，罚款508252元。

【便民经营】 2022年，临汾城市管理综合行政执法队经过排查摸底和现场勘查，协调市审批局，在市区规划23个便民摊点疏导点、18个夜市摊点疏导点、3个早市摊点疏导点。现已设置到位便民经营点18个，经营商户达到727家。

市政公用服务

【概况】 2022年，临汾市市政公用服务中心以“凝心聚力、提质增效”为目标，坚守“服务百姓，保障民生”的初心，形成“一月一主题、一月一措施”运行机制，确保市区主干道正常工作。全年路灯亮灯率99%、次干道路灯亮灯率98%、辖区内小巷路灯亮灯率达95%、维修及时率100%；道路维修率100%、设施完好率98%；辖区内收集到市政管网的生活污水处理出水达标率100%，污泥无害化处置100%，中水回用率85.13%；城市水热气供应企业安全运行100%。

【精细化管理】 2022年，临汾市市政公用服务中心制定《道路无坑槽工程实施方案》《桥梁安全工程实施方案》《关于开展市区窨井盖专项整治的实施方案》《市区排水系统整治实施方案》以及城市照明、广场等各类管理细则和考核办法。完成市区52条道路9651个井盖及雨水井箅的排查，对219处异味严重雨检井进行重点治理，安装除臭栅189个，封堵30处，5—9月对异味严重的雨检井进行全面冲洗。利用“物联网、云平台、GIS”等信息技术，建设市政基础设施信息管理平台，整合地下管线信息系统、地上设施信息系统、道路桥梁信息系统及综合管沟（廊）信息系统和城市防汛、城市亮化、城市广场、城市供水、城市综合管（沟）廊等视频监控，实现城市道路、公园、广场、低洼易涝点、景观照明等重点部位的视频监控，形成集中管理的视频数据库。将现有资源借助移动互联网、大数据、物联网等技术，实现对城市供热、供气、供水、照明、污水等市政行业调度系统的链接，对运行数据进行实时监测，构建市政监管新模式。集成车辆运行GPS、市政基础设施客户服务、市政设施二维码服务，对市政设施设备、管理巡查人员和重要基础设施监管实现集中化管理，借助物联网技术掌握市政设施管理的实时状态。

【照明设施维护】 2022年，临汾市市政公用服务中心共计维修路4868盏、亮化1652盏；更换灯罩971个；更换各类线缆8927米；累计检查路灯杆漏电20183根；包线头1699个；清洗红卫路路灯杆124套，整修灯带118套；清扫检修控制柜、变电箱累计1265台。改造古城路（鼓楼北至滨河东路）134套、古城南路（滨河东路至常兴中街）、古城路（鼓楼北至北城花园）段共65套路灯光源改造仿古灯光源。完成平阳东广场、市府巷路灯底座、鼓楼西街、平阳南街、滨河东路、古城路、古城南路、古城东路、古城北路中二街古亭灯灯帽，平阳北街等10条街道653根路灯杆的刷漆工作；对科委巷路灯进行全新改造，为市民夜间出行提供更多便利。

【道路桥梁设施维护】 2022年，临汾市市政公用服务中心加强对城市道路市政设施管理，对道路及排水设施存在的隐患做到及时发现、及时汇报、及时处理。全年受理热线291次，更换井箅427块，更换井盖41块，加固井箅71块，加固井盖33块；更换盖板1块；疏通下水道273座；人行道补砖203处，

873.385平方米；路面补坑288处，324.78平方米；修补路侧石20处，28.5米；灌缝27886.6米；掏井3217座；割缝1515.86平方米，铺油5100平方米；做缘石坡7处，29.48平方米；通知外部更换井盖39块。监管燃气开挖23处，水厂抢修6处，鑫联通信开挖15处，热力等其他单位开挖11处，确保辖区内道路设施完好。加强桥涵的巡查维护，完成市区4座大桥、1座桥涵、6个地下人行通道及4个下穿桥梁共计15座桥涵的结构性定期检测和常规检测，根据检测结果，完成西关彩虹桥彩钢瓦更换和防水维修，西关桥系杆保护箱、栏杆、防撞墙等防腐刷漆，高效、高质实施桥梁设施维修维护，保障桥梁安全。

【污水处理】 2022年，临汾市市政公用服务中心定期组织开展对污水处理企业的百分制考核，加大监管力度；市城区污水处理有限公司、市第二污水处理有限公司、市第三污水处理有限公司共处理生活污水3803.5234万立方米、COD消减10685.28吨、氨氮消减1702.306吨、总磷消减144.047吨，无害化处置污泥34536.89吨，通过景区补水、电厂用水等方式回用中水3228.5186万立方米，回用率84.88%，出水COD、氨氮和总磷三项指标达到《地表水环境质量标准》V类标准要求，其余指标达到GB18918—2002《城镇污水处理厂污染物排放标准》中一级A标准要求，确保辖区内接入市政排水管网的生活污水全收集、全处理。

【易涝点整治】 2022年，临汾市市政公用服务中心成立市区城市防汛备汛工作领导小组，制定防汛抢险人员调度联络表。全年市区集中清淤检查井3217座，对桥梁、市区低洼地带和风险点摄像设施进行安装，共完成彩虹桥和四座立交桥18个监控摄像头安装维修。在南外环易涝点安装道闸、水位仪、夜间反光尺、报警器等设施设备，逐步实现城市易积水部位的远程监测监控系统。针对市区重点区域，下设5个应急工作组、2个市政道路设施抢险队、4个专业抢险队和8处风险点应急包联领导抢险组。先后组织防汛成员单位和抢险队召开了三次防汛工作会议，并于5月28日组织开展2022年市区城市防汛应急演练；6月2日，配合城市管理局组织防汛应急抢险队伍开展一次防汛应急演练，演练结束后各抢险成员单位上报演练总结和印证资料。

2022年，临汾市市政公用服务中心组织防汛演练。图为工作人员搭建临时照明设备 （市市政公用服务中心供图）

【节约用水】 2022年3月9日，临汾市市政公用服务中心组织召开创建节水型城市工作推进会，自来水公司汇报非居民用水定额核定工作进展情况，并对创建节水型城市工作进行全面部署。5月15日，在平阳广场（东广场）举行全国城市节水宣传周启动仪式，现场为节水型企业（小区、校园）举行授牌仪式，发放宣传册500余份，在全社会树立节约用水就是保护生态的意识。11月22日对2022年第一批15家节水型单位、小区进行授牌。制定非居民用水定额实施方案（初稿），对创建成功的节水型单位月（年）用水情况进行统计报，使节约用水成为每个单位、每个家庭、每个人的自觉行动。

【燃气“三强制”改造】 2022年，临汾市市政公用服务中心建立公福用户“三强制”数据库，给每一公福用户都做好编号，做到源头数据逐一排查、一个不漏，全面分析责任区内公福用户“三强制”改造情况，明确改造进度和改造措施。临汾燃气有限公司将市区划分为7个标段进行施工，临汾市（包括临汾城燃、金达丰）共涉及“三强制”安装共275644户（其中临汾燃气204806户、临汾城燃及临汾压缩36643户、金达丰34195户）。

【窨井盖整治】 2022年，临汾市市政公用服务中心制定《临汾市市政公用服务中心市区窨井盖专项整治实施方案》，于4月20日组织召开窨井盖整治动员部署会，规范建设管理，提升市区城市窨井盖精细化管理服务水平。累计治理井盖17235个。其中，给水1356个，排水（合流制）1185个，通信754个，热力381个，燃气779个，供电2245个，交警560个，综合沟127个，综合管孔196个，井箅9652个；更换缺失损坏变形等问题井盖904块，统一标志标识114个，加装防坠装置6469个。9月启动市区消防栓专项整治，共更换消防栓60个，消防栓井盖除锈刷漆439个，安装消防栓标识牌452个，加装智能监测终端70个，更换电池111个。

【行业安全建设】 2022年，临汾市市政公用服务中心创新管理机制，建立“三纵一横”网格化工作流程。中心领导每月开展不少于2次的安全检查，每月确定2项专项检查内容，全年检查出安全隐患307项，已整改完成307项；各企业自查安全隐患496项，已整改完成496项，隐患整改全面清零，使“一岗双责”“三管三必须”以工作制度的形式落实执行。

【城市供水】 2022年，临汾市供水企业（市自来水有限公司）完成售水量2765.4万吨，完成销售收入9002.27万元（含税收入），水资源税征收619.41万元，水费回收率99.64%，漏损率7.82%，完成改造老旧供水管网8.43公里，新建供水管网2.24公里，每日对龙祠水源、土门水源、龙祠水厂、土门水厂进行9项日常检测，定期对管网水、管网末梢点、水源水进行检测，确保出厂水水质综合合格率达100%，管网水水质综合合格率达100%。为做好服务，企业实现用水报装线上办理，用户可通过微信公众号、企业官网、移动App等方式进行网上用水报装申请，实现用户“零跑腿”办理接水业务。

【城市供热】 2022年，临汾市供热企业（市热力供应有限公司）推进“经营秩序化、管理精细化、供热标准化、人员专业化、报告制度化”的管理目标，新建供热管道1020米；新建9.6兆瓦热力站1座、2.2兆瓦热力站1座；改迁供热管道482米，二级管网锁闭阀计划更换完成8122个，保温7座热力站10台机组。2022年，针对老旧管网、老旧设备，按照问题“症结”，“对症下药，根除病因”，完成非采暖期检修维护保养任务共计4298项。其中，常规检修2289项，改造项目972项，研发项目1037项，通过检修质量三级验收流程，确保供热设施设备检修保养质量到位、安全保护措施、管理规范严谨。

【城市供气】 2022年，临汾市供气企业（临汾燃气有限公司）认真贯彻执行“安全第一、预防为主、综合治理”的工作方针，全年城市供气4522.8万立方米，累计改造老旧管网65.02公里，其中市政33.45公里、庭院31.57公里。完成维检修调压器86座，改造调压器3座，维护保养阀门1291座次，改造阀门4处；压力表检测923块，防雷检测12次。为确保安全，通过调压站运行智能监测系统，对59座位于燃气输配系统关键节点的调压站进行实时监控、数据采集，掌握调压器运行情况；通过阀井智能监测系统，全天候对103座燃气阀井气体浓度、水位高度、井盖倾斜进行远程监测，实现异常情况第一时间联动预警。加强安全检查工作，全年完成216360户居民用户、1273户营福用户入户安检工作；通过摆放宣传版面、发放宣传彩页、微信抖音网络平台等形式全面开展安全宣传工作，累计发放宣传彩页188264份；开展综合应急演练、汛期专项演练、漏气现场处置演练共计5次，提升供气企业自身的应急处置能力。 （常志刚）

环境卫生服务

【清扫保洁再提质】 2022年，临汾市环境卫生服务中心市区道路清扫保洁作业按照“主干道路精品化、次干道路规范化、小街小巷整洁化”要求，对市区主次干道实行“一扫全保”人工清扫保洁作业模式，日均保洁频次为8~12次，使清扫保洁覆盖率达到100%；对商业密集区、繁华地段等路段全部实行快速保洁作业模式，夜间保洁时间延长至22：00，日均保洁频次达到30次以上，有效解决路面漂浮垃圾问题，作业质量达到“六无六净”标准，环卫设施实行两擦全保。

【生活垃圾收运】 2022年，临汾市环境卫生服务中心对生活垃圾收运实行“133”垃圾不落地作业模式，对餐厨垃圾实行“两收一保”作业模式。市区生活垃圾收运服务达到“日清运率100%、全密闭率100%、日转运率100%、日焚烧率100%”标准，实现市区生活垃圾不落地全覆盖，餐厨垃圾收运做到应收尽收，精品示范街达到“车走地净”标准，全年清理死角垃圾27处，共200余立方米。

【公厕改造】 2022年，临汾市环境卫生服务中心完成24座公厕改造并对外开放。24座公厕全部配备巡查、维修、保洁专职人员，对改造公厕实行“轮班巡查、分片包厕、昼夜值守”三级监管机制；按照“定人、定岗、定责、定标准”四定工作方针；推行“岗位培训、跟踪保洁、设施维护、巡查监管、值守服务”五位一体的公厕标准化管理体系，在公厕管理上实现规范化、制度化、标准化。2022年11月，临汾旱厕改造项目荣获环卫科技网2022年环境卫生行业优秀案例二等奖。

【精品街道清污工作】 2022年，临汾市环境卫生服务中心采取人工清理为主、机械清理为辅的方式，对精品街道路面进行“搓澡式”深度清洁，先用高压清洗车通过直冲、斜冲、散冲等冲洗方式，清除表面泥垢，然后用铲子铲除路面难以清理的污垢，再用火碱、专用清污剂、钢丝刷等工具对剩余顽渍进行反复刷洗，最后用高压清洗车对污染路面进行全面冲刷，实现深度清污作业，使市区精品街道路面洁净度显著提升。全年累计出动高压清洗车8250余车次，累计清理各类路面污渍105.22万余处。10月，临汾市区路面清污工作荣获环卫科技网2022年度环境卫生行业优秀案例征集活动一等奖。

【扬尘治理】 2022年，临汾市环境卫生服务中心根据市大气办环保要求，完成市区主次干道八轮大清洗工作。市区主次干道全面推行“1223”作业模式，累计出动清洗车2981车次、洒水车7465车次、喷雾降尘车1196车次；13辆道路湿扫车采取人歇车不停、白天黑夜连轴转的作业模式，对市区主次干道进行湿扫作业，市区道路湿扫率达到80%。累计出动湿扫车7688车次。

【生活垃圾处理费清收】 2022年，临汾市环境卫生服务中心加强市区生活垃圾处理费收费管理，按照公开、公平、公正的原则，文明征收、依法征收，并将收费标准、收费情况通过微信订阅号向缴费居民、单位、商户公示，向社会公众公开，做到应收尽收、足额征收。截至年底，垃圾处理费累计收取4786.63万元。

【设施设备更新】 2022年，临汾市环境卫生服务中心加大环卫设施设备的投入力度，购置2辆小型喷雾降尘车、12辆高压三轮冲洗车、5辆电动保洁三轮车用于市区精品区域路面清污工作；购置8个生活垃圾转运箱和15辆新能源垃圾收运车用于市区生活垃圾收运工作；购置30辆电动快速保洁车，用于市区精品区域路面快速保洁工作。

房地产管理

【概况】 2022年，临汾市房地产服务中心（简称市房产中心）统筹推进疫情防控、行业发展和安全生产，推动市区住房保障和房地产管理各项工作取得新成效，截至年底，市区累计享受住房保障政策的家庭共23165户。其中，5748户享受公租房实物配租保障，14577户享受公租房租金补贴保障，2493户享受经济适用房保障，347户享受限价房保障，累计发放公租房租金补贴资金4673.76万元。

2022年，享受租金补贴的公租房保障家庭共384户，共发放补贴资金119.72万元，占年度目标任务的137%；受理核准新增公租房保障家庭1257户，其中568户于7月完成公开摇号；年度核准公租房保障家庭5520户，对经2021年度核准的公租房保障家庭变更保障类型133户、转阶梯租金28户、清退超标家庭150户；收缴市管公租房滃汾花园D5、D6号楼1296套房屋租金182.61万元；开展公租房使用情况专项检查，共清退12户违规使用公租房家庭。在滃汾花园公租房多层楼梯间和高层电梯间悬挂禁止公租房出租、转租等违规行为的通告牌18块，累计悬挂90块。向市公租房管理公司下发《关于加强对公共租赁住房管理的通知》，要求严格落实公租房使用监督管理责任。

【房地产开发市场监管】 2022年，市房产中心重点组织实施了六方面工作：参与制定出台了《临汾市促进房地产业良性循环和健康发展的实施意见》，从惠民利民、助企纾困、政府服务等三个方面提出十八条具体措施；加大市场监管力度，有效防范化解房地产领域风险；贯彻落实“保交楼、稳民生”决策部署；全年共落实6个房地产开发项目、1.65亿元的专项借款需求，截至12月，已按规定拨付专项借款6612.94万元；开展入企服务助企纾困活动，优化市区房地产市场营商环境，全年共对口包联61个房地产开发在建在售项目，解决企业问题诉求300余件；加强市区房地产市场运行调度，督促市区房地产开发企业及规上企业应统尽统；组织开展“悦享临汾·回家有礼”购房惠民活动。6月，共成交房屋242套，成交总金额2.18亿元，优惠总金额1373万元。

2022年，市区共有房地产在建在售项目61个，总建设规模约1212.1万平方米，受疫情等客观因素影响，全年共完成投资57.25亿元，占目标任务56亿元的102%；全年对市区房地产在建在售项目共签订商品房预售资金监管协议52份，监管资金总额191.29亿元，按规定已支付173.08亿元。商品房买卖合同网签备案7204套。截至年底，市区商品房累计未销售面积279.1万平方米，其中住宅199.1万平方米、非住宅80万平方米。商品房去化周期为35.8个月，其中住宅27.4个月、非住宅149个月；全年市区新建商品住房销售均价为6484元/平方米，同比降低1%，价格波动幅度为1%，市区房价相对平稳。

【房屋租赁市场监管】 2022年，市房产中心全面推行《山西省房屋租赁合同》示范文本。全年市区共办理房屋租赁登记备案721宗，建筑面积69.57万平方米，备案率100%，好评率97%；正式投入使用住房租赁管理服务平台。截至年底，通过平台办理房屋租赁登记备案137宗，建筑总面积13.78万平方米。严格落实租赁企业备案制度。共对5家有经营房屋租赁业务的企业及其从业人员进行备案，并在“住房租赁管理服务平台”予以公示；印发《关于进一步规范市区住房租赁管理的通知》，对市区范围内从事住房租赁业务的企业经营行为做了具体要求，并在住房租赁管理服务平台等渠道发布。结合房地产市场秩序整治三年行动，及时查处市区房地产中介机构违法违规行为，规范市区住房租赁市场秩序。

【房地产中介市场监管】 2022年，市房产中心结合房地产市场秩序专项整治三年行动，加大对房地产中介机构日常巡查检查力度，督促从业机构及时办理登记备案。截至年底，市区已办理登记备案的房地产中介机构共43家，其中有资格证书的从业人员88人，占比15%。全面推行房地产经纪人员执业资格及实名签署制度。要求各房地产经纪机构或分支机构严格按规定办理备案登记及从事房地产经纪服务。经纪机构在签订经纪服务合同时，由拥有房地产经纪人资格证及协理资格证的人员实名签字。全面实行中介机构经营场所公示制度。要求各中介机构在经营场所醒目位置进行“八公示”，营造公开透明、规范有序的交易环境。

【推进物业管理新格局建立】 2022年，市房产中心开展“加强和改进住宅物业管理三年行动”，围绕“三下沉、两融合”物业管理新发展模式，下沉街道入社区参与构建基层党组织引领，小区业委会、物管会、物业服务企业参与的社会综合治理机制。推进“三无小区”清零工作，鼓励引导物业企业参与老旧小区接管工作，实现无物业小区“有组织机构、有清扫保洁、有维修保养、有绿化服务、有安全防范、有停车管理”的基本服务目标；开展典型示范推动引领。将临钢集团家属区其中的2个高层住宅小区纳入物业服务等级评定范围，开展试点示范工作。勘察推荐天玺国际住宅小区等5个小区申报“建得好，管得好”宜居示范住宅小区。8月，省住建厅对上述项目进行实地考察；鼓励引导各物业服务企业推进小区智能化服务，补齐居住社区服务短板，推动物业服务线上线下融合发展；加强与街道社区沟通，支持物业服务向养老、托幼、家政、卫生健康等服务领域延伸。截至年底，已确定康居物业、金碧物业、碧桂园物业、鑫裕祥物业等企业现行开展试点工作。

【物业服务市场监管】 2022年，市房产中心落实前期物业服务招投标制度，加强事前事中事后监管。全年共监督指导文德府、九州华云府二期工程、上东佳苑、理想城等6个住宅项目通过招投标方式确定前期物业服务企业；加强物业收费信息公示。制定物业服务八项公示内容，要求各物业企业悬挂公示牌，主动宣传释疑，接受业主监督，让群众明明白白消费；加强日常巡查检查，督导物业服务企业按照合同约定扎实提供物业安全防范服务，在疫情防控、消防安全、防汛防雷、燃气安全、电梯使用、养老诈骗等方面做出明确要求和防范重点。全年共巡查物业小区180余个；开展物业市场专项整治，重点查处物业收费不公开、侵占小区公共资源收益、改变物业管理用房用途等违法违规行为。

【住宅专项维修资金管理】 2022年，市房产中心修订完善住宅专项维修资金归集使用管理程序，建立与街道（乡镇）、社区共同勘察、监督、签证的联合工作机制。加快推进专项维修资金信息化管理进程，保障维修资金的安全使用，维护业主合法权益。全年共归集158个小区专项维修资金9493.07万元，按程序向10个小区拨付维修资金345.88万元。截至年底，资金监管账户余额11.84亿元。

【配合落实小区停车泊位对外开放工作】 截至2022年底，市房产中心协调部分小区完成新增对外开放车位550个，完成全年工作目标。

【日常巡查检查】 2022年，市房产中心共对市区在建在售房地产开发项目巡查138次，张贴禁售通告、超范围预售通告和预售资金监管通告140份，立案查处7例违规预售、不按规定使用预售款的违规行为，下达执法调查通知书5份、证据保全9份、催告书9份，送达行政文书10份，约谈15家企业，有效规范市区房地产市场秩序。

【整治规范房地产市场秩序三年行动】 2022年，市房产中心共检查房地产开发企业65家、95个项目、经纪机构101家、估价机构14家、物业服务企业91家、196个小区，下达整改通知书188份，现场要求整改39例、约谈限期整改6例、立案查处7例。

【市区物业服务企业侵占小区公共收益专项整治】 2022年，市房产中心共检查91家物业服务企业、196个小区，对发现的21家物业服务企业和23个小区存在的违规侵占小区公共收益问题，全部督促完成整改。

【直管公房经营管理规范】 2022年，市房产中心按照《市级行政事业单位国有资产出租出借管理暂行办法》有关规定和程序，对市区451户、4.3万平方米直管公房进行招租经营，租金收入严格执行“收支两条线”管理，确保了国有资产的保值增值。全年共收缴租金382.44万元；落实助企纾困减免租金政策，对45户承租营业性直管公房的微小企业减免租金共计78.71万元。全年共下发《关于加强直管公房疫情防控和防汛工作的通知》168份，腾空房屋2处，维修加固房屋2处，封堵房屋3处，质量鉴定房屋1处。

生态环境

综　述

【概况】　2022年，临汾市空气质量排名首次退出全国“后十”和全省末位，改善率排名全国第二十、全省第二，取得历史性突破；优良天数首次超过200天，达到219天，占比60%；细颗粒物（$PM_{2.5}$）年度均值48微克/立方米，完成省定任务。地表水国考断面水质稳定改善，水环境质量排名退出全国倒数第一，排名倒数第13，改善率首次排名全国第六，为全省同步实现“一泓清水入黄河”做出了临汾贡献。全年全市生态环境领域共立案793件、罚款6563万余元，两项数据分列全省第一、第二，人民群众对生态环境的满意度、获得感显著增强。

【生态文明建设示范区创建】2022年，临汾市生态环境局组织隰县和乡宁县申报生态文明建设示范区。其中，隰县被命名为国家第六批生态文明建设示范区，隰县、乡宁县被命名为第一批省级生态文明建设示范区，为全省当年度创建县（市、区）最多的地市之一，为全市生态文明建设树立了新典范，提供了新蓝本。

环境状况

【大气环境质量】　2022年，临汾市区环境空气质量持续改善，综合指数由轻到重在全国168个重点城市排名倒数第11，全省11个城市排名倒数第3。

按照《环境空气质量标准》（GB3095—2012）评价，2022年临汾市区环境空气质量未达到国家二级标准，综合指数为4.94，同比下降7.1%。优良天数为219天，同比增加25天，优良天数比例为60%；重污染天数5天，同比减少6天。

六项污染物中，细颗粒物（$PM_{2.5}$）、可吸入颗粒物（PM_{10}）、二氧化硫（SO_2）和二氧化氮（NO_2）平均浓度值分别为48微克/立方米、72微克/立方米、10微克/立方米、32微克/立方米，一氧化碳（CO）日均值第95百分位数为1.8毫克/立方米，O_3-8h第90百分位数为179微克/立方米。其中二氧化硫（SO_2）、二氧化氮（NO_2）年均浓度和一氧化碳（CO）日均值第95百分位数平均浓度达到国家二级标准，细颗粒物（$PM_{2.5}$）、可吸入颗粒物（PM_{10}）年均浓度和O_3-8h第90百分位数平均浓度分别超标0.37倍、0.03倍和0.19倍。

2022年17县（市、区）中，蒲县、永和县、隰县、大宁县、吉县空气质量达到国家二级标准，其余12城市空气质量超标。全市环境空气质量综合指数介于3.28~5.15，洪洞县最重，蒲县最轻。与2021年相比，17个县（市、区）中汾西县、永和县、安泽县空气质量有所恶化；浮山县空气质量持平；其余13个县（市、区）环境空气质量均有所好转。

六项污染物中，二氧化硫（SO_2）年均值在8~16微克/立方米之间，17县（市、区）二氧化硫（SO_2）年均值均达国家二级标准（60微克/立方米）；二氧化氮（NO_2）年均值在13~34微克/立方米，17县（市、区）二氧化氮（NO_2）年均值均达国家二级标准（40微克/立方米）；一氧化碳（CO）日均值第95百分位数浓度范围在0.9~2.2毫克/立方米，17县（市、区）一氧化碳（CO）日均值第95百分位数均达国家二级标准（4.0毫克/立方米）；可吸入颗粒物（PM_{10}）年均值在52~94微克/立方米，大宁县、乡宁县、安泽县、蒲县、吉县、浮山县、隰县、汾西县、翼城县、永和县10个县可吸入颗粒物（PM_{10}）年均值均达国家二级标准（70微克/立方米），其余

7个县（市、区）均超标；细颗粒物（$PM_{2.5}$）年均值在20~48微克/立方米，隰县、蒲县、大宁县、乡宁县、吉县、永和县、浮山县、汾西县8个县达国家二级标准（35微克/立方米），其余9个县（市、区）均超标；O_3-8h第90百分位数浓度范围在138~183微克/立方米，大宁县、蒲县、永和县、隰县、吉县、安泽县6个县达国家二级标准（160微克/立方米），其余11个县（市、区）均超标。

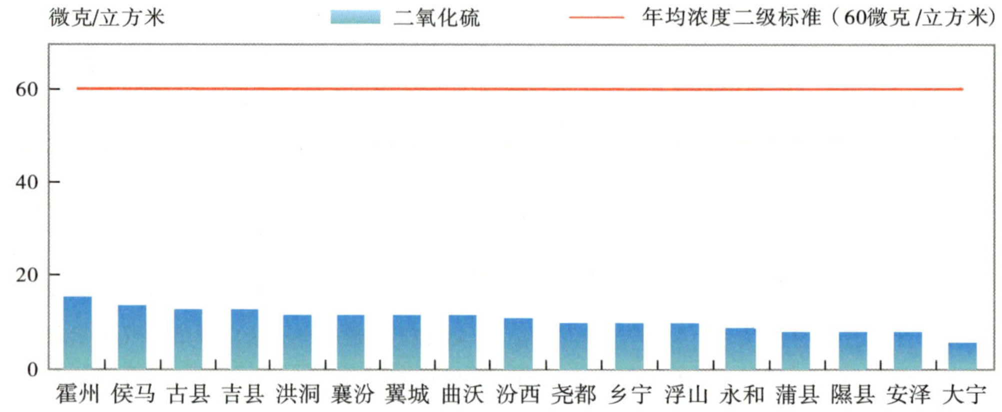

图1 2022年全市二氧化硫浓度年均值排序

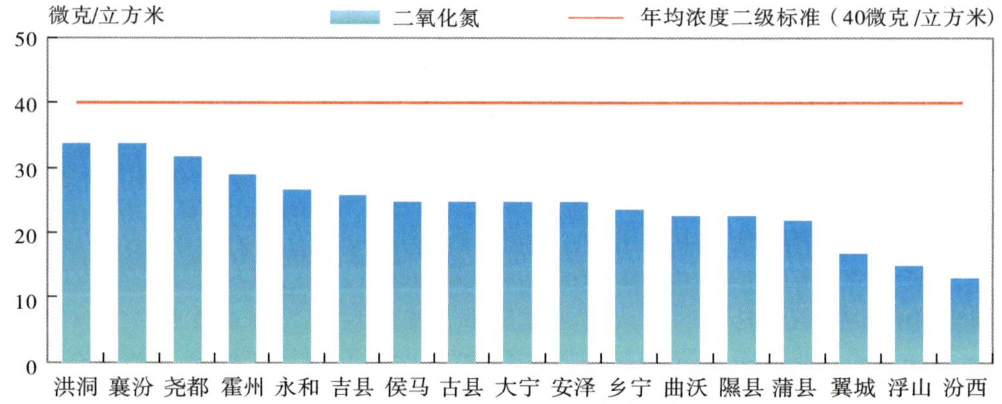

图2 2022年全市二氧化氮浓度年均值排序

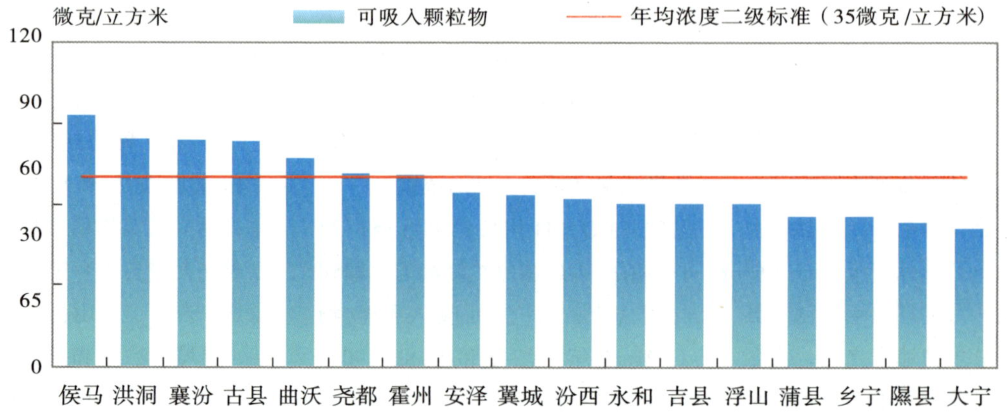

图3 2022年全市可吸入颗粒物浓度年均值排序

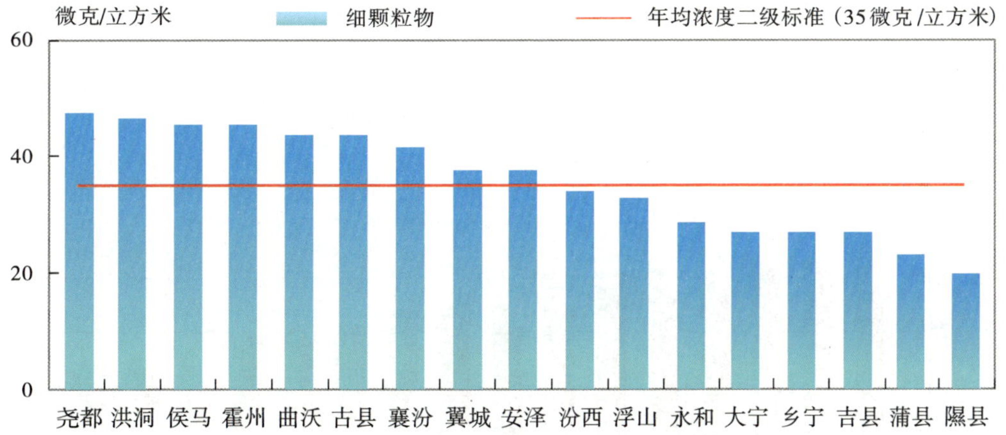

图4 2022年全市细颗粒物浓度年均值排序

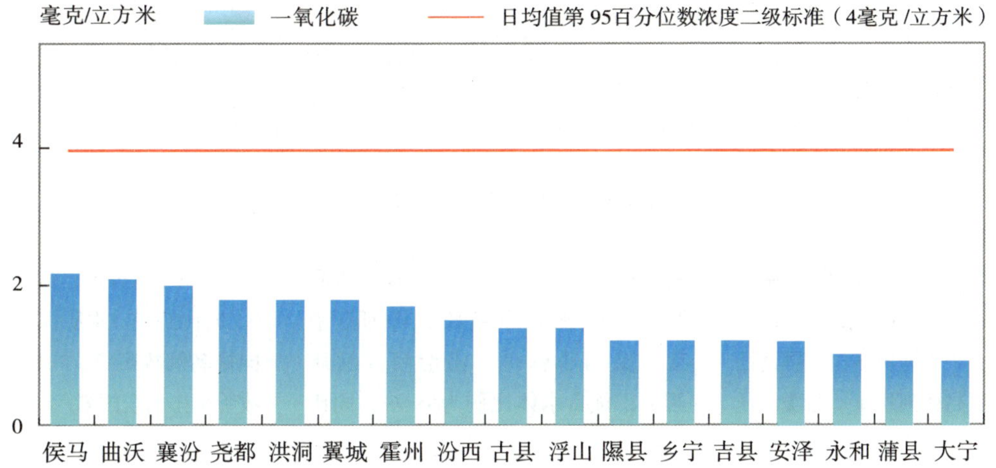

图5 2022年全市一氧化碳日均值第95百分位值排序

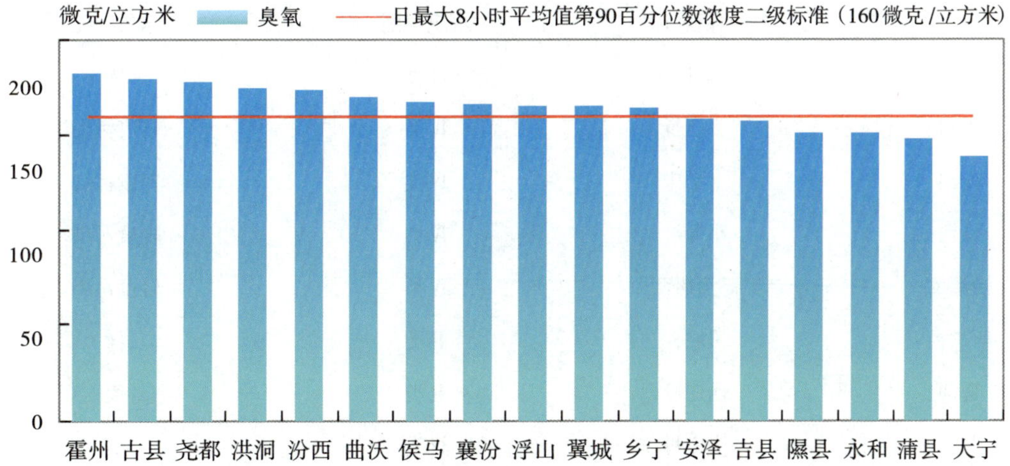

图6 2022年全市臭氧日最大8小时第90百分位值排序

按照《环境空气质量标准》（GB 3095—2012）评价，2022年临汾市区环境空气一级天气为37天，二级天气为182天，三级天气为120天，四级天气为21天，五级天气为4天，六级天气为1天。优良天数为219天，占比60%。

全市17县（市、区）中，优良天数比例在60%~93.7%。大宁县优良天数最多，为342天；尧都区最少，为219天。

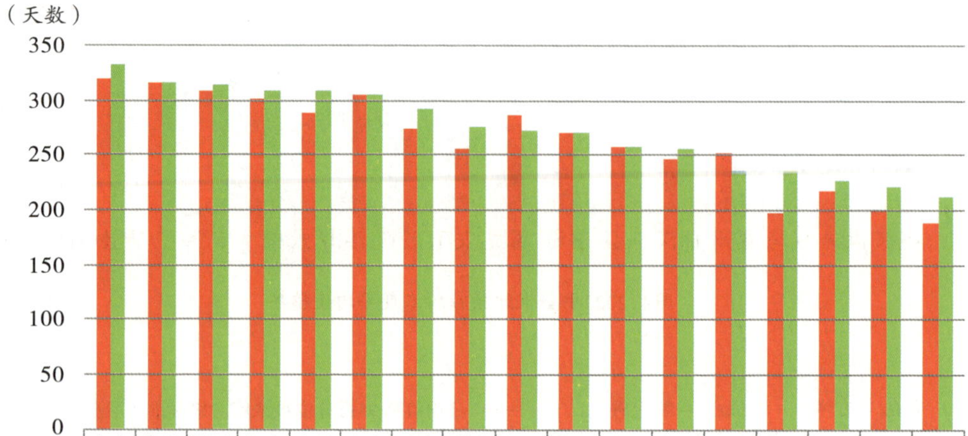

	大宁	蒲县	隰县	永和	吉县	乡宁	浮山	翼城	安泽	汾西	曲沃	襄汾	古县	洪洞	霍州	侯马	尧都
2021年	330	326	318	310	298	314	283	264	295	278	265	254	260	204	225	206	194
2022年	342	325	323	319	318	315	302	285	280	279	266	264	244	241	233	228	219

图7 2022年全市环境空气优良天数及同比变化情况

【地表水环境质量】 2022年，临汾市9个国考断面中，Ⅱ类水质断面4个（黄河壶口、昕水河黑城村、鄂河西庄岭、州川河高楼河村）、Ⅲ类水质断面1个（芝河辛庄村）、Ⅳ类水质断面4个（汾河下靳桥、汾河上平望、浍河小韩村、涝洰河高河店西），优良水体比例为55.6%，同比提高11.1个百分点，劣Ⅴ类水体比例为0，同比持平。水质综合指数6.02，全国排名倒数第13。同比改善15.29%，改善率排名全国第六。

2022年临汾市主要河流断面水质评价结果一览表

表12

河流名称	断面名称	水质类别	水质状况
黄河	壶口	Ⅱ类	优
汾河	下靳桥	Ⅳ类	轻度污染
汾河	上平望	Ⅳ类	轻度污染
浍河	小韩村	Ⅳ类	轻度污染
涝洰河	高河店西	Ⅳ类	轻度污染
昕水河	黑城村	Ⅱ类	优
鄂河	西庄岭	Ⅱ类	优
芝河	辛庄村	Ⅲ类	良
州川河	高楼河村	Ⅱ类	优

汾河临汾段仍属于有机污染，主要污染物为化学需氧量（COD）、高锰酸盐指数、总磷等。与2021年相比，2022年汾河上平望断面化学需氧量（COD）下降幅度为15.5%；高锰酸盐指数下降幅度为9.9%；总磷下降幅度为14.3%。

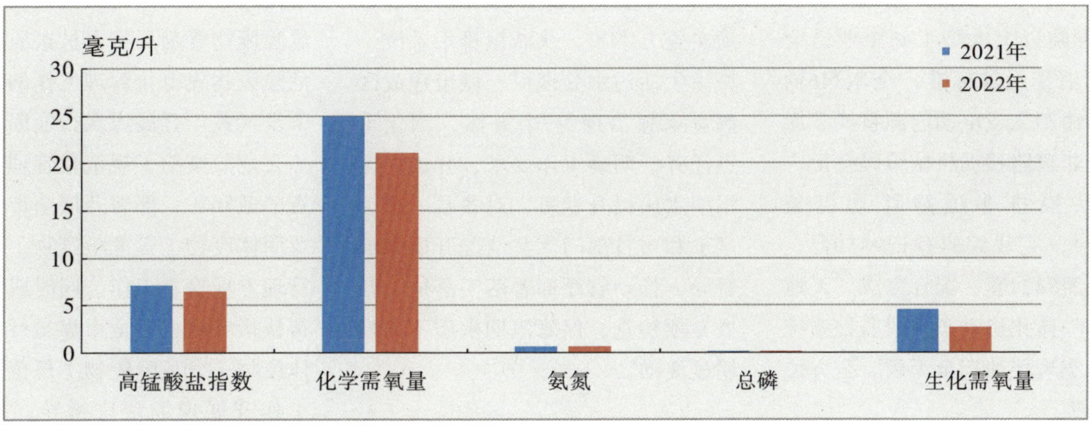

图8 2022年临汾市汾河上平望断面主要污染物变化趋势图

节能减排

【减排目标完成情况】 2022年，根据山西省生态环境保护委员会办公室《关于印发〈2022年临汾市生态环境有关指标计划〉的通知》，明确临汾市2022年氮氧化物重点工程累计减排量为2450吨、挥发性有机物重点工程累计减排量为1000吨。通过对临汾市焦化、钢铁、水泥、建材等行业重点企业实施结构调整、提标改造、深度治理等工作情况进行调度，并按照减排核算有关要求进行核算，初步核算，2022年临汾市氮氧化物重点工程累计减排量为2569.6吨，挥发性有机物重点工程累计减排量为1571吨，完成减排目标。

【工业企业深度治理】 2022年，临汾市14家钢铁企业完成超低排放改造，其中长流程钢铁企业（4家）实现超低排放；保留的3家焦化企业完成超低排放工程改造；11家水泥企业全面完成超低排放改造，3家完成超低排放工程改造。开展“创A退D”行动，印发《临汾市2022年创A退D工作方案》，组织专家对企业开展多轮帮扶，支持企业提升环保治理能力、提高绩效等级、减少污染排放，成功创建A级企业14家、B级13家、B-级3家、引领性18家。开展夏季臭氧污染防治，组织专家入企帮扶，提前完成全市216家涉挥发性有机污染物（VOCs）企业排查整治，89家企业、187个问题整改到位。制定印发专项方案，对26类行业、214家企业采取避峰生产、错时作业等管控措施，有效压低臭氧峰值。

（田文静　马亚玲）

污染防治

【产业结构调整优化】 2022年，临汾市加快产业布局结构调整，汾河谷地平川区域焦化企业按照“退城入园、退川入谷”的原则，钢铁企业按照“入园入区，集聚发展”的要求，实施关小上大、转型升级、布局调整。推进产能置换8个大机焦4个大高炉项目建设。

【散煤污染治理】 2022年，临汾市生态环境局持续清洁取暖改造，组织专家对尧都区、蒲县、乡宁县等县区靠近市区且容易对市区造成传输影响的乡镇、村庄进行逐一摸排，协调督促相关县（市、区）加快清洁取暖改造的实施，按时完成了年度5627户改造计划。加强散煤污染管控，印发《关于做好散煤污染整治“三清零”的通知》，组织各县（市、区）开展禁燃禁烧排查整治工作，先后清缴散煤556.4吨、清缴柴禾348.4吨，拆除燃煤设施3804台。

【加强机动车污染源管控】 2022年，临汾市生态环境局划定“大气污染防治绿色运输示范区”，引导柴油车末端分流，绕行高速；加快新能源车辆改造，实现全市公交车、临汾市区出租车纯电动化，国三及以下中重型柴油车全淘汰。全市150万吨以上大型工矿企业已全部达到清洁运输标准，全市346辆渣土运输车完成电动能源替换。加快推进非道路移动机械编码登记，全年共摸排非道路移动机械10348台，完成编码登记9859台，发放牌照8422套。配合完成“天地车人”一体化机动车排放监控系统建设，实现柴油车全天候、全方位排放监控。

【强化水污染防治工作制度保障】 2022年，临汾市生态环境局制定《临汾市2022年地表水污染防治攻坚方案》、《临汾市水污染防治量化问责实施办法》（试行），为临汾市地表水水质提升提供制度、管理保障。

【突出重点工程治理】 2022年，临汾市生态环境局加快推进城镇污水处理厂扩容及新建，2022年翼城二污新建工程、侯马市污水处理厂扩容工程建成投运，尧都区城南片区污水管网建成投运；推动霍州市、乡宁县、吉县第二污水处理厂建设。推进人工湿地生态修复工程建设，乡宁县鄂河中下游生态修复工程、吉县州川河人工湿地提质改造项目完成建设；推动完成大宁县、吉县、隰县、永和县、侯马市污水处理厂尾水人工湿地及大宁县昕水河人工湿地建设；狠抓重点行业污染防治，山西焦化、临钢集团完成废水零排放改造并投入运行；侯马漳泽电力、临汾河西热电厂完成脱硫废水零排放改造并投入运行。

【推进保水质稳定专项行动】 2022年，临汾市生态环境局制定《临汾市2022年度保汛期水质稳定专项行动实施方案》，从城镇排水系统、城镇生活污水处理厂、城市建成区黑臭水体治理等7个方面，细化重点任务、明确工作要求，并成立保汛期水质提升专班，对各县（市、区）和市直部门落实情况开展专项督导，推动省厅部署落实落地。开展专项检查，保障汛期水质不出现明显波动。

【土壤污染防治】 2022年，临汾市生态环境局按照突出重点、因地制宜、经济实用、维护简便的基本原则，完成47个行政村农村生活污水治理工作。其中，建设污水处理设施的21个行政村，建设纳管型的10个行政村，清运型的8个行政村，采用其他收集方式处理生活污水的8个行政村。通过农村生活污水治理，改善乡村人居环境。严格建设用地土壤污染风险管控，抓好建设用地安全利用，通过部门联动协作，开展土壤污染状况调查，2022年重点建设用地安全利用地块23个，全市2022年重点建设用地安全利用率达到100%。推进重点监管单位隐患排查发现问题整改工作，全市45家土壤污染重点监管单位，共排查发现土壤污染风险隐患746个，全部完成整改，整改完成率100%。

【固废危废治理】 2022年，临汾市生态环境局下发《关于开展全市危险废物规范化环境管理抽查评估工作的通知》，抽调各分局有关人员对全市18个分局危险废物规范化环境管理工作及县（市、区）危险废物产生单位和经营单位危险废物规范化环境管理进行了交叉抽查评估。加强各县（市、区）危险废物规范化管理工作的交流，提升全市危险废物管理工作人员素质和全市危险废物规范化管理工作的水平。下发《关于开展煤炭行业固体废物（含危险废物）规范化管理专项检查的通知》，部署开展全市煤炭行业固体废物（含危险废物）规范化管理专项检查工作。同时成立市局帮扶指导组，对全市煤炭行业的固体废物（含危险废物）规范化管理工作开展现场帮扶指导。提升全市煤矸石堆场的环境规范化管理水平。 （田文静　马亚玲）

环境监管

【开展专项执法活动】 2022年，临汾市生态环境局围绕执法工作安排部署，统筹优势力量，持续在精准、科学、依法执法上下功夫，组织开展“黄河清废”、“利剑斩污”、市区主城区运输车辆“零点夜查”、秋冬季空气质量保障、涉挥发性有机物和氮氧化物排放重点行业、“一城三区”秸秆焚烧、散煤三清零巡查检查等多个专项执法行动，市县两级执法队伍通力配合，震慑不法企业的违法违规行为，为全市生态环境质量稳定改善提供执法保障。

【执法大练兵】 2022年，临汾市生态环境局按照“全年、全员、全过程练兵”的要求，从实战化练兵、规范化练兵、综合性练兵、科学化练兵等四个方面组织开展活动。设立“执法大讲堂”，多次进

2022年7月，临汾市生态环境局执法人员对山西焦化有限公司进行检查　　（市生态环境局供图）

行现场培训；组织市县两级执法人员开展案卷评查，对中小企业开展执法帮扶、普法培训、送法入企活动。市执法队，襄汾、侯马、曲沃三个分局，贾晓飞（襄汾分局）、李小龙（侯马分局）等人在执法大练兵活动获得全省先进，省厅推荐报送至生态环境部参加全国先进评选；市执法队被省厅推送参与评选全国优秀集体。

【落实“双随机”制度】　2022年，临汾市生态环境局在日常执法检查中全面落实“双随机、一公开”监管制度，每月随机抽取执法人员、检查对象，进行随机检查。全年共抽查排污单位198家次，其中重点排污单位158家次、一般排污单位40家次，抽取执法人员396人次，对随机检查中发现的3起环境违法行为，进行立案查处；联合临汾市城市管理局、临汾市市场监督管理局、临汾市公安局、临汾市商务局四部门对临汾市城镇污水处理设施污染防治情况、全市生态环境监测机构、机动车尾气排放检验检测机构、报废机动车回收拆解企业共同开展部门联合双随机活动，出动执法人员48人（次），抽查企业24家，并将随机抽查结果按要求全部录入平台，抽查结果通过网络公告公示，增加执法工作的透明度。

【互联网+监管】　2022年，临汾市生态环境局按照“应上尽上”的原则，依托“互联网+监管”系统，汇聚全局行政检查、行政许可、行政处罚和行政强制相关数据，加强分析利用，推动监管事项全覆盖、监管过程全记录。从山西省“互联网+监管”系统认领生态环境监管事项共计29项，全年监管事项已覆盖21项，“监管行为覆盖度”达到72.41%，达到国务院要求的70%以上的标准要求，截至2022年12月31日，监管业务数据报送属数达到2082条，监管行为报送属数达到2073条，在全年临汾市34家单位市直“互联网+监管”系统监管行为数据中排名第四。

【科技监管】　2022年，临汾市生态环境局发挥生态环境守法企业的正面激励和示范效应，对纳入生态环境监管正面清单的333家企业实施差异化执法监管（企业名单动态调整）。全年非现场执法检查649次。其中，自动监控检查267次，视频用电、用能监控检查177次，走航车、无人机等其他方式检查205次；现场执法检查454次；指导帮扶190次。

【开展案件处罚】　2022年，临汾市共立案查处环境违法案件882件。其中，行政处罚案件820件，罚款6650.7万元，五类典型案件62件。市执法队下达行政处罚决定案件61件，罚款646.34万元；查封扣押3件，移送公安机关行政拘留案件1件，拘留1人。

（田文静　马亚玲）

教　育

综　述

【概况】　2022年，临汾市共有各级各类学校1766所。公办学校共有1189所，其中幼儿园406所、小学582所、初级中学96所（含九年一贯制学校57所）、高级中学57所（含完全中学24所、高级中学24所、十二年一贯制学校9所）、中等职业学校40所（含普通中专6所、职业高中33所、成人中专1所）、特殊教育学校9所。民办学校共有577所，其中民办幼儿园471所、义务教育阶段学校73所（含小学43所，初中30所）、民办高中17所、民办中职学校16所。全市各级各类学校在校生总数632206人；教职工总数63803人，其中专任教师50634人。

2022年，全市教育经费总收入95.23亿元。其中，国家财政性教育经费80.07亿元（一般公共预算安排的教育经费799147万元，政府性基金预算安排的教育经费1505万元），民办学校中举办者投入3711万元；捐赠收入1747万元；事业收入13.8亿元；其他教育经费收入8201万元。

2022年，全市各级各类学校教育经费总支出为96.07亿元，其中工资福利支出61.29亿元，对个人和家庭的补助支出5.53亿元，商品和服务支出18.53亿元，其他资本性支出10.09亿元，基本建设支出0.38亿元，其他支出0.25亿元。

【教育惠民政策】　2022年，临汾市全面落实中央、省各类教育资助政策，各类中小学（幼儿园）为家庭经济困难学生共发放资金7988.4万元，惠及学生67624人次。其中，学前教育资助发放1128.45万元，惠及11285人；义务教育生活补助发放3078.88万元，惠及34219人；普通高中助学金发放2499.56万元，惠及12498人；普通高中学费减免470.55万元，惠及4926人；中等职业教育助学金发放725.6万元，惠及3628人；中等职业教育奖学金发放19.8万元，惠及学生33人；教育扶贫个人资助账户项目发放4.56万元，惠及学生57人；滋蕙计划项目发放61万元，惠及学生978人。

2022年生源地信用助学贷款共受理65013人申请，发放贷款5.58亿元，为高校学生解决学费和住宿费，有效保障家庭经济困难学生顺利入学。

【教育信息化建设】　2022年，临汾市教育局加强中小学线上教育资源建设与应用。组织20个单位申报山西省“晋享云课堂”教育教学共同体试点项目，经山西省教育技术与评估监测中心综合评审，共有11个单位入选“晋享云课堂”教育教学共同体试点。其中，双师课堂项目单位3个，分别是洪洞玉峰街小学、临汾市第一小学、襄汾县第一小学；名师网络工站项目单位4个，分别是襄汾县第五小学、襄汾县第三小学、山西省襄汾高级中学、乡宁县枣岭乡中心学校；学科资源基地校项目单位3个，分别是临汾市第二小学、隰县第四小学、乡宁县第二中学校；区域共同体项目单位1个，即襄汾县教育科技局。

【安全能力建设】　2022年，全市教育系统按照“政治稳定、机制健全、治安良好、校园和谐、师生满意”的总体目标，对照平安校园创建标准和要求，打造精细化平安校园。先后组织召开21次安全工作专题会议，印发73份文件、函件，主要领导坚持主动深入基层检查学校安全工作达20余次。利用临汾市学校安全教育平台、全国中小学生安全知识网络竞赛等平台，在“全国中小学生安全教育日”、“5·12”防灾减灾日等重要活动节点，采取多种方式，做好消防、地震逃生、防踩踏、防溺水、国家安全、防欺凌与暴力等安全教育。在全国第14个“防灾减灾日”期间，开展现场报告、知识讲座等近千场，发放宣传资料约15万份，全市1700余所学校组织60余万名师生开展了防火灾、防踩踏、防地震等应急演练2000余次。联合临汾日报社，制作暑期安全教育网络课堂《疫情防控专题》《居家及外出安全专题》《安全文明出行》《网络安全及防拐防骗》等四个专题，观看下载量达到100余万次。市教育局组成8个督察组，对全市校园安全工作进行全面督查，全市各级各类学校共排查发现安全隐患1463处，已全部整改到位。2022年全市共创建省级平安校园7所、市级平安校园47所。

【网信工作】 2022年，临汾市教育局联合市委网信办等部门在全市中小学校开展网络安全教育进校园活动。网络安全教育进校园活动共有举办网络安全进校园启动仪式、开展网络安全国旗下演讲、网络安全手抄报评选、网络安全知识课堂、网络安全主题班会、网络安全主题征文和进行网络安全进校园表彰等七项主要内容，活动时间为2022年9—12月。经过广泛发动、积极参与、层层选送、严格评选，对活动中涌现出的30个先进集体、50名优秀个人、200名网络安全小卫士进行表彰。

【思政工作】 2022年，临汾市教育局组织全市67万余名中小学生收看收听春季开学第一课《牢记领袖嘱托赓续精神血脉》和秋季开学第一课《红色思政铸魂育人》专题节目，以生动、鲜活的事例落实立德树人根本任务，创新临汾德育新格局。按照《临汾市教育局关于切实加强中小学德育工作培养新时代翩翩少年行动方案》，评选出100名德育骨干教师、200名翩翩少年和20所德育示范校。

【书香校园阅读活动】 2022年全国第二届书香校园阅读教育教学成果交流活动在南昌举办。此次活动得到了全国17个省、市、自治区的42个城市推荐报送的案例近千件。临汾市在全国第二届书香校园阅读教育教学成果交流活动中喜获优异成绩。临汾市选送的7个案例获得示范优秀案例4个，活动优秀案例3个。临汾市教育局荣获优秀组织奖。

2022年3月15日，临汾市网络安全教育进校园启动仪式

（市教育局供图）

【实验精品课】 2022年，临汾市在2022年山西省中小学实验精品课遴选活动中取得佳绩。市教育局组织专家对县级初选119篇课例进行评审，评选出优秀示范奖30名、优秀奖70名、优秀组织单位9个。临汾市推荐参加省级评审的课例有8个入选省基础教育资源库的精品课。

【近视眼防控】 2022年，临汾市加大近视眼筛查工作力度，新增1个试点县隰县，试点校11所，分别为临汾市尧都区第三幼儿园、蒲县昕水幼儿园、襄汾县新城镇中心幼儿园、侯马市育英幼儿园、隰县青年街幼儿园、临汾市乡贤街小学、蒲县东关小学、襄汾县第五小学校、侯马市路西小学、隰县第一小学、古县城镇小学。聘请省级专家在全市开展儿童青少年屈光流行病防控培训，加大学校师生近视防控培训力度，组织专家进校园进行多场现场培训。联合市卫健委、体育局、市场监管局开展2022年近视防控督导检查工作。开展“近视防控宣传月”“全国爱眼日”主题宣传活动；组织全市师生参加全省教育系统“爱眼护眼、从我做起”主题系列评选活动，全市共2万余人次参加，并在全省取得较好成绩。在2022年全省教育系统“爱眼护眼、从我做起”主题系列活动中，临汾市获主题绘画作品幼儿组优秀奖24名，小学组优秀奖41名。校报（刊）设计大赛小学组优秀奖12

名，中学组优秀奖10名。活动案例小学组优秀奖10名，幼儿组优秀奖6名。临汾市教育局、尧都区教科局、霍州市教科局、翼城县教科局、襄汾县教科局、襄汾县第一幼儿园获优秀组织奖。安排省级获奖作品进行全市巡展，全市近5万名师生观看优秀作品，社会反响强烈。

（张　龙）

学前教育

【学前教育发展概况】 2022年，临汾市共有各级各类幼儿园877所，在园幼儿121542人，教职工14798人。其中，公办幼儿园406所，在园幼儿58691人，教职工7245人；民办幼儿园471所（含普惠性民办幼儿园324所），在园幼儿62851人（含普惠园在园幼儿40139人），教职工7553人。

【加强幼儿园常规管理】 2022年，临汾市认真落实《幼儿园教育指导纲要》《3~6岁儿童学习发展指南》和《幼儿园工作规程》，建立健全并落实各项规章制度，加强全市幼儿园的园务管理，规范办园行为。通过不同层面的培训，使园长与教师树立法治观念，推进依法治园。成立幼儿教育机构“小学化”专项治理工作和幼儿教师指导用书、幼儿用书排查清理工作两个专班。以幼儿园自查、县（市、区）全覆盖检查、市级抽查的方式进行，规范保育教育工作。严格落实幼儿园年检备案制度，3—5月，集中进行幼儿园年检工作，从办园条件、师资队伍、园务管理、安全保障、保育教育等8个方面对所有办园时间一年以上的幼儿园进行年检。共1028所幼儿园参加年检，1010所合格，合格率98.2%。对年检不合格幼儿园限期整改，整改后仍不合格的，停止招生。

【增加普惠性学前教育资源】 2022年，临汾市争取中央和省级专项资金，加大新建乡镇公办中心幼儿园力度，利用中小学闲置校舍和富余公共资源举办幼儿园，在部分小学增设附属幼儿园或幼儿班，搬迁新建和改扩建办园条件差的城镇公办幼儿园，资源总量逐年增加。全市学前教育三年毛入园率达到98.3%，公办幼儿园和普惠性民办幼儿园达到903所，占幼儿园总数的85%。2022年，投入各级专项资金7800万元，实施新建改扩建公办幼儿园项目10所，面积2.8万平方米，增加公办学位约2500个；认定普惠性民办幼儿园34所，增加普惠学位约3800个。

【规范幼儿园招生工作】 2022年，临汾市规范市中心城区公办幼儿园招生工作。印发《临汾市教育局关于做好2022年市城区公办幼儿园招生工作的通知》，市中心城区9所公办幼儿园参加网上报名摇号录取，统一由市教育局组织实施，纪检、公正部门全程监督，最大限度促进教育公平，社会反响良好。各县（市、区）8月向社会公布年检合格有招生资质的幼儿园名单、地址、办园性质，接受社会监督，引导老百姓让孩子就读合法合规的幼儿园。

（张　龙）

义务教育

【小学教育】 截至2022年底，全市小学学校625所，在校生277288人，专任教师19892人。其中，乡村类小学318所，在校生40429人，专任教师4933人；镇区类小学208所，在校生139153人，专任教师9727人；城区类小学99所，在校生97706人，专任教师5232人。

2022年，临汾通过新改扩建学校、寄宿制学校建设、薄弱学校改善和能力提升等项目，改善小学办学条件；强化学校主阵地，深入推进“双减”政策落地见效；回应新时代广大家长的现实需求，在城市主城区公办非寄宿制小学实施“放心午餐”工程；规范民办义务教育工作，构建公民办协同发展；夯实巩固拓展乡村教育脱贫攻坚成果，全面实施控辍保学、送教上门、营养改善计划。

【初中教育】 截至2022年底，全市初中学校153所，在校生123841人，专任教师11388人。其中，乡村类初中48所，在校生14123人，专任教师1485人；镇区类初中74所，在校生62386人，专任教师5930人；城区类初中31所，在校生47332人，专任教师3973人。

2022年，通过新改扩建学校、寄宿制学校建设、薄弱学校改善和能力提升等项目，改善初中办学条件；强化学校主阵地，深入推进“双减”政策落地见效；规范民办义务教育工作，构建公民办协同发展；夯实巩固拓展乡村教育脱贫攻坚成果，全面实施控辍保学、送教上门、营养改善计划。

【优化义务教育学校布局】 2022年，临汾市坚持把教育基础设施建设作为发展教育事业的先决条件，推动城乡义务教育标准化建设，全市撤并义务教育阶段学校78所；新（改、扩）建学校16所；新建、改造寄宿制学校82所；实施216所义务教育阶段学校薄弱环节改善与能力提升工程；聘请山西省城乡规划设计院编制《临汾市中心城区中小学、幼儿园专项规划（2023—2025）》。

【规范民办义务教育发展工作】 2022年，按照“义务教育是国家事权、依法由国家举办”的总要求，围绕“严格控制增量，逐步消化存量，全面规范办学”的总目标，以“两办”名义出台《临汾市规范民办义务教育发展工作实施方案》；聘请第三方机构，对全市民办义务教育学校进行综合评估，确定停办、暂停、缩轨、转公、转设学校名单；通过成本监审和综合评估，出台民办义务教育学校收费标准；制定出台一系列配套性文件，形成“党委统一领导、政府牵头抓总、部门协同配合”的工作机制。截至2022年12月底，全市民办义务教育阶段在校生占比控制为3.85%。

【控辍保学】 2022年，临汾市健全义务教育控辍保学长效机制，完善常态化摸底排查制度，利用山西省中小学生管理服务平台，加强学生失学辍学情况监测，推进控辍保学从动态清零向常态化清零。全年共排查义务教育阶段学校778所，排查义务教育阶段在校生数396003人；未发现有失学辍学问题。

【推进“双减”工作】 2022年，临汾市出台《临汾市落实减轻义务教育阶段学生作业负担和校外培训负担实施方案》，配套出台《关于做好中小学课后服务工作的指导意见》《关于全市中小学生课后服务收费标准及有关事项的通知》《关于规范非学科类校外培训机构办学行为的通知》《临汾市城区中小学落实“双减”政策开展课后校外实践活动工作方案》等文件，形成“1+*N*”政策制度体系，全面推动“双减”工作落实落细，做出成效。（张　龙）

高中教育

【概况】 2022年，临汾市有普通高中56所，公办39所、民办17所。有在校生82193人，公办71317人、民办10876人。有普通高中专任教师7735名，其中研究生以上学历1224人、本科以上学历6262人、专科以上学历248人、高中阶段学历1人。

【普通高中集团化办学模式改革】 2022年，临汾市以临汾第一中学校、临汾市第三中学校、翼城中学校、襄汾高级中学校为龙头的四个教育集团，继续深化交流合作。各龙头校外派骨干教师帮扶集团成员校，开展示范课例和培优讲座，将理论与教学有机结合，为提高全市教育教学质量尽名师之力。各集团成员校积极参加龙头校教育教学活动，观摩大赛、专家讲座、跟岗学习等。

【高考质量】 2022年，全市高考参考人数为3.6万人，比上年增加3142人。临汾市高考成绩实现“三个提高”。一是清华、北大录取17人，比上年提高4人。二是一本总达线人数6302人，比上年提高219人；二本B以上总达线人数18927人，比上年提高1107人。三是一本总达线率19.93%，比上年提高0.2个百分点；二本B以上总达线率59.85%，比上年提高2.07个是分点。（张　龙）

职业教育

【概况】 2022年，临汾市共有40所中等职业学校。其中，普通中专4所（含1所省属民办）、公办职业高中和职业中专学校20所（含临汾市特殊教育学校职高部）、民办中职学校16所，中等职业学校在校生共27239人。

【招生资质核查】 2022年，临汾市教育局组织核查工作组对辖区内39所中等职业学校（含1所省属公办、1所省属民办）进行了招生资质核查。通报核查结果，具备中等职业学历教育招生资质的学校有29所，限期整改、暂时允许招收中等职业学历教育学生的学校10所。

【强化专业建设】 2022年，临汾市重点加强专业设置管理，突出专业设置在学校管理中的基础性地位。调研当地经济发展需求，各学校根据当地产业发展规划需要，调整职业院校专业设置，逐步形成与经济社会发展相适应的发展格局和专业布局，发展需求人才契合度提高。全市新增增材制造技术应用、老年人服务与管理、中草药栽培等31个职业高中专业；新增工业机器人技术应用、智慧健康养老服务等4个职业中专专业。

【职业院校技能大赛】 2022年，

临汾市在省级职业院校技能大赛中挺进全省第一方阵，获得全省第四。2022年山西省第十六届职业院校技能大赛，荣获省级教学能力比赛高职组一等奖1个、二等奖1个、三等奖2个，中职组一等奖1个、二等奖7个、三等奖7个；荣获省级班主任能力比赛二等奖1个、三等奖5个。全市2022年度中等职业学校班主任能力比赛共评选出6个市级名班主任工作室，其中一等奖1个、二等奖2个、三等奖3个；业务能力组共评选出24名市级优秀班主任，其中一等奖4个、二等奖9个、三等奖11个。（张　龙）

教师队伍建设

【概况】 2022年，临汾市各级各类学校教职工共有63803人。各学段教职工人数分别为：学前教育14798人，小学19828人，初中12518人，高中13221人，特殊教育273人，中等职业教育学校3165人。临汾市各级各类学校专任教师共有50634人。各学段专任教师人数分别为：学前教育8836人，小学19892人，初中11388人，高中7735人，特殊教育264人，中等职业教育学校2519人。

【师德师风建设】 2022年，临汾市开展“中小学有偿补课和教师违规收受礼品礼金问题专项整治”“师德师风督查、整治”“教职工大操大办子女十二岁生日宴会专项整治”三项专项整治；开展“全国高校黄大年式教师团队精神学习活动”“全市教育系统深入开展向全国教书育人楷模学习宣传活动”两项专题学习；转发《中共山西省委教育工委、中共山西省教育厅党组关于加强和改进新时代教师思想政治和师德师风建设的实施意见》，明确并压实各级教育行政部门和各级各类学校党委（党组）在教师思想政治和师德师风建设中的任务和责任；与全市教师签订“双减”承诺书和“防疫承诺书”；下发两期《关于加强教师师德建设的提醒函》，加强对违反师德师风问题的调查处置、通报曝光、警示教育工作；严肃查处教师师德失范事件，全年共接到上级交办及来人、来函、来电涉师德师风问题69件，查实42件。

【教师培训】 2022年，临汾市全面加强教师培训提升。通过“全员培训”“国培计划”“信息技术2.0”等各类教师继续教育培训，共培训教师38808余人次。其中“国培计划”培训，全年接到省厅专项培训通知119个，组织教师参训1834人次；“信息技术应用能力提升工程2.0”培训，古县、蒲县、浮山县和大宁县与省教育厅安排的承接机构对接，年度培训任务顺利完成。全员培训，共有35458名学员完成注册，登录平台人数35305人，参训率99.57%；合格学员人数为35152人，合格率为99.14%；学员平均看课时长为2176.21分钟，参与活动395次，发布作业104746篇；中央专项彩票公益金资助中小学乡村教师能力提升培训，组织临汾市中小学乡村教师共15个班次1500人进行一周的集中培训；第二期山西省中小学名校长培养计划和山西省幼儿园名园长培养，共16人参加省教育厅组织开展的两期外出集中培训。落实高考综合改革普通高中教师及管理者培训行动计划，认真安排省级培训，组织实施二级培训。完成临汾市公办中小学幼儿园校（园）领导人员后备干部库遴选，有55名校（园）级正职、64名校（园）级副职人员通过评选入库，逐步开展培养、培训。

【“双挂”工程】 2022年，临汾市实施第五、六期“双挂”教“双挂”工程，上挂中小学教师98人，下挂中小学教师950人，促进基层学校教育教学水平提升。

【义务教育校长、教师交流和“三区支教”】 2022年，临汾市符合交流条件的校长(含副校长)388人，实际交流79人，占比20.36%；符合交流条件的教师6782人，实际交流885人，占比13.05%；其中符合交流条件的优秀骨干教师1250人，实际交流316人，占比25.28%，高标准完成省定目标任务；根据《山西省教育厅关于组织推荐中小学教师赴香港、澳门开展交流协作的通知》精神，推荐4名教师赴香港、澳门参加为期一年的交流协作；落实“三区”人才支持计划，在平川县和市直学校选派了9名教师对口参加山区县的支教工作。

【保障教师权益】 2022年，临汾市组织市级2021—2022学年“三优”评选活动，共评出优秀学校10所，优秀校长10名，优秀教师100名；吉县、隰县、永和县、大宁县、蒲县、汾西县共30名教师荣获“第二十七届晋绥儿女奖”；完成全市中央专项彩票公益金教育助学项目励耕计划申报工作，全市申报贫困教师226人，省厅批复补助资金236万元；2022年乡村优秀青年教师培养奖励计划推荐优秀教师1名；推荐22名教师参加2022年度“最美教师”候选人的评选；汾西县谷婷婷老师获评全市年度“十大新闻人物”。全市中小学教师高级、市直中小学教师一级职称评审稳步推进。

【教师招聘工作】 2022年，临汾市公开招聘中小学幼儿园教师1021人；“特岗计划”招聘教师403名；安置63名公费师范毕业生。

【语言文字】 2022年，全市完成普通话水平测试1328人，第25届“推普周”以“推广普通话 喜迎二十大”为主题，开展丰富多彩的宣传活动；市教育局联合市妇联下发《“小手拉大手学讲普通话”活动工作方案》，统筹推进“十四五”期间在全市开展“小手拉大手学讲普通话”活动；以“经典筑梦向未来”为主题，完成全国第四届中华经典诵写讲大赛市级推荐，有74个作品、10名指导教师获奖，市教育局和襄汾县以及4名工作人员荣获优秀组织奖；洪洞县、蒲县被确定为全国语言文字使用情况调查试点，两县调查员对10个乡镇和37所学校开展入户到校调查和系统数据录入；组织49名教师和工作人员参加省里组织的语言文字工作培训；向省教育厅遴选推荐45名语言文字专家。

【教师资格定期注册工作】 2022年，根据《山西省教育厅关于开展2022年全省中小学和幼儿园教师资格定期注册工作的通知》，组织开展第三期定期注册，12月底完成，注册合格教师3031人，其中市级467人。（张　龙）

招生考试

【概况】 2022年，临汾市招生考试中心坚守立德树人、公平公正、科学选材的考试招生价值取向，围绕“如期考试、应考尽考、平安考试”目标，以强投入、补短板，抓关键、重落实为抓手，严格落实教育部“六个严”要求，全力确保155769人参考的八类十二次国家教育考试安全平稳、公平公正。

【初中升学考试概况】 2022年，临汾市初中学业水平考试（中考）时间为6月20—22日，考试科目为语文、数学、英语、文综、理综。全市参考人数47393人。受疫情影响，临汾市2022年中考体育、信息技术、理化实验操作考试均停考。本年度，全市普通高中共录取新生26641人，根据计划完成情况，进行三次志愿补报和补录工作，最终完成招生计划的99.9%；职业高中录取新生4128人。2022年中考报名和填报志愿首次使用“全省中考招生统一平台”，实现普通高中、职业高中、职业中专、五年制高职、普通中专、技工学校的招生录取数据共享。

【高等教育升学考试】 2022年，临汾市组织的高等教育升学考试有三类即普通高等学校招生全国统一考试、中等职业学校毕业生对口升学招生考试、普通高校专升本选拔考试。

2022年临汾市普通高等学校招生全国统一考试（高考）考试时间为6月7—8日，参考人数37290人（文科13973人、理科23317人），普通高考英语口试1579人，普通高考美术专业、音乐专业理论考试参考人数3486人（美术专业2494人、音乐专业992人）。

普通高考体检工作迈向无纸化体检系统管理。临汾市结合实际，采取统筹推进、稳步实施的原则，对资金到位、人员培训合格的曲沃县、翼城县、襄汾县、洪洞县、浮山县、吉县、大宁县、永和县、蒲县、侯马市等10个县（市、区）的高考体检工作采用了无纸化体检系统操作。

2022年，临汾市有5名考生被中国人民解放军航空大学录取，录取数量位居山西省第二。临汾市招生考试中心被空军招飞局北京选拔中心、山西省招生考试管理中心评为“招飞工作先进单位”，临汾一中被评为空军招飞“优质生源”基地。

2022年中等职业学校毕业生对口升学招生考试继续试行“文化素质+职业技能”的考试办法，文化素质考试时间为6月7—8日，考试科目为语文、数学、英语3科，参考人数2156人；报考信息技术类、加工制造类、土木水利类、交通运输类等15类专业的2077名考生参加了职业技能考试，应届生考试由生源学校组织考核；往届生考试由市招考中心组织实施，考试形式为统一上机考试。

2022年普通高校专升本选拔考试时间为6月9日，参考人数3816人，考试科目为专业基础（涉及27个专业）、公共基础。

【研究生升学考试】 2023年全国硕士研究生招生考试（以下简称研考）时间为2022年12月24—26日，临汾市参考人数12608人（含外地报名借考考生304名）。新冠疫情期间，市招考中心勇于担当，积极作为，克服人手少、时间紧、任务重的困难，反复论证组考方案，先后三次对考场进行分类重置，三次赴省转运试题，日夜持续调配试卷，最终13980份自命题试卷和近3万份统考试卷调配“零差错”；全市13个考点，479个考场秩序井然，考风考纪良好，12608名考研学子顺利完成考试，临汾市实现“如期考试、应考尽考、平安研考”目标。

【成人教育升学考试】 2022年，临汾市组织的成人教育升学考试有两类：高等教育自学考试、成人高校招生全国统一考试。2022年成人高校招生全国统一考试报名人数18922人，其中，免试生734人、考试生18188人。受疫情影响，成人高校招生全国统一考试延期至2023年4月4—5日；2022年高等教育自学考试停考。

【中小学教师资格考试】 山西省中小学教师资格考试从2022年起调整为一年两次，为上半年、下半年各一次。上半年中小学教师资格考试（笔试）时间为3月12日，参考人数13146人，报考22844科次；2022年上半年中小学教师资格考试（面试）时间为5月14—15日，参考人数5773人；2022年下半年中小学教师资格考试（笔试）受疫情影响，至2023年上半年中小学教师资格考试（笔试）一并组织实施。

【普通高中学业水平考试】 普通高中学业水平考试是推进普通高中新课程和高校招生录取制度改革的一项重要工作，主要衡量学生达到国家规定学习要求的程度，考试成绩是学生毕业和升学的重要依据。2022年普通高中学业水平考试时间为6月28—29日，补考时间为9月24—25日，参考人数26445人。

（张　龙）

高等教育

【山西师大现代文理学院转设】 2022年，临汾市继续推进山西师范大学现代文理学院转设工作。新校区约38万平方米已移交校方使用，专任教师548人已按时到位，设施设备、申报资料已准备就绪，转设条件基本达标。

【“双高”建设】 2022年，临汾职业技术学院“双高”建设成绩斐然。取得标志性成果74类340项，形成“‘双高’背景下‘121’融驱动创新管理模式与实践、基于教师发展的‘思维’评价体系建构与创新实践”典型案例，“‘双高’背景下职业院校高质量发展创新管理模式”，获临汾市市长创新奖二等奖。连续三个月在省“双高”绩效评价中排名第一。

【大学生实习实训】 2022年，临汾市教育局高度重视大学生实习实训基地建设工作，围绕实施创新驱动、科教兴市、人才强市战略，推动临汾市与全国高校深入合作，吸引高校优秀人才到临、留临，全市与省内外高校共建大学生实习实训基地139个，共接收1312名大学生到临实习，其中包括“双一流”高校的132名大学生，得到了各接收单位以及实习生的一致认可。

（张　龙）

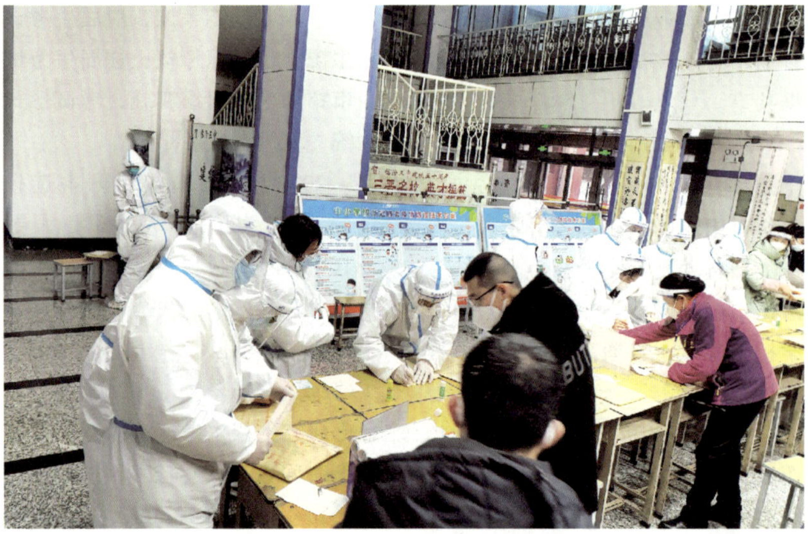

2022年12月26日，工作人员在临汾市2023年全国硕士研究生研考考点验收整理试卷　（市教育局供图）

特殊教育

【概况】 特殊教育承载着培养残疾儿童的特殊群体的重任，目标是促进残疾儿童自立、自强，帮助残疾儿童成长、成才。2022年，临汾市对特殊教育的支持力度加大，基本形成了以特殊教育学校为骨干，以普通学校随班就读附设特教班为主体，以送教上门为补充的特殊教育发展格局。

【特殊教育基本情况】 2022年，临汾市特殊教育学校共有9所，其中8所特殊教育学校承担辖区内特殊儿童的义务教育阶段的教育，市特殊教育学校承担全市听力障碍特殊学生高中阶段的教育。基本实现从幼儿园到高中阶段教育全覆盖。截至2022年底，全市在校残疾学生617人。初步完成《“十四五”特殊教育发展提升行动计划》提出的目标。临汾市推进残疾儿童随园就读，2022年全市各类幼儿园招收残疾儿童46人，随班就读1206人，送教服务484人。 （张 龙）

高等院校

·山西电子科技学院·

【概况】 山西电子科技学院（筹）是拟由山西师范大学现代文理学院转设而成的省属公办理工类普通本科高校，由省政府领导，省教育厅管理，实行省市共建，全日制在校生规模保持在12000人左右。2021年5月26日，转设工作已通过省高评委专家组考察验收。转设后新学院将以理工科为主，以电子信息类学科为特色，涵盖工、理、管、文、艺、史等6个学科门类，形成多学科交叉融合、集群发展的学科专业体系。2022年，学校申报各级各类项目近80项，2022年暑期，由临汾市委市政府牵线搭台，学校组织援建专家、青年博士组成博士专家团队，积极开展了“博士专家企业行”活动，走访交流了临汾所属17个县（市、区）及临汾经济技术开发区的65家企业，达成合作意向50余项，已实现签约38项，为产教融合应用型人才的培养打下坚实基础。

【启动教学工作】 2021年，学校依托文理学院成功申报电子信息工程、人工智能、光电信息科学与工程、材料成型及控制工程、机械电子工程、材料科学与工程6个专业。2022年，启动招生工作，学校积极担当作为承担培养任务。结合办学定位，以《山西电子科技学院关于修（制）订本科人才培养方案的原则意见（试行）》为指导，突出应用型人才培养，强化实践教学，经过校内函评、会评，行业专家函评，企业专家函评、评审交流会等多轮评审和最终验收，形成了全新人才培养方案，为2022年度教学任务的高质量高标准完成提供了保证。

【规范完善教学制度】 2022年，学校加强教学管理制度建设。先后制定印发《课堂教学规范》《教学工作规范》《教师调停课管理办法》《教学差错、事故认定办法》《教学归档资料检查项目清单》《山西电子科技学院（筹）命题规范》《考试工作管理规定》《教学资料归档管理办法》《毕业论文（设计）工作管理办法》等，使人才培养有遵循，教学管理有章法，实习实践有准绳。建立教学督导工作制度。制定《教学督导工作管理办法》，将教学督导工作制度化、规范化。把制度优势转化为治理效能，初步形成工科专业人才培养模式，为教育教学工作的顺利开展提供强有力的保障体系。

【优化专业布局】 2022年，按照规划继续组织各二级学院筹备新专业申报工作，微电子科学与工程、数据科学与大数据技术、文物保护技术、自动化及网络空间安全共5个专业已进入教育部审批环节，进一步优化学校应用型专业布局。

【改善办学条件】 2022年，学校推进校区建设。校舍建筑在2021年23.02万平方米的基础上新交付使用16.2万平方米。工训中心建设基本完成。为满足2022级新生住宿需求，北区宿舍14055平方米于2022年9月投入使用。抢抓机遇，利用国家政府贴息贷款利好政策，用于完善学校实验室建设。

【教师培训】 2022年，学校首届“薪火相传，引路指航”学术交流活动共进行48场学术报告，其中对口援建专家24场、返聘专家15场、青年博士9场，对新教师尽快进入角色、快速成长起到了良好的作用。组织广大教师学习由山西省高校师资中心、山西省高教发展中心联盟举办的“国家级一流课程建设”系列讲座。推荐青年教师参加由清华大学、复旦大学等6所高校承办的“2022年秋新时代中西部高校教师融合式教学公益进修项目”。通过多方培训，有效提升教师队伍整体水平，助力教师队伍高质量发展。

【科研兴校】 2022年，学校申报各级各类项目近80项，共获批各级各类纵向科研项目35项，走在新转设四所理工类高校前列。成功获批山西省自然科学实验室平台——先进金属低碳制造与污染物治理实验室；首次承担省科技重大专项计划“揭榜挂帅”项目——“航空用轻质高强碳纤维/金属层合板制备关键技术与装备”子课题。成功获批4项省科技厅基础研究计划项目、21项省高校科技创新计划项目、2项省高校哲学社会科学项目、24项省级教学改革创新项目，临汾市科技计划项目也实现了零突破。全校共获批纵向科研项目经费148.68万元，通过强化科技创新能力与专业建设相结合，为应用型专业提升发展提供了源动力。

【特色立校】 2022年，学校加强与地方交流合作，以服务区域经济发展形成特色辐射，锚定“建设高水平有特色的应用型大学”奋斗目标，探索校企合作服务地方新模式。2022年暑期，由临汾市委、市政府牵线搭台，学校组织援建专家、青年博士组成博士专家团队，积极开展“博士专家企业行”活动，走访交流临汾市所属17个县（市、区）65家企业，增进了解，建立联系，达成共识，其中9个县（市、区）28家企业达成合作意向，意向经费约900万元，强化学校发展“支点”，实现学校发展和地方区域建设的融合与“双赢”，全面提高学校服务地方区域经济社会发展和创新驱动发展的能力与贡献度。

·临汾职业技术学院·

【办学质量提升】 2022年，临汾职业技术学院出台《学院高层次人才引进和管理办法（试行）》《柔性引进人才管理办法》，引进人才12人。录取新生3382人，访企拓岗107家，举办大型联合线上招聘会7场，年终毕业生就业去向落实率达95.2%。加入中国高校创新创业教育联盟山西子联盟，取得“SYB创业培训定点机构”资格，开设创业意识培训班10个，培训学生近千人。毕业生张云山创业典型案例入选教育部《第五届闪亮的日子——青春该有的模样就业创业人物事迹》。学生参加技能大赛、创新创业大赛等各类竞赛，荣获省级以上奖项39项。特别是荣获中国国际第八届“互联网+”大学生创新创业大赛国赛金奖1项，实现山西职教赛道金牌零的突破。学院在2022—2023年金平果中国高职高专院校竞争力排行榜中列全国第575位、综合类院校第145位、山西第8位。

【立德树人推深做实】 2022年，临汾职业技术学院全面落实《新时代思政课教学改革实施方案》，精心组织“开学第一课”，开设“新青年学党史”选修课，开展思政课校内实践活动“社会主义核心价值观微电影大赛”，实现所有课程思政教学改革全覆盖。加强省级思政工作室——王日明思政工作室建设，参与成立临汾市大中小学思政课一体化建设研究中心，推进思政课改革创新新探索。实施职业教育铸魂育人“三个一”工程，获批省级思政工作室1个、特色文化育人品牌8个、思政微课30个。推进“一站式”学生社区试点建设，开展各类主题教育活动10余次，探访红色革命遗址7次，举办红色故事英语演讲和导游词展示活动，讲好红色故事。被评为山西省五四红旗团委、全省“三下乡”社会实践优秀单位，获中国大学生自强之星1项、全省辅导员素质能力大赛二等奖1项，被授予“临汾市五四青年奖章”“临汾市优秀共青团干”“临汾市优秀共青团员”荣誉7人。

【“双高”建设】 2022年，学院推进机电一体化（智能制造）专业群建设，组织召开大型推进会议6次，组织专题学习10余次，报送“双高”周报42份。开展“双高”项目建设百日攻坚行动，取得“双高”标志性成果76类344项，在全省10所“双高”建设院校中位列第四，通过山西省教育厅、财政厅中期绩效评估验收，形成典型案例2个，荣获临汾市市长创新奖二等奖1项。优化专业设置，申报新专业4个，修订专业人才培养方案51个。获批国家级在线精品课程1门，山西省品牌专业1个、高水平实训基地1个、在线精品课程2门、培育项目1门。入选国家行指委和教指委委员2人，认定山西省职业教育教学名师1人，被授予“山西省青年岗位能手”1人、“三晋技术能手”2人、“优秀指导教练”1人。教师荣获省级以上奖项36项，获批省级教师教学创新团队1个、市级职工创新工作室2个，培育院级名班主任工作室10个。

【三教改革】 2022年，学院推进“双元”“岗课赛证融通”育人模式，完善六级递进教师培养体系，58名教师下企业锻炼，“双师”素养提升。出台《临汾职业技术学院教材管理办法》，推荐山西省教育厅“十四五”首批职业教育国家规划教材2本，申报“十四五”省规教材6本、新形态教材5本。编写《2022学院教育质量年度报告》，典型案例《线上线下混合式教学成常态》成功入选教育部《2021中国职业教育质量年度报告》，成为山西省唯一入选优秀案例的院校，也实现了学院质量年报工作“国字号”零的突破。高质量完成“人才培养工作状态数据采集平台”和2022年高等教育事业综合统计调查工作数据采集上报，通过山西省深化新时代教育评价改革“突出教育教学实绩”项目试点评估。

【产教融合】 2022年，学院牵头成立山西省职业教育生物化工专业教学指导委员会和学生实习工作专家咨询委员会，参与山西省职业教育教指委8个、专委会9个。牵头承办2022年临汾市职业教育活动周，挂牌成立“平阳工匠学院”。与华为、长城等品牌企业深化校企合作，筹建ICT学院、汽车产业学院。与10余家企业签订合作协议，在尧都区老年大学成立临汾职业技术学院教育教学基地和微创生活工作室，落实产教融合项目。推进企业冠名班建设，成立护理专业美宝婴联冠名班。1+x证书制度试点资格获批30个，形成典型案例5个，完成取证任务1157人，技能评价收入72万元。

【对外合作】 2022年，学院组织教师外出培训71人次，开展国际项目洽谈会2次，积极推进与美国犹他大学商学院合作项目，与德马吉森精机学院签订合作框架协议，获批中德先进职业教育合作项目（机械设计与制造专业）试点院校，国际化合作取得新进展。

【科教融汇】 2022年，学院成立第二届学院学术委员会，全年立项科研项目35项。立项“黄炎培职业教育思想研究规划课题”6项，立项数位居全省第一；立项山西省“十四五”2022年度规划课题18项，立项数位居全省职业院校第二；院级课题11项。教师公开发表论文114篇，出版著作6部，主编、参编教材27种，获批新型实用型专利7项，成功转化4项；打造现代生物技术、人体护理急救、计算物联工程、3D立体打印四大科普板块，荣获“山西省科普教育基地”称号，被授予山西省“百名优秀共产党员科技工作者”1人、临汾市“最美科技工作者”3人。

【基础建设】 2022年，学院改善办学设施，投入500余万元，完成操场征地前期相关手续；投入400余万元，维修改造学生公寓楼、学术报告厅、射击馆等校内建筑12幢，架设电缆线600余米。实施校园绿化美化工程，绿化草坪20余亩，新增绿地10余亩。高效完成政府采购项目74个，建设实训室11个。提升图书馆效能，购置图书11000余册、万方数据库1个，订阅报纸59种、期刊529种，丰富馆藏资源。实施智慧校园建设，初步完成网络核心区域的全光改造和学院网站群建设，投资814万元完成标准化数据中心一期建设，启动数据中心二期（超融合资源池）、智慧档案室和智慧会议室建设，建成智慧教室10个。

【社会服务】 2022年，学院选派护理系骨干教师教育帮扶浮山职业中学，助力该校专业建设和教师能力提升。组织“三下乡”服务队，开展畜牧兽医技术和电商技术服务，投入资金19万余元，助力浮山县安子村和隰县贠家庄村乡村振兴。关心关爱社会困难群体，组织募捐49511元。承担省（市）中小学教师资格、对口升学、专升本和研究生等社会化考试任务4次，服务考生4700余人次。开展“老年友善医疗机构建设”“千名医师进万家”等活动，送医送药送健康，累计服务40538人次。助力临汾市疫情防控，组织医护人员2300余人次下沉社区、学校，采集核酸150万余人次。附属医院完成合并，积极推进DRG付费制度改革，实施医院服务能力提升项目，实行周六日门诊，拓展新技术10余项，全年收治病人244626人次，妇产科荣获“国家卫健委《维生素A、E水平与孕期子痫前期研究相关性研究》贡献奖”，医疗服务质量和核心竞争力全面提升。 （解鹏飞 晋 涛）

·临汾开放大学·

【概况】 2022年，临汾开放大学以建设临汾终身教育、在线教育、灵活教育的主要平台和对外合作平台为目标，着力全市成人学历提升，拓展社区教育，办好老年教育，为服务全民终身学习和建设技能社会提供支撑。

【双创大赛】 2022年，临汾开放大学推荐学生参加第八届中国国际“互联网+”大学生创新创业大赛，推选的两个项目获奖，侯东升团队“贫山变金山——国内首创野生菌驯化富农新模式的开拓者”获得山西开放大学校赛的金奖，山西省省赛的金奖，梁梦恩团队“口袋临汾——智慧农场管家”项目，获得省赛银奖。侯东升项目获得省赛职教赛道金奖、国赛职教赛道铜奖，3名教师和侯东升学生团队获得国家开放大学“优秀创业者”称号，提升了山西开放大学的知名度和社会影响力。

【招生工作】 2022年，临汾开放大学制定招生方案，召开全市开放

2022年，临汾开放大学组织学生参加第八届“互联网+”大学生创新创业大赛，图为学生获奖照片　　　　（临汾开放大学供图）

大学体系建设和招生工作推进座谈会，实行分片包点制，在临汾电视台制作开屏广告和转角广告，宣传招生工作。春季招生1767人，秋季招生1861人，本科招生数较上一季度提升60%，招生数量位居全省开放教育体系第一。

【教学管理流程规范】　2022年，临汾开放大学严格招生报名、注册、教学过程、答辩环节等流程，深化教育改革。聚焦教学质量，跟进“治学、治考、治乱”工程，提升教学等规范程度，推进开放大学高质量发展。推进平台建设，完成“一网一平台”新旧系统的改革过渡，全面启用“一网一平台”系统。严肃考纪考风，通过科技赋能，2022年网考全市系统全部安装考试摄像头，进行远程视频监控，考试规范得到保障。

【社会服务工作】　2022年，临汾开放大学加强社区教育品牌建设，服务社会工作获得多项殊荣。在“玉米皮草编”特色项目成功入选教育部社区教育“能者为师”实践创新项目典型案例，该项目是全省唯一入选“乡村振兴”主题示范类项目；学校“农村干部学历提升工程”典型案例入选“2022高校赋能乡村振兴典型案例”，推进高校服务乡村振兴创新试验；终身学习教育品牌建设有了新突破，侯东升、吴培林、牛明亮被认定为山西省2022年“百姓学习之星”，其中牛明亮被评为2022年全国“百姓学习之星”。

【科研与教师素质提升】　2022年，临汾开放大学落实访学管理办法，派遣1名副教授到北京师范大学做高级访问学者，为期半年；全年聘请专家讲授科研工作专题8次，提高教师科研能力；参与省校各项教学大赛和课题申报，其中2名教师录制的微课均获得省校微课大赛优秀奖，3名教师申报省校校级课题，1名副教授主持山西省“十三五”规划课题进入结题工作，课题组在《山西广播电视大学学报》等刊物刊发4篇专业论文。

【开展办学评估工作】　2022年，临汾开放大学聚焦教育部、国家开放大学对山西分部办学评估工作，落实山西开放大学办学评估工作会议精神，成立评估工作领导小组，制定评估工作方案，分解指标任务，形成全体系参与、全员参与的工作局面。为有效推进迎评工作，采取周例会通报和包联督导机制，以评促建、评建结合。中期，山西省开放大学预评估，确定学校评定为优良等次，在深化推进阶段，成立攻坚专班，针对问题梳理挖掘，建立台账，做到账实相符。截至年底，迎评工作基本面清晰，目录、材料和报告高度契合。（李金晓）

科学技术

科技工作

【概况】 2022年，临汾市科技局将高新技术企业数量纳入各县（市、区）政府目标责任考核体系；入企开展"一对一"精准培育服务，同时加强线上培训，全面提升高企认定工作的质量和水平，分四批组织推荐64家企业申报高新技术企业认定，高新技术企业数量达到139家。各县市科技局高度重视高企培育发展，通过采取各种措施培育企业，挖掘潜力，完成考核任务。

【规范评选"市长创新奖"】 自2016年以来，临汾市实施"市长创新奖"，开启"全省首创"，迈进"全国前列"，为深入实施创新驱动发展战略，推进全市经济社会高质量，发挥了战略支撑作用。2022年度临汾市"市长创新奖"的评奖是《临汾市"市长创新奖"奖励办法》重新修订以来的第一届，科技局继续秉持"激励创新、推动转型、引领发展"的原则，经过推荐、考察核实、专家评审、领导小组审定和公示五个阶段，评定山西晋南钢铁集团有限公司申报的"150t转炉煤气绿色高值化回收利用关键技术研发及试验研究"等16个项目获得2022年度临汾市"市长创新奖"。

【科技创新平台建设】 2022年，临汾市科技局提高企业自主创新能力，广泛培育，重点推进，组织晋南钢铁集团、云鹏医药集团、平阳重工机械、通才工贸等4家企业申报省级技术创新中心；组织春雷铜材、通才工贸、中升钢铁、建邦集团铸造等4家企业申报省级中试基地；制定《临汾市技术创新中心认定管理办法（试行）》，认定市级重点实验室4家。培育省级新型研发机构，11月2日，山西春雷铜材有限责任公司被省科技厅认定为2022年度第一批山西省新型研发机构培育单位。

【众创空间建设规范】 2022年，临汾市科技局组织开展众创空间绩效评价工作，围绕"区域众创空间发展的现状、问题、展望"开展临汾市众创空间线上专题交流培训会。认定省级众创空间2家，省级科技企业孵化器1家，市级众创空间6家。

【创新创业建设】 2022年，临汾市第十一届中国创新创业大赛山西赛区比赛中，临汾市5家企业晋级决赛并获奖；首届晋陕豫黄河金三角双创大赛中，乡宁县华廷陶瓷文

2022年，临汾市首届创新创业大赛
（市科技局供图）

化有限公司获初创组二等奖；举办首届临汾市创新创业大赛，共有31个项目报名参赛，12个项目获得奖项。山西春雷铜材有限责任公司“新能源汽车高端连接器用高强高导铜合金（TKB）带”获得2022年度山西省科学技术奖三等奖。

【科技型中小企业评价工作】 2022年，结合各县（市、区）实际，按照平川县、山区县分类制定科技型中小企业入库数考核指标，加强《科技型中小企业评价办法》《评价工作指引》等相关政策的宣传指导，鼓励符合条件的企业积极开展科技型中小企业评价工作。2022年，全市共有153家企业获得科技型中小企业入库编号，推进了高新技术企业“育苗计划”，为高新技术企业的认定奠定基础，推进省定考核指标的完成。

【推进星创天地建设】 2022年，临汾市培育星创天地4家，举办临汾市首届“星创天地”助农达人大赛，吸引72名助农达人参赛，参赛视频总播放量达到432万次，激发了农业农村创新创业活力，优化创新创业环境。

【科技特派员制度推行】 2022年，围绕永和县、大宁县等10个山区县的主导产业与特色产业发展科技需求，精准选派153名科技特派员下沉一线，开展创新创业、技术指导和培训等工作，及时解决农业关键技术问题和技术需求难题，推动科技赋能、人才服务、乡村振兴有机结合。临汾市科技特派员累计服务乡镇71个，服务村庄319个，培养基层技术骨干347名，开展培训111场次，培训5000余人次。

【省校合作】 2022年，临汾市科技局组织中国矿业大学岳建华院士（俄罗斯工程院外籍院士）团队及省派科技博士服务团团长马草原博士到临汾市永鑫煤焦化等28家企业就工业园区节能降碳与煤矿智能化技术进行了调研指导。组织市相关煤机、煤化工装备等单位负责人到中国矿业大学、江苏徐工集团等企业开展考察学习活动。有序推进“高校科研平台延伸基地、高校科技成果转化基地”建设，高校科研平台延伸基地建设项目签约57个，科技成果转化基地建设项目签约36个。

【科技研发项目】 2022年，临汾市级科技计划项目立项31项，下达科技研发专项资金245万元。其中，重点研发计划项目13项，共计168万元；科技成果转化引导专项项目2项，共计46万元；软科学研究计划项目16项，共计31万元。

（王泽鹏）

科研机构

·小麦研究·

【概况】 山西农业大学小麦研究所是一个以小麦研究为主，同时开展玉米、大豆、花生等作物种质创新与新品种选育、配套高产栽培与有机旱作技术研究等的综合研究机构。应用研究与基础研究并重，着重研究解决全省小麦特别是晋南地区主要种植作物生产中的重大技术问题。是校市合作的桥头堡、地方经济发展的服务区、本科生实践教学和专业学位研究生培养的新平台。2022年，研究所有编制186人，有在职职工155人，其中，研究员10人、副研究员48人、助理研究员49人、高级会计师1人、博士15人、硕士57人。下设水地育种研究室、有机旱作研究室、综合化验室、植物保护研究室、经济作物与杂粮研究室、分子育种研究室、蔬菜林果研究室、特色作物研究室、玉米作物研究室、高寒作物研究室10个科研科室和党政办公室、科研办公室、社会服务办公室、后勤保卫科、组织人事科、财务资产科、隰县农业试验站7个管理科室。拥有所部、韩村、洪堡和隰县试验站4个试验基地，面积3900余亩；建有谷物品质分析测试中心、小麦细胞工程与分子育种实验室、土壤植物生理实验室和有害生物综合治理实验室，仪器设备总价值2000余万元；是国家小麦产业体系临汾综合试验站挂靠单位。截至2022年底，主持或承担科技部、农业部项目62项，省级项目275项；获国家、省部级奖项109项。其中，国家科技进步一等奖2项、二等奖5项；省级科技进步一等奖14项、二等奖38项、三等奖48项；授权发明专利36项，制定省级地方标准21项；审定作物品种96个。生产上有影响的品种有晋麦10号、晋麦31号、晋麦33号、晋麦45号、临优145、晋棉7号、晋单34号等，大面积应用的有临丰3号、晋麦92号、晋麦95号、品育8012，其中品育8012是山西省2020—2022年小麦生产主推品种。集成的“晚播小麦促弱转壮技术”“旱地小麦一优四改探墒沟播绿色栽培技术”是山西省2022年农业生产主推技术。发表论文1400余篇，出版《山西小麦》《小麦品质及其改良》等学术著作40余部。

【科研项目与经费】 2022年，研

究所在研项目67项，其中国家级项目3项、省级项目22项、院（市）级项目37项、横向项目5项。到账经费1022.01万元，超目标任务22万元。其中，纵向科研经费917.12万元；横向项目及各级各类试验费64.89万元，临汾市重点实验室10万元，临汾市市长创新奖30万元。申报国家自然科学基金（等基金）项目7项，其中“黄土高原旱区保护性耕作对小麦根际微生物多样性和功能菌群的影响及其机制”与南京农业大学联合立项1项。申报山西省青年创新人才Mini团队1项，通过临汾市科技局申报山西省新型研发机构1项。

参与立项国家级科研项目1项。2022年度申报国家自然科学基金项目7项，其中与南京农业大学联合申报国家自然基金区域联合基金项目1项立项，延续国家小麦产业技术体系临汾综合试验站项目1项、国家自然科学基金青年基金项目1项、国家博士后科学基金面上项目1项。

省级项目立项12项。山西省基础研究计划（自由探索类）青年项目5项，山西省科技成果转化专项引导专项1项，山西省小麦良种联合攻关项目1项，山西省地方标准补助项目2项，中央引导地方科技发展资金（自由探索类）项目1项，山西省重大专项重点实验室课题1项，山西省高等学校科技创新项目1项。

院（市）级项目立项5项。临汾市科技重点研发计划2项，临汾市软科学项目1项，临汾市国际合作项目1项，临汾市科技成果奖励后补助项目1项。

【科研成果与专利】

山西省地方标准“水地冬小麦壮苗技术规程（DB14/T1629—2018）”获第一届山西省标准化创新贡献奖二等奖。“高产节水抗旱系列小麦品种选育及配套技术研发”获临汾市市长创新奖三等奖。

审定（登记）作物新品种12个，分别是山西省审定小麦品种7个——临旱19、临旱20、尧麦30、尧麦31、临黑187、沃麦19、旱糯901，山西省审定玉米品种2个——赛瑞德101、晋科101，登记葵花品种1个——临葵5号，登记甘薯品种1个——临薯135。获植物新品种权1项，即晋黄9号。

授权国家专利7项，国际专利1项。其中，发明专利5项，实用新型专利2项；制定山西省地方标准2项。

发表科研论文34篇。其中，SCI论文7篇，Ⅰ区2篇，Ⅱ区4篇，Ⅲ区1篇，核心期刊12篇，省级以上论文15篇。

【社会服务项目】 2022年，选派科技厅“三区”科技特派员35人，获经费70万元，服务浮山县、古县、大宁县、永和县、万荣县、吉县、安泽县、乡宁县、蒲县、汾西县10个县，其中浮山县、古县由本所担任特派团团长，组建古县科技服务团队和浮山科技服务团队，对接市科技局和农业农村局，深入村镇企业和合作社开展技术服务。组织申报社会服务类项目2项，其中特优产业第一批“冬小麦—夏玉米一年两熟高产高效技术集成示范”获经费30万元；特优产业第二批“霍州市冯南垣村特色产业提档升级示范项目”32万元。

【科技成果转化】 2022年，10个品种和2项发明专利实现转化，转化金额244万元。玉米品种：晋科15号，转让30万元；大槐88，转让11万元；杰尼588，转让20万元。小麦品种：临麦5311，转让山西7万元；临麦5311，转让山东7万元；沃麦19，转让10万元；临草2号，转让25万元；鉴46，转让35万元。大豆品种：晋豆10号，转让4万元；大麦品种：大麦3019，转让75万元；汾麦30，转让5万元；发明专利：小麦育种单行单粒播种器，转让5万元；一种高效小麦播种后土壤板结破解装置，转让

2022年3月，小麦专家在尧都区洪堡村高产高效示范田开展小麦春管作业培训（山西省小麦研究所供图）

10万元。检测检验：玉米田杂草、氮肥减量，小麦锈病药效试验，5.94万元。技术服务方面，与山西新翔丰农业有限公司签订合作协议5万元。

【基地平台建设】 依托2022年学校“特”“优”农业高质量发展科技支撑工程项目，在霍州冯南垣村建立旱地小麦富硒优质高产栽培技术示范基地；在洪洞县大槐树镇冯张村建立冬小麦—夏玉米一年两熟高产高效技术集成示范基地。依托三区项目，与古县大丰收农业发展有限公司合作在古县旧县镇钱家峪村建立大豆玉米带状复合种植高产示范基地；与浮山县槐埝乡人民政府合作在浮山县槐埝乡南西坡村建立优质小麦槐埝乡示范基地。与山西新翔丰农业有限公司进行战略合作在翼城西浮图村建立山西农业大学小麦研究所产学研合作基地、博士工作站，并成功申报山西农业大学第七批协同创新基地。

【社会培训及媒体报道】 2022年，研究所开展大型示范观摩活动11次，培训农民2536人次。紧盯生产关键节点和应急突发事件开展社会服务和制定技术建议，在地市级以上主流媒体宣传报道61次，其中国家级平台《农民日报》2次，省级媒体山西网络广播电视台、《山西农民报》等媒体报道登载41次。获社会荣誉3项。

【人事人才及研究生教育工作】 2022年，研究所制定博士引进工作实施方案和招聘公告，组织2次博士招聘面试，共引进4名优秀博士研究生（其中1名为博士后）。根据科研业绩和综合评价，培育中青年学术骨干3人，作为下一阶段各类优秀和荣誉的后备人选。制定《青年基金项目管理办法》和《引进人才科研启动费管理办法》，为人才引进和培养提供保障。强化研究生教育培养，形成研究生教学案例6个。获研究生创新项目、创新成果2项。建设思政教育基地1个。

【管理服务工作】 2022年，研究所所属6个管理服务科室根据任务分工，细化科室职能和人员岗位职责，编制了基本业务清单和办事流程图，提升办事效能。修订差旅费管理办法、经费支付审批实施细则等，新增社会服务管理制度、青年基金项目申报管理、采购管理办法、所属试验基地管理办法等，为全所高效运行提供了制度保障。强化安全管理，定期对出租门面房、办公区、食堂、学生宿舍、实验室及家属区进行安全隐患排查，开展消防安全培训。推进民生工程，完成科研楼老旧电线改造和科研科室整体搬迁。对篮球场、家属区小广场进行翻新硬化。对行政楼外立面进行改造，对老干部活动室进行防水与粉刷处理。完成家属楼用电“合表打开”工程的后期工程。完成所部基地和隰县站灌渠维修、晒场硬化，为全所科研生产、民生保障提供支撑。 （李海燕）

·地方病防治研究·

【地方病防治工作】 2022年，山西省地方病研究所（简称省地病所）组织召开了全省地方病实验室外部质量控制考核工作安排会议、全省地方病防治项目线上培训会议、全省地方病防治工作数据汇总分析会，并分四期召开全省碘缺乏病实验室检测技术培训班。制定全省基本公共卫生服务地方病防治项目社会动员工作方案，完成2022年全省地方病防治项目资料汇编及2023年地方病防治项目实施方案资料汇编和重点地方病防治相关工作规范汇编。制定山西省地方病防治三年攻坚行动“回头看”调查方案。截至2022年12月，全部项目工作已按照国家要求顺利完成。参与山西省人大常委会教科文卫工委组织的《山西省地方病防治条例》（修订）立法调研工作，形成新的条例修订草案，条款前后对照及修订依据、立法情况汇报，召开《条例（修订草案）》专家研讨会，根据专家研讨会的精神，将修订草案等有关材料上报省卫健委法规处。多次召开培训会，培训专业技术人员近300名，特别是“全省碘缺乏病实验室检测技术培训班”对市县检验人员进行实验室现场培训，加强检验人员能力建设。

【健康教育与宣传工作】 2022年，省地病所围绕全国第29届“防治碘缺乏病日”开展宣传。全省11个市117个县均围绕宣传主题“智慧人生健康路，科学补碘第一步”开展宣传活动。省地病所联合临汾市卫生健康委员会、临汾市疾病预防控制中心、临汾市盐业公司赴蒲县克城镇克城村开展了主题宣传暨义诊活动。省地病所微信公众平台积极开展防治碘缺乏病日宣传活动，以发表科普文章、有奖知识竞答、健康教育宣传片、宣传戏剧、动画片展播等多种形式开展线上宣传活动，取得了较好的宣传效果。依托问卷星平台开展为期1周的碘缺乏病防治知识竞答活动，完成有效答卷1945人，取得很好的宣传效果；在“山西省地方病防治研究所”微信公众号发布各类宣传信息153条，其中原创43条。8月，省地病所微信公众号荣获山西省健康科普作品大赛网络账号类作品优秀奖；在省盐务中心牵头拍摄的“关注食盐安全、共享健康生活”宣传片中对省地病所及碘缺乏病进行宣传。

【科研课题工作】 2022年8月，省卫生健康委科教处组织有关专家对省地病所承担的2018年（含）以前立项的“不同水碘含量的地区供应碘盐模式探讨”等省卫生健康委7项科研项目进行结题验收工作。经过专家评审，全部通过验收。11月，省地病所调整伦理委员会、学术委员会、继续医学教育委员会委员名单。完成省地病所伦理工作自查，完善工作制度、进行相关培训，规范项目伦理审核流程、健全伦理工作档案资料。

省地病所参加的哈尔滨医科大学主持申报的2022年度国家重点专项“常见多发病防治研究”重点专项“地方性氟中毒早期识别和精准诊疗关键技术研究”成功立项，为联合申报单位之一；同安徽省疾控中心共同中标中国疾病预防控制中心公共卫生领域卫生健康标准评估项目“GB/T28595—2012《地方性砷中毒病区消除》标准评估项目”；中标山西省地方标准制（修）订项目“尿中砷氢化物发生原子荧光测定技术规范”；立项2项省卫生健康委科研课题。

国家《血清碘参考区间》标准项目现场调查工作和实验室工作完成。省地病所牵头制定国家推荐强制标准《水源性高碘病区控制》，牵头修订《地方性氟中毒控制》（GB17017—2010）项目均已形成报批稿。

【附属医院工作】 2022年，省地病所建立健全各种医疗管理组织和规章制度。根据人事变动和实际工作需要，组织调整部分议事机构，为医疗质量与安全提供了组织保障；重新制定和修订部分制度，包括《医疗质量安全管理核心制度》《感染预防与控制管理工作制度》《安全生产制度》《临床急危值报告制度》等，为医疗质量与安全提供制度保障。落实医疗质量管理与监督责任制。按照医院管理规定，定期、不定期进行医疗质量管理的检查与监督，认真抓好医疗质量的每一个环节，及时发现医疗过程中存在的问题及隐患，并提出整改意见。推进人才队伍建设。医院多次安排有关人员参加全国和全省的业务培训会，送年轻业务骨干到各大医院进修学习，通过培训、进修及学术交流等活动，开阔视野，提高医务人员的医疗业务整体素质。

【防治楼建设】 2022年7月，省地病所科研防治楼完成主体封顶，开始楼房内部建设。科研防治楼的落成具有里程碑的意义，将全面提升省地病所公共卫生服务能力，扩大附属医院诊疗服务范围，在硬件设施及服务功能等方面都将在省级地方病防治领域处于领先水平，为山西省地方病防治事业提供强有力的支撑与保障。 （张峰峰）

专业科技服务

·气象工作·

【概况】 2022年，临汾市气象局在山西省气象系统2022年度目标任务考核中，被评为“特别优秀单位”，位列全省气象部门第一。在山西省气象局2022年县级综合气象业务职业技能竞赛中，获得团体第一名的优异成绩，被山西省农林水劳动竞赛委员会授予“五一劳动奖状”。三人包揽个人全能前三名，被授予五一劳动奖章，获得“三晋技术能手”荣誉称号。获得全省污染防治攻坚战优秀集体。在全市安全生产和消防工作考核中被评为优秀，荣获“促进临汾经济社会发展突出贡献单位”称号。襄汾县气象局获评山西省重大气象服务集体。

【重点工作突出】 2022年，新一代天气雷达已具备试运行条件。翼城县、汾西县、安泽县迁建项目在推进。全省首家市级计量检定室项目已完成建设，为提高预测预报准确率和气象服务水平提供保障。对市局院落进行修缮，推动环境改造提升，全力打造绿色美丽机关。对局机关2014—2021年的文书档案、基建档案及人事档案进行规范整理，共计14000余份。对全市气象部门2012年以来地方财政投资建设项目大起底工作，共有53个地方财政投资建设项目，资金共计8843.42万元。完成事业单位和公务员绩效奖金的申请发放，贯彻落实同城同待遇。

【科技创新能力提升】 2022年，创新项目成果在全市积极推广应用。获批山西省气象局2023年度立项科研项目3项。3人入选省局“131”人才计划，首次开展“揭榜挂帅”创新团队评选工作，8个创新团队入选，首次开展市局“262”人才评审，10人入选高层次科技创新人才计划。6人入选省局“县级综合业务技术带头人”。

【聚焦防灾减灾】　2022年，临汾市气象局召开5次新闻发布会，撰写各类气象服务材料共1377期。提高预测预报准确率和气象服务保障水平。建立以气象灾害预警为先导的应急联动机制。实现全市156个乡镇气象灾害应急预案及乡村信息员队伍的全覆盖。发挥应急指挥部协调联动作用，组织开展省市县和多部门联合的气象灾害应急演练和气象灾害防御联席会议，建立重大气象灾害预警信息全网快速发布“绿色通道”。

【聚焦粮食安全】　2022年，临汾市气象局与农业、乡村振兴等部门以及山西农业大学小麦研究所等院校开展合作，深入田间地头开展气象为农服务；精准发力，成立特色农业气象服务创新服务团队，制定优化作物从播种前到收获后的全生育期精细化气象服务方案，为农业种植大户提供通俗易懂操作性强专题服务；深入新型农业经营主体开展直通式农业气象服务，农业气象信息直达农机手及农机作业管理员，提高机收作业效率；将气象科普知识列为农户的“必修课”，多渠道、多手段、多形式开展气象科普知识进农村活动，提升气象防灾减灾和水平，保障粮食丰产丰收。

【聚焦生态文明建设】　2022年，临汾市气象局围绕生态经济高质量发展、“两山六河一流域”高标准保护、生态文明高标准建设和临汾市发展战略，建设完善生态气象观测站网。打造天然氧吧、历法之源气候生态品牌，在安泽县、翼城县创建成功的基础上，推进蒲县、霍州市、乡宁县成功创建“中国天然氧吧”，依托“中国天然氧吧”打造出特色农产品，建立氧吧文化经济生态链。推动洪洞县成功创建“避暑旅游目的地”。助力打造“城市金名片”，参与大气污染防治，开展无人机大气环境垂直探测和聚能燃气炮大气环境容量人工干预作业试验，并利用“运十二”飞机和聚能燃气炮，进行消减雾霾人工作业，效果显著。

2022年6月23日，临汾市气象局举办首次现场观摩防雷行政执法培训（市气象局供图）

【人工影响天气作业】　2022年，临汾市政府印发《临汾市推进人工影响天气高质量发展实施方案》，全市新建标准化作业点5个，购置火箭架5部、高炮4门、烟炉3部、增雨作业车1辆。规范人影作业安全管理，人影物资已移交到标准化民爆库房储存。吉县、永和县新建2部X波段双偏振有源相控阵天气雷达，大宁新建1部X波段小型天气雷达，霍州、汾西建设完成国家人影超级站，X波段双偏振天气雷达、可移方舱式风廓线雷达等已投入业务试运行。并探索整合全市雷达资源，进行雷达组网建设，实现数据共享，提高人影作业指挥的精细化、时效性和有效性。2022年，全市共开展人工影响天气增雨和防雹作业197次，发射火箭弹395枚，发射炮弹1165发，燃烧烟条311根。临汾机场人影机组开展飞机增雨（雪）作业50余次，在助力农业生产和农业气象防灾减灾中发挥积极作用。

【科普宣传工作】　2022年，临汾市气象局在增雨现场以及“3·23”气象日、科普讲解大赛、演讲比赛、“七一”主题党日活动等系列活动中，借助电视台、抖音公众号、云直播、微信公众号、临汾日报社等媒体平台多渠道、多方位开展气象工作、气象科普宣传；线下通过科普进校园、气象进社区、服务进农田等通过群众简单易接受的方式对气象行业进行宣传。在《中国气象报》、中国气象局网站及中国气象局微博等官方媒体发表新闻稿件140余篇。

【气象社会化管理】 2022年，临汾市气象局首次采取现场观摩教学方式，进行防雷安全观摩执法培训。年内对某检测公司的防雷装置检测报告涉嫌造假的违法行为，进行10万元行政处罚。与市住建局、市教育局、市市场监管局等进行联合执法。强化制度建设，完善修订督查检查、安全生产等管理制度。

（王云亮）

·地震监测·

【地震监测预警】 2022年，临汾市共建成23个地震监测台站，全年平均运行率达99.86%，信息节点连通率为99.736%。共召开震情会商会70余次，产出各类会商报告70余份（包括周会商、月会商、年中会商、加密会商和年度会商）。优化地震宏观观测网布局，组织全市985名地震宏观观测人员业务培训，提升人员素质和能力。在2022年度全省监测预报质量检查评比中，临汾市所有参评测项均获优秀以上等次，其中预测预报综合、《2023年度地震趋势研究报告》获省评地市组第一，日常分析预报、临汾井水温获省评地市组第二，异常核实工作获省评地市组第三。做好国家地震烈度速报与预警工程项目，全市共建成市级地震预警发布中心1个、基准站9个、基本站17个、一般站121个、预警发布终端62套。

【加强基础建设】 2022年，临汾市防震减灾中心开展基础建设，投资约50万元用于新机房、监控室和指挥中心的建设，于12月顺利完成。新建机房和监控室符合电子信息系统机房C级建设标准，实现地震前兆台站数据的收集、预处理等功能，可以同步开展地震台网波形数据传输，自动测报系统，台站监控、OA办公系统等工作。新建指挥中心实现省、市、县三级视频会议的连通，可同时容纳150人召开现场会议，是震后开展应急指挥的后方阵地。

【编制出台“十四五”规划】 2022年4月，临汾市印发《临汾市人民政府关于印发临汾市“十四五”应急管理体系和本质安全能力建设规划的通知》，将防震减灾工作纳入临汾市“十四五”应急管理体系和本质安全能力建设规划，同时要求17个县（市、区）推动防震减灾工作纳入本级“十四五”规划中，确保防震减灾工作的可持续性发展。年初，安委办印发了《关于开展2021年度安全生产和消防工作目标责任考核的通知》，将防震减灾工作考核纳入全市安全生产和消防工作目标责任考核，对各县（市、区）政府和指挥部成员单位从落实防震减灾主体责任、提升防震减灾和抗震救灾工作能力等方面进行考核，完善督导考核机制。

【发挥全国防灾减灾日宣传主场作用】 2022年，临汾市防震减灾中心被确定为“山西省2022年全国防灾减灾日宣传主场”。围绕“减轻灾害风险，守护美好家园”主题，精心设计组织开展专家访谈、知识竞答、线上云游科普馆、有奖征文等线上宣传活动，协调17个县（市、区）开展线下防震减灾科普“千里行”活动。 （杨立尧）

·地质勘探·

【概况】 2022年，二一三地质队共实施省地质勘查基金项目15个。其中，浮山县佐家沟煤炭详查、翼城县打鼓山金矿普查、临汾市十村山金矿深部普查、曲沃县万户铁矿普查、蒲县席家沟铝土矿预查、乡宁县阳坡铝土矿预查、襄汾县东峰顶金矿南段深部普查、襄汾县新民铁矿普查、塔儿山—二峰山地区接触交代型铁矿成矿规律与深部找矿预测综合研究、临汾市乔山—塔儿山地区“三稀”矿产1：50000水系沉积物测量、乡宁县老君庙矿区铝土矿普查、洪洞县马家坪铝土矿预查等12个项目完成验收。已完成项目中，浮山县佐家沟勘查区煤炭详查报告荣获中国煤炭工业协会第二十届优秀地质报告二等奖；襄汾县新民铁矿普查项目荣获省地勘局优秀地质勘查成果奖一等奖；襄汾县东峰顶金矿南段深部普查项目（续作）和山西省翼城县打鼓山金矿普查项目获得省地勘局原始地质资料展评二等奖。

【地质支撑服务】 2022年，二一三地质队围绕省委、省政府赋予的地勘企业“专业支撑服务”职能和“公益类科技型”企业定位，承担了临汾市11个县区的地质灾害防治技术支撑任务，专门成立“一县一专班”，配备地灾中高级专业技术人员34名，22辆工作车、3台无人机以及10余台测量设备，24小时在职在岗、通信畅通，应急设备物资配置充足，就近快捷做好支撑服务。全年累计排查冻融期、汛期地质灾害隐患点1873处，坚持进行全方位监测，防范和及时预警灾害发生；联合开展应急调查次数66次；参与应急演练7次，组织地质灾害防治知识培训和宣传14场次，覆盖918人，发放宣传册3000余份，在临汾安装96处地质灾害群专结合

2022年，浮山县佐家沟勘查区煤炭详查施工现场
（地勘局二一三地质队有限公司供图）

监测预警试验设备，提升预报的准确率和预警的时效性，助力“人防+技防”的地质灾害防治安全屏障。依托自然资源临汾市卫星应用技术中心，研发临汾市自然资源地质灾害管理系统，在吉县、霍州市、永和县等地区推广应用，能够对地质灾害点有效管理及地灾预警，受到广泛好评。与武汉中地数码合作研发森林防火“一张图”平台。成功举办（第三届）炼焦配煤质量与成本控制技术研讨会暨（首届）炼焦检测技术与煤质研发应用高峰论坛。二一三实验室完成资质扩项，可检测范围涵盖16个专业，51个产品，涉及参数1422项，方法标准700余项，并入选农业农村部第三次全国土壤普查检测实验室名录（第一批）。

【地质科技创新】 2022年，二一三地质队与三峡大学、湖北金源绿通生态环境工程有限公司合作引进CBS植被混凝土生态修复技术，该技术又被称为“让石头上长草”的技术，并与山西师范大学生物科学学院联合开展创新研究，建设物种实验选育基地，针对不同地域、不同气候条件开展物种研究和培育工作。已成功获得生态修复相关专利6项，基本实现该技术的本土化和自有化。临汾市龙祠泉石灰岩开采区矿山地质环境治理和临汾市龙子祠水源地保护区309国道西侧裸露山体生态护坡治理两个项目，在地质灾害生态修复治理过程中，全部运用了拥有专利的CBS植被混凝土生态修复技术，治理效果显著，实现了消除地质灾害隐患、恢复治理地貌景观的生态修复理念，为探索山西地区干旱、半干旱气候条件下生态治理提供了新途径。

（李晓仙）

文　化

综　述

【概况】 2022年，临汾市共有文化馆18个，博物馆14个，艺术表演团体16个。广播电视台17座。广播人口覆盖率99.42%，电视人口覆盖率99.71%。全市共有公共图书馆18个，档案馆18个。有11个县级图书馆和9个文化馆达到国家三级标准以上。加强濒危戏曲剧种的传承和保护，开展曲沃碗碗腔、洪洞道情、浮山乐乐腔等公益演出195场。新增24项省级非物质文化遗产代表性项目、5位省级工艺美术大师。

【文化惠民活动】 2022年，临汾市创新开展48项300余场群众文化活动，举办2022年元宵合唱音乐会、非遗新春线上直播等活动；举办临汾市第十七届广场文化消夏月活动；开展周末剧场演出50场。实施“五个一批”群众文化惠民工程：打造省级群众文化服务品牌1个（成功举办2022年山西省锣鼓大赛），培训乡村群众文艺队伍620支，培养乡土文化能人艺人293名，挖掘乡村文化带头人639名，完成年度任务；开展“免费送戏下乡”惠民演出1630场，完成场次居全省第二。在农村市场共开展3.4万场公益电影和2955场寄宿制学校爱国主义教育优秀影片放映活动。

【“大河论坛·黄河峰会”活动】 2022年9月17—19日，第三届大河文明旅游论坛世界旅游联盟·黄河对话暨首届黄河流域生态保护和高质量发展重要实验区峰会在云丘山景区举办。本届大河论坛·黄河峰会以“河·和·合——河流生态保护与美好生活”为主题，活动期间举办开幕式、黄河峰会、大河论坛等7项主体活动、4项场外配套活动、5项宣传营销活动和29项全民链接活动，出版发行《记住乡愁——中国百名作家写临汾》《诗画临汾》系列丛书。

【“书香临汾”建设】 2022年，临汾市文化和旅游局制定《临汾市2022年“书香临汾”建设实施方案》，开展全民阅读系列读书会进社区、进街区活动，培育打造阅读品牌，完成临汾市图书馆电子阅览室设备购置项目、微型图书馆设备采购项目、城市书房设备采购项目。推进临汾市图书馆总分馆建设，倾力打造“15分钟”全民阅读圈，全年共建成47个分馆、8个微型图书馆、2个阳光公益书吧和2个城市书房，让更多读者享受到家门口的公共文化服务。

【文化产业】 2022年，临汾市制定《临汾市推动文化企业坚持正确导向履行社会责任的实施方案》。12月26日，临汾市委宣传部推荐全市58家文化企业1200余件文化产品，以线上云平台展示的形式，出现在第五届山西文博会临汾展厅，据不完全统计，山西文博会期间临汾市共计销售产品30余万元。12月29日，临汾市委宣传部组织4家文化企业参加第十八届中国（深圳）国际文化产业博览交易会，展示了平水绣、太平绣球、紫砂壶、柳编等传统工艺美术品，吸引不少观众驻足。（李春容）

文化事业

【文化传承】 2022年，临汾市围绕“喜迎二十大”这条主线，推进“平阳记忆”文化工程，出版5本《平阳记忆》文化系列丛书，与市气象局联合出版《平阳气象记忆》图书；推动陶寺遗址博物馆和晋国博物馆“两馆”展陈提升工程，加快打造“博物馆之城”；实施晋国文化挖掘阐发、文艺创作、传播普及、实践融入四大研究工程；召开临汾市晋国文化研究会2022年工作年会，编撰出版《晋学研究》副刊《晋国文化》共2期，举行《琨璋讲晋国》音频节目上线启动仪式，播出两个单元20集音频节目。

【文艺创作】 2022年，临汾市制定《临汾市2022—2024年文艺作品创作规划》，创作推出电影《红光》《山乡宁静》、蒲剧《嫂子》《绿染蒲子山》、眉户小剧《煤乡人家》、图书《眉户戏音乐曲谱》、短视频《年味襄汾——吉祥》、琴书MV《众志成城护爱巢》、情景剧《虎子结婚》、电视剧本《汾水向东流（笃敬天下）》《晋国霸业》、百集晋国成语故事少儿微电影、长篇小说《天管》《永和关》、散文《乡村杂事》；组织全市宣传思想文化系统开展清廉主题书画作品大赛，推出蒲剧《廉吏曹端》、小戏《标杆》、快板书《新县长赴宴》等廉政题材作品，围绕培育清廉文化场所，打造以霍州署衙、廉政广场等为中心的廉洁教育基地。

【广播电视管理】 2022年，临汾市严格履行好行政管理责任和安全播出主体责任，完成2022年元旦、春节、党的二十大等重要活动、重点时段的安全播出和宣传报道任务。全年共7部优秀广播电视新闻作品获省级奖，1部作品获省广播电视创新创优奖，获奖总数位居全省地市级前列。云丘山、大槐树入选2022年全省电视剧创作拍摄基地，全省两批次共5家，数量居全省首位。对本市各任务台站700兆赫频率迁移工程推进情况进行了检查督导；成功申请资金支持应急广播体系建设。开展境外卫星电视、网络视听领域等专项治理活动，全市广播电视和网络视听制作传播秩序得到规范。

【戏剧创作与人才培养】 2022年，创排眉户剧《煤乡人家》，移植改编《失子惊疯》，创排历史古装剧《穆桂英大战洪州》，新排《白蛇传》，复排《采花》《杀狗》等，录制蒲剧首部中国戏曲“像音像”工程剧目《烤火》。青年演员梁静荣获“中国戏曲红梅荟萃”金花十佳奖、全国地方戏精粹展演“表演艺术传承英才”奖；田艺蓉荣获第五届中国（黄河流域）戏剧红梅大赛一等奖；崔鹏升、马亚茹、马杰敏荣获2022首届山西戏剧年度推优大奖；孔祥波等5名青年演员被中国戏曲学院首届蒲剧本科班录取；临汾戏剧研究院正式签约成为中国戏曲学院教学实践基地。

【电影管理】 2022年，临汾市克服疫情对电影市场的冲击影响，城市影院上映《我和我的祖国》《长津湖》等一大批主旋律影片，2022年全市电影总票房达4370万元，其中国产电影票房达4097万元，观影人次达12万人。在元旦春节等重大节日、重要节点期间，对电影市场和乡镇老放映员在规范管理、安全稳定、疫情防控等方面，开展13次督查检查、120余次日报月报，营造安全稳定的电影市场环境。及时申报、拨付城市影院补贴资金，落实扶持补贴政策；加强前置监管，减少检查频次，推进文明优质执法，营造公平、公正的经营环境。

【2022第四届尧都文化旅游节】 2022年9月23—27日，2022第四届尧都文化旅游节成功举办。本届尧文化旅游节以“寻根尧祖·德耀中华”为主题，采取文艺演出、文化研讨、招商推介、研学活动等方式，重点推出文化旅游节启动仪式、尧文化与黄河文明摄影展、帝尧德孝文化研学教育、2022山西·尧都招商引资推介会、文明探源陶寺行、尧都旅游路演体验宣传、尧文化研讨交流会、尧都文化旅游节闭幕式等活动，对于进一步传承和弘扬尧文化，促进文化交流、民间交往、商业交互，进而带动临汾市文旅产业高质量发展具有重要意义。市县两级共开展200余项歌舞晚会、锣鼓合唱、展览展示等具有浓郁临汾特色的文化活动。成功举办“同心向党·抗疫有我”主题文艺晚会、“喜迎二十大·热血铸军魂”临汾市八一建军节戏曲晚会等，推动文化事业高质量发展。

（李春容）

文化场馆

·图书馆·

【概况】 2022年，临汾市有市级公共图书馆1个。文献总藏量119.3953万册，其中图书117.9889万册、报刊9168册、视听文献605件、古籍314册、其他3977册，拥有电子文献资源20.4TB。2022年文献购置费1092.4万元，购置图书22.0389万册，电子图书179.4213万册，接待读者76.01万人次，书刊文献外借55.8万册次。

截至2022年底，共建成61个分馆，其中县级分馆17个、市直属分馆30个、微型智能图书馆（流通站点）10个、城市书房2个、阳光公益“书吧”2个，配送优质图书17.59万册，并实现一证通用、通借通还，让阅读更便捷。

2022年，临汾市图书馆为读者举办线上线下活动650余场次，参与人次近45万人次，主要包括绘本故事绘20场，悦读沙龙19场，党史讲堂17场，清廉课堂1场，临图讲坛47场，临图读书会17场，特色手抄报活动18期，临图流动图书车71场，临图机器人编程活动32场，临图公益电影展播活动21场，“临”听书声72期，临萌苑有声故事汇51期，临图之声52期，线上云讲座10场次，临图荐书66期，临图之窗17场，中部六省共读一本书35期等。2022年媒体宣传报道共214条，官网年访问量235.08万余人次，微信公众号、微博、抖音关注量为20万余人次，志愿者共计1259人。

【文献保护】 2022年，国宝《赵城金藏》复制卷、古籍《泾野先生五经说》《针灸大成》《宋元通鉴》等珍贵文献的保存实现了馆藏古籍从无到有的重大突破，临汾非遗、馆藏古籍数据库的建设，让书写在古籍里的文字活了起来。

【阅读推广】 2022年，临汾市图书馆通过提升服务效能，创新服务方式，已陆续创建20多个读者喜爱的阅读推广品牌，内容丰富、形式多样、受众广泛的阅读推广活动，让爱读书、读好书成为习惯，使全民阅读蔚然成风。先后荣获“省级社会主义核心价值观示范点”“山西省全民阅读先进集体”“2022年春节‘畅读经典欢度新年’主题活动优秀服务单位”“2022优秀传统文化宣传推广优秀组织单位”“学会优秀组织单位”“‘书香三晋文化山西’山西省全民阅读推广活动世界读书日全省公共图书馆阅读大赛优秀组织奖”“2022年度优秀组织单位”“2022年山西省群众文化惠民工程群众文化服务品牌活动优秀组织单位奖”等荣誉；“临图合唱团”在中国吉县《黄河大合唱》全国视频展演中荣获壶口奖。

【未成年人服务精准高效】 2022年，临汾市图书馆内设少年儿童阅读、亲子阅读、数字体验及创客空间，配备优质图书20余万册。开启“图书馆+”阅读新模式，以阅读助力“双减”，加强馆校联动，建成幼儿园、中小学校分馆11个，配送优质图书6万余册，成功创建临汾市少先队校外实践基地、家风家教宣传教育基地。

【视障读者服务】 2022年，图书馆内特设视障阅读区，藏书2800册，配有放大阅读器、音像放录设备、盲文刻印机等设备，定期开展文化志愿“临图飞书”“阅途有爱，悦读无碍——读给你听”等阅读推广活动，使残障人士享受均等公共文化服务。

【老年人服务阅读零障碍】 2022年，临汾市图书馆为老年群体专设绿色通道，实行免预约进馆，配备老花镜、放大镜、大字书籍等，专人帮助电子设备查询；定期深入社区、敬老院等地开展阅读推广活动，丰富老年人精神生活。

【召开临汾市“第七次全国县级以上公共图书馆评估定级工作”培训会议】 7月22—23日，临汾市图书馆、临汾市图书馆学会在一层报告厅组织召开由全市各县分馆领导、图书馆馆长及业务骨干等280人参加的临汾市“第七次全国县级以上公共图书馆评估定级工作”培训。此次培训特别邀请具有多次评估经验的专家省图书馆赵谓炯副馆长，宁波市人民政府有突出贡献专家、研究馆员颜务林，省图书馆采编部蔡艳青主任，华博胜讯信息科技股份有限公司产品总监、第七次评估定级专家组成员胡凤彬，为大家分别做了评估指标解读与材料准备、评估定级系统平台使用及数字采集等专题培训。培训结束后，各位专家与学员进行现场互动交流，大家把在评估工作中遇到的各种问题和疑惑向各位老师进行了咨询请教，老师为大家答疑解惑，倾囊相授，让大家受益匪浅，收获满满。

【临汾市三晋文化研创基地落户市图书馆】 4月23日，临汾市三晋文化研究会研创基地落户临汾市图书馆仪式在市图书馆四楼会议室隆重举行。市委常委、宣传部部长闫建国，市三晋文化研究会会长刘合心，市文旅局和市图书馆有关领导，以及市三晋文化研究会和各县（市、区）三晋文化研究会负责人出席了仪式。临汾市三晋文化研究会研创基地落户临汾市图书馆，对打造书香临汾、倡导全民阅读、建设文化强市起到重要的文化引领作用。

【临图云讲座】 2022年，临汾市图书馆通过新媒体平台引入国家图书馆的优质资源，使市民读者共享文化盛宴。先后推出了《中华传统文化百部经典》、“欢乐过大年·喜迎冬奥会——我们的美好生活”等系列讲座，专家、学者通过网络平台为文学爱好者讲解知识、答疑解惑，将阅读推广普及“掌上”，共计10期。

【临图读书会】 2022年，临汾市图书馆贯彻落实市委、市政府提出的“读书会进社区书吧进街区”，结合传统节日、红色经典、养生健康、文津图书奖等重大主题推出《我们的节日——端午》《我们的节日——中秋》《我的父辈丛书系列》《家庭养花实用宝典》《法治的细节》读书会，为全面提升居民文化素养，打造“书香临汾建设”添砖加瓦。全年共开展17场次。

【临图讲坛】 2022年，临汾市图书馆开展“临图讲坛”47场次，采取“请进来+走出去”“线上+线下”的方式，通过邀请国内的文化名人、专家学者、著名作家等，从人文、历史、心理、国学等角度出发，传播优秀文化，深耕全民阅读，为广大读者提供丰富的“精神食粮”，让广大人民群众在家门口就能享受到高质量的公共文化服务。

【临图之窗公益展览】 2022年，临汾市图书馆开展“临图之窗”公益展览17场次，以图片、书法、绘画等多种形式为载体，宣传积极正面的优秀文化，增强意识形态感染力，引导大家走近优秀传统文化，感受传统文化的博大精深，形成积极健康的世界观、人生观、价值观，为意识形态的领域建设添砖加瓦。

【绘本故事绘系列活动】 2022年，临汾市图书馆开展绘本故事绘活动20场次，主要针对3~6周岁儿童推出的集教育性、趣味性、参与性为一体的寓教于乐的亲子读书活动。通过生活认知、人际交往、品德品格、科普百科等方面进行活动的策划，以书为媒，以阅读为纽带，利用馆内丰富的绘本资源、舒适的活动区域以及先进的现代化设备，让儿童更简单直接地进行阅读和学习，同时通过“秀”“讲”“演”“绘”等多样的活动形式，将书和个人体验相联系，产生兴趣和趣味，使小朋友们在动手过程中学到知识，能够主动获取知识，理解知识。

【公益电影展播】 2022年，临汾市图书馆公益电影展播21场，依托数字影院以视听的形式推广阅读服务，发挥视听阅览阵地的作用，以形式多样的手段传播优秀经典电影文化，充分发挥图书馆公共文化服务功能，为读者带来不一样的阅读体验。

【“书香三晋，文化山西”世界读书日全民线上阅读大赛】 4月23日，组织全市广大读者、馆员，参加了由山西省文化和旅游厅指导、山西省图书馆和山西省图书馆学会主办的“书香三晋，文化山西”世界读书日全民线上阅读大赛。本次比赛共有200多名选手参加，经过上午和下午两个阶段共计6个小时的阅读、答题，全民阅读大赛落下帷幕。全市有92名读者获奖，其中一等奖1名、二等奖3名、三等奖6名。临汾市图书馆荣获优秀组织奖。

【“读经典，向未来”阅读推广人大赛】 8月23日，中共临汾市委宣传部、临汾市文化和旅游局举办了喜迎二十大·奋进新征程——“读经典，向未来”阅读推广人大赛，由临汾市图书馆、临汾市图书馆学会承办。本次大赛经作品征集、初审、复审、终评四个阶段，圆满落下帷幕，读者朋友和图书馆馆员广泛参与，多人获奖。共有28件优秀作品（其中成人组11件、少儿组17件）脱颖而出，进入终审。最后评选出成人组一等奖1名、二等奖2名、三等奖3名、优秀奖5名，少年儿童组一等奖1名、二等奖3名、三等奖5名、优秀奖8名。临汾市图书馆先后荣获“2022年度山西省全民阅读先进集体”、2022年优秀传统文化宣传推广“优秀组织单位”等称号。

【“我爱晋方言”创意短视频征集展示活动】 2022年，临汾市图书馆为了更好地保护和弘扬地方文化，拉近各地读者与图书馆的距离，引导读者更好地了解图书馆、走进图书馆、利用图书馆，山西省图书馆学会、山西省图书馆承办，临汾市图书馆、临汾市图书馆学会实施“我爱晋方言”创意短视频征集展示活动。此次活动以市、县级公共图书馆以及高校图书馆为单位征集方言作品，作品以推广地方文化旅游资源和非物质文化遗产为目的，以方言为语言载体，内容包括但不限于特色美食、民间故事、神话传说、曲艺技艺、旅游景点、传统文化、家乡记忆、年俗年味等。临汾市图书馆共有4部作品获奖。

·博物馆·

【概况】 2022年，临汾市博物馆的综合实力得到提高，在临汾市博物馆、临汾市丁村民俗博物馆、临汾市陶寺遗址发展中心、曲沃晋国博物馆、临汾铁佛寺博物馆五馆的深入合作下，各馆的优势得到有效发挥，临汾特色传统文化得到弘扬，推动市文旅产业进一步发展。

【馆藏文物】 临汾市博物馆是全市的文物中心库，是全市最大的文物收藏、保护、研究和展示中心。博物馆秉持“藏展结合，开放融通”的理念，保护利用全市的馆藏文物资源。截至2022年12月底，临汾市博物馆共有馆藏文物157182件7342套。其中，珍贵文物1522件1058套，荟萃全市文物精华，可以满足临汾市可移动文物的安全保护与利用，形成独具临汾地域特色的现代化展陈。

【陈列展示】 2022年，临汾市博物馆结合临汾的特色历史文化，充分挖掘馆藏文物资源，举办一系列展览：丹青不知老将至——董寿平先生书画艺术回顾展、红色记忆——革命文物征集展、虎虎生福——壬寅虎年新春生肖文物（图片）联展、平阳年画版刻流韵——平阳木版年画专题展、翰墨情怀——樊习一书法展、巍巍如天——陶寺遗址考古成果精华展、十年一剑——瓦窑坡墓地青铜器保护修复成果展。尤其是原创巡展巍巍如天——陶寺遗址考古成果精华展继2021年在河南洛阳二里头夏都遗址博物馆展出取得良好社会效应之后，2022年“杭州良渚日”期间在良渚博物院展出，加强了省际文化交流，丰富了人民群众的精神文化生活，提升了临汾市历史文化的影响力。

【教育活动】 2022年，临汾市博物馆共派出讲解426次，接待团队人数8000余人次，散客5000人次，打造208期社教活动，开展27期志愿服务活动，参与人数300余人。与时代风华特色学校、解放路学校、御景小学、临汾平阳中学等中小学校联合举办“志愿之声”以及游博物馆有感征文活动；与山西广播电视台联合制作《剧说你有戏》节目，探索文旅融合发展新模式，提升了博物馆的社会影响力。

【学术研究】 2022年，临汾市博物馆作为国家一级博物馆，不断加强学术研究能力。在文物保护修复方面，临汾市博物馆已由省文物局批准获得文物修复资质，建立专业的文物修复保护团队，提升临汾市博物馆文物保护研究能力。

【安全管理】 2022年，临汾市博物馆坚持以“安全第一、预防为主、堵截源头、消除隐患”为原则，开展多次安全演练，加强对重点部位的日常安全管理。全年共消除馆内隐患17次、安防隐患9次、消防隐患12次，开展8次消防演练、22次消防培训；集中培训单兵列队及体能训练20次；反恐防暴应急演练1次、防爆器械培训14次及疫情防控演练1次，共留存反恐防暴预案3份、消防预案5份、疫情防控应急预案4份、防汛应急预案1份。临汾市博物馆将9月作为“安全整治月”，全面开展排查安全隐患工作，推进各项整改措施准确、到位，确保各馆文物安全，对丁村古建筑群进行一次全面大排查，丁村古建筑群得到修缮保护，馆内文物保护能力得到提升。

【品牌建设】 2022年，临汾市博物馆推进“五馆合一”，利用和发挥战略优势，增强五馆联动，组织专家赴浙江杭州良渚博物院、扬州中国大运河博物馆、四川广汉三星堆博物馆等国内知名博物馆进行调研，学习先进经验，提升陶寺遗址博物馆和曲沃晋国博物馆的展陈质量，打造临汾特色文化品牌。2022年市政府提出打造“博物馆之城”，临汾市博物馆结合临汾市的历史文化特色和博物馆建设与发展情况，决定将临汾铁佛寺博物馆打造为活态博物馆，邀请非物质文化遗产入驻展示，推进“博物馆之城”建设。 （李 淼）

物质文化遗产

【开展“文明守望”工程】 2022年，临汾市共完成55处文物保护的认领认养；积极争取文物保护利用资金7000余万元，完成受灾文物恢复重建157处。编制完成《临汾市黄河流域文物保护总体规划》，并通过专家验收。

【加强革命文物保护】 2022年，临汾市对重点革命文物进行梳理摸底并积极保护修缮；《临汾市红色文化资源保护传承条例》由省人大常委会批准通过，自2023年3月1日起施行，为保护红色文化资源提供了法律保障。

【打造博物馆之城】 2022年，临汾市鼓励社会力量兴办博物馆，完成临汾市陶唐民俗博物馆等四家非国有博物馆在省文物局的备案登记；曲沃晋国博物馆扩建项目已编制完成文物影响评估报告及保护方案，并通过国家文物局批复。晋国博物馆展陈提升工作精心筹备编制改陈布展大纲。

【文物安全巡检】 2022年，临汾市检查149处市级以上文物保护单位，排查出一般文物安全隐患254个，全部整改到位。（李春容）

融媒体建设

【建强用好县级融媒体中心】 2022年，临汾市制定县级融媒体中心“五·一五”工作机制，立足提升县级融媒体中心的内容生产能力、内容传播能力、政务服务能力、综合服务能力、媒体队伍建设五大核心能力，细化十五项具体指标，制定进度表和任务书，推动各项工作落实落小落细。对各县级融媒体中心加强督促指导，帮助找准定位和特色，采取多种措施，围绕中心工作谋创新、求优化、抓突破，提高内容生产，每半个月对各县级融媒体中心新媒体产品，尤其是App，进行巡查督看，对各专栏的集纳、更新情况，重大主题宣传活动转载、播发情况进行巡查巡检巡看。深化创新推动，积极加强制度创新，总结各地发展经验，摸索高效的运行机制、管理机制，推动各县级融媒体中心走出去请进来，学习先进地区的经验模式，结合各地实际，探索适合自身发展的融媒体模式。培养全媒体人才队伍，组织工作人员参加新华社县级融媒体业务培训。做好各县级融媒体中心发展的一些日常工作和协调工作。进行优秀县级融媒体中心审核推荐工作、县级融媒体中心新闻记者证申领资格审核及加密终端换发工作，组织“我们的新时代”短视频、摄影作品报送工作，组织各县级融媒体中心参加了山西新闻奖县级融媒体作品评选，经省级评审，襄汾县融媒体中心作品《哪里跌倒哪里爬起来——李全保的脱贫故事》入选并推送至中国新闻网。

【“学习强国”学习平台的维护与推广】 2022年，临汾市委宣传部优化工作机制，提高相关指标数据。通过重要指标数据通报制度，提高党员干部日均积分、活跃度和参与度。按照党员带头学习使用，带动群众参与的办法，广泛发动全社会积极参与平台进行学习。依托党组织隶属关系，以党支部为基本单元，依次推动二级、三级等多级学习组织构建，筑牢基础，确保平台覆盖有广度。加强队伍建设，形成强大工作合力。充实学习管理员、供稿管理员、评论员三支工作队伍，注重专业人才培养，组织全市各级通讯员在7—9月分别参加3次编审业务测评，8月29日至9月9日组织参加“学习强国”学习平台山西管理员线上培训班，提高相关人员的政治站位、思想认识和业务素质。做好全市的供稿工作。更新《临汾市“学习强国”稿件编辑学习手册》内容，加强对优质稿件的审核推送工作。全年共向“学习强国”山西学习平台供稿3200余篇，签发稿件2000余篇，其中尧都区新闻传媒中心选送的作品《农村养老初“试水”众手浇开幸福花》、吉县融媒体中心作品《开辟“绿色通道”助力复工复产》、襄汾县融媒体中心作品《我市生活的强者》入围全国县级融媒体优秀作品夏赛；翼城县融媒体中心作品《种旱地辣椒过红火日子》《沿着先辈的道路前行》入围全国县级融媒体优秀作品秋赛。筹备“学习强国”临汾学习平台的独立上线运营工作，拟定了《“学习强国”临汾学习平台建设工作方案》，根据《“学习强国”山西省工作量化评价实施细则（草案）》积极推进相关事项的准备。制作了临汾市“学习强国”学习平台宣传片，在市、县两级主流媒体、新媒体平台和各类社会宣传资源广泛宣传，在全社会营造浓厚的学习氛围。下发了《关于开展临汾市“学习强国”学习平台知识竞赛活动的通知》，组织全市23个“学习强国”学习平台下属学习组织举办临汾市“学习在我 强国有我”主题知识竞赛，最大限度调动全市广大党员干部的学习积极性。

【“临汾随手拍”平台的提升】 2022年，“临汾随手拍”平台创新工作机制和模式，及时审核、转办、督办、发布各类网民反映的问题，实现了各项工作顺利推进。共编制《随手拍周报》41期，共收到网友问政帖2006条。其中，有效帖1183条，无效或重复帖823条；已办结699条，办理中315条，待受理95条，移交市长热线协办处理74件，平均办结率65%。研究制定《随手拍2022年度奖励兑现的方案》，提高广大网民参与“临汾随手拍”的积极性、主动性。在中共山西省委网信办主办的“献礼二十大清朗‘晋’行时”——山西省首届“百佳新媒体账号”推选活动中，“临汾随手拍”微信公众号入选最具服务力政务新媒体账号名单。

【有序推进“纪录小康工程”】 2022年，临汾市高效完成“纪录小康工程”市、县两级数据库的建设工作，积极添设相关栏目，填充2021年临汾市市县乡村大事记内容，并第一时间进行各项数据的征集、整理、审核、上传、展示等工作。其中，数据库下设15个栏目，共上传万余条内容；四级大事记的采录工作已全部完成，全市1个市级大事记、17个县级大事记、136个乡级大事记、2112个村级大事记已全部完成编撰、审核、上传，“纪录小康工程”数据库上传量共计11207条，建设进度和数据上传数量稳居全省第一方阵。10月，临汾市“纪录小康工程”数据库准备工作验收完毕，于10月15日0时全国上线。临汾市两级数据库的建成，为记录好、反映好我国全面建成小康社会这一伟大成就，留下了厚重而光辉“临汾印记”。

（闫　健）

文艺教育

【概况】　2022年，临汾市艺术学校将工作重点放在了规范教学管理、促进师生健康发展上。组织开展各教学科公开活动课，戏曲科汇报表演、音乐科教学汇报音乐会、美术科阶段性教学成果展、舞蹈科期末教学汇报、学前教育科开展讲故事比赛、作文创新比赛、200米接力赛跑等活动。在课程上，增设职业生涯教育、心理健康教育等课程，并组织思政课教师录制系列思政微课“强国青春颂征程，师生共读二十大”。在教职工生活方面，举办庆“三八”国际妇女节插花活动、开设妈咪小屋、成立教师朗诵社团，于6月10日举办迎“七一”诗歌朗诵会，举行“喜庆二十大奋进新征程”教职工文体活动等，丰富教职工业余文化生活，帮助教职工实现在工作和家庭之间的平衡。演出方面，5月29日，舞蹈专业参加了临汾市政府举办的爱临汾·赢未来“悦享临汾·回家有礼”促消费活动启动仪式文艺晚会，获得社会各界的一致认可。

【心理健康教育专题报告会】2022年4月8日下午，临汾市艺术学校特邀原临汾一中高级教师郝忠莲参加学校举办的心理健康教育专题报告会。全校师生共同参加。郝忠莲作了题为《有志青少年放飞大梦想》的专题报告。报告深入浅出，生动有趣，以自我介绍为切入点，以朴实的语言，运用心理学的视角，循循善诱，激发学生的学习兴趣，引导青少年学生树立学习的目标以及远大的理想和自己奋斗终身的梦想，收到很好的效果。

【参加市级、省级“文明风采”竞赛活动】　2022年8月25日，学校参与临汾市文明风采竞赛活动，共参与学生65人，指导教师12人，报送作品16件。其中，才艺展示类11件，参与学生58人，指导教师8人；摄影与视频类3件，参与学生4人；征文演讲2件，参与学生2人，指导教师2人。经过市教育局选拔，共选出获奖作品8件，其中一等奖3件、二等奖2件、三等奖3件，王九红、刘丹、李彩、雷崇4位老师获“市优秀指导教师”荣誉称号。获奖的8件作品由市教育局报送山西省第十四届中等职业学校文明风采竞赛组。

2022年12月26日山西省第十四届文明风采竞赛活动成绩揭晓，临汾市艺术学校取得优异成绩，共6人4件作品获得二等奖。学生王奕文的摄影作品《养鸡姑娘》获摄影与视频类二等奖，学生单泽阳、逯宇恒、王奕文、曹艳鹏共同制作的视频《中国农民丰收节》获摄影与视频类二等奖，学生周博文舞蹈作品《红玉丹心》获才艺展示类二等奖，学生连怡瑄舞蹈作品《一条大河》获才艺展示类二等奖。

【艺术作品取得优异成绩】　2022年，临汾市艺术学校在山西省第十

2022年5月29日，临汾市文化艺术学校参加临汾市政府举办的爱临汾·赢未来“悦享临汾·回家有礼”促消费活动启动仪式文艺晚会　　（市艺校供图）

九届水彩画作品展中，冯红宇、张青虎、姚金三位老师创作的作品和其辅导的学生作品共11幅入选山西省第十九届水彩画作品展。学校教师高梓津、李彩讲授的微课入选山西省“铸魂育人”思政课作品展。教师马杰敏创作的剧本《十三红》在2022首届山西戏剧年度推优活动中荣获“高峰之路”最佳剧本提名。校内青年教师乔杰伟作词作曲、常涛演唱、范青板胡演奏的原创作品《这辈子的哥》正式发布，引起临汾各界人士的关注。

【学生日常教育管理】 2022年，临汾市艺术学校高度重视学生养成教育，启动教职工包联学生的“暖心工程”，让教职工一对一地从各方面关心关爱每一名学生，为学生的健康成长保驾护航。以常规管理为切入点，按照《学生日常行为规范》进行管理，全面培养学生良好的行为习惯。2022年度开展“三好学生”“优秀团员”等评比获活动，举办“12·4”宪法宣传周，民法典、反恐怖主义法宣传周，文明风采竞赛等主题宣传活动，通过微信公众号、学生班会、普法知识讲座等形式，提高师生的法律意识，促进学生思想道德素质的全面提高。

【改善办学条件】 2022年，临汾市艺术学校生活条件方面进行改善。将老旧管道进行维护维修，直饮水设备进行升级更换，宿舍内更换窗纱和窗帘，针对学校供热温度偏低的问题，积极协调集中供热公司安排技术人员上门服务，进行现场调试，提高暖气温度，让师生能够安心教学。接入天然气管道，实现学生食堂环保达标要求，解决多年没有解决的难题。加强食堂服务工作，增加菜品种类，提升饭菜质量，确保学生在校内生活方便舒心。

【招生宣传】 2022年，临汾市艺术学校通过参加各项市级、省级的文艺会演活动，扩大学校的知名度和影响力；继续与山西艺术职业学院开展“3+2”联合办学，拓展办学领域；在临汾电视台播放招生宣传片，并在抖音、微信视频号等短视频平台拍摄并投放招生宣传片，在抖音开放网上报名平台，增加报名方式，扩大招生影响力。

（郭　然）

戏剧事业

【概况】 2022年，临汾戏剧研究院以研究、传承、弘扬和发展蒲剧、眉户剧为宗旨，搜集、挖掘和整理本土知名戏曲艺术家档案，出版发行戏曲杂志《蒲剧艺术》，创排和传承经典剧目，进行戏曲艺术交流演出和展演，推出优秀剧目和艺术人才。

【戏曲研究与资料整理】 2022年，临汾戏剧研究院对临汾市3名戏曲老艺人进行艺术访谈和资料整理，建立个人艺术档案，为临汾市戏曲的传承保护、研究创作和繁荣发展提供了资料。临汾蒲剧院组织业务骨干对蒲剧表演艺术家杨翠花的《断桥》《杜鹃山》《向阳坡》等10余段经典唱腔进行加工、整理、音乐录制等。临汾蒲剧院《蒲剧艺术》杂志4期按期出刊，对临汾市及晋南重要戏曲活动进行报道宣传，为戏曲的保护传承发展起到宣传作用。

【艺术交流与展演】 2022年，临汾蒲剧院现代戏《老鹳窝》入选文旅部“首届黄河流域戏曲演出季”活动，小梅花蒲剧艺术培训中心于6月25日晚在泉城山东济南梨园大戏院精彩亮相。蒲剧首部中国戏曲“像音像”工程剧目《烤火》完成录制。由临汾戏剧研究院院长、首届戏曲梅花奖获得者、“二度梅”获得者任跟心领衔，和老搭档李小青、李四平重新打磨排练蒲剧经典折子戏《烤火》，7月上旬进行彩排演出，由中国数字文化集团有限公司高科技录制。此次录制是戏曲回归传统经典的一次新尝试。7月30日晚，庆祝“八一”建军节主题戏曲晚会在梨园堂剧场举行。临汾戏剧研究院四位梅花奖演员携院国家一级演员、二级演员、优秀青年演员共计百余人，演绎不同的红色经典名剧精彩片段。四大班子及军分区官兵共300余人一起观看晚会。7月，蒲剧表演艺术家郭泽民、眉户剧表演艺术家潘国梁携优秀青年演员参加在运城举办的“首届蒲剧艺术周”开幕式晚会，并参加青年新秀展演、精品剧目展演，出演《徐策跑城》《扈家庄》《表花》《火凤凰》等折子戏，传统戏《白蛇传》和现代戏《老鹳窝》。眉户现代戏《雷雨》《父亲》应邀参加线上“第五届嘉陵江灯戏暨地方戏剧艺术节”展演，演出取得圆满成功。

【人才培养】 2022年4—6月，临汾蒲剧院团百余名青年戏剧工作者参加中国剧协2022年青年戏剧专题网络专题培训班，顺利拿到结业证书。中国戏曲学院首开全日制蒲剧本科班，临汾蒲剧院与其签署战略合作协议，成为“中国戏曲学院教学实践基地”，临汾戏剧研究院9名学子成功录取。7月15日，举行线上“中国戏曲学院教学实践基地”签约挂牌仪式，临汾戏剧研究院百余名青年戏剧工作者参加网络专题培训。11月，临汾蒲剧院6位业务骨干参加省委宣传部组织、清华大学继续教育学院举办的“山西省文艺骨干培训班”，按时完成学习任务。经过培训学习，青年戏剧工作者们打开新视野，提升创作技巧。

【移植改编剧目】 2022年，临汾市蒲剧艺术研究中心移植改编创排蒲剧古装戏《穆桂英大战洪州》。

【喜获佳绩】 2022年，临汾市小梅花蒲剧艺术培训中心青年演员梁静携蒲剧折子戏《扈家庄》参加“2022中国·宜兴梁祝文化艺术节‘中国戏曲红梅荟萃’”，荣获“中国戏曲红梅荟萃”金花十佳。青年演员田艺蓉携蒲剧折子戏《杀狗》参加第五届中国（黄河流域）戏剧红梅大赛，荣获一等奖。临汾市小梅花蒲剧艺术培训中心蒲剧折子戏《火凤凰》成功入选“文化和旅游部全国地方戏精粹展演参演剧目”名单，11月28日晚进行线上展演，经过专家严格评选，领衔主演梁静荣获“全国地方戏精粹展演表演艺术传承英才”的荣誉。由临汾市、运城市委、市政府联合主办的“首届蒲剧艺术周”活动授予任跟心、郭泽民“蒲剧艺术传承功勋人物”荣誉，授予梁静、姚飞龙、李小燕、张雪、张志乐“蒲剧艺术传承新人奖”荣誉。

【剧目传承与复排】 2022年，临汾戏剧研究院传承复排蒲剧经典折子戏《救裴生》《杀狗》《采花》《黄逼宫》，本戏《清风亭》《火焰驹》，眉户传统折子戏《失子惊疯》《张连卖布》和眉户本戏《祥林嫂》。

【新创剧目】 2022年，临汾戏剧研究院配合临汾市纪委拍摄了《清廉临汾》（戏曲篇）公益宣传片。眉户剧艺术研究中心新创眉户现代戏《煤乡人家》。临汾戏剧研究院与电视台联合排练抗疫题材情景剧《生命的逆行》。 （李文慧）

2022年7月30日晚，临汾戏剧研究院百余人在梨园堂剧场举行庆祝八一建军节“喜迎二十大 热血铸军魂”主题戏曲晚会

（市蒲剧院供图）

图书发行

【概况】 2022年，山西新华书店集团临汾有限公司（简称临汾公司），求真务实、强化管理，各项工作取得新的进步。《百年大党面对面》等重点图书销售130余万元。《习近平谈治国理政》第四卷销售11万余册，码洋950万元。二十大精神学习读物发行89.84万元。晋版书销售74万元，完成年度目标任务值的107.2%。临汾市农家书屋中标60.8万元，其中曲沃分公司为全县21个农家书屋配备书柜书架价值16万元。

【履行社会责任】 2022年，临汾公司系统各公司向当地关工委、学校、幼儿园等捐赠33.17万元的图书。临汾公司向尧都区志愿服务联合会捐赠现金5000元。曲沃分公司帮助脱贫户落实产业扶贫政策申请困难补助金1.2万余元。12月初，吉县分公司向帮扶户捐赠物资价值2000余元，向返乡大学生临时安置点捐赠图书价值4000余元，丰富学生管控期间文化生活。为承租户减免租金20余万元。临汾公司系统各公司开展环境整治、文明劝导、养老院慰问、送温暖、高考学生免费接送等志愿服务活动32场次。组织干部员工参加腾讯“9·9”公益日助残捐赠公益活动，积极向上、乐观进取、勇于担当的企业文化氛围逐渐养成。 （韩 钰）

三晋文化研究

【概况】 临汾市三晋文化研究会，成立于1990年3月27日，是在临汾市委和政府领导下的社会学术研究团体，主要任务是进行临汾地域历史文化研究与宣传。2012年经市委批准，三晋文化研究会与尧文化研究与开发委员会实行两块牌子、一套人马办公机制。会长刘合心，常务会长王庚星，常务副会长石耀辉，秘书长李梅秀。截至2022年底，有理事100余人，多为退休干部，对全市17个县（市、区）三晋文化研究会进行业务指导。

【研创基地落户市图书馆】 2022年4月23日，临汾市三晋文化研究会研创基地揭牌暨赠书仪式在市图书馆举行。临汾市委常委、宣传部部长闫建国出席揭牌赠书仪式并讲话，市三晋文化研究会会长刘合心，市文旅局和市图书馆有关负责人参加活动。市三晋文化研究会和各县（市、区）三晋文化研究会负责人到会作经验交流发言。向市图书馆捐赠该会出版的128种、300多册图书，并在图书馆设立研究成果图书展厅。

【参与筹备并参加“尧文化研讨交流会”】 2022年9月25日，2022第四届尧都文化旅游节尧文化研讨交流会在东方丽舍酒店举行。此次研讨交流会由中国考古学会、中国先秦史学会、山西省政府参事室（文史馆）主办，三晋文化研究会，尧都区委、区政府承办，活动以“寻根尧祖·德耀中华”为主题，旨在落实习近平总书记关于传承中华优秀传统文化的指示精神，梳理探寻尧文化的发展脉络，深入挖掘尧文化的思想精髓、精神内核、历史意义、时代价值，积极探索尧文化创新发展新思路，大力弘扬“尧都·中国文明从这里开始”的深刻内涵与时代精神，更好地推动尧都文旅融合高质量发展。各位专家学者用大量翔实的史料和考证，就临汾是古“中国”的源头进行论证，围绕尧文化蕴含的时代内涵和思想精髓，聚焦尧文化所蕴含的“德、孝、公、廉、敬”等核心价值观基因，展开深入研讨交流，把中华优秀传统文化核心价值和社会主义核心价值观进行有效的对接，找准与群众思想的共鸣点、同时代发展的结合点，实现全方位融入，为尧都区“三区三地”建设凝聚磅礴精神力量和道德滋养。

【地方历史文化研究成果】 2022年，17个县级研究会出版了一大批研究成果。其中，《三晋石刻大全》17个县（市、区）已全部完成。每县一卷的《地域文化通览》也出版了多卷。市研究会组织编纂的《崇山志》正式出版。编印了2期《尧文化研究》会刊，分别为第20期“洪洞虞舜卷”和第21期“乡宁鄂文化专刊”。

【编著出版《尧帝陵》并举行授书仪式】 2022年9月，刘合心编著的尧文化专著《尧帝陵》一书，由山西人民出版社正式出版。9月21日，《尧帝陵》授书仪式在尧都区委举行。临汾市人大常委会原主任、临汾市三晋文化研究会会长刘合心，原胜利、仇振刚、王醒安、杨玉龙、周征松、王庚星、石耀辉、彭亚鸣、李梅秀、武建杰等专家学者，以及尧都区委书记崔绍民，区委副书记刘磊，区委常委、区委办主任温济荟参加授书仪式。《尧帝陵》一书的出版发行，可以帮助更多的人了解尧文化，感受尧文化，推动尧文化的传承和发展。

（石耀辉）

法显文化研究

【“腊八节”送粥活动】 2022年1月9日（农历腊月初七）下午，贾雪梅会长带领会员代表和蚂蚁力量儿童义工团志愿者一起走上临汾市区的街头，为辛勤的环卫工人、老人、快递小哥、执勤民警、路过的市民送上精致的“爱心腊八粥”食材（袋装），以此宣传法显文化和弘扬法显精神。

【第六届纪念法显“腊八浇雪山”活动】 2022年1月10日（腊月初八），“第六届纪念法显‘腊八浇雪山’暨银杏祈福文化节”在微信群举办（疫情影响在线上举行），活动由临汾市法显文化研究会和襄汾县襄陵镇北街村党支部和村委会主办，临汾市法显文化传媒有限公司、襄陵镇法显文化研究分会、襄陵镇三晋文化研究分会、襄陵镇老年书画家分会、襄陵镇荷风学社共同协办。

【“法显文化——丝路圣光”展陈馆项目策划】 2022年3月14日，在研究会和市博物馆的共同协调下，山西省文物局同意将“法显文化——丝路圣光”展陈项目列入全省2022年度陈列展览计划，法显研究会受博物馆委托完成了该项目的陈展大纲及文案设计工作。

2022年1月9日，临汾市法显文化研究会纪念法显“腊八浇雪山”送粥活动 （法显文化研究所供图）

【第七届纪念法显“腊八浇雪山”活动】 2022年12月30日（农历腊月初八），由临汾市法显文化研究会、襄汾县襄陵镇北街村党支部和村委会、临汾市法显文化传媒有限公司共同主办的第七届纪念法显“腊八浇雪山”暨银杏祈福文化节在微信群“法显研究会”“法显文化”“法显精神”“襄陵分会”“浇雪山”成功举办。由于新冠疫情，本届纪念法显“腊八浇雪山”活动在线上举行，专家袁维学、郝唯民及临汾市有关负责人发来贺信和作品。本次活动中，共收集会员和法显文化热爱者撰写的诗文作品25篇、书法作品10幅。

【第四届纪念法显大师诞辰1688周年活动】 2022年5月18日，研究会以线上形式举办第四届纪念法显大师诞辰1688周年活动。该活动连续举办四次，填补国内外之空白，为缅怀法显大师创建一个纪念节日。

【临汾市华侨文化交流基地挂牌】 2022年5月27日，由临汾市归国华侨联合会决定“法显文化馆”作为临汾市华侨文化交流基地并挂牌。

【法显文化研究会尧都分会策划】 2022年9月初，在尧都区委统战部、尧都区政协等部门的支持下，组织民间法显文化热爱者人士，正式启动成立“法显文化研究会尧都分会”申请流程。 （冯春海）

旅 游

综 述

【概况】 2022年，临汾市文化和旅游局统筹推进疫情防控和文旅产业发展，全方位推动临汾文旅融合高质量发展。永和县乾坤湾乡入选第二批全国乡村旅游重点镇，曲沃县南林交村入选第四批全国乡村旅游重点村；起草的《临汾市红色文化资源保护传承条例》由省人大常委会批准通过。全年全市重点监测景区旅游接待人数114.1万人次，比上年下降49.8%；门票收入4418.5万元，下降40.8%；旅游经营收入12311.9万元，下降33%。

【A级旅游景区创建】 2022年，临汾市实现A级旅游景区全覆盖。黄河壶口瀑布旅游区成功创建国家AAAAA级旅游景区，尧帝陵景区、尧京酒庄成功创建国家AAAA级旅游景区，霍州署景区、汾西师家沟景区等6家景区确定为国家AAA级旅游景区，率先在省内实现县域A级景区全覆盖。为加快推进乾坤湾景区AAAAA创建工作，成立工作专班，入驻景区创建一线，协调专家组对景区建设进行实地不间断督导；深化晋陕沟通，协调两省乾坤湾景区“五统一”事项，持续深入两省景区同创工作，进展顺利，进入景观质量评审阶段。

（李春容）

旅游规划与建设

【概况】 2022年，临汾市共推进11个重点文旅项目建设，其中临汾市黄河板块旅游发展综合项目、乡宁县云丘山风景名胜区开发建设项目、陶寺遗址博物馆建设工程项目为省级重点项目。其余8个文旅项目完成总投资3.67亿元，其中完成2个，乡宁县紫砂小镇（紫砂紫陶产业园区）项目、安泽县良马镇桑曲太岳人家项目；已开工5个，浮山县寨圪塔康养小镇项目、洪洞大槐树寻根祭祖园二期项目、河上公德山项目、安泽县研学培训基地项目、乡宁戎子酒庄葡萄酒生活方式旅游度假目的地。

【临汾市黄河板块旅游发展综合项目】 该项目2022年完成投资2亿元。壶口瀑布景区生活中心项目于2022年6月开工，14项手续办理完成11项，预计2023年1月底可以完成全部手续办理；游客中心、数智中心项目14项手续办理完成7项，预计2023年3月底可完成全部手续办理。乾坤湾景区完成创建国家AAAAA级旅游景区所需资料清

2022年，临汾市文旅局组织市县两级AAAAA创建工作专班在乾坤湾景区开展例行督察　　（市文化和旅游局供图）

单中资料的编制、修改、审核工作及44项具体任务；完成黄河99健身步道、红军泉景点、黄河蛇曲地质博物馆、游客中心等景观质量提升任务。

【乡宁县云丘山风景名胜区开发建设项目】 2022年，该项目完成投资1.25亿元。五龙宫（诺富特）酒店装修工程完工；塔尔坡古村氛围及硬件提升项目完工，完成古村门楼、槐树广场、婚俗院、学堂等14个院落的改造提升。

【陶寺遗址博物馆建设工程项目】 2022年，该项目完成投资0.68亿元。主体工程已封顶，开始进行主体内部安装工程。

（李春容）

旅游管理

【旅游市场监管】 2022年，临汾市文化和旅游局加强对旅游企业经营管理的监督检查，提高旅游企业的服务质量。宣传贯彻执行旅游法规、规章，为旅游者提供法规咨询服务，执行旅游市场检查及联合其他部门开展的综合检查，查处旅行社、导游等领域的违规违法行为。在节假日对重点景区、高速路口进行蹲点检查，维护良好的旅游秩序。对擅自经营旅行社业务的违规行为进行查处，对不合理低价游及旅游诈骗行为进行严厉查处。加强寒暑假期对旅游市场的巡查频次，强化执法检查力度，严厉打击违法违规行为，规范旅游市场秩序。加强旅行社服务网点和分支机构的检查，规范其经营行为，严厉打击承包挂靠等现象。加强对外地旅游办事机构的检查和处置，规范旅游市场。加强对导游人员的检查，对违法违规行为进行查处。

【旅游人才培养】 2022年，临汾市按照部门主导，高等院校、行业协会共同参与，分级开展、线上线下同步方式实施临汾市导游人才队伍建设。督促全市导游参加全国导游云课堂在线学习任务，完成在线学习累计12小时学习指标。加强导游信用监管，以金牌导游为引领带动行业钻研导游业务技巧。全市国家金牌导游1名，省级金牌导游13人，由金牌导游发起线下交流学习活动20余场，累计人数200人。开展在线公益讲座，提高人才持证率。针对全市优秀旅游人才持证难的问题，引进文旅部人才培训中心中级导游公益讲座，助力临汾初级导游员晋升中级考试。临汾市导游旅行社协会国家金牌导游团队与景区互动，搭建晋南文化脉络，提升景区讲解员讲解水平。协会导游团队先后进入尧庙、尧帝陵、云丘山、大槐树、广胜寺等景区，与讲解员队伍深入探讨“中国根黄河魂”文化精髓，逐渐完善独特的根祖文化脉络和讲解体系。

（李春容）

旅游宣传

【概况】 2022年，临汾市文化和旅游局成立文旅宣传工作专班，推出系列主题宣传片，“花开五月绽放临汾”系列文旅宣传短片80余个，播放、点赞、转发累计破百万次；创新场所码加挂文旅宣传短视频，覆盖超1200万人次；开展“悦享临汾 回家有礼”文旅惠民宣传活动，联通短信宣传覆盖超100万人，共发放文旅惠民卡15万张。围绕“大河论坛·黄河峰会”，策划“著名诗人诵黄河”、明星代言等系列活动，推出《诗人诵黄河》《临汾最中国》等视频，其中抖音达人意公子推出的《不枉临汾》文化短片累计曝光逾1000余万次、播放550余万次，反响巨大。组织文旅宣传专班春节期间拍摄制作“街巷里的中国”主题宣传片10余个，邀请本地网红“临汾张阿三”团队拍摄宣传视频，宣传推广临汾市民宿、书吧、茶吧。以“回家过年”为主题，组织拍摄制作专题宣传片；推出“主播带你游临汾”宣传片；举办临汾市2023年春节“回家·过年”文旅活动，推广百余场迎新春活动，推出根祖文化游、黄河风情游、康养度假游、市域休闲游、红色研学游5条春节旅游线路，微信公众号、抖音、《临汾日报》、临汾电视台、今日头条、《山西晚报》、人民网等进行全平台推广，营造喜庆祥和的节日氛围。

参加2022中国国际旅游交易会，参加山西省文化和旅游厅主办的石家庄、广州“山西文化旅游推介会”，“晋享清凉·活力一夏”主题季长沙、重庆专场推介会，推出了临汾市平阳木版年画、浮山剪纸、太平绣球、布老虎、平阳窑等非遗产品，传统蒲剧《表花》的精彩演绎，展现了临汾传统文化的魅力。

【文旅品牌打造】 2022年，临汾市文化和旅游局打造国家级品牌四项：永和县乾坤湾乡入选第二批全国乡村旅游重点镇；曲沃县南林交村入选第四批全国乡村旅游重点村；洪洞大槐树寻根祭祖园景区旅游厕所建设案例，成功入选文旅部“2022年全国旅游厕所建设与管理优秀案例”；洪洞县孝亲敬茶志愿服务项目成功入选文旅部“2022年文化和旅游志愿服务典型案例”。打造省级品牌五项：云丘山景区等4家单位成为山西省文旅康养示范区创建单位；乡宁金砂紫陶工艺美术有限公司等4家单位成为2022年山西省文化产业示范基地创建单位；洪洞县莲花城成功创建为山西省省级旅游休闲街区；丁陶风情街成功创建为山西省夜间文化和旅游消费集聚区；曲沃县成功创建为省级文旅产业融合发展示范区。打造市级品牌12家，建设提升打造38家精品民宿、书吧、茶吧、咖啡吧，制定《临汾市回家·悦生活品牌民宿（书吧、茶吧、咖啡吧）选树宣传方案》，经摸底调研、资料审核、现场检查和评审打分，确定12家单位予以命名挂牌表彰。

（李春容）

2022年临汾市旅游星级酒店一览表

表13

星级	区域	序列	酒店名称	地　址
四星级（4个）	尧都区	1	临汾思麦尔大酒店	临汾市鼓楼东大街40号
	襄汾	2	襄汾丁陶大酒店	襄汾县兴农路中段
	侯马	3	侯马华翔大酒店	侯马市火车站南侧
		4	侯马华强大酒店	侯马市开发区呈王路69号
三星级（22个）	尧都区	1	临汾育花园大酒店	临汾鼓楼西大街
		2	临汾家思博尔酒店	开发区霍侯一级路北孝公交公司
		3	临汾东苑大酒店	临汾市临钢路
		4	临汾市碧豪酒店	临汾市尧庙镇金井村1号
		5	临汾市茂颐酒店	临汾市华州路金典花园口
		6	喜来圣源酒店管理公司	临汾市尧都区解放东路2号
		7	临汾凯利莱酒店有限公司	临汾市尧都区平阳南街106号
		8	临汾尧都区职业教育中心	临汾市尧都区鼓楼南大街132号
		9	临汾市尧都区世界风酒店	临汾市尧都区向阳路32号
	吉县	10	吉县人祖山忘忧山庄窑洞	屯里镇桃园村口
	襄汾	11	襄汾帝尧酒店	襄汾县滨河西路
		12	山西博煜国际大酒店	襄汾县北大街1号
		13	十方泽智能酒店管理公司	临汾南城十方泽科技创新产业园
	曲沃	14	曲沃宾馆	曲沃县县府街2号
	乡宁	15	乡宁玉鑫源大酒店	乡宁县迎旭大街96号
		16	乡宁云丘山窑洞大院	云丘山旅游风景区康家坪古村内
		17	乡宁云丘山琪尔康度假村	乡宁关王庙乡大河村
	霍州	18	霍州金州大酒店	霍州市兴霍路
		19	霍州宴大酒店	霍州市北环路市委党校院内

续表13

星级	区域	序列	酒店名称	地 址
三星级（22个）	洪洞	20	洪洞大槐树民俗酒店	洪洞大槐树景区
		21	重八席大酒店	洪洞虹通南路与朝阳东街交叉口东北角虹通大厦
	古县	22	古县宾馆	古县岳秀街46号
二星级（21个）	尧都区	1	临汾平阳宾馆	临汾解放路8号
		2	临汾神农大酒店	尧都区体育南街91号
		3	临汾书荣大酒店	临汾市鼓楼东大街117号
	襄汾	4	襄汾交通大厦	襄汾县滨河路51号
		5	襄汾大运商务酒店	襄汾县大运路汽车站北100米
		6	襄汾县八方宾馆	襄汾县大运路西
		7	襄汾新城鹏泽宾馆	襄汾县大运路西
		8	襄汾新城洁康宾馆	襄汾县大运路西
		9	襄汾县红土地商务宾馆	襄汾县南大街28号
		10	襄汾县滨河大酒店	襄汾县大运路西
		11	襄汾县新城龙馨宾馆	大运路南二排1号（景观桥南路西）
		12	襄汾县新城众鑫宾馆	襄汾县桥东街14号
		13	襄汾县新城龙山宾馆	襄汾大运路路西
	吉县	14	吉县壶口蓬莱山庄	吉县壶口景区
		15	吉县黄河壶口商务酒店	壶口镇距壶口风景区售票口800米处
		16	吉县壶口朱朝辉民俗酒店	壶口景区
		17	吉县望河楼酒店	壶口景区
	乡宁	18	乡宁县云丘山云圣快捷酒店	云丘山康家坪村
	洪洞	19	洪洞县聚隆商务酒店	飞虹东街与霍侯一级路交会处（大槐树镇新丽都装饰城）
		20	洪洞县恋根快捷酒店	洪滨河路滨河苑外门面房（大槐树景区南）
	大宁	21	大宁宾馆	大宁县府东街2号

2022年临汾市A级景区信息统计表

表14

序号	景区名称	所在县（市、区）	主管部门	等级
1	洪洞大槐树寻根祭祖园	洪洞县	洪洞县文化和旅游局	AAAAA
2	乡宁县云丘山景区	乡宁县	乡宁县云丘山发展中心	AAAAA
3	黄河壶口瀑布旅游区	吉　县	临汾市黄河壶口瀑布风景名胜区发展中心	AAAAA
4	尧庙—华门景区	尧都区	尧帝旅游景区建设发展中心	AAAA
5	古县牡丹文化旅游景区	古　县	古县文化和旅游局	AAAA
6	隰县小西天景区	隰　县	隰县文化和旅游局	AAAA
7	彭真故居纪念馆	侯马市	中共山西省委办公厅	AAAA
8	蒲县柏山东岳庙	蒲　县	蒲县文物旅游中心	AAAA
9	汾河文化生态景区	临汾市	临汾市人民政府	AAAA
10	曲沃晋国博物馆	曲沃县	曲沃县人民政府	AAAA
11	临汾人祖山景区	吉　县	人祖山文化旅游开发有限公司	AAAA
12	曲沃晋园景区	曲沃县	曲沃县住建局	AAAA
13	洪洞广胜寺景区	洪洞县	洪洞县文化和旅游局	AAAA
14	襄汾龙澍峪景区	襄汾县	襄汾县文化和旅游局	AAAA
15	襄汾县荷花小镇景区	襄汾县	邓庄镇人民政府	AAAA
16	永和黄河乾坤湾景区	永和县	永和县文化和旅游局	AAAA
17	尧帝陵景区	尧都区	临汾市尧帝旅游景区建设发展中心	AAAA
18	尧京酒庄	襄汾县	襄汾县大邓乡人民政府	AAAA
19	曲沃春秋晋国城景区	曲沃县	史村镇政府	AAA
20	吉县克难城旅游景区	吉　县	临汾市黄河壶口瀑布风景名胜区发展中心	AAA
21	曲沃县石桥堡红色文化景区（红色）	曲沃县	杨谈乡政府	AAA
22	曲沃县诗经山水景区	曲沃县	北董乡政府	AAA
23	曲沃县磨盘岭休闲农业观光园	曲沃县	史村镇政府	AAA
24	曲沃县朝阳沟景区	曲沃县	里村镇政府	AAA
25	翼城佛爷山景区	翼城县	翼城县文化和旅游局	AAA
26	翼城古城景区	翼城县	翼城县文化和旅游局	AAA
27	洪洞红军八路军纪念馆（红色）	洪洞县	洪洞县文化和旅游局	AAA
28	山西光大工业旅游示范园	襄汾县	襄汾县工业和信息化局	AAA

续表14

序号	景区名称	所在县（市、区）	主管部门	等级
29	安泽县荀子文化园	安泽县	安泽县文化和旅游局	AAA
30	丁陶风情街文化旅游景区	襄汾县	襄汾县商务局	AAA
31	洪洞县明代监狱	洪洞县	洪洞县文化和旅游局	AA

2022年临汾市旅行社一览表

表15

县(市、区)	旅行社名称	地 址
侯马市	山西四方百事通国际旅游有限公司	侯马经济开发区文明路文锦苑28号楼402室
侯马市	临汾四季风航旅假日国际旅行社有限公司	侯马市新田路中心岗东北角
尧都区	临汾中国国际旅行社有限责任公司	临汾市尧都区滨河东路滨河国际写字楼15层1521室
尧都区	乐途（山西）国际旅游有限公司	山西省临汾经济开发区建设路北口邮电小区2号楼3单元101室
尧都区	山西玩美天下旅行社有限公司	山西省临汾市尧都区尧庙镇华强茶城4排10-9号
尧都区	山西吉美国际旅行社有限公司	山西省临汾市尧都区滨河街道西华公馆8号楼二层201
尧都区	山西两山国际旅行社有限公司	山西省临汾市尧都区平阳南街31号
襄汾县	襄汾县中源文化旅游发展有限公司	山西省临汾市襄汾县新城镇尧风街1号
尧都区	临汾市千奇亿研学旅行社有限公司	山西省临汾市尧都区木材巷凯泽苑对面8号
尧都区	山西缤纷假期旅行社有限公司	山西省临汾市尧都区迎春南街维也纳酒店3层
尧都区	山西帝尧旅行社有限公司	山西省临汾市尧都区尧庙镇尧都大道1号接待处（尧庙景区售票处东侧）
洪洞县	山西广胜旅行社有限公司	山西省洪洞县广胜寺镇圪垌村商业街
尧都区	山西怡途旅行社有限公司	临汾开发区工业路西大街天盛达科工贸公司院内
尧都区	山西尧轩文化旅游发展有限公司	山西省临汾市尧都区东关街96号
尧都区	临汾市景行旅游集散中心有限公司	临汾市尧都区迎宾大道规划三街1号
乡宁县	山西云丘山新悦旅行社有限公司	乡宁县云丘山旅游开发有限责任公司办公楼二层
尧都区	临汾市明月天旅行社有限公司	临汾市尧都区锦悦城5外25号门面
永和县	永和县乾坤湾旅行社有限责任公司	永和县正大街30号（永和宾馆西楼二层）
尧都区	山西三晋祥云旅游文化有限公司	临汾市尧都区平阳北街26号
尧都区	临汾市春秋国际旅行社有限公司	临汾市尧都区东关路202号
尧都区	临汾思麦尔旅行社有限公司	临汾市花果街商会巷5号

续表15

县(市、区)	旅行社名称	地　址
洪洞县	洪洞大槐树旅行社有限公司	临汾市洪洞县古槐北路公园街002号
尧都区	山西自由行旅行社有限公司	山西省临汾市浮山县天坛镇西环南街中医院对面
尧都区	山西宏图文化旅游发展有限公司	山西省临汾市尧都区洪家楼北街一市场巷52号
翼城县	翼城县舜王坪旅行社有限责任公司	山西省临汾市翼城县解放西街中段北侧新民路
尧都区	临汾市海峡旅行社有限公司	山西省临汾市迎春北街39号粮转站5号楼7单元101号
洪洞县	山西友邦文化旅游发展有限公司	山西省洪洞县车站街
尧都区	临汾大奇旅行社有限公司	临汾市火车站广场北侧
尧都区	临汾市尧都区经之纬旅行社有限公司	临汾市尧都区花果街8号
侯马市	侯马市万里行旅行社有限责任公司	侯马市呈王路瑞阳苑小区商业房11号2层
尧都区	临汾市尧都区九龙航空旅行社有限公司	临汾市尧都区建设路4号楼52号
尧都区	临汾市途乐旅行社有限责任公司	临汾市尧都区秦蜀路南端229号1号楼1单元401
翼城县	翼城县红海旅行社有限公司	山西省临汾市翼城县红旗街舜尧商贸城高2号楼2单元302室
蒲　县	蒲县安隆旅行社有限责任公司	蒲县蒲伊东街40号
翼城县	翼城县凯达旅行社有限责任公司	山西省临汾市翼城县府前广场
尧都区	临汾天元旅行社有限公司	临汾市鼓楼广场3号楼13号门店
侯马市	侯马市华铁旅游有限责任公司	山西省临汾市侯马市火车站候车室二楼
汾西县	汾西金凤凰旅行社有限责任公司	汾西县城内新建街县文物旅游局一楼
吉　县	临汾三河旅行社有限公司	扶风佳苑1号楼3单元1002室
曲沃县	曲沃县伍思旅行社有限公司	曲沃县西大街
侯马市	临汾市东方旅行社有限公司	临汾市益民路东赵文明小区物业办公室二层202室
尧都区	山西华景旅行社有限公司	临汾市尧都区滨河南路3号新能源大厦一楼大厅
尧都区	临汾市尧都区夏日旅行社有限责任公司	山西省临汾市尧都区铁路东街道汾东路贾庄巷22号
洪洞县	山西梦之圆国际旅游有限公司	山西省临汾市洪洞县大槐树镇虹通大道阳光商业新天地（商业广场4楼）
尧都区	山西壶口之旅旅行社有限责任公司	临汾市尧都区尧庙镇旅游经济文明大道西侧平阳国际C座901室
尧都区	临汾市新世纪旅行社有限公司	临汾市尧都区锦悦城4外-05号
尧都区	山西东悦旅游有限公司	山西省临汾市尧都区五一西路144号
曲沃县	临汾市尧夏旅游有限公司	曲沃县乐昌镇府西街二运楼下
尧都区	山西北旅旅行社有限责任公司	临汾市尧都区贡院街7号

续表15

县(市、区)	旅行社名称	地　址
尧都区	临汾新闻旅行社有限公司	临汾市广宣街10号
尧都区	临汾旅游百事通旅行社有限公司	山西省临汾市尧都区刘村镇迎宾大道规划三街1号城西客运站2层201、202室
尧都区	临汾假日旅游有限公司	临汾市开发区常兴西街20号
尧都区	山西丁村人旅游有限责任公司	临汾市尧都区滨河路教授花苑5号楼2层
侯马市	侯马市三皇旅行社	侯马市程王路加油站对面侯马饭店家属楼2单元1层104号门面房
尧都区	临汾市五洲旅行社有限公司	山西省临汾市解放路33号
尧都区	山西大地国际旅行社有限公司	临汾市平阳北街18号
尧都区	临汾市人祖山旅行社有限公司	临汾市尧都区滨河南路锦悦城3号楼29号

大众传媒

报　业

【报纸宣传】　2022年，临汾日报社围绕市委、市政府中心工作，策划推出迎接党的二十大、项目建设、疫情防控、乡村振兴、生态环境保护等系列主题宣传报道，开辟“沿着总书记的足迹”“喜迎二十大·奋进新征程”“市场主体建设年”“全面建设清廉临汾”“创建文明城市”等专题专栏35个，刊发各类稿件23760余篇，全方位、多角度、立体式展示全市各领域各行业取得的成就。

【新媒体宣传】　2022年，临汾日报社通过微信、微博等平台，利用视频、海报、H5、直播、Vlog、图解等形式，推出一批具有影响力的融媒体作品，134件作品被新华社、人民网、中新网、《山西日报》等中央、省级主要媒体平台转载转发。《虎虎生威过大年之点“草”成虎》《小小蛋壳上的雕刻艺术》《临汾市10万余名师生进行核酸检测》《北上驰援共同守晋》《星夜坚守》《嗨！谁知道这座城市的名字？》等作品，点击量均超过百万次。融媒作品——《临汾首座，成功转体》，被全国43家媒体转载转发，仅新华社客户端点击量就高达3200万次，全网转载超7000万次，展现出临汾日报新媒体平台传播力和影响力。

【对外宣传】　2022年，临汾日报社通过“中国　山西　临汾英文站”，推送《临汾古稀老人施巧手，石块“说话”》《最美临汾四月天》《临汾吉县壶口“桃花汛”》《临汾，阳春三月花满城》《嗨！谁知道这座城市的名字》等作品32件，扩大临汾域外影响力。

【客户端上线】　2022年6月30日，临汾日报社“临汾云”综合客户端正式上线运行。通过举办学生网络课堂、党的二十大知识网络答题等活动，实现下载量200万次以上、注册会员60万人以上，分别占全市总人口的50%和15%。

【业务培训】　2022年，临汾日报社制定全年新闻业务培训计划，推出“精品创作”“素质提升”“创新运营”三大课程，对人才队伍进行全方位、系统化培训。组织采编人员赴北京、青岛、太原等地参加新闻业务培训。与临汾探店文化公司建立战略合作关系，坚持学中干、干中学，不断增强采编人员的应用水平和实战能力。全年举办线上业务培训26次，开办实践课堂12次，培训人数达3000余人次。

【获奖情况】　2022年，临汾日报社“临汾云”综合客户端项目被中国报业协会授予“入选2022年中国报业媒体融合‘用得好’案例库名录”荣誉。“临汾云”综合客户端项目获得山西省数字经济领域“系统创新优秀成果奖”。在省委网信办开展的山西省首届“百佳新媒体账号”推选活动中，《临汾日报》微信公众号入选“最具影响力主流新媒体账号”。　（陈　华）

出　版

【出版发行】　2022年，全市共有印刷企业228家。其中，出版物印刷企业22家（省新闻出版局发证）、包装装潢印刷企业11家、其他印刷品企业195家，新增印刷企业35家。发行单位（书店）317家。其中，实体书店287家，网上书店30家。新增发行单位50家（网上书店新增6家）。截至年底，全市共有农家书屋2955个，2022年补充更新图书22.4万册，平均每个农家书屋更新75.8类。农家书屋现藏书700多万册，报纸期刊2万余份。

【“扫黄打非”】　2022年，临汾

市“扫黄打非”系统坚持惩罚并举，开展“正道2022”“新风2022”集中行动和八项专项整治，查处“扫黄打非”案件9起，维护全市政治安全，净化文化市场环境。其中，侯马市“扫黄打非”领导组办公室成功侦办“9·29”网上传播淫秽物品牟利案。临汾市“扫黄打非”工作信息在全国“扫黄打非”网站转发4篇，信息转发数量位于全省第一。打造“护苗”品牌，全面推进“护苗”工作站规范化标准化建设。截至年底，全市已建成“护苗”工作站350所，创建率达43%。临汾市“护苗”工作的经验做法被《中国新闻出版广电报》——2022年全国基层“扫黄打非”工作成果巡礼特刊专栏转发。

（闫　健）

新闻中心

【启动“新时代新征程新伟业”主题采访活动】　2022年11月21日，临汾市启动学习贯彻党的二十大精神“新时代新征程新伟业”主题采访活动。启动仪式上，临汾市委常委、宣传部部长闫建国向主题采访记者团授旗。此次主题采访团深入基层、深入一线，发掘新闻线索，提炼典型经验，宣传临汾市基层干部群众学习贯彻党的二十大精神的典型事迹和良好风貌，突出宣传该市过去5年的工作和新时代10年伟大变革，重点宣传“向人民群众交好账”实践活动开展情况和工作成果，为临汾市全方位推动高质量发展营造良好的舆论氛围。采访活动采取分批次、分阶段实施，分别以“向人民群众交好账”、实践活动、学习宣传贯彻党的二十大精神全方位推动高质量发展、学习宣传贯彻党的二十大精神“新时代新征程新伟业”采访为重点。通过记者们的新闻镜头来展示全方位高质量发展的临汾方案，讲好临汾故事，传播临汾好声音。

【举办“新征程新使命新动能”新闻舆论工作培训班】　2022年，临汾市为深入贯彻落实习近平总书记关于新闻舆论工作的重要思想，全面学习贯彻党的二十大、省委十二届五次全会、市委五届五次全会精神，提升临汾市新闻舆情联络员的新闻工作素养和舆情处置能力，12月14日市新闻中心举办“新征程新使命新动能”新闻舆论工作培训班。来自县（市、区）、市直单位、省驻临记者站共134名新闻舆论工作人员参加培训，系统学习党的二十大精神专题、马克思主义新闻观、习近平总书记关于党的新闻舆论工作的重要论述、提升与媒体记者打交道的能力等课程。

（张建国）

广播电视

【概况】　2022年，临汾广播电视台聚焦主责主业，紧扣主题主线，稳步推进“两创一上一融”等重点工作，内容创优、对上报道等主要工作位居全省前列，在中央总台和省台发稿位列全省第一。党的二十大安全播出工作受到省广电局通报表扬，“临汾广播电视台”微信公众号入选山西省首届“百佳新媒体账号”，位列“最具影响力主流新媒体账号”全省市级媒体前三。

【主题宣传】　2022年，临汾广播电视台围绕喜迎党的二十大和学习宣传贯彻二十大精神、“双城”建设等中心工作，先后开辟40个主题专栏，播发新闻5200余条、专题330余期。在央媒播发219条，省媒播发714条。获省级及以上奖项作品40件，服务全市工作大局。

【融合传播】　2022年，“临汾广播电视台”“临汾TV”两个主要微信公众号，粉丝量突破80万人，临汾家App下载量达到125.71万人次。“临汾广播电视台”微信公众号入选山西省首届“百佳新媒体账号”，位列“最具影响力主流新媒体账号”第11位。拓展与《人民日报》、央视频等平台合作，常态化开展融媒体直播。《跟着声音去临汾！中国根、黄河魂、回家游》专题节目，临汾广播电视台综合频道与中央广电总台“中国之声”“央视频”、“喜马拉雅”等并机直播，收听量突破千万；“悦享临汾·回家有礼”活动直播全平台收看人数700万+。积极创作新媒体产品，主要微信平台点击量万+的作品351件。其中，100万+2件，20万+11件，10万+18件，单件作品最高点击量达500万+。

【传输播出保障安全】　2022年，临汾广播电视台落实安全播出工作责任制，完善规章制度，加强值班值守，强化日常防范，提升安全传输和播出水平。把保障党的二十大安全传输播出作为重大政治任务，全领域、全覆盖、全流程开展隐患排查整治，完成重要保障期的安全传输播出任务。

【经营服务】　2022年，临汾广播电视台深化项目制管理，开设《直通县市区》《防疫进行时》等定制栏目，举办好基地讲好故事系列宣讲、“平阳工匠”选树等政务服务、常态直播和市场营销，拓宽创收渠道。推广智慧酒店、智慧医院、宽带专线等业务，发展智慧广电用户2万余户。拓展电路租赁、弱电工程、县市合作、智慧广电乡村工程建设等增值业务，经营创收保持平稳。（王　强）

临汾广播电视台栏目选介

【电视类】《临汾新闻》是临汾市唯一一档以发布时政要闻为主的联播类综合电视新闻节目。作为日播新闻，节目以“权威播报时政要闻、生动传递新鲜资讯、关注引导最新热点”为宗旨。从全市的最新动态到寻常巷陌的热点，从政治时事、评论分析到文化民生，《临汾新闻》以其独特而又平民化的视角，客观、丰富、生动、翔实地记录平阳大地每一天的发展变化。口号：传播时政动态聚焦百姓心声，每天15分钟的用心，皆因关注临汾发展的您而精彩！

《直播临汾》是临汾市广播电视台唯一一档大型民生类新闻节目，每周一到周五晚8点首播。自2013年8月开播以来，栏目致力于打造贴近临汾百姓生活、报道本土社会动态的新闻窗口。栏目紧跟媒体融合潮流，坚持“内容为王”“移动优先”，高度重视群众关注的话题，采用平民化视角生动报道民生故事，通过一次新闻采集，实现多形式生成、媒体端多元传播，全面推送民生资讯，弘扬正能量。先后多次荣获全省新闻最高奖“山西新闻奖”一等奖、全省十佳电视新闻节目等荣誉。

《尧都新闻》作为以时政报道任务为主的综合新闻类栏目，主要承载尧都区主要时政要闻、主题性报道、百姓生活和咨询服务等新闻。区别于临汾新闻和民生新闻，播报特点体现都市风格，突出时尚、明快、大信息量。在坚持正确的舆论导向，倡导社会正能量，充分体现主流媒体的权威性和公信力的同时，彰显贴近性、服务性、伴随性的独特时尚元素。

《直通尧都》是临汾广播电视台宣传服务尧都区高质量发展的一档新闻类的专题栏目，为周播栏目。栏目本着深度关注尧都民生、精准聚焦尧都发展、全景展现尧都活力的宗旨，始终致力于不追求时髦前卫，只追求真实具体；不追求面面俱到，只追求新颖唯一；不追求领导出镜率，只追求体现发展的新思维。栏目的主要节目内容，展示尧都区贯彻市委市政府工作部署的工作动态；展示尧都区的新观点、新思维、新经验、新典型、新做法；展示尧都区其他需要全市人民了解的内容：文化、旅游、特产、教育、医疗等，让栏目成为一扇让全市百姓直接了解尧都区动态的窗口。

《初心》是中共临汾市委组织部和临汾广播电视台共同开办的一档党建电视栏目。这档栏目紧紧围绕全市党的建设和组织工作大局，充分发挥电视媒体传播优势，及时传递党的声音，深入报道党建成果，展示党员时代风采，激励广大党员干部守初心、悟初心、践初心，努力把栏目建设成为“宣传党建工作的新窗口、开展党员教育的新课堂、推介先进典型的新平台”，为开创新时代临汾党员教育工作新局面提供有力保障。栏目设置党建速揽、时代先锋、二十大精神在基层、红色记忆等板块内容。

《正在进行》以人品加作品就是我们的生命为座右铭。“正”字象征着正义正直正道，围绕中心、服务大局进行舆论监督、弘扬主旋律是这档节目的主要特征。栏目从以往的新闻“说教”的框框中跳了出来，贯彻了“主题事件化，事件故事化，故事人物化，人物细节化，细节情节化”的新闻理念，力求以正在进行时态报道正在发生的新闻事件，对已经发生过的新闻事件，记者也是以正在进行时的时态进行调查。用镜头记录事件发生的过程，用调查揭示事件背后的本质。

《身边》是一档立足当前融媒体的新栏目，以短视频的方式记录新闻，记录事件，以人的视角来丈量生活的进步、政策的实施、民生的改善、社会的善恶。以人为核心、事件为本体，通过讲故事的方式呈现给观众，同时在演播室加大评论力度，弥补现场可视性强但是深度不够的短板，从而在发挥新闻的信息性、贴近性的同时，凸显主流媒体的影响力。用新媒体的方式，讲好身边故事，传递好临汾声音。

《路上那些事》是一档交通普法类电视栏目，栏目以普及交通安全法规，抨击交通陋习和交通违法行为，全面提升市民的文明交通意识为核心。用全新的视角，对发生在道路上的不文明交通行为和交通违法行为进行曝光，对一些政策、法律热点进行解读，对交通参与者遇到的困难进行有效帮助，积极倡导文明交通理念，以诙谐幽默的方式，教育和警示广大交通参与者自觉遵守交通法规，搭建起一座交警与市民相互沟通的桥梁，以相互理解、相互包容为宗旨，突出交警为民服务的理念。

《律政俏佳人》节目讲述真实的、精彩的，具有广泛社会意义、具有普及性的法律故事，将真人真事和真实案例进行改编，使其呈现有趣、真实、动人、普法的节目特性。节目由美女主持作为“律政俏佳人”贯穿始终，架设故事骨架，设置故事悬念，评述解读法理；同时配合演员精湛的演绎，从而起到启迪观众、普及法律的宣传目的。

《第一粒扣子》是临汾广播电视台推出的为全市70万学生服务的第一档青少年节目。该栏目秉承“扣好人生第一粒扣子，做时代好少年”这一主题，抓住青少年世界观、人生观、价值观形成的关键时刻，帮助他们扣好人生的第一粒扣子，寓教于乐，旨在立德树人。《第一粒扣子》已成为享誉临汾市的一档高知名度的节目，其中制作的《开学第一课》大型系列节目，进入中小学思政课堂，多期节目在微信公众号上和临汾家App创下10万+的点击量，已经成为忠实陪伴临汾青少年成长不可或缺的节目。

《魅力临汾》是临汾广播电视台一档大型文化旅游类栏目。节目深度挖掘旅游文化，以纪录片的方式展现地方特色，汇集临汾各地的自然风光、人文风情和人物故事，使观众在身临其境般的视听中有所感悟与共鸣；为推介临汾经济社会发展、城市形象、文化产业、旅游资源提供了一个全新的窗口。

《梨园堂》是一档以戏曲为内容的文化访谈栏目、山西省唯一一档地市级创办的常态类的文化戏曲谈话类节目，开播于2009年，已播702期，栏目秉承荟萃戏苑百家精华，感受传统戏曲文化的宗旨，采访临汾、运城两地的老艺人，为蒲剧艺术留下了珍贵的历史资料；赏析本戏、折子戏300多个，为晋南戏迷朋友送去欢乐；鼓励年轻演员接受采访，为戏曲的未来发展尽一份力量；挖掘临汾当地的小剧种，如洪洞道情、翼城琴书、曲沃碗碗腔、浮山乐乐腔等，让观众感受到戏曲艺术的魅力。

【广播类——临汾综合广播（FM95.1兆赫）】 《临汾新闻》节目旨在围绕临汾市委、市政府的中心工作，坚持正确舆论导向，坚持以正面宣传为主的方针，为临汾经济社会高质量发展全面提质提速提供强有力的舆论支持。以新闻的目光关注社会，以新闻的方式报道生活。

《951早新闻》是综合广播一档早间新闻资讯类节目，旨在让听众在有限的节目时间里获得大量资讯信息，为早高峰人群提供信息服务。节目内容精编本市、本省新闻，汇总昨日今晨消息，了解实时气象交通等信息，并对当天全天节目及活动宣传预告。

《综广热线》是临汾综广与临汾市“12345”热线联办的一档政务服务类节目，栏目秉承为百姓排忧解难的理念，关注社会热点，在职能部门和群众之间架设一座沟通理解的桥梁。节目风格轻松活泼、节奏明快，是临汾综合广播品牌节目之一，下设栏目有：《临汾人说临汾事》《临汾随手拍》《回音壁》等。综广热线——关注大事、小事、您身边的事。

《娱乐新客栈》是一档娱乐脱口秀节目，旨在通过幽默的语言、搞笑的段子来缓解听众生活工作中的紧张和烦闷。开播以来，期期有话题，时时有趣闻。话题的趣味性与听众的互动性相结合；趣闻的调侃让听众在开心的同时了解到身边发生的那些事儿，极大地增强了听众与节目之间的交流，达到了很好的收听效果。

《乐享临汾》是一档资讯服务类节目。旨在为晚高峰下班一族打造一档接地气、伴随性强的广播节目。内容包括：本地资讯、社会资讯、最新实施政策或官方发布实事消息、天气情况、路面消息及节气播报等。主持人以说新闻、聊话题的方式来呈现节目内容，设置多个有亮点、有创意的节目板块，如《婆婆妈妈》《你好临汾》《今天说点啥》等，本着丰富下班时间，推荐快餐式资讯的原则，以轻松愉快的形式送上晚高峰的惬意问候。

《下一站，星光》是一档包含美文、音乐、情感交流的治愈情感类晚间直播节目。节目定位主要以都市休闲人群为主，内容包括美文分享、情感表达、替你发声，让大家在繁忙的都市生活中寻找一份不一样的心灵归属。

【广播类——临汾交通文艺广播（FM88.9兆赫）】 《阳光早班车》是一档早间交通和资讯服务类节目，内容包括气象、路况、资讯、交通政策法规等，服务出行早高峰。节目注重对事件的观察思考，通过即时+新闻观点、评论+特色资讯服务+个性主播的节目样态，传播有价值的信息、有分量的观点、有意思的资讯。涵盖轻松、幽默、热点、流行语等时尚元素，节目垫乐方面，选择时尚、欢快、动感的歌曲作为底乐，让大家清晨充满活力，带来全天好心情。

《一路好心情》是一档以音乐贯穿全程，呼应现代人的情感、生活的节目。轻松的话题，美妙的音乐，聊聊影视、娱乐和时尚，放送好歌、新歌，介绍诗歌，在这里小憩片刻，放松身心。

《阳光快车》节目是一档集新闻性、社会性、服务性为一体的交通节目。关注交通参与者遇到的各种问题和现象，发挥新闻媒体舆论监督作用，接受听众的投诉咨询，为广大交通参与者提供全方位服务，在交通参与者和交通相关管理部门及行业之间架起沟通的桥梁。节目宗旨：以做专业类交通节目为目标，以车载移动人群包括私家车、出租车、乘客为主要收听群体，以案例事件讲述法律法规、解答交通投诉处理等为主，在强调节目的现场性和即时性的同时，点评各类交通话题，打造专业交通节目。《阳光快车》作为临汾交通文艺广播的品牌节目，曾多次被评为省级优秀节目。

《动感889》是一档互动参与类音乐节目。用音乐开启听众的午后动感时光。节目内容涵盖最新音乐资讯，囊括“音乐新鲜爱”“城市音乐漫游”“光影歌曲记忆吧”“爱的主打歌”“经典老歌”“音乐在路上”等不同音乐主题，特设“音乐魔幻秀”板块，给听众一首歌的时间，播放听友录制的音乐作品，并穿插音乐方面的小知识。主持人风格、随性、舒服、时尚、轻松。

《平安回家》是一档交通晚高峰节目。结合临汾城市交通特点，内容更加符合城市生活节奏和听众需求。在节目中和听众一起关注本地、国内外新闻以及社会热点；也会就热聊话题通过微信等多种方式增加与听众的互动。

《夜有书香来》是一档晚间读书类节目，每晚为听众诵读一些经典名篇和心灵鸡汤类短文，节目后半段开设长篇小说联播板块，选择茅盾文学奖作品等中外名著，通过电波与广大听众共同走进文学作品中，丰富精神生活，营造浓厚的书香气息！

【广播类——临汾音乐广播（FM94.6兆赫）】 《音乐早出发》是一档时尚、活力十足的早间音乐节目，分享最新的文体资讯、动听的经典歌曲、贴心的生活常识。动感的主持节奏，让上班一族每天都能在好音乐的伴随下享受充实的早晨。节目以音乐播放为主线，以话题串联为辅线。主持人选择贴近生活的话题展开，生动、活泼、接地气。节目立足本土，充分利用好本地文化资源，同时做到紧跟时尚流行。

《带你聆听》是一档音乐欣赏互动类节目，以推介当下流行歌曲为主，每天一个主题，从不同的角度倾听音乐，在快节奏的生活中让人感受到放松和愉悦，同时节目利用自身资源，打通临汾原创音乐圈，分享本土原创音乐人、制作人创作作品的感受和心情故事。

《音乐好时光》是一档包含音乐简述欣赏、听友点播两大主流模块的音乐类节目。牢牢抓住听众的耳朵，带给听众独特的听觉盛宴，节目将可听性、欣赏性、参与性自然地结合在一起，让音乐本身的情感、听众的情感和音乐有机地结合，吸引更多的听众寻找内心的世界与感悟。

《乐动全城》是一档集音乐、娱乐、资讯为一体的伴随性互动节目。精致唯美的音乐，跨越流行与通俗之间，以文化的视野引领听众进入一片更具想象力的听觉空间。节目包含影视娱乐资讯及“High唱时间”，主持人对当天热点资讯进行个性化盘点，通过轻松、幽默“说、聊”资讯的形式与听众形成互动交流，选择相关的压题音乐进行串联，在音乐中获取资讯，在资讯中享受音乐，并以互动为主的方式让听众通过电波展示才华、唱出心声，营造轻松幽默的氛围。

《非同凡响》是一档晚间音乐情感类节目。用音乐、文章、交流放松听众耳朵，舒缓听众心灵。每期节目设定能够产生共鸣的话题，以轻松温馨的主持风格和听众一起分享生活中的心动点滴，让人们在舒缓愉悦的氛围中放松身心，在音乐中触摸生活的乐趣和感动，使节目更具服务性和实用性。

驻临汾记者站

【《山西日报》临汾记者站】 2022年，《山西日报》临汾记者站共发稿213篇。1月26日，习近平总书记视察山西首站来到临汾，《山西日报》临汾记者站全体记者第一时间深入总书记视察过的冯南垣、段村采访，在《山西日报》发表《用勤劳双手重建美好家园，用不懈奋斗创造幸福生活》《继续巩固脱贫攻坚成果，扎实推进乡村振兴》2个整版报道，受到省委肯定。记者随后沿着总书记足迹，相继发表《新年里，羊鞭甩得更响亮》《住新房，撸起袖子加油干》

新闻特写和长篇通讯《段村，乡村振兴战犹酣》《冯南垣村：家园建设得更加美好了》，《山西日报》头版头条刊登，被省委宣传部评为优秀稿件。

《山西日报》临汾记者站精心策划选题，采写《临汾市拉开项目建设年大幕》《临汾金融系统破解小微企业融资难》《临汾跑出市场主体倍增“加速度”》《临汾阔步走在乡村振兴大道上》《临汾打造具有国际影响力的大河文明交流平台》《临汾党建引领集体经济壮大体制》《临汾利剑高悬清风扬》等重点稿件，在《山西内参》发表《洪洞县“链主”招商做法值得推广》《洪洞县帮助省属企业三维复产的做法值得推广》《对临汾市疫情防控工作的建议》，有的内参报道受到省领导批示。6月中旬，临汾市承办山西日报社喜迎党的二十大报道研讨会暨2022年度记者年会。2022年，《山西日报》临汾记者站被评为全市新闻宣传工作先进集体，记者郭玉琴被评为全市优秀新闻工作者，《一枝一叶总关情》两个整版报道获“临汾新闻奖”特等奖。（郭玉琴）

【山西广播电视台晋南工作站】2022年，山西广播电视台晋南工作站（简称临汾记者站）围绕省委宣传部总体布局、执行总台工作部署，坚持以科学的理论武装自身、以正确导向引领舆论，廉洁自律，坚持正面报道，弘扬社会正能量。2022年，临汾经历了新冠疫情和有气象记录以来最强秋汛的考验，临汾记者站及时跟进，实时发布动态信息，并深入乡村一线，采写了《安泽：家园重建福到我家》《师红兵：我的新家我的新生活》等报道。同时参与主题报道，先后采写《党群服务在基层党建引领聚合力》《走进县城看发展——汾西》等，反映近年来临汾各领域的发展巨变。2022年共播发新闻稿件70多条。除采访报道任务外，临汾记者站不断尝试拓展宣传资源，积极与台内各个频道频率及新媒体平台沟通互动，协力完成多项关于临汾当地的宣传报道任务。

【《山西经济日报》临汾记者站】2022年，《山西经济日报》临汾记者站重点围绕当地的政治、经济、文化等中心工作进行全方位报道，写出大量有影响的新闻稿件，全年共刊发稿件208篇，头版刊发11条，头条4篇，中央媒体转载30多篇。其中，新闻纪录片《汾城镇》喜获山西第三十二届新闻一等奖，播出后在当地以及省内都产生了较大影响，点击率高达50多万次，受到了社会各界人士的高度好评。记者站采写的有影响力的多条新闻作品被国内主流媒体和门户网站转载，成为“学习强国”学习平台App的优质内容基地。2022年记者节，临汾记者站荣获市委宣传部和新闻工作协会颁发的“先进集体”称号。站长荣获好新闻一等奖、二等奖。

【《山西晚报》临汾记者站】2022年，《山西晚报》临汾记者站的记者及时关注当地时政大事、民生动态，坚持在基层采访，奔走在新闻采访一线，真正使记者站的工作成为党、政府与百姓之间的桥梁和纽带。把握正确舆论导向的前提下，坚持新闻报道的真实性和“三贴近”原则，严格遵守采访工作纪律，准确地报道新闻事实，弘扬正能量，唱响主旋律。记者们积极主动配合临汾市当地党委、政府、宣传部门关于临汾宣传工作的总体方针政策，结合本报的业务范围，以临汾经济发展为中心，客观、公正地进行报道，写出了大量有质量、有分量、有影响的新闻稿件。其中，记者站在报纸及客户端刊发《坐标：临汾翼城——冬日鸟翩跹，美景胜似画》《临汾：医疗队千里驰援日检标本3000多管》《临汾医疗队——妈妈“骗”4岁的女儿，打完“怪兽”就回家陪她》《20多年无悔付出，给孤残儿童温暖的家》《临汾：凝心聚力实干，奋力争先崛起，在全方位推动高质量发展中走在全省第一方阵》等稿件500余篇（报纸200余篇、客户端300余篇），及时、全面地报道临汾地方社会、经济、文化等各方面的成就，讲好临汾故事，传播临汾声音。

【《山西法治报》临汾记者站】2022年，《山西法治报》临汾记者站坚持正确的舆论导向，围绕报社、临汾市委政法委和临汾市委宣传部的工作重点和宣传要点，全方位地宣传报道全市政法、综治、法治等方面工作取得的优异成绩和典型经验。全年在报纸上刊发稿件共726篇，在新媒体上共发表稿件2315篇，其中今日头条2066篇、山西法治网249篇。

2022年，《山西法治报》临汾记者站的记者们深入基层一线，采写了一批有影响的反映基层政法工作的稿件，确保重大新闻不遗漏，采写了《从“老乱穷”到“幸福园”——临汾市三元社区不断探索社区平安建设新模式》《“小窗口”缘何屡获“国字号”殊荣——

曲沃县检察院连创“全国文明接待室”工作素描》《民之所忧我必念 民之所盼我必行临汾政法系统奋力推进新时代政法工作高质量发展》《量身定做回归社会“法律路线图”——侯马市检察院为未成年人健康成长筑牢安全屏障》《“经略网格”释放基层治理新智慧——临汾市乡宁县管头镇樊家坝村打造“全科网格”新模式》《“十网千员”激活治理“神经末梢”——临汾市汾西县以“微网格”巧解基层治理大难题》《不因循守旧不照本宣科——翼城县隆化镇全科网格建设的一抹亮色》《“拥抱”改革换来面貌一新——浮山县基层治理抓住良机率先破题》《这肉眼可见的“检察KPI”——且看大宁如何激活基层检察工作“一池春水”》等重要稿件，全面反映和展示了临汾政法系统恪尽职守、勇于担当、严格执法，以及检察机关、法院依法办案，各职能部门履职尽责、维护社会公共秩序、确保群众利益的责任感和使命感，多个层面宣传、报道和展示平安临汾、法治临汾。《山西法治报》临汾记者站被临汾市委宣传部评为先进集体，被《山西法治报》社有限责任公司评为先进记者站。（狄红生）

【《山西画报》临汾记者站】2022年，《山西画报》临汾记者站围绕临汾市委、市政府中心工作，做好宣传报道，全年发稿20多篇。在抗击疫情、决战完胜脱贫攻坚、省域副中心城市建设、转型发展蹚新路、壮大产业集群、“三零”创建、游山西读历史、我们的小康生活等方面报道中，精心策划选题，采写了《汾西县僧念镇段村——山乡新面貌幸福新生活》《临汾：机收小麦龙口夺食》《临汾：过好端午节多方促消费》《临汾市“三下乡”活动走深走实》《陶寺·良渚“相遇”杭州百余件文物再现中国早期文明》等重点稿。张怀玉、王照华、杜婷婷创作、设计的封面图版聚焦专栏《“陶寺·良渚‘相遇’杭州百余件文物再现中国早期文明”》在2022年度“山西三晋报刊传媒集团高质量发展”评奖工作中，荣获“年度‘好版面’”一等奖。

2022年，《山西画报》临汾记者站被临汾市委宣传部评为新闻宣传工作先进集体，记者张怀玉被评为全市优秀新闻工作者，在省委宣传部和省新闻出版局组织的新闻单位驻地方机构综合评估中，《山西画报》临汾记者站被评为优秀记者站。

医疗卫生

综　述

【概况】　2022年，临汾市卫生健康委员会（简称临汾市卫健委）开展“向人民群众交好账”和“我为群众办实事”实践活动，18项工作任务全面完成；开展“千名医生进万家”活动，173支医疗队深入5898户16172名重点人群中开展医疗服务，健康宣教30万名群众；通过“健康快车”为1191名白内障患者免费实施复明手术，受到国家卫健委的表扬和群众的赞誉。根据医院疾病谱和患者用药需求，完善优化医院药品目录1638条，增加药品558种，有效解决药品短缺问题。成功举办庆祝第111个国际护士节和第5个医师节系列活动，命名100名“平阳好护士”、244名“平阳最美护士”、91名“平阳好医师”、100名“平阳最美医师”，营造尊医重卫的浓厚社会氛围。

【做好常态化疫情防控】　2022年，临汾市卫健委建成包括临汾市人民医院城市核酸检测基地、临汾市第三人民医院公共核酸检测实验室在内的52所符合规定要求的PCR实验室（34所二级以上公立医院和18所市县两级疾控机构）。第一时间研发“排查管理信息平台”“核酸检测信息系统”“临汾市群防群控信息化平台”三大系统，防控效率极大提升。

【推进“乙类乙管”】　2022年，临汾市卫健委围绕“保健康、防重症、强救治、优服务”，开展“千名医师下基层”活动，全面加强发热门诊、重症救治力量配备，优化救治、转诊流程，全市59个二级以上医院、174个基层卫生机构全部设置发热门诊（诊室），二级以上公立综合医院全部设置了重症医学科，全市重症床位达到1214张；在乡村设置共享药箱2162个，免费为179万名基层群众发放退热药品1074万片；做好重点人群健康情况摸底和分级分类管理等工作，全市65周岁以上老年人48.59万人。其中，重点人群4.73万人、次重点人群8.06万人、一般人群35.8万人，均分类建立台账，做好服务管理。全市未出现就诊难、收治难、用药难等情况。

【全媒发声防疫宣传】　2022年，临汾市共举办疫情防控新闻发布会35场。在群防群控信息化平台、官网、官微设置专栏，发布疫情防控相关信息。推出《疫情快报》45期、防疫海报97期、微视频4期，制作并发布两部防疫微电影，防疫微视频7部，《防疫进行时》151期，《抗疫先锋》29期，主播说防疫60条。

【卫生应急综合试验区建设】　2022年，临汾市卫健委推进“国家级卫生应急综合试验区”建设。成立由市委书记、市长任双组长的市卫生应急综合试验区建设领导小组，制定“1+6”工作方案，聘请张文宏教授为临汾市试点建设顾问。全市优化了“一办十四组”指挥体系，建立监测预警系统，全年共收到预警信息3308条、早期症状信息121305条、药品销售信息163541条，疫情监测预警能力有效提升。

【卫生健康规划】　2022年，临汾市卫健委推动“优化全市医院布局，打造15分钟就医圈”工作，市人民医院感染性疾病救治综合楼项目主体封顶，市中心医院门诊住院楼改扩建项目完成负一层建设，市三院消化科住院楼建设项目完工并交付使用。翼城县人民医院、乡宁县中医院、大宁县医院等三所医院完成新医院搬迁。霍州市人民医院、汾西县新医院、古县疾控中心建设项目主体完工。对标省内一流，市政府与山医大二院签订《“省级区域医疗中心项目”深度对口帮扶合作框架协议书》，临汾市人民医院开展讲座、临床教学，建立远程会诊系统，实施医院管理提升、人才提升、学科建设、医疗技术提升、信息化建设、科研教学提升、质量安全提升等七大工程，全面加强省级区域医疗中心建设，打造公立医院发展新高地、新引擎。

【专科建设】 2022年，临汾市卫健委加快“百千”人才建设，第一批39名“百名学科带头人”，314名“千名技术骨干”；第二批35名“百名学科带头人”337名“千名技术骨干”完成评选命名，初步形成临汾市医疗领域领军人才尖端群体，带动全市医疗技术水平整体提升。市人民医院《区域化医疗资源共享及智慧化便民服务平台》项目、市中心医院骨外科“单髁膝关节置换术的应用”项目荣获“市长创新奖”三等奖。全力打造心脏中心、消化中心、呼吸疾病诊疗中心、癌症中心等“十大诊疗中心”，与程京院士、高占成教授、祁小龙教授、范江教授等国家级专家合作，着重向疑难危重方向发展。临汾市中心医院被授予全国首批6所中国糖尿病肝脏病共管中心之一，是山西省第一所。成功申报国家级重点专科2个，建成省级重点专科23个、市级重点专科89个；推进“科教兴医”战略，已建成重点学科4个，市人民医院骨科和心血管内科、中心医院骨科为省级重点学科。选树“刘辉团队”“景文记团队”“王文革团队”“苗鹏飞团队”等医疗团队，全胸腹主动脉置换术、急性脑血栓机械取栓技术、桥血管狭窄介入治疗术、微创单髁膝关节置换术等多项新技术全省领先甚至达到国家级水平。

【县域医疗】 2022年，临汾市提升县级诊疗、急救、传染病防治能力。侯马市、翼城县、洪洞县、曲沃县、永和县5所人民医院被列入国家“千县工程”县级医院综合能力提升名单，为全省数量最多的市。

【六大中心建设】 2022年，临汾市提升危急重症医疗救治和传染病防治能力，全市已创建12个胸痛中心、12个卒中中心、13个创伤救治中心、19个危重孕产妇救治中心、18个危重新生儿救治中心和20个传染病救治中心。

【中医药发展】 2022年，临汾市卫健委召开临汾市建设中医药强市电视电话会议，打造中医药产业、中医药医疗服务、中医药人才集聚、中医药创新四大高地。曲沃县、蒲县、安泽县被评为全国基层中医药工作先进单位，全市9名中医专家入选全国名老中医传承工作室名单，13名中医专家入选省级名中医传承工作室名单，中医类省级重点专科达23个、市级重点专科42个。

【县域医疗卫生改革】 2022年，临汾市卫健委以一体化改革提质增效年活动为契机，完善“基层首诊、双向转诊、急慢分治、上下联动”分级诊疗体系，县域手术患者中三四级手术占比由2021年的44.66%提升到2022年的46.66%，住院患者平均费用下降57.73元，群众看病就医获得感提升。尧都区调拨专项资金为基层医疗服务机构购置监护仪、简易呼吸机、简易制氧机、心电图机、负压救护车等设施设备，夯实基层诊疗救治基础。安泽县建立以120急救调度指挥中心为中枢、县级医院和乡镇卫生院为急救分站的院前急救体系，打造全县域30分钟急救服务圈。乡宁县探索5G+模式，完成5G网络、5G救护车、远程会诊、远程超声和手术指导，实现县医疗集团内医疗资源互通共享。隰县发挥各乡镇卫生院中医优势，在中医保健、中医适宜技术治疗、新冠预防等方面为基层群众提供优质特色服务。洪洞县紧盯重点人群预防、医疗资源统筹、药品物资保障、危重患者救治4个关键环节，建立县、乡、村三级联动的医疗服务体系。《山西洪洞县——提升基层诊疗能力全力救治危重患者》文章荣登《人民日报》。永和县推进“县聘乡用”“乡招村用”政策制度，建立人员柔性流动、双向交流的工作机制，促进优质医疗资源下沉。古县推行集团专科医师、乡镇全科医师、乡村医生为主体的“1+1+1”公共卫生家庭医生签约服务模式，实现慢性病、妇幼、老年人等重点人群签约服务全覆盖。

【基层医疗机构标准化建设】 2022年，临汾市卫健委加快推进基层医疗机构标准化建设。开展“优质服务基层行”活动，全市129所乡镇卫生院和社区卫生服务中心达到国家服务能力基本标准，26所达到国家推荐标准，翼城县被列入省级基层卫生健康综合试验区名单。

【公立医院高质量发展】 2022年，临汾市卫健委以临汾市人民政府办公室文件印发《临汾市推动公立医院高质量发展实施方案》，制定六方面27条工作任务。确定市人民医院、市中心医院和乡宁县人民医院为省级公立医院改革与高质量发展示范医院。承办全省深化医改提质增效工程调度暨推动公立医院高质量发展培训会议，临汾市人民医院院长苏学峰以《担当DRG示范重任助推医院高质量发展》为题，介绍临汾市人民医院医保DRG付费方式改革有关情况。对17个县（市、区）和市级公立医院近三年中央财政补助公立医院改革专项资金拨付和使用情况进行督查，规范专项资金支出和使用。2022年国家三级公立医院绩效考核中，市人民医院排名全国第152、全省第四。市中心医院排名全国第288、全省第七，并获“全国医院质量管理案例奖优秀奖”。市妇幼保健院排名全国第183、全省第五。

【心理健康促进工作】 2022年，临汾市卫健委推进“5G+心理健康”试点项目。多元探索，构建社会心理服务体系建设格局，提升专业化服务水平。完善社会心理服务信息管理系统，推动市心理健康和精神卫生互联网服务平台建设，开展严重精神障碍防治及心理健康病例筛查。实现社会心理服务组织市、县、乡、村四级及重点行业领域全覆盖。全市1702个综治中心、2112个村全部成立心理服务室，有备案心理咨询服务机构达24家。全市精神科执业医师从业人数102人，专、兼职精防人员299人，共有精神科床位1148张。配齐配强基础设施硬件设备，在临汾市第五人民医院建设睡眠中心、认知锻炼中心、心理咨询中心，联合专家进行培训。

【民生实事】 2022年，临汾市免费产前筛查和诊断服务23011人，任务完成率107.28%；免费婚前医学检查15811对，婚检率87.57%；新生儿三项疾病筛查26675人，筛查率98.5%，省政府两项民生实事、市政府一项民生实事，三项民生实事完成率均高于省、市规定目标。

【健康中国】 2022年临汾市卫健委为提升群众健康素养水平，定期在临汾电视台举办“临汾健康大讲堂”，多渠道推进“健康知识进万家活动”，制作原创“抗疫三字经”“防疫小剧场”“主播说防疫”等防控知识宣传节目，在曲沃县启动“职业病防治法”宣传周活动。建设全民健康信息平台，推动老年人、慢性病患者、0~6岁儿童、孕产妇筛查、康复治疗等全过程管理。全力保障“一老一少”，全市29家二级及以上综合医院设置老年医学科，132家养老机构完成医养签约107家，成功创建全国示范性老年友好型社区3家。全市提供托育服务的机构281家，千人口占比达到4.5。 （李雅清）

医疗保障

【概况】 2022年，临汾市医保局以医保信息化建设为抓手，以精细化管理为手段，以支付方式改革为重点，巩固医保脱贫攻坚成果，常态化开展带量采购。

【落实全民参保计划】 2022年，临汾市医保局会同民政、乡村振兴、残联、退役军人等部门，强化部门协同，凝聚工作合力，参保资助10.2万人，做到了应资尽资。临汾市城乡居民参保缴费率达96.94%，脱贫人口、监测对象和农村低收入人口等特殊人群达100%。

【基金监督管理】 2022年，临汾市医保局加大医保政策的宣传和培训，采取人防、技防加机制防的多元立体基金监管模式，鼓励和支持社会各界参与医疗保障基金监管。检查定点医药机构2944家，检查覆盖率100%，约谈822家，暂停医保协议5家，解除2家，曝光24家，举报奖励1件，行政处罚1件，共追回违规违约金2550万元，形成“不想骗、不能骗、不敢骗”的良好氛围。

【常态化开展带量采购工作】 2022年，临汾市医保局全面落实国家、省级、省际联盟集采中选结果药品507种，医用耗材17类，全市集采药品耗材总金额超2.8亿元。牵头组织完成四市联盟第八轮带量采购工作，节约资金1510万元。激励医疗机构优先采购和使用中选产品，拨付带量采购结余留用资金4574万元。加大对医疗机构集采结果执行情况的考核，推动集采工作常态化、制度化开展。

【医保信息化和标准化建设】 2022年，临汾市医保局打通医保骨干网建设“最后一公里”，全市2513个村卫生室全部接入医保专网，为推广“15分钟医保服务圈”奠定基础。严格落实《15项医疗保障信息业务编码标准实施方案》，全面完成“两定”机构信息编码与国家医保信息平台贯标对接。推广应用医保电子凭证，全年全市医保电子凭证已激活307万人，占全市参保人数的66.75%。医保电子凭证结算率达到40.35%。选择临汾市人民医院、临汾市中心医院等作为移动支付先行试点，群众看病更加便捷。

【完善医疗待遇保障】 2022年，临汾市医保局在全市统一执行全省45种慢性病病种；取消高血压、糖尿病门诊用药起付线；门诊慢特病受理认定下沉到定点医疗机构“一站式”办理；扩大门诊慢病和特药定点药店范围；城乡居民和城镇职工全面实行普通门诊统筹共济；调整完善“慢病”“特病”药品范围和待遇标准，对139种慢特病用药实行“双通道”管理；优化尿毒症透析门诊慢性病管理，调整全市尿毒症透析门诊慢性病支付标准；贯彻落实中医药强省部署，将疗效确切、体现中医特点的5大类71项中医适宜技术中的20种疾病门诊治疗费用纳入医保支付范围。

【全面推进DRG提质扩面】 2022年，临汾市由DRG（支付医疗费用的付费方式）试点市创建为国家示范市后，积极地提质扩面，按照应纳尽纳、能扩则扩的思路，将全市能开展住院服务的141家定点医疗机构全部纳入医保支付方式改革范畴，1月，全部实现实际付费。时任国家医保局医药服务司黄华波司长对临汾市医保支付方式改革工作提出“成效实、经验实”等9点肯定意见，经验做法在《中国卫生》杂志刊登发表。

【优化医保经办服务】 2022年，临汾市医保局成立医保行风建设工作专班，指导全市各经办机构“擦亮”医保服务窗口，提升医保经办精细化程度和便民服务水平。曲沃县等县医保服务窗口被评为示范服务窗口。市医保中心获得“医保社会管理与公共服务标准化试点”荣誉。临汾市人民医院、临汾市医保中心获得全国医疗保障经办服务规范建设典型案例中的“两定机构结算明明白白类”优秀奖。临汾市在国家行风建设专项评估中被评为“优秀”等次。

【医保帮扶】 2022年，临汾市医保局健全防范化解因病致贫返贫机制，将医疗费用过高人群纳入医保防范因病致贫监测范围，2022年预警29025人，全部反馈乡村振兴部门，及时将新纳入监测对象38人进行针对性帮扶。认真落实“三重保障”（基本医保、大病保险、医疗救助）制度，巩固住院待遇保障水平，确保县域内政策范围内基金支付比例稳定在75%左右；确保农村低收入人口等困难群体省内住院合规综合报销比例平均达到80%，做到“应享尽享”，兜牢特殊人群民生底线。

【长期护理保险试点】 2022年，临汾市作为省级长护试点，完善配套政策，健全工作机制，强化管理水平，提升护理能力，为失能人员提供更优质的医疗护理服务。截至12月31日，累计享受待遇人数4321人，支出6342.5万元。

【意外伤害经办服务改革】 2022年，临汾市医保局委托商保机构承办基本医保意外伤害经办业务，完成承保机构的招标工作，制订《临汾市基本医疗保险意外伤害业务实施细则》（试行），明确支付范围和标准，压实各方职责，实现合署办公，细化工作流程，完成系统改造，保障参保人员发生意外伤害后可以得到及时救治，确保意外伤害基金支出真实、准确、公正、合理。

【群众异地就医】 2022年，临汾市医保局充分释放人民群众的就医选择权，结合DRG示范市工作，取消全市17个县（市、区）的转诊和异地安置备案，实现统筹区内“一站式即时结算”。全面开通参保群众省外异地就医线上自助备案服务，方便参保患者省外异地就医。实现统筹区内80%以上定点医药机构开通普通门诊异地就医直接结算服务，21家定点医疗机构开通高血压、糖尿病等5种门诊慢特病跨省直接结算，每个县（市、区）至少有1家乡镇卫生院接入国家跨省异地就医直接结算平台，方便外地群众在临汾市就医购药。（李　浩）

疾病预防

【传染病防控和卫生应急】 2022年，临汾市17个县（市、区）通过疾病监测信息报告管理系统报告法定传染病20种13234例，报告发病率为332.81/10万，报告死亡病例14例，报告死亡率0.35%。报告发病率前五位的是乙肝（104.36/10万）、其他感染性腹泻（78.08/10万）、流行性感冒（37.01/10万）、梅毒（21.53/10万）、肺结核（21.27/10万）。全市累计报告新冠肺炎感染者2764例（报告发病率69.53/10万），其中408例确诊病例、2356例无症状感染者。

【新型冠状病毒感染疫情防控】 2022年，临汾市疾控中心组织专家制定复产复工复学疫情防控工作指南，制定并印发技术方案（指南）50余篇；撰写疫情分析研判报告324份；深入会场、学校对疫情防控工作进行检查评估，选派专业人员驻校指导。开展重点场所、重点人群、重点食品的新冠病毒核酸采样检测。累计完成新型冠状病毒阳性样本基因测序85份。开展各种会议活动保障341场，出动保障工作人员788人次，为31354人次提供保障服务；开展各类笔试面试保障286场，出动保障工作人员254人次，为193463人次提供保障服务。积极推进疫苗接种工作。

【艾滋病防控】 2022年，临汾市新报告143例艾滋病病毒感染者和病人，报告死亡20例；全市共完成6797名（任务量7300）被监管人员的HIV抗体检测工作，完成率93.1%，HIV抗体筛查阳性3例；其中市本级任务量为3000名，实际完成3346名被监管人员HIV抗体监测工作，完成率111.5%，HIV抗体筛查阳性1例。全市HIV抗体扩大检测工作任务数为54万人次，共完成HIV抗体检测626098人次，完成率115.9%，HIV抗体筛查阳性299例。全市VCT工作应完成7200人次，实际共完成7283人次，完成率101.2%。

【免疫规划】 2022年，临汾市冷链配送免疫规划疫苗11种，共655761支。其中，乙型肝炎疫苗74100支、卡介苗13370支、脊髓灰质炎灭活疫苗47943支、口服脊灰减毒活疫苗19290支、无细胞百日咳白喉破伤风联合疫苗121418支、白喉破伤风联合疫苗19550支、麻疹腮腺炎风疹联合减毒活疫苗118000支、冻干甲型肝炎减毒活疫苗47530支、乙型脑炎减毒活疫苗82940支、A群脑膜炎球菌多糖疫苗311500支、A群C群脑膜炎球菌多糖疫苗80470支。截至12月25日，全市AEFI信息管理系统共收到个案报告393例，其中一般反应387例、待定6例。17个县（市、区）报告覆盖率100%，48小时内报告率100%，3日内调查表报告率100%，7日内调查表报告率66.67%，个案调查表完整率100%，分类率98.98%，乡覆盖率75%。

【结核病防控】 2022年，临汾市共登记活动性肺结核病患者714例，其中病原学阳性患者390例，全市病原学阳性率为54.62%，达到指标50%的要求。全市报告新病原学阳性患者384例，其中培养阴性7例、药敏检查324例，新病原学阳性患者耐药筛查率为85.94%，达到指标80%的要求。全市17个县（市、区）均开展结核菌痰涂片染色工作，开展率为100%，17个县（市、区）开展了痰培养工作，痰培养开展率100%。全年报告结核病患者总数55例，其中学生48例、教师7例，学校结核病患者数占全部结核病患者总数的7.6%，略高于全省和全国同期平均水平（全国2021年为6.23%），远低于全市上年同期水平（9.7%）。

【职业病监测】 2022年，临汾市共有职业健康检查机构42家，其中34家机构上报个案数据，占全部机构数的81%，全市完成个案卡报告52577张。职业性尘肺病患者随访调查完成情况：全市随访任务数为1132例，已随访上报监测系统数1125例，随访率99%；全市放射诊疗机构监测任务数为13家，已调查13家，数据已经全部网报，完成率100%；全市核医学诊疗机构数为3家，已调查3家，完成率100%；全市开展放射诊疗的医疗机构（不含牙科诊所）为9家，已开展问卷调查9家，完成率100%，数据已全部网报（全国放射卫生信息平台）；全市工作场所职业病危害因素监测任务数为383家，已监测358家，已网报358家，任务完成率为93%；全市17个县（市、区）均开展监测工作。省级任务数340家，任务完成率为105%。

【慢性病防控】 2022年，临汾市通过人口死亡信息登记管理系统报告死亡个案22079例，报告死亡率为605.72/10万。全市17个县（市、区）疾控中心，均制订老年人和慢性病患者健康管理工作计划和制度，16个县对老年人、高血压和糖尿病患者健康管理人员，开展了业务培训，16个县（市、区）进行现场技术指导，11个县区参与卫生行政部门组织的考核。侯马市和蒲县开展第七届“万步有约”健走激励大赛和体重大赛。17个县（市、区）开展多种形式的“三减三健”健康教育和健康促进活动，其中举办科普宣传75次，健康讲座31次，专项活动128次。17个县（市、区）在“全民营养周”“世界无烟日”“全民健康生活方式行动月”“全国爱牙日”“全国高血压日”和“联合国糖尿病日”等系列宣传日开展形式多样的宣传活动。在系列宣传活动日通过发放各类宣传资料、发放健康支持性工具、制作并展出宣传板、义诊、开展讲座等方式，为19188人提供健康服务。开展现场活动与健康讲座63次，媒体报道6次。

【地方病防治】 2022年，临汾市疾控中心完成中央对地方专项支付资金绩效自评填报汇总并上报省地病所。联合市人民医院、市中心医院，对5个县（汾西县、大宁县、吉县、蒲县、隰县）1000余名8~10周岁儿童开展B超甲状腺容积检测现场工作。“防治碘缺乏病日”，开展多场形式各异的健康教育活动，同盐业公司于三元社区开展碘缺乏病知识宣传活动。开展《克山病区评定和类型划分标准（GB17020—2010）评估》问卷调查工作。

【环境与学校卫生】 2022年，临汾市疾控中心以全民营养周和“5·20”中国学生营养日为契机，分别在蒲县克城镇克城村和鼓楼广场组织开展2场营养健康主题宣传活动，活动受众300余人，发放宣传资料600余份、摆放宣传展板1块。编写制作多种宣传材料，以儿童青少年近视、肥胖为主题，分别编写印制《儿童青少年近视防控健康指引》《儿童青少年肥胖防治健康指引》各1万份；认真查阅资料，搜集信息，精心排版，编印《学校卫生标准汇编》300本。围绕儿童青少年常见病，精心撰写视频脚本，制作2部宣传视频，并积极转发宣传。

【实验室检验检测】 2022年，临汾市疾控中心完成全省碘缺乏病实验室外部质量控制考核中盐碘项目的考核，结果为合格。完成山西省疾控中心饮用水中镉的考核，结果为合格。完成山西省疾病预防控制中心下发的副溶血性弧菌(定性)和蜡样芽孢杆菌（定量）微生物检测能力测试，结果合格。完成结核痰涂片质控一共有420张，其中阳性片子有26张。地病考核结果均合格。 （范永强）

妇幼保健

【概况】 2022年，临汾市妇幼保健院（儿童医院）完善基础设施建设，履行妇幼保健主责，推进技术项目创新，落实各项惠民措施，承担社会公共责任。全年共完成门诊18.8万人次，预约诊疗率达89.23%，出院8386人次，手术例数3097例，住院分娩2696人次。

【服务能力提升】 2022年，临汾市妇幼保健院（儿童医院）紧抓辖区妇幼项目管理，对辖区妇幼保健业务工作进行全面指导、督导、质控，提升基层妇幼保健服务能力。完成惠民项目和基本公共卫生及重大公共卫生妇幼项目各项指标，母婴安全工作推进，全年救治危重孕产妇1976人，接受转诊危重孕产妇95人，救治危重新生儿996人，接受转诊危重新生儿132人。

【辖区督导工作】 2022年，临汾市妇幼保健院（儿童医院）对辖区工作进行全面督导指导2次，对辖区妇幼保健机构、8个医疗助产机构、20个乡镇卫生院和46个村卫生室妇幼卫生信息监测和重点工作进行督导、指导、质控等。根据县级妇幼保健机构需求进行帮扶，通过现场指导、专家坐诊、学术讲座等，提升辖区基层妇幼保健能力。完成对尧都区妇幼保健机构能力提升坐诊带教67人次。接受尧都区、乡宁县、霍州市共7人次免费进修学习718天。举办辖区妇幼项目、保健适宜技术及出生医学证明管理等培训8次，培训人员近1200人次，邀请国家和省级专家授课，对临汾市基层妇幼人才服务能力提升及全市新技术新项目推广起到了积极作用。

【加强学科建设】 2022年，临汾市妇幼保健院（儿童医院）加强学科建设，开展各类学术活动，培养领军人才。人事科按照事业单位公开招聘人员的有关规定，通过面试聘用了2名护理专业的硕士研究生。鼓励医务人员从事科研、论文撰写及开展新技术、新项目，多项科研技术项目稳步推进。组织实施市级医学教育4项，单位自管项目37项；共组织医学知识讲座及培训41次，邀请外院专家授课2次；到上级医院进修学习16人；参加省市专科培训、学术委员会及短期培训共20人次，到第四人民医院规培3人次；培养在职博士1人；开展新技术新项目10余项；参加全省护理健康科普大赛获得三等奖，儿三科主任聂莹荣获2022年“临汾市最美科技工作者”称号。

【创新服务模式】 2022年，临汾市妇幼保健院（儿童医院）坚持实行全面质量管理，开展三级质控，创新开展12S管理（整理、整顿、清扫、清洁、节约、安全、素养、学习、服务、满意、速度、坚持12个方面）、业务院长查房、病例讨论等全新服务管理形态，对存在的问题进行汇总分析，实现医疗质量与安全的改进，管理服务水平的提升。

【健康宣教惠民】 2022年，临汾市妇幼保健院（儿童医院）开展

“我为群众办实事”、千名医生进万家、“关爱母亲，呵护儿童”公益健康行活动等；为受灾困难群众送温暖、献爱心，为6662户18209名贫困群众开展入户义诊及健康知识宣讲活动；认真落实就业政策，积极为大学生提供教育实践基地，全年共接收山西医科大学实习生54人，社会实践10人；常态化开展志愿服务，设立学雷锋志愿服务站，开展咨询引导、健康宣教等便民爱心志愿服务；利用“爱眼日”“爱耳日”等开展健康教育专题知识讲座、培训；积极推进惠民工程，“关爱母亲健康”子宫肌瘤免费治疗100例，累计治疗167例，其中免费治疗43例，免费产前筛查项目全市唐筛覆盖率达100%，增加群众“获得感”。

【技术创新】 2022年，临汾市妇幼保健院（儿童医院）坚持以技术创新为引领，打造高质量服务之本，实现“三升一降零突破”，既服务能力提升、医疗质量提升、就医感受提升，外出就诊率下降，空白领域零突破。成立儿童消化疾病诊疗中心、儿童呼吸疾病诊疗中心、儿童听力筛查中心。开展的多项新技术新项目有的填补了省市空白，部分技术已达到省内先进水平。儿童胃肠镜诊疗突破700例，其中逆行阑尾炎治疗100余例，填补了全省妇幼专科医院空白，在此基础上还创新开展了胆道子母镜辅助下逆行阑尾炎治疗。儿童支气管镜技术稳步发展，相关手术突破350例，儿童哮喘门诊规范化管理患儿突破5100人次。儿童听力筛查突破4.5万例，开展的耳廓形态畸形无创矫正突破200例，呼吁广大家长重视儿童听力筛查和耳廓形态畸形矫正，做到早发现、早诊断、早干预、早受益。小儿微创外科手术突破2000例，新生儿外科先天畸形救治突破100例，最小为出生10小时新生儿进行先天性胃肠道畸形救治，为出生两日新生儿进行盆腔肿瘤切除术，小儿外科技术达到省内先进水平。新生儿科开展吸入一氧化氮治疗新生儿持续性肺动脉高压、PICC腔内心电图定位等新技术，新引进危重新生儿转运系统（移动NICU），开辟全市危重新生儿救治绿色通道，截至2022年12月底，收治新生儿突破6000例，接收辖区危重新生儿转运1600余例，危重新生儿救治成功率达99.8%，救治最小孕周25周，最小体重690克新生儿。胎儿医学门诊开展的胎儿镜激光电凝术、多胞胎选择性减胎术、羊膜腔穿刺羊水减量术等，在全省处于领先水平。妇科高强度聚焦超声消融治疗子宫肌瘤、子宫肌腺症，累计治疗突破200例，位于全省领先水平。截至2022年12月底，医院产前筛查共计169019例，诊断出高风险11263例，产前诊断率达92.7%。

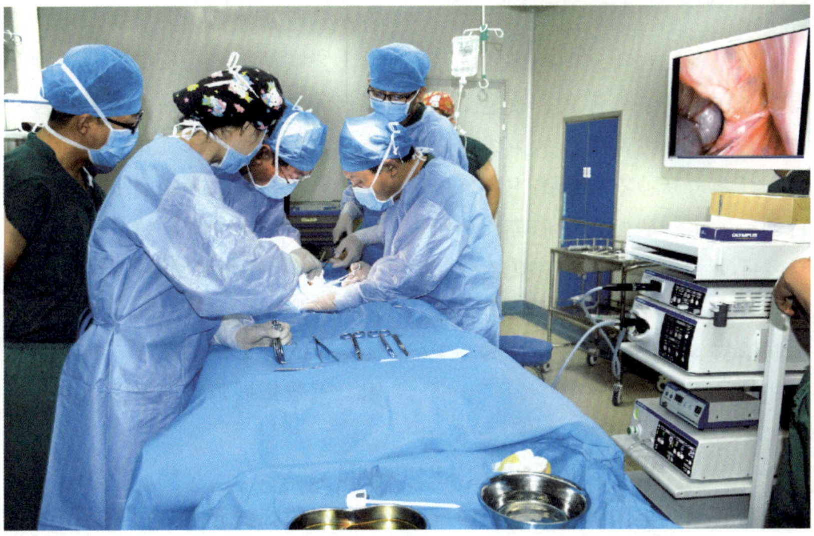

2022年7月，妇幼保健院儿科进行小儿外科微创腔镜手术

（市妇幼保健院供图）

【抗击新冠疫情】 2022年，临汾市妇幼保健院（儿童医院）投身疫情防控、社区共建共治等重要工作。组织人员进行新冠肺炎防控全员培训、医院感染知识培训8次，考试2次。在做好本院预检分诊工作的同时，组织医护人员先后驰援运城市、忻州市、霍州市、安泽县、尧都区、开发区等地，投身到核酸采集和核酸检测、方舱医院医疗救治第一线，采集核酸50000余管，采集人数达数百万人次，实现“零感染”。

【信息化建设】 2022年，临汾市妇幼保健院（儿童医院）互联网医院完成挂牌验收，新上线智慧产科、云上妇幼、在线问诊等“互联网+妇幼健康”新模式，行政科室运用OA系统实现无纸化办公、行政事项在线申报等，一系列举措在方便患者就医的同时，减轻了医务工作者的工作压力，有效降低运行成本，提高工作效率，医院管理更加科学、规范、精细。

【宣传引导】 2022年，临汾市妇幼保健院（儿童医院）微信公众号共发布稿件526篇，外媒共转载报道推广院科普视频300余次；设立《临汾妇幼》期刊，已印发三期；举办临汾市“健康中国行·科普妇幼梦”健康科普演讲比赛，来自全市妇幼健康各条战线的12名选手展示了临汾市妇幼健康工作者的专业知识和昂扬的精神风貌；拍摄《非凡十年》纪录片，反映医院十年发展历程；在医师节编辑发布首届妇幼名医投票，在院内显著位置设计制作妇幼名医灯箱，向群众展示医院优秀医师风采等，通过一系列宣传举措提高了医院的社会关注度和影响力。（王　浩）

血液管理

【概况】 2022年，临汾市中心血站共采集全血12.4吨，采集血小板25327个治疗量。向市内供应红细胞类53514.5U，比上年同期增长1%；血浆类32453.5U，比年同期增长7%；血小板类4625个治疗量，比上年同期增长9.6%。2022年，平阳广场献血屋增加全自动智能采血系统，新百汇献血屋开展机采血小板工作。年底新购置的现代化采血屋在鼓楼南大街投入使用，成立临汾市青年志愿者无偿献血服务点。

【血液质量】 2022年，临汾市中心血站执行《血站血液质量安全管理方案》，血液检测试剂确认率达100%；血液和血液成分的报废审核通过率达100%；质量事件调查处理率100%；血液标本按规定时间完成打包储存，标本储存符合率达100%。全年未发生一起因疫情原因造成的血液安全事故。

【血液检测】 2022年，临汾市中心血站ABO定型准确率达100%，室间质评合格率达100%；ALT室内质控的CV值均≤6.7%；检测报告发放及时，准确率达100%。

【宣传工作】 2022年，临汾市中心血站通过多种渠道、多种方式积极探索无偿献血宣传长效机制。血站微信公众平台共发布消息419条；拍摄献血者日主题宣传短视频2个；拍摄制作短视频并发布到官方抖音号和视频号共计20篇；在春节、元宵节、端午节、中秋节等传统佳节均开展了特色主题献血活动。完成无偿献血者奉献奖的申报工作，其中终身荣誉奖65人、金奖820人、银奖711人、铜奖1421人，共计3017人。

医药销售

【概况】 2022年，国药集团临汾有限公司创新工作模式，改进工作方法，以强化内部管理为主线，以市场开拓、新业态创新为主导，坚持创新营销，研判行业形势，分析自身不足，统筹推进各项经营工作。全年销售（1—12月数据，含关联销售、国康太行、国康翼心）完成15.59亿元。

【加大增值服务项目投入】 2022年，国药集团临汾有限公司推进SPD项目的落地完善，与临汾市人民医院签订SPD服务合作协议，启动洪洞县人民医院SPD项目运行，推动临汾市职业技术学院附属医院SPD药品、耗材信息化服务，初步达成协议器械耗材占比将提升至50%以上，以临汾市人民医院SPD项目为标杆，推动其他医疗SPD项目的谈判，在其他区域快速复制，运用增值服务扩大在医院的话语权，推进新兴业态及其他合作项目，提升销售。推进总部立项项目、采购部立项项目，完成百济神州、赛诺菲、阿斯利康准入，广州白云山、施慧达、青岛黄海促福达项目，西安杨森“千帆计划”项目、藿香正气口服液销售协议的签订及其他项目。

【加速优势资源整合】 2022年，国药集团临汾有限公司实施药械联动机制，销售人员全部分解指标，结合原有业务深入调研器械市场，推进与上游客户的合作，联系上游客户做好配送服务，以服务赢得客户信赖，在家用系列、骨科、集采、检测等系列产品重点落实，展开与各县区、工信、卫健防疫物资的销售对接工作。多部门联动推动一站式营销体系，开展客服电话营销、终端销售人员资源共享，增加客户黏性的同时，便于产品信息政策宣贯，以点带面逐步提升服务质量，有效拉动终端销售业绩。涉及立项项目10个品种。建立终端业态4大微信群：单体药店、门诊、民营、连锁；建立医疗微信群32个，涉及17个县（市、区），客户400余家，有效拓展销售网络覆盖。

【拓宽零售供货渠道】 2022年，国药集团临汾有限公司做好成本维护、定价等工作，采购台账清晰明了，各种补差有据可循；跟进四市三轮续约、四市七轮集采信息、脊柱耗材及肝功能生化检测试剂带量集采进展，借助集采的机遇，丰富品种及供应商体系，有针对性地开展代配送业务；积极配合洪洞、霍州工信局疫情物资的供应，以洪洞、霍州两地为基础拓宽覆盖面，争取其他县区疫情物资供应资格。从供货商渠道入手，改变供货渠道单一的现状，逐步建立完善零售终端网络，增加山西福源、安阳恒峰、碧锦纳川等上游零售供货商，实现扬子江药业集团零售、医疗双一级配送商资格，利用渠道优势，开展自主立项及促销活动19项。

【“互联网+”模式开拓零售业态新格局】 2022年，国药集团临汾有限公司重新打造国康大药房，结合国药翼心互联网医院项目以及慢病管理系统和辖区内的两家三级医院的运维协定，开展门诊医疗服务以及DTP输注业务，明确“慢病+特药”的发展战略，以发展特药及慢病用药为核心，打造“专业服务、高效运营、模式创新”的新零售药房，开拓临汾本地零售市场，互联网医院的应用及处方流转和处方药网上销售也在疫情封控期间发挥巨大作用。依托医保“双通道”政策，打造区域DTP标杆药房，提高药事服务能力，深入推进国控“批零一体化”战略。

【提升配送服务水平】 2022年，国药集团临汾有限公司共完成吞吐量84万件，同比增幅12%。克服点多线长、货零路险等诸多不利因素，安全行驶66万余公里，同比增幅13.8%；配送客户数5.1万家，同比增幅4%；配送药品41万余件，同比增幅10.8%；出车4983次，同比增幅12.4%。加快推进器械三方库区规划、设备安装、系统上线运行工作；学习运城公司药品三方储存配送工作，开启药品三方物流工作，办理了第三方配送资质，部门规划并启用了器械预留库，同时联系了超盛化玻、山西简洁等委托公司，在尝试性推进；骨科智慧仓启用以来共来货3215件、出库2520件，借还货125笔。优化配送路线及频次，以提升客户满意度为核心，打造高质量高水平配送服务体系。

【完善质量管理体系】 2022年，首营审核商品2952个，审核客户888家，对首营品种、客户全部申报国控主数据，从源头上保证了首营客户、购进商品的合法性和合格性，为合规经营提供了保障。完成省局对公司注册地址变更及许可证换证现场验收工作，及时取得最新“药品经营许可证”；完成经营许可证法人、企业负责人的变更；完成医疗器械许可证及第二类备案变更、食品经营许可证变更、互联网药品信息服务资格证变更工作，完善各项资质变更为公司合规经营奠定基础。 （路盼森）

重点医院选介

【临汾市人民医院】 2022年，临汾市人民医院门急诊人数988814人次，出院人数60636人次，平均住院日7.05天，体检人数达40903人次，床位使用率68.09%，手术达21611台次（其中四级手术5102台次），药占比20.54%，耗占比17.41%，门诊预约率60.62%，医疗服务收入占比32.42%，万元收入能耗支出83元，医疗服务和管理水平迈上新台阶。临汾市人民医院2021年度以763.6分的成绩排名全国第152，全省第四，是本地区规模最大、专业齐全、设备先进、技术力量雄厚的集医疗、教学、科研、保健、预防、康复为一体的大型综合性三级甲等医院。2022年，临汾市人民医院将“清廉医院”建设纳入省级区域医疗中心建设的总体布局，融入医院管理全过程，全方位实施“清廉医院”建设。紧盯医疗设备、耗材、后勤物资、基建工程等招投标、验收、报废活动和人员招聘、职称晋升等廉政风险点开展监督；构建亲清政商关系，同270余个厂家、供货商签订廉洁协议。临汾市人民医院中心实验室建设步伐加快，装修改造项目已完成招标，生物样本库、实验室管理软件已安装试用，货物柜台、仪器设备已签订采购合同；血液细胞免疫实验室成功获批临汾市重点实验室。加大科研攻关力度，获省科技厅自由探索类研究项目2项，省卫健委“四个一批”科技兴医创新计划项目2项，省卫健委中医药科研项目4项，市级项目10项，院内课题申报50余项；《区域化医疗资源共享及智慧化便民服务平台》项目获2022年度“市长创新奖”三等奖；景文记等3人获“最美科技工作者”荣誉称号。

临汾市人民医院参照分院模式成立了儿童医学中心、中医中心、肿瘤中心，明确了组织架构、议事规则、绩效方案、人员及床位等，逐步以试点形式推开。技术提升方面，共申报新技术新项目195项，审核通过181项，通过加强对外合作、自主攻关、多学科合作等措施，引导全院技术不断升级，先后填补了多项省市空白。临汾市人民医院医联体成员单位达172所，牵头成立市级专科联盟13个，远程影像会诊平台合作单位42所，远程心电会诊平台合作单位21所。派驻107人次对口支援洪洞县、襄汾县、乡宁县、蒲县，累计在基层医院接诊5560人次，手术439台次，参加义诊1100人，学术讲座179次，业务培训174次，教学查房230次，手术示教135次，开展新技术新项目168项。与浮山县人民政府签订《“院县共建，健康浮山”第二期托管浮山县医疗集团协议》。通过微信、电话等为基层医联体单位提供咨询、会诊、转诊服务40693人次，上转人民医院患者23611人次、下转基层医院14770人次。

【临汾市第三人民医院】 临汾市第三人民医院（市传染病医院）是临汾市唯一一所以治疗40种国家法定传染病为主的二级甲等专科医院，是市级医疗救治定点医院。2022年初，临汾市第三人民医院从正科级单位升至正处级单位。共开设床位700张，有职工710人，正式在编人员129人。全院共有医疗科室21个，医技科室10个，职能科室21个。截至年底，临汾市第三人民医院有传染病区、综合病区和胸科病区，形成了“一院三区”分布格局。传染病区，以治疗肝病、结核、艾滋病等国家法定传染病为主，肩负着全市人民群众各型传染病的医疗诊治重任。综合病区，以老年医学科、康复医学科、风湿免疫科和血液透析为治疗特色，实行“平战结合”管理运行模式。胸科病区，承担着临汾市突发公共医疗卫生事件救治任务。

临汾市第三人民医院医疗业务总收入1.5亿元，比上年同期增加258.25万元。其中，住院收入6413.94万元，比同期减少351.76万元；门诊收入8464.42万元，比同期增加609.95万元；入院病人为6235人次，比上年减少391人次，门急诊总人数达到了57.08万人次；全年出院人数6214人次，比上年减少351人次。临汾市第三人民医院加大科研力度，支持科室申报参与国家级科研项目。全年共开展“珠峰项目”“萌芽”“绿洲”“指南针”“轻微感性脑病”“肝性脑病”“中性粒细胞载脂蛋白和细胞因子在感染患者诊断和疗效评估价值方面的前瞻、多中心、真实世界临床研究”等多个科研项目，其中“珠峰项目”入组43例，“萌芽”入组2例，“指南针”入组2例，“绿洲”入组38例，“轻微肝性脑病”入组10例，“肝性脑病”入组7例。医院各科室发展新技术，外科申报“普通外科内镜诊疗技术”，肝病二科申报“颈内静脉置管术”“股静脉穿刺静脉置管术”，内镜室申报“经皮内镜胃造瘘术”；检验科开展“人类乳头状瘤病毒核酸测定及高危分型”项目，为临床大夫提供精准的诊断依据；护理部引进PICC深静脉置管的维护新技术，并应用于临床。

2022年，临汾市第三人民医院共组织下乡义诊23次，累计义诊服务群众7829人次，为贫困群众减免费用约8.5万元；为人民群众进行健康宣教，并发放健康宣教资料和小礼品，共计116名医务人员先后参加义诊。组织参与了“3·3”全国爱耳日、“3·24”世界防治结核病日、“7·28”世界肝炎日、“世界慢阻肺日”“12·1”世界艾滋病日、“5·12”国际护士节、“8·19”中国医师节、“老年健康活动宣传周”“我为群众办实事”等大型义诊、健康宣传活动，受惠群众达数万人。

（刁士琦）

【临汾市第五人民医院】 2022年，医院共招录了24人，其中医生15名（2名副主任医师、2名主治医师、10名执业医师、1名助理）、药剂师4名（2名主管药师、1名药师、1名药士）、护理人员4名、检验技师1名，有效缓解医院一线专业技术人员不足的困境。全年争取专项债券资金2500万元，设立医疗服务能力提升建设项目，先后购置康复、睡眠、心理设备及系统103台（套），为患者提供更先进、更全面的诊疗服务。截至年底，临汾市严重精神障碍登记患者共24026人，在册患者（在管、非在管、失访）共20737人。其中，在管患者19766人，非在管患者693人，失访患者278人。全市报告患病率为5.17‰、规范管理率94.21%。全年医院救助患者970人次，同比增长13%；救助金额为143万元，同比增长138%。医院引进新技术共7项，有检验科心肌酶谱四项测定、传染性疾病甲功丙肝抗体测定、物理治疗室的微电流刺激仪、睡眠中心的脑波治疗仪电刺激治疗技术、失眠治疗仪电刺激治疗、多导睡眠监测技术、脑波体感音乐放松系统，以上新技术引进对凝聚和培养临床医学人才具有促进作用，对促进医院临床医疗技术进步有推进作用，提升医院的整体实力，为全市人民群众提供高质量、高水平的医疗服务。（冯忆博）

体　育

六张体育名片

【概况】 2022年，“世界飞镖故里”“中国围棋之源”“沿黄网球名城”“三晋射击强市”“区域冰雪中心”“航空运动佳地”，是依托临汾丰厚的体育历史资源、优势的体育运动项目、独特的旅游资源和临汾区位优势，打造的“六张体育名片”，也是引领体育转型发展、促进全市经济社会发展的品牌。

【打造“世界飞镖故里”】 2022年，临汾市成功申请到中国飞镖公开赛（总决赛）落户临汾，持续打造具有影响力的飞镖品牌赛事；普及推广飞镖项目，传播飞镖体育文化，让飞镖逐步成为大众休闲娱乐的好选项，以“小飞镖”推动“大健康”。

【打造“中国围棋之源”】 2022年，成功升级“尧王杯”围棋公开赛为全国性赛事，并被中国围棋协会纳入年度赛事名录，对临汾市围棋品牌赛事打造、围棋文化宣传有着极其重要的意义。

【打造“沿黄网球名城”】 2022年，临汾市成功举办2022年山西省网球锦标赛，以比赛为契机，培养了一批网球教练员、裁判员等专业人才，提升了临汾市的网球整体水平；根据国家竞赛要求标准改造了临汾锣鼓网球中心场地，使之成为全市又一座“国标”体育场馆，为承接全国性高等级赛事提供硬件基础。

【2022年“奔跑吧·少年”山西省网球锦标赛】 2022年8月21—27日，在临汾市网球公园举办了“青花汾酒复兴杯”2022年“奔跑吧·少年”山西省网球锦标赛。此次比赛由省体育局主办，省自行车击剑球类运动中心、省全民健身指导中心、市体育局、省网球协会承办，是临汾市打造的“六张体育名片”之“沿黄网球名城”的生动实践，有大同市、太原市、临汾市等9支队伍共122人参赛。

【打造“三晋射击强市”】 2022年，临汾市射击项目处于领先地位，涌现出赵若竹、苗婉茹等一批优秀选手，在国内、国际大赛取得了优异的成绩；承办了2022年全国青少年射击锦标赛（飞碟项目）。

【2022年举办全国青少年射击锦标赛（飞碟项目）】 2022年7月4—10日在临汾射击运动基地成功举办2022年全国青少年射击锦标赛（飞碟项目）。此次比赛由国家体育总局射击射箭运动管理中心、中国射击协会、山西省体育局、临汾市人民政府主办。比赛分为男、女飞碟多向、双向资格赛50靶、25靶+决赛，飞碟双向混合团体资格赛+决赛，在为期4天的比赛中共产生18枚奖牌。

【打造“区域冰雪中心”】 2022年，临汾市建设有全省唯一的高标准“户内四季真冰场”——临汾冰世界；成立了市滑冰队，聘请前中国短道速滑国家队运动员刘一凡执教，填补了全市冰上项目空白。

【成立滑冰队】 2022年11月11日，临汾市滑冰队正式成立，填补了临汾市冰上项目空白，推动全市滑冰运动专业能力和竞技水平的提升。临汾市面向全市中小学生组织开展了“2022年临汾市短道速滑队选材测试”，经过基础体能测试和冰上冰感形态测试，最终确定试训队员25人。对运动员进行长期的、科学的、系统的训练，建立健全人才打造体系，为临汾冰雪运动未来发展谋长远、育新人。

【打造“航空运动佳地”】 2022年，不断激发青少年对航空运动的兴趣爱好，积极培养航空运动后备人才，组织了临汾市青少年航空体育教育竞赛，参与的青少年爱好者大幅增加。

【临汾市青少年航空体育教育竞赛】 2022年8月21日，在市区解放路学校二校区举办了“喜迎二十大·奋进新征程”2022年山西省群众文化活动“奔跑吧·少年”临汾市青少年航空体育教育竞赛。此次比赛由市委宣传部指导、市体育局主办，市航空运动协会承办。共有来自全市196名中小学生参加，比赛项目有航空航天模型、航海模型、建筑模型、无人机模拟飞行等。举办此次比赛，旨在助力临汾市打造航空运动佳地，促进青少年航空运动技能的普及和提高，培养青少年航空体育后备人才。

（刘泽超　卫瑞华）

三个融合

【体教融合】 2022年，根据国家体育总局、教育部《关于深化体教融合促进青少年健康发展的意见》和省体育局、省教育厅《关于印发深化体教融合促进青少年健康发展的实施意见的通知》，结合临汾市实际，印发了《临汾市关于深化体教融合促进青少年健康发展的实施意见》，为体教融合提供制度保障；与市教育局共同举办全市足球、篮球、排球锦标赛，参赛队伍超100支，参赛人员达2000余人，间接带动体育人口近3万人，促进青少年健康成长和培养竞技体育后备人才两大任务，巩固和拓展了学校、体校、社会体育俱乐部三大阵地，构建和完善健康促进、青训、竞赛三大体系，填补全市多年“三大球”没有学生赛事的空白；批准临汾市第一中心学校、五一路学校申办“射击特色学校”。经基地校申请，市局扶持每所学校4支激光步枪、2支激光手枪及配套电子靶供日常训练、选材使用，指派专业教练员对学校体育教师进行射击项目初级培训，对学校射击队的组建、选材提供帮助与建议。

【2022年临汾市“东联杯”学生（青少年）排球锦标赛】 2022年7月20—23日，在山西师大实验中学排球训练基地举办2022年临汾市“东联杯”学生（青少年）排球锦标赛，此次比赛由市教育局、市体育局主办，全市共计11支队伍153人参赛，含高中男子组、高中女子组、初中女子组3个组别。山西师范大学实验中学、临汾市第二中学分别获得高中女子组一、二等奖，襄汾兴华职业高中获得高中女子组道德风尚奖。襄汾兴华职业高中、临汾市第二中学、霍州市第二中学获得高中男子组前三名，临汾市第五中学获得优秀组织奖。临汾市五一路学校、临汾市第一中心学校、临汾市第五中学获得初中女子前三名，山西师范大学实验中学获得优秀组织奖。

【2022年“荀子杯”临汾市学生（青少年）足球锦标赛】 2022年7月22—27日在安泽县文体广场举办了2022年“荀子杯”临汾市学生（青少年）足球锦标赛，此次比赛由市教育局、市体育局、安泽县人民政府主办，来自临汾市11个县（市、区）的33所学校和11家社会体育机构的61支队伍参赛，共1043名运动员，分六个组三个赛区，共135场比赛。此次比赛是市贯彻落实体教融合理念、促进青少年体育健康发展的具体举措，也是全省首次中小学生和社会俱乐部同台竞技的赛事。

【“喜迎二十大·奋进新征程”2022年“建邦杯”临汾市学生（青少年）篮球锦标赛】 2022年8月14—19日在侯马体育馆举办“喜迎二十大·奋进新征程”2022年“建邦杯”临汾市学生（青少年）篮球锦标赛，此次比赛由市教育局、市体育局、侯马市人民政府主办，共计50支队伍689人参赛。最终临汾平阳中学获得冠军，临汾第一中学校获得亚军，山西师范大学实验中学获得季军。

【体医融合】 2022年，临汾市推动体医融合，以政府购买服务的方式在和泽佳源中西医结合医院设立临汾市国民体质检测中心，为群众提供体质监测、运动干预及健身指导服务，加强针对老年群体的非医疗干预，逐步实现由注重“治已病”向注重“治未病”的转变。

【体旅融合】 2022年，临汾市通过推进体旅融合发展，在克服疫情影响前提下，扩大体育旅游人群，拉动体育旅游消费，依托户外营地建设，开展各类体育培训、技能训练、拓展训练、青少年训练营等活动，优化体育消费环境，促进体育消费便利化。推动襄汾县东岭滑雪场、霍州市七里峪滑雪场、乡宁县云丘山滑雪场等场地建设，逐步形成冰雪产业；推动霍州市航空运动飞行营地、洪洞太岳山国家航空飞行营地完善设施建设，推动航空运动发展。在赛事活动中积极宣传临汾的旅游，临汾旅游目的地吸引力进一步增强。在举办各类赛事活动过程中、赛事海报、秩序册封面、新闻报道等方面积极推介临汾旅游景区、景点，“中国根、黄河魂，临汾人民欢迎您”深入人心。

（刘泽超　卫瑞华）

公共体育基础设施

【概况】 2022年，临汾市体育场地数量共13649个，体育场地总面积为789.33万平方米，较上年增长13477平方米。人均体育场地面积2.02平方米；推进全市“十四五”全民健身场地设施补短板行动工作，召开两次工作推进会，对17个县（市、区）补短板项目入库进展情况、专班成立情况、资金落实情况等进行督导；全市完成体育公园建设1个、健身步道20公里、全民健身中心2个、社会足球场3块、滑冰场1个、乡镇/街道器材补短板3个、智能健身器材设施2个、信息化升级场馆1个、户外营地1个；认真执行《临汾市体育设施建设和管理办法》，完成新建居住区配套体育设施规划审查工作；完成全市体育场馆2022年公共体育场馆向社会免费或低收费开放补助资金申报工作，临汾市2个体育场（吉县体育中心体育场、汾西县奥林匹克中心体育场）、3个体育馆（尧都区体育馆、蒲县奥林匹克体育中心体育馆、乡宁县体育中心体育馆）、1个全民健身中心（安泽县全民健身中心）已享受资金补助。

【“十四五”全民健身体育场地设施补短板工作推进会】 2022年2月15日，临汾市“十四五”全民健身体育场地设施补短板工作推进会召开。会议强调各县（市、区）、各部门要充分认识全民健身场地设施补短板工作的重要意义，紧盯差距和不足，稳步提升体育设施建设整体水平，完善城市服务功能，为促进“六张体育名片”发展、提升全民健康水平打下良好基础。11月11日上午，全市“十四五”全民健身设施补短板工作第二次推进会暨市第六届运动会部署会召开。会议要求，各有关部门要认真抓好项目谋划、有序推进项目建设，坚持科学布局、统筹推进，提前谋划项目开工建设；要主动作为，组织发改、审批等部门成立专班，做好开工前各项准备；集中力量把市第六届运动会办好，办出特色、办出水平。各县（市、区）要结合各自场馆优势，积极申办赛事项目，通过举办赛事更好地展现实力。通过举办运动会，提高全市体育竞技水平，发现、培养一批体育人才，促进体育人才全面提升，推动全市体育事业迈上新台阶。

【新建居住区配套体育设施规划审查工作】 2022年，临汾市体育局对七个新建小区项目体育设施规划进行备案，规划体育设施面积达6249.57平方米。东城海棠湾项目：用地面积137392.2平方米，建筑面积446697.07平方米，规划体育设施面积1968.93平方米。十月城西区项目：用地面积25204.60平方米，建筑面积125331.98平方米，规划体育设施面积760平方米。中心医院解放路院区：用地面积16520.43平方米，建筑面积62168.72平方米，规划体育设施面积380.5平方米。恒安府商住小区：用地面积71327平方米，建筑面积252536.69平方米，规划体育设施面积1160.14平方米。兴投园建设项目：用地面积24586.86平方米，建筑面积70517.5平方米，规划体育设施面积525平方米。功臣御苑三期项目：用地面积58161平方米，建筑面积215020.2平方米，规划体育设施面积1275平方米。华康水岸玺悦项目：用地面积6258平方米，建筑面积16352.06平方米，规划体育设施面积180平方米。

（刘泽超　卫瑞华）

全民健身

【概况】 2022年，临汾市出台《临汾市全民健身实施计划（2021—2025年）》，明确全市“十四五”全民健身工作方向目标，广泛开展丰富多彩的全民健身活动,以汾西县、隰县、乡宁县、蒲县、尧都区五个县（市、区）为试点推广国家体育锻炼标准达标测验活动，为在其他县（市、区）推广积累宝贵经验。开展全民健身志愿服务进机关活动，发挥优秀社会体育指导员的特长优势，向机关干部职工推广健身方法，普及和推广本项目的基础知识和基本技能，提高广大群众参与体育活动的兴趣和技能，在46个单位中开展12个项目的普及活动。开展全民健身活动状况调查，在临汾市下辖街道和乡镇中抽取3万余人进行调研，最终获取有效样本29956例，为《全民健身计划》的落实提供数据支持，为建立起与小康社会相适应的全民健身公共服务体系、实现基本公共体育服务均等化提供了数据支撑。推进体育社会组织建设，市一级成立了体育模特协会、钓鱼协会、滑板运动协会、健身健美协会、排球协会5个协会，华云体育俱乐部、大漠武术俱乐部、建功青少年俱乐部、尧飞扬冰雪俱乐部、羽飞排球俱乐部5个俱乐部。截至年底，市一级共有体育协会43个，俱乐部18个；全年举办二级社会体育指导员培训班，培训类别分为健身秧歌二级社会体育指导员培训及二级社会体育指导员培训，惠及人数百余人。

【全民健身活动】 2022年，临汾市举办610纪念“发展体育运动，增强人民体质”题词70周年活动、全民健身月活动、临汾市群众文化体育活动等一系列全民健身活动，全年举（承）办各类赛事活动67次（国家级赛事1次，省级赛事1次，市级赛事65次）。其中，全市群众文化体育活动从5月持续到8月，共涵盖篮球、足球、围棋、跳绳、轮滑、太极、钓鱼、秧歌、网球、门球等30项体育活动，覆盖城市乡村，涉及农民、职工、学生、妇女等各个领域，囊括老中青少各年龄阶段，市体育局获省委宣传部颁发的“2022年全省群众文化活动组织工作先进单位”称号。

（刘泽超　卫瑞华）

竞技体育

【概况】 2022年，临汾选手苗婉茹在2022年埃及开罗射击世锦赛女子50米步枪三姿决赛中获得1金、女子50米步枪三姿团体获得1铜，在2022年全国射击冠军赛（步枪项目）女子50米步枪三姿获得1金；吴振华在2022年全国青少年射击锦标赛男子50米三种姿势获得1铜；邢佳妮获2022年全国青年跆拳道锦标赛67公斤级以下冠军。临汾市在山西省十六运会资格赛中取得37金45银76铜，2022年山西省锦标赛取得19金24银46铜的成绩。市体育运动学校搬迁至原山西师范大学体育学院，被省局推荐申报“全国青少年体育训练中心”，学校硬件基础设施得到改善。提请市政府出台了《临汾市优秀运动员教练员奖励办法》；授予郭小燕团队、王文辉团队、王洁团队、苏培杰团队四支团队为“金牌教练员团队”荣誉称号，教练员比学赶超的氛围日益浓厚；全力备战省十六运会，克服疫情影响，为校外训练队协调独立封闭场馆训练，对校内训练队进行全封闭训练，对各运动队现场办公协调解决运动队存在问题，全面做好各运动队保障工作。

2022年，临汾市全民健身日系列活动展演

（市体育局供图）

【金牌教练员团队】 2022年，为深入实施人才强市战略，以实际行动贯彻落实“体育强国”国家战略，推进体育工作争先争优，激发体育成绩取得，褒奖教练员团队精神，临汾市授予郭小燕团队、王洁团队、苏培杰团队、王文辉团队等四支团队“金牌教练员团队”称号。

郭小燕团队：培养赵若竹、韩熙凯、苗婉茹、吴振华、单静茹等一批运动员多次荣获国际国内大赛奖项。其中，赵若竹于2019年2月27日国际射联世界杯新德里站获10米气步枪混合团体第一名，破世界纪录；苗婉茹于2021年9月15日中华人民共和国第十四届运动会射击（步手枪）项目，获女子50米步枪三种姿势第一名，超世界纪录。

王洁团队：培养张雯、吴红桃等多次荣获国际国内大赛奖项。张雯获2019年全国柔道冠军赛金牌；吴红桃获2019年全国柔道大师赛金牌；带领柔道队连续20年保持山西省柔道团体冠军。

苏培杰团队：培养陈晓东、王熙睿、张潇方、徐瀚青等一批运动员多次获国内大赛奖项。2019年全国二青会空手道比赛共获4金。陈晓东获男子76公斤级以上冠军；徐瀚青获男子61公斤级以下级冠军；张潇方获女子甲组66公斤级以下冠军；张潇方、王熙睿、郭晨茜、关彤彤获女子团体组冠军。

王文辉团队：培养运动员范勃辉等多次获国内大赛奖项。

（刘泽超 卫瑞华）

体育产业发展

【体育消费券发放活动】 2022年，临汾市体育局开展纾困帮扶中小企业助力体育经营场所健康发展体育消费券发放活动。依托《临汾日报》公众号以限时抢券的方式向全市发放1.2万张价值约150万元体育电子消费券，使用范围包括11个体育经营项目在内的19家经营场所，拉动市民的体育健身消费，促进体育市场主体健康、平稳发展；加大政府购买体育赛事组织、服务、场馆租赁的力度，支持体育市场主体企业、协会、俱乐部生存发展。

【体育彩票销售】 2022年，临汾市体育彩票累计销售3.78亿元，销量排名全省第3位。

（刘泽超 卫瑞华）

体育安全工作

【安全生产检查】 2022年，临汾市全面开展安全生产检查，印发《关于开展体育场馆及高危险性体育经营场所安全隐患排查整治工作的通知》，对121个场馆进行摸排，发现19个场馆存在安全问题，均及时下达整改要求，限期整改到位并逐项销号清零；开展“双随机、一公开”抽查检查，夏季抽取5个县（市、区）的9个游泳馆，对其企业资质、从业人员资质、安全防护设备配备、安全宣传教育和培训演练等方面进行检查，对7个游泳馆下达责令整改通知书，要求限期整改并将整改报告及时报回；成立专项检查督导组，对高危险性体育经营项目和滑翔项目采取“四不两直”（即不发通知、不打招呼、不听汇报、不用陪同接待、直奔基层、直插现场）的方式进行3次专项检查，对发现的问题现场下达限期整改要求，责令限期改正，及时消除安全隐患，9月，根据省市相关文件要求，体育局派出执法人员对金都花园游泳馆、佳鑫游泳馆等进行了安全检查，发现普遍存在游泳救生员人数不足、未持证上岗等问题，现场下达整改并责令其限期整改到位。严抓赛事活动安全、运动枪支弹药安全、反兴奋剂安全工作，在全国青少年射击锦标赛（飞碟项目）和2022年“奔跑吧·少年”山西省网球锦标赛两项赛事中，形成赛事安全风险评估方案，联合市公安局对市体育系统射击竞技运动枪支弹药安全进行联合监督检查。制定并印发《临汾市体育局关于山西省第十六届运动会反兴奋剂工作的实施方案》，并在各项目参赛前对运动员、教练员开展反兴奋剂教育准入培训。配合教育部门前往4个县、市就暑期校外培训机构整治情况进行了检查，并督促各体育类校外培训机构办理经营许可证，入驻校外教育培训监管与服务综合平台，加强监管，截至2022年底，入驻平台的培训机构已合规19家。组织开展安全工作宣传和学习培训。利用“8·8”全民健身日、国际禁毒日、安全生产月、体育宣传周等时间节点，采取线上、线下等多种形式加大力度宣传安全生产工作。

【组织开展安全工作宣传和学习培训】 2022年，临汾市体育局组织召开针对全市高危险性体育经营场所法人代表或主要负责人的安全教育培训，学习并解读了新修订安全生产法、安全生产十五条重要举措、《关于开展全省体育领域安全生产大检查大整治大提升行动方案》、《全市安全生产大培训工作实施意见》，课外体育培训最新政策和远程网上执法等新执法手段的相关内容。举办2022年“遵守安全生产法，当好第一责任人”安全生产月主题宣传暨临汾市游泳救生员测试交流比赛，对24个游泳馆的59名救生员进行了包括营救溺水人员、心肺复苏和除颤仪使用在内的游泳救生技能测试，测试合格率达到90%。 （刘泽超 卫瑞华）

体育教育

【新校区搬迁】 2022年9月，临汾市体育运动学校搬迁至原山西师范大学体育学院，经过财政局、市体育局等相关部门领导的共同努力，整体装修、维修各项工程建设有序推进。12月底，学校完成整体搬迁，体校硬件基础设施整体修复，为学校强化运动训练、提高教学质量、推进体教融合，提供了硬件基础。

【增设运动项目】 2022年，临汾市体育运动学校新增了短道速滑冰上项目和散打民族传统项目，优化了项目发展布局，为打造临汾“六张体育名片”之“区域冰雪中心”、推动构建多元化项目发展格局奠定了坚实的基础。

【参加各项比赛】 2022年，临汾市体育运动学校组织学生参加山西省第十六届运动会各项目冠军赛、锦标赛、资格赛，共有374名运动员取得决赛资格。田径资格赛获7金6银6铜，柔道冠军赛获4金6银13铜，男子团体总分第二，女子团体总分第三，获体育道德风尚奖。乒乓球锦标赛获混合双打第1名，射箭锦标赛获2金2银1铜，空手道锦标赛获2金2银5铜，跆拳道锦标赛获3金4银12铜，篮球锦标赛获女子第六、男子第七，足球锦标赛获男子乙组第六。

全国跆拳道锦标系列赛中，邢佳妮蝉联三站女子67公斤以下级冠军，并被北京体育大学免试录取。全国跆拳道冠军总决赛中，邢佳妮再次获女子67公斤以下级冠军。

（刘慧敏）

射击射箭

【概况】 临汾市射击射箭运动中心于2012年11月成立，主要职责是：研究拟订射击、射箭运动中心的项目发展规划并组织实施；负责射击、射箭项目运动队的建设，以及后备人才培养和高水平运动员输送；代表临汾市参加省级以上射击、射箭赛事；根据国家体教要求，对运动员实施文化课辅助教学；完成市体育局交办的其他工作。

【各类比赛】 2022年3月1日全国射击冠军赛，苗婉茹获女子50米三种姿势金牌。7月，山西省射击锦标赛，吴振华获男子甲组50米三种姿势项目第1名，王泽伟获男子甲组10米气手枪项目第1名，男子甲组50米手枪项目第3名，杨诗蕾获女子甲组10米气步枪项目第2名，蒲昱宇获25米手枪速射项目第2名，杨舣冉获男子甲组50米手枪项目第2名，刘家成获25米手枪速射项目第3名。8月，全国青少年射击锦标赛，吴振华获50米男子三种姿势个人铜牌。10月21日，埃及开罗射击世锦赛，苗婉茹获女子50米三种姿势金牌；10月23日，苗婉茹和队友一起摘得女子50米步枪三姿团体铜牌。

2022年，临汾市体育运动学校邢佳妮获得全国跆拳道冠军总决赛冠军 （市体育运动学校供图）

【承办少先队员校外实践活动】 2022年8月4日，临汾市少年儿童暑期社会实践营到访临汾市射击射箭运动中心，少先队员们观看运动员比赛视频，听取教练员讲解射击注意事项，开展射击活动。此次活动是中心对实践探索青少年国防教育的具体路径，推动临汾射击事业发展，好巩固和扩大党执政青年群众基础。

【射击射箭进校园活动】 2022年，临汾市射击射箭运动中心助推体教深度融合，推动青少年文化学习和体育锻炼协调发展，普及射击、射箭知识及国防教育。开展了全市中小学挂牌仪式，深入各学校组织体育教师开展射击射箭培训工作，为其配备射击训练器材。

【用好图书平台】 2022年，临汾市图书馆为中心提供一批图书，用于丰富运动员的业余生活。中心图书馆借阅数目达500余本，发挥其平台作用，扩大文化的辐射力和影响力，提高中心整体的阅读能力。

（苏晓璐）

社会生活

人力资源和社会保障

【概况】 2022年，临汾市人力资源和社会保障局（简称临汾市人社局）获“山西省五一劳动奖”“山西省人力资源社会保障工作先进集体”“国家节约型机关”“全国人社系统新闻宣传优秀单位”等多项荣誉。

【创业就业】 2022年，临汾市人社局强化就业优先政策，推动稳就业保就业工作。召开全市稳就业工作推进会，以市委办、市政府办文件出台促进就业30条措施。落实助企纾困政策，为企业减负4.41亿元。健全公共就业服务体系，设立165个乡镇就业服务站。推进零工市场建设，多元化提供零工求职招聘服务，建成“零工市场”17个，3.2万人次达成就业意向。组织线上线下招聘会692场，达成就业意向3.1万人。在全省首家开展“直播带岗”，全年举办96场，提供就业岗位1.5万个。2022年，全市城镇新增就业54474人，就业困难人员就业、失业人员再就业等4项就业指标完成情况均位居全省前列。

【技能培训】 2022年，临汾市人社局推进“培训+鉴定+就业+服务”模式，印发《2022年临汾市职业技能培训工作方案》《加强全市创业培训促进市场主体倍增工作方案》，为市场主体倍增输血补气、加油赋能，“临汾技工”品牌影响力扩大。科学设置工种，有效提升培训精准度，培训工种较上年160个调整为200个。向社会公布职业技能培训职业工种目录、职业技能评价机构目录和培训机构目录，方便广大劳动者自主选择。实施“一县一品”劳务品牌战略，打造“临汾技工”系列劳务品牌，打造出2个省级劳务品牌、9个市级劳务品牌。优化创业培训公共服务，扩大创业培训规模，提高创业培训质量，发挥创业带动就业的倍增效应，全年共创业培训3151人。对全市89所民办职业培训学校进行了年检。全年组织各类职业技能培训50242人，完成省定任务的167.47%。

2022年，临汾市人社局召开全市稳就业工作推进会
（市人社局供图）

【社会保障】 2022年，临汾市人社局坚持以建立更加公平、更可持续的社会保障制度为目标，不断兜底线、织密网、建机制，健全多层次社会保障体系。全市城镇职工基本养老保险、城乡居民基本养老保险、失业保险、工伤保险参保率全部提前完成。审批被征地社保项目58个，涉及社保补贴1764人，预存资金1.22亿元。开展工伤保险参保

扩面百日攻坚行动，全市365个建设工程项目参加工伤保险，惠及1.6万名农民工。开展社保基金管理提升年行动，健全机制，加大监督，深化专项整治。建成全省首家人社业务“就近办”便民服务中心，实现从8小时向“全天候”、从“窗口办”向“自助办”、从“分散办”向“集中办”新跨越，真正打通服务群众“最后一公里”。《中国劳动保障报》进行了专题报道，典型经验被省人社厅通报表扬并予以推广。

【人才人事】 2022年，临汾市人社局落实人才强市战略，人才创新活力激发。坚持党管人才原则，深化体制机制改革，打造适应全市发展的技术技能人才队伍。加强人才培养培育，实施专业技术人才知识更新工程。开展市校合作，已与63所高校取得联系，共建基地43个。临汾高级技工学校被确定为国家根基工程培训基地项目建设单位，已完成2个省级高水平实训基地项目建设、1个省级高水平重点专业项目建设。全市新增技能人才40027人，完成全年任务的190.6%，新增高技能人才6314人，完成全年任务的210.47%。强化人才激励保障，完成县以下事业单位管理岗位职员等级首轮晋升工作。健全事业单位工资制度体系，激发事业单位人员生机活力。完成2022年度市直事业单位统一招聘工作，全市各级事业单位共招聘2864人。安全平稳组织各类人事考试15次，参考人数68033人。

【收入分配】 2022年，临汾市人社局深化收入分配制度改革，推动构建“橄榄型”收入分配格局。建立城镇居民增收数据监测体系，加强企业工资宏观调控，贯彻落实山西省企业工资指导线，开展覆盖全市的企业薪酬信息调查，发布全市职业（工种）工资价位。为19.36万名职工完成企业养老保险调待工作，月人均调整141.97元，增长3.93%。为7.08万名职工完成机关事业养老保险调待工作，月人均调整166.96元，增长3.4%。为51.4万人完成城乡居民养老保险调待工作，由每人每月113元增加到118元。继续提高全市工伤职工伤残津贴、生活护理费和因工死亡职工供养亲属抚恤金标准，工伤保险待遇实现“十八连涨”。规范全市事业单位工资津贴补贴，落实国家调整基本工资标准政策，深化公立医院薪酬制度改革，增加事业单位职工收入，推进非营利性服务业增长。

【劳动关系】 2022年，临汾市人社局提升治理能力水平，和谐劳动关系更加稳定。形成以“预防、查处、惩戒”为主线的保障农民工工资支付工作制度，为欠薪问题源头治理赋能增效，确保欠薪案件动态清零。全年共检查用人单位4044户，办结拖欠劳动者工资案件1730起，追发劳动者工资等待遇7692万元。向社会公布重大劳动保障违法案件5批次19户，将6户企业及其法人和实际负责人列入拖欠农民工工资“黑名单”。全市未发生欠薪引发的群体性、极端性事件和重大涉薪负面舆情。全年有效处置群众信访诉求1516批次，按期办结率100%。立案受理各类劳动人事争议案件827件，审结817件，仲裁结案率98.8%，调解成功率89.4%，为劳动者实现各项权益4047.38万元。（司玛琦）

社会保险服务

【概况】 2022年，临汾市社会保险中心以“强作风优服务抓落实促发展”作风大整顿活动和“向人民群众交好账”活动为抓手，巩固和扩大社会保险覆盖面，深化机构改革成效，落实援企纾困政策，推动企业养老保险实现全国统筹。截至12月底，城镇职工养老保险完成81.6万人，完成率为103.47%；企业养老保险完成45.68万人，完成率为104.4%；城乡居民养老保险完成209.15万人，完成率为100.55%；失业保险完成41.25万人，完成率为101.13%；工伤保险完成59.4万人，完成率为104.95%。全市社保卡持卡人数为440.42万人，完成率103.87%；全市申领电子社保卡人口覆盖率为60.56%，完成率121.12%。

【保险征缴工作】 2022年，截至11月底，临汾市企业养老保险基金收入341630万元；机关事业养老保险基金收入391915万元；城乡居民养老保险基金收入143657万元；失业保险基金收入19756万元；工伤保险基金收入29497万元。

【待遇调整工作】 2022年，临汾市社会保险中心开展待遇调整工作，确保参保职工能够及时享受应有待遇。企业养老保险方面，为19.36万名职工完成调待，月人均调整141.97元，增长比例3.93%；机关事业养老保险方面，为7.08万名职工完成调待，月人均调整166.96元，增长比例3.4%；城乡居民养老保险方面，为52.15万名职工完成调待；工伤保险方面，为市本级1016名领取定期待遇人员完成调待工作。

【社保待遇发放】 2022年，临汾市企业养老保险待遇于每月15日之前完成发放。机关事业于每月20日之前完成发放。截至11月底，企业养老保险发放各项待遇共计589458万元；机关事业养老保险发放各项待遇共计406147万元；城乡居民养老保险发放各项待遇共计71319万元；失业保险发放各项待遇共计24840万元；工伤保险发放各项待遇共计27137万元。

【劳动能力鉴定流程优化】 2022年，临汾市社会保险中心购置了人体核验一体机；在通知工伤职工现场鉴定启用语音信息通知平台，提高了工作效率；开展线上业务经办，其中第十九批完成线上经办全流程，完成省厅各项工作要求。截至12月底，共组织开展鉴定20批次，为1480名职工出具劳动能力鉴定结论。

【审计稽核】 2022年，临汾市社会保险中心完成省局下发企业、城乡居保死亡人员通过三晋通认证疑点数据共计21人，跨省重复领取人员处理情况调度表共计16人，2022年跨省重复领取养老保险金人员信息共计24人，不符合一次性补缴养老保险待遇退休人员信息共计10人，虚构劳动关系领取失业保险待遇人员共计286人，企业养老保险基金疑点数据共计3003人，2021年疑似假人、疑似死亡人员领取养老待遇整改不到位临汾共计5人，已全部整改到位。协助核查完成北京经济开发区社保办理中断缴费已在临汾市领取养老保险待遇数据7人、太原社保暂停领取工亡职工供养抚恤金同时领取养老保险金人员8人疑点数据。

【健全内控管理体系】 2022年，临汾市社会保险中心制定《关于进一步加强业务经办风险内部控制工作的通知》《关于印发〈社会保险业务经办内部控制监督检查办法〉（试行）的通知》等一整套内控监督检查机制。并对市本级各业务科室日常业务经办和部分县市社保中心机构设置、岗位授权管理、业务经办审核、系统账户管理、基金财务管理、数据稽核等方面开展内控检查，有效发挥社保业务经办内部控制监督作用，及时堵塞漏洞，确保基金安全运营。

【助力企业纾困】 2022年，临汾市社会保险中心缓缴社会保险费。按照文件精神和企业申请，在系统内做好缓缴企业标识，推进落实缓缴政策深入落实。阶段性实施缓缴企业社会保险费情况，企业养老保险方面，截至12月底，为6959户单位缓缴金额1.97亿元，惠及13.83万职工；失业保险，截至12月底，为482户单位缓缴金额1775.82万元，惠及4.67万名职工。延续实施阶段性降低失业保险费率。按照《关于转发〈人力资源和会保障部财政部国家税务总局关于做好失业保险稳岗返还技能提升防失业工作的通知〉的通知》要求，严格执行失业保险延续实施阶段性降低社会保险费政策，即执行总费率1%，单位0.7%，个人0.3%。截至12月底，为全市2883户企业的25.41万名职工降低失业保险费共计17863.46万元。实施失业保险稳岗返还。采取“免申即享”模式为全市2129户企业稳岗返还9325.26万元，惠及职工23.13万人。落实一次性留工补助和一次性扩岗补助政策。按照文件规定范围，采取免申即享模式，及时发放两类补助。截至12月底，为全市535户企业的2.75万名职工发放一次性留工补助1376.4万元，为314户企业发放一次性扩岗补助222.6万元。

【打造社保服务新模式】 2022年，临汾市社会保险中心推进社会保险服务改革，探索人社服务新模式，与社保卡发卡银行合作，筹建临汾市人社业务就近办便民服务中心，为群众提供更加便捷、高效、舒适的服务。9月7日，“临汾市人社业务就近办便民服务中心”正式投入运行，可提供社保信息查询、就业服务查询、参保证明打印、社保卡服务、资格认证、社保缴费申报等六大类等50余项人社自助服务，实现社保服务从8小时向“全天候”、从“窗口办”向“自助办”、从“分散办”向“集中办”的新跨越，让办事群众切实享受到社保的智能化、一体化、便捷化服务，感受到社保服务的“民生温度”，真正打通了服务群众“最后一公里”。

医疗保险

【概况】 2022年，临汾市医疗保险服务中心（临汾市医保中心）结合机构职能定位，着力解决群众急难愁盼问题，补好民生问题短板，全面梳理政务服务事项，优化规范医保服务流程，创新政务服务方式，全方位推动医保事业高质量发展，为群众办好事、办实事。

【规范基金运行】 2022年，临汾市医保中心优化基金“征管手段”，增强医保筹资运行保障。完善职工基本医保筹资机制，落实全市统一的基准费率制度。提高居民医保筹资水平，优化政府补助和个人缴费比例结构，完善市级统筹制度，为实现省级统筹夯实基础。坚持“以收定支、收支平衡、略有结余、超支分担”原则，科学编制医保基金收支预算，建立收支平衡和合理结余机制，增强基金预算绩效管理和风险预警。医保基金收支平稳，基金运行规范。

【完善门诊特药管理】 2022年，临汾市调整门诊特药待遇，增加30种国家谈判药品，共有95种药品纳入门诊特药范围，28种药品纳入门诊慢性病范围，准确把握各类药品的限定支付范围，正确引导参保患者就医治疗，维护参保人员的利益。

【跨省5种门诊慢特病成功上线】 2022年，在临汾市人民医院等21家医疗机构开通高血压、糖尿病、恶性肿瘤门诊放化疗、尿毒症透析、器官移植术后抗排异治疗5种门诊慢特病相关治疗费用跨省就医直接结算服务，方便跨省患者就医购药，减轻患者经济负担。

【统一慢特病病种】 2022年，临汾市将职工门诊慢特病支付限额和支付比例全市统一，全市统一为45种门诊慢特病。原来存在的下肢动脉硬化狭窄与闭塞病、支气管扩张、抑郁症、血管支架植入术后4种门诊慢特病仍按原规定享受待遇，以后不再准入。年底，按省中心文件规定，2023年度慢特病不再复审，2024年不同病种提供不同复审资料再行审查。

【推进医保稽查业务】 2022年，临汾市医保中心制定年度专项稽核计划，配合医保局开展“清零”行动，“假病人”“假病情”“假票据”的专项整治行动，开展一轮自查、交叉检查和压茬检查，对疑似违规的就医购药、医保支付范围和标准、两定机构协议履行等事项进行专项稽核检查。专项稽核检查已覆盖所有市直定点医疗机构。

【开展网上智能审核】 2022年，临汾市医保中心全面实现医保基金监审工作的智能化、规范化、专业化和公平化，通过智能审核，对存在疑点的两定机构进行精准研判，对不合理诊疗费用拒付，实现对医疗服务行为的事中监控预警和事后责任追溯。

【推进DRG示范市提质扩面】 2022年，临汾市完成2021年的市直医药机构和DGR试点医院的年度考核并进行了DRG年终清算，两次协助市医保局开展DRG付费权重谈判工作，开通全市2068家村卫生室的医保相关服务。

【打造医保经办标准化试点】 2022年，临汾市医保中心提升医保服务效率和质量，打造人民满意的医保服务品牌。推进标准化建设。全面落实《山西省医疗保障经办政务服务事项清单》，提高便民服务水平。推广医保公共服务平台应用，推动新系统征缴业务上线，优化业务功能模块。开通网厅服务，实现基金征缴网上办理。实现医保关系转移接续、人员增减等高频服务“网上办”“手机办”，异地就医备案可实行网上办理，推动线上线下服务融合，为参保群众提供便捷服务。3月申请市级标准化试点示范区项目，12月通过了市市场监督管理局和相关领域专家的验收评估，获得“医保社会管理与公共服务标准化试点”荣誉。（李　浩）

民政管理

【概况】 2022年，临汾市民政局遵循全市民政系统的重点工作思路，各项工作取得成效。社会救助基础更加坚实，城乡低保顺利提标，审核权限下放探出新路，低收入人口监测位居全省第一；养老服务模范市创建卓有成效，安心养老信息平台覆盖85%老年人口，基础设施建设取得突破性进展，“林草墓”复合利用在全省创出临汾经验；三基工作全面提升，社会工作、基层治理、未成年人保护、慈善捐助等工作创出一批全省、全国先进典型。

【养老服务】 2022年，出台《临汾市养老服务模范市创建方案》《临汾市养老服务发展工作方案》，对市、县、乡（镇）各级工作目标任务作了明确规定；建成临汾市安心居家养老服务信息平台，录入全市老年人信息达60万人，占老年人口总量的85%。13个县建成100张以上床位的失能半失能老年人集中照护机构，新增417家农村日间照料中心，累计建成23个城镇社区养老服务设施；乡宁云丘山、侯马怡之福等康养示范项目取得新的进展，安泽兼葭乡居打造出“田园康养”特色品牌，列为山西文旅招商重点项目。成立养老服务专家库、养老服务行业协会，开展养老护理员技能培训，规范全市养老服务业发展。全省首批评选的14个养老模范县，侯马市、翼城县、蒲县成功入选；4家养老机构被评为模范养老机构；翼城县、蒲县获“山西省养老服务先进集体”称号；蒲县县委书记杨晓舟、侯马市局副局长仪晓辉获“山西省养老服务先进个人”称号；尧都区正元养老院在全市率先制定《养老机构医养转换服务规范》，有效推动临汾市养老服务标准化、规范化建设。

【殡葬改革】 2022年，临汾市16座新建改建殡仪馆项目全部开工；9家主体完工，县、乡、村公益性安葬（放）设施开工217座，完工188座。蒲县积极探索“林草墓”复合利用，形成农村公益性公墓建设“蒲县经验”。通过发布“文明祭祀过中元移风易俗树新风”倡议书，召开新闻发布会，大力倡导推广文明节俭、生态节地、移风易俗的殡葬观念，殡葬改革工作顺利推进。

【基层社会治理】 2022年，临汾市出台《关于抓党建促基层治理能力提升高质量推进村改社区工作的意见》，完成40个村改制为社区的工作，48个社区边界实现优化调整，为解决社区规模不合理、边界不清晰、网格化治理难以落实的问题打下坚实基础；清廉村居纵深推进，每县至少培养两个示范村，完善了公共卫生委员会、村务监督委员会等配套组织建设。尧都区三元刘卫星、蒲县山中村石金平入选全国优秀城乡社区工作者。蒲县“道德银行”入选第二批全国基层治理创新典型案例。

【区划地名管理】 2022年，临汾市开展国家地名信息库质量专项建设行动，完成47394条数据的审核上报，市级修改率达到98%；开展市辖区路名规范整治，制定路名命名更名初步方案，解决群众反映强烈的一路多名、无名、缺文化底蕴等问题；组建地名专家库，完善地名信息库。浮山县地名录编制初步完成，在地名普查成果转化方面开了好头。首批省级地名文化遗产及红色地名保护名录推荐工作中，临汾市“平阳”入选“历史地名”；曲沃县、翼城、洪洞县、大宁县、霍州市入选“千年古县”；襄汾襄陵镇、洪洞赵城镇、古县岳阳镇入选“千年古镇”；襄汾县丁村和陶寺村、洪洞县羊獬村入选“千年古村”；尧都区刘村、洪洞县西韩略村、永和县东征村、安泽县东唐村、侯马市埝上村入选“红色地名”。

【社会组织发展】 2022年，临汾市出台《临汾市市级社会组织党建工作指导员管理办法（试行）》，选派党建指导员50名，实现市级社会组织党的工作全覆盖；社会组织年检、清理整治非法和“僵尸型”社会组织成效明显，对21家社会组织实施行政处罚，依法行政取得突破。尧都区“非法社会组织‘圣约家园教会’‘阿斯兰学堂’被依法取缔”的做法，入选民政部发布的10个《社会组织领域风险防范化解典型案例》，供全国各地登记管理机关和社会组织参考。

【福彩销售】 2022年，临汾市面对市场低迷、疫情反复的困境，福彩销售工作积极作为，创新方式，全年福彩销量达3.09亿元（募集福彩公益金约3000万元），居全省第二，较2021年增长6.07%，是全省唯一一家正增长的市。（任 倩）

社会救助

【概况】 2022年，临汾市出台市级低保、特困人员认定办法，高效完成年度提标任务，其中，农村低保两次提标。达到6000元/人·年。主动排查困难群众5.61万人，将1.17万人纳入社会救助范围。翼城县、侯马市、古县、汾西县、浮山县社会救助改革试点顺利实施，印发《关于将全市城乡低保、特困人员供养确认权限下放至乡镇（街道）的通知》，计划推广全市。低收入人口数据库录入37339户70743人，监测比例达4.03%，为防止规模性返贫筑牢堤坝。数据库信息核对全面展开，全年核对103197户次187636人次，为巩固拓展脱贫攻坚成果同乡村振兴有效衔接提供了基础保障。翼城县低保中心主任常艳华荣获“全国社会救助工作先进个人”称号。

【未成年人保护】 2022年，临汾市民政局有序推进红色引领未成年人保护项目，打造临汾未保工作样板；出台《临汾市未成年人保护工作站基本建设规范（试行）》，157个乡镇（街道）未保站全部挂牌运行；市社会福利院基建任务全部完成，个人集中养育孤弃儿童也全部移交，完成清零；积极链接宋庆龄基金会，在洪洞（2所）、翼城县、侯马市建立4所农村留守儿童关爱之家，成为未保工作和慈善工作上的创举；大宁县成功创建全国未成年人保护示范县。市未保中心项目落成，服务大厅、防疫隔离、生活公寓、六大保护阵地等配套设施全部建成，为流浪未成年人救助、教育培训提供了阵地，更为生活无着的流浪乞讨人员和未成年人筑起“温馨港湾”，开启了临汾未保事业发展的新征程。

【慈善社工】 2022年，尧都区、洪洞县、襄汾县、安泽县、霍州市5个省级社工站示范项目积极探索打造临汾品牌。洪洞社工站接受山西卫视专题采访。在全国“四个100”志愿服务先进评选中，翼城县“日行一善”项目被评为全国优秀志愿服务项目，侯马市乔村北社区被评为全国优秀志愿服务社区；安泽县推荐的玉和泰煤业有限公司丁玉萍、永鑫煤焦化有限责任公司梁博分别为全国慈善楷模、捐赠个人候选人。面对市场低迷、疫情反复的困境，福彩销售工作积极作为，创新方式，2022年福彩销量达3.09亿元（募集福彩公益金约3000万元），稳居全省第二，较2021年增长6.07%，是全省唯一一家正增长的市。（任　倩）

退役军人事务

【服务保障】 2022年，临汾市退役军人事务局推动服务保障体系提标提质，指导基层服务站充实服务内容，优化工作流程和提升人员素质，落实政治、文化、环境、建设四要素。截至年底，全市四级退役军人服务中心（站）达到2497个，做到了全覆盖。出台优待工作实施办法及基本优待目录，全市为退役军人和其他优抚对象申请优待证，为符合条件的市属及以上企业失业下岗退役士兵发放218.9万元的生活补助，为享受国家定期抚恤补助的优抚对象发放定期抚恤补助1.62亿元，为义务兵家庭发放优待金7502万元，为入伍大学生发放奖励金172.2万元。

【安置工作】 2022年，临汾市退役军人事务局开展退役军人安置工作“回头看”，走访2021年度退役军人安置单位，按规定移交退役军人档案，转业军官、退役军人已全部报到上岗。落实退役军人安置政策，2022年度临汾市接收安置转业军官，党政机关单位安置比例达到100%；接收符合政府安排工作的退役士兵（含退出消防员）安置任务完成率100%。

【尊崇氛围营造】 2022年，临汾市退役军人事务局注重思想政治教育、典型引领，做好尊崇关爱，开展优秀退役军人进校园宣讲活动。组织开展烈士褒扬纪念活动，“5·17”“9·30”等重要节日、纪念日开展烈士祭扫、向英烈敬献花篮等纪念活动，争取并投入1916.02万元，开展烈士纪念设施提质改造工程，为多名烈士寻亲，营造尊崇英烈氛围。在全市开展最美退役军人、军嫂、双拥人物选树活动，走访慰问“临汾旅”及驻临汾部队、涉军单位15家，组织开展上门送喜报、“你为祖国守岁、我陪亲人过年”拥军优属活动和“情暖老兵”公益行动。

【就业质量提升】 2022年，临汾市退役军人事务局组织各类退役军人专场线上、线下招聘会93场，与京东华北区协商达成退役军人“助力北京冬奥会”就业意向，推介自主就业退役士兵入职。组织开展自主就业退役士兵适应性培训和职业技能培训，获证率100%，就业率85.5%。组织参与全省退役军人创业创新大赛，2家企业获奖。

【双拥创建】 2022年，临汾市退役军人事务局健全完善双拥工作运行机制，高标准召开争创全省双拥

2022年，临汾市退役军人事务局开展优秀退役军人“五进”活动，图为临汾平阳中学2022年新生军训动员大会

（市退役军人事务局供图）

模范城工作视频会议，调整拥军支前机构并形成工作机制，开展市直单位双拥目标责任考核，以考核促创建的作用彰显。建立解决部队官兵“三后”问题联动保障机制，开展“临汾双拥·薪火相传”主题活动，成立拥军服务站135家，建立拥军惠军措施457项，全方位打造双拥社区、双拥巷、拥军一条街，完成1个双拥主题公园、1条“双拥公交专线”、5个“口袋公园”、6处公共场所双拥标识建设等工作，“双拥街道”命名正在履行程序，军地携手、军民同心推进双拥工作落地见效。

【法律政策落实】 2022年，临汾市退役军人事务局利用四级退役军人服务保障体系，结合“法制宣传月”、“八五”普法、建档立卡和优待证申领、常态化走访慰问等活动，运用“报、网、端、微、屏”等载体组织学习宣传贯彻退役军人保障法等政策法规，推进“法律政策落实年”活动，开展“送政策、送服务、送法律”进军营、优秀退役军人代表“五进”、“蹲点抓落实”等系列活动。 （崔心刚）

住房公积金管理

【概况】 临汾市住房公积金管理中心主要负责全市住房公积金的归集、提取、使用和管理。截至2022年底，从业人员254人。其中，在编156人，非在编98人。中心被省住建厅授予“2022年度全省住房和城乡建设工作优秀单位”荣誉称号。

【住房公积金缴存】 2022年，临汾市住房公积金管理中心实缴单位5292家，实缴职工27.8万人，当年新开户单位491家，新开户职工2.78万人，净增职工1.15万人。年末，缴存总额315.43亿元，比上年末增加13.48%；缴存余额145.7亿元，同比增长10.76%。受委托办理住房公积金缴存业务的银行7家。

【住房公积金提取】 2022年，临汾市住房公积金管理中心办理8.38万名缴存职工提取住房公积金；提取额23.3亿元，同比增长7.52%；提取额占当年缴存额的62.2%，同比减少1.8个百分点。年末，提取总额169.73亿元，同比增加15.91%。

【住房公积金贷款】 2022年，临汾市住房公积金管理中心个人住房贷款最高额度100万元。发放个人住房贷款0.53万笔21.06亿元，同比分别下降13.11%、15.79%。全年回收个人住房贷款12.98亿元。截至年末，累计发放个人住房贷款8.37万笔202.01亿元，贷款余额114.43亿元，分别比上年末增加6.62%、11.63%、7.60%。个人住房贷款余额占缴存余额的78.54%，比上年末减少2.31个百分点。受委托办理住房公积金个人住房贷款业务的银行7家。全年发放异地贷款1252笔4.93亿元。截至年末，发放异地贷款总额23.73亿元，异地贷款余额16.9亿元。

【公积金政策调整】 2022年，临汾市住房公积金管理中心新增的“租房提取、提前退休提取”等两项跨省通办工作已全部落实，实现了全程网办。10月起，租房提取业务在原有中心与临汾市不动产登记查询接口的基础上，接入了山西省住房公积金数据共享平台提供的民政婚姻查询接口，增加对婚姻状况的核验。全年共办理租房提取业务32527笔，其中线上办理18646笔，网办率57.32%。提前退休提取于4月7日上线试运行，办理渠道为微信公众号。在该业务中试点共享信息用户授权功能，同步在微信公众号新增柜台授权确认、个人信息授权、授权情况查询3个功能。在本月底正式上线运行，并同步在微信公积金、中心网站等渠道对该业务进行宣传推广。

【征信数据共享】 2022年，临汾市住房公积金管理中心根据《住房和城乡建设部住房公积金监管司关于做好征信信息共享接入准备工作的通知》的要求，成立征信工作专班，制定《个人征信合规管理规定》和《个人征信授权书》，对征信报告查询使用和贷款征信数据上报两项工作同步推进。按照人行征信管理部门的要求，完成人员培训、场所设备配置等工作。从2022年5月开始，在所有管理部全面正式投入运行。

【服务改进】 2022年，临汾市住房公积金管理中心从5月到年底，在全市公积金系统开展“向人民群众交好账”实践活动。做好灵活就业人员缴存公积金业务的政策完善和流程优化工作，开展睡眠账户长期沉淀资金的唤醒工作。对中心涉及的业务进行流程再造，确保数字化工作完全符合相关业务标准。对于流程再造和优化过程涉及的业务细节，同步制定相关制度、规范和操作细则。确保中心在服务标准化、管理科学化、业务规范化等方面，在原有基础上有质的提升。截至年底，新增灵活就业人员4264

人，累计开户账户数突破1.4万户，缴存总额超过1.4亿元；共向灵活就业人员发放贷款997笔，金额2.8亿元。

【清理“睡眠账户”】 2022年，临汾市住房公积金管理中心开展清理“睡眠账户”专项行动。封存两年以上的长期“睡眠账户”共涉及45469个，约2.7亿元资金。中心积极进行宣传，跟进研究配套政策，优化网上业务渠道；全体干部职工坚持“以人民群众利益为重”的理念，以搜寻“睡眠账户”所有人、完善账户基本信息为重点，激活“睡眠账户”资金。截至年底，共唤醒“睡眠账户”36224个，达到总任务量80%，唤醒资金2.55亿元，占到总量95%以上。

【“跨省通办”工作】 2022年，临汾市住房公积金管理中心推进“跨省通办”工作。截至年底，通过“跨省通办”办理的异地购房提取197笔，累计提取金额980万余元。临汾中心按照相关要求开通了服务渠道；加强培训工作，通过视频会议形式召开动员会，多次组织全市职工学习培训，有效防止低频业务导致的思想不重视、业务不熟、流程不顺等问题；加大宣传力度，主持设计、起草、印制宣传海报和宣传手册，在微信公众号上发布公告，起到良好的宣传作用；依托省数字房产接口，升级了购房提取网上渠道，以前在市区内购房才能网上提取，现在全省范围内购房都可以网上提取；依托省民政婚姻接口，改造“租房提取”，增加对配偶不动产登记的核验内容，以家庭为单位的租房提取业务实现全程网办。

【额度提高】 2022年，临汾市住房公积金管理中心为发挥住房公积金制度保障功能，加大对缴存职工住房需求的支持力度，进一步活跃房地产市场，结合临汾市房地产市场的实际情况，5月27日出台《临汾市住房公积金中心关于调整住房公积金缴存使用政策通知》，将原来的最高贷款额度60万元提高至100万元。（晁　倩）

革命老区建设

【红色资源开发保护利用】 2022年，临汾市17个县（市、区）编纂的《革命老区县发展史》全部定稿，送山西人民出版社审核。其中，翼城县、浮山县、古县、蒲县、曲沃县、侯马市、乡宁县、洪洞县正式出版发行，并举办首发仪式，向机关学校赠书。翼城县、浮山县、安泽县、霍州市、蒲县、乡宁县、侯马市、曲沃县、永和县基本完成革命老区重点村标志树立工作。浮山县山交村“八路军总部路居”红色旅游区扩建工程竣工投入运营，浮山县“寨圪塔扁担精神纪念馆”开馆运营。完成霍州市北顶垣“山西省委（扩大）会议”旧址复原修缮布展。尧都区“官雀战斗纪念馆”投资400余万元的扩建主体基本完工，进入布展阶段。向市委、市政府提出《关于我市红色资源进行保护利用的建议》，通过市政协委员提交议案。

【捐赠捐助】 2022年，临汾市老区建设促进会与四川盛元阳光环保科技有限公司开展的智能化净水机捐赠捐助活动，推进后期服务，新启动吉县安装工作。鉴于冬天煤价高涨，与浙江永康市国亨电器有限公司为山区贫困高寒地区居民开展捐赠日松5D小空调活动，总价值约145万元。

【县级老促会建设】 2022年，临汾市老区建设促进会结合人员年龄、身体状况，对乡宁县、古县、吉县等老促会组织进行换届。吸收刚退下来热爱老区工作的同志进入老促会领导机构，优化年龄结构，增强工作活力。

【建会30周年纪念活动】 2022年，临汾市老区建设促进会举办建会30周年纪念活动，编纂出版反映老促会特别是2010年以来的工作史料。表彰48个县、乡、村老促会集体和192名先进个人。市委常委郝献民作了重要讲话。编辑出版反映临汾市革命战争时期重要战斗、重大事件、重要历史人物革命活动的《平阳红色故事》一书。

应急管理

综　述

【概况】　2022年，临汾市认真贯彻国家、省、市关于安全生产工作的决策部署，统筹疫情防控和安全生产，查隐患、堵漏洞、补短板、强弱项，夯实安全生产基础。截至12月底，全市共发生生产安全事故51起，死亡57人，与2021年相比，减少51起，57人，分别下降50%。

【安全生产宣传教育】　2022年，临汾市以安全生产月、防震减灾日、“119”消防宣传月等活动为载体，推进安全宣传“五进”工作。在《临汾日报》开辟“企业第一责任人谈安全”专栏，举办“生命重于泰山”主题演讲比赛、“防大汛、抢大险、救大灾”应急救援大讲堂，加大全社会公众安全教育。在临汾电视台、《临汾日报》等主流媒体开设专刊，宣传安全知识、公开举报电话、曝光典型案例，引导全民开展安全风险隐患排查。

【防灾减灾救灾能力提升】　2022年，临汾市组织相关部门制作了矿山、危化、冶金、交通、燃气等23个重点行业领域《安全生产风险隐患防控图谱》。严格落实防汛责任制和基层包保责任制，密切关注气象、水情变化，及时发布预警信息，针对性前置救援力量，采取“关、停、撤、避”等应对防范措施，确保全市安全平稳度汛。加强应急物资储备和更换，组织开展50余次规模化综合应急演练和30余次现场专项处置演练，提升指挥协调能力、快速反应能力、抢险处置能力和减灾救灾能力。（郭晓芳）

安全监管

【概况】　2022年，临汾市严格落实“三管三必须”要求，明确玻璃栈道、平台经济、密室逃脱、快递外卖等新兴行业领域安全监管职责，有效杜绝安全监管盲区和管理漏洞。制定印发《临汾市安全生产重大隐患挂牌督办办法》，确保重大隐患整治到位、闭环到位，有效防范事故发生。推动应急管理体制改革，组建应急管理综合行政执法队伍，加强乡镇基层安全监管力量。

【打击非法违法行为】　2022年，临汾市以重大灾害超前治理和分级分类监管为抓手，全面开展常态化隐患排查，严肃查处煤矿“五假五超三瞒三不”等违法违规行为，对重大安全隐患实行挂牌、整改、销号闭环管理。全市累计检查企业15.8万家次，排查整改一般隐患10.8万条，排查整改重大隐患24条，责令限期整改5819家，行政处罚6900余万元，停产整顿99家，查处曝光86起典型案例，对32名责任人员严肃追责问责。

【基层重点领域和关键环节的安全监管】　2022年，临汾市整改国家矿山安全监察局调研督导临汾市反馈问题，60条问题隐患已全部整改完成。对安全生产专项整治三年行动和国务院安委会安全生产15条硬措施重点任务，列出清单，明确责任，扎实推进。截至年底，三年行动各项工作任务已全部完成；落实国务院安委会安全生产15条硬措施，56项具体任务已完成55项。推进尾矿库治理、危险化学品集中治理、自建房安全整治、城镇燃气整治、沿街门面整治，深化基层重点领域和关键环节的安全监管。

（郭晓芳）

消防救援

【概况】　2022年，临汾市消防救援支队按照“培根铸魂、固本强基，数据赋能、重防强消”总体工作思路，锐意进取、砥砺前行。全年临汾市发生火灾2013起，死亡4人，受伤2人，直接财产损失604万元，同比分别下降16.16%、33.33%、33.33%、13.36%。消防救援支队在火调、后勤、政工、执勤岗位比武中获全省第二，在首届“强能杯”比武中获全省第三，其中7个单项科目获全省第一。选报的《主动消防进万家》浮山剪纸系列作品获2022年应急管理部消防救援局消防主题文创作品一等奖。乡宁大队获“全国工人先锋号”称号；1个集体、2名个人获第六届全国119消防先进集体和先进个人称号。1个集体、1名个人分别获全省“五四红旗团支部”“优秀共青团员”称号，20个集体和个人获得市县级荣誉表彰。

【改革创新深化】 2022年，临汾市消防救援支队推进“一短三快”初战机制改革，先试先行建成运行消防现代化指挥系统，承办全省现场会推广“临汾经验”；研发运行“消防监督移动执法平台”，实现信息更新、执法程序、文书送达智能化，真正构建监督执法闭环；推动“一码通”智慧管理系统实体运行，健全人防、物防、技防机制，提升队伍管理效能。

【消防安全责任】 2022年，临汾市建立地方政府定期研究、消防部门定期报告“双机制”，省政协副主席闫晨曦、市委书记李云峰多次听取工作汇报，先后5次就消防工作开展督导检查、作出批示指示，市委常委、常务副市长王渊、副市长崔元斌到队调研并与支队党委举行座谈共商消防工作。推动消防安全委员会实体化运行，与民政、文旅、住建等行业部门建立健全联合检查、信息共享、执法衔接等8项机制，开展各类标准化管理推进会、专项整治行动20余次，推动部门履职。组织全市1578家消防安全重点单位管理人开展警示约谈，逐一签订消防安全承诺书，推动落实单位主体责任。

【防范化解重大风险】 2022年，临汾市印发《全市消防安全大检查大整治大提升专项行动实施方案》，部署开展大型商业综合体、村（居）民自建房、沿街经营场所、易地扶贫搬迁安置点、易燃易爆、文物景区、涉疫场所等多个领域消防安全专项治理，完成“冬奥”、全国“两会”、“国庆”等重要节点消防安保工作。推动571个老旧小区纳入改造提升方案，规范1620个单位和54个新建住宅小区划线管理，推动新建电动车车棚51处、充电桩262个，夯实消防安全基础。2022年，全市消防救援队伍共检查单位17546家，发现隐患并整改隐患30752处，挂牌督办重大火灾隐患19家，临时查封197家，责令“三停”（停业停产、停业使用、停业施工）93家，罚款389.7万元，拘留56人，消除一大批火灾隐患。

【灭火救援能力提升】 2022年，临汾市深化全员岗位练兵，开展全员普考、随机性抽考、整建制比武23次。采取“请进来、走出去”的方式，先后5次邀请专家开展专题授课，分类举办水域救援、城市高层建筑灭火救援等专业培训7次，开展地震救援、LNG槽罐车事故处置、抗洪抢险实地拉动、大跨度大空间厂房灭火救援等实战演练10次。依托战勤保障基地模拟浓烟、黑暗、高温和密闭空间等环境开展实战实训70余次，全面提升指战员识险、处险、避险能力。引进消防侦察无人机，建立数据采集、典型案例、人车物管理等数据平台，为灾害预警及救援指挥提供数据支撑。制定出台《等级力量调派规定》《警情跟踪制度》，创新预案调派、精准调派、编队调派3种调派方式。会同公安、气象、水利、

2022年3月17日，临汾市消防救援队员处置洪洞县平房着火险情
（市消防救援支队供图）

交通等部门完善信息共享机制，健全与蓝天、天龙救援队等社会救援力量和企业专职消防队、微型消防站应急救援联调机制。全市消防救援队伍共出动4225队次，出动车辆5532辆次，出动人员32426人次，抢救被困人员240人，疏散被困人员69人，抢救财产价值10361389元，保护财产价值22310892元。

【消防执法服务效能】 2022年，临汾市消防救援支队协调市人大将《临汾市群租房消防安全管理条例》和《临汾市文物建筑消防安全管理条例》纳入全市五年立法规划。举办全市防火监督业务比武竞赛，组织78名消防执法人员通过公共法律考试。建立运行集中法制审核机制，累计开展集中法制审核1330起、召开视频集体议案325次。深入开展执法质量考评，联合市场监管、公安、住建等部门建立执法机制，对112家消防技术服务机构开展专项检查，曝光违法违规执业企业34家，罚款31.2万元，全面规范消防技术服务机构执业行为。

【基层消防力量建设】 2022年，临汾市消防救援支队召开全市基层消防力量建设推进会，印发《关于加强临汾市乡镇（街道）消防力量建设和火灾防控工作的通知》，推动全市157个乡镇（街道）成立消防安全委员会、挂牌成立消防工作站（所）并实体化运行。推动遏制“小火亡人”五项措施落实落地，指导派出所开展业务工作384次，安装电动车禁入电梯系统3600套、独立感烟报警器12842个，开展各类消防安全培训893次，网格化排查信息9030条，有效遏制“小火亡人”火灾发生。临汾霍州大队推动市政府拨款43.2万元聘请12名专业人员派驻基层消防工作站开展消防工作；临汾乡宁大队推动县政府公开招募22名人员派驻乡镇消防工作站辅助开展消防安全工作；临汾大宁大队提请政府招聘8名乡镇专职消防文员，购置10辆电动摩托车用于基层消防巡查、宣传等工作。

【火灾调查】 2022年，临汾市消防救援支队审议通过《临汾市火灾事故调查处理规定》，与公安部门建立火灾调查协作机制，年内移送各类涉火刑事案件6起，开展轻微火灾简易登记1954起、一般程序调查火灾41起、简易程序调查火灾18起、火灾延伸调查4起。抽调14名火调业务骨干，组织开展火调岗位练兵、实战教学、案例评选等活动6次，购置超级魔方、电器火灾调查指南系统等器材装备，提升队伍火灾调查工作水平。

【消防宣传培训】 2022年，临汾市消防救援支队召开全市宣传工作会议，推动建成省级消防科普馆1家、县级科普馆9家。制定《临汾市消防救援支队新闻发言人制度》，召开“119消防宣传月”新闻发布会。强化消民共建，与美团公司签订消防宣传战略合作协议。指导市县两级成立消防宣传小分队20支，开展宣传“五进”“百场万人训”“敲门进万家”等服务1000余次。部署推进“一城一特色”大型直播活动，创新“文化+消防”宣传工作理念，依托剪纸、蒲剧、皮影戏等非遗传承项目，开展各类直播113次。创设消防资讯类栏目《蓝焰力量》，策划拍摄《勇敢·奋斗》《脚步的力量》《皮影说消防》等宣传精品。加快消防融媒体建设，在“两微一抖”平台播发各类警示信息、公益广告2万余条，超43万人通过消防安全云平台线上参与消防安全知识学习。

【综合保障】 2022年，临汾市落实消防站建设项目资金6000余万元，推动河西三号消防站主体完工，侯马开发区、曲沃县、霍州市、侯马市新建消防站开工建设；完成政府专职队套改工作，研究制定《关于加强全市政府专职消防救援队伍建设管理的实施意见（试行）》，协调财政、人社等有关部门给予财政、政策支持；推进8个队站完成正规化达标建设。推动21个队站完成伙食管理系统安装工作，巩固深化“明厨亮灶”工作，2个消防站获全省“先进食堂”称号。与铁路、公路、航空、大型物流企业、装备生产企业签订应急运输协议。成立装备巡检和会审组，对全市123辆执勤车辆、15000余件（套）装备器材逐一开展“健康体检”，消除问题隐患。印发《“十四五”消防装备建设规划》，编报《2022年装备采购计划》，先后投入2100万元购置消防车4辆，各类灭火救援、个人防护装备8000余件（套）。

（侯富升）

防灾减灾

【地质灾害防治和应对工作】 2022年，临汾市应急管理局设立全市地质灾害应急指挥部，健全地质灾害应急指挥部通讯录，为避免盲区、死角，对所有地质灾害隐患点建立台账，登记隐患排查情况、救援队伍情况、救援装备情况等，形成基础工作数据库。通过强化监测预警、排查预防、联动防治、宣传演练、综合治理等工作，全面提高地质灾害综合防范能力。进入汛期后，市领导多次深入地质灾害隐患点现场调研，指导地质灾害防治工作。国庆节降雨期间，市委副书记、市长李云峰主持召开国庆期间防汛工作会商会，分析研判临汾市本轮降雨过程汛情情况，对下一步防汛工作进行安排部署。市安委会派出17个检查组，督导检查各级各部门地质灾害防治和应对工作，确保地质灾害防治各项措施落实到位。

【地质灾害应急指挥体系建立情况】　2022年，临汾市17个县（市、区）都建立了地质灾害应急指挥部办公室，并明确指挥部成员单位职责，全面开展地质灾害应对工作。按照市政府《关于印发临汾市2022年度地质灾害防治方案的通知》要求，向各县（市、区）下发《临汾市地质灾害重点防治区应急准备工作方案》。市地质灾害应急指挥部办公室重新编订《临汾市重大地质灾害应急指挥部通讯录》，统计全市2022年度地质灾害紧急避险、转移安置情况和地质灾害应急响应情况，要求各县（市、区）指挥部要按照上级要求，做好统筹协调，落实会商研判、风险隐患排查和治理，提升地质灾害应急指挥部抢险救灾水平。

【地质灾害交叉检查协调联动机制】　2022年，按照省厅地震和地质灾害防范应对工作交叉检查的通知，到阳泉市检查指导地震和地质灾害防范应对准备工作。同省厅地质灾害应急准备工作检查组对霍州市、汾西县的地质灾害应急准备工作进行检查。针对全市冻融期、汛期易引发地质灾害的特点，组织相关单位成立17个检查组，并下发冻融期、汛期期间地质灾害防范应对工作检查的文件，对各县（市、区）和相关单位进行检查。

【气象预警协调联动机制】　2022年，临汾市建立气象灾害预警联动工作机制，根据《地质灾害协调联动工作机制的通知》，按照重点时段（区域）联动工作机制。全年极端天气及6—10月主汛期的极端天气，向各县（市、区）、各成员单位发布气象风险预警信息1700余条。

【提升震害防御综合能力】　2022年，临汾市是全省率先完成城区三个震害防御基础项目的地级市，同时推进地震小区划项目向重点县（市、区）延伸，襄汾完成全部工程任务，乡宁县完成前期准备工作。完成11个县的市级地震灾害风险普查房屋建筑详查任务，汇总材料4套88份，完成市级成果汇总报告并通过省级验收。推进地震易发区房屋设施加固工程，截至年底，全市采集新建工程信息880条，加固工程信息1690条，通过数量位居全省第一。

【开展地震响应工作】　2022年初，临汾市防震减灾中心完成《临汾市防震减灾中心地震应急预案》及震后12小时应急行动清单的修订。全市开展各类地震应急演练100余次，其中参加省局组织的省市县三级联动演练1次，组织市县（侯马市）联动响应演练1次，现场工作实战演练（尧都区）1次。浮山县、翼城县完成县级地震信息平台的建设任务，全市共有16个县（市、区）实现震情视频会商省市县三级的互联互通，视频会议联通率100%。

【创新防震减灾科普宣传】　2022年初，临汾市防震减灾中心完成“山西省2022年全国防灾减灾日活动临汾主场”任务，群众参与量累计达到30余万人次。全市共开展讲座19场、各类专场宣传30余场，发放各类宣传资料10万余册、宣传物品5万余件。组织参加省防震减灾科普作品大赛，9个作品获优秀以上等次，在全省科普讲解大赛中4名选手获得了优秀以上奖项。全市共成功创建国家级科普示范学校6所，省级科普示范学校42所，借助教育学生的力量，起到“以点带面”效果，提高全社会防震减灾意识和防震避震能力。临汾市已建成并投入使用8所省级科普教育基地，全年共开展近30场大型活动。

【地震小区划向重点县（市、区）拓展延伸】　2022年，地震小区划是落实工程性防御措施的重要基础，为城市规划和建设提供科学防震避震依据。临汾市2017年在全省率先完成市级三大震害防御基础工作之后，截至年底，尧都区、洪洞县、霍州市城区全部完成并通过验收。襄汾县已完成全部工程任务，乡宁县已立项，并完成前期准备工作。　（郭晓芳　杨立尧）

人物 表彰

全国劳动模范

陈 亮

陈亮，男，中共党员，山西省临汾市洪洞县人，2001年在山西焦化参加工作，是全省乃至行业内为数不多的钛材焊接高端人才。现为山西焦化集团临汾建筑安装有限公司焦化产品回收检修车间焊工。荣获2022年度全国五一劳动奖章。

陈亮勤学苦练，精湛技艺，先后学习掌握了手工电弧焊、氩弧焊、二氧化碳气体保护焊、埋弧焊等焊接技术，精通低合金钢、耐热钢、钛材等7种材料的焊接工艺，被领导和同事誉为“信得过的焊工”。在焊接工艺上，他创新技艺，运用氩弧焊焊接钛材，这一焊接技术不仅填补了全国行业内钛材材质焊接技术的空白，也成为全省甚至国内掌握该技术的佼佼者，研发的“一种钛材管道焊接装置”获得国家实用新型专利证书。在传承技艺上，他倾囊相授，担任企业焊工培训讲师和技能大赛评委，毫不保留地将技艺传授给职工，其总结的焊条电弧焊、氩弧焊、二氧化碳气体保护焊等焊接方法被企业定为“焊接工艺指导教材及标准”。他精益求精，追求匠心品质，在焊缝外观最高标准上追求1毫米的精度，其焊接的设备在企业属于免检产品。在保障企业产能释放、提质增效、节能减排等工作中，他相继破解100余项焊接技术难题，为企业创效达千万元，是企业的“明星职工”。

依靠苦干实干、会干巧干的劲头，多次获得省市表彰奖励，先后获得“临汾市第二届平阳工匠”“全国煤炭行业青年技术能手”“全国煤炭行业技能大师”等荣誉称号。

李 斌

李斌，男，中共党员，山西稷山县人。现为临汾市人民医院党委副书记、副院长。荣获2022年度全国五一劳动奖章。

多年来他奋战在为人民健康服务的第一线，履职尽责，担当作为，聚焦解决群众看病就医急难愁盼问题，提升医疗技术水平与质量，创新完善学科体系，打造重点专科和优势学科群，数十项技术填补了临汾市空白。他积极创建清廉医院建设示范单位，推进医保DRG支付改革，坚持“以人民为中心”的理念，始终以服务百姓健康为宗旨，积极推进医院高质量发展，为健康中国建设做出突出贡献。

他处置重大突发公共事件保障能力强，多次亲临一线组织医疗救援任务，提升了医院应急救援水平。新冠疫情发生以来，他两次带队支援外省市抗击疫情，受到省市主管部门好评。他和他的团队以促进医院高质量发展为目的，以创新为引领，提升精细化管理和服务水平，在全国三级公立医院绩效考核中取得优异成绩，实现新突破。

凭借争先创优、踔厉奋进的工作作风，他多次获得上级部门表彰奖励，2022年被评为“临汾十大新闻人物”，2021年、2022年先后获得临汾市和山西省五一劳动奖章等荣誉。

中国好人

郭春明

郭春明，男，1970年出生，山西省翼城县中卫乡吴寨村人，2021年被授予第三季“临汾好人”，2022年入围“中国好人榜”。

1993年，郭春明与本县南梁镇浍吉村翟可儿结为夫妻。面对有智力障碍的岳母和妻子两个卧病在床的姐姐，他毅然挑起家中重担，悉心照料3位亲人的生活起居。

1997年，岳父不小心从房子上掉了下来，造成颈椎摔裂，头部以下高位截瘫，郭春明的担子更重了，要干地里的农活，还要经常找寻走丢了的岳母。躺在炕上的岳父和两个姐姐要吃饭喂药、要上厕所……大大小小的家务事都需要考虑周全。郭春明没有抱怨，而是坚强地选择携手爱人，用一腔热忱和担当，撑起了这个风雨飘摇的家，用一万多个日日夜夜，书写了爱心、孝道和责任。郭春明用他无私的双手托起了这个家，用善良的心照亮了家里的每个角落，用实际行动给儿子做了一个好榜样。“我是普通的农民，没什么文化，靠的是没日没夜的辛勤劳动过日子，我的愿望就是希望全家人都能平平安安、和和睦睦的。他们都是我的亲人，我只是做了自己应该做的。”寥寥数语，朴实无华，却饱含着人间大爱。

全国优秀法官

陈国鹏

陈国鹏，男，汉族，1976年4月出生，山西襄汾人，中共党员，大学本科学历，现任市中级人民法院刑事审判庭第三庭庭长、四级高级法官。2022年被最高人民法院评为全国优秀法官。

为让更多的群众尊法守法，不逾红线。陈国鹏每年组织刑庭的同志深入校园、社区等地，以平均每月两次的标准开展普法宣传。2018年，他主持编印的《扫黑除恶专项斗争知识手册》进入千家万户。2019年，刑三庭受邀成为《中国中学生报》“法治宣传教育实践基地”，并被团省委授予“青少年维权岗”光荣称号。自扫黑除恶专项斗争至今，陈国鹏身为市中院扫黑办副主任，带领全庭人员广泛宣传造声势、提前介入研案情、高效衔接保结案，在全社会动员形成了“线索举报持续化、扫黑除恶常态化、全民共建平安城”的良好氛围，与公安、检察部门建立了定期对接会商研判的工作机制，以雷霆之势推动涉黑涉恶案件高效审结。三年的攻坚行动，共组织审查涉黑涉恶案件200余起，扫除黑恶势力2000余人。尤其是在办理中央督导组挂牌督办的重点案件时，陈国鹏历时七个多月完成了四百八十多页的文书，案子的处理得到督导组高度认可。2021年陈国鹏被最高人民法院评为“扫黑除恶先进个人”，刑三庭被山西省扫黑除恶专项斗争小组、省人社厅表彰为“全省扫黑除恶专项斗争先进集体”。2022年，刑三庭被中共山西省委平安山西建设领导小组、省人社厅评为“2017—2020年度平安山西建设先进集体”。刑三庭在刑事审判中严厉打击犯罪，伸张正义，赢得了广大人民群众的称赞。

全国优秀警察

刘　青

刘青，男，1989年11月生，汉族，中共党员，大学本科，三级警督，2011年参加工作，2015年11月加入中国共产党，警务技术三级主管，先后荣立个人一等功1次、三等功1次、个人嘉奖1次，曾荣获山西省五一劳动奖章、全省优秀人民警察、山西省青年岗位能手、全国公安机关网安实战大练兵百名练兵标兵、电子数据取证分析“省级专家”“部级专家”等。现任临汾市公安局图像侦查支队副支队长。2022年，荣获公安系统“全国特级优秀人民警察”荣誉称号。

2021年5月，刘青代表全省公安部门参加2021年度全国公安机关电子数据取证分析大比武，取得了个人业务技能比武全国第五的成绩，其中“网络流量分析”专项考核成绩全国第一，被公安部网安局授予全国电子数据取证分析“部级专家”荣誉称号，也是山西省唯一一个电子数据取证分析部级专家。10月，刘青代表临汾市参加2021年度山西省刑事技术技能大赛，取得团体一等奖，其中“远程勘验”专项成绩全省第一，被山西省公安厅授予“电诈远程勘验能手”荣誉称号。

在刘青的带领下，临汾市公安局电子数据检验鉴定中心于2018年3月成为山西省公安机关网安部门唯一通过CNAS认可的实验室；2020年11月率先完成公安部一级电子数据勘查取证分析实验室的等级评定工作，填补了山西省无二级以上实验室的空白。近年来，刘青在“净网”专项行动、全网追逃、部督“9·19”专案、2020年疫情防控工作及打击文物、扫黑除恶专项行动等多起大要案事件中，均提供了技术支持及证据支撑，为案件侦破起到了重要作用。尤其是2022年以来，刘青组织开展全市“净网”专项行动，聚焦突出网络违法犯罪，以打击网络黑灰产为抓手，组织“断卡”“断号”“断猫池”“断App”行动，集中优势警力开展集中会战、集群战役，全力服务公安中心工作。

文 波

文波，男，汉族，1974年9月1日出生，中共党员，大学学历，2004年12月参加公安工作，先后担任曲沃县公安局政工科长、食药大队负责人、打击文物犯罪专案组组长，现任曲沃县公安局四级高级警长。2022年，荣获公安系统“全国优秀人民警察”荣誉称号。

自2004年从部队转业到曲沃县公安局以来，不论身在何种岗位，文波始终坚持做到对党忠诚、服务人民、执法公正、纪律严明，以拳拳赤子之心践行从警之初的铮铮誓言。担任政工科长期间，他带领政工科全体工作人员立足岗位本职，围绕中心、服务大局、服务民警，得到领导和上级部门充分肯定，政工科更被亲切地称为“民警之家”。自打击文物犯罪专项行动开展以来，作为曲沃县公安局打击文物犯罪专案组负责人，面对打击文物犯罪案件线索少、时间跨度大、证据查证难的现实困境，对十年来文物案件进行大起底、大研判，紧盯线索全力攻坚，破积案、追文物、打链条，三年来，共打掉16个盗掘古墓葬团伙，破获案件72起，抓获犯罪嫌疑人198人。追缴文物2696件（其中一级文物17件，二级文物18件，三级文物90件，一般文物2571件），有效遏制了文物犯罪高发态势。

2021年，文波作为公安部督办的“11·25”非法储存、买卖爆炸物案件抓捕组组长期间，临危受命，带领抓捕民警连续作战，驱车3000余公里，奔驰陕西、河南两地，在短短一周内，先后抓获6名涉爆犯罪嫌疑人，有效助力“11·25”案件的侦破，为建党100周年安保提供了坚实的保障。

山西省五一劳动奖章

岳伟明　山西焦化集团有限公司配煤实验中心技术室主任

李　勇　古县国新正泰新能源有限公司生产运行部压缩班长

张荣义　山西煤炭运销集团四通煤业有限公司生产技术科技术员

杨　泰　山西大唐国际临汾热电有限责任公司维护部电气班班长

赵　龙　山西焦煤汾西矿业临汾公司党委委员、董事、纪委书记、工会主席

薛旭辉　山西焦煤霍州煤电集团公司技术研究院支护研究室副主任

曹福忠　吉县自来水厂安装组组长

樊文伟　国家能源集团山西电力有限公司霍州发电厂运行部电气专责

朱彩莉（女）　临汾市人力资源和社会保障局办公室主任

段小静　临汾市现代农业发展中心副主任

张　郱　临汾市消防救援支队三级指挥长

李　琪　临汾市公安局直属分局网络安全保卫大队教导员

续艳华（女）　山西省翼城中学校高一年级主任

王　青　临汾市人民医院消化内科主任

王文革　临汾市中心医院骨科主任、大外科主任

杨建利　侯马市科技服务中心副主任

张重辉（女）　临汾市疾病预防控制中心主任、临汾市九三学社主委

张会丽（女）　临汾职业技术学院教务处副处长

林杨震　山西蒲县宏源集团富家凹煤业有限公司综采队副队长

贾林拽　洪洞县通鑫运输公司货车司机

梁　博　山西永鑫煤焦化有限责任公司总经理

2022年度第九届山西省道德模范

王　荔（女）　隰县壹心社工服务中心主任

何亚军　洪洞亚军盲人按摩院院长

2022年临汾十大新闻人物

田亚欣　市中级人民法院家事审判庭庭长，党的二十大代表

郭淑明　市中心医院党委书记、院长、“全国五一劳动奖章”获得者

邢杰坤　临汾市蓝天救援队队员、“全国优秀共青团员”荣誉称号获得者

解绍亮　隰县关工委主任、全国关心下一代“最美五老”获得者

强玉杰　从临汾走出去的“90后”科学家

苗婉茹　中国射击运动员、世锦赛冠军

郭春明　翼城县中卫乡吴寨村村民、“中国好人”获得者

庄东敏　市信访局办公室主任、一级主任科员，“全国信访

系统先进个人”获得者
李　斌　市人民医院党委副书记、副院长，“山西省五一劳动奖章”获得者
刘琦琦　临汾一中年级组一部部长、优秀教师

全国五一表彰

全国工人先锋号

国家税务总局吉县税务局第一税务分局
山西通才工贸有限公司炼铁厂
山西凯硕文化传媒股份有限公司动漫制作部

山西省五一表彰

山西省五一劳动奖状

山西晋南钢铁集团有限公司
山西丰百能源有限公司
山西建邦集团有限公司
山西乡宁焦煤集团神角煤业有限公司
国家税务总局临汾市尧都区税务局

山西省工人先锋号

山西中升钢铁有限公司安环部
山西好利阀机械制造有限公司装配事业部
山西尧田农业科技股份有限公司化验室
霍州华润燃气有限公司安检班
山西大宁农村商业银行股份有限公司总行营业部
山西汾西正佳煤业有限责任公司生产技术部
临汾市公安局交通警察支队直属一大队解放路中队
国家税务总局乡宁县税务局第一税务分局

县（市、区）概览

尧都区

【概况】 临汾市尧都区位于临汾市中部。全区总面积1316平方公里，下辖14个乡镇、10个街道、263个行政村、68个社区。常住人口944669人。

2022年，尧都区生产总值完成442亿元，规模以上工业增加值完成135亿元，固定资产投资完成126亿元，社会消费品零售总额完成287亿元，一般公共预算收入完成25.3亿元，城镇和农村居民人均可支配收入预计分别达到44259元、20269元。

【产业转型升级】 2022年，尧都区推进产业转型，深化改革，优化营商环境。粮食生产稳步增收，全年粮食产量达21万吨；尧都高新区山西智创城NO.11（临汾）高标准建设，华汉云极信创产业中心投入使用，数字经济及信创产业初具规模。高新区“标准地+承诺制+全代办”改革持续推进，国企改革三年行动收官，农村集体资产股份权能省级试点工作完成。探索“24小时自助服务取件箱”、“办不成事”反映窗口、“5+1”政务服务新模式，开办企业时间压缩至0.5个工作日；推进市场主体倍增行动，市场主体增量和总量为临汾市第一。

【生态治理和环境保护】 2022年，尧都区先后开展夏季臭氧污染管控、扬尘污染防治、秋冬季大气污染综合治理等行动，空气质量如期实现“退出倒十”目标。抓源头治理、工程治理、水资源管理，压实河长责任，两个汾河监测断面水质达地表水Ⅳ类标准。全区182家企业、11处固体废物堆场实现常态化监管，环境产业园区一期工程竣工运营；开展绿化造林工程，筑起绿色生态屏障。

【民生事业】 2022年，尧都区滨西小学、东城第一小学建成招生，新增临汾二中初中部、五一路学校二校区，组建解放路学校、五一路学校等6个教育集团；投资9000余万元购买1.2万个学位，民办义务教育在校生比例压减至6%。深化县域医疗卫生一体化改革，构建“医防结合”全生命周期健康服务体系和“平战结合”重大疫情防控快速转换机制。累计开展线上线下招聘活动70余场，帮助126家企业发布就业岗位1.5万个；落实援企稳岗奖励资金774万余元，惠及315家企业1.8万人。华州路7座景观游园全部对公众开放，规划四街、枣林路南延顺利通车，汾河制药厂、三元小区等12个老旧小区改造项目竣工验收。引深“向人民群众交好账”实践活动，建成并投入运行农村公共浴室113个、日间照料中心170个，解决农村困难群众特别是老年群众洗澡难、做饭难等问题。

【宣传思想文化工作】 2022年，尧都区开展“护航党的二十大”维护意识形态安全专项行动，每季度分析研判意识形态领域形势，确保了意识形态领域阵地、导向正确、基调健康。精神文明创建。承办全市创建省级文明城市“百日攻坚”誓师大会，推进“星级文明户”创评活动，开展道德模范、“尧都好人”选树活动，厚植文明乡风、良好家风、淳朴民风。文化强区建设。推进“三个一批”群众文化惠民工程，开展非物质文化遗产保护和新媒体推介宣传，文旅产业竞争力增强。

【民主法治建设】 2022年，尧都区加强党对人大工作的领导，制定出台《关于新时代坚持和完善人民代表大会制度加强和改进人大工作的贯彻落实意见》，支持保障区人大及其常委会依法履职，推动区委重大决策部署的贯彻落实。支持区政协把参政为民作为履职主线，发挥提案信息和监督视察作用，推进协商民主广泛多层制度化发展。组织民主党派开展“矢志不渝跟党走，携手奋进新时代”政治交接主题教育，加强党外人士、新的社会阶层人士统战工作，凝聚共同奋斗新力量。深化行政执法和司法体制综合配套改革，实施“八五”普法规划。支持群团组织发挥作用，军政军民团结局面得到巩固和发展。

【政治生态巩固】 2022年，尧都区定期研究管党治党工作，对从严治党、基层党建、作风建设、反腐败等重点工作作出部署；做好市委涉粮领域机动式巡察整改工作，完成十届区委第一轮和第二轮巡察工作，开展清廉尧都建设，以高质量党建引领保障高质量发展。加强基层党建。推进抓党建促基层治理能力提升专项行动，推进“一改三化”工作，特色做法被山西省委组织部专项办予以肯定和推介；实施村级集体经济壮大提质行动，制定出台发展壮大农村集体经济5方面20项举措，农村集体资产“清化收”专项工作取得成效；探索党建引领小区治理，经验做法被央视新闻频道《朝闻天下》专题报道。干部队伍建设。树立正确选人用人导向，形成能者上、优者奖、庸者下、劣者汰的局面；推行事业单位管理岗位职员等级晋升制度改革，实施“12810”干部教育培训、“智汇尧都·3112”工程，全区乡村振兴人才驿站建设实现全覆盖。

（杨逵峰）

【区领导班子】

中共临汾市尧都区委员会

书　记　崔绍民（2月任）

副书记　刘　磊

常　委　薛向阳（4月免）

丁春明

任丽岗（6月免）

白向阳（6月任）

周勇军（8月免）

朱定海（8月任）

汤晓燕　郭　亮

贺　婧　卢燕飞

杨　斑　温济荟

王洪锁（6月免）

乔永生（6月免）

尧都区人大常委会

主　任　鲁立波

副主任　史大胜　张李平

贾国杰

柴惠京（女）

尧都区人民政府

区　长　任俊杰

副区长　马　平　王洪锁

范志军　崔　军

孔令泽　石新亭

政协尧都区委员会

主　席　郭云平（女）

副主席　解武强　武建斌

郭迎昕（女）

侯马市

【概况】 侯马，古称新田，因明代设官驿而得名。位于山西省南部的临汾盆地和运城盆地之间，汾河与浍河交汇处的平原地带，地处太原市、西安市、郑州市“大三角”和临汾市、运城市、晋城市“小三角”中心，是国家确立的“一带一路”交通枢纽节点城市，是山西南部重要的交通枢纽和商贸物流中心城市，是山西省城乡联系最为紧密和典型的欠资源型城市，也是老一辈无产阶级革命家彭真同志的故乡。全市土地总面积220.1平方公里，辖3个乡、5个街道办事处、68个行政村、30个社区。全市总人口257668人。

2022年，全市地区生产总值完成170.69亿元，同比增长6%，在高质量九县中排名第三；规模以上工业增加值完成26.7亿元，同比增长13.6%，在高质量九县中排名第二；社会消费品零售总额完成71.39亿元，同比增长1.2%，在高质量九县中排名第三；限额以上消费品零售总额完成8.05亿元，同比增长15.7%，在高质量九县中排名第三。

【转型升级】 2022年，侯马市打造以建邦铸造、中信机电、正大制管、旺龙药业、北铜铜业为龙头的“5＋N”百亿级企业阵营，构建成链成势崛起的新发展格局。全市战新企业达到18家，总产值占规上工业企业的52.76%；新增省级“专精特新”企业7家、“小巨人”企业3家，“专精特新”培育工作排名临汾第一。三次产业比例为2.7：34.9：62.4，二产占比提升4个百分点，增加值达到59.6亿元，产业结构呈现出协同发展良好态势。综保区申建取得突破性进展，方略保税物流中心搬迁顺利通过验收；多式联运国家物流枢纽、聚侯源网络货运、乡村e镇等服务业产业链基本形成；举办“惠享盛夏·燃购侯马”“金兔闹春·享购侯马”等促消费活动，消费和服务业快速回暖复苏。服务业增加值106.4亿元，同比增长4.9%，在高质量九县排名第三。新建高标准农田6004亩，粮食总产量9122万公斤，规模以上农业龙头企业达到18个，5个农业品牌进入“临汾优选”。新田乡以赤焰辣椒为主导，成功申报2022年国家级农业产业强镇；张村办鑫鸿皓养殖专业合作社被评为农业农村部畜禽养殖标准化示范场；旺龙中药材全产业链项目开工建设，一产“接二连三”融合发展。全年一产固投同比增长56.1%，在临汾排名第三。

【深化改革】 2022年，侯马市落实“放管服”“证照分离”各项政策，推行政务服务“全城通办”，全年净增市场主体8056户，总存量达35262户，千人拥有市场主体数136户，居临汾第一；新增企业1227户，总存量达到7501户，千人拥有企业数30户，居临汾第二。侯马市被确定为山西省“创新开发区运营管理体制”集成改革试点，“承诺制＋标准地＋全代办”改革持续深化，在全省率先实施双协议、双承诺、双合同、双监管“四双”机制，聘请“招商大使”典型做法在全省推广，设立临汾市首个开发区新兴产业股权投资基金。高质量推进“111”创新工程，全年净增高新技术企业6家，达到32家，占临汾市24.7%；新增省、临汾市企业技术中心10家，达到35家，占临汾市30%；与西安理工大学等10所高校建立12个科技成果转化基地，引进博士29名，新建人才工作室5个，建邦公司“连铸型材工程技术研究中心”成为省校合作科研平台全省示范。主动融入国家发展战略，全年恢复开行6列中欧、中老班列。

【项目建设】 2022年，侯马市实施总投资269.19亿元的71个项目，完成固定资产投资48.16亿元，总量排临汾市第三；总投资15亿元的建邦高端装备新材料、总投资34.92亿元的北铜铜精矿综合回收等一批重大项目加快建设。总投资78亿元的紫金山抽水蓄能电站项目实现合作签约。总投资10亿元的智慧农批全产业链、总投资15亿元的汽车交易及会展中心等项目签约落地。开发区建设升级提质，储备“标准地”1605亩，新增“四上”企业14家；工业投资完成20.86亿元，同比增长21.35%；规上工业增加值完成21.6亿元，同比增长23.4%；产出强度达534万元/亩，发展水平跻身全省前列。以“市长早餐会”“下午茶”搭起“连心桥”，落实中央、省、市一揽子政策举措，争取各类资金6690万元，申请地方专项债资金2.25亿元；挂牌省级中心企业工业园1家，中小企业高质量发展示范县创建工作位列全省优秀；掀起“冬季行动”热潮，先后组织4次政银企对接会，签约意向对接资金8.9亿元；召开企业·市长恳谈会，现场发放奖励资金3900万元。

【民生事业】 2022年，侯马市总投资17.6亿元的新田路道路及片区提升改造工程取得重大进展，主车道顺利通车。大西高铁站房扩建工程主体完工。108国道改线工程开工建设。36个老旧小区改造全面铺开。巩固拓展农村“六乱”整治成果，持续提升改善人居环境。全市68个村集体经济收入全部达到10万元以上，总额超过2500万元，增长86.9%。脱贫人口人均收入15203元，增幅13.8%。“三校五园”建设加速推进，中高考成绩持续位居临汾市前列。深化全国健康城市试点工作，市人民医院成功入选国家卫健委“千县工程”，市中医院通过“二级甲等”评审。推进“人人持证、技能社会”建设，设立“零工市场”服务平台，城镇新增就业8052人，登记失业率控制在4%以内，城乡居民人均可支配收入分别完成37918元、20046元。全市环境空气质量同比改善10.1%，改善率排名临汾第二，16家企业成功“创A退D”。加强企业水污染治理，汾河浍河水质达到地表Ⅳ类水标准。全市刑事案件立案数同比

2022年，侯马市新田广场提升改造后的夜景全貌

（侯马市党史方志研究室供图）

下降17.16%，破案数同比上升16.6%。创新建立“一图一账四清单”机制，推进安全隐患大排查大整治，安全生产专项整治三年行动顺利收官。全市未发生较大及以上生产安全事故。

【重点项目】 2022年3月13日，侯马市举行第一批重点项目集中开工仪式，共开工项目27个，总投资65.03亿元，涵盖新型建材、数字经济、农业全产业链和民生事业等4个领域。仪式除主会场外还设立4个分会场，主会场与各分会场分别进行了视频连线。第一批重点项目的集中开工是侯马市建设晋南区域中心城市，全面推进“项目建设年”活动的具体行动。

【山西平阳重工机械有限公司煤机装备制造再上新台阶】 2022年，侯马市国家高端液压支架生产基地——中国船舶山西平阳重工机械有限责任公司研发的一项基于高端液压支架的关键技术取得重大突破。该新型支架为两柱掩护式结构，工作阻力21000千牛，最低高度3.7米，最大高度8.7米，立柱缸径530毫米，整台支架重量79吨，配备智能电液控系统，实现工作面支架智能控制。支架高度、立柱缸径、单价吨位等方面在山西省煤炭机械领域都创造了纪录，在国内煤机综采设备领域达到领先水平，是国内目前仅有的5个8米超大采高液压支架之一，平阳重工也成为国家制造此类重型装备的3家制造业企业之一。

【第五届晋国古都区域县（市）书法美术作品展】 2022年9月30日，由中共侯马市委宣传部主办，侯马市、曲沃县、翼城县、襄汾县、洪洞县、浮山县、吉县、乡宁县、河津县、万荣县、闻喜县、稷山县、新绛县、绛县、夏县等15个县（市）文联共同承办的“喜迎二十大·奋进新征程”——第五届晋国古都区域县（市）书法美术作品展在侯马晋国古都博物馆开幕。展览汇集15个县（市）优秀书画家的倾心之作，共展出书法美术作品159件，其中特邀作品27件，侯马盟书作品6件。展出时间为9月30日至10月25日。展出作品主题鲜明、风格多样、意境深邃。开展前，各县市参加展览的书法、美术家以及爱好者们举办了书法美术笔会，书画家们现场挥毫泼墨，以书言志、以画寄情。 （耿文静）

【市领导班子】

中共侯马市委员会

书　记　吴　勇

副书记　尹明星

　　　　卢正中（4月免）

　　　　陈艳刚（6月任）

常　委　张红玉（女，6月免）

　　　　梁明军（3月免）

　　　　王　勇（8月免）

　　　　马　波（9月免）

　　　　李　锐（1月免）

　　　　白永明　郭建伟

　　　　郭丽华（女，8月任）

　　　　刘爱国　安　危

　　　　田　伟（9月任）

　　　　金佳奇

　　　　索海滨（1月任）

侯马市人大常委会

主　任　秦海玉

副主任　白爱华（女）

　　　　薛俊苗（女）

　　　　孙惠敏（女）

　　　　张爱军

侯马市人民政府

市　长　尹明星（1月任）

副市长　张红玉（女，7月免）

　　　　郭建伟（10月免）

　　　　梁　博（10月免）

　　　　才让三智（3月免）

　　　　安　危

　　　　白永明（7月任）

　　　　张春生　梁效杰

　　　　郝文盛

　　　　李晶晶（女，10月任）

政协侯马市委员会

主　席　郝爱民

副主席　朱冬梅（女）

　　　　李林红（女）

　　　　冯　慧（女）

霍州市

【概况】 霍州市位于山西省中南部，地处临汾盆地北端，东依霍山临沁源，西跨汾河连汾西，南扼白壁关接洪洞，北隔韩信岭交灵石，因其山清水秀、物阜民丰、地理优越，素有“中州重镇”“河东屏障”之美誉。全域总面积765平方公里，境内东西长约40公里，南北宽约30公里，下辖3乡（三教乡、师庄乡、陶唐峪乡）4镇（辛置镇、白龙镇、大张镇、李曹镇）和5个街道（鼓楼街道、开元街道、北环路街道、南环路街道、退沙街道），127个行政村、25个社区，总人口270595人。

2022年，全市地区生产总值达到115.17亿元，同比增长5.3%，增速从2021年的全市14名上升到第12名。全市规模以上工业增加值达到62亿元，同比增长11%，增速从2021年的全市15名上升到第8名；固定资产投资完成29.15亿元，同比增长10.4%；社会消费品零售总额完成37.81亿元，其中限额以上消费品零售额完成6.55亿元，同比增长14%；一般公共预算收入完成6.11亿元，同比增长9.15%；城镇常住居民人均可支配收入达到39117元，同比增长6%；农村常住居民人均可支配收入达到19041元，同比增长6.1%。

【工业】 2022年，霍州市推进开发区建设，增强发展动能。3公里产业园道路建成通车，科技智创园完成标准化厂房建设2.36万平方米，开发区厂房总面积达到5.8万平方米，已入驻企业53家。开发区规上工业增加值完成12.91亿元，同比增长16%；工业投资完成6.32亿元，同比增长20.8%；转型项目当年完成投资6.26亿元，占工业投资比重为99.1%；培育高新技术企业1家、“四上”企业4家，开发区高新技术企业和“四上”企业数分别达到4家和15家，产出强度达到173.76万元/亩。成功承办临汾市开发区“三个一批”活动，科技智创园、飞凤电子产品加工、年产10万台二轮电动车制造等项目相继建成投产。

【农业】 2022年，霍州市粮食播种面积38.39万亩，产量13.14万吨。高标准农田新增2万亩，全市总面积达到20万亩。农业“特”“优”产业加快发展，全年农产品加工企业销售收入达到14.3亿元，同比增长134.4%，农业十大产业集群产值达到5.63亿元，同比增长40.7%。所有村集体经济年收入全部达到10万元以上，超30万元的村45个。年馍产业发展迅速，被授予“中国年馍之乡”称号，全市年馍工厂、作坊达到120余家，产量突破2000万公斤，销售额达到了1.5亿元，同比增长50%。

【产业服务】 2022年，霍州市辛置、紫晟、力拓等煤矿完成5个智能化采掘工作面建设，全市原煤产量达到466.12万吨，同比增长6.84%。重点实施4个10万千瓦集中式光伏发电项目，光伏新能源装机容量达到41万千瓦，占总电力装机比重达到12%。霍山景区被授予“中国天然氧吧”称号，霍州署和七里峪景区双双成功创建国家AAA级景区，实现A级景区零的突破。开展“晋情消费・悦享霍州”等各类促消费活动，投放消费券150万元。电子商务发展迅速，完成网络交易额4200万元，同比增长30%。网络货运从无到有，产值达到4596万元。

【城乡建设】 2022年，霍州市获批省级“双拥模范城”。完成滨河路、玉霍线道路提质改造和滨河小区等8个老旧小区改造。完成了鼓楼周边、滨河路沿线等建筑外立面改造。基础配套优化完善。推进了政务服务中心、新人民医院、妇计服务中心建设。启动大张桥改建。实施汾河霍州段和南涧河防洪能力提升、排水管网雨污分流改造、餐厨垃圾处理厂、第二生活污水处理厂建设等项目。乡村振兴深入推进。高标准实施冯南垣村、许村、下王村等省、市级乡村振兴示范村建设和段庄村省级特色产业示范基地建设。完成农村道路新建和改造提升35.9公里、农村供水维修养护18处、农村厕所改造1500座，实施农村生活垃圾中转和生活污水处理项目，农村生活垃圾收运处置体系实现村庄全覆盖。

【营商环境】 2022年，霍州市深化“一件事一次办”“一业一证”改革，办理各类证照分离改革事项1534件。商事登记“四级帮办代办”体系建成并投入运行，全市商事登记帮办代办网点达到187个。投放中小企业低息贷款6000余万元。用500万元财政资金设立中小微企业发展专项资金，为鑫钜装备制造、霍兴食品加工、洪昌肥业科技等20余家企业发放惠企助企政策资金606万元，常态化组织“早餐会+下午茶+夜沙龙”政企对接会和“政银企”座谈会、企业家座谈会等活动30余次。开展“市场主体建设年”活动。截至年底，全市实有各类市场主体21997户，同比增长24.15%，企业数量达到4670户，同比增长10.17%，涉税市场主体9200户，同比增长61.21%。全市新增减税降费及退税缓税缓费2.96亿元。国资国企改革主体任务基本完成，4家经营性国有企业纳入国资局统一监管，涉改国企已进入资产清算阶段。霍州市被确定为省级农村产权流转交易平台试点县。

【民生事业】 2022年，霍州市民生社会事业投入17.51亿元，占全年财政支出的比重达到83.06%。持续加强社会保障体系建设，农村低保标准每人每月提高30元，全市发放低保金1488.81万元，发放各类临时救助资金464.72万元。全市累计建成标准化母婴室7处、养老机构19处、农村日间照料中心61所、农村公共浴室86所，实现农村洗浴、理发服务全覆盖。开展“三个一批”文化惠民工程演出及活动1794场。全年发放创业担保贷款194笔3743万元，同比增长75.9%。城镇新增就业4797人、农村劳动力转移就业3735人。深化教育教学改革，民办义务教育在校生占比由19.14%降低至4.8%。全年招引医疗卫生专业技术人员29人，同比增长45%。完善防返贫动态监测机制，摸排监测对象130户315人，消除风险78户194人。发放脱贫人口小额信贷628万元，脱贫劳动力外出务工1214人。脱贫人口人均收入达到11419元，增幅14.5%，脱贫成色和质量实现双提升。（王晓英）

【市领导班子】

中共霍州市委员会

书　记　李青雁（女，3月任）
　　　　李　强（3月免）
副书记　张可新（4月任）
　　　　蔡献君（4月任）
　　　　邢鑫伟（墩苗）
　　　　晋红峰（4月免）
常　委　王昕光（墩苗）
　　　　张发宁（8月任）
　　　　任鹏伟（6月任）
　　　　吕文博
　　　　史　澎（8月任）
　　　　王　强
　　　　马德辉（9月任）
　　　　郭　婧（8月任）
　　　　王卫成（9月免）
　　　　张伟兴（6月免）
　　　　任　臻（8月免）
　　　　郭丽华（女，8月免）

霍州市人大常委会

主　任　陈占平
副主任　郭宏生　沈晓静
　　　　张云峰

霍州市人民政府

市　长　李青雁（女，4月免）
　　　　张可新（4月任，代）
副市长　任鹏伟（6月任）
　　　　靳阳阳　郭惠民
　　　　张强强　王　强
　　　　胡文杰（9月任）

政协霍州市委员会

主　席　田晋川
副主席　薛云彪　杜　明
　　　　陈　英（女）

曲沃县

【概况】　曲沃，位于山西省中南部，北依塔儿山（崇山）、桥山、垆顶山和襄汾县为界，南靠紫金山（绛山）同绛县为邻，东与翼城县接壤，西北隔汾河和襄汾县相望，西南与侯马市毗连。县境南北长29.5公里，东西宽15.4公里，县域总面积437.9平方公里。截至2022年底，曲沃县辖5镇2乡，8个社区、114个行政村，常住总人口为211501人。全县有回族、满族、蒙古族、壮族、傣族、藏族、黎族、侗族8个少数民族，其中回族较多，主要集中在县城东关、西南街和北关。

2022年，全年地区生产总值完成170亿元，增长9.2%；规模以上工业增加值增长9.5%；固定资产投资完成57亿元，增长2%；社会消费品零售总额完成33.6亿元，增长3.1%；一般公共预算收入完成6.18亿元，增长9.2%。城乡居民人均可支配收入分别达到43159元、20837元，分别增长7.5%、8%。

【工业】　2022年，曲沃县推进传统优势产业改造升级，钢铁企业发展向更高水平迈进。晋南钢铁3号1860立方米高炉、年产120万吨优钢线材、年产120万吨型钢和通才工贸高速棒材、年产65万吨中宽带钢生产线等项目建成投产，立恒焦化实现国内首家“一键炼焦”，晋南钢铁制造管理系统和能源管控系统入选“2022年省级智能制造标杆项目”名单。县域钢铁产业整体技术装备水平达到国内一流。中国宝武马钢晋南生产制造基地在曲沃县挂牌成立。晋南钢铁、通才工贸两家公司再次获得“中国民营企业500强”“中国制造业民营企业500强”殊荣，并首次进入“中国企业500强”“中国制造业企业500强”行列。在聚焦能源革命综合改革试点工作方面，引导鼓励钢铁企业发展短流程炼钢，发放奖补资金3020万元支持重点废钢加工企业做大做强，全年废钢回收加工量达110万吨以上，提高钢铁企业的节能降碳水平。推动新能源产业加快发展，启动建设全省单体最大的300兆瓦光伏“新能源+储能”项目，首批次130兆瓦实现并网。以被省政府授予首批氢能产业链“链主”企业晋南钢铁为契机，引导企业拓展延伸“钢焦化氢”联产模式，积极构建氢能“制储运加用”全产业链，氢气提纯站、加氢站等项目建成投用，单日加氢量可达9吨；300辆氢能重卡投入使用，是全省最大的氢能运输应用场景。

【城乡建设】　2022年，曲沃县紧扣提品质、促宜居，强基补短、共建家园。县城建设方面，加紧编制全县国土空间总体规划和西城片区发展规划；支持配合108国道（曲沃段）改线工程顺利开工建设，府前广场建成投用，曲郑路景观林带改造完成，城东水厂投入试运行，建成区背街小巷硬化7.55万平方米，5个老旧小区改造启动实施，翡翠华庭、尚德雅苑等一批商住小区加快建设，城市宜居品质提升。乡村振兴方面，健全完善防返贫动态监测和帮扶机制。开展“清化收”工作，县乡农村集体经济发展公司成立运行，114个行政村集体经济收入全部超过20万元。着眼补齐乡村基础设施短板，统筹实施农村规模化集中供水、传统村落集中连片活化利用、“四好农村路”养护提质改造和县道张高线、省道331线至浍河北岸旅游路改造等工程，农村寄递物流实现全覆盖，1个省级和3个市级乡村振兴示范村建设加紧推进。曲沃县成功入选“国家乡村振兴示范县”创建名单。

【农业】 2022年，曲沃县狠抓产业、生产、经营三大体系建设，“晋之源”农业发展质效持续提升。全年新发展果蔬、中药材等特色种植2730亩；供港蔬菜基地二期标准园完成建设，智慧果蔬产业示范区农作物种苗培育、绿恒果蔬加工等项目竣工投产；培育国家级示范合作社3家，农业生产托管试点服务作业面积达50万亩以上，新认证绿色食品、圳品、晋菜6个。特别是发挥山西农大曲沃研究院创新研发团队作用，重点聚焦制约全县果蔬产业发展的9个方面瓶颈，全力加快技术创新研发和示范应用推广，越来越多的曲沃果蔬生产标准成为全市乃至全省的标准。

【生态环境】 2022年，曲沃县在全省率先启动焦化行业全干熄焦改造，3家钢焦和2家建材企业完成超低排放改造；以月保季、以季保年，深入开展夏秋季PM2.5与臭氧污染防控、秋冬季大气污染综合治理攻坚等行动，狠抓特征性污染物治理，县域空气质量得到改善。全年大气环境综合指数4.73，同比下降5.8%，排名全市7个区域联防联控县（市、区）第一。黑河河道（北下郇至李野段）完成治理，汾河廊道（曲沃段）水生态及盐碱地综合治理与提升等工程加紧推进，城镇污水处理厂扩容项目开工建设，深入开展“清河行动”和“清四乱”专项治理行动，汾河（北庄）断面水质稳定达到地表水Ⅳ类标准。启动编制全县国土空间生态修复规划，21家有证矿山基本完成年度地质、生态环境治理恢复任务，34座历史遗留废弃矿山地质、生态环境治理恢复项目完成专家初验；引深国土绿化行动，综合治理水土流失面积2300亩，全县土壤环境质量总体良好。

2022年，曲沃县供港蔬菜基地二期标准园完成建设
（曲沃县党史方志研究室供图）

【民生事业】 2022年，曲沃县在教育事业方面投资4765万元对38所学校的硬件设施进行改造提升，西城幼儿园建成投用，25所农村小学和7所农村初中组建撤并任务提前一年完成。引进补充教育教学人才72名。落实“双减”政策，义务教育学校课后服务实现全覆盖。全县高考本科达线率52.78%，高于全省平均水平。曲沃县中等职业技术学校被评为山西省高水平中等职业学校建设单位。三晋都城遗址“申遗”工作持续引深，全域旅游集散中心完成建设，晋国博物馆旅游快速通道、旅游智慧服务平台建设等项目有序推进。北董乡南林交村被确定为“全国乡村旅游重点村”。晋国博物馆被评为首批“山西文化记忆”项目。曲沃县被评为省级文化产业和旅游产业融合发展示范区建设单位。县人民医院综合楼和地下停车场、县中医医院住院楼、东城全民健身中心建设完成，医疗、医保、医药“三医”协同纵深推进，县人民医院被国家卫健委确定为全国首批“千县工程”示范单位。推进“人人持证、技能社会”

建设，在全市率先设立“零工市场”，为群众求职创业搭建起方便高效的服务平台。全年城镇新增就业5697人、农村劳动力转移就业5855人。实施全民参保计划，社保覆盖面进一步扩大，城乡居民医保参保综合排名全市第一。东关社区养老幸福工程竣工投用。累计为特困供养人员、城乡低保人员、残疾人、退役军人等发放补贴补助4300万元以上，困难群众的基本生活得到有效保障。（张淑霞）

【县领导班子】

中共曲沃县委员会

书　记　吴　滨

副书记　孙惠生（女，9月任）

张淑明（6月任）

常　委　王克勤

武艳娟

崔永慧（女）

于　乐（6月任）

刘　炜（7月任）

秦康杰

刘小维（女）

陈宇芳（女）

余卫军（1月任）

曲沃县人大常委会

主　任　费向前

副主任　崔权利　王利军

于彩霞（女）

张栓柱

曲沃县人民政府

县　长　孙惠生

副县长　于　乐（6月任）

陈宇芳（女）

王博君　陈　卓

秦臣花（女）

樊奇选

政协曲沃县委员会

主　席　石前进

副主席　李继红　李建红

王红香（女）

翼城县

【概况】　翼城县位于山西省的南部，临汾盆地南隅，东邻沁水县，西接曲沃县，南与绛县、垣曲县接壤，北与浮山县、襄汾县相连。总面积1170平方公里，地势东高西低，北东南三面环山，最高处为舜王坪北峰海拔2358米；最低处为下阳村西南浍河海拔475.2米。翼城县有7镇2乡，146个村民委员会、14个社区居民委员会。截至年末总人口259158人。

2022年，全县地区生产总值完成106.35亿元，增长5.7%，历史性突破百亿大关；规模以上工业增加值完成56.9亿元，增长12%；一般公共预算收入完成4.8亿元，增长18.5%；固定资产投资完成22.48亿元，增长26.7%；社会消费品零售总额累计完成42.59亿元；城乡居民人均可支配收入分别增长6.1%、6.5%。

【工业发展】　2022年，翼城县坚持高位推动、专班攻坚、跟踪服务，“三箭齐发”重大项目取得重要进展和阶段性成效。闽光焦化转型升级项目全面开工，2号焦炉完成筑炉大棚建设，干熄焦主体基础工程完成90%，主要设备完成订货；晋南钢铁基地项目正式奠基，环评、能评手续通过省级初审，完成厂前区地基试夯；华翔叉车专业化生产线竣工投产；舜达项目被纳入国家中长期贷款项目名录，与中国一汽签订战略合作协议，管理人已进驻公司启动资产重整程序。新能源产业扎实起步，抽水蓄能项目与山西低碳环保产业集团达成框架协议，项目选址通过省级审核，正在上报国家能源局争取纳入“十四五”专项发展规划。龙源100兆瓦风电项目完成可研编制，纳入全省风电保障性并网年度建设计划。

【农业农村】　2022年，翼城县建成高标准农田2.3万亩，完成农机深松整地7万亩，全年粮食产量达2.3亿公斤，冬小麦以855.13公斤的优异产量第三次刷新全省最高纪录。推进种业振兴行动，完成“珍珠玉米”繁育150亩。保障“菜篮子”稳定供应，新增蔬菜面积3211亩，完成8家标准化养殖场改扩建。新增2家国家级示范社、4家省级示范家庭农场、1家省级农业龙头企业。大连绿海与果信樱桃合作项目签约落地。南唐河沄草莓、南梁翼山红花椒、王庄丹朱辣椒、中卫吴寨水果柿子等园区扩面提质，里砦“翼城优品”包装仓储基地、隆化苹果洗选分装基地、西阎“醉氧山珍”精深加工等产业项目建成投产。建成13个改厕后期运营管护服务站和2个粪污资源化利用处理站，实现长效管护全覆盖。健全21项防止返贫动态监测和帮扶机制，实施19个脱贫村产业项目，脱贫人口人均纯收入大幅提高。

【改革创新】　2022年，翼城县推进“一网、一门、一次”改革专项行动，推出209项“一件事套餐”服务，首创“行业综合许可证”，推行“独任制审批”服务模式，29个行业实现“一业一证”，131个高频事项即来即办。持续推

2022年，翼城县果信公司700亩物联网智慧樱桃大棚项目实景
（翼城县党史方志研究室供图）

进农业生产托管扩面提质，完成22.3万亩小麦、7.8万亩玉米全环节托管作业，146个村集体增收1678万元，新翔丰农业托管社会化服务被列入第五批全国农村综合改革标准化试点项目。完成第二轮土地承包到期后再延长30年试点和农村集体资产“清化收”工作，农村集体产权制度改革工作获农业农村部通报表彰。村改社区全面完成，新增8个城市社区。新认定1家省级“小巨人”企业、5家省级“专精特新”企业、10家科技型中小企业。5家企业获省级科技专项补助，春雷铜材、瑞德丰种业荣获“市长创新奖”。

【城市建设】 2022年，翼城县完成“三区三线”划定和58个实用性村庄规划编制。优化拓展城市框架，投资8500万元的八一南路、横十路建成通车，投资5500万元的光明路和万慈街、木坊街中段主体完工。投资2000万元的唐尧大道立面改造和省道331环境综合整治全面完成，投资3000万元的绛源路街景公园建成开放。以省级文明城市创建为抓手，开展城区交通秩序、马路市场、道路扬尘等集中整治。智慧停车系统正式上线运营，县城停车管理实现智能化。

【生态环境】 2022年，翼城县狠抓大气污染防治，完成16家涉VOCs企业治理提升，实施1356户“煤改电”清洁取暖改造，城区空气质量显著改善，优良天数达285天，同比增加21天。提升水污染防治水平，第二污水处理厂建成投运，完成杨家河小流域综合治理，常态化开展入河排污口整治，浍河南丁断面水质达到地表水Ⅳ类标准。加强生态修复治理，完成荒山造林3000亩、乡村道路绿化200公里。

【文化旅游】 2022年，翼城县文旅产业稳步发展，历山·大河国家级森林康养项目采取省林投公司、北京巅峰集团、县投资集团股份合作运营模式，省林投公司已完成《山西历山·大河森林康养有限公司章程（草案）》《股东投资协议书》。河上公德山景区建设项目已完成投资5200万元。翼城古城景区投资300万元的古城客栈主体已完工。佛爷山景区投资90万元，完成800平方米生态停车场建设、5公里损毁道路和登山木栈道修复等工程。

【安全生产】 2022年，翼城县打好安全生产专项整治三年行动收官战，深入开展安全生产大排查大整治大提升行动，排查整改各类安全隐患1万余条。安全生产综合监管平台常态化运行，148家重点企业实现监管全覆盖。东关黄土崩塌地质灾害治理工程全面完工，完成120公里农村公路养护提质和2个危桥改造、8座小型水库维修养护等工程。完成天然气“三强制”改造，全市燃气安全隐患整治现场会在翼城县召开。完成3119户经营性自建房隐患排查、鉴定录入和管控整治。深化平安翼城建设，基层治理能力提升，社会大局和谐稳定，翼城县被命名为省级平安县。

【民生事业】 2022年，翼城县全年民生支出达19.36亿元，占一般公共预算支出的83%。县医院迁建项目竣工投用，完成县域医疗分中心建设。北关小学完成创一流改造，义务教育薄弱环节改造提升完成年度任务。教育质量稳居全市前列，高考二本B类达线率达70.5%。山西桐封技师学院一期工程主体完工。新增技能人才1000余人。实施全民参保计划，各项社会保险参保人数达24.6万人次。完成15个自然村供水设施改造提升，农村自来水供水率达到98%。完成9021套房屋产权登记确权颁证“清

零行动”。新建40所农村老年人日间照料中心和2个乡镇区域养老服务中心，翼城县被评为省级养老服务模范县。（刘晓霞）

【县领导班子】

中共翼城县委员会

书　记　黄晓君（女）

副书记　刘　锋（3月免）

解　湧（3月免）

杨海林（4月任）

张红玉（女，6月任）

张文青（女）

常　委　李增奎

范　帆（6月任）

杨文明（6月免）

刘生明

白向阳（6月免）

胡国华（女，6月免）

武文军　章守文

段晓娜（女，8月任）

吉清泽（8月任）

石广武（6月任）

翼城县人大常委会

主　任　李放明

副主任　张晋翼　范钦国

师香丽（女）

张永峰

翼城县人民政府

县　长　杨海林（4月任，代）

副县长　范　帆（6月任）

石广武　聂　华

段晓娜（女，8月免）

张达宏　高　伟

王　嘉（9月任）

政协翼城县委员会

主　席　董　玲（女）

副主席　张新民　贾永强

王东东

杜芳芳（女）

浮山县

【概况】　浮山县位于临汾市东南部，总面积940平方公里，辖4镇3乡，121个行政村、6个社区。截至年末常住人口95016人。

2022年，全县地区生产总值55.56亿元，比上年增长0.2%。其中，第一产业增加值7.88亿元，增长6.8%，占生产总值的比重为14.2%；第二产业增加值31.43亿元，下降4%，占生产总值的比重为56.6%；第三产业增加值16.25亿元，增长4.4%，占生产总值的比重为29.2%。社会消费品零售总额15.58亿元，增长1.8%。全年全县居民人均可支配收入22289元，比上年增长6.6%。其中，城镇常住居民人均可支配收入38225元，增长4.8%；农村常住居民人均可支配收入13228元，增长7.3%。

【新兴产业】　2022年，浮山县发挥区位优势和环境承载能力，推动能源绿色低碳转型示范区纳入全市区域经济发展战略。坚持制造业先行，临汾染化迁建项目硝化、浓缩车间加速建设，晋鑫新能源项目正式核准，华辉捷活性炭改造项目顺利投产，苏晋产业园铝镁合金车架加工项目开始试生产。加快发展新能源产业，投资6517万元为80个村实施的“沐光行动”16兆瓦分布式光伏试点项目在全省率先建成，华润100兆瓦复合光伏项目并网发电，“源网荷储低碳”智慧产业园一期项目完成装配厂房建设，葛家坡抽水蓄能电站和晋南储气调峰项目手续办理正常推进。春山煤矿核准手续取得突破性进展，即将上报国家能源局审批。发展现代服务业，电子商务进农村示范县项目基本建成，寨圪塔康养景区成功创建国家AAA级景区，“浮山厨师”荣获全国“创翼之星”奖。

【乡村振兴】　2022年，浮山县坚定发展特优农业，做大做强有机旱作、特色种植养殖等优势品牌，投资6592万元建设东陈樱桃标准化种植基地和12个村级樱桃示范园。全年粮食总产量8.59万吨，一产增加值完成7.88亿元。改善农村人居环境，完成农村户厕改造7458座，新建公共浴室41座、日间照料中心8个，农村生活垃圾收运处置体系自然村覆盖率达92%以上。巩固拓展脱贫攻坚成果，统筹整合资金9415.3万元，实施项目100个，脱贫人口人均纯收入12808元，同比增长13.49%，“312”工作法被中央农办《乡村治理动态》《中国乡村振兴》等主流媒体宣传推广，整改提升百日攻坚行动经验做法得到省市肯定。

【基础设施】　2022年，浮山县投资4.8亿元的丞相河特大桥全线通车，浮临高速公路控制性工程全面开工，当年完成投资6.8亿元，乡村振兴道路提升项目和第一批水毁公路重建修复工程全部竣工，园区铁路专用线建设重新启动，古县旧县镇至浮山至翼城段国道拓宽工程顺利调整至省交通“十四五”规划，全县四通八达的交通网络新格局逐步形成。引沁入汾浮山供水工程建成投用，臣南河水库如期蓄水，尧天大坝维护工程三标段建成完工。持续开展城市更新行动，天坛东路线型改造工程完工通车，

5条城市街道供水管网更新和工商局家属楼等7个老旧小区改造全部完成，人民公园、污水处理厂设施提升改造工程即将完工，老1号楼顺利拆除，城市整体形象得到稳步提升。

【创新动能】 2022年，浮山县试点“村级小额工程集体建”模式，助推实现群众就近务工和村集体经济增收。推行“一项目一方案一清单”审批模式，重点项目前期手续审批效率平均提高25%以上，新建项目当年完工率创历年新高。设置村级便民服务点122个，打通服务群众的“最后一公里”。

【改革攻坚】 2022年，浮山县国企改革“三年行动”圆满收官，组建县国有资本运营公司，优化整合5家县属国企，对“4050”以上职工集中托管，国企历史遗留问题逐步解决，工作评价位列全市第一。财税改革提质增效，聚焦全县重要任务、重点工程和重大改革，建立大事要事保障清单和大项目财政保障专题协调机制，为县域发展提供了高效资金保障。人才集聚效应不断显现，聚焦工农业、产业集聚区等重点行业、重点领域，柔性引进博士19名，全职引进硕士42名。

【营商环境】 2022年，浮山县坚决落实各类助企纾困政策，全年新增减税降费及退税缓税4502万元。持续深化“放管服”改革，坚持所有审批事项办理向全国最短时限看齐。大力实施市场主体倍增工程，全年净增涉税市场主体1772户，净增率80.84%，全市排名第三；新增“四上”企业15家，其中规上工业8家，创历年新高。

【公共服务】 2022年，浮山县教育供给持续优化，浮山中学响水河高三校区如期投用，城关小学新建教学楼破土动工，8所中小学和6所幼儿园维修项目全部完成，高考二本人数连续两年突破200人。健康浮山加快推进，巩固拓展“院县共建、健康浮山”托管成效，实施14项基本公共卫生服务项目，购置64排CT、1.5T核磁等先进医疗设备，在县乡两级规范设置发热门诊，按标准配备诊疗物资，全县医疗服务水平稳步提升。

【社会保障】 2022年，浮山县在全省率先完成国有破产企业职工养老保险及滞纳金核销工作，节省财政资金1亿余元。退休人员养老金人均每月提高150元，农村低保标准每人每月提高38元，城乡居民养老保险、医疗保险参保率全部达96%以上，其他社会保险实现全覆盖。

【生态环境】 2022年，浮山县坚定不移打好蓝天、碧水、净土保卫战，稳步推动工业企业提标升级，深入开展扬尘、散煤、建筑施工等专项治理，对城区、乡村两大区域16个重点部位进行彻底整治，为全县121个行政村、6个社区安装179座环保型垃圾地埋桶。果断实施空气质量“防恶化、保改善”治理行动，全年空气质量优良天数达到302天，同比增加19天，地表水跨界断面水质全部达到Ⅲ类优良水体标准。 （陈聪聪）

【县领导班子】

中共浮山县委员会

书　记　扈新起（3月免）
　　　　赵晨伟（3月任）
副书记　王　栋
常　委　李秋生（6月免）
　　　　王建斌（6月免）
　　　　盖　勇（6月任）
　　　　苏政锦　潘丽君
　　　　程　斌　史超峰
　　　　刘又铖
　　　　梁　博（9月任）

浮山县人大常委会

主　任　李学良
副主任　梁生强　李千钧
　　　　刘建忠　吴光学

浮山县人民政府

县　长　王　兴
副县长　李秋生（6月免）
　　　　盖　勇（6月任）
　　　　刘又铖
　　　　刘　丽（6月免）
　　　　高振山
　　　　闫探宁（6月任）
　　　　李　晶
　　　　亢　毅（10月任）

政协浮山县委员会

主　席　刘云生
副主席　李英杰　丰志华
　　　　吉秀红

洪洞县

【概况】 洪洞县位于临汾盆地北部，总面积1494平方公里，下辖10镇5乡，18个社区、325个行政村。截至2022年末，常住人口626844人，其中城镇人口260130人。

2022年，全县地区生产总值完成222.9亿元，同比增长5.8%，历史性突破200亿元大关；一般公共预算收入完成12.3亿元，同比增长15.6%；规模以上工业增加值完成129.7亿元，同比增长10.2%；固定资产投资完成46.7亿元；社会消费品零售总额完成84.5亿元；城镇、农村人均可支配收入预计达到37703元和16736元，分别增长7.5%、8%，其他约束性指标均达到序时进度，县域经济实现了质的有效提升和量的合理增长。

【基层治理】 2022年，洪洞县深化村级集体经济壮大提质行动，率先建立县乡村“1+15+N”集体经济市场主体，为农民增收开辟新渠道。推进“清化收”专项工作，清理整改不规范合同1.5万份，化解村级债务670万元，新增资源面积2.4万亩、新增资金3400万元，清收债权2045万元，夯实基层治理基础。实施“乡村振兴万人计划”，累计招聘343名大学生到村任职，提前一年完成“一村一名大学生”全覆盖任务。

【农业】 2022年，洪洞县全面夯实粮食基础，新发展农业生产托管试点15个，粮食总产超4.5亿公斤，突破历史最高纪录。实施“特”“优”战略，打造7个特色产业示范片，新发展富硒小麦15万亩、中药材8万亩，牧原生猪养殖、华运种猪畜牧等农业产业化项目进展顺利。以数字化赋能农业产业发展，新建5家乡镇电商服务站，农产品线上交易额达1300多万元，数字农业新业态蓬勃兴起。

【产业转型】 2022年，洪洞县以洪洞经济技术开发区为主战场，持续打造“一区三园”产业格局。依托赵城园区，以山西焦化为链主，打造百亿级焦化产业集群、亿级新材料产业集群，山焦144万吨焦化、华鑫20万吨粗苯精制生产线、上海雅运8万吨高端精细化工等项目进展顺利。依托秦壁园区，以华翔集团为链主，打造百亿级中高端装备制造产业集群，华翔智能科技产业园一期、二期、金立方机械零部件高端装备制造、杭戊军民融合信创产业园等项目竣工投产。依托甘亭园区，以特变电工为链主，打造亿级清洁能源产业集群，特变电1GW光伏发电配套支架项目投产运营，圣大新能源汽车产业园、广东粤电100兆瓦光伏发电等项目开工建设。全县基本形成焦化、新材料、装备制造、清洁能源四大产业集群，构建了支撑高质量转型的产业体系。

2022年，洪洞县建成万亩富硒产业基地
（洪洞县党史方志研究室供图）

【招商引资】 2022年，洪洞县开展“走出去”“请进来”“云招商”“回头看”系列招商活动，先后赴上海、新疆、陕西、四川等地精准招商，对接洽谈项目72个，签约资金243亿元，引进风光水储一体化绿色能源基地抽水蓄能项目，促成三维华邦与江苏康泰实现战略合作，迈出复工复产坚实步伐。加大重点领域改革，优化营商环境，持续深化“承诺制+标准地+全代办”服务，营商环境实现提档升级。

【“市场主体建设年”活动】 2022年，洪洞县开展“市场主体建设年”活动，主动为企业领办、代办、专办、一网通办，新增市场主体1.4万户，新增率达34.3%。常态化开展入企服务，县级领导带头包联重大项目，年度80项重点项目，开复工79项，开复工率达98.8%。

【创建全国文明城市】 2022年，洪洞县聚焦全国文明城市“提质增效年”重点任务，深化十大创建行动，联动推进国家卫生城市复审、国家园林城市复审等工作。持续叫响国家新时代文明实践中心试点县“金字招牌”，开展新时代文明实践志愿服务活动，高标准打造30个实践所、100个实践点、339个实践站，“洪洞经验”在全省推广。

【改造老城区】 2022年，洪洞县高品质改造老城区，完善老城区历史文化风貌控制与业态提升规划，将明代县衙、苏三监狱、关帝庙、千佛寺和古宅院融合发展，规划见贤里·华人老家会客厅特色文化商业街区项目。高标准建设河西新区，串联老城和新区的乾峰大桥、玉峰西街贯通进展顺利，中医院主体工程即将竣工，璀璨的河西新城呼之欲出。依托省智慧城市试点县优势，深化智慧政务、智慧应急、智慧城管、智慧防疫等平台建设，打造“一云承载、一图呈现、一网统管、一端服务”智慧管理新格局。

【民生】 2022年，洪洞县巩固拓展“我为群众办实事”实践活动成果，打造乡村e镇示范点，11件民生实事全部兑现。开展“向人民群众交好账”实践活动，深入排查一批住房、医疗、饮水等基层民生短板问题，集中解决一批群众最关心、最需要、最紧迫的问题。加快“幸福洪洞十大民生工程”建设，中心广场提质改造、滨河东路北延、文东北路竣工投用，城北供水管网、大槐树景区二期、恒东小学开工建设，人民群众的获得感、幸福感显著提升。

【脱贫工作】 2022年，洪洞县落实过渡期内“四个不摘”要求，巩固做好义务教育、基本医疗、住房及饮水安全等保障措施，教育帮扶3200余人，脱贫人口、监测对象、农村低收入群体医疗参保率达100%。完成省、市考核评估反馈问题整改，并建立11项长效机制。聚焦脱贫人口增收难题，落实产业帮扶项目21个，就业帮扶4000余人，消除风险监测对象205户486人，守住不发生规模性返贫的底线。

【安全生产】 2022年，洪洞县树立总体国家安全观，守住安全生产底线，按照“三管三必须”要求，常态化开展安全事故警示教育，统筹推进安全生产专项整治三年行动、“百日攻坚”集中行动、“反三违、除隐患、防事故”专项行动。落实信访接待制度，化解信访积案，常态化开展扫黑除恶专项斗争，依法严厉打击电信网络诈骗等各类违法犯罪，社会治安持续向好。

【生态环境】 2022年，洪洞县推进精准治污、科学治污、依法治污，全面完成各项环保约束性指标任务，空气质量改善率全市第一。落实“河长制”，推进管网雨污分流改造、入河排污口整治。开展危废固废专项整治，治理修复12家矿山生态，土壤环境总体稳定。落实“林长制”，开展国土绿化工作，新增营造林1.2万亩，植树72万株，治理水土流失面积1.5万亩，进一步厚植美丽洪洞生态底色。

（胡俊平）

【县领导班子】

中共洪洞县委员会

书　记　黄　巍

副书记　李俊平（女，6月免）

王向辉（9月任）

李永升（3月免）

张宁红（6月任）

常　委　周希斌

刘　泳（4月免）

王　欣　徐　玉

张朝晖（6月免）

李　峰（6月任）

刘贵平（1月免）

曹启仁（1月任）

冯定国

柳　剑（8月任）

鲍　荣

郭　婧（女，8月免）

郭会军（9月任）

闫晋洪（9月任）

洪洞县人大常委会

主　任　张晓晖

副主任　崔保喜

文林红（女）

程洪俊　倪宁慧

洪洞县人民政府

县　长　李俊平（女，6月免）

王向辉（9月任，代）

副县长　甘永庆（挂职，1月免）

闫志伟　柳　勇

郭会军（9月免）

高彦民　刘向明

梁　爽（女，9月任）

政协洪洞县委员会

主　席　敬三平

副主席　李金龙

马春丽（女）

徐泽文　田剑锋

襄汾县

【概况】 襄汾县地处临汾市南部，东邻浮山县、翼城县，西傍乡宁县，南接曲沃县、侯马市、新绛县，北连尧都区。总面积1034平方公里。县辖7镇6乡，12个社区委员会、238个村民委员。截至年末总人口420983人。

2022年，全县地区生产总值完成178.4亿元，同比增长1.3%；

规模以上工业增加值完成96.6亿元，同比下降4.8%；固定资产投资完成43.9亿元，同比增长0.4%；服务业增加值完成61.6亿元，同比增长2.9%；社会消费品零售总额完成63.9亿元，同比下降1.6%；一般公共预算收入完成7.72亿元，同比下降14.2%。城镇居民人均可支配收入39079元，同比增长5.3%，农村居民人均可支配收入18144元，同比增长5.9%。

【优化经济结构】 2022年，襄汾县全面贯彻新发展理念，保持战略定力，下定转型决心，经济结构进一步优化。经济技术开发区18个重点项目顺利投产、9个项目稳步推进，“四上”企业达到18家，产出强度达到230万元/亩，转型发展“主引擎”作用逐步显现，5条主干道路具备通车条件，15.9万平方米标准化厂房建成投用，新增市级赋权67项，发展基础更加坚实。诚荣年产10万吨精密件项目主体扫尾，中升钢铁100万吨高速线材、155吨炼钢转炉项目进展顺利，恒源特种金属材料、能源梯度利用、中升富氢低碳冶炼3个中试基地项目有序推进，传统产业改造成效明显，签约引进湖南领湃达志等新能源环保项目5个，利源中天智能绝热管道等项目建成投产，云鹏新医药项目开工建设，建成5G基站334个，新兴产业培育步伐加快。粮食总产达到5.56亿公斤，占全市粮食总产量的26.9%；利用废弃洗煤厂建设一批蔬菜拱棚，实现了“不与粮食争地”目标；培育省级农业龙头企业13家，位居全市第一。陶寺遗址博物馆主体完工，《汾城古镇旅游开发概念性设计方案》报国家文物局审批，丁村入选全国“非遗旅游村”名录，“一都、一城、一村”建设步入“快车道”；尧京酒庄成功创建AAAA级景区，丁村风情街荣获“省级夜间文化旅游消费集聚区”称号。

【宜居大县建设】 2022年，襄汾县致力于宜居大县建设，科学精准治污，城乡一体推进，人居环境进一步改善。深入实施企业低排放改造，11个钢铁、焦化、水泥企业完成改造任务。开展“创A退D”行动，创建A级企业6家，集中开展空气质量攻坚月专项行动，对涉炉窑重点企业实行“二氧化氮浓度和总量限值排放、超量惩处”管理，落实工地“6个百分百”、道路“以克论净”标准，全年空气质量综合指数5.0，同比下降4%。优良天数264天，同比增加10天。6个行政村生活污水处理项目开工建设，3个村非正常运行污水处理设施、9个建设用地安全利用问题，全部整改完成。丁村大道南延、河东文体广场等工程进入扫尾阶段，河西路网工程启动建设；恒基中心城、尧星紫苑等9个商住小区封顶完工，10个老旧小区完成改造；滨河公园河道清淤、灾后重建、公园亮化如期完成，县城夜景入选新华影像《城市之夜》专题片。完成农村改厕7000座，建成农村公共浴室133座，多次被《人民日报》等权威媒体报道。

【基层治理】 2022年，襄汾县紧盯重点关键，精准靶向发力，安全形势进一步稳定。县级领导每月深入包联乡镇和企业排查安全隐患，累计排查整改7803条探索实行“五个一”“六制”“联合督查”一揽子措施，持续推行“12分制”计分考核、安全费用专项审计、安全隐患奖惩制度，建成二级标准化企业11家、三级标准化企业87家，安全事故起数、死亡人数，分别同比下降86.96%和78.26%。严格推行领导干部“无假日”接访、重点事项包案制度，开展信访事项“大排查、大起底、大化解”活动，接访、下访315批734人次，推进化解重点信访案件40件。常态化开展扫黑除恶斗争，查处各类治安案件296起，破获刑事案件307起，保障人民安居乐业、社会安定有序。

【民生事业】 2022年，襄汾县办好人民满意的教育，启动开发区中等职业技术学校项目，新建乡镇幼儿园3所，新招聘教师210人，高考二本以上达线2609人。推进健康襄汾建设，深化县人民医院与市人民医院托管共建，与中国医学科学院阜外医院等国内知名三甲医院达成合作，人民群众在家门口就能享受优质的诊疗服务。举办各类招聘活动30余次，城镇新增就业7052人，农村劳动力转移就业7440人。2022年，襄汾县荣获“全国科普示范县”称号。

【优化营商环境】 2022年，襄汾县采取六项措施创优营商环境，解决市场主体面临的实际困难。设立惠企政策电子书架。加大助企纾困等各项政策宣传解读，将政策分类制作成电子书，在“临汾政务在线”“掌上微襄汾”等相关媒体，设置市场主体培育政策电子书架，方便市场主体快速查阅应用。举办多场助企纾困系列活动。举办“早餐”“下午茶”等多场政企面对面交流活动，现场答疑解惑。免费帮办代办，持续深化“政银合作”。

通过万都银行15个营业网点、200多个便民服务站，为新开办企业免费提供注册登记、账户开立、网上银行结算、融资授信等服务。开展政策业务培训。组织开展市场主体登记业务培训会30余场，培训近千人（次），覆盖县域内各行业各乡镇帮办代办人员，加大帮办代办人员进村入户精准宣传力度。设置“办不成事”反映窗口，解决群众“急难愁盼”问题。结合“向人民群众交好账”实践主题活动，政务服务大厅开展为民办实事活动，设置“办不成事”反映窗口，解决办事群众“急难愁盼”问题。开展服务企业项目“三送”“五服务”活动。成立政务服务全代办工作领导小组、涉企服务工作专班开展“三送”“五服务”活动，即确定专人负责，细化责任分工、主动靠前与项目单位进行对接，开展“送培训、送政策、送清单，预约服务、精准服务、延时服务、上门服务、靠前服务”。涉企服务工作专班先后深入山西恒源高岭土有限公司、山西中升钢铁有限公司、襄汾县吉祥面粉厂等企业，为企业提供帮办、代办服务30多次，帮助企业解决申报过程中的难题，促进项目早审批。

【丁村入选全国非遗旅游村寨名录】　2022年10月，中国非物质文化遗产保护协会向社会公示2022年“全国非遗与旅游融合发展优选项目名录”，山西省共14个项目分别入选非遗旅游景区、非遗旅游街区和非遗旅游村寨。其中，襄汾县新城镇丁村入选非遗旅游村寨名录。

【陶寺遗址博物馆主体封顶】　2022年11月14日，襄汾县陶寺遗址博物馆项目主体结构如期封顶。陶寺遗址博物馆占地面积74.7亩，总投资约2.75亿元，建筑面积1万平方米，地下一层、地上二层，博物馆内的功能区划主要有陈列展示区、考古实验区、观众体验区、多媒体厅、观众服务区、藏品库区、技术研究区等。　（王建刚）

【县领导班子】

中共襄汾县委员会

书　记　乔飞鸿（4月免）
　　　　刘春林（4月任）
副书记　刘春林（4月免）
　　　　杜　斌（4月任）
　　　　岳　磊（6月免）
　　　　张振荣（6月任）
　　　　滑颖奇
常　委　乔飞鸿（4月免）
　　　　刘春林
　　　　岳　磊（6月免）
　　　　滑颖奇　王志刚
　　　　王润贵
　　　　武艳娟（8月免）
　　　　李之炜（8月任）
　　　　鹿剑英（6月免）
　　　　周建民（6月任）
　　　　栗　军　李　强
　　　　张振斌（1月免）
　　　　史军锋（1月任）
　　　　刘学武

襄汾县人大常委会

主　任　傅德明
副主任　张　峰（3月免）
　　　　张淑玲　王世红
　　　　邓　兴

襄汾县人民政府

县　长　刘春林（4月免）
　　　　杜　斌（4月任）
副县长　鹿剑英（6月免）
　　　　周建民（6月任）
　　　　葛晋洁
　　　　李晓斌
　　　　李虎山（6月免）
　　　　张海荣　樊国琴

政协襄汾县委员会

主　席　曹丽娟
副主席　韩文跃　张青云
　　　　何爱琴　吕　军

安泽县

【概况】　安泽县位于山西省南部，临汾市东北、太岳山东南麓，东与屯留、长子交接，西与古县、浮山县接壤，北与沁源毗邻，南同沁水县相连，是临汾市、长治市、晋城市三市交会地。南北长91公里，东西宽43公里，周边246公里，总面积1967.3平方公里，辖6个镇，66个行政村、5个社区居民委员会、513个自然村。全县常住人口为74159人。

2022年，全县地区生产总值达到117亿元，同比增长11.2%；规上工业增加值完成110.3亿元，同比增长18.3%；社会消费品零售总额完成12.65亿元，同比增长1.9%；安泽县固定资产投资完成27.76亿元，同比增长50.7%；一般公共预算收入完成9.95亿元，同比增长54.08%；城镇居民可支配收入达到37659元，同比增长6.7%；农村居民可支配收入达到14558元，同比增长7.6%。先后蝉联中国天然氧吧、全国基层中医药工作先进单位等称号，荣获全国公安系统先进单位、森林草原防火工作先进单位等6项国家级荣誉。荣获首批省级城市更新试点县、全省林长制工作激励县等10项省级荣誉。绿色智慧循环农业“稻蟹鱼”种养、森林草原防灭火等9项经验做法在全省、全国推广。

【经济技术开发区建设】 2022年，安泽县储备标准地1404.9亩，向开发区赋权事项231项，“全代办”服务37项。规模以上工业增加值增速35.14%，工业投资增速73.64%，产出强度达到576.55万元/亩，以上三项考核指标翻番完成省定任务。实施重点工程项目51项，总投资141.15亿元，其中纳入省市级重点项目11项、市级监测项目26项。山西蔺鑫煤焦化有限责任公司170万吨焦化、科鑫炭材料有限公司30万吨煤焦油深加工等4个转型项目建成投产。华康安泽新能源有限公司100兆瓦光伏发电一期项目完成首并。煤矿智能化改造等项目完成建设。“两山”转化沁河农林文旅康养融合发展项目启动实施。

【产业发展】 2022年，安泽县建设高标准农田8000亩，粮食总产量达到11.9万吨。安泽连翘5号、6号被确定为全省林木良种安泽种源。安泽优品“稻蟹鱼”填补了安泽县渔业产业空白，安泽“北方鱼米之乡”影响不断扩大。工业总产值完成223.6亿元，同比增长36.6%。全年原煤产量达到504.38万吨，同比增长8.85%。产业投资、工业投资分别增长70.9%、80.8%。战略性新兴产业增加值同比增长12%。完成批零住餐企业升限入统12家，出口交易额突破5000万元，飞岭蒹葭乡居被评为甲级旅游民宿。第三产业增加值完成17亿元，占地区生产总值比重14.5%。

【乡村振兴】 2022年，安泽县整合7000余万元，发展“一村一品”特色产业38个。安泽县农村集体经济发展有限公司带动6500农户户均增收3000元以上。“清化收”化解债务3389.9万元，清收债权1003万元。完成煤改电567户，厕所改造1300座。村级公共浴室、理发室、洗衣房实现全覆盖。46个行政村集体经济收入突破30万元。冀氏村省级特色产业示范基地、石渠村省级乡村振兴示范村、高壁村市级乡村振兴示范村创建顺利完成。县城区环卫及农村生活垃圾一体化转运项目启动运营，农村人居环境进一步改善。

2022年8月，冀氏镇丰道村稻蟹基地水稻成熟螃蟹肥美
（安泽县党史方志研究室供图）

【优化营商环境】 2022年，安泽县深化“放管服”改革，梳理公布“一件事一次办”270项，“领办、代办、专办、一网通办”81件，办理“证照分离”910件。常态化开展入企服务，举办“早餐会、下午茶、夜沙龙”活动，解决发展难题37个，协调金融授信金额2亿元，惠及企业61家。全年市场主体净增率40.81%。

【生态安泽建设】 2022年，安泽县大气环境6项指标中，5项达国家二级标准，优良天数280天，水质稳定达到地表水Ⅱ类标准。完成造林绿化3.35万亩、水土流失治理9000余亩、小流域治理16.7平方公里。实施森防空中巡查信息化工程、大气环境精准化监管和精细化治理能力提升工程，森防和环保工作实现第一视角指挥和天上地下立体式巡查检查。

【基础设施建设】 2022年，安泽县投资5.24亿元，完成开发区供水、污水处理厂和220千伏输变电等工程。投资4028.3万元，完成国道241过境路面改造、第安线路面改造等工程。投资2297.4万元，新建“四好农村路”32公里、改造县城区巷道7条。投资3343.8万元，完成6座水毁桥梁抢修和54处水毁路段修复。

【民生事业】 2022年，安泽县全

年民生支出11.84亿元，占一般公共预算支出的76.91%。新增城镇就业1660人、转移农村劳动力1405人。全面落实“双减”政策。高标准实施义务教育“薄改”项目和校园改造提升工程。招聘30名特岗教师充实到基层教学一线。安泽一中与临汾一中实现联考共建。巩固医改成果，开展“健康下乡”义诊活动，“30分钟急救圈”基本形成，成功承办临汾市青少年足球锦标赛。全年组织群众文化活动1921场，免费“送戏下乡”54场。革命历史题材电影《红光》在太原首映、全国公映。完成神南大桥河段疏浚清淤4.3万立方米。在全市率先完成燃气“三强制”改造任务，受益群众1.3万户，排查鉴定经营性自建房1018栋。（尚晓玲）

【县领导班子】

中共安泽县委员会

书　记　刘　锋（3月任）

副书记　杨玉果（女，4月免）

　　　　卢正中（4月任）

　　　　赖兴国

常　委　任云智

　　　　张　建（8月免）

　　　　王向辉（9月免）

　　　　梁利国（9月任）

　　　　王秉军（4月免）

　　　　伊　宁（女）

　　　　李　鹏

　　　　马德辉（9月免）

　　　　李建平（6月任）

　　　　杨学斌

安泽县人大常委会

主　任　魏书亮

副主任　张俊宏

　　　　赵春亮　李软萍

安泽县人民政府

县　长　杨玉果（女，4月免）

　　　　卢正中（4月任）

副县长　王向辉（9月免）

　　　　伊　宁（女）

　　　　张　浩　刘　剑

　　　　赵　伟　张国强

　　　　刘　宁

政协安泽县委员会

主　席　连忠武

副主席　娄和玮　崔斗庆

　　　　王朝峰

古　县

【概况】　古县地处山西省临汾市东北部，东与安泽县毗邻，南与浮山县交界，西南与尧都区为邻，西与洪洞县接壤，西北与霍州市相参，北与长治市沁源县相连。县域面积1206.38平方公里，辖5镇1乡，73个行政村、6个社区。截至年底总人口78237人。2022年，古县地区生产总值完成73.5亿元，同比增长5.5%；固定资产投资完成28.6亿元，同比增长45.8%，增速位居全市第二；规上工业增加值增速5.4%，比上年提高13.2个百分点；一般公共预算收入完成6.26亿元，同比增长10.27%；社会消费品零售总额完成13.5亿元，同比增长0.8%；城镇居民人均可支配收入分别完成39736元，同比增长5.6%；农村居民人均可支配收入15234元，同比增长7%。

【农业产业】　2022年，古县完成高标准农田建设1.22万亩，深松作业3.5万亩，发放各类种粮补贴2143万元，全年粮食播种面积25.41万亩，总产量达9769万公斤。成功创建国家级核桃产业融合发展示范园，“核桃+中药材”省级现代农业产业园累计完成投资1.7亿元，建成“核桃+”智慧农业示范基地6个，新发展北柴胡、黄芪等中药材2.8万亩。新建中蜂养殖示范基地12个。“古岳古树”成为“临汾优选”主打品牌，核桃产品被评为“臻品”宣传推介。

【工业产业】　2022年，古县落实煤炭增产保供任务，东瑞煤业等11个智能化工作面建成投用，鑫润煤业减量重组实现复产，金谷煤业产能核增获批。全年完成原煤产量593.95万吨，同比增长6.46%，产量创历史新高。盛隆泰达192万吨焦化技改启动2#炉烘炉，宏源216万吨焦化技改完成1#炉筑炉，技术全球领先的宏源绿氢制甲醇项目签约，“煤—焦—气—化—氢”全产业链循环经济模式加速形成。在加快工业产业转型的同时，推进开发区建设提档升级。涧河工业园区被认定为全省首批、临汾首家化工园区，是通过全省安全风险评估等级复核的三家园区之一。储备标准地847亩，出让481亩，新建标准化厂房4897平方米，开发区供水工程完成总量的55%。成功签约锂电池改性负极材料等项目5个。开发区工业投资完成16.24亿元，同比增长95.16%，规模以上工业增加值完成26.84亿元，同比增长17.71%。

【服务业】　2022年，古县以牡丹景区创新发展为核心，开展“十个一”文旅深度融合发展试点，完成牡丹景区温泉养生馆建设，成功举办第十五届“天下第一牡丹”文化旅游节。贾寨红色教育培训中心、祖师顶文化博物馆主体完工，云顶小镇登山步道投入使用，凌云村被评为省级AAA级乡村旅游示范村。开展“赏千年牡丹·带古县特产”端午直播带货活动，带动农特产品销售1100余万元。58个行政村建立农村寄递物流点。在全市首批成立网络货运平台公司，营业额达1390万元。全年服务业增加值完成17亿元，同比增长6.5%。

【乡村振兴】 2022年，古县实施“两强三美”五年行动，严格落实“四个不摘”要求，统筹整合涉农资金5775万元，实施乡村振兴项目97个。强化防返脱贫动态监测帮扶，新纳入监测140户351人。全年脱贫劳动力务工就业7879人，同比增长12.5%。推进农村人居环境综合整治，实施农村改厕1312座，卫生厕所普及率达90%，北平镇等三个建制镇生活污水处理设施建成投用。完成农村公路灾后恢复重建15.9公里，改造供电线路85.62公里，新建5G基站37个。旧县村、贾村、石壁村、三合村成为乡村振兴示范样板。实施集体经济壮大提质行动，成立县、乡两级村发公司，村级集体经济组织实现全覆盖，收入全部“破十”，7个村收入超百万元。

【城市更新】 2022年，古县巩固全国文明城市、国家卫生县城、国家园林城市三大“国字号”品牌创建成果。完成一中路、文华小区东侧道路工程，雨污分流改造4.27公里，城市供水净化车间主体完工，城区天然气置换全部完成。新建6座换热站，集中供热扩容新增12万平方米，覆盖率达94%。五马岭生活垃圾填埋场建成投用，16个老旧小区改造竣工验收。新建相如公园北侧停车场，增加停车位107个。新建相如城市客厅3个，融合休息、会客、书吧、文化展示等功能，为群众提供休闲娱乐特色空间。老年门球场投入使用。相如里商业街、综合展示中心、城市游园改造初具雏形。十里长廊河西生态公园建设完成60%，建成区新增绿地13.87万平方米，绿化覆盖率达41.75%。开展城区交通秩序、马路市场、建筑外立面、“城市蜘蛛网”等集中整治，规范流动摊贩经营管理，城市品质不断提升。顺利完成全国文明城市年度测评。

【道路交通】 2022年，古县交通建设全面提速。国道341线公路改建工程累计完成投资21亿元。古县段征地拆迁基本完成，重合路段全面通车，建设路基30公里，张庄互通、古阳大桥等控制性工程主体成型。主动对接洪洞段征地拆迁，开工建设2公里。黎霍高速古县段有序推进。完成岳阳至古阳道路修复保畅15.79公里、原古北线改造6.5公里，道路通行条件持续改善。

【教育事业】 2022年，古县全力“抓基础、强队伍、提质量”，让更多学子在家门口享受优质教育。县三中与临汾平阳中学实现联合办学，县一中与临汾三中集团化办学持续深入。实施中小学基础设施提质工程，县一中操场改造完成，城镇二小餐厅竣工投用，城镇公办幼儿园新项目主体封顶。设立相如教育基金，搭建社会助学重教平台。高考达二本线以上174人，创近五年新高。

【医疗卫生】 2022年，古县深化医药卫生体制改革，县医疗集团与市三甲医院医联体建设深入推进，创建胸痛、创伤、卒中三大中心。县医院标准化发热门诊和疾控中心大楼投入使用。开展“健康下乡”义诊活动，“两癌”筛查等民生实事全面完成，慢性病患者、妇幼、老年人等群体实现家庭医生签约全覆盖，全民健康服务水平提升。

【社会保障】 2022年，古县开展“春风行动”等就业服务活动，实施技能培训2075人，城镇新增就业1300余人，登记失业率控制在4%以内。统筹资金2240万元，用于困难群众基本生活救助。岳阳养老院及31所农村日间照料中心、75座农村公共浴室建成投用。县殡仪馆主体工程完工。

【文化事业】 2022年，古县强化文物保护，完成热留关帝庙、张家大院文物保护修缮，实施延庆观抢险修缮及油漆彩绘工程。《太岳山上打核桃》原创广场舞荣获全市一等奖、全省三等奖。举办广场文化消夏月系列活动，“免费送戏下乡”45场，公益数字电影放映1000余场，基层群众文化生活更加丰富。

【生态环境】 2022年，古县全面完成“供热解绑”，实施清洁取暖改造1384户。完成洪安涧河五马段综合治理、白素段生态修复一期工程建设，出境断面水质稳定达三类标准，同比改善31.11%，改善率全市第一。争取到中央专项彩票公益金1000万元，开展无主煤矸石堆场治理，完成霍泉泉域地下水违规开采问题整改，推进中央、省生态环保督察及各级环保检查反馈问题整改。实施长临高速连接线绿化提质15公里，完成营造林1.8万亩，森林覆盖率达40.67%，全省第十、全市第二。

【安全生产】 2022年，古县安全生产专项整治三年行动顺利收官，安全生产大检查大整治大提升行动“反三违、除隐患、防事故”专项行动深入开展，全县本质安全水平不断提升。严格执行“三管三必管”实施细则，持续用好“四查一倒追”“五抓五管”机制，精准厘清行业、属地监管责任，压实企业主体责任，创新实施消防重点监管单位“红黄绿”三色分级管理，推进乡镇综合行政执法改革，分批次下放执法事项43项，安全责任体系持续夯实。完成预案编修35部，开展煤矿水害事故、防汛抢险等实战演练，应急救援能力稳步提升。

【社会治理】 2022年，古县组织开展打击电信诈骗、禁毒“清源断流”、食药环违法犯罪等专项行动，破获各类刑事案件60起。深化信访矛盾纠纷排查化解，完成各项信访工作。三合村、钱家峪村成功创建省级民主法治示范村，平安古县建设持续推进。

【改革动力】 2022年，古县在全市率先实施工程建设项目审批制度改革，实现开办企业当天发照，施工许可3天拿证，全流程审批13个工作日内完成。实施市场主体倍增工程，全年净增市场主体2665户、规上工业企业5家、专精特新企业2家，新注册商标42件，丰磊节能建材等3家企业在山西股权交易中心挂牌上市，奖励新入统达限企业20家480万元。落实助企纾困政策，增值税留抵退税1.64亿元，减税降费2427万元，制造业中小微企业享受缓缴政策504.76万元。推进农业农村改革，完成农业生产托管1.54万亩，“清化收”专项行动清收债权1300万元，化解债务1700万元。国资国企、财税金融等重大改革事项稳步推进。　（蔺燕艳）

【县领导班子】

中共古县委员会

书　记　庞明明
副书记　赵晨伟（3月免）
　　　　贾晓文
　　　　刘　泳（4月任）
常　委　魏　波
　　　　赵贤慧（5月免）
　　　　李国锋（8月任）
　　　　崔　艳（女）
　　　　李　晶（女）
　　　　郭砚宾
　　　　周美蓉（女）
　　　　张亚丁
　　　　邹　亮

古县人大常委会

主　任　阴和平
副主任　李　秀（女）
　　　　韩红霞（女）
　　　　柴保林
　　　　杜　琦（女）

古县人民政府

县　长　赵晨伟（3月免）
　　　　刘　泳（4月任，代）
副县长　李　晶（女）
　　　　史　澎（8月免）
　　　　周　兴　李军伟
　　　　李　凡　贾　辉
　　　　刘红亮（9月任）

政协古县委员会

主　席　李荣强
副主席　阴锁云
　　　　张秋香（女）
　　　　秦秀丽（女）
　　　　邢　丽（女）

大宁县

【概况】 大宁县地处临汾市西部，吕梁山南麓，黄河东岸，东与隰县、蒲县为邻，北与永和接壤，南同吉县毗连，西与陕西省延长县隔黄河相望。总面积967平方公里。辖3镇2乡，60个行政村、4个社区。常住人口为51086人，其中，城镇人口为28424人、农村人口为22662人。

2022年，全县地区生产总值完成14.78亿元，同比增长0.1%，实现逐季向好、由负转正；一般公共预算收入完成1.03亿元，超额完成市定任务；5项主要经济指标增速快于全市平均水平，固定资产投资同比增长10.6%，快于全市1.5个百分点；社会消费品零售总额同比增长1.4%，快于全市1.7个百分点；限额以上消费品零售额同比增长17.5%，快于全市12.1个百分点；城乡居民人均可支配收入分别增长5.8%和13.5%，快于全市0.1和6.7个百分点。

【工业经济】 2022年，大宁县克服工业产值下滑近60%的不利影响，围绕助企纾困，全年减税降费2017万元，协调金融贷款4607万元，安排乡村振兴产业周转金3020万元，帮助工业企业渡过难关；争取政府债券4.11亿元，实施总投资21.5亿元的41个重点项目，发挥投资拉动作用，为县域经济高质量发展提供重要支撑。

【高效农业】 2022年，大宁县全面推进农业结构调整，发展高效农业，助力乡村振兴。发展“宁脆”苹果，种植规模超1万亩。同步推进果水、果路、果库配套，启动建设水果供应链基地，举办嘉兴水果市场专场品牌推介会，“宁脆”苹果强势进入国内高端水果市场，走出了以新优品种、新型合作组织双轮驱动，以标准化生产、智能化管理、市场化运营为抓手的“两新三化”果业高质量发展新路径。粮食播种面积、亩产、总产实现稳定增长，推广玉米大豆带状复合种植，亩均增收300元。优质饲草巨菌草试种成功，亩产2.5万公斤，产值7500元，并有效解决了种苗越冬难题，为饲草业和畜牧业快速发展开辟新模式。全县以果业为主导，多种特色产业协调发展的农业结构不断优化，效益大幅提升。

【优化发展环境】 2022年，大宁县深化“放管服”改革，推进“一枚印章管审批”“一件事一次办”“一业一证”等改革措施，探索推动“容缺受理”“以核代证”“全代办”等服务创新，审批流程不断优化，审批效率大幅提高。完善一体化在线政务服务平台功能，241项已申请办理高频事项可网办率达到100%，企业和群众办事更加便捷。开展招商引资，签约项目投资额40.03亿元，开工率达80%。开展“市场主体建设年”活动，市场主体净增长2243户，净增率63.5%，排名全市第三，为县域经济发展注入了新动能。

【改善民生】 2022年，大宁县坚持民生优先，加大惠民力度，全年民生支出占财政支出的比重达到85%，同比增长5%。教育“双减”改革推进，投入750万元提高专任教师奖励性绩效工资，一中新校区主体建成，教学条件显著改善。医疗集团顺利搬至新院区，充实医师队伍45人，医疗条件达到山区一流水平。强化就业政策落实和技能培训，城镇新增就业1162人，农村劳动力转移就业1562人。投资5亿元实施河道治理、雨污分流、供暖改造等8个重点城建项目，县城面貌日新月异。“一纵一横”美丽乡村建设有序推进，甘棠村、黑城村、桑峨村成为“网红打卡地”。成功创建马斗关AAA级旅游景区，实现A级景区“零的突破”。持续打好蓝天、碧水、净土保卫战，空气质量优良天数继续保持全市首位，昕水河水质稳定达到地表水Ⅱ类，天蓝、山绿、水清、环境美已成为大宁最靓丽的名片。

【基层治理】 2022年，大宁县实行扁平化管理，落实县级领导包网格、县直部门包楼宇制度，抓实抓细各项防控措施，最大限度守护了人民群众生命安全和身体健康。开展安全生产“两个专项”整治和危化品、城镇燃气、城乡自建房等专项治理行动，累计排查整改安全隐患4981条，安全水平进一步提高。推进社会矛盾风险隐患排查化解，办理信访事项258批266人次，办结率100%，荣获“全国信访工作示范县”称号。加强未成年人保护工作，被评为首批“全国未成年人保护示范县”。严厉打击各类违法犯罪活动，破获刑事案件62起，有效维护了全县社会安定。

【提升政府效能】 2022年，大宁县坚持以党的政治建设为统领，深入学习贯彻党的二十大精神，开展“向人民群众交好账”实践活动，办理服务群众事项180个。主动接受县人大、县政协监督，办理人大建议64件、政协提案40件，办复率达到100%。坚持政府带头“过紧日子”，持续强化“三公”经费管理，把有限的资金用在发展紧要处、民生急需上。认真落实中央八项规定精神，纠治“四风”，全县

2022年，大宁县昕水河段生态修复治理初显成效

（大宁县党史方志研究室供图）

上下凝心聚力、干事创业的氛围更加浓厚。（李宏伟）

【县领导班子】

中共大宁县委员会

书　记　王晓斌

副书记　樊　宇（4月免）

王志华

任　臻（8月任）

常　委　贺晓东　曹继振

许华伟

王　婧（女）

梁利国（9月免）

宗燕军

大宁县人大常委会

主　任　张新平

副主任　李太平　冯曹宁

王建平　高广旭

大宁县人民政府

县　长　樊　宇（4月免）

王志华（4月任，代）

副县长　许华伟

乔　前（1月免）

李　栋　张鹏华

王　宁

冯华平（3月任）

张治国（挂职）

任秀红（女，9月任）

政协大宁县委员会

主　席　杨对明

副主席　任福平　冯永生

任秀红（女，9月免）

汾西县

【概况】　汾西县位于山西省中南部偏西，临汾市北部，吕梁山中南麓，吕梁山支脉姑射山北段东侧，因地处汾河中下游西岸而得名汾西。东与霍州市毗连，西与蒲县接壤，南与隰县相邻，北与灵石县相连。总面积880平方公里，下辖5镇（永安镇、对竹镇、勍香镇、和平镇、僧念镇）2乡（佃坪乡、团柏乡），86个行政村、7个居委会。汾西县社区管理委员会于2022年7月撤并至永安镇常住人口98132人。

2022年，汾西县地区生产总值完成29.6亿元，同比增长2.1%；社会消费品零售总额完成18.2亿元，同比增长1%；固定资产投资完成9.6亿元，同比增长17.6%；限额以上消费品零售额完成9901万元，同比增长16.7%；一般公共预算收入完成1.28亿元，同比增长16.1%；城镇居民人均可支配收入完成33917元，同比增长5.1%；农村居民人均可支配收入完成8115元，同比增长11.7%。

【产业建设】　2022年，汾西县开展入企纾困“早餐会+下午茶+夜沙龙”等活动解决企业难题，落实退缓税及免税费8283万元，支持各类市场主体转型高质量发展。引进众赢农牧一体化产业等大项目7个，签约金额53.42亿元。全年实施重点项目36项，下团柏蔬菜大棚项目当年开工当年见效；华润光伏、天惠江风电项目有序并网；殡仪服务中心、协鑫智慧风电等项目扎实推进。新能源产业集群发展，全县总装机容量位居临汾市第一。2座长期停缓建煤矿分类推进成效显著，东泰金源煤矿前期手续办理取得重大进展，巨开元煤矿建设已初步达成处置办法。4座洗煤厂工业增加值和纳税占比效益凸显。第三产业全年入库“四上”主体8家，房地产业、限上住宿业、限上餐饮业实现行业破零。县城各金融机构存贷款余额增速12.8%，同比增长2.1个百分点。优化营商环境，在项目审批和手续办理上变“被动服务”为“主动服务”“靠前服务”。全县新增市场主体3433户，实有市场主体达1.04万户，涉税市场主体和企业数量增速临汾市第一。

【城乡建设】　2022年，汾西县实施凤凰广场及周边改造，建成“文、娱、食、购”等功能为一体的人和巷商业旅游休闲综合街区。整治城市“蜘蛛网”4万余米，市政花箱、配电箱彩绘成为街头一道靓丽风景线。实施旧城改造1号、2号、县城周边污水治理等项目。启用窑铺水源地，实施窑铺至店头提水工程，实现双线供水；实施店头蓄水池项目，建成后可保障供水安全稳定，降低提水成本；改造运行年限超15年的老旧管网15公里，免费更换老旧水表1600余块，漏损率降为9.5%。改造燃气管网2公里，清收置换液化气钢瓶2446个，取缔醇基燃料经营户4家、使用户113家，免费改造居民用户燃气“三强制”1272户。改造高低压线路19公里，实施10千伏师沟线、太阳山线、段村线等配变线路改造，配电停运率同比下降34.92%。农村人居环境持续改善，新建扩容5G基站50个，各乡镇政府驻地和重点区域5G信号全覆盖，所有行政村4G信号全覆盖。修复水毁淤地坝32座、因灾损毁主干道13条。完成农村户厕改造2700座、建制镇公厕3座。

【农业产业】　2022年，汾西县坚持农业产业化、专业化、现代化发展方向。肉鸡产业通过“数字化”

养殖、“数智化”管理，“肉饲比”从1.6降到1.4，年出栏从6批次达到7批次，年养殖屠宰能力达到1800万只，企业利润扭亏为盈。玉露香梨通过实施有机旱作早丰密植技术，打造出品相好、品质佳、价格稳、销路远的高品质梨产品。农业生产托管4万亩，秸秆综合利用18.9万亩，利用率达到63%，实现秸秆打捆粗放加工到青贮黄贮精细化利用，带动肉牛、羊养殖等产业发展，降低生产成本，保护生态环境，促进农民增收、企业增效、农业增值。

【环境保护】 2022年，汾西县严守生态保护红线。完成“煤改电”1528户，减少燃煤4500吨，减排氮氧化物540吨，二氧化硫380吨，全年氮氧化物、二氧化硫指标同比下降7.1%、15.4%。补贴供应洁净煤8100吨。实现加油站三次油气回收治理设施全覆盖。23家涉危废企业完成标准化危险废物暂存库建设。退化林修复、森林抚育1万亩，灌改乔1万亩，提高森林覆盖率0.76个百分点。实施黄河流域固废整治、矿山生态修复8处150余亩。

【文旅发展】 2022年，汾西县加快发展文化事业，完成55个村2721户有线数字电视安装，免除收视费50万元；央视新闻、山西新闻联播等省级以上媒体报道汾西县57次；连续两年开展“新春走基层”全家福免费摄影活动，记录4400余户群众幸福生活，赠送精美照片5000余张。成功创建师家沟AAA景区，瓮鼓、汾西民歌、红豆黍米饭制作技艺获评第六批省级非遗代表项目，红豆黍米饭荣获“山西名优小吃”称号。

【民生事业】 2022年，汾西县持续优化教育供给，推进义务教育改制重组，推动城区小学集团化办学，撤并学校9所，二中搬迁新校区，学校布局更加均衡协调；实行普通高中在校生学费、住宿费免除政策，外流学生同比减少47%，高考二本B类以上达线人数同比增长33%。医疗服务不断提升，加强乡镇卫生院和村卫生室标准化规范建设，挂牌成立6家名医工作室，“两癌”检查1506人，婚检率、孕前检查和产前筛查达85%以上，城乡居民医保报销、医疗救助6万人次6218万元。农村低保提标到6000元/人•年，社会救助1.2万人4030万元。慰问退役军人，发放优待抚恤682万元。发放特困群体爱心消费券318万元、临时价格补贴590万元。实施地灾搬迁300户，完成国有建设用地上房屋产权登记颁证清零1417户。县乡村寄递物流实现全覆盖。

【脱贫成果巩固及乡村建设】 2022年，汾西县统筹整合资金1.82亿元，实施项目86个，产业项目投资占比62%以上。成立县乡两级村投公司，开展“清化收”，规范村集体经济合作社，农村集体经济收入村均达到34万元。落实脱贫人口、监测对象外出务工补贴和稳岗补助1200万元，实现就业1.92万人。开发公益性岗位，安置县城及周边800余名脱贫劳动力稳定就业。建设帮扶车间4个，实施府底小区光伏项目。统筹村级光伏、大型光伏、肉鸡产业、“一村一品”等收益5500万元，全部用于巩固拓展脱贫成果。健全完善防返贫动态监测和帮扶机制，累计监测帮扶1061户2731人。设立“防贫宝”，坚持“未贫即防、未贫即扶”，分类救助，全年救助1251户309万元。推进15个示范村建设，编制实用性村庄规划20个。争取中央专项彩票公益金，实施支持欠发达革命老区乡村振兴示范区建设项目，覆盖段村及周边6个村（居）。建设高标准农田5000亩，修复农田2000亩。实施22个村“三件套”项目，推进4个村和2个建制镇生活污

2022年9月23日，中国农民丰收节汾西县第五届农产品展销会在凤凰广场开幕　　（汾西县党史方志研究室供图）

水处理设施项目。

【安全稳定】 2022年，汾西县坚守安全稳定底线。排查风险隐患934条，执法处罚339万元。取缔黑加油站2座。查处非法采矿案件7起，行政、刑事拘留28人，查扣车辆设备51辆（套），有效震慑不法分子。破获电信网络诈骗案49起，返还138万元，冻结止付6234万元。建设街面警务室2个，提高见警率、管事率。成功创建“2021年度省级平安县”。免费为群众提供法律咨询1982件、援助32件。

（王大炜）

【县领导班子】

中共汾西县委员会

书　记　张安文（3月免）
　　　　王林波（3月任）
副书记　霍俊波
　　　　王　瑞（女）
常　委　赵志红
　　　　李国锋（8月免）
　　　　刘元建
　　　　席　明
　　　　陈　伟（4月援疆）
　　　　任尚锋
　　　　王文娟（女，墩苗）
　　　　陈文挺
　　　　朱　锋（1月免）
　　　　赵雷斌（1月任）

汾西县人大常委会

主　任　贾文魁
副主任　苏　涛　柴武贵
　　　　范宏艺

汾西县人民政府

县　长　霍俊波
副县长　赵志红
　　　　王文娟（女，墩苗）
　　　　王红林　郭　凯
　　　　贺国琪（挂职）
　　　　郑相如
　　　　刘　帅（1月挂职）
　　　　王锁平（9月免）
　　　　王三宝（9月任）

政协汾西县委员会

主　席　乔建平
副主席　仇泰岭
　　　　张双花（女，11月免）
　　　　王安定

蒲　县

【概况】 蒲县位于山西省西南部，总面积1510.61平方公里。辖5镇3乡，66个行政村、520个自然村、1个社区联合党委、5个居民社区。全县总人口94099人。

2022年，蒲县地区生产总值174.93亿元，同比增长12.8%；位列全市第一；固定资产投资完成27亿元，同比增长11.1%；全县社会消费品零售总额完成10.8亿元，同比增长0.6%；财政总收入完成70.24亿元，比上年增加37.06亿元，同比增长111.7%。一般公共预算收入完成20.71亿元，同比增长60.2%。城镇居民人均可支配收入35808元，同比增长5.5%；农村居民人均可支配收入13637元，同比增长6.8%；全县居民人均可支配收入23505元，同比增长6.3%。2022年，蒲县获评全国信访工作示范县、中国天然氧吧、山西省养老服务模范县、省级平安县、省级双拥模范县、全省食品安全示范县、全省维护妇女儿童权益先进县。

【现代农业】 2022年，蒲县全县粮食总产量82168万吨，比上年增加2029吨，增长2.5%。全县粮食播种面积23.1万亩，其中玉米1.18万公顷，高粱1553公顷，谷子500公顷，马铃薯1113公顷，豆类220公顷，其他谷物260公顷。蔬菜总面积481公顷，总产量4585吨，总产值1363.9万元；水果总面积1784公顷，其中苹果10000亩、梨12000亩，其他317公顷；药材面积1360公顷。全县农林牧渔业增加值完成4.3亿元，较上年增长5.9%。全县生猪存栏将达到7.65万头，出栏11.5万头、生猪饲养量达到18万头，比上年同期增长15.8%；肉牛存栏2.49万头，出栏0.9万头、肉牛饲养量达到3.2万头，比上年同期增长11.6%；500头以上生猪养殖场达到25个，其中年存栏能力达到万头以上的7个。100头以上的肉牛养殖场达到41个。蛋鸡存栏11.1万只，肉鸡存栏9万只，蜜蜂饲养4659箱。肉类总产量7673吨，其中，猪肉5925吨、牛肉1035吨、禽肉713吨，蛋产量1004吨。茂洲万头肉牛屠宰加工厂竣工；建成1座农副产品储存库、1条果品分拣线、44座冷库，“种养加储销”全产业链形成闭环。以“互联网+农业”为平台，直播带货，推介蒲县扩宽农副产品外销渠道，助力乡村振兴，端午直播带货线上销售60.45万元、1924单，线下销售44680.53万元、15070单。开展“中国农民丰收节”活动，带动农户销售农副产品500余万元。全县完成造林1106.67公顷，其中黄土高原水土流失综合治理项目666.67公顷、天然林保护二期封山育林440公顷。完成义务植树28万株。全县林木覆盖率和森林覆盖率分别达59.01%、40.18%。全县新增农机固定资产627.11万元。全县新增农机总动力0.12万千瓦，全县农机总动力达到5.05万千瓦。

【乡村振兴】 2022年，蒲县推进3个省级、1个市级乡村振兴示范创建项目，推进农产品精深加工，年储1800吨果品库建成投用，培育省级农业龙头企业1家，市级4家。全面巩固脱贫成果，率先在全市推广产业联盟投入资金1.37亿元，10万以下的集体经济薄弱村全部清零，新建改造农村公路42条、280公里，克罗路顺利通车。全县8个乡镇、67个行政村全部完成“清化收”工作，增加村集体收入496万元，完成率100%。

【生态环境】 2022年，蒲县城区空气质量综合指数平均为3.29，同比下降10.4%，全市排名第一，优良天数325天，优良天数比例89.04%，全市排名第二。水环境质量达到地表水Ⅱ类标准。功能区水质、集中式饮用水水源地水质达标率均为100%。昕水河出境断面水质达Ⅱ类标准。2022年，全县空气质量综合指数全市排名第一，优良天数325天、全市排名第二，成功创建“中国天然氧吧城市”。

【工业转型】 2022年，蒲县工业发展快速增长，工业经济效益明显增强，煤炭产量稳步增加。全年全县规模以上工业增加值比上年增长19.2%。企业效益明显好转，全年规模以上工业营业收入完成394.4亿元，同比增长35.5%；实现利润总额91.5亿元，同比增长71.3%；产销衔接良好，规模以上工业产销率为99.4%。全年原煤产量完成1994万吨，增长12.7%；洗精煤产量完成1054万吨，增长18.8%，创历史新高；建成1个智能化矿井，先进产能占比达86%。工业经济新动能快速增长，产业集聚区累计入驻项目17个、总投资81.75亿元；中兴15万吨铸造、华玉智能数控阀门等13个项目竣工运营，投产达效；产业集聚区建成9个标准化厂房5.2万平方米，设施水平、投资环境全面提升，综合考核全市第一。

【城乡建设】 2022年，蒲县坚持“景观式造街、园林式建城”，增强城市综合承载能力。城镇棚户区改造工程实际基本建成486套，昌平东街棚改和保障性住房竣工入住；翠屏阁、书香名苑、开源小区住房二期竣工；昌平街、荆嘉路沿街建筑立面改造亮化、昌平街路面改造、锦绣佳苑停车场、文化宫游园竣工；蒲伊西街、小河沿、府前街、南桃湾4个片区707户，共计20万余平方米棚户区拆迁改造全部开工；锦绣科技产业孵化园奠基开工；启动建设蒲县政务服务中心、蒲伊西街棚户区改造、小河沿山水福苑棚户区改造、基础设施提质改造项目。东关小学东西路贯通，民政路微循环连贯南北。

【教育】 2022年，蒲县共有中小学21所，其中：高中1所、职中1所，初中3所（含民办1所），小学16所，在校学生10197人（含残疾儿童114人）；幼儿园12所（公办8所，民办4所），6所小学附设幼儿班，在园幼儿2343人。教职工1245人，专任教师1041人，特聘名师26人。2022年，高考成绩连续十年居山区县第二。高考达一本线67人，二本B类达线312人。达一本线以上人数、达二本线B类以上人数、普通班达线人数三项创历史新高。完成职业中学、乔家湾小学搬迁改造，蒲县一中新校区开工建设。

【科技创新】 2022年，蒲县筹措创新专项资金3亿元，建设科创中心、众创空间等平台。引导扶持企业开展科技研发，建立“专精特新”企业梯次培育库，培育“专精特新”企业1个、高新技术企业2个。

【文化旅游】 2022年，蒲县开展“我们的中国梦”——文化进万家送春联活动，共为广大群众送春联2000余副。蒲剧《春暖蒲子山》获山西省第十七届“杏花奖”，“蒲县非遗柳编”亮相深圳文博会。创建全省文旅康养示范区。完成东岳文旅康养小镇规划设计，布局建设游客集散服务中心、博物馆、康养度假小区、东岳文化主题酒店4个文旅康养项目，建设蒲县图书馆、美术馆文化地标，西戎文学纪念馆修缮提升工程竣工，柏山旅游公路成为备受欢迎的“打卡地”“网红路”。成功举办“蒲香韵、端午情”“云游心灵圣境·乐享深谷优品”直播带货带游活动。

【人民生活】 2022年，蒲县城乡居民收入稳定增长，城乡居民收入差距逐步缩小。全县居民人均可支配收入23505元，同比增长6.3%。按常住地分，城镇居民人均可支配收入35808元，同比增长5.5%，增速高于全国1.6个百分点；农村居民人均可支配收入13637元，同比增长6.8%，增速分别高于全国、全省0.5、0.2个百分点，与全市增速持平。城乡居民人均收入比为2.63∶1。

【社会保障】 2022年，蒲县把“人人持证、技能社会”建设作为巩固脱贫攻坚，实施乡村振兴战略的先导工程。开展各类培训794人；新增技能人才904人；新增高技能人才62人；技能人才占从业人员比例达33%。全县城镇新增就业人员1490人；失业人员再就业220人；就业困难人员就业121人；创业带动就业501人，农村劳动力转移2724人。城镇登记失业率控制在4.2%以内。企业养老保险参保22097人，企业养老保险新增参保1945人；征缴企业养老保险费1.69亿元，养老金支出1.05亿元。机关事业养老保险参保7597人，机关事业养老保险基金征缴6507万元；城乡居民养老保险参保55760人，城乡居民养老保险收缴保费790.81万元，发放养老金2431.71万元。失业保险参保10138人，失业保险征缴381.05万元；发放失业保险金229.63万元，发放失业补助金59.57万元，工伤保险参保35667人，工伤保险享受工伤待遇共499人次，待遇费用支出1750.68万元。社会保障卡累计发放76140张。

【蒲县产业集聚区装备制造产业园】 蒲县产业集聚区装备制造产业园，总投资2.86亿元，沿520国道、黄河一级支流昕水河点状布局，规划设置“一区两园”，总面积15.15平方公里，主导产业为装备制造业和现代物流业，打造全市装备制造产业园区和山西中部区域陆港型物流园区。

黑龙关装备制造产业园（A区）。占地面积12.3平方公里，主要建设产业集聚区政务服务大厅、办公楼、宿舍楼、餐厅等配套设施，建设标准化厂房7个（3万平方米），重点发展铸造产业。主要承接沿汾、京津冀、长三角板块产业转移，重点发展大型铸锻件、精密铸件、关键部件等高端装备基础零部件，打造铸铁、锻造、铸造高端装备制造产业集群。

肖家沟现代物流产业园（C区）。占地面积2.85平方公里，办公楼、宿舍楼、库房各一栋，污水处理站1个。建设标准化厂房5个（2.7万平方米），主要依托中南铁路和蒲县丰富的煤炭资源，重点发展煤炭分装、配送、洗选、运输等储运物流产业，打造以煤炭储、配、运为主，化工建材、农副产品、商贸批发配套发展的现代物流产业集群。

园区累计入驻产业类项目17个、总投资81.75亿元。煜盛年产2万吨机电装备配件、奥鑫博年产2万吨体育健身器材、山西华玉智能数控阀门产业链一期10家机加工、山西中兴年产10万吨市政工程铸件和5万吨空调压缩机配件等13个项目已建成投产；卫蓝煤炭固体废物再利用、山西中旺年产20万吨精密铸造制动盘等2个项目全力建设中；铁铸联体“短流程”铸造、中南铁路蒲县集运站等2个项目已经办理相关手续，蒲县产业集聚区装备制造产业园建成投产，标志着蒲县经济转型驶入新赛道。

【保障性安居工程】 2022年，蒲县昌平东街棚户区改造和保障性住房工程是蒲县城市拆迁改造的亮点工程。总投资7亿元，占地5045.33平方米。工程于2018年8月3日开工建设，分两期实施，建设住宅楼10栋，其中8栋24层，2栋17层，建设住宅1096套，停车位847个，建筑容积率2.7，总建筑面积16.7万平方米。一期工程总投资3.67亿元，建设2栋地上17层、地下1层底商住宅楼（1号、2号楼），1栋地上24层、地下1层住宅楼（4号楼），2栋地上24层、地下1层底商住宅楼（3号、7号楼），幼儿园一座，地上3层，建筑面积3655平方米，有沿街商业、幼儿园、地下车库、道路及场地硬化工

2022年，蒲县昌平东街棚户区改造和保障住房工程

（蒲县党史方志研究室供图）

程、绿化工程等相关基础配套设施。占地面积3.55万平方米，总建筑面积8.73万平方米。二期工程2019年8月13日开工建设，总投资3.4亿元，建设住宅楼5栋，496套。建1栋地上24层、地下1层住宅楼（6号楼），4栋地上24层、地下1层底商住宅楼（5号、8号、9号、10号楼），有沿街商业、地下车库、道路工程、绿化工程、场地硬化工程等相关基础配套设施。占地面积1.6万平方米，总建筑面积8万平方米。2022年7月26日蒲县昌平东街棚户区改造和保障性住房工程竣工并交付使用。建成后，环境优美，居民实现“安居梦”，改善了居民的居住环境和居住条件，极大地提升了居民的获得感、幸福感、安全感。

【智能数控车床阀门洁具产业链项目】 山西华玉装备科技集团公司蒲县千台（套）智能数控车床阀门洁具产业链项目，位于蒲县产业集聚区黑龙关装备制造产业园C区，项目总投资20.6亿元。主要建设铜制金属阀门生产全链条产业，配套安装德国德玛吉（DMG）、日本大隈（OKUMA）、WASEN等国际国内知名先进品牌智能数控车床1000台（套），以及3万吨铜熔炼设备。

山西华玉装备科技集团公司蒲县千台（套）智能数控车床阀门洁具产业链项目，2021年12月始建，项目分两期建设：一期由集团15家子公司投资16亿元，建设阀门、洁具生产线18条，配套安装1000台（套）智能数控车床及冲压床、光谱仪、机械臂、化验室等附属设备设施；二期由集团3家子公司投资4.6亿元，建设熔铜、锻打、锻压、抛光、加工中心、机械臂、包装等设备设施。

2022年7月建成投产，项目全部投产后，预计可实现年产值20亿元，年利税4亿元，提供就业岗位500个。

【工程铸件和空调压缩机配件项目】 山西中兴铸业有限公司年产10万吨市政工程铸件和5万吨空调压缩机配件项目，位于蒲县产业集聚区黑龙关装备制造产业园A区，2020年7月始建，项目总投资12亿元，分三期建设。

山西中兴铸业有限公司年产10万吨市政工程铸件和5万吨空调压缩机配件项目，2022年11月项目正式投产，主要生产市政工程设备、汽车配件、压缩机铸件、农机配件、轻工纺机配件等，投产后可实现年产值15亿元，上缴税金8000万元，提供就业岗位200~300个，有利于蒲县乃至临汾市铸件结构的优化，具有较好的经济效益、社会效益和环境效益。

【靓城提质】 2022年，蒲县住建局靓城提质项目，采用投资方代建的EPC(设计、施工一体化)成本+酬金模式，总投资2.68亿元。按照“生态、精致、时尚，充满人文关怀”的城市定位，规划设计、景观布置、绿化、美化、亮化，实施全县街道街景整治提升工程。全年完成沿街建筑外立面靓化提升改造约10万平方米，店面招牌约5000平方米，昌平街亮化32处，慢跑道980米，停车场12000平方米，公园绿化11000平方米，沿街停车位路面铺装6000平方米；维修城区防护坝栏杆2000米，立体停车场建设完成95%。靓城提质改善城市面貌，提升城市品位，提高群众生活质量。（曹立华）

【县领导班子】

中共蒲县委员会

书　记　杨晓舟（3月任）
副书记　薛向阳（4月任）
　　　　邱　波（6月任）
　　　　卫　靖（女）
　　　　任伟民（4月免）
常　委　任丽岗（6月任）
　　　　刘俊绒（女）
　　　　席江红　杨洋
　　　　李　峰（6月免）
　　　　张　明（8月任）
　　　　杨利民

蒲县人大常委会

主　任　宋蒲刚
副主任　刘向平
　　　　席菊玲（女）
　　　　窦建林　亢鹏飞

蒲县人民政府

县　长　薛向阳（4月任）
副县长　任丽岗（6月任）
　　　　杨　洋（4月任）
　　　　范维胜（6月免）
　　　　席俊峰　刘俊明
　　　　李俊丽（女）
　　　　李中暄

政协蒲县委员会

主　席　张　鹏
副主席　贺振英（女）
　　　　乔福顺　冯宥铨
　　　　张　敏（女）

乡宁县

【概况】 乡宁县位于黄河中游，吕梁山南端，山西省西南，临汾市西部。坐落在姑射山与龙门山上。东与尧都区、襄汾县接壤，西枕黄河与陕西韩城市、宜川县相望；南与河津县、稷山县、新绛县三县为界，北与吉县毗邻。乡宁县地质构造单元的主体是山西地台，全县总面积2029平方公里，辖5镇5乡，130个村委、11个社区、1113个自然村。截至年底总人口202468人。

2022年，地区生产总值完成259.7亿元，增长6.9%，创造历史最好成绩，总量跃升全市第二；人均生产总值达到12.8万元；规上工业增加值增长9.3%；一般公共预算收入完成32.3亿元，稳居全市第一，位列全省第九；社会消费品零售总额完成25.3亿元，逆势增长2.8%，增速在全市跃进六位，排名第二；固定资产投资完成44亿元，增长9.8%；城镇和农村居民可支配收入分别完成39198元和14870元，分别增长6.5%和6.2%。

【文化旅游】 2022年，乡宁县高标承办第三届“大河论坛·黄河峰会”，吸引世界的目光。云丘山景区入选全国首批“非遗旅游景区”、获评“中国天然氧吧”，戎子酒庄成功创建国家AAA级旅游景区，峰岭AAA创建通过验收。乡宁县被确定为山西省传统村落集中连片保护利用示范县。沿黄旅游公路（乡宁段）全线贯通，通用机场项目有序推进。《全域旅游发展扶持奖励办法实施细则》出台落实；紫砂陶小镇一期项目完工投用，5家企业入驻运营，28名国家和省市级工艺大师加盟助力。第二届“陶艺杯”职业技能大赛精彩举办。紫砂陶小镇与戎子葡萄酒特色小镇作为全市仅有的2家，携手入选首批省级“十大特色小镇”。

【改革创新】 2022年，乡宁县总投资超110亿元的谭坪煤矿一期、王家岭矿东翼工业场地及开拓工程、惠源焦煤等大型矿井建设，元甲、富康源进入联合试运转，东沟、王蟒沟复工复建，推进360万吨产能核增工作，全年生产原煤超1700万吨，先进产能占比超90%，煤炭产业智能、高端、绿色发展水平同步提升。实施7个光电、风电新能源项目，总装机容量达到590兆瓦，年度投资超20亿元，超过煤炭领域。紫砂陶小镇一期项目完工投用，与戎子葡萄酒特色小镇一同入选首批省级“十大特色小镇”。戎子酒庄成功创建AAA级景区，峰岭景区顺利通过AAA级景区创建验收，沿黄旅游公路全境贯通，在央视黄金时段投放乡宁文旅宣传广告，与凤凰、携程等网站合作推介乡宁，高标准承办第三届“大河论坛·黄河峰会”。

【城乡建设】 2022年，乡宁县群众期盼已久的老城区改造项目拆迁基本完成，结义庙舞台修复完工，鄂城街、北环路、印台桥“一街一路一桥”建设稳步推进，幸福湾组团市政配套、滨河北路环境整治、文笔路维修如期竣工，12个房地产项目顺利实施，建筑业产值增长95.5%；建设5G基站160座。5条国、省干线公路改造提升项目顺利推进，朝龙公路、三王沟至天桥壑公路改造交工运营，8条自然村通硬化路“提质工程”达到通车条件；第二热源厂顺利投运，集中供热能力提升至370万平方米。清洁取暖改造2307户25万余平方米。全年优良天数314天，大气环境质量同比改善3.2%，综合指数排名全市第四。第二污水处理厂全面完工，17个入河排污口达标排放，鄂河入黄水质达Ⅱ类标准。3800余亩历史遗留矿山完成修复，23座石料矿山企业有序治理。驮涧清洁小流域被认定为“国家水土保持示范工程”。

【示范区改革】 2022年，乡宁县“管委会+公司”运营模式全面推行，文旅集团作用初步彰显。“承诺制+标准地+全代办”改革深入推进，“三个一批”活动名列全市前茅，5项省考指标均获满分。国企改革“三年行动”圆满收官。供销社系统综合改革全省先进。国有建设用地使用权网上交易系统率先上线，全县经营性国有资产实现实质性统一监管。乡镇综合行政执法体制改革高质量完成。推行“独任制审批”，创新设置“办不成事”反映窗口，审批事项压减率超市定目标17个百分点。与省内外高校开展“县校合作”项目45项、“产学研用”合作项目6项，2家企业获得市长创新奖。顶格落实各级各类助企纾困政策，新增减税降费及退税、缓税、缓费1.9亿元，为历年最高。常态化开展“早餐会”“下午茶”“夜沙龙”等政企对接活动，在全市率先发放中小企业奖励资金。全年净增各类主体1万余户，净增率全市第一。培育小升规企业9家，上限入统服务业企业4家。6家企业完成股改、4家登上“晋兴板”。全市优化营商环境促进市场主体倍增现场会在乡宁县召开，经验在全市推广。

【安全生产】 2022年，乡宁县安全生产专项整治三年行动顺利收官，国务院安全生产十五条硬措施细化落实，“反三违、除隐患、防事故”专项行动、道路交通安全“五个一”专项整治和安全生产“百日攻坚”集中行动扎实开展。构建完善“排查、建账、整改、验收、销号”闭环机制，发现和消除各类安全隐患1.4万条。水毁设施修复全面完成，气象防灾减灾指挥中心建成投用，水利防洪短板加快补齐，应急物资储备中心推进建设，防灾减灾救灾能力不断提升。构建完善了五级网格治理模式，有效打通基层治理“最后一公里”。开展夏季治安打击整治“百日行动”，依法严厉打击各类违法犯罪活动，全县盗窃案发案数降低40%，电诈案件破案数上升294.3%。

【乡村振兴】 2022年，乡宁县投入2.52亿元，实施110个有效衔接项目。脱贫人口人均纯收入增加14.4%。巩固拓展脱贫攻坚成果同乡村振兴有效衔接考核在全省40个整体推进县中位列第一；建设高标准农田3.9万亩，农业生产托管23.2万亩，主粮承保18.7万亩，粮食总产量8.4万吨；建设“特优产业”标准化生产示范基地29个、林下经济试验示范基地4个，新培育国家和省市级农业经营主体9家，入选“晋品”“圳品”“临汾优选”农产品13家，认证“三品”产品7个，农产品精深加工收入14.2亿元，琪尔康公司入选国家林业重点龙头企业；农村集体经济发展有限责任公司在全市率先成立。村级集体经济收入全部超15万元，30万元以上的村达到37.6%，关王庙乡云丘山村入选全省村级集体经济发展“先进村”，管头镇东团村成功申报全市壮大村级集体经济“十强村”；130个行政村全部实现污水处理、垃圾治理、户厕改造、公共浴室和日间照料中心“五个全覆盖”，乡宁县荣获全国“村庄清洁行动先进县”称号。3个省级、1个市级、25个县级乡村振兴示范村创建稳步推进，“戎子特色小镇”和“谭坪农业公园”样板加快打造。双鹤乡红凹村被评为全国“一村一品示范村”，昌宁镇龙鼻村荣获全国“民主法治示范村”。

【社会事业】 2022年，乡宁县新增就业、再就业、转移劳动力13000余人，技能人才占比达到33%。招聘补充事业单位工作人员217人，在全省率先完成“一村一名大学生”全覆盖。新城幼儿园改扩建完成投用，乡宁二中、迎旭小学改扩建顺利推进，10所农村寄宿制学校建设任务按期完成，城区小学“放心午餐”试点开展，与山大附中合作办学项目落地实施。高考达二本B类线以上827人；县乡医疗卫生一体化改革“提质增效年”任务全面完成。医疗集团远程会诊平台建成运营，新中医院投入使用。“名医工作室”“博士工作站”扩面提质，“双向转诊”率提高16.8%。“优质医疗服务基行”“千名医生进万家”等活动扎实开展，群众看病更方便；采煤沉陷区综合治理搬迁安置工程全部完工，县城4个老旧小区、农村56户隐患住房完成改造，6956套房屋产权确权颁证；城乡居民基本养老保险和补充保险完成99.5%，企业养老、工伤、失业等保险综合完成率超市定任务2.3个百分点。医保救助、低保补助、特困供养、困难群体救助等累计发放近6500万元。

（王晓琴）

2022年，乡宁县双鹤乡红凹村的有机旱作小麦，被评为全国“一村一品示范村”　　（乡宁县党史方志研究室供图）

【县领导班子】

中共乡宁县委员会

书　记　杨建军

副书记　王林波（3月免）

　　　　刘建平　张晓丽

常　委　马　平（6月免）

　　　　高国荣　阎　鹏

　　　　卢　冬（9月任）

　　　　张保平　张曙光

　　　　李军杰（9月免）

　　　　王丽霞　周兴佳

乡宁县人大常委会

主　任　张欢虎

副主任　赵继宁　王海鸣

杨来江　任进科

乡宁县人民政府

县　长　王林波（3月免）

李永芳（4月任）

副县长　马　平（6月免）

卢　冬　李　伟

贺伟科　卫　明

李乡民

政协乡宁县委员会

主　席　张春龙

副主席　薛　峰　刘科军

于彦雪　李杰明

吉　县

【概况】　吉县位处黄河中游，山西吕梁山南麓，东以石头山、金岗岭、姑射山为界与蒲县、尧都区、乡宁县接壤；西濒黄河与陕西宜川相望；南以下张尖村为界与乡宁昌宁镇相连；北以处鹤沟为界与大宁县毗邻。东西最长跨度62公里，南北宽度48公里，总面积约1780平方公里，辖3镇4乡，7个社区、有66个行政村、377个自然村。截至年末，总人口85541人。

2022年，全县地区生产总值完成34.4亿元，增速为7.79%，全市排名第五；固定资产投资累计完成16.4亿元，增速为16.7%，全市排名第七；规模以上工业增加值增速为17.2%，全市排名第四；社会消费品零售总额完成10.4亿元，增速为2.3%，全市排名第三；一般公共预算收入完成1.68亿元，超额完成年度目标任务1307万元。

【项目建设】　2022年，吉县举办了四川德阳吉县城市符号·苹果品牌战略发布会暨招商引资大会，参加第22届厦洽会，进行了“吉祥吉县吉地，相厦相洽共赢”专题推介。全年外出招商11次，对接项目19个，签订框架协议7个，累计项目签约额131.32亿元。全县40项重点项目全部开工，完工27项，开复工率为100%。现代农业产业示范区核心区域“标准地”实现“七通一平”，燃气管道项目、污水处理厂建设项目有序推进；建成总面积3.35万平方米的标准化厂房12个，吉美御坊年产10万吨食用油项目和吉美鲜综合果蔬食品深加工项目全面完工。

【市场主体】　2022年，吉县打造“三无”“三可”的营商环境，加强行政许可事项清单管理，完善“领办+代办+专办+一网通办”工作机制，推行“独任制审批”服务模式，完成县政务服务大厅改造升级，落实“一窗受理，综合服务”，661项政务服务事项全部入驻，政务服务水平持续提高。开展常态化入企服务，举办“早餐会”“下午茶”“夜沙龙”政企活动7次。深入开展“市场主体建设年”活动，实施市场主体倍增工程，设立“政银合作服务柜台”，全年全县市场主体总量达到9052户，新增2578户，净增2127户，市场活力增强。

【乡村振兴】　2022年，吉县加强阵地建设，讲好乡村故事，展现建设成果，做到了“村村有阵地、乡乡有特色”。打造美丽乡村，统筹整合涉农资金1.66亿元，实施乡村建设“六大提升工程”。建设高标准农田1.2万亩。强化示范引领，太度村、大庄村和林雨村3个省级示范村建设完工，太度芃篱人家民宿项目启动运营，打造集特色住宿、美食品尝、手工体验、休闲娱乐于一体的乡村旅游目的地，为全县树立了标杆。顺利通过省委、省政府巩固拓展脱贫攻坚成果同乡村振兴有效衔接考核第三方评估，人民日报社新媒体中心授予吉县“乡村振兴传播基地”，屯里镇入选第十二批全国“一村一品”示范村镇，车城村被确定为“全省乡村治理示范村”。

【城市建设】　2022年，吉县小府城中村改造项目春节前全部分房到户，新华城中村项目地下管线全部铺设完成，中心广场片区改造基本完成，新华街主街道改造工程建成通车，桥南农贸市场投入使用，城乡集中供热项目一期投入运营，实现县城主街道沿线临时供热全覆盖，城市功能更加完备，城市面貌焕然一新。

【生态环境】　2022年，吉县贯彻落实黄河流域生态保护和高质量发展的战略部署，精准治“气”，系统治“水”，科学治“土”。全年二级以上天数318天，同比增加20天，全市排名第五；重污染天数仅有1天，全市排名第一，空气质量改善明显。污水处理厂、州川河人工湿地运行正常，城区20条沟巷雨污分流改造全面竣工，黄河壶口断面和州川河断面水体水质均达Ⅱ类标准。持续开展造林绿化，实施黄土高原综合治理和黄河流域生态修复项目，努力建设黄河流域生态保护和高质量发展先行区。

【产业发展】 2022年，吉县围绕“三色品牌”战略，持续优化产业结构、推动产业提质升级。苹果产业方面，正式发布了吉县苹果战略品牌，积极对接浙江东日苹果全产业链发展项目，吉县苹果种质搭载神舟十五号载人飞船进行航天育种试验。加快老果园改造，平接换优1000亩，新栽果园5008亩，搭建防雹网963亩，办理苹果保险16万亩，实施生产托管1万余亩，吉县苹果销售价格再创新高。旅游产业方面，壶口瀑布成功创建国家AAAAA级景区，是全国首个跨省际AAAAA景区创建的成功典范，被省自然资源厅授予“山西省最美地质遗迹”称号。壶口景区生活中心、游客中心和数智中心“三大中心”全面开工建设。国家全域旅游示范区创建加快推进，高标准启动《文化旅游产业发展规划》编制；人祖山景区被列为山西省文化产业示范基地和山西省文旅康养示范区创建单位；全长155公里的黄河一号旅游公路吉县段主线全面贯通。新能源产业方面，190兆瓦风电项目前期手续办理有序推进；全县光伏电站稳定发挥效益，当年累计发电2460万千瓦时，结算电费2092万元，为壮大村集体经济、推进乡村振兴提供了坚实支撑。

【社会事业】 2022年，吉县坚持把好事办好、实事办实，全面提高人民群众的幸福指数。推进城乡教育一体化改革，吉县三中完成搬迁，建成小府小学、小府幼儿园。落实教育惠民政策，免除义务教育阶段学生教辅材料费475.71万元，免除高中阶段学生学费206.03万元、住宿费56.31万元、教材费114.41万元，及时发放各类资助金328.9万元。加强教师队伍建设，招录特岗教师31人，招聘高中教师10名，招聘幼儿教师18名。精准落实健康扶贫有效衔接乡村振兴政策，家庭医生签约服务89501人，享受“先诊疗后付费”“一站式”服务304人次，免费“两癌”筛查4500例。推进养老保险制度改革，按时足额发放各类救助资金3931万元，实现了应保尽保、应助尽助。大力推进“人人持证、技能社会”建设，开展就业技能人才培训23期1336人。开展“百日攻坚”“大检查大整治大提升”“反三违、除隐患、防事故”专项行动，围绕城镇燃气、居民自建房、危化品、高层建筑消防等领域开展了安全生产专项整治，排查各类隐患2783条，整改完成2783条，责令限期整改企业241家，停产整顿企业6家，全县安全生产形势持续向好。深入推进常态化扫黑除恶斗争，坚决打击各类犯罪行为，防范化解金融风险。（张鹿婷）

【县领导班子】

中共吉县委员会

书　记　赵松强（3月任）
　　　　崔绍民（2月免）
副书记　赵松强（3月免）
　　　　牛永福（4月任）
　　　　安　娜（女）
常　委　王志宏　刘晓军
　　　　迪孟杰（8月任）
　　　　高　波　庞大懿
　　　　陕红欢
　　　　姜俊华（1月任）
　　　　李勇宏（1月免）
　　　　强晓辉（6月免）
　　　　刘　炜（6月免）

吉县人大常委会

主　任　梁国刚（2月免）
副主任　贺　赓
　　　　陈晓爱（女）
　　　　李敖升　丁春刚

吉县人民政府

县　长　赵松强（4月免）
　　　　牛永福（4月任，代）

2022年9月，吉县县委书记赵松强（左四）在壶口瀑布景区通过人民日报新媒体向全国观众和游客推介美丽吉县
（吉县党史方志研究室供图）

副县长　王志宏　邱肖宾
　　　　张丽青（女）
　　　　尚立春　窦昀泽
　　　　陈　锋　邵　笑

政协吉县委员会
主　席　李桂萍（女）
副主席　张宇宏　杨建新
　　　　杨启亮　陈立德

永和县

【概况】　永和县位于晋陕大峡谷东岸、临汾市西北部，总面积1214.38平方公里，下辖2镇4乡，5个社区居民委员会、64个村民委员会、306个自然村。截至年末总人口47648人。

2022年，全县地区生产总值达到24.9亿元，同比增长9.5%、在临汾市排名第三；规上工业增加值完成10.87亿元，同比增长23.2%、在临汾市排名第一；城镇居民、农村居民人均可支配收入分别达到29875元和8222元，同比增长6.9%和14.2%、增速均在临汾市排名第一；社会消费品零售总额完成7.78亿元，同比增长1.6%、在临汾市排名第七；固定资产投资完成17.31亿元，同比增长7.9%；一般公共预算收入完成1.77亿元，同比增长29.83%，“四县”建设稳步推进。

【乡村振兴】　2022年，永和县实现农户监测、精准帮扶“全覆盖”。系统梳理惠民政策5类63项，“一码通”让群众知晓政策更便捷。筹措1.86亿元实施51个有效衔接项目，“三保障”和饮水安全保障水平全面提升。全民意外险、独生子女父母大病险以及玉米、红枣、核桃等保险理赔1378万元，发放脱贫人口小额信贷1479户7433.6万元、地力和种粮补贴2260.6万元、各类兜底保障资金3432万元；出台支持脱贫人口增收30条硬措施，建设就业帮扶车间11个，落实外出务工交通补助、稳岗补贴322.11万元，脱贫劳动力务工就业7158人，脱贫人口人均纯收入12036元，增长15.8%、在临汾市排名第三。完成20个村庄的实用性村庄规划编制，建设省级乡村振兴示范村3个、市级乡村振兴示范村2个。创新“五个一”村级集体经济壮大提质发展模式，65个村集体收入全部达到10万元以上，总收入达2608万元，东征村被评为全省村级集体经济发展“先进村”。桑壁镇被评为“平安山西建设示范乡镇”，索驼村、南楼村获评“省级民主法治示范村”。

【生态建设】　2022年，永和县实施黄河流域生态保护和高质量发展战略，统筹推进山水林田湖草沙综合治理，芝河流域生态综合治理工程纳入全省《黄河流域生态保护和高质量发展规划纲要》。坚持“四治”一体，建立“周督查、双周调度、月通报”工作机制，抓好“河长制”“林长制”落实。空气优良天数比例上升至87.4%；完成营造林10162亩，15个行政村完成乡村绿化；持续开展“清四乱”及“清河行动”，完成污水处理厂提温改造，入黄断面水质稳定在Ⅲ类水体；严厉打击非法违法盗采矿产资源行为，开展“农业面源污染管控、固体废物污染防治、城乡垃圾分类处置”三大行动，土壤采样全部达标。

【项目建设】　2022年，永和县制定《重点项目前期工作经费管理办法》和《项目前期手续推进表》，实行一个项目一个身份证，县财政拿出1500万元用于前期手续办理，提高要素配置效率，投资17.31亿元实施63个重大工程。谋划2023年重点项目53个，年度计划投资22.78亿元，其中亿元以上项目16个。开展招商引资，参加第22届厦洽会，举办“迎老乡、回家乡”系列活动，开展“冬季行动”精准招商，全年签约项目4个，签约金额56.29亿元。晋西太德塬生态综合治理前期工作扎实推进。

【市场主体】　2022年，永和县持续优化营商环境，推动“013510+”工程向纵深发展，立等可取、一日办结等审批事项增加8%以上；“领办帮办代办”等事项取得务实成效，“一企一案一专班”跟踪服务，助企纾困事项920件。顶格落实稳经济一揽子政策和接续措施，出台《支持第三产业和新兴产业发展奖补政策30条（试行）》，当年投资当年返还企业资金700余万元，累计减税降费850万元、留抵退税7585万元，各类优惠政策应享尽享快兑付。全力为企业和企业家站台、撑腰、办实事，迅磊环保公司入围中石油集团销售平台，绿华环保公司与临汾热电、大唐热电等20家企业达成购销意向；常态化举办“早餐会+下午茶+夜沙龙”政企对接活动。开展“市场主体建设年”活动，新增“四上”企业3家、市场主体1524户，个转企50户；全年服务业增加值完成7.3亿元，同比增长5.3%，在临汾市排名第七。

【产业转型】 2022年，永和县三次产业占比17.2∶53.5∶29.3，实现了一、二、三产互促共进的良好局面。一产方面，坚持“稳粮、兴牧、强特色、促融合”，小流域综合治理3万亩、高标准农田改造5000亩、宜机化改造3200亩、撂荒地复耕1365亩，农业生产托管15万亩，发展优质糯高粱12万亩，种粮面积稳定在32.2万亩，产粮0.75亿公斤、实现大丰收；羊饲养量达到20.7万只，年产值达8000余万元，全产业链产值达2.25亿元；开展“‘粽’情永和·‘货’力四射”等直播带游带货活动，累计销售额1700余万元。二产方面，年产非常规天然气9.41亿立方米，占全市总量的43.62%；迅磊环保公司升规入统，HSR脱硝干粉项目建成投产，石英砂提纯项目序时推进，天然气提氦制氢项目落地建设，深8煤先导性试验区项目取得新突破；产业集聚区出让“标准地”2宗126亩，供应标准化厂房6043立方米，1—11月综合考核在临汾市排名第一。三产方面，编制《全域旅游总体规划》《黄河乾坤湾AAAAA创建提升规划》以及永和梯田、楼山景区《总规》，高标准完成乾坤湾AAAAA级景区创建各项准备工作，等待文旅部评审验收；黄河一号旅游公路主线全线贯通；99黄河国家登山健身步道试验段、地质公园景观提升完工开放；乾坤湾乡入选第二批全国乡村旅游重点镇；乾坤湾黄河蛇曲获评山西最美地质遗迹；红军东征永和纪念馆、楼山古建筑群、望海寺等一大批文物古迹得到修缮。

【民生保障】 2022年，永和县民生支出10.88亿元，占总支出的78.43%。投入5026万元实施的全民生命健康保障工程、农户增收保障工程等12件民生实事扎实推进。实施振兴教育“固本强基三大工程”，中高考达线和小升初招生实现“三连升”；招聘和引进教师23名；重奖教育先进集体和个人216.8万元；设立4000万元教育发展基金。全国首家“健康小屋”建设试点落户永和，县人民医院感染性疾病隔离病房和感染性疾病实验室竣工，公共卫生服务中心主体完工；县人民医院骨科被评为市级重点学科，永和县9名医生被评为全市提质强医“千名技术骨干”。“乡镇就业服务工作站”实现全覆盖，“人人持证、技能社会”培训29期1314人，举办招聘会60场、提供就业岗位8200余个；转移农村劳动力1750人，城镇新增就业1175人，失业人员再就业210人，外出就业人口达到18031人。迎宾大道建成通车，全民健身中心如期竣工，文化活动中心主体完工；药家湾“村改社区”工作如期完成；改造农村户厕3000座，建设日间照料中心5家。举办“喜迎二十大奋进新征程”“咱在大河边·晋陕歌友会”等广场文化消夏月活动11场。

（冯瑞红）

2022年，永和县农文旅融合发展项目——宜机化改造后的景观梯田
（永和县党史方志研究室供图）

【县领导班子】

中共永和县委员会

书　记　高永贤
副书记　杨景宁
　　　　胡国华（
　　　　张振荣（6月免）
常　委　郭东舟　李占军
　　　　李海荣　唐　勇
　　　　薛莉红（女）
　　　　黄　旭（9月任）
　　　　田　伟（9月免）
　　　　（女，7月任）

永和县人大常委会

主　任　马连青
副主任　赵惠明　刘永胜
　　　　冯建华
　　　　葛　毅（2月免）

永和县人民政府

县　长　杨景宁
副县长　李占军　马　进

任文生
于晓红（女）
贾晓廷
刘勇辉（8月任）
刘　勇（挂职）
孙　豪（1月任，挂职）
闫探宁（6月免）

政协永和县委员会
主　席　宋新亮
副主席　冯书霞（女）
　　　　师　卿　李　旻

隰　县

【概况】　隰县位于临汾市西北部，东邻汾西县，西接永和县，南与蒲县、大宁县接壤，北与吕梁市交口县、石楼县相邻。总面积1415.3平方公里。行政区划为3镇（龙泉镇、午城镇、黄土镇）4乡（城南乡、阳头升乡、寨子乡、下李乡），70个行政村、3个社区、409个村民小组、364个自然村。年末全县常住人口为88793人。

2022年，地区生产总值完成26.25亿元，同比增长8%；规模以上工业增加值可完成2.74亿元，增长11.5%；固定资产投资完成8亿元，增长30.85%；限额以上零售额累计可完成3.1亿元，增长19.4%；社会消费品零售总额达到12.6亿元，增长2.1%；一般公共预算收入可完成1.31亿元，增长6.72%；城镇居民人均可支配收入达到29842元，增长5.7%；农村居民人均可支配收入达到10630元，增长10%。

【乡村振兴】　2022年，隰县持续推进巩固拓展脱贫攻坚成果与乡村振兴有序衔接。持续强化防止返贫动态监测帮扶，对464户1215人全部落实帮扶政策，调整选派驻村干部238名，整合各类扶持资金1.79亿元，精准发放小额信贷6064.58万元；脱贫劳动力外出务工总规模达7181人，雨露计划资助420人126万元。实施玉米大豆带状复合种植、秸秆综合利用、玉米绿色高质高效项目，湖羊养殖基地、万吨饲草加工项目建成投产，畜禽存栏同比增长超过2%，肉蛋奶产量完成全年任务85%以上。70个村集体经济全部突破10万元。深化“六乱”整治活动，实施了南峪水库续建、农村旅游公路、农村公路灾后恢复重建项目，确定国家级乡村振兴示范村1个、省级6个、市级14个。

【产业结构】　2022年，隰县加速产业转型升级，推进新旧动能转换。与山西农大合作成立“隰县现代农业科技小院”提高玉露香品质，组建产业供应链服务联盟，引进培育梨果上下游企业70余家，玉露香年产量3000余万公斤，产值2.1亿元。加大煤层气、风电等清洁能源产业发展力度，云畅15兆瓦分散式风电项目竣工投产。发展电商产业和现代服务业，举办第6届玉露香采摘节，提升玉露香梨销量和美誉度；加快推进商贸发展，加速文旅产业融合，不断完善“游、乐、购、吃、住、行、娱”元素，打造西山商贸中心和生态康养地。

【项目建设】　2022年，隰县围绕“十四五”规划，谋划实施53个重点项目，涉及资金51.6亿元。抓住国家加力推行政府专项债券政策窗口期，争取到位中央预算资金3690万元。争取到位专项债券资金1.07亿元。37个市监测重点项目，开复工36个，开复率97.3%。续建项目7个，复工率100%。新建项目30个，开工29个，开工率96%。新建总投资40.2亿元的“绿图废气资源综合利用项目、凤凰山蛋鸡养殖项目”，续建5个。主要领导亲自洽谈、带队招商，与国家发改委国际合作中心城市规划研究院达成招商合作意向，签约总投资5.21亿元的项目计3个，谋划招引总投资41.9亿元项目8个。

【市场动能】　2022年，隰县坚持兑现“退税减压、金融扶持、稳企促活、优化环境”政策，1—11月增值税留抵退税政策累计退税4533万元，为企业提供周转资金5986万元。前三季度，发放普惠小微信用贷款1.9亿元，惠及市场主体1063户；发放稳岗返还资金14.68万元，开展职业技能培训42期2000余人次，落实创业担保贷款1375万元。建立“小升规”企业培育库制度，入库培育4个企业，完成两个规模以上企业申报工作；深化“一件事一次办”集成服务改革，梳理纳入“一件事”209项，梳理县级涉及企业许可审批事项69项。截至11月底，市场主体净增2597户，净增率37.19%，办理涉企经营许可累计317件。

【民生建设】　2022年，隰县坚持“以人民为中心”的发展理念。加快城市更新，启动东外环建设，实施县城路网工程，加快给排水、污水处理项目建设，提高县城天然气和集中供暖覆盖率；开展“利剑治污”专项行动，截至12月5日，全县空气质量优良天数298天，优良天数比例87.9%，全市排名第三名；空气质量综合指数3.26，同比降低10.2%，全市排名第一；全县已划定保护区的城镇集中式饮用水水源地4个（均庄水源地、古城水源地、堆金山水源地、菜沟水源地），水质达标率100%。成功创建省级生态文明建设示范区和国家生态文明建设示范区。高考二本以上达线193人，连年保持在临汾教育强县第一方阵；举办健康教育知识讲座227场次、6607人次。深入一线开展安全生产检查1320次，检查企业2944家（次），发现问题隐患1047条，整改安全隐患1046条，行政处罚25.6万元；截至12月初，立刑事案件93起，破获83起，破案率89%，破案率同比上升8%，发案率同比下降51%，抓获逃犯9人，其中立电信网络诈骗案件22起，破获16起，破案率72%，发案率同比下降53%，抓获犯罪嫌疑人21名；侦破1起现发命案，彻底铲除1个2019年以来长期贻害隰县的盗窃团伙，破获食药环案件2起，断掉涉嫌开设麻将馆的赌场1处，捣毁容留卖淫场所1个，维护了隰县风清气正的社会环境。

（赵兵兵）

【县领导班子】

中共隰县委员会

书　记　李俊平（女，6月任）
副书记　梁少杰　杨　光
常　委　马兰明　秦慧民
张　建（8月任）
王　峰（8月任）
王国勤　要照华
王翠翠（女）

隰县人大常委会

主　任　任　静（女）
副主任　冯海清　范敏正
贺宏鑫　苏　里

隰县人民政府

县　长　梁少杰
副县长　张　建（8月任）
王翠翠（女）
苏大立　韩继锋
吕学慧（女）
黄生辉　王绪元
邹臣臣（挂职）

政协隰县委员会

主　席　马健民
副主席　景生龙　刘俊平
孙志萍（女）
王勇强

经济开发区

临汾经济开发区

【概况】 2022年，临汾经济开发区规模以上工业增加值完成14.2亿元，增速56.2%；工业投资完成13.08亿元，增速24.8%；转型项目当年完成投资12.44亿元，占工业投资比重95.2%；“四上”企业数完成144家，增速19%；产出强度完成272万元/亩；实际利用外资完成1175.3843万美元，增速13%；高新技术企业数净增3家，增速27%；全年财政总收入完成7.4亿元，同比增长28%；公共预算收入累计完成3.34亿元，同比增长29%。省考经济指标全部完成。

【招商引资】 2022年，临汾经济开发区推进招商引资改革创新，树立“市场换项目”的招商理念，推行市场化、企业化、专业化的“双招双引”模式，在成都市、上海市等地柔性设立招商办事处，与海安高新技术产业园区、阜宁经济开发区签订“合作共建园区”框架协议；多形式开展产业链招商、委托招商、以商招商、校友招商和推介会招商，赴9省15市精准对接企业50余家，签约省域外项目11个，总签约额141.1亿元。新招引成都大陆希望、江苏凌志环保、广东浩宇天元、江苏雷纳德、广西美亚迪、香港瑞喜供应链等企业，为开发区转型升级和高质量发展注入了新动能。

【人才引进】 2022年，临汾经济开发区实施“人才强区”战略，推进“双千工程”，组织“归乡学子·圆梦临开”现场招聘等专题活动10余次，签订区校合作协议19项，引进博（硕）士等高层次人才22人，人才“磁场”效应逐步显现。

【项目建设】 2022年，临汾经济开发区中小企业园区建设成效明显，获批2022年度山西省中小企业园；组建项目工作专班，实施清单化管理、台账化推进。开展“早餐会”“下午茶”“夜沙龙”“博士专家行”等系列活动，与企业“面对面”交流，“零距离”沟通，全面助力企业发展。开展“项目前期手续集中办理月”活动，项目手续办结率达85%。全年谋划专项债项目14项，为智能制造产业园、科创产业园北区项目争取专项债5.76亿元，增加标准化厂房约17万平方米，加速项目落地投产。

【基础设施】 2022年，临汾经济

2022年2月26日上午，临汾市与全省同步举行开发区2022年第一次“三个一批”活动。图为甘亭新型工业园智能制造产业园汽车配件生产项目6号厂房的临汾分会场 （临汾经济开发区供图）

开发区土地节约集约利用评价在全省开发区排名第二，在市管省级开发区排名第一；按照“承诺制+标准地+全代办”改革要求，“标准地”区域评价全部完成；滨河东路辅道、河汾三路等四条道路工程建成通车，南外环东延、第六大道及南大街等道路工程完成。东外环南段、中央大道西延、甘亭污水处理厂、新区主次干路及标准化厂房、甘亭排水管网项目（一期）等顺利启动。规划二路、中大街、东大街、雨污分流改造工程（一期）等12个基础设施类项目有序推进。全年完成标准地出让3宗，出让面积476.23亩，老区供应土地21宗，供应面积331.64亩，消化批而未供土地297.71亩。为企业入驻奠定了坚实的要素保障基础。

【营商环境】 2022年，临汾经济开发区落实“三无”“三可”要求，打造“五有”套餐，提升服务水平，为全方位推动高质量发展注入新的活力。在疫情期间，发挥“全代办”优势，采取“一对一”量身定制的措施，对重大项目和时间要求比较紧的审批项目，创新使用“云审批”的模式，确保项目审批“不打烊”，跟踪服务“不断档”，通过政务服务一体化平台线上共办理172件项目手续，有效促进项目落地。全年新增市场主体4588户，提前超额完成年底目标任务。

【社会治理】 2022年，临汾经济开发区推进“夏日治安打击整治百日行动”、社会治安风险隐患大排查大整治，始终保持对各类违法犯罪的严打高压态势。创新社会治安联防机制，在辖区开展全方位治安巡逻防控工作，有效防范金融网点暴恐风险，筑牢平安防线。率先探索使用消防监督移动执法平台设备，并创新研发“九小场所”消防监督检查系统，提升执法质量和监督工作水平。

【生态环境】 2022年，临汾经济开发区聘用空气质量精细化管控专家团队，提升大气污染防治科技水平。组织开展“共建清洁美丽世界”和“落实双碳行动，共建美丽家园”主题环保公益宣传活动，推进危险废物、辐射安全等排查整治和大气、水、土壤污染防治工作，全面管控散煤燃烧、餐饮油烟、扬尘污染等，完成空气质量保障任务。全年唐尧国控站点综合指数为5.12，改善率7.3%。涝洰河开发区段水质稳定达到Ⅳ类水体。

【社会民生】 2022年，临汾经济开发区落实《山西省加强和改进住宅物业管理工作三年行动计划（2021—2023年）》，成立物业管理服务办公室，加强三无小区治理，指导成立物管会57个；开展“清源断流”行动，加强禁毒排查宣传、流动人口登记管理、社区矫正工作，整治校外培训机构，对非法宗教骨干成员进行教育转化；全面落实各项惠民政策，建立健全社会救助数据库，加强困难群众动态管理，完成退役军人建档立卡、完善劳动合同；发放“文旅惠民一卡通”1250张，农业支持保护补贴17793.19元，争取蔬菜救灾资金21800元；完成燃气管网和燃气设施更新改造工程，14171户已全部安装。

【疫情服务】 2022年，临汾经济开发区及时发布新型冠状病毒肺炎最新疫情信息，做好区内疫情物资的储备及发放，做好疫情期间的信息报送工作。建立党员领导干部和机关党组织包联社区工作机制，党员领导干部发挥“关键少数”的引领作用，324名在职党员统一到社区报到，建立临时党支部25个，设立党员先锋岗52个，下拨疫情防控专项党费11万元，抽调100余名志愿者参与到全区疫情防控相关工作中。

【新型农村集体经济】 2022年，临汾经济开发区组建全省首家市级层面的农村集体经济发展（集团）有限公司，扛起市委、市政府赋予的发展全市新型农村集体经济的职责使命，在全市域搭建“1+17+N”市场主体体系，构建市县乡村四级联动发展新型农村集体经济的四梁八柱，坚持以工哺农、以农补链、以转促升，打造新型农村集体经济产业集群，并成功运行、初见成效，迈出新型农村集体经济集团化发展步伐，开创“工业经济+绿色经济”一、二、三产业融合发展新局面。 （白　静）

侯马经济开发区

【概况】 侯马经济开发区于2000年5月正式挂牌运行，规划面积23.33平方公里，占侯马国土面积的10.6%，形成一个商务办公区和香邑、侯北、浍南三个产业园区的“一区三园”发展格局，重点发展装备制造、高端装备新材料、新型建材、医疗健康、现代服务五大产业。截至2022年底，开发区拥有省中小企业创业基地、省双创示范基地、省海外高层次人才创新创业基地、省大中小企业融通型创新创业特色载体等9个省级发展平台。开发区已聚集各类生产型企业120余家，其中高新技术企业27家，占侯马市75%；规上工业企业30家，占侯马市60%。拥有中信集团全资子公司中信机电制造公司、国内制造业500强山西建邦集团、中国兵器集团石油钻具生产企业北方风雷、热镀锌钢管生产企业山西正大制管公司、复合材料制动鼓生产企业山西汤荣机械公司、球墨铸铁曲轴生产企业山西东鑫衡隆公司、方略保税物流中心、台资旺旺食品等一批骨干龙头企业。注册了1100余家总部经济、金融保险、电子商务、商贸物流等现代服务业企业。2022年在全省开发区发展水平考核中获得“优秀”等次。

【重点项目】 2022年，侯马经济开发区坚持项目是第一支撑导向，与全省同步开展三次“三个一批”活动，通过项目包联、每周调度、专班落实，推动重点项目早开工、早投产、早达效。全年共推进实施总投资69.11亿元的重点产业项目19个。其中，广和铝业二期、中飞海德钢结构加工等5个项目已完工或投产；建邦铸铁型材新材料、晋元通5G智慧电力科技基地及独立储能等13个项目已全面开工，加快推进；中信机电二期智能制造产业园项目已完成土地摘牌。

【招商引资】 2022年，侯马经济开发区出台产业发展优惠政策，制定聘请招商大使实施意见，先后依托省市驻外商协会聘请20名招商大使。克服疫情影响，先后赴北京市、上海市、福建省、浙江省、江苏省、深圳市等省市开展外出招商10余次，在厦洽会上作了招商主旨推介。全年招引落地外来投资项目5个，总投资11.4亿元。

【服务企业】 2022年，侯马经济开发区开展入企服务，帮助企业纾困解难、落实政策、坚定信心，全年共为企业协调解决各类急难愁盼事项16项。为正大制管协调融资贷款1.9亿元，对企业释放产能、缓解资金困难起到了关键作用；解决浍南园区主干道路口长期存在的雨后积水严重问题；为中信机电项目一期投产涉及的外来员工解决临时周转房88套；为中信机电、建邦集团、正大制管等企业争取专精特新、技术改造等专项扶持资金5303万元。开展“市场主体建设年”活动，为新注册企业和个体户免费刻制印章，全年新增市场主体1336户，同比增长32%。培育2家省级专精特新小巨人企业，3家省级专精特新企业。浍南园区汤荣装备制造工业园被授予“省级中小企业园”称号。

【项目审批建设】 2022年，侯马经济开发区制定出台《“承诺制+标准地+全代办”集成改革操作流程》，探索形成“双协议、双承诺、双合同、双监管”的“四双”机制，全年以承诺制方式审批施工许可证、固定资产节能等事项30项；储备“标准地”9块1605亩，完成出让3宗86亩；为26个全代办项目办理审批事项57项。为211家企业落实留抵退税政策5023万元；为11家企业减免房屋租金42.6万元；为38家企业兑现各类扶持奖励资金5686.4万元。结合市国土空间规划，修订完善“一区三园”控制性详细规划。总投资5.95亿元的争取专项债实施的浍南、香邑园区标准厂房及基础设施配套项目已完成发改、财政“双入库”。

【改革创新】 2022年，侯马经济开发区坚持把改革创新作为内增发展活力、外强竞争能力的关键。以

2022年9月9日，侯马开发区党工委书记、管委会主任李俊胜在厦洽会上以“共享新机遇 共赢新未来”为主题进行投资推介

（侯马经济开发区供图）

“承诺制+标准地+全代办”改革为核心的改革举措，被省深改委确定为全省“创新开发区运营管理体制”集成改革试点。设立完成临汾市首个开发区新兴产业股权投资基金。依托猪八戒网搭建产业数字服务中心平台，开展创业理念、营销策划、品牌推广等线上、线下专题培训13场，共5200余人次参加。支持依托方略保税物流中心申建综保区。开发区《聘请“招商大使”实施意见》《产业发展优惠政策及奖励办法》《项目建设典型案例》3项内容，分别被列入全省开发区高质量发展《制度成果汇编》和《典型案例汇编》。（张磊磊）

洪洞经济技术开发区

【概况】 2022年，洪洞经济技术开发区把《推行“容缺审批+承诺制”审批跑出项目建设“加速度”》作为全省开发区复制推广改革创新典型案例，在全省推广学习。全年完成标准地出让22宗99.48亩，“标准地”占开发区工业用地比例100%。全年建成标准化厂房4.7万平方米，全部完成出租，入驻率达到100%。山西内参刊登《引进世界500强企业驱动产业集群发展洪洞县“链主”招商做法值得推广》《省里指引地方推进盘活一个带动一片洪洞县帮助省属企业三维复产的做法值得推广》两篇报告，在全省推广学习。2月16日，举行投资43亿元1GW光伏发电及配套项目签约。3月12日，举行2022年重点项目集中开复工活动，开复工项目36个，总投资110亿元，年度投资42.3亿元。8月15日，华翔（洪洞）智能科技产业园一期项目暨新能源科技有限公司光伏支架项目竣工投产。9月18日，洪洞经济技术开发区与海安高新技术产业开发区签订合作共建协议，就园区共建、产业互补达成共识。10月1日，三维华邦与江苏康泰签署合作框架协议，就三维华邦复工复产7.5万吨顺酐法BDO装置项目达成合作。2022年洪洞经济技术开发区获批省级大中小企业融通型创新创业特色载体。

【招商引资】 2022年，洪洞经济技术开发区组织8次外出招商，共签约项目6个，签约额51.65亿元。出台《洪洞经济技术开发区招商引资优惠政策及奖励办法（试行）》。

【经济发展】 2022年，洪洞经济技术开发区共有入区企业75家，“四上”企业40家，规上工业企业29家。工业投资82538万元，同比增长40.3%。工业增加值为818586.79万元，同比增长12.4%。转型项目当年完成投资81352万元，占工业投资比重98.6%。高新技术企业数量为5个，同比增长25%。“四上”企业数量为40个，同比增长25%。产出强度408.8万元/亩。

【大型项目】 2022年，洪洞经济技术开发区重点推进山西焦化集团有限公司144万吨/年炭化室高度7米顶装焦化升级改造项目。该项目投资约30.37亿元，占地736亩。主要建设7米及以上顶装焦炉、2套140吨/时干熄焦及煤场、配煤仓、筛储焦、除尘、冷鼓电捕、脱硫及硫回收、制酸、硫铵、洗脱苯等装置。依托现有装置，统筹考虑焦炉煤气综合利用项目，配套建设公用工程及辅助设施。项目年产焦炭144万吨，副产焦炉煤气4万立方米/时、焦油7.3万吨/年、粗苯2.3万吨/年等。

【重点工程建设】 2022年，洪洞经济技术开发区重点建设华翔（洪洞）智能科技产业园项目。该项目总投资20亿元，占地602亩，规划年产精密铸件15万吨，机加工件2亿件，泵浦组装1800万套。项目分三期建设。一期项目投资5亿元，建设标准化厂房4.6万平方米、高精度加工生产线60条、专业化铸造生产线4条，实现年产精密铸件6万吨，机加工件8000万件，2022年8月投产。二期项目投资7亿元，建设标准化厂房2.6万平方米、高精度加工生产线30条、泵体组装线体6条，实现年产精加工件1亿件、泵浦1800万套。三期项目投资约为8.05亿元，拟建设标准化厂房9万平方米、专业化铸造生产线6条、高精度加工生产线90条，实现年产精密铸件9万吨、机加工件2亿件。（刘星华　秦青青）

安泽经济技术开发区

【概况】 安泽经济技术开发区是2018年12月25日经省政府批准设立的省级开发区，按照“一区两园”的结构布局进行开发建设，“一区”即安泽经济技术开发区，“两园”即唐城工业园和现代医药园，四至核定面积19.37平方公里，起步区6.5平方公里。开发区现入驻企业57家，其中“四上”企业17家、高新技术企业6家，尤其是拥有重要的“链主”企业——永鑫集团，带动效应十分明显。其中，唐城工业园位于安泽县唐城镇，四至面积18.53平方公里。重点打造以煤化工、新材料为主导产业的产业集群，同时不断延伸产业链条，发展精细化工、新能源等产业。有永鑫焦化、安鑫煤业、玉华煤业、佳润鑫成、旭晟商砼、品诚元拾、通祥洗煤、永康洗煤等优势企业；已落地天祥世纪信息技术、广信联信息科技等6家高新技术企业。现代医药园位于安泽县府城镇，四至面积0.84平方公里。立足安泽丰富的野生中药材资源的开发利用，重点打造以道地连翘为主的中药材加工产业集群，发展中药药茶、消杀用品、保健食品、创新性中药产品等项目。截至年底，岳康药业集团已入驻园区。

2022年，规模以上工业增加值完成79.57亿元、增速35.14%；工业投资完成17.84亿元、增速达到73.64%；转型项目当年完成投资16.24亿元，占工业投资比重达到91.06%；高新技术企业数增速20%；“四上”企业数增速达到21.4%；产出强度完成576.55万元/亩。

【招商引资】 2022年，安泽开发区制定《开发区招商引资优惠奖励办法（试行）》，优化完善开发区招商图谱，通过以商招商、长板招商等方式，落地了一批优质项目。签约了160万吨/年炭化室高度7.0米顶装焦化升级改造、岳康现代医药中药材全产业链项目（一二三产联动）——二期中药材及中药饮片产地加工建设等4个项目，总投资21.61亿元，完成省定“新开工2亿元以上产业项目总投资不低于10亿元”的目标任务。积极推动市场主体倍增工作，引进邦富再生资源、环通混凝土等中小企业17家，增强开发区的发展活力。

【项目建设】 2022年，安泽开发区坚持以项目建设为高质量发展“第一支撑”，科学调度、优化服务、精准施策，加快项目建设。谋划实施产业类项目18个，其中，年产20万吨甲醇联产6万吨合成氨配套170万吨焦化、年产30万吨煤焦油精深加工、年产10万吨高端铝镁合金制品项目已投产运营；年产160万吨焦化配套13万吨LNG联产19万吨合成氨、10万吨各向异性微晶焦、2400吨氧化蒽醌等产业项目顺利推进。围绕项目建设，高质量开展3次“三个一批”活动，共签约项目4个，总投资22亿元，开工项目3个，总投资22.3亿元，投产项目4个，总投资38亿元。

【基础设施】 2022年，安泽开发区总规、产规、控规等3项规划、4项区域评价完成批复，化工园区认定进入申报程序，园区基础功能进一步完善。谋划实施的12个基础设施项目，唐城工业园供水工程、220千伏输变电站建成投用，移民新区建成交付，现代医药园连接线及国道241、第安线路面改造完工通车，污水处理厂、永鑫铁路专用线主体完工，园区承载能力大幅提升。

【营商环境】 2022年，安泽开发区坚持以更好的营商环境推动高质量发展。“三化三制”改革深化。实行领导班子任期制、全员岗位聘任制；严格落实绩效工资制，制定《绩效工资考核实施细则》，激发干部职工干事创业动力。“承诺制+标准地+全代办”改革推进。储备标准地1404.9亩，出让1宗“标准地”33.22亩，按照“承诺制+标准地+全代办”集成改革要求，落地总投资0.8亿元的东宝洗煤厂能源深加工暨环保设施配套工程项目；开通4个在线审批平台，实现线上受理、线上审批；新承接第三批县级赋权事项71项，努力做到“区内事、区内办”。入企服务开展。严格按照“一名领导包联、一个专班服务、一名专人负责”的“三位一体”推进机制，全力当好助企发展的“店小二”。围绕重点项目建设、企业发展，协调解决问题50余项，保障项目建设的加快推进和投资的有效形成。 （裴文胜）

襄汾经济技术开发区

【概况】 襄汾经济技术开发区是2018年11月省政府批复设立的省级工业类开发区，规划总面积19.68平方公里。按“一区三园”模式建设高端装备制造产业园、现代服务产业园和传统优势产业提质园，重点发展新装备、新能源、新材料等产业。襄汾经济技术开发区设5个内设机构，均为正科级建制，分别为综合工作部、规划建设部、投资促进部、经济发展部和行政审批服务部。

2022年，襄汾经济技术开发区工业投资完成11.22亿元，同比增长21%；规上工业增加值完成45.06亿元，同比增长16%；转型项目完成投资10.33亿元，占工业投资比重93.7%；新增高新技术企业1家，同比增长25%；新增“四上企业”3家，同比增长21%；产出强度266.24万元/亩。

【招商引资】 2022年，襄汾经济技术开发区同浙江衢州智造新城管委会开展园区共建，促进信息互通、资源互享、优势互补，推动双方合作走向更宽领域、更深层次、更高水平。对接新能源电池等重大项目，成功签约云纳发电综合利用、环保高科技产业园等12个项目，签约额达88.6亿元。

【项目建设】 2022年，襄汾经济技术开发区实施工业类项目32个，总投资60.04亿元，当年完成投资11.22亿元。重点实施投资2亿元以上新建重点转型项目4个，总投资16.8亿元，超额完成省定目标任务68个百分点。参加全省开发区“三个一批”活动3次，“签约一批”项目5个，总投资16.9亿元；“开工一批”项目4个，总投资11.38亿元；“投产一批”项目4个，总投资6.98亿元。承办全省开发区2022年第二次“三个一批”临汾市分会场活动。

【营商环境】 2022年，襄汾经济技术开发区深入落实全省优化营商环境“五有套餐”，打造“三优六商”（优质服务、优良环境、优惠政策，尊商、爱商、安商、护商、兴商、富商）营商环境。新增市级赋权67项，累计完成省市县三级赋权290项。与市县审批部门建立了联动审批机制，完成各类审批事项92件，《襄汾经济技术开发区企业投资项目审批联席会议制度（试行）》入选《全省开发区高质量发展制度成果汇编》。全年出让“标准地”3宗212.13亩，构建“承诺制”工作矩阵，打造“全代办”服务超市，云鹏集团新医药项目以“标准地+承诺制+全代办”三项改革集成办理方式完成审批，三项集成改革工作受到省市肯定。

（吴志伟）

尧都高新技术产业开发区

【概况】 尧都高新技术产业开发区（简称尧都高新区）于2019年11月12日经省政府批复设立，2020年4月11日党工委、管委会挂牌运行，规划面积20平方公里，总体布局为“一区三园”，由尧都云商产业园、贾得新兴产业园和大阳高端装备制造产业园组成，重点发展电子信息、装备制造、新材料、生物健康、现代服务业五大产业。尧都云商产业园，规划面积7.2平方公里，重点发展大数据、云计算、电子信息、物联网为代表的信息技术创新及应用产业，打造数字经济产业集群。贾得新兴产业园，规划面积11.1平方公里，重点发展新能源、新材料、生物健康和高新技术产业，打造战略性新兴产业集群。大阳高端装备制造产业园，规划面积1.7平方公里，重点发展高端装备制造、精密制造、精密铸造、精密锻造和新型建筑材料产业，打造高端装备制造产业集群。尧都高新区2022年工业产值65.2亿元、服务业营收16.3亿元、建筑业营收0.55亿元、商贸业营收13.3亿元。

尧都高新区2022年省定6项发展水平考核指标，实现较大进位。其中，规上工业增加值完成7.13亿元，同比增速23%；工业投资完成7.35亿元，同比增速29.2%；转型项目完成投资7.35亿元，占工业投资比重100%；高新技术企业达到10家，同比增速42.9%；“四上”企业达到54家，同比增速25.6%；产出强度达到292.3万元/亩。在全省71个工业类开发区中排位第44名。

【项目建设】 2022年，尧都高新区共实施产业项目9个，总投资26.1亿元。其中，康腾威特种车辆零部件、盛泰源合金材料铸锻加工、纳海鸣岩棉板、中贝锂电池正极材料、东方恒略环保创A、安围新型保温材料6个项目已投产达效，山西建投一期项目部分投产，恒安轧辊精密铸造、康腾威工程机械属具2个项目已开工建设。基础设施建设方面，启动实施“四厂一房、四路一电”10个基础设施项目。其中，标准厂房、贾得供水厂2个项目已开工建设。

【招商引资】 2022年，尧都高新区坚持长板招商、产业链招商和链主企业招商思路，用好招商方式，主动加强与环渤海、长三角、粤港澳大湾区域的对接合作，参加大型招商推介活动5次，对接项目30余个，签约项目8个，总投资26.81亿元。其中，康腾威工程机械属具、恒安轧辊精密铸造2个项目已开工建设，360集团网络安全、临汾赋能云数字经济平台、山西优炫凌云3个项目已经落地，招商引资工作实现重大突破。

【营商环境】 2022年，新认领承接“大型基本建设工程文物考古调查、勘探审批（占地100亩以下）”“城市建筑垃圾处置许可”等市级赋权事项9项，截至年底共认领承接省、市、区三级行政审批赋权事项279项（其中省级赋权事项20项、市级赋权事项178项、区级赋权事项81项）。已接入“山西省企业开办全程网办系统”“山西省投资项目在线审批监管平台”等8个系统平台，全面推行“一窗受理、集成服务”，园区企业办事更加便捷。深化“承诺制+标准地+全代办”改革方面，出台《尧都高新区“承诺制+标准地+全代办”实施方案》《尧都高新区“领办、代办”实施细则》《尧都高新区深化拓展承诺制改革实施办法（试行）》等制度，全面推动“三项”改革，创优营商环境。“承诺制”改革方面，对标准厂房、山西建筑产业园一期、新申通快递分拣中心3个项目实行“承诺制”，推动项目快速落地、快速入驻、快速达产。“标准地”改革方面，率先成立国有建设用地使用权招拍挂出让定价委员会，全流程承接土地赋权事项，成为全市唯一承接土地出让业务的县管开发区。2022年，出让标准地1宗77.71亩，征收土地630亩，9项区域评价全面完成。“全代办”改革方面，建立“全代办”四项机制，为标准厂房、新申通、山西建投3个项目开展“全代办”服务。其中，标准厂房项目“全代办”已办结。为企服务方面，成立为企服务专班，主动解决东方恒略、华德冶铸、临汾中贝、山西智创城入驻企业以及山西建筑产业园、恒安轧辊等项目面临的困难和问题，做好土地、资金、水、电、人才、防疫物资等要素保障，推动企业复工复产。兑现落实优惠政策方面，对入驻山西智创城（临汾）的企业提供免费的办公场所和各项优惠条件，为山西建筑产业现代化（临汾）园区一期、百度智能云、字节跳动、华德、康腾威等6个企业、项目兑现落实扶持奖励。推进市场主体倍增方面，结合市场主体倍增年活动要求，深化“放管服”改革，全方位提升为企服务水平，2022年新增市场主体301家。山西华德冶铸有限公司被确定为全省链核企业，被评为国家级专精特新“小巨人”。

【数字经济】 2022年，尧都高新区以山西智创城NO.11（临汾）为载体，加快发展数字经济和信创产业，先后出台招商引资奖励办法和考核办法，从高新技术、科技创新、总部经济、固定资产投资、办公用房、财税贡献等7个方面，为入区数字企业提供最优惠的政策支持。截至年底，山西智创城NO.11（临汾）已入驻企业80家，其中数字经济和信创企业63家，字节跳动、百度智能云、360集团、网易、北京优炫软件等一批头部企业已落地运营，数字经济年产值达28.66亿元，在全市形成了示范引领效应。

【机制体制】 2022年，尧都高新区开展开发区专项整治，围绕内部管理、招商引资、项目建设、经济运行、“承诺制+标准地+全代办”、智创城运营等方面，建立健全各项制度49项，高新区运行机制体制不断优化。（霍彦辰）

霍州经济技术开发区

【概况】 霍州经济技术开发区管委会于2020年2月15日正式挂牌成立，正处级建制，为临汾市人民政府派出机构，委托中共霍州市委、霍州市人民政府管理。总面积5.14平方公里，园区规划为东西两区“一园一港”。东区依托智能再制造研究院，打造2.99平方公里的新型产业园；西区以山西兆光发电有限责任公司、国电霍州发电厂两大电力企业为基础，打造2.15平方公里的“动力港”。开发区以装备制造和节能环保为主导产业，入驻企业共52家，其中“四上”企业15家。

2022年，霍州经济技术开发区规模以上工业增加值完成12.91亿元，增速为16%；工业投资完成6.32亿元，增速为20.8%；转型项目当年完成投资占工业投资比重达到99.1%；高新技术企业新增1家，增速达到33.4%；“四上”企业新增4家，增速达到36.4%；产出强度为173.76万元/亩。

【招商引资】 2022年，霍州经济技术开发区加大招商引资力度，围绕装备制造和节能环保两大主导产业，盯紧瞄准食品加工、电子产品制造、服装加工等劳动密集型产业大招商，全年共签约项目8个，总投资27.95亿元，涉及新能源、新材料、节能环保、电子产品制造等多个产业链，产业集聚初见成效。

【项目建设】 2022年，霍州经济技术开发区成立工作专班，对所有签约项目进行跟踪服务，对重点项目实行领导包联机制，推进项目加快建设。山西兆光发电厂和霍州发电厂技改项目稳步推进；格盟霍州新能源、国能霍州新能源、霍州市国盛新能源3家企业，完成投资，并网发电，传统产业能源转型步伐全面加快，转型动力更加强劲。

【基础设施】 2022年，霍州经济

技术开发区全面加大基础设施建设力度，新建成标准化厂房6万平方米，可使用面积5.2万平方米，已与浙江玉环阀门项目、霍州飞凤移动终端电子元器件项目、上海引能集团云数字经济平台等项目签订入驻协议。重点实施了霍东新兴产业园基础配套设施建设工程项目和工业污水处理厂项目。积极筹备新一批标准化厂房建设项目。

【营商环境】 2022年，霍州经济技术开发区"承诺制+标准地+全代办"改革强力推进，"承诺制"实施细则和工作流程不断完善，专业领办、代办队伍充实壮大，"标准地"指标体系加快建设，赋权事项加快承接，联动审批制度建立健全，优惠政策持续丰富完善，行政审批效率大幅提高，营商环境不断优化。（蔡　烨）

古县经济技术开发区

【概况】 古县经济技术开发区是2020年2月17日经省政府批准设立的省级开发区，按照"一区两园"的结构布局进行开发建设，"一区"即古县经济技术开发区，"两园"即涧河工业园和华宝工业园，"四至核定"面积10.85平方公里，以氢能源、新材料为主导产业。主要企业有：利达焦化集团、金谷煤业、东方洗煤厂、新源盛能源公司、恒盛建材等。区内龙头企业利达集团致力于焦化绿色循环发展，重点发展甲醇、合成氨、焦油等产品；新源盛能源材料有限公司以生产玻璃微纤维及其系列产品，致力于打造全省新材料标杆企业。

2022年，古县经济技术开发区工业投资完成15.22亿元，同比增长82.88%；规上工业增加值完成26.84亿元，同比增长17.73%；转型项目完成投资14.03亿元，占工业投资比重92.2%；高新技术企业数1家，同比增长100%；"四上"企业数2021年12家，2022年16家，新增"四上"企业数同比增速33.3%；产出强度完成371.52万元/亩。

【项目建设】 2022年，古县经济技术开发区推进项目高标准建设。推进盛隆泰达、宏源两大焦化技改项目取得实质性进展，滚动开展"三个一批"活动，动态梳理项目实施情况，查找突出问题和薄弱环节，科学调度、精准施策、优质服务，持续推进更多项目落地、开工、投产、达效。2022年三次"三个一批"活动中共涉及7个项目，总投资31.55亿元。"签约一批"项目6个，总投资29.86亿元，其中已开工项目3个，总投资3.56亿元，签约开工率11.91%。"开工一批"项目3个，总投资2.85亿元，其中投产项目2个，总投资1.16亿元，已完成投资0.63亿元，开工投产率21.95%。"投产一批"项目3个，总投资1.66亿元，均已投产。

【招商引资】 2022年，古县经济技术开发区把"一把手"招商作为"第一要事"来抓，按照"亲自带队""主动出击""跟踪衔接"的要求，以开发区现有空闲的土地、厂房、办公设施等作为招商优势资源，立足煤焦产业基础，发挥盛隆泰达、宏源两个"链主"企业龙头带动作用，围绕"一基三主"四大产业链条，在"补链、延链、固链、强链"做文章，2022年，围绕两大焦化"链主""链核"企业成功招引项目5个，总投资24.06亿元，不断为开发区转型发展注入创新动力。

【营商环境】 2022年，古县经济技术开发区完善开发区道路、用电、用气、用水等基础设施配套，逐步健全载体功能，提高基础设施承载能力和供给水平。认真落实"承诺制+标准地+全代办"集成改革要求，已承接省市县赋权事项341项，完成"标准地"储备844.233亩，出让一宗"标准地"481.88亩，成立全代办工作领导组，建立领办代办运行、领办代办与工作专班协同、职能部门联络员三项制度，全年有1个项目全流程实行"承诺制+标准地+全代办"集成改革，实行"承诺制"项目4个，实行"全代办"项目8个，共设置领办代办岗位11个，服务件数31件，开发区营商环境得到提升和优化。（李建中）

曲沃经济技术开发区

【概况】 曲沃经济技术开发区是2020年9月29日经省政府批复设立的省级开发区，总规划面积18.85平方公里，发展布局为"一区三园"，重点发展新材料、生产性服务业、高端装备制造三大主导产业，现有各类企业178家。其中，"四上"企业14家，高新技术企业5家。主要企业有晋南钢铁集团、恒瑞昆新材料、沃能化工等晋南钢铁集团致力于发展优特钢、金属新材料、化工新材料、乙二醇、光伏光电、5G+工业互联网等，重点引进和发展100万吨型钢压延加工、30万吨乙二醇联产15万吨LNG、60万吨金属智能制造、300兆瓦光伏“新能源+储能”等项目，打造“钢—焦—化—氢”联产的绿色低碳示范企业，是全球首套利用焦炉气及转炉气耦合生产乙二醇和山西省最大的乙二醇生产企业，生产的直径0.8毫米、1.0毫米及1.2毫米气体保护焊丝产品成功获得中国船级社（CCS）产品认证证书。

2022年，曲沃经济技术开发区规模以上工业增加值累计完成60.62亿元，增速为9.8%；工业投资累计完成42.66亿元，增速为-7.9%；转型项目累计完成投资35.03亿元，占工业投资比重为82.1%；高新技术企业完成2家，增速为66.7%；新增“四上”企业3家，增速为33.3%；产出强度达到658.8万元/亩。

【“三化三制”改革】 2022年，曲沃县委、县政府为开发区配备了3名正科级干部和5名副科级干部，抽调8名业务骨干转隶到开发区，又通过高层次人才引进10名硕士研究生，通过沃才回乡引回1名干部充实到开发区。2022年3月，山西晋沃投资发展有限公司正式挂牌运营，由该公司牵头实施的氢能产业园十万平方米标准厂房建设项目，已完成项目可行性研究报告的批复、用地预审等前期工作，平台公司的投融资作用初步彰显。2022年，开发区内成立了山西隆鑫晟食品有限公司，主要利用县里优质水产品，从事水产品冷冻加工，6月实际到位金额为5万美元，并完成FDI认证报告。

【项目建设】 2022年，曲沃经济技术开发区践行“五个一”工作法，坚持要素跟着项目走、服务跟着项目走、工作跟着项目走，做到心思、精力向项目聚焦，人员、力量向项目聚集，推动项目快速建设、投产达效。对实施的项目建立牵头领导、责任部门、项目进展、开工时间、投产时间、工业投资等动态清单，对符合入统条件的项目及时指导督促项目单位按时入统，确保项目投资应统尽统。特别是紧抓氢能产业政策机遇，先后实施投资15.2亿元的300兆瓦光伏“新能源+储能”、投资3.3亿元的高端制氢技术升级改造、投资0.4亿元的氢能炼铁低碳创新等项目，为氢能产业快速发展筑牢基础。2022年，曲沃经济技术开发区在建项目29个、总投资61.92亿元，当年23个项目实现了投产达效，在全省2022年三次“三个一批”活动中，“开工一批”项目11个，完成投资22.31亿元，开工投产率为47.2%；“投产一批”项目7个，总投资36.31亿元，全部稳定达效，投产达效率为100%。

【招商引资】 2022年，曲沃经济技术开发区坚持以全省开发区“三个一批”活动为统领，做好招商引资各项工作。创新宣传推介方式，制定出台《“双招双引”优惠政策办法（试行）》《关于开展驻点招商工作的实施意见》《“招商大使”聘任管理办法》等工作机制，聘请中国民营企业500强的晋南钢铁集团总裁张天福、通才工贸有限公司总经理张锐和曲沃籍企业家上海众志物流有限公司董事长程建新等7人为招商大使，注重发挥其在行业、领域的桥梁纽带作用，在各地广泛宣传推介开发区。借助在曲沃经济技术开发区举办的全省氢能产业链链上企业签约会这一平台，专门邀请一汽解放汽车有限公司、隆基氢能科技有限公司、国富氢能、重塑集团、飞驰汽车科技有限公司、上海氢晨新能源科技有限公司、上海鲲华新能源科技有限公司、申能能创等20余家企业代表举办了氢能产业链招商引资座谈会，并进行了密集、深入的交流对接，重点洽谈燃料电池系统、电解水制氢、氢气压缩机、氢能重卡生产基地等一批好项目、大项目。2月成功签约“重塑科技曲沃氢燃料电池产业基地项目”，先后前往宁东能源化工基地、美锦能源、山东凯瑞商业集团、惠发食品公司、中焊合力（郑州）新材料公司开展实地考察交流。专门邀请企业通过线上视频会议的方式交流接洽产业投资相关情况，全年共线上洽谈对接30余次，开启了招商引资“云模式”。在全省2022年三次“三个一批”活动中，共签约项目9个，总投资24.58亿元，均已开工，签约开工率为100%。

【营商环境】 2022年，曲沃经济技术开发区推进“承诺制+标准地+全代办”，打造“无差别、无障碍、无后顾之忧”“可预期、可信赖、可发展”的营商环境。全年曲沃经济技术开发区共培育市场主体数106家，其中企业设立94家、企业迁入12家。制定《创优营商环境“五有套餐”实施方案》《7×24小时不打烊“随时办”服务实施方案》《建设项目“全生命周期”全程领办代办制度》等审批相关配套工作机制。按照“标准地”打造、“承诺制”审批、“全代办”办理，“集成”办理了曲沃县

300兆瓦光伏“新能源+储能”项目，采用“集成”的方式为企业节约办理时间20天，真正发挥了集成改革的优越性。《曲沃经济技术开发区“标准地+承诺制”实施方案》，被列入全省开发区高质量发展制度成果汇编。曲沃经济技术开发区共承接认领省、市、县三级赋权事项共计218项，为确保承接的赋权事项接得住、用得好、落得稳，创造性将赋予的行政管理权事项明确到相关部门实施，每个部门对所负责的赋权事项的办事流程和所需资料进行熟悉、掌握。2022年共办理了涉及公司登记设立、食品经营许可证、项目备案、用地规划许可证核发、工程规划许可证核发、施工许可证核发、水土保持方案等各类审批业务共计193项，全面实现了“区内事，区内办”。截至年底，为山西立恒焦化有限公司湿熄焦升级改造220吨/时干熄焦节能环保建设项目开展涉及抗震设防审查、人民防空工程建设审查、建筑工程项目报建审批、建筑工程施工许可证核发4项联动审批服务事项；加强与相关职能部门的事中事后监管联系。在每一个审批事项完成办结后，及时将审批结果以函件的形式推送至相关职能部门，加强审管联动。（陈海民　薛晓毅）

隰县现代农业产业示范区

【概况】　2019年10月16日，山西省政府批准隰县设立现代农业产业示范区（隰县示范区），总规划面积153.42平方公里。主要以农产品深加工、梨果产业、现代服务业为三大主导产业，按照“一区六园”模式进行布局。

隰县现代农业产业示范区管理委员会2020年4月挂牌成立，管委会内设综合工作部、经济发展部（规划建设部）、投资促进部、园区运营部、行政审批服务部5个部门。

2022年，隰县示范区新建产业项目投资任务为3亿元，实际完成投资16239万元。固定资产投资增速任务为20%，实际完成34784万元，同比下降10%。农林牧渔增加值增速任务为10%，实际完成9.4%。农产品加工业与农业总产值比任务为2.4：1，实际比值2.5：1。绿色有机农产品覆盖率任务为45%，实际覆盖率达96.94%。

【招商引资】　2022年，隰县示范区通过推进产业链补链强链延链，在稳定产业链、打通供应链、提升价值链上逐步打造以生产、仓储、物流、深加工为一体的农业全产业链集群。利用第三方招商平台资源优势，广泛对接客商，实地考察项目，全面提升招商引资精准度；举办“隰县第五届玉露香梨采摘节招商引资推介会”，邀请各地商会、优秀企业参加活动，签约2个项目并成功落地；管委会班子成员多次带领招商小分队赴北京、厦门、江苏等地进行招商，重点对符合产业链发展方向和附加值高、贡献率大、带动能力强的项目，加大对接力度，力争签约落地优质项目。

【项目建设】　2022年，隰县示范区制定出台《隰县现代农业产业示范区项目推进实施方案》，建立工作专班，成立项目推进领导组，全面推行示范区项目招商、开工、建设、投产清单化台账管理，把开工率、投产率、达效率作为检验工作的重要指标。全年共签约6个项目，总投资19.62亿元，三次“三个一批”活动中，“签约一批”项目4个，总投资5.303亿元，签约开工率15.14%；“开工一批”项目共3个，总投资8391万元，开工投产率为22.79%；“投产一批”项目3个，总投资8130万元，投产达效率100%。

【基础设施】　2022年，隰县示范区加强基础设施建设。建成标准化厂房面积1.2万平方米。投资2000万元，建设1、2、3号地块迫切需求的道路、排水设施、河道整治、配套硬化等工程，已完成工程量的65%。

【营商环境】　2022年，隰县示范区借鉴先进地区管理经验，因地制宜，积极探索管理体制改革，打造“六最”营商环境，行政审批服务效率提高。推进“标准地+承诺制+全代办”改革，贯彻落实《山西省企业投资项目承诺制规定》，全面实施“一枚印章管审批”，推进“一窗受理、集成服务”，持续深化企业投资项目承诺制和相对集中行政许可权、证照分离等改革，继续推广“一网通办管效能、一枚印章管审批”服务模式，全面落实投资项目建设领办代办制度，推行投资项目建设审批全程领办代办机制精准构建投资项目“全代办”服务体系，倾心当好“店小二”，让企业“只跑一次”，实现企业和群众“两不见面”。2022年对3个项目施行了承诺办理，对14个项目25件事项进行全代办。（刘梅丽）

乡宁生态文化旅游示范区

【概况】 乡宁生态文化旅游示范区2020年7月23日经山西省人民政府批复设立。规划面积368平方公里，占全县总面积的18.1%。乡宁生态文化旅游示范区规划建设“一区三园”。黄河特色生态产业园。产业园规划面积93平方公里，建设了紫砂陶小镇和黄土高原葡萄酒小镇，全力打造集文化传承、产业聚集、旅游休闲、技能培训及生态居住于一体的百亿级产业综合体，集酿酒葡萄种植、葡萄酒生产、文化传播、生态旅游为一体的综合型国际生态文化园区；云丘山生态度假园。度假园规划面积214平方公里，以云丘山为龙头，突出山岳观光、民俗体验、村落度假、养生美食、运动休闲等功能，全力打造国内知名的旅游目的地；黄河民俗风情园。风情园规划面积61平方公里，依托黄河、鄂河两条母亲河，深入挖掘黄河文化，全力打造黄河运动休闲体验基地和区域性乡村旅游目的地。

【“三化三制”】 2022年，乡宁生态文化旅游示范区发挥“大河文明旅游论坛永久会址”影响力，成功举办“第三届大河文明旅游论坛”；支持戎子酒庄香港分公司拓展国际市场，不断提高在美国、英国、法国、德国、澳大利亚、加拿大等海外市场的经营效益。加快推进市场化，成立山西乡宁示范区文化旅游集团有限公司，下设2个（子）公司，推进市场化合作运营。提高专业化，发挥10名高层次专业化人才作用。利用省校合作重大契机，组织区内企业与江南大学合作建设葡萄酒酿制研究中心、与西北农林科技大学合作建设黄土窑洞窖藏酒研究中心、与山西财经大学合作举办研学旅行活动、与厦门大学合作共建大学生实训基地及高校科技成果基地、与山西师范大学合作共建产学研合作基地等。

【经济指标】 2022年，乡宁生态文化旅游示范区新建产业项目投资累计完成投资4.24亿元；固定资产投资累计完成6.4亿元，同比增速78.8%；森林覆盖率为49%；景区全年累计接待78.53万人次，同比增长10.61%；全年累计住宿人次12.9万人次，同比增长17.1%。

【基础设施】 2022年，乡宁生态文化旅游示范区南部云丘山生态度假园的云丘山景区在创建国家AAAAA级景区后，继续加强景区各类设施建设，继续实施创建国家AAAAA级景区提升建设项目、滑雪度假区建设项目、大河村乡村旅游示范村建设项目和商业街改造及塔尔坡古村提升改造建设项目，将生态、康养、休闲、娱乐融为一体，并在景区个性化服务水平等方面显著提升。

北部黄河特色生态产业园实施了紫砂陶小镇建设项目、黄土高原戎子葡萄酒小镇建设项目、戎子小镇建设项目和泽翔庄园生态农业有限公司建设项目，为紫砂文创和葡萄酒酿制产业发展增添了新的助力，并在生态农业观光旅游设施建设方面前进了一大步。

西部黄河民俗风情园的黄河一号旅游公路乡宁段建设项目已贯通，线路全长22.07公里，建造大桥13座、中桥2座，极大地改善了区内交通条件。昱德新农业发展有限公司实施了生态农业观光公园基础建设项目，建设民俗窑洞19间、改造标准池塘6座，推动一、二、三产业融合发展。

【项目建设】 2022年，乡宁生态文化旅游示范区重大转型项目有紫砂陶小镇传统工坊室外工程、乡宁县通洋紫陶工艺有限公司新建年产120万平方米劈开砖项目、葡萄种植研学旅游体验中心一期项目、乡宁县云丘山滑雪度假区建设项目和泽翔庄园生态农业有限公司建设项目，总投资分别为5863万元、5500万元、1.5亿元、7747万元和5100万元，年度投资分别完成5627万元、858万元、1.46亿元、7929万元和4584万元。

【招商引资】 2022年，乡宁生态文化旅游示范区参加了乡宁“引老乡·回故乡·建家乡”座谈会；参加了第二十二届厦门投资贸易博览会、首届山西（阳城）森林旅游节系列活动。2022年三次“三个一批”活动中，乡宁示范区“签约一批”项目共3个，总投资3.52亿元，签约开工率100%；“开工一批”项目4个，开工投产率65.71%；“投产一批”项目3个，投产达效率100%。

【营商环境】 2022年，乡宁生态文化旅游示范区“承诺制”改革方面，成立了领导小组，制定承诺制实施方案和相关配套制度，建立企业投资项目承诺制“一窗受理”并联审批流程图和事项清单。华廷陶瓷文化有限公司紫砂陶系列产品项目由企业作出书面承诺并进行公示，完成该项目投资备案和开工前

6项审批事项的承诺手续后自主开展设计和施工。“标准地”改革方面。示范区作为乡宁县的试点区域，将工业标准地改革范围扩大至商业等产业，在全省率先推行商业“标准地”出让。2022年完成2156亩集中连片土地的9项区域评价。已累计出让标准地7宗105.03亩。“全代办”改革方面。制定领办代办专办实施方案和“全代办”工作办法及配套管理制度。成立领导小组，组建领办人、代办员队伍，对审批事项开展“全代办”服务，实行一次性告知、限时办结制度，实现数据多跑路，让群众少跑腿。建立领办代办服务委托书台账，截至2022年底，完成63个全代办业务。（刘小红）

吉县现代农业产业示范区

【概况】 吉县现代农业产业示范区是2022年7月经省政府批准成立的省级开发区。按照“一区四园”（核心区、现代苹果有机旱作农业示范园、现代休闲农业示范园、现代苹果高效农业示范园、现代农业产业科技示范园）模式布局，规划面积共380平方公里，涉及6个乡镇22个行政村，占全县总面积的21.4%。截至年底，区域内共有公司、合作社等注册企业363家，其中规上企业7家，分别是山西天惠聚源能源有限公司、人祖山文化旅游开发有限公司、吉县人祖山农产品开发有限责任公司、吉县恒丰苹果物流有限公司、山西九洲再生能源有限公司、吉县联丰混凝土生产销售有限公司、吉县远景风电有限公司。

2022年，吉县现代农业产业示范区新建产业项目完成投资1.4776亿元；固定资产投资完成3.4984亿元，投资增速完成值15.3%；农林牧渔业增加值增速完成值9.7%；农产品加工业与农业总产值比1.9：1；绿色有机农产品覆盖率完成值47.7%。

【项目建设】 2022年，开发区核心区内政府投资建设的在建项目有3个。集聚区标准化厂房及基础设施建设项目（一期），总投资5.2亿元，占地面积318亩，吉美鲜果蔬冻干和食品加工项目厂区基本建成，标准化厂房建成5座2.5万平方米，全部投入使用。吉美御坊标准化厂房项目，总投资7200万元，占地面积34亩，厂区基本建成，标准化厂房建成7座共8500平方米，全部投入使用。集聚区污水处理厂项目，总投资1.2亿元，占地面积48亩，厂区内主体工程基本完工。

【招商引资】 2022年，吉县县委、县政府主要领导外出招商10余次，共对接在谈项目40余个。签订招商引资项目3个，分别是东方电气集团东方锅炉股份有限公司总投资28亿元的吉县绿色新能源及氢能全产业链开发乡村振兴项目、福建省漳州市千福生态农业科技有限公司投资1.15亿元的智慧食用菌精深加工产业园、宁夏鑫科能源贸易有限公司投资1500万元的吉县屯里镇桃园村LNG加气站建设项目。

【营商环境】 2022年，开发区打造“三无”“三可”营商环境。将开发区承接的各类项目于对接的第一时间登记在册，形成表格化清单，分别列以项目名称、项目投资企业、项目投资额度、项目建设内容、项目建设时间、预计竣工时间、预计年产值等相关信息进行管理。推动建设服务型园区，延伸产业区项目服务，推进相关项目尽快落地、开工、投产。

【改革创新】 2022年，开发区研究出台《吉县现代农业产业示范区企业投资项目“承诺制+标准地+全代办”实施办法（试行）》《吉县现代农业产业示范区投资项目建设领办代办工作制度》。设立开发区审批窗口，成立领导小组，组建领办人、代办员队伍，全程为企业提供“一站式”服务。全面推进承诺制，企业在办理完成企业投资项目备案后，签订区域评估完成事项承诺书，承诺后即可开工建设，同步办理完善各种手续，基本实现“拿地即开工”。创新审批工作模式，开展审批赋权培训，提高承接审批效率，积极推行“领办+代办+专办+一网通办”服务机制，采取特事特办、急事急办，为企业提供“人性化”服务，做到让企业“少跑腿”，实现“区内事区内办”。

（李　宇）

附 录

文献选登

政府工作报告（节选）

——2023年3月21日在临汾市第五届人民代表大会第三次会议上

代市长　王延峰

2022年工作回顾

2022年是临汾市发展史上具有重要里程碑意义的一年，习近平总书记亲临临汾市考察调研、看望慰问基层干部群众，给予我们亲切关怀、巨大鼓舞、强大动力，400万平阳儿女倍感温暖、倍感振奋、倍添干劲！我们时刻铭记领袖深恩厚爱，牢记领袖殷殷嘱托，在省委、省政府和市委的坚强领导下，在市人大、市政协的监督支持下，坚持以习近平新时代中国特色社会主义思想为指导，全面贯彻党的十九大、二十大精神和习近平总书记考察调研山西重要讲话重要指示精神，坚决落实党中央“疫情要防住、经济要稳住、发展要安全”重要要求，克服一系列困难挑战，各项工作取得新成绩、实现新突破，开创了新时代临汾高质量发展的新局面。

（一）统筹疫情防控和经济社会发展成效显著。三年来特别是去年以来，面对疫情持续冲击，我们突出“人民至上、生命至上”，精准落实第九版、二十条、新十条，因时因势调整优化防控举措，强化医疗资源配置和储备，高效处置多起突发疫情，火线驰援省内外多个地区，最大限度减少了疫情对经济社会发展的影响，临汾市一直都是全省疫情防控的“优等生”。在做好疫情防控工作的同时，把稳增长摆在更加突出的位置，积极应对多重超预期因素冲击，顶格落实国省市稳经济一揽子政策、接续政策，打出“1+3+N”助企纾困政策组合拳，全市经济稳中有进、稳中加固、稳中向好。2022年，全市8项主要经济指标增速均高于全省平均水平、其中5项位居全省第一方阵：GDP历史性突破2200亿元，同比增长5.2%，增速居全省第4位；规模以上工业增加值同比增长10.3%，增速居全省第4位；固定资产投资同比增长9.1%，增速居全省第2位；社会消费品零售总额同比下降0.3%，增速居全省第2位；限额以上消费品零售额同比增长5.4%，增速居全省第2位；城镇居民人均可支配收入同比增长5.7%，增速居全省第5位；农村居民人均可支配收入同比增长6.8%，增速居全省第5位；一般公共预算收入同比增长25.5%，增速居全省第7位。今天的临汾，发展更有效率、经济更具实力，站在了新的更高的历史起点上，推动高质量发展更有信心、更有底气！

（二）“三大板块”产业布局持续优化。坚持胸怀全局、站高谋远，把“三大板块”作为全市产业布局优化、结构调整的主战场。沿汾板块加快布局信创产业、未来产业，在百度、字节跳动等企业落地的基础上，又成功引进360、阿里云、北京优炫等一批知名数字经济标杆企业，尧都云商产业园示范引领作用进一步凸显，晋南钢铁“一键炼焦”“一键炼钢”开启智能冶炼新时代；大力发展高端装备制造业，临开华翔智能制造、中部智造钢构架以及襄汾诚荣精密铸件等一批重点转型项目加快实施，沿汾战略性新兴产业增加值在全市的占比提升到2/3以上；稳步发展现代农业，曲沃智慧菜谷、洪洞现代农业园加快建设，晋南国际农产品物流园建成黄河金三角最大的农产品交易平台。产业链、创新链、供应链、要素链、政策链“五链”耦合效应在沿汾板块充分显现。沿黄板块突出农旅结合、文旅融合，黄河一号旅游公路主线全线贯通，乡宁云丘山、吉县壶口瀑布接连创成国家5A级景区，永和乾坤湾创5A待文旅部评审验收，有望实现

“三年3个5A”。特别是“大河论坛·黄河峰会”成功举办，搭建了推动黄河流域生态保护和高质量发展的重要平台；持续壮大新能源、储能和清洁用能产业，蒲县抽水蓄能项目前期手续基本完成，汾西华润100兆瓦光伏、隰县云畅15兆瓦分散式风电等一批新能源项目竣工投产，永和12亿方天然气开发项目强力推进，大宁昕宗酒、花卉等产业蓬勃发展。晋西太德塬生态综合治理前期工作扎实推进。生态保护、乡村振兴、绿色发展的画卷在沿黄板块徐徐铺开。沿太岳板块重点布局先进焦化等传统优势产业，大力发展新能源、新材料、新产品，安泽蔺鑫170万吨大机焦项目竣工投产，翼城闽光高性能碳负极材料、临染集团新型染料迁建浮山等一批重点项目加快实施，古县开发区涧河工业园区被认定为全省首批化工园区。企业集聚、产业集群、资源集约、效益集成态势加速形成。

“三大板块”产业布局的基础性、战略性、关键性作用充分彰显，推动我市现代化产业体系建设迈出坚实步伐。一产方面，扎实做好稳粮保供工作，粮食生产克服2021年秋汛影响，实现面积、单产、总产“三增”，翼城县东关村、尧都区岳壁村分别打破我省水地、旱地小麦亩产单产纪录；深入实施农业“特”“优”战略，沿汾蔬菜、沿黄梨果、沿太岳中药材产业不断壮大，农产品精深加工“十大产业集群”产值达到124亿元，同比增长27%；“临汾优选”跃升至2022中国区域农业形象品牌影响力指数排行榜第6位；古县核桃全产业融合发展示范园创建成为国家级示范园，山西琪尔康翅果生物制品公司入选国家林业重点龙头企业；曲沃县被列入2022年国家乡村振兴示范县首批100家创建名单。二产方面，第一批上报的14座产能核增矿井全部取得批复；10个煤炭资源接续配置项目获批，在全省数量最多；全年规上原煤产量达到8782万吨，超额完成增产保供任务；新设立10亿元政府产业引导基金、2亿元市级工业技改资金，全市94个工业转型项目如期投产，产业投资、工业投资、工业技改投资增速均排名全省前列；装备制造业、高技术产业增加值分别增长20.7%、25%，远超规上工业增加值增速；省级氢能“链主”企业晋南钢铁集团率先构建起“钢—焦—化—氢”全闭环低碳产业链，成为全省氢能应用新标杆。三产方面，深入开展“悦享临汾·回家有礼”促消费活动，累计投入财政资金1.7亿元，拉动消费16.6亿元；精心打造市区财神楼、鼓楼、华门、时光颂等夜经济集聚区，点燃城市“烟火气”；大力发展平台经济，全市网络货运企业达到30家，产值突破4亿元；加快旅游景区提档升级，全市A级景区新增7个、达到37个，在全省率先实现所有县市区A级景区全覆盖；安泽飞岭·蒹葭乡居被认定为全国甲级旅游民宿。今天的临汾，产业布局更为科学，产业结构更加合理，产业体系日趋完善，高质量发展大有可为、大有作为！

（三）发展内生动力明显增强。持之不懈建园区、抓项目、引资金、优环境、育主体，为全市经济社会发展提供了坚实支撑。开发区建设势头强劲，开发区规上工业增加值占全市比重提高到26.8%、固定资产投资占全市比重提高到27.6%，牵引作用进一步凸显；吉县现代农业产业示范区成功获批，全市省级开发区总数达到12家，数量居全省第2位；隰县现代农业产业园入选第四批国家现代农业产业园。项目建设步伐加快，深入开展项目前期手续办理月、集中开复工、“三个一批”等活动，全市争取政策性开发性基金、制造业中长贷、制造业设备购置与更新改造贴息贷款额度均排全省前3位，固投增速连续七个季度位居全省第一方阵。招商引资掀起热潮，先后赴上海、广州、厦门等地开展招商活动，累计签约项目251个、总投资1542.3亿元；特别是临汾作为全省唯一、全国18个投资热点城市之一，在厦门举办的第二十二届投洽会上签约项目19个、254亿元，取得丰硕招商成果。营商环境持续优化，坚持所有审批事项办理都向全国最短时限看齐，建立“办不成事”反映窗口、独任审批等机制，全市146个常规性办理事项已有87个达到全国最短时限。市场主体逆势增长，深入开展“市场主体建设年”活动，狠抓特色专业镇、乡村e镇等“十大平台”建设，常态化开展“早餐会+下午茶+夜沙龙”政企对接活动，全市市场主体新增、净增数量均为全省第一，总量跃升为全省第三。今天的临汾，平台支撑有力、项目建设聚力、营商环境给力，为高质量发展注入了强劲动力！

（四）改革开放活力竞相迸发。坚持以体制机制创新引领发展方式转变，不断推动改革开放向更大范围、更宽领域、更深层次拓展迈进。重点领域改革多点突破，国企改革“三年行动”圆满收官，能源革命综合改革持续深化，农业生产托管“13513临汾模式”被确定为省级农业社会化服务典型案例；财税金融、标准化等重大改革稳步实施。创新驱动战略扎实推进，坚持用好“市长创新奖”，形成示范引领效应；与北京科技大学、上海交通大学等20余所高校建立36个科技成果转化基地，襄汾中升钢铁公司富氢低碳冶炼热模拟中试基地开工建设，全市新培育省级技术创新中心2家，新布局市级重点实验室4家。对外开放持续扩大，主动融入“一带一路”、京津冀、中原城市群、关中平原城市群等国家发展战略，陆港型国家物流枢纽承载城市建设加快推进，全市有进出口实绩的贸易企业达到58家，经济外向度不断提高。今天的临汾，勇于探索、善于创新、敢于开拓，焕发出求新求变求进的积极性、主动性、创造性！

（五）城乡建设品质全面提升。高品质城市建设、高品质城市生活“内外兼修”，近三年市区累计拆迁169万平方米，为进一步拉大城市框架、拓展城市空间奠定了坚实基础；2022年启动实施总投资318亿元的88个重点城建项目，五一路快速通道、河汾一路跨铁路桥等“核心内环”“快速中环”控制性节点工程顺利完工，涝河洰河两座大桥、环城南路与鼓楼南大街三岔口南北向建成通车，市动物园开园运营，市环境产业园并网发电，关帝庙片区、铁佛寺片区、财神楼片区、古城公园三期改造、平阳广场改造等工程加快推进，27个各具特色的街头游园、口袋公园镶嵌于城市街区，历史文化、红色基因、时代元素相生共长、融入城市肌理，市区“五大商圈”“15分钟就医圈”“优质教育圈”已具雏形，城市颜值气质价值不断攀升。乡村建设夯基提质，全市农村卫生厕所普及率达到86.6%，高于全国、全省平均水平；生活垃圾分类试点工作扎实开展，农村环境卫生“清仓大整治”活动强力推进，洪洞秦壁村入选2022年中国美丽休闲乡村。城乡基础设施提档升级，隰吉高速全线贯通，浮临高速、国道108线襄汾—曲沃—侯马过境公路改线等工程开工建设；20项汾河流域防洪能力提升工程全部开工，“两水济汾”县域水网6座调蓄水库工程主体完工；乡宁县驮涧生态清洁小流域荣获国家级示范工程称号。今天的临汾，高品质城乡建设和高品质城乡生活“比较优势”充分彰显，人口承载力、辐射带动力、区域竞争力显著提升！

（六）人民生活水平日益改善。坚持尽力而为、量力而行，2022年民生支出占一般公共预算支出比重达到81%。就业服务全面加强，举办春风行动、金秋招聘月、民营企业招聘月等线上线下招聘会692场，组织各类职业技能培训5万人次，“临汾技工”劳务品牌全面叫响，城镇新增就业超额完成省定全年任务、位列全省第2位。教育供给持续优化，临汾一中第一附属学校等8所新建学校建成投用，高考二本B类以上达线人数同比增加1107人，其中被清华、北大录取17人，同比增加4人；教育“双减”改革走在全省前列；规范民办义务教育发展圆满完成省定目标任务。医疗服务水平不断提升，国家级“卫生应急综合试验区”试点、省级区域医疗中心建设稳步推进；“刘辉团队”带动作用进一步发挥，申报国家级重点专科2个、省级23个，全胸腹主动脉置换术、微创单髁膝关节置换术等多项新技术达到国家级水平；医保支付方式DRG国家示范市提质扩面工作扎实开展。文体事业加快发展，免费送戏下乡1630场、居全省第2位；博物馆之城建设进展顺利，陶寺遗址博物馆主体封顶。我市运动员苗婉茹荣获2022年射击世锦赛女子50米步枪三姿个人金牌，成为该项目我国首位世锦赛冠军；邢佳妮获得2022年全国青年跆拳道锦标赛冠军；成功举办全国青少年射击锦标赛（飞碟项目）、山西省网球锦标赛等热点赛事，“六张体育名片”效应进一步显现。今天的临汾，群众的日子越过越红火、越过越有精气神，临汾人民的“幸福梦”正一天天照进现实！

（七）高质量发展底线更加巩固。始终保持“时时放心不下”的责任意识，下先手棋、打主动仗，高质量发展的基础保障进一步增强。牢固树立“两山”理念，全市9个国考断面水质全部达Ⅳ类以上标准、改善率排全国第6位；市区环境空气质量综合指数成功退出全国“后十”，生态环境部指出这在全国具有标志性意义，绿色已成为临汾高质量发展的鲜明底色。始终绷紧安全生产这根弦，安全生产专项整治三年行动顺利收官，安全生产大检查大整治大提升行动、“反三违、除隐患、防事故”专项行动深入开展，全市本质安全水平进一步提升；严格执行“三管三必须”实施细则、安全生产责任落实特别规定，持续用好“四查一倒追”机制，全市生产安全事故起数、死亡人数均实现大幅下降。不断强化风险意识，扎实推进农信社改制化险，三年清收不良贷款、处置风险资产378亿元；稳妥推进临投集团战略重组，持续完善公司治理结构，建立现代企业制度，推动临投集团迈入了良性发展轨道。同时，平安临汾建设扎实推进，社会治理效能不断提升，大宁、蒲县荣获“全国信访工作示范县”，全市社会大局持续稳定。今天的临汾，绿水青山常在，人与自然和谐，社会安定有序，高质量发展的底板更加稳固！

（八）政府自身建设不断加强。坚持以党的政治建设为统领，深学笃用习近平新时代中国特色社会主义思想，坚决捍卫“两个确立”、忠诚践行“两个维护”。纵深推进法治政府建设，提请市人大常委会审议地方性法规草案3件，全年审查政府性文件67件；办理行政复议案件85件，行政应诉案件39件，政府依法治理水平进一步提升。深入开展政府系统制度建设年、效率提升年、工作落实年“三个年”活动，推动工作全面提速提质提效。深化政府系统党风廉政建设和反腐败斗争，一体推进不敢腐不能腐不想腐，持续巩固风清气正的政治生态。

2022年11月，准确把握疫情防控进入新阶段的新要求，积极落实国省促进经济发展、加快复工复产的一系列重大决策部署，连续出台“三个文件”，深入开展“冬季行动”，号召全市上下“奋战冬三月、大干一百天”，全力以赴拼抢经济，在全市形成了真抓实干、狠抓落实的工作导向。活动期间，全市共开展各类招商对接活动165次，谋划招商项目138个、总投资1549亿元；为588个新建项目办理前期手续2523项，办结率85.8%，同比提高4.9个百分点；农业龙头企业培育、开发区建设、专业镇发展等经济类工作，交通路网建设、水利项目建设、教育布局及学校建设等民生类工作，安全生产、大气污染综合治理、防范化解金融风险等底线类工作都取得了标志性进展、阶段性突破，为2022年“收好官”、2023年“开好局”奠定了坚实基础。今天的临汾，担当作为已成为广大干部的鲜明特质，服务群众、服务企业更加用心用情、积极主动！

与此同时，民族宗教、外事、妇女、儿童、青少年、统计、审计、气象、老龄、残疾人、红十字、公积金、地方志等工作取得新进展；国防动员、人民防空、双拥共建、优抚安置、对口援疆工作取得新成绩。

在肯定成绩的同时，我们也要清醒地认识到存在的问题，主要表现在：经济总量还不够大，县域经济整体竞争力还不足。发展不平衡不充分的问题依然突出，城乡差距、区域差距还比较明显，经济结构还需优化，质量、效益仍需进一步提高。要素市场化配置的体制机制还不够健全，市场基础设施还不够完善，高标准市场体系建设任重道远。生态环境、安全生产、风险防范基础仍不牢固，形势依然严峻。营商环境、城市管理、基础设施、公共服务等领域还存在薄弱环节，等等。针对这些问题，我们将采取有力举措，切实加以解决。

临汾市全民健身实施计划（2021—2025年）

（2022年7月5日）

为推动临汾市全民健身事业全方位高质量发展，更好地满足全市人民群众的健身和健康需求，根据《国务院关于印发全民健身计划（2021-2025年）的通知》（国发〔2021〕11号）、《山西省全民健身实施计划2021—2025》（晋政发〔2022〕4号），制定本实施计划。

一、指导思想

以习近平新时代中国特色社会主义思想为指导，全面贯彻落实党的十九大和十九届历次全会精神，深刻领悟习近平总书记关于体育工作的重要论述和考察调研山西重要指示精神，坚持以人民为中心，坚持高质量发展，落实健康中国战略和全民健身国家战略，加快体育强国建设，构建更高水平的全民健身公共服务体系，充分发挥全民健身在提高人民健康水平、促进人的全面发展、推动经济转型和社会发展、增进人民福祉、展示体育事业发展等方面的综合价值和多元功能，构建更高水平的全民健身公共服务体系。

二、发展目标

到2025年，《临汾市体育设施建设和管理办法》得到全面落实，社会体育指导员发挥作用并普遍促进体育活动健康运行，全民健身意识普遍提升，全民健身设施更加完善，人民群众体育健身更加便利，全民健身组织更加健全，全民健身服务更加有力，全民健身活动更加丰富，参与运动项目人数持续提升，主要指标如下：

——经常参加体育锻炼人数比例达到40%。

——县（市、区）、乡镇（街道）、行政村（社区）三级公共健身设施和社区15分钟健身圈实现全覆盖。

——新建或改扩建体育公园18个以上，全市人均体育场地面积达到2.2平方米。

——全民健身品牌活动数量达到15项。

——每千人拥有社会体育指导员2.6人，每万人体育社会组织数量达到0.8个。

——《国民体质测定标准》总体达标合格率达到91.5%。

——每万人拥有足球场地数量达到0.9块；新建改扩建县级公共体育场中标准田径跑道和标准足球场地不少于6个；新建社会足球场44个。

——新建健身步道不少于350公里。

——新建改扩建全民健身中心不少于12个。

——配建群众滑冰场4个。

——完成乡镇（街道）及全民健身场地器材补短板项目25个。

——新增配置智能健身器材等智能设施设备的智慧健身设施17处以上。

——信息化数字升级改造公共体育场馆3个以上。

——新建户外运动公共服务设施（户外营地）17个，推动户外运动公共服务设施连点成线、连线成片、连片展网。

——组织全民健身赛事活动300场以上。

三、主要任务

（一）加大全民健身场地设施供给。贯彻落实《山西省人民政府办公厅关于加强全民健身场地设施建设补齐健身设施短板的实施意见》（晋政办发〔2021〕92号）和《临汾市发展和改革委员会、临汾市体育局关于印发〈临汾市“十四五”全民健身场地设施补短板整体解决方案〉的通知》（临发改社会字〔2021〕415号）精神，各县（市、区）应制定全民健身场地设施补短板五年行动计划，通过盘活城市空闲土地、用好公益性建设用地、倡导土地复合利用、支持租赁用地等方式充分挖掘全民健身场地设施建设用地潜力，规划建设贴近社区、方便可达的场地设施。落实社区体育场地设施配套要求，新建居住区和社区按照室内人均体育建筑面积不低于0.1平方米或室外人均体育用地不低于0.3平方米的标准，与住宅同步规划、同步建设、同步验收、同步交付；不具备标准健身场地设施、未达到规划标准的既有居住小区，要紧密结合城镇老旧小区改造，统筹建设社区健身设施。

开展公共体育场馆开放服务提升行动，提高全民健身设施智慧化服务水平，控制大型场馆数量，建立健全场馆运营管理机制，改造完善场馆硬件设施，做好场馆应急避难（险）功能转换预案，提升场馆使用效益。加强对公共体育场馆开放使用的评估督导，优化场馆免费或低收费开放绩效管理方式，加大场馆向青少年、老年人、残疾人等特殊群体开放的绩效考核力度。做好学校体育场馆向社会开放工作。

（二）广泛开展全民健身赛事活动。在全市广泛开展以“强健体魄·积极生活·共享健康·幸福临汾”为主题的全民健身赛事活动。完善全民健身赛事活动体系，办好市运会群众体育项目比赛、全民健身运动会、社区运动会、老年人体育健身大会、职工运动会、农民趣味运动会、残疾人运动会、学生运动会、青少年体育冬夏令营、社会体育指导员技能大赛等全民健身赛事活动。开展特色健身活动，鼓励县市区、行业结合地域特点、行业文化及体育资源开展具有区域特色、行业特点、影响力大、可持续性强的全民健身赛事活动，打造“一县一品、一行一品”全民健身品牌活动，逐步形成多层次、多项目、多元化的全民健身赛事活动体系。丰富全民健身赛事活动内容，围绕传统节日开展新年登高、全民健身大拜年、纪念“发展体育运动，增强人民体质”题词、全民健身日、重阳节、中国农民丰收节等主题活动。开展冬季健身活动，积极推广普及群众冬季运动，巩固拓展“三亿人参与冰雪运动”成果。大力发展“三大球”运动，推动县域足球推广普及，举办运动项目联赛，普及运动项目文化，扩大运动项目人口。打造世界飞镖故里、中国围棋之源、沿黄网球名城、三晋射击强市、区域冰雪中心、航空运动佳地六张体育名片品牌效应，推动全市体育工作发展。

（三）提升科学健身指导服务水平。落实国民体质监测、国家体育锻炼标准和全民健身活动状况调查制度，建立健全国民体质测试、国家体育锻炼标准常态化机制。开展疫情防控常态化科学健身大讲堂，鼓励社会体育指导员、优秀运动员等体育专业技术人才开展健身科普活动，推广普及科学健身方法。关心重视知识分子、农民、职工、老年人、幼儿和残疾人等人群的健身指导服务。完善社会体育指导员管理办法，推进建设社会体育指导员网络数字化管理平台，提高在岗指导服务率和科学健身指导水平。完善全民健身志愿服务激励机制，引导和鼓励体育类行业组织和单位因地制宜开展体育进社区等“六进”线上或线下志愿服务活动，积极打造具有我市特色的全民健身志愿服务品牌。

（四）激发体育社会组织活力。构建以各级体育总会为枢纽，各级各类单项、行业和人群体育协会为支撑，基层体育组织为主体的全民健身组织网络。重点加强基层体育组织建设，在街道（乡镇）推行“3+X”（即体育总会、社会体育指导员协会、老年人体育协会加若干单项体育协会）模式，鼓励体育总会向乡镇（街道）延伸、各类体育社会组织下沉行政村（社区），推进乡镇（街道）、行政村（社区）组建体医融合的“健康方式体育指导中心”和“健康方式体育指导站”，完善农村体育协管员队伍建设制度。加大政府购买体育社会组织服务力度，引导体育社会组织参与和承接政府购买的全民健身公共服务。对队伍有力、组织活跃、专业突出的“三大球”、乒乓球、羽毛球、骑行、跑步等自发性全民健身社会组织给予场地、教练、培训、等级评定等支持。

（五）促进重点人群健身活动开展。广泛开展青少年体育活动，依托体育俱乐部、辅导站点、培训机构等社会力量培养青少年的体育兴趣和爱好，促进青少年群体身心全面健康发展。提高健身设施适老化程度，组织开展适合老年人的赛事活动，鼓励老年人有组织开展科学健身。关注残疾人健身，新建公共体育设施要统筹考虑残疾人的需要，已建成的要逐步改造提升。完善公共体育设施对青少年、老年人、残疾人的优惠政策。重视职工的体育锻炼，推动政府部门、事业单位、国有企业建设健身场地、购置健身器材和建立健身团队，满足内部职工的健身需求，倡导其他企业发挥作用促进员工健康。

（六）推进全民健身融合发展。深化体教融合。完善学校体育教学模式，保障学生每天校内、校外各1个小时体育活动时间。整合各级各类青少年体育赛事，健全分学段、跨区域的青少年体育赛事体系。加大体育传统项目特色学校、体育运动学校高水平运动队建设力度，大力培养体育教师和教练员队伍，规范青少年体育社会组织建设，鼓励支持青少年体育俱乐部发展。

推动体卫（医）融合。发挥县级卫生健康体育局职能优势，研究建立体育和卫生健康协同、全社会参与的运动促进健康模式。推动体卫融合服务机构向基层覆盖延伸，支持在有条件的社区医疗卫生机构中设立科学健身门诊。开展体医融合项目，推进社会体育指导员和全民健康生活方式指导员联合培训，推广常见慢性病运动干预项目和方法。推广体卫融合发展典型经验。

促进体旅融合。通过普及推广冰雪、山地户外、航空、水上、马拉松、自行车、汽车、摩托车等户外运动项目，建设完善相关设施，拓展体育旅游产品和服务供给。围绕“黄河旅游板块”开展全民健身赛事活动，打造一批有影响力的体育旅游精品线路、精品赛事和示范基地，引导体育旅游示范区建设，助力乡村振兴。

（七）营造全民健身社会氛围。普及全民健身文化，加大公益广告创作和投放力度，大力弘扬体育精神，举办全市社会体育指导员电视大赛，讲好群众健身故事。开展职工健身休闲活动。积极参与全国全民运动健身模范市和模范县（市、区）创建工作，开展市级全民运动健身模范县评选工作。搭建多层次交流平台，拓展我市全民健身对外交流，推动洪洞通背拳、中医健身棒、龙之舞健身操、鞭杆等我市传统体育项目“走出去”，举办国际和国内赛事活动，扩大项目在国际、国内的普及程度和全民健身交流。

四、保障措施

（一）加强组织领导。加强党对全民健身工作的全面领导，发挥各级人民政府全民健身工作联席会议作用，推动完善政府主导、社会协同、公众参与、法治保障的全民健身工作机制。县级人民政府应将全民健身事业纳入本级经济社会发展规划，制定出台本地区全民健身实施计划，完善多元投入机制，鼓励社会力量参与全民健身公共服务体系建设。市体育局要会同有关部门对各县（区、市）贯彻落实情况进行跟踪评估和督导。

（二）壮大全民健身人才队伍。创新全民健身人才培养模式，发挥互联网等科技手段在人才培训中的作用。加强健身指导、组织管理、科技研发、宣传推广、志愿服务等方面的人才培养供给。畅通各类培养渠道，引导扶持社会力量参与全民健身人才培养，形成多元化的全民健身人才培养体系和科学评价机制。积极稳妥推进指导群众健身的教练员职称评定工作。

（三）加强全民健身安全保障。对各类健身设施的安全运行加强监管，鼓励在公共体育场馆配置急救设备，确保各类公共体育设施开放服务达到防疫、应急、疏散、产品质量和消防安全标准。建立全民健身赛事活动安全防范、应急保障机制。建立户外运动安全分级管控体系。落实网络安全等级保护制度，加强全民健身相关信息系统安全保护和个人信息保护。坚持防控为先、动态调整，统筹赛事活动举办和新冠疫情防控工作。

（四）提供全民健身智慧化服务。推动线上和智能体育赛事活动开展，支持开展智能健身、云赛事、虚拟运动等新兴运动。提高公共体育服务智慧化水平，实现对健身设施、赛事活动、社会体育指导员、体育社团组织等内容的公示、查询和管理，方便群众获取健身指导服务。

组织机构和负责人名录

中国共产党临汾市委员会

书　记　闫晨曦
副书记　李云峰
　　　　黄　巍
常　委　郭行杰
　　　　闫建国
　　　　王　渊
　　　　崔元斌
　　　　郝忠祥（2022年1月免）
　　　　郝献民
　　　　杨红梅（女）
　　　　王　彬
　　　　李　强（2022年3月任）

临汾市人大常委会

主　任　袁振旭（2022年2月任）
　　　　陈小洪（2022年2月免）

副主任　王国平
　　　　王金珍（女）
　　　　张庚博（2022年2月免）
　　　　任天顺（2022年2月免）
　　　　冯建宁（2022年2月免）
　　　　张学伟（2022年2月免）
　　　　郑步电
　　　　扈新起（2022年2月任）
　　　　薛凤奎（2022年2月任）
　　　　张安文（2022年2月任）
　　　　李建国（2022年2月任）
　　　　牛少白（2022年2月任）

临汾市人民政府

市　长　李云峰
副市长　王　渊
　　　　崔元斌
　　　　张希亮（2022年1月任）
　　　　张　勇（2022年1月免）
　　　　王　云
　　　　张潞萍
　　　　胡晓刚（2022年2月任）
　　　　乔飞鸿（2022年2月任）

政协临汾市委员会

主　席　郝忠祥（2022年2月任）
　　　　张建平（2022年2月免）
副主席　王金龙
　　　　杨安虎（2022年2月免）
　　　　杨忠华
　　　　贾二元（2022年2月免）
　　　　程明温（2022年2月免）
　　　　王阿家
　　　　蔡志强
　　　　李云岗
　　　　任耀文（2022年2月任）
　　　　张瑞萍（2022年2月任）

市直机关机构设置和领导成员名单

市纪律检查委员会、市监察委员会

杨红梅（女）　市委常委、市纪委书记、市监察委员会主任（2022年7月任监委主任）
成　功　主持日常工作的副书记、监委副主任、一级调研员（2022年3月任市纪委主持日常工作的副书记）
宁引才　副书记、市监察委员会副主任、一级调研员
周立峰　副书记、市监察委员会副主任
冯全生　常委、监委委员、市委巡察办主任（2022年3月任市委巡察办主任）
程　军　常委、监委委员、三级调研员（2022年3月免职）
任晓东　常委、监委委员、三级调研员
葛耿恕　常委、监委委员、案件监督管理室主任、三级调研员
郭瑞强　常委、二级调研员
张朝晖　常委（2022年6月任职）

市委办公室

郭行杰　市委常委、秘书长
安海清　主持日常工作的副秘书长、办公室主任（2022年3月任职）
李建国　办公室主任、一级调研员（2022年2月免职）
王煦杰　副秘书长、二级巡视员
杜　斌　副秘书长（兼）、市信访局党组书记、局长（2022年4月免职）
郭建军　副秘书长、一级调研员，市政府驻北京联络处党组书记、主任（2022年3月任职）
张福意　副秘书长，办公室副主任（保留正处长级待遇）（2022年3月免去市委国安办专职副主任职务）

王华梁　办公室副主任（2022年8月任职）
王秉军　副秘书长（兼），市信访局党组书记、局长（2022年4月任职）

市委组织部
郝献民　部长
崔山原　主持日常工作的副部长、二级巡视员（2022年3月免去主持日常工作的副部长职务，12月免职级并退休）
张瑞萍（女）　副部长（兼）、市委老干部局局长、一级调研员（2022年6月免职）
李　竟　主持日常工作的副部长、一级调研员（2022年3月任现职，2022年4月免去市委党建工作领导小组办公室主任职务）
李晓龙　副部长（兼）、市委老干部局局长（2022年6月任职）
郑　磊　副部长、市委党建工作领导小组办公室主任（2022年4月任现职）
高　涛（女）　副部长、市委非公经济组织和社会组织工委书记、二级调研员（2022年6月任组织部副部长，免去部务委员职务）
宋大鹏　副部长（2022年6月免职）
马　波　副部长（2022年9月任职）

市委宣传部
闫建国　部长
石　莹（女）　主持日常工作的副部长
李　峰　副部长、二级调研员（2022年6月任职）
郭婷慧（女）　副部长（2022年3月任职）
王　杰　副部长（2022年6月任职）
张朝阳　副部长（2022年3月免职）

市委统一战线工作部
李　强　部长（2022年3月任职）
郝忠祥　部长（2022年3月免职）
任吉龙　主持日常工作的副部长
成洪亮　副部长（2022年5月免职并退休）
李　刚　副部长、三级调研员
陈逢新　副部长、三级调研员
冯盖骅（女）　副部长、三级调研员
郭　琰　副部长、市民族宗教事务局局长

市委政法委员会
李　强　书记（2022年3月任职）
杨红梅（女）　书记（2022年3月免职）
张宁红　主持日常工作的副书记、一级调研员（2022年4月免职）
段　彩　副书记、一级调研员（2022年2月免职）
周晓文　副书记
王　勇　副书记（2022年8月任职）
张　军　副书记（2022年6月任职，免去政治部主任职务）
杨建利　政治部主任（2022年8月任职）

市委政策研究室（市综改办、市改革办）
张林海　主任（2022年3月任职）
张建山　主任、一级调研员（2022年3月免职）
张　冬　副主任
李　晶　副主任（2022年9月任职）
乔国强　二级调研员（2022年3月免去副主任职务，2022年3月晋升三级调研员，2022年11月晋升二级调研员）

市委网络和安全信息化委员会办公室
许拥军　主任
郭文杰　副主任
武经纬　副主任

市委机构编制委员会办公室
韩振钢　主任
闫建昌　副主任、三级调研员
徐淑爱（女）　二级调研员（2022年3月免去副主任职务）

市直属机关工作委员会
史全喜　书记（2022年4月任职）
李先锋　正处长级干部（2022年4月免职）
原　芳（女）　副书记
殷宏伟　纪工委书记
张三林　二级调研员（2022年3月免去副书记职务）

市委巡察工作办公室
冯全生　主任（2022年3月任职）
成　功　主任（2022年3月免职）
郭小平　副主任
常永祥　副主任

市机关事务管理局
张朝阳　局长（2022年3月任职）
郭建军　局长、一级调研员（2022年3月免职）
高虹江　副局长
刘　锋　副局长、三级调研员（2022年8月免职）
马　新　副局长、三级调研员
任捷生　二级调研员（2022年8月晋升三级调研员，免去副局长职务，2022年11月晋

升二级调研员）

市委老干部局

李晓龙 局长（2022年6月任职）

张瑞萍（女） 局长、一级调研员（2022年2月免职）

冀红喜 副局长

黄甫卓 副局长（2022年9月任职）

郭临平 二级调研员（2022年3月免去副局长职务）

市政府办公室

高雅铭 市政府党组成员、秘书长，办公室党组书记、主任

杨 楠 副秘书长，办公室党组成员、副主任

宋建伟 副秘书长，办公室党组成员、副主任（2022年4月任职）

刘继东 副秘书长，办公室党组成员、副主任

李虎山 副秘书长，办公室党组成员、副主任（2022年4月任职）

周霍津 副秘书长，办公室党组成员、副主任（2022年4月任职）

刘青鹏 党组成员、纪检监察组组长（2022年1月）

刘玉平 副秘书长，办公室党组成员、副主任、三级调研员（2022年4月免职）

王小华 副秘书长，办公室党组成员、副主任（2022年4月免职）

张林海 副秘书长，办公室党组成员、副主任（2022年4月免职）

市发展和改革委员会（粮食和物资储备局）

张瑜庆 党组书记、主任（2022年4月任）、一级调研员

刘 鹏 党组成员（兼任，2022年6月任），市能源局党组书记、局长

文锁民 党组副书记、副主任

郝 巍 党组成员、副主任（2022年4月任）

孙林华 党组成员、副主任

文彦如 党组成员、纪检监察组组长、二级调研员

畅红娟（女） 副主任（2022年4月免职）

李 亮 党组成员、副主任、三级调研员（2022年4月免职）

李万成 党组成员、副主任（2022年6月免职）、二级调研员（2022年6月晋升）

马春阳 党组成员、二级调研员（2022年2月免职退休）

市教育局（市委教育工作委员会）

牛福生 市委教育工委书记，局党组书记、局长

解 湧 市委教育工委专职副书记（正县级）、局党组成员（2022年3月任）

李晓龙 市委教育工委专职副书记（正县级）、局党组成员（2022年4月免职）

王 林 党组成员、副局长

王小彦 党组成员、副局长（2022年4月现职）、二级调研员

刘水东 党组成员、纪检监察组组长、三级调研员

房小平 党组成员、总督学

管功克 党组成员、一级调研员

张宝仓 党组成员（2022年6月任职）、市招生考试中心主任

市科学技术局

王小华 市科学技术局党组书记、局长（2022年4月任职）

冯 珍 （女）党组书记、局长、一级调研员（2022年4月免职，晋升二级巡视员）

刘 斌 副局长（2022年8月免职）、二级调研员（2022年9月晋升）

解晓林 党组成员、副局长、二级调研员（2022年10月免职退休）

邱中柱 党组成员、副局长（2022年11月免职退休）

市工业和信息化局（市政府国有资产监督管理委员会、市民营经济发展促进局）

常立智 党组书记、局长、市国资委党委书记（2022年4月任职）

史全喜 党组书记、局长、市国资委党委书记（2022年4月免职）

李 亮 党组成员，市国资委党委专职副书记（2022年4月任职）

周俊虎 党组成员、副局长

石伟宏 党组成员、纪检监察组组长

李克强 党组成员、副局长（2022年6月免职）、二级调研员（2022年8月晋升）

余瑞金 党组成员、副局长（2022年8月免职）、二级调研员（2022年11月晋升）

市公安局

张希亮 党委书记、局长（2022年1月任职）

张 勇 党委书记、局长（2022年1月免职）

张少华 党委副书记、常务副局长

陈晋民 党委委员、副局长、一级

高级警长（2022年11月晋升职级）
崔仲亮　党委委员、副局长、二级高级警长
邓云峰　党委委员、纪检监察组组长、第一副督察长，三级调研员
杨　勇　党委委员、副局长，直属分局党委书记、局长、二级高级警长
房　梁　党委委员、政治部主任、二级高级警长（2022年11月晋升职级）
曹国刚　党委委员、交警支队支队长、二级高级警长
李　胜　党委委员、特警支队支队长、二级高级警长

市公安局交通警察支队
曹国刚　党委书记、支队长、二级高级警长
申明记　党委副书记、政委、二级高级警长

市民政局
赵　华　党组书记、局长
张俊林　党组成员、副局长
段　丽（女）　党组成员、副局长（2022年10月任职）
史志芳　党组成员、纪检监察组组长
丁国刚　党组成员、二级调研员

市司法局
陈东楷　党组书记、局长
赵仁杰　党组成员、副局长、三级调研员
王新辉（女）　党组成员、副局长
张　真　党组成员、政治部主任

市财政局
冯小宁　党组书记、局长
（2022年4月任职）
师长征　党组成员、副局长（2022年8月任职）
郭翔宇　党组成员、副局长（2022年8月任职）
韩小龙　党组成员、副局长（2022年8月任职）
刘俊平　党组成员、纪检监察组组长（2022年6月任职）
李秋生　党组成员（2022年8月任职）、市财政金融合作发展中心主任
牛少白　党组书记、局长、一级调研员（2022年4月免职）
苏志宏　党组成员、副局长、三级调研员（2022年2月免职）
刘忠平　党组成员、副局长（2022年6月免职）、二级调研员（2022年8月晋升）

市人力资源和社会保障局
黄海华　党组书记、局长
陈　捷　党组成员、副局长、三级调研员
宋国清　党组成员、纪检监察组组长、三级调研员
景小卫　党组成员、市社会保险中心主任
卫洪保　党组成员（2022年9月任职）、临汾高级技工学校校长
樊海军　党组成员、一级调研员
崔鹏飞　副局长（2022年4月）
崔　力　党组成员、副局长（2022年9月免职）、二级调研员（2022年8月晋升现职级）

市规划和自然资源局（市林业局）
孔令杰　党组书记、局长
王青川　党组成员、副局长、二级调研员
田　云（女）　副局长、三级调研员
乔卫东　党组成员、副局长、三级调研员
王平珍（女）　党组成员、副局长
陈振虎　党组成员、副局长、二级调研员（2022年10月免职退休）
杨宝灵　党组成员、副局长、二级调研员（2022年10月免职退休）

市生态环境局
晋红峰　党组书记、局长（2022年4月任职）
李永芳　党组书记、局长（2022年4月免职）
邓明生　党组成员、副局长
张建炜　党组成员、副局长
杨文有　党组成员、副局长
徐红平　党组成员、二级调研员
贾长宏　党组成员、保留副处长级待遇干部

市住房和城乡建设局
刘玉平　党组书记、局长（2022年4月任职）
李东山　党组成员、副局长（2022年8月任职）
张国峰　党组成员、副局长（2022年8月任职）
贾龙刚　党组成员、纪检监察组组长
宋建伟　党组成员、副局长（2022年4月免职）
孙如意　党组成员、副局长（2022年4月免职）、二级调研员

市城市管理局
马　健　党组书记、局长
赵才顺　党组成员、副局长、三级调研员

洪文斌　党组成员、副局长
杨卫红　党组成员、副局长

市交通运输局
樊　宇　党组书记、局长（2022年4月任职）、二级巡视员
冯小宁　党组书记、局长（2022年4月免职）
董向阳　党组成员、副局长（兼）、市邮政管理局党组书记、局长、二级调研员
崔　勇　党组成员、副局长
苏兰记　党组成员、副局长
陈贵林　党组成员、纪检监察组组长
景俊青　党组成员、一级调研员（2022年11月晋升职级）
张雷志　党组成员、二级调研员

市水利局
任伟民　党组书记、局长（2022年4月任职）
任耀文　党组书记、局长、一级调研员（2022年3月免职）
许爱琴　党组成员、副局长（2022年9月）
赵有合　党组成员、副局长
李会平　党组成员、一级调研员（2022年11月晋升职级）
霍岷翰　党组成员、副局长（2022年9月免去副局长职务）

市农业农村局
李睿煜　党组书记、局长（2022年4月任职）
王若农　党组书记、局长、一级调研员（2022年4月免职）
李永升　党组成员、市乡村振兴局党组书记、局长（2022年4月任职）

周晓东　副局长
李永锋　党组成员、副局长（2022年9月任职）
李　俊（女）　党组成员、副局长（2022年10月任职）
王亚平　党组成员、一级调研员
窦　凯　党组成员、副局长
王　红（女）　党组成员、副局长（2022年9月免职）、二级调研员（2022年8月晋升）

市商务局
白岗峰　党组书记、局长、一级调研员
聂　磊　党组成员、副局长
史文斌　党组成员、二级调研员

市文化和旅游局（市文物局）
李青萍（女）　党组书记、局长（2022年4月任职）、一级调研员（2022年4月任职）
李艾珍（女）　党组书记、局长（2022年4月免职）、二级巡视员（2022年9月免职级退休）
杨文革　党组成员、副局长、三级调研员
张龙梅（女）　党组成员、副局长
李　刚　党组成员、副局长（2022年10月任职）
宋清波　党组成员、纪检监察组组长

市卫生健康委员会
董凤妮（女）　党组书记、主任、二级巡视员
王韶辉　党组成员、副主任
王建明　党组成员、纪检监察组组长
毛崇澜　党组成员、一级调研员（2022年11月晋升）

市退役军人事务局
熊伟星　党组书记、局长
李晓燕（女）　党组成员、副局长
孟俊发　党组成员、副局长（2022年10月任职）
郭冬旭　党组成员、副局长（兼任，2022年6月任职）
闫济忠　党组成员、副局长（2022年9月免职）、二级调研员（2022年8月晋升）

市应急管理局（市地方煤矿安全监督管理局）
范春雷　党委书记、局长
薛　江　党委委员、副局长
梁　昌　党委委员、副局长
秦官堂　党委委员、副局长（2022年3月任职）
黄惠勇　党委委员、政治部主任（2022年1月任职）

市审计局
程　军　党组书记、局长（2022年4月任职）
陈焕成　党组书记、局长、一级调研员（2022年4月免职）
毛志中　党组成员、副局长、三级调研员
焦宗宁　党组成员、副局长
张临萍　（女）　党组成员、副局长、三级调研员
孙成选　党组成员、总审计师

市政府外事办公室（市政府台港澳事务办公室）
赵新喜　党组书记、主任
郭雅丽（女）　党组成员、副主任
毛俊鹤　党组成员、副主任（2022年10月）
李明山　党组成员、副主任（2022年9月免职）、

三级调研员（2022年8月晋升）

市市场监督管理局

张东红　党组书记、局长、一级调研员
李俊峰　党组成员、副局长、三级调研员
卫浩静　党组成员、副局长、三级调研员
张　峰　党组成员、纪检监察组组长
汤　明　党组成员、一级调研员（2022年11月晋升）
丁　旭　党组成员、保留副处长级待遇干部
姚永强　党组成员、三级调研员
宋平镭　党组成员、中共临汾市非公经济组织和社会组织工作委员会兼职副书记、保留副处长级待遇干部

市体育局

陈海平　党组书记、局长
李　雄　党组成员、副局长
王红云（女）　党组成员、副局长（2022年10月任职）

市统计局

武耀忠　党组书记、局长（2022年4月任职）
牛永福　党组书记、局长（2022年4月免职）
樊晋阳　党组成员、副局长
申淑霞（女）　党组成员、副局长（2022年10月任职）
张增福　党组成员、三级调研员（2022年11月免职）

市医疗保障局

解高民　党组书记、局长（2022年4月任职）
邢坚强　党组成员、副局长
耿　桦　党组成员、副局长（2022年10月任职）
张连昌　党组成员、二级调研员

市行政审批服务管理局（市政务信息管理局）

张宁红　党组书记、局长（2022年4月任职）、一级调研员
尉　俊　党组书记、局长（2022年4月免职）、二级巡视员（2022年4月晋升）
米玉芳（女）　党组成员、副局长
任泰成　党组成员、副局长
邢建勋　党组成员、副局长
胡成光　党组成员（2022年9月任职）、市政务服务中心主任
崔中兴　党组成员（2022年10月任职）、市公共资源交易中心（市政府采购中心）主任

市信访局

王秉军　党组书记、局长（2022年4月任职）
杜　斌　党组书记、局长（2022年4月免职）
张兆祥　党组成员、副局长、三级调研员
庄东敏　党组成员、副局长（2022年9月任职）

市政府金融工作办公室

郇惠俊　党组书记、主任
郝小强　党组成员、副主任
张林平　党组成员、副主任、二级调研员（2022年9月免职退休）

市能源局

张瑜庆　党组书记、局长（2022年4月免职）、一级调研员
刘　鹏　党组书记、局长（2022年4月任职）
徐　玮　党组成员、纪检监察组组长

市人民防空办公室

吴吉红　党组书记、主任
王　蓬　党组成员、副主任、三级调研员
王会杰　党组成员、副主任

市乡村振兴局

李永升　市农业农村局党组成员，市乡村振兴局党组书记、局长（2022年4月任职）
李睿煜　市农业农村局党组成员，市乡村振兴局党组书记、局长（2022年4月免职）
赵景华　党组成员、副局长（2022年8月任职）
高国雄　党组成员、副局长（2022年8月任职）
郭采卿　党组成员、副局长（2022年4月免职）、二级调研员
张友邦　党组成员、副局长（2022年4月免职）、二级调研员

市促进外来投资局

崔玲玲　党组书记、局长（2022年8月任职）
史俊爱（女）　党组成员、副局长
迟红霞（女）　党组成员、副局长

市人大常委会办公室

宋大鹏　市人大常委会党组成员、秘书长、办公室主任、机关党组书记（2022年4月任职）
苏文龙　市人大常委会党组成员、秘书长、办公室主任、机关党组书记、一级调研员

（2022年3月免职）
郝　巍　副秘书长、办公室副主任、机关党组成员（2022年4月免职）
张春荣　副秘书长、办公室副主任
周向荣　副秘书长、办公室副主任、机关党组成员
赵杰虎　副秘书长、办公室副主任、机关党组成员（2022年4月任职）
李栋蕾（女）　副秘书长、办公室副主任、机关党组成员（2022年4月任职）

市人大常委会研究室
孙　岩（女）　市人大常委会机关党组成员、主任（2022年2月任职）
贾卫民　副主任（2022年4月免职）
耿瑞东　副主任

市人大常委会信访室
吴周荣　主任（2022年4月任职）
王艳玲（女）　处长（2022年2月免职）
赵杰虎　副处长（2022年4月免职）

市人大法制委员会（市人大常委会法制工作委员会）
张应钦　主任委员（主任）、一级调研员
贾卫民　副主任委员（副主任）（2022年4月任职）
刘元福　副主任委员（副主任）（2022年2月任职）
符庆辉　副主任、副主任委员（2022年2月免职）

市人大监察和司法委员会
段　彩　主任委员、一级调研员（2022年2月任职）
符庆辉　副主任委员（2022年2月任职）

市人大财政经济委员会
苏志宏　主任委员（2022年2月任职）
左海临　副主任委员（2022年2月任职）
杨爱俊　副主任（2022年1月免职）

市人大教育科学文化卫生委员会
亢　军　主任委员（2022年2月任职）
葛　毅　副主任委员（2022年2月任职）
孙晓东　主任、一级调研员（2022年2月免职，2022年3月晋升二级巡视员）

市人大社会建设委员会（市人大常委会民族宗教侨务外事工作委员会）
赵贤慧　主任委员（主任）（2022年4月任职）
董跃明　主任、主任委员、一级调研员（2022年2月免去主任、主任委员职务，2022年11月免职并退休）
乔卫民　副主任委员（副主任）（2022年4月任职）
左海临　副主任、副主任委员（2022年2月免职）

市人大常委会农业与农村工作委员会
孙智英（女）　主任（2022年4月任职）
吴有志　副主任（2022年4月任职）
乔卫民　副主任（2022年4月免职）

市人大常委会环境与资源保护工作委员会
朱亚慧（女）　主任（2022年4月任职）
郭黎明　副主任（2022年4月任职）
吴周荣　副主任（2022年4月免职）

市人大常委会人事代表工作委员会
李晓民　主任、一级调研员
曹　正　副主任（2022年4月任职）
郭黎明　副主任（2022年4月免职）

市政协办公室
曹　樯　市政协党组成员、秘书长、办公室主任、机关党组书记（2022年2月任职）
李　欣（女）　副秘书长、办公室副主任
李江泽　副秘书长、办公室副主任、机关党组成员（2022年2月免职）
邢　磊　机关党组成员、市纪委监委驻市政协机关纪检监察组组长
陈振华　二级巡视员（2022年4月免职并退休）
范洋平　二级巡视员（2022年3月任职）
李玉龙　二级巡视员（2022年3月任职）
李宝平　二级调研员（2022年6月晋升二级调研员，免去副秘书长、办公室副主任、机关党组成员职务）

市政协调研室
冯卫民　主任
张　强　副主任
关东红　副主任

市政协提案委员会
尚　彬　主任、一级调研员
张红伟　副主任

市政协经济和人口资源环境委员会
畅红娟（女）　主任（2022年2月

任职）
解建国　主任（2022年1月免职）
辛慧芳（女）　副主任

市政协农业和农村委员会
梁国刚　主任（2022年2月任职）
张晓琴（女）　副主任（2022年9月任职）
白占奎　主任、一级调研员（2022年2月免职）
王　彬（女）　副主任（2022年6月免职）

市政协教科卫体委员会
徐慧琴（女）　主任、一级调研员
乔国栋　副主任

市政协社会法制委员会
刘　竞（女）　主任（2022年2月任职）
张亚勤　主任、一级调研员（2022年2月免职）
郭德春　副主任（2022年9月任职）
薛庆氢（女）　副主任（2022年6月免职）

市政协民族宗教和港澳台侨联络委员会
崔鹏飞　主任（2022年4月任职）
李玉龙　主任、一级调研员（2022年3月免职）
孙忠平　副主任

市政协文化文史和学习委员会
李江泽　主任（2022年2月任职）
柏宝莲（女）　副主任（2022年4月任职）
张　黎　主任、一级调研员（2022年2月免职）

临汾市中级人民法院
乔　杰　党组书记、院长（2022年2月任职）
贺　洁（女）　党组成员、副院长、三级高级法官
张五全　党组成员、副院长、三级高级法官
阎晓敏　党组成员、副院长、三级高级法官（2022年4月晋升三级高级法官）
王重阳　党组成员、副院长、三级调研员
许月平　党组成员、市纪委监委驻市中级人民法院纪检监察组组长
白　剑　党组成员、副院长、三级高级法官
张志辉　党组成员、政治部主任（2022年9月任职）
党辉钢　党组成员、政治部主任（2022年9月免职）

临汾市人民检察院
马红彬　党组书记、检察长（2022年1月调离）
姚江华　党组书记、检察长（2022年2月任职）
霍晓燕（女）　党组副书记、主持日常工作的副检察长、三级高级检察官
刘俊明　党组成员、副检察长、三级高级检察官
赵忠庆　党组成员、副检察长、三级高级检察官
李　明　党组成员、副检察长、三级高级检察官
弓记平　党组成员、市纪委监委驻市检察院纪检监察组长、三级调研员
李　娟（女）　党组成员、政治部主任

民主党派机关
王燕莉（女）　民盟临汾市委驻会副主委　、三级调研员
朱云雷　民建临汾市委驻会副主委（2022年1月任职）
徐文明　民进临汾市委驻会副主委（2022年1月任职）
赵　强（女）　九三学社临汾市委驻会副主委

市工商业联合会
解建国　主席（2022年1月任职）
任吉龙　党组书记（2022年1月免去常务副主席职务）
乔冠峰　党组成员、副主席、三级调研员（2022年6月免职）
郑雪琳（女）　党组成员、副主席

市总工会
郑步电　主席（兼）
苏文龙　党组书记、常务副主席、一级调研员（2022年6月任职）
郭　波　二级巡视员（2022年3月免去党组书记职务，2022年6月免去常务副主席职务，晋升二级巡视员）
张宏杰　党组成员、副主席、一级调研员（2022年11月免职并退休）
师红阳　党组成员、副主席
杨　炜　党组成员、副主席
付　强　党组成员、副主席（2022年8月任职）

共青团临汾市委
李军杰　书记（2022年9月任职）
范　帆　书记（2022年9月免职）
王临宾（女）　副书记
赵宁伟　副书记

市妇女联合会
刘舒华（女）　党组书记、主席
王　英（女）　党组成员、副主席
卫丽丽（女）　党组成员、副主席

（2022年7月任职）
王蕖邑（女） 二级调研员（2022年6月免去党组成员、副主席职务）

市文学艺术界联合会
元福明 党组书记、主席（2022年4月任职）
李青萍（女） 党组书记、主席、一级调研员（2022年4月免职）
张奎慧 党组成员、副主席（2022年8月免职）
张 慧（女） 党组成员、副主席
侯琳娜（女） 党组成员、副主席（2022年4月任职）
李慧珍 党组成员、副主席（2022年9月任职）

市科学技术协会
张亚斌 党组书记
赵素丽 主席
乔 前 党组成员、副主席（2022年1月任职）
张腊虎 党组成员、二级调研员（2022年1月免去副主席职务，2022年6月晋升三级调研员，2022年8月晋升二级调研员）

市归国华侨联合会
梁秋菊（女） 党组书记
孙治荣 党组成员、副主席

市残疾人联合会
徐新荣 党组书记、理事长、一级调研员
李惠康 党组成员、副理事长
张贵荣 党组成员、副理事长

市红十字会
乔华平 专职副会长（2022年8月任职）
张贵虎 专职副会长、二级调研员（2022年8月免去专职副会长职务，10月免职级并退休）

市计划生育协会
陈悍宏 专职副会长（2022年1月任职）

事业单位机构设置和领导成员名单

山西师范大学临汾学院
毛跟云 党委书记
余作明 党委副书记（2022年8月免职退休）
高 涨 党委委员、纪委书记
高怀茂 党委委员、副院长
赵志轩 党委委员、副院长

临汾职业技术学院
傅遵师 党委书记（2022年2月免职退休）
段江燕（女） 党委副书记、院长
刘凤鸣 党委委员、副院长
王丽明 党委委员、副院长
安建军 党委委员、副院长
李海平（女） 党委委员、副院长（2022年2月免职退休）

市委党校（临汾行政学院）
郝献民 校长（院长）
袁振旭 校长（院长）（2021年9月免职）
焦宏文 常务副校长、临汾行政学院常务副院长、一级调研员
吕夺俊 党委委员、副校长、临汾行政学院副院长、二级调研员
郑巨东 党委委员、副校长、临汾行政学院副院长、二级调研员（2022年去世）
秦希亮 党委委员、副校长、临汾行政学院副院长
兰雅莉（女） 党委委员、副校（院）长（2022年9月任职）
刘佶鹏 党委委员、副校（院）长（2022年9月任职）
沈新力 副处长级干部（2022年9月免去党委委员、副校长职务）

市委党史研究室（市地方志研究室）
屈 波（女） 主任、一级调研员
靳水旺 副主任、三级调研员
刘鹏举 副主任
李 慧（女） 副主任

市档案馆
王吉荣 馆长
卫 斌 副馆长
王志龙 副馆长

市委信息化中心
王晓强 主任（2022年6月任职）
刘挺峰 副主任
张旭升 副主任

市委讲师团
崔巨岩 团长、一级调研员
常凤鸣（女） 副团长、三级调研员

市新闻中心
张奎慧 主任（2022年8月任职）
李晓红（女） 主任（2022年6月免职并退休）
王荣娟 副主任（2022年9月任职）
王 杰 副主任（2022年6月免职）

临汾日报社
郭志宏 社长

高红生　总编辑
陕文喜　副总编辑
刘　隽　副社长

临汾广播电视台
董　杰　党组书记、台长
姚卫民　党组副书记、总编（2022年8月任职）
亢　烨　党组成员、副台长
杨　璟　党组成员、副总编（2022年8月任职）
王　昶　党组成员、副台长（2022年8月任职）

市人民政府发展研究中心
温晓江　党组书记、主任
靳亚伟　党组成员、副主任
亢思潮　党组成员、副主任

市民营经济发展促进中心（市中小微企业发展中心）
程世杰　党组书记、一级调研员
高雪玲（女）　主任
张建梅（女）　党组成员、副主任

市供销合作社联合社
郑安民　党组书记（2022年1月任）主任（2022年3月任）
乔丽平（女）　党组成员、副主任
王　军　党组成员、副主任（2022年8月任职）
许　雯（女）　党组成员、副主任（2022年10月任职）

市城镇集体工业联合社
杨爱俊　党组书记、主任（2022年3月任职）
原宏文　党组成员、副主任（2022年10月任职）
牛怀孝　党组成员、副主任（2022年9月免职）、二级调研员
张建林　党组成员、副主任、二级调研员（2022年7月免职退休）

市财政金融合作发展中心
李秋生　市财政局党组成员，市财政金融合作发展中心主任（2022年8月任职）
张仝林　主任（2022年6月免职）、一级调研员（2022年8月晋升）
王慧琴（女）　副主任
李　萍（女）　副主任（2022年10月任职）

市财政国库支付中心
乔临霞（女）　主任

市市政公用服务中心
郭　锋　主任
赵成江　（保留副处长级待遇2022年8月退休）

市房地产服务中心
程晓强　主任

市现代农业发展中心［2020年机构改革整合市农业综合开发中心（正处）、市种子站（副处）等7个单位，组建该中心，副处级建制］
王加兴　主任（2022年10月任职）
王　锐　主任（2022年9月免职）

市接待服务中心
吉　勋　主任（2021年12月任职）

市政府驻北京联络处（2020年机构更名、原市政府驻北京办事处）
郭建军　党组书记、主任（2022年4月任职）
王晓华　党组书记、主任（2022年3月免职）
赵　泽　副主任
邸俊杰　党组成员、副主任（2022年4月任职）

市园林事业发展中心
宁良杰　主任
赵怀忠　副主任
梁金太　副主任
陈永森　副主任

市引沁入汾和汾西灌区水利服务中心［2020年事业单位改革整合市汾西灌区水利服务中心（正处）、市引沁入汾水利服务中心（正处）等6个单位，组建该中心，正处级建制］
杨杜学　主任
李云廷　副主任
丁栓平　副主任
杨泉霖　副主任
王战锋　副主任

市疾病预防控制中心
张重辉（女）　主任
翟少华　党委书记（2022年4月任职）
张　伟　党委书记（2022年4月免职）
秦连阳　副主任
黄　丽　副主任

临汾第一中学校
张杨管　党委副书记、校长
卢建华　党委书记
陈建平　党委委员、副校长（2022年1月免职退休）
杨海伟　党委委员、纪检书记
韩玉涛　党委委员、副校长
李云刚　党委委员、副校长
陕　光　党委委员、副校长

临汾第三中学校

董天保　党委副书记、校长

刘建瑞（女）　党委书记

王纯林　副校长

赵雪云（女）　党委委员、纪检书记

柴　方　党委委员、副校长

洪洞县第一中学校

李小拽　党委副书记、校长

常元星　党委书记

张安平　党委委员、纪检书记（2022年8月免职）

王苏龙　党委委员、副校长（2022年4月免职退休）

曲沃中学校

赵树人　党委副书记、校长

杜文砧　党委书记

王小虎　副校长（2022年5月免职退休）

王会忠　党委委员、副校长

程云龙　党委委员、纪检书记

临汾蒲剧院（临汾戏剧研究院）

任跟心（女）　党委书记、院长

武晓朝　党委委员、总导演

潘国梁　党委委员、副院长（2022年11月免职并退休）

市文化艺术学校（市幼儿师范学校）

刘　丽（女）　校长（2022年9月任职）

牛春平（女）　党委副书记、校长（2022年5月免职退休）

张安平　党委书记（2022年8月任职）

姚二龙　党委委员、副校长

田红琴（女）　党委委员、副校长

宋广俊　党委委员、纪检书记

杨战国　党委委员、副校长（2022年9月任职）

市人民医院

王好收　党委书记（2022年9月任职）

黄新升　党委书记（2022年4月免职，2022年12月退休）

苏学峰　党委副书记、院长

李　斌　党委副书记、副院长（2022年8月兼任党委副书记）

许红星　党委副书记（2022年8月免职保留副处长级待遇）

刘松山　党委委员、纪委书记

王铁忠　副院长

景文记　党委委员、副院长（2022年9月任职）

赵　波　党委委员、副院长（2022年9月任职）

吴春玲（女）　副院长（2022年9月任职）

市中心医院（2019年11月合并市肿瘤医院后确定名称，原名称为市中心医院〈市第四人民医院〉）

郭淑明（女）　党委书记、院长（2022年4月兼任党委书记）

贾爱芹（女）　党委书记（2022年4月免职保留正处长级待遇，2022年9月退休）

刘　辉　党委副书记、副院长（2022年8月兼任党委副书记）

王丽娟（女）　党委委员、纪委书记（2022年8月任职）

杨　林　党委委员、纪委书记（2022年8月免职，2022年12月退休）

张艳明　（女）党委委员、副院长（2022年9月任职）

李光耀　党委委员、副院长（2022年9月任职）

张智霞（女）　党委委员、副院长（2022年9月任职）

范甲卯　党委委员、副院长（2022年8月免职保留副处长级待遇）

史志明　副院长（2022年9月任职）

孙国虎　党委委员（2022年11月免职退休）

市妇幼保健计划生育服务中心（市妇幼保健院）

狄丕文（女）　党委书记（2022年4月任职）

杨建宏　院长（2022年4月免职保留副处长待遇，2022年9月退休）

尤爱萍（女）　党委副记（2022年8月任职）

郭建华　党委委员、副院长（2022年4月任职）

耿玉华（女）　党总支书记（2022年4月免职退休）

市传染病医院（市第三人民医院）

张　伟　党委书记（2022年4月任职）

邓双艳（女）　党委副书记（2022年8月任职）

赵　嵘　党委委员、纪委书记（2022年9月任职）

刁士琦　党委委员、副院长（2022年4月任职）

市荣军康复医院

贾改梅（女）　党支部书记

林　烨　院长

市体育运动学校

曹　鹏　党总支书记（2022年6月任职）

乔冠峰　校长（2022年8月任职）

牛鸿翔　校长（2022年1月免职退休）

尹建峰　副校长

张　敏　副校长

市机关后勤保障服务中心
卫东红　主任
耿国元　（保留副处长级待遇）
张　玲（女）　（保留副处长级待遇）

临汾人民警察学校
樊宜群　党委副书记、校长
柴丽萍（女）　党委委员、副校长
李戈林　党委委员、副校长
程庆兵　党委委员、副校长
王沁泽　党委委员、纪委书记（2022年1月免职退休）

市公安局警务保障中心（2020年组建新机构、原市公安干警培训中心、市刑事科学研究所、市公安局后勤保障中心合并组建）
王振芳　主任

市民航机场服务中心（原临汾民航机场筹建处（正处），2020年机构改革更名，降格为副处级单位）
苏嘉邦　主任（2022年6月免职）
王红章　（保留副处长级待遇 2022年7月退休）

市道路运输事业发展中心（原正处级单位，2020年机构改革降格为副处级）
汤晓杰　主任

市政府工程建设服务中心
杨　文　主任

市乡村振兴研究院［2020年机构改革整合市农业干部学校（副处）等3个单位，组建该研究院，加挂临汾市果蔬药茶发展指导中心牌子，副处级建制］
吴临平　院长

市农业综合行政执法队
李永锋　队长（2022年8月免职）

市预算绩效评价中心
卫　平　主任（2022年10月免职）、三级调研员（2022年8月晋升）

市畜牧发展中心
田宝庆　主任
邓文平　副主任
王大鹏　副主任（2022年8月免职）、二级调研员

市农业机械发展中心
贾东平　主任
雷瑞庭　副主任
杨学敏　副主任
孙俊辉　副主任

市防震减灾中心
霍拥军　主任
王江海　副主任、一级调研员（2022年6月晋升）（2022年11月4日免职退休）

山西省郭庄泉域保护中心
李保龙　主任
俎晓东　（保留副处长级待遇）

市水利发展中心（2020年机构改革整合市水资源管理中心等6个单位，组建该中心，副处级建制）
杨翀天　主任

市水库移民管理中心
高志宏　主任
李美利　（保留副处长级待遇）

市矿山救护大队
杜建科　大队长

市应急管理综合行政执法队［2020年机构改革整合市煤炭安全执法支队（副处）等4个单位承担的行政执法职责，组建该执法队，副处级建制］
胡宇峰　队长

市公路事业发展中心
周庆平　主任

市投资集团有限公司
梁明军　党委书记、董事长（2022年4月任职）
崔玲玲　党委书记、董事长（2022年4月免职）
鹿剑英　党委副书记（2022年6月任职）
韦　明　党委委员、副总经理
邵文辉　党委委员、副总经理
张学东　党委委员、纪委书记
刘乃力　党委委员、副总经理（2022年8月任职）
张文喜　副总经理（2022年8月任职）
张丽芳（女）　党委委员、副总经理（2022年8月免职）
黄　德　（保留市管企业正职领导人员待遇）
任华武　（2022年8月免去党委委员、纪委书记职务）

市市场监管综合行政执法队
王杰平　队长

市综合检验检测中心［2020年机构改革整合市市场监管局的市质量技术监督检验测试所（副处）、市特种设备监督检验所（副处）等8个单位，组建该中心，正处级建制］
杨晓红　党组书记、主任
苏　敏　党组成员、副主任

樊霍平 党组成员、副主任
贾玉平 党组成员、副主任
（2022年9月免职）
温建平 党组成员、副主任
（2022年8月免职）

市粮食职工中等专业学校
熊宇虹（女） 党总支书记
（2022年8月任职）
徐延峰 校长（2022年9月任职）
杨清淮 校长（2022年4月免职
退休）

市财经学校
李建国 校长、党支部副书记
（2022年2月免职退休）
卫 跃 党支部书记

市汾河文化生态景区服务中心
范维胜 党组书记、主任（2022年
8月任职）
王晓强 党组书记、主任（2022年
8月免职）
侯韶波 党组成员、副主任
李 玮 党组成员、副主任
（2022年10月任职）
尉 勇 党组成员、副主任
（2022年9月免职）

临汾开放大学（老年开放大学）
周 宏 校长（2022年9月任职）
李国成 校长（2022年9月免职保
留正处长级待遇）
赵宝萃 副校长（2022年11月因病
去世）
苏金刚 副校长（2022年10月任职）

市招生考试中心
张宝仓 主任

市第一实验中学
张清俊 校长

临汾高级技工学校
卫洪保 校长
乔国玉 党支部书记

市社会保险中心（市社会保障卡
服务中心）
景小卫 主任

市公共就业人才服务中心
王跃祥 主任（2022年8月免职）

市文化市场综合行政执法队
席铁军 队长

市博物馆
狄跟飞 馆长
杨江滨 副馆长
董朝晖 副馆长
孙金慧（女） 副馆长

市图书馆
于平果（女） 馆长

市医疗保险服务中心
冯 斌 主任（2022年10月任职）
冀林海 主任（2022年10月免职）

市政务服务中心
胡成光 主任

市公共资源交易中心（市政府采
购中心）
崔中兴 主任（2022年10月任职）
吕国文 主任（2022年5月免职）

市住房公积金管理中心
韩 睿 党组书记、主任
卫绍龙 党组成员、副主任
闫新生 党组成员、副主任
苏智慧 党组成员、副主任

临汾职业技术学院第一附属医院
（市第二人民医院、市骨科医院）
张国庆 党委书记
戴晓强 党委副书记、院长

市尧帝旅游景区建设发展中心
（2020年12月因机构改革，将尧都
区尧帝旅游景区建设发展中心更
名为临汾市尧帝旅游发展中心）
王金保 主任

侯马市职业中专学校
郝红宇 党委书记

市土地综合事务中心［整合市土
地收购储备中心（副处）等6个单
位，组建该中心，副处级建制］
郭红霞（女） 主任（2022年9月
任职）

市林业发展中心［整合市林业科
学研究所（正科）等11个单位，
组建该中心，副处级建制］
空缺 主任

市项目推进中心［原市重点项目
建设促进中心（副处），2020年
机构改革更名，为市政府直属事
业单位，副处级建制］
窦 斗 主任

市扶贫开发中心（原正处级单位，
2020年机构改革降格为副处级）
刘宏刚 主任

市开发区发展服务中心（原正科
级单位，2020年机构改革升格为
副处级）
郭子岚 主任

市规划和自然资源综合行政执法
队［2020年机构改革整合市国土

资源执法监察支队（正科）等11个单位承担的行政执法职责，组建该执法队，副处级建制］
史　军　队长（2022年9月任职）

市城市管理综合行政执法队［2020年机构改革整合市市容监察支队（正科）等4个单位承担的行政执法职责，组建该执法队，副处级建制］
郭耀龙　　队长

市交通运输综合行政执法队
崔海平（女）　队长（2022年6月免职保留副处长级待遇）

临汾济林投资有限公司
李百灵　党支部书记、董事长（2022年10月任职）
樊　虎　党支部书记、董事长、总经理（2022年9月免职）
尉　勇　董事、总经理（2022年10月任职）
张丽芳（女）　党支部专职副书记（2022年6月任职）

临汾民航机场有限公司
许向荣　党委书记、董事长
李旭东　党委副书记、副董事长、总经理
郑　妤（女）　党委专职副书记、董事（2022年10月任职）
田　宏　党委委员、纪委书记
苏　斌　党委委员、副总经理
赵俊军　党委委员、副总经理（2022年9月任党委委员）
令狐赵波　副总经理
李淑峰　副总经理（2022年10月任职）
王　强　党委委员

市黄河壶口瀑布风景名胜区发展中心（市黄河壶口瀑布国家地质公园发展中心）
吴吉民　党组书记、主任
杨宗儒　党组成员、副主任
葛　宏　党组成员、副主任

市纪委监委党纪教育基地服务中心
李天武　主任

市委组织部党建综合服务中心
王丽娟（女）　主任（2022年8月免职）

市机构编制研究中心
刘海明　主任

市政府信息化中心
李建军　主任

市乡宁云丘山风景名胜区发展中心
王永生　主任

市退役军人服务中心
张继海　主任

市射击射箭运动中心（1正）
郭小燕（女）　主任

市劳动保障监察综合行政执法队（1正）
张俊峰　队长

市卫生健康综合行政执法队（1正）
史　炜　队长

市生态环境保护综合行政执法队（1正）
曹志春　队长（2022年9月任职）

（市委组织部）

临汾十大新闻事件

1.习近平总书记在临汾市考察调研

2022年1月26—27日，习近平总书记五年来第三次亲临山西考察调研，亲切看望慰问基层干部群众。总书记考察调研的第一站就来到临汾，先后在霍州市冯南垣村、汾西县段村，实地了解灾后恢复重建、秋冬补种、确保群众安全温暖过冬等情况，面对面指导工作。总书记所到之处，干部群众欢欣鼓舞、掌声雷动，发自内心地向总书记问好，表达临汾人民对党的核心和人民领袖的绝对忠诚和衷心爱戴。习近平总书记的到来，为临汾市进一步指明了前进方向、坚定了发展信心、增添了强大动力。近一年来，全市上下牢记领袖嘱托，全面贯彻落实习近平总书记考察调研山西重要指示精神，始终沿着总书记指引的方向砥砺前行，解放思想、实事求是，真抓实干、久久为功，不断开创全方位推动高质量发展新局面，在新征程上书写了激越人心的奋斗篇章。

2.中共临汾市委五届五次全体会议举行，审议通过《中共临汾市委关于深入学习宣传贯彻党的二十大精神的实施方案》

2022年11月3日，中国共产党临汾市第五届委员会第五次全体会议举行。全会由市委常委会主持。全会审议通过了《中共临汾市委关于深入学习宣传贯彻党的二十大精神的实施方案》，听取和讨论了市委书记闫晨曦受市委常委会委托作的工作报告。闫晨曦就《实施方案》起草情况向全会作了说明，对学习宣传贯彻工作作出安排部署。会议指出，全市上下要深刻领会党的二十大的重大意义，认真落实党中央、省委部署要求，按照市委五届五次全会的工作安排，进一步加强学习、做好宣传，对表对标、狠抓落实，紧扣省委部署要求特别是“十个更大”要求，在认真贯彻市第五次党代会、市委五届历次全会精神的同时，针对性拿出贯彻落实党的二十大精神的具体举措，制定时间表、施工图，扎扎实实向前推进，努力实现“十个新跃升”，确保党的二十大确定的各项目标任务在临汾落地生根、开花结果。

3.市五届人大一次会议、市政协五届一次会议胜利召开，开启临汾未来五年新征程

2022年2月19—23日，市五届人大一次会议、市政协五届一次会议胜利召开。这次市两会，高质量完成市人大政府政协领导班子换届，全面总结市四届人大一次会议、市政协四届一次会议以来的工作，对做好2022年和未来5年全市经济社会发展各项工作作出具体部署，统一思想、凝聚共识，开启临汾全方位推动高质量发展的新征程。

4.400万临汾人民同心战疫

2022年，市委、市政府始终坚持人民至上、生命至上，坚持科学精准防控，因时因势优化调整防控措施，最大限度减少疫情对经济社会发展影响，最大程度保障人民群众生命安全和身体健康。抗疫“大考”中，各级党员干部冲在一线，广大医护人员逆行而上，公安干警、社区人员等闻令即动，一线坚守，志愿者队伍无私奉献、暖心服务，全市上下凝聚起众志成城、同心抗疫的磅礴力量。与此同时，临汾市各大医院医护人员向险而行，全力支持省内外疫情形势较为严峻的地区，彰显了平阳儿女英勇无畏的奉献精神和大爱无疆的家国情怀。

5.扎实开展“向人民群众交好账”实践活动

为深入贯彻习近平总书记考察调研山西重要指示精神，巩固拓展党史学习教育“我为群众办实事”实践活动、“争先、进位、崛起”解放思想大讨论活动成果，2022年，临汾市在全市范围内深入开展了“向人民群众交好账”实践活动。活动开展以来，全市各级各部门、广大党员干部结合各地各行业实际，立足解决群众“急难愁盼”问题，从最突出的问题抓起，从最现实的利益出发，解难题、补短板、强弱项，进一步增强了广大人民群众的获得感、幸福感、安全感。

6.第三届大河文明旅游论坛世界旅游联盟·黄河对话暨首届黄河流域生态保护和高质量发展重要实验区峰会在临汾市举行

2022年 9月 17— 19日 ，以“河·和·合——河流生态保护与美好生活”为主题的第三届大河文明旅游论坛世界旅游联盟·黄河对话暨首届黄河流域生态保护和高质量发展重要实验区峰会在乡宁县云丘山举行。海内外嘉宾共话大河文明，共商黄河保护，共谋合作发展。“大河论坛·黄河峰会”的成功举行，是临汾市深入贯彻落实习近平总书记关于黄河流域生态保护和高质量发展重要论述的实际行动和具体举措，对于带动绿色发展，推进生态文明建设，具有积极的引领作用；对于深入挖掘黄河文化内涵，讲好黄河故事，传承黄河文化，具有重要的带动作用；对于临汾建设黄河流域绿色崛起转型样板城市、打造晋陕豫黄河金三角区域中心城市，全方位推动高质量发展，具有强劲的推动作用，大大提升了临汾城市知名度，获得了一系列包含文化成就、品牌构建、业态升级等在内的丰硕成果。值得一提的是，在“大河论坛·黄河峰会”举办之前，黄河壶口瀑布旅游区正式荣升国家AAAAA级旅游景区，进一步提升了壶口瀑布在黄河流域的品牌竞争力和影响力。

7.城市建设日新月异

2022年，临汾市坚持以全面推动生态文明建设、创建国家园林城市为目标，以“景观式造街，园林式建城”为原则，结合城市更新三年行动、示范街提质改造等工作，在城区范围内继续兴建了多个主题鲜明、特色突出的“口袋公园”，使城市的颜值、气质、价值进一步提升。同时，不断完善道路交通网络，进一步拓宽城市框架，市区规划三街北段、河汾一路跨铁路桥、五一路快速通道、环城南路与鼓楼大街等相继通车。一条条民心路方便了群众出行、优化了城市功能，为临汾市经济社会发展注入了新的活力。

8.市区空气质量明显改善

2022年12月26日，生态环境部向媒体通报了2022年1—11月全国环境空气质量状况。临汾市环境空气质量综合指数以4.86的成绩在168个重点城市中排名倒数第十二，扭转了2021年倒数第一的被动局面，取得了大的突破。2022年，临汾市深入贯彻落实习近平生态文明思想和习近平总书记考察调研山西重要指示精神，通过调结构、压产能、管企业，极大削减了平川区域工业污染排放量；在全省率先开展工业企业深度治理，启动企业提标升级“创A退D”行动，同时通过绿色差异化管控，推动形成优胜劣汰的良好经济发展格局；继续实施清洁取暖改造，推进散煤治理，不断提升清洁能源利用率，进一步夯实绿色发展基础……如今，平阳大地天蓝水清，广大人民群众对家乡的归属感、获得感、幸福感逐步攀升。

9.夏粮生产获全省通报表扬

2022年，临汾市小麦种植面积301.7万亩，与上年基本持平，其中水地150.1万亩、旱地151.6万亩；正茬98.8万亩、回茬202.9万亩；适播78.4万亩、晚播223.3万亩。翼城县唐兴镇东关村的3.377亩“耕播优化水肥精量绿色高产技术”示范田，亩产小麦855.13公斤，再次刷新山西省水地小麦单产历史纪录；尧都区大阳镇岳壁村的4.2亩旱地小麦“一优四改探墒沟播绿色栽培技术”示范田，亩产小麦579.9公斤，创造了面积3亩以上连片种植旱地小麦山西省高产纪录。

10.华翔连获四项国家级殊荣

2022年9月18—21日，由中国铸造协会主办的“第十八届中国铸造协会年会”在上海召开，临汾市华翔集团被授予“第二十届中国国际铸造博览会优质铸件金奖”、2022年度中国铸造行业“制冷压缩机铸件”单项冠军产品荣誉称号、中国铸造协会企业信用等级AAA级评价，华翔集团董事长王春翔被授予“中国铸造行业终身成就奖”。

（摘自《临汾日报》）

2022年统计资料

临汾市行政区划一览表

表16

	单位	指标值
市 辖 区	个	1
县	个	14
县 级 市	个	2
街道	个	20
镇	个	84
乡	个	53
村民委员会	个	2076
社区居民委员会	个	251

临汾市自然资源一览表

表17

	单位	指标值
森林覆盖率(2020年)	%	26.47
水资源总量(2021年)	亿立方米	22.82
地表水资源量(2021年)	亿立方米	17.78
煤炭探明储量	亿吨	483.25
铁矿石探明储量	亿吨	2.31
石膏探明储量	亿吨	5.24
水泥用灰岩探明储量	亿吨	1.09

临汾市国民经济主要指标一览表（一）

表18

	单位	2022年	2021年	同期比重（%）
地区生产总值	亿元	2227.9	1971.1	105.16
第一产业	亿元	158.0	151.2	105.16
第二产业	亿元	1243.0	1031.8	107.03
第三产业	亿元	826.8	788.1	103.39
农林牧渔业总产值	亿元	261.8	251.0	105.37
公路通车里程	公里	19570	19383	100.96
固定资产投资	亿元	623.3	571.5	109.10
财政总收入	亿元	454.7	327.7	138.76
#一般公共预算收入	亿元	200.6	159.9	125.45
一般公共预算支出	亿元	502.5	411.9	122.00
社会消费品零售总额	亿元	754.1	756.5	99.69
居民消费价格指数	%	101.9	101.2	—

注：地区生产总值、农林牧渔业总产值发展速度按可比价格计算

临汾市国民经济主要指标一览表（二）

表19

	单位	2022年	2021年	同期比重（%）
海关进出口总额	万元	308068	307263	100.3
住户存款余额	亿元	2864.3	2459.3	116.5
城镇常住居民人均可支配收入	元	39075	36968	105.7
农村常住居民人均可支配收入	元	16334	15294	106.8
粮食总产量	万吨	218.8	211.1	103.7
#小麦产量	万吨	86.4	85.7	100.8
水果产量	万吨	119.4	112.9	105.8
肉类总产量	万吨	15.7	15.1	103.9
原煤产量	万吨	8782.0	8074.5	108.8
洗精煤产量	万吨	5105.7	4330.8	117.9
发电量	亿千瓦时	258.0	246.5	104.7
焦炭产量	万吨	1490.6	1612.4	92.4
生铁产量	万吨	1237.0	1265.9	97.7
钢产量	万吨	1237.2	1276.9	96.9
钢材产量	万吨	1222.6	1316.7	92.9

注：2021年工业产品产量数据为根据2022年规模以上工业企业同期数调整后数据

临汾市国民经济主要指标占全省比重一览表（一）

表20

	单位	山西省	临汾市	占山西省百分比
常住人口	万人	3481.4	390.7	11.22
地区生产总值	亿元	25642.6	2227.9	8.69
规模以上工业增加值增速	%	8.0	10.3	-
公路通车里程	万公里	14.5	2.0	13.45
固定资产投资	亿元	8425.2	623.3	7.40
一般公共预算收入	亿元	3454.0	200.6	5.81
一般公共预算支出	亿元	5876.5	502.5	8.55
社会消费品零售总额	亿元	7562.7	754.1	9.97
海关进出口总额	亿元	1845.6	30.8	1.67
住户存款余额	亿元	33100.9	2864.3	8.65
居民消费价格指数	%	102.1	101.9	—

注：财政数据为决算数据

临汾市国民经济主要指标占全省比重一览表（二）

表21

	单位	山西省	临汾市	占山西省百分比
城镇常住居民人均可支配收入	元	39532	39075	—
农村常住居民人均可支配收入	元	16323	16334	—
粮食总产量	万吨	1464.3	218.8	14.94
小麦产量	万吨	245.2	86.4	35.24
玉米产量	万吨	1021.1	117.9	11.55
油料产量	万吨	14.9	1.3	8.39
水果产量	万吨	1002.8	123.4	12.31
原煤产量	万吨	130715.0	8782.0	6.72
焦炭产量	万吨	9799.7	1490.6	15.21
生铁产量	万吨	5833.5	1237.0	21.20
钢产量	万吨	6423.2	1237.2	19.26
钢材产量	万吨	6354.6	1222.6	19.24
发电量	亿千瓦时	4153.0	258.0	6.21

注：工业产品产量、发电量均为规模以上口径

全市生产总值（按当年价格计算）一览表

表22　　单位：万元

	2022年	2021年	同期比重（%）
全市生产总值	22278556	19710775	105.2
第一产业	1580325	1511941	105.2
第二产业	12430197	10318086	107.0
第三产业	8268033	7880748	103.4
农、林、牧、渔服务业	81731	75553	107.0
交通运输、仓储和邮电通信业务	984988	993044	98.0
批发和零售业	1364806	1261935	101.8
住宿和餐饮业	177673	172153	103.6
金融保险业	921381	857853	106.5
房地产业	984292	1025446	95.3
其他服务业	3753162	3494764	106.9
营利性服务业	980724	914895	105.7
非营利性服务业	2772438	2579869	107.3

注：2021年为季报数据，发展速度按可比价计算

全市生产总值构成一览表

表23　　单位：%

	2022年	2021年	2021年比2020年增减
全市生产总值	100.0	100.0	—
第一产业	7.1	7.7	-0.6
第二产业	55.8	52.3	3.4
第三产业	37.1	40.0	-5.6
农、林、牧、渔服务业	0.4	0.4	0.0
交通运输、仓储和邮电通信业务	4.4	5.0	-0.6
批发和零售业	6.1	6.4	-0.7
住宿和餐饮业	0.8	0.9	-0.1
金融保险业	4.1	4.4	-0.2
房地产业	4.4	5.2	-0.8
其他服务业	16.8	17.7	-0.9
营利性服务业	4.4	4.6	-0.2
非营利性服务业	12.4	13.1	-0.6

注：2021年为季报数据

临汾市农林牧渔业总产值（当年价格）一览表

表24　　单位：万元

	2022年	2021年	同期比重（%）
农林牧渔业总产值	2617535	2510389	105.37
农　　业	1769784	1677783	105.59
林　　业	117696	117916	94.73
牧　　业	582173	575281	106.94
渔　　业	9704	9519	101.76
农林牧渔专业及辅助活动	138178	129890	105.40

注：发展速度按可比价格计算

农林牧渔业总产值构成一览表

表25　　单位：%

	2022年	2021年
农林牧渔业总产值	100.00	100.00
农　　业	67.61	66.83
林　　业	4.50	4.70
牧　　业	22.24	22.92
渔　　业	0.37	0.38
农林牧渔专业及辅助活动	5.28	5.17

主要农作物播种面积一览表

表26　　单位：千公顷

	2022年	2021年	同期比重（%）
总播种面积	546.58	542.06	100.8
#粮食作物	504.49	501.18	100.7
谷　物	485.57	483.63	100.4
#小　麦	200.41	201.11	99.7
玉　米	255.72	255.69	100.0
谷　子	12.53	13.23	94.7
高　粱	15.73	12.29	128.0
豆　类	9.01	6.42	140.3
薯　类	9.91	11.13	89.0
油　料	6.12	6.31	97.0
棉　花	0.02	0.03	66.7
烟　叶	0.31	0.31	100.0
药　材	12.76	12.38	103.1
蔬　菜	20.50	19.55	104.9
瓜　类	1.22	1.39	87.8
其他作物	1.16	0.91	127.5

注：粮食播种面积由国家统计局临汾调查队提供

主要农产品产量一览表

表27　　单位：吨

	2022年	2021年	同期比重（%）
粮　食	2188187	2111038	103.7
谷　物	2134633	2059969	103.6
#小　麦	864169	857277	100.8
玉　米	1179012	1123345	105.0
谷　子	35040	35284	99.3
高　粱	53514	41359	129.4
豆　类	15480	13168	117.6
薯　类	38074	37901	100.5
油　料	12596	12525	100.6
棉　花	22	32	68.8
烟　叶	873	807	108.2
药　材	106776	89685	119.1
蔬　菜	1061535	1018209	104.3
瓜　类	39146	39755	98.5

注：粮食产量由国家统计局临汾调查队提供

林业生产情况一览表

表28　　单位：千公顷

	2022年	2021年	同期比重（%）
当年造林面积	7.61	16.04	47.44
经济林	0.0	0	0.00
防护林	7.61	16.04	47.44
零星植树（万株）	1925.0	1560.0	123.40
育苗面积	5.57	7.00	79.57
森林抚育面积	4.61	3.83	120.37
木材产量（立方米）	100798	108017	93.32
核　　桃（吨）	41278	42142	97.95
花　　椒（吨）	903	892	101.23

注：本表数据除核桃、花椒外，其余指标由市规划和自然资源局提供

园林水果生产情况一览表

表29

	单位	2022年	2021年	同期比重（%）
园林水果产量	吨	1194438	1128969	105.8
#苹 果	吨	856757	843206	101.6
梨	吨	150417	94923	158.5
葡 萄	吨	74372	72060	103.2
红 枣	吨	28248	27728	101.9
柿 子	吨	3952	4224	93.6
桃	吨	63136	63998	98.7
杏	吨	1609	1619	99.4
果园面积	公顷	63459	60642	104.6
#苹果园	公顷	35314	36699	96.2
梨 园	公顷	15251	10641	143.3
葡萄园	公顷	2461	2497	98.6
其他园	公顷	10433	10805	96.6

主要牲畜年末存栏情况一览表

表30　　单位：头、只、羽

	2022年	2021年	同期比重（%）
大牲畜年末头数	102028	95963	106.3
#牛	100081	93772	106.7
年末猪存栏头数	1022506	930591	109.9
#能繁殖母猪	98651	92367	106.8
年末羊存栏只数	869495	837783	103.8
#山羊	426727	413607	103.2
绵羊	442768	424176	104.4
家禽	16716979	18530111	90.2
养兔	129435	286038	45.3

注：畜牧数据由国家统计局临汾调查队提供

畜牧业主要产品产量一览表

表31　　单位：头、只、吨

	2022年	2021年	同期比重（%）
当年出栏的肉猪	1446456	1396189	103.6
猪肉产量	112030	109323	102.5
当年出栏的肉用牛	44224	43809	100.9
牛肉产量	7002	6800	103.0
当年出栏的肉用羊	425828	404528	105.3
羊肉产量	6173	5826	105.9
当年出栏的家禽	22078536	20100261	109.8
禽肉产量	30832	27864	110.7
肉类总产量	156981	151157	103.9
奶类产量	51629	50768	101.7
#牛奶产量	50280	49219	102.2
山羊毛产量	207	208	99.5
绵羊毛产量	595	408	145.8
羊绒产量	55	53	103.8
蜂蜜产量	566	453	124.9
禽蛋产量	122255	118748	103.0

注：主要畜禽数据由国家统计局临汾调查队提供

农业现代化水平一览表

表32

	单位	2022年	2021年
化肥施用量（实物量）	吨	38.7	39.5
氮 肥	吨	11.9	12.3
磷 肥	吨	7.4	7.7
钾 肥	吨	1.5	1.5
复合肥	吨	17.9	18.0
农用塑料薄膜使用量	吨	4242	4302
农用柴油使用量	万吨	4.8	4.8
农药使用量	吨	3198	3266
农业机械总动力	万千瓦	241.8	231.6
大中型拖拉机	混合台	19325	18313
小型拖拉机	台	35562	35933
农用排灌动力机械	台	12201	12308

工业企业单位数一览表

表33　　　　单位：个

	2022年	2021年
规模以上工业企业	636	519
#国有控股	124	121
按轻重工业分		
轻工业	53	32
重工业	583	487
按隶属关系分		
中央企业	13	11
地方企业	109	106
其他企业	514	402
按登记注册类型分		
国有经济	2	4
集体经济	3	4
其他经济	631	511
按企业规模分		
大型企业	24	23
中型企业	101	98
小微型企业	511	398

注：本表数据均为月报口径

工业总产值（当年价格）一览表

表34　　　　单位：万元

	2022年	2021年
规模以上工业企业	34239925	28567166
#国有控股	11769146	9007303
按轻重工业分		
轻工业	442365	414824
重工业	33797560	28152342
按隶属关系分		
中央企业	2489958	1724447
地方企业	31749966	26842719
按登记注册类型分		
国有经济	12199	155202
集体经济	76999	45386
其他经济	34150726	28366578
按企业规模分		
大型企业	12433290	11951405
中型企业	12931446	10129811
小微型企业	8875189	6485950

注：本表数据均为月报口径

工业企业利税总额一览表

表35　　　　单位：万元

	2022年	2021年
规模以上工业企业	5304249	4835731
#国有控股	40255642	2905197
按轻重工业分		
轻工业	9056	64120
重工业	5295194	4771611
按隶属关系分		
中央企业	695801	455272
地方企业	2698516	2449925
其他企业	1909932	1930533
按登记注册类型分		
国有经济	563	–48712
集体经济	458	1782
其他经济	5303229	4882662
按企业规模分		
大型企业	1518448	1844391
中型企业	3054771	2592779
小微型企业	731031	398560

注：本表数据均为月报口径

规模以上工业主要产品产量一览表（一）

表36

	单位	2022年	同比增长（%）
轻工产品			
布	万米	169.3	14.0
塑料制品	吨	23097.0	–5.9
饲料	吨	339487.3	–19.9
中成药	吨	603.0	52.7
重工产品			
原煤	万吨	8782.0	8.5
洗精煤	万吨	5105.7	9.5
焦炭	万吨	1490.6	–7.6
发电量	亿千瓦时	258.0	3.9
铁矿石原矿	万吨	549.8	–14.6

规模以上工业主要产品产量一览表（二）

表37

	单位	2022年	同比增长（%）
生铁	万吨	1237.0	-2.3
钢	万吨	1237.2	-3.1
成品钢材	万吨	1222.6	-7.2
铸铁件	万吨	41.9	-15.4
水泥	万吨	557.2	-3.2
精甲醇	万吨	85.9	-7.4
粗苯	万吨	9.6	-14.9
纯苯	万吨	8.2	1.4
合成氨	万吨	6.3	-14.7
化肥	万吨	3.2	16.2
光缆	万芯千米	0.0	-100.0

主要能源品种产销存情况表

表38　　单位:万吨

	年初库存	生产量	销售量	年末库存
原　煤	195.7	8782.0	4960.3	202.9
无烟煤	3.5	386.2	400.9	3.5
炼焦烟煤	167.3	7413.3	4057.7	178.9
一般烟煤	24.9	982.5	501.7	20.5
洗精煤	94.8	5105.7	5080.0	232.3
其他洗煤	62.9	1837.1	1701.6	115.5
焦　炭	20.6	1490.6	1522.7	32.9
天然气	0.0	18.5	17.5	0.0
发电量	0.0	258.0	211.8	0.0
燃煤发电量	0.0	208.5	188.5	0.0
余能发电量	0.0	32.0	6.7	0.0
生物质发电量	0.0	3.5	3.1	0.0
风力发电量	0.0	9.9	9.7	0.0
太阳能发电量	0.0	3.9	3.8	0.0

注：统计口径为规模以上工业企业（2022年原煤、洗精煤包含王家岭三分之二产量）

运输、邮电情况一览表

表39

	单位	2022年	2021年	同期比重（%）
公路通车里程	公里	19570	19383	101.0
高速公路	公里	663	663	100.0
一级公路	公里	482	482	100.0
二级公路	公里	1938	1955	99.2
三级公路	公里	3454	3401	101.6
四级公路	公里	12863	12686	101.4
民用汽车	辆	903464	851768	106.1
载重汽车	辆	107191	102270	104.8
载客汽车	辆	792478	745034	106.4
邮电业务总量	亿元	42.38	43.60	97.2
固定电话	万部	14.78	19.82	77.3
移动电话	万部	453.59	467.87	96.9

注：2021年邮电业务总量调整统计口径，与2020年不可比

固定资产投资完成情况一览表

表40　　单位：万元、个

	2022年	2021年	同期比重（%）
固定资产投资完成额	6232966	5714512	109.1
按建设性质分：			
新建	3301700	2958565	111.6
改建	238051	239485	99.4
改建和技术改造	1363813	1185515	115.0
按构成分：			
建筑安装工程	4410108	4565027	96.6
设备、工具、器具购置	1067917	582733	183.3
其他费用	754941	566752	133.2
按产业分：			
第一产业	264060	244699	107.9
第二产业	2831010	2279835	124.2
采矿业	566462	481986	117.5
制造业	1511603	1282350	117.9
电力、燃气及水的生产和供应	752945	518012	145.4
第三产业	3137896	3189978	98.4
施工项目个数	1306	1081	120.0
本年投产项目个数	501	370	135.4
新增固定资产	2243498	1797941	124.8

财政预算收支一览表

表41　　单位：万元

	2022年	2021年
财政总收入	4547022	3276837
一般公共预算收入	2005978	1598902
#税收收入	1621411	1160367
一般公共预算支出	5014927	4118735
#一般公共服务	516428	423029
教育	677563	593964
科学技术	4880	7651
文化体育与传媒	91337	67573
社会保障和就业	878692	829574
医疗卫生	540474	445385
节能环保	215743	174841
城乡社区事务	469301	413193
农林水事务	590537	425824

金融机构信贷一览表

表42　　单位：亿元

	2022年	2021年
银行各项存款余额	3867.80	3333.57
住户存款	2864.25	2459.27
#活期存款	7406733.00	634.00
定期及其他存款	21235817.00	1825.27
非金融企业存款	695.44	558.92
广义政府存款	289.66	299.21
银行各项贷款余额	2352.18	2048.25
住户贷款	692.38	612.64
#短期贷款	232.57	213.09
中长期贷款	459.80	399.55
非金融企业及机关团体贷款	1659.80	1435.61
#短期贷款	553.25	498.84
中长期贷款	789.72	705.12
票据融资	316.70	227.70

社会消费品零售总额一览表

表43　　单位：万元

	2022年	2021年	同期比重（%）
社会消费品零售总额	7541010	7564701	99.7
1.城镇	6283576	6317247	99.5
其中：城区	3331532	3365184	99.0
乡村	1257434	1247454	100.8
2.限额以上	1874711	1800299	105.4
限额以下	5666299	5764402	98.3

限上企业（单位）商品零售类值一览表

表44　　单位：万元

	2022年	2021年	同期比重（%）
限额以上单位分类合计	1796888	1731010	105.1
粮油、食品类	131887	95359	137.0
饮料类	21111	17373	120.3
烟酒类	72579	66130	109.0
服装、鞋帽、针纺织品类	56750	118661	60.1
化妆品类	7054	8648	87.8
金银珠宝类	4498	30284	30.3
日用品类	27107	27132	100.7
五金、电料类	26729	20911	127.7
体育、娱乐用品类	388	327	118.6
书报杂志类	35059	28687	122.2
电子出版物及音像制品类	54	41	131.2
家用电器和音像器材类	53065	45880	113.9
中西药品类	108659	105277	103.2
文化办公用品类	9231	8074	114.2
家具类	23678	20823	113.7
通信器材类	21283	22895	92.9
煤炭及制品类	2106	436	483.1
石油及制品类	487924	427051	101.8
建筑及装潢材料类	33632	23703	142.6
机电产品及设备类	2115	2987	73.2
汽车类	604598	575937	103.2
其他未列明商品类	67378	84392	210.9

注：绝对量为全口径数据，增速为逐月累加口径数据

价格总指数一览表

表45　（以上年价格为100）　单位：%

	2022年	2021年
居民消费价格指数	101.9	101.2
食品	102.3	97.7
烟酒	102.9	102.2
衣着	104.5	101.7
居住	100.5	100.7
生活用品及服务	101.2	101.1
交通通信	104.7	105.3
教育文化娱乐	101.5	103.5
医疗保健	99.9	99.4
其他用品和服务	101.6	99.3
工业生产者出厂价格指数	111.4	130.2
生活资料	102.4	97.2
生产资料	111.8	133.1
工业生产者购进价格指数	109.7	116.3

注：本表数据由国家统计局临汾调查队提供。工业生产价格指数为全省指数

对外贸易和旅游一览表

表46

	单位	2022年	2021年
海关进出口总额	万元	308068	307263
出口	万元	265096	297222
进口	万元	42972	10041
外商投资企业数量	个	11	6
外商直接投资	万美元	1595	514
重点监测景区旅游接待情况			
接待人数	万人次	114.1	227.8
门票收入	万元	4418.5	7467.3
旅游经营收入	万元	12311.9	18379.1

注：重点监测景区指有明确的管理主体，管理规范、制度健全、客源稳定、在区域范围内有一定影响力的旅游景区（点）

教育一览表

表47

	单位	2022年	2021年
高等学校数	个	4	4
高等学校专任学生数	人	29566	22721
高等学校在校教师数	人	908	838
中等职业学校数	个	40	40
中等职业学校在校学生数	人	28839	27419
中等职业学校专任教师数	人	2519	2419
普通中学数	个	209	234
普通中学在校学生数	人	206034	205779
普通中学专任教师数	人	19123	19784
小学校数	个	625	705
小学校在校学生数	人	277288	277510
小学校专任教师数	人	19892	20232

科技、文化、卫生一览表

表48

	单位	2022年	2021年
*文化产业增加值	亿元	32.10	26.88
*文化产业增加值占GDP比重	%	1.63	1.77
*全社会R&D经费支出	亿元	25.10	17.67
*全社会R&D经费支出占GDP比重	%	1.27	1.16
*规模以上工业企业R&D经费支出	万元	24.58	17.09
*规模以上工业企业R&D经费支出占GDP比重	%	1.25	1.13
电视人口覆盖率	%	99.71	99.69
医院数	个	180	184
医院床位数	张	19794	19597
执业医师和执业助理医师	人	12780	12915

注：带*号的指标为2021年和2020年数据

环保一览表

表49

	单位	2022年
空气质量优良天数比例	%	60
$PM_{2.5}$年均浓度	微克/立方米	48
达到或优于III类水体比例	%	55.6
劣V类水体比例	%	0
*废水工业源排放总量	万吨	953.4
*废气工业排放总量	亿标立方米	7489.6
*二氧化硫工业源排放量	万吨	1.1
*颗粒物工业源排放量	万吨	1.3
*一般工业固体废物产生量	万吨	2679.8
*一般工业固体废物综合利用量	万吨	1288.2

注：带*的指标为2021年数据

城镇常住居民人均可支配收入及生活消费支出一览表

表50　　单位：元、%

	城镇		
	2022年	2021年	增幅
可支配收入	39075	36968	5.7
工资性收入	23550	22690	3.8
经营性收入	6518	5976	9.1
财产净收入	2101	1817	15.6
转移净收入	6905	6485	6.5
生活消费支出	17783	17945	-0.9
食品烟酒	4856	4554	6.6
衣着	1557	1598	-2.6
居住	3763	3726	1.0
生活用品及服务	1219	1286	-5.2
交通通信	2217	2189	1.3
教育文化娱乐	1915	2319	-17.4
医疗保健	1778	1807	-1.6
其他用品和服务	479	466	2.8

注：本表数据由国家统计局临汾调查队提供

农村常住居民人均可支配收入及生活消费支出一览表

表51　　单位：元、%

	农村		
	2022年	2021年	增幅
可支配收入	16334	15294	6.8
工资性收入	6847	6418	6.7
经营性收入	5941	5549	7.1
财产净收入	167	157	6.3
转移净收入	3380	3170	6.6
生活消费支出	11994	11295	6.2
食品烟酒	3549	3258	8.9
衣着	1009	1043	-3.3
居住	2450	2275	7.7
生活用品及服务	756	697	8.5
交通通信	1644	1514	8.6
教育文化娱乐	1056	1060	-0.4
医疗保健	1291	1225	5.3
其他用品和服务	241	223	8.1

注：本表数据由国家统计局临汾调查队提供

分县市区行政区划一览表

表52　　单位：个

	办事处	镇	乡	村民委员会	社区居民委员会
全　市	20	84	53	2076	251
尧都区	10	10	4	256	85
曲沃县		5	2	114	8
翼城县		7	2	146	14
襄汾县		7	6	238	12
洪洞县		10	5	325	18
古　县		5	1	73	6
安泽县		6		66	5
浮山县		4	3	121	6
吉　县		3	4	66	7
乡宁县		5	5	130	11
大宁县		3	2	60	4
隰　县		3	4	70	3
永和县		2	4	64	5
蒲　县		5	3	66	5
汾西县		5	2	86	7
侯马市	5		3	68	30
霍州市	5	4	3	127	25

分县市区生产总值一览表

表53　　单位：万元

	2022年	2021年	同期比重（%）
全　市	22278556	19710775	105.2
尧都区	4421030	4143080	102.2
曲沃县	1815267	1582890	105.8
翼城县	1063457	953453	105.7
襄汾县	1783952	1662006	101.3
洪洞县	2228700	1953003	105.8
古　县	734512	639144	105.5
安泽县	1172286	947085	111.2
浮山县	555584	510955	100.2
吉　县	343734	310228	107.7
乡宁县	2596828	2193883	106.9
大宁县	147750	147255	100.1
隰　县	262456	254866	108.0
永和县	249418	210794	109.5
蒲　县	1749270	1391148	112.8
汾西县	295705	281146	102.1
侯马市	1706916	1523278	106.0
霍州市	1151691	1006561	105.3

注：2022年数据为季报数据，发展速度按可比价格计算

分县市区三次产业构成一览表

表55　　单位：%

	第一产业	第二产业	第三产业
全　市	7.1	55.8	37.1
尧都区	3.1	31.5	65.4
曲沃县	12.9	65.6	21.5
翼城县	14.8	38.8	46.4
襄汾县	12.0	53.4	34.6
洪洞县	7.1	56.3	36.6
古　县	4.7	72.1	23.2
安泽县	4.9	80.6	14.5
浮山县	14.2	56.6	29.2
吉　县	30.8	41.8	27.4
乡宁县	2.4	83.6	14.0
大宁县	17.7	39.8	42.5
隰　县	32.9	16.8	50.3
永和县	17.2	53.5	29.3
蒲　县	2.4	85.7	11.9
汾西县	15.7	28.9	55.4
侯马市	2.7	34.9	62.4
霍州市	4.5	61.3	34.2

注：本表数据为季报数据

分县市区分产业增加值一览表

表54　　单位：万元

	生产总值	第一产业	第二产业	第三产业
全　市	22278556	1580326	12430197	8268033
尧都区	4421030	136430	1391964	2892636
曲沃县	1815267	234914	1191464	388889
翼城县	1063457	157595	412556	493306
襄汾县	1783952	214863	952888	616201
洪洞县	2228700	157591	1254376	816733
古　县	734512	34508	529255	170749
安泽县	1172286	56865	945403	170018
浮山县	555584	78820	314308	162456
吉　县	343734	105734	143838	94162
乡宁县	2596828	61407	2170802	364619
大宁县	147750	26175	58768	62807
隰　县	262456	86419	44082	131955
永和县	249418	42861	133520	73037
蒲　县	1749270	41634	1498892	208744
汾西县	295705	46433	85569	163703
侯马市	1706916	46449	596211	1064256
霍州市	1151691	51628	706301	393762

注：本表数据为季报数据

分县市区财贸经济指标一览表

表56　　单位：万元

	财政总收入	一般公共预算收入	一般公共预算支出	社会消费品零售总额
全　市	4547022	2005978	5014927	7541010
尧都区	794259	253297	472593	2869038
曲沃县	147564	61781	196704	336157
翼城县	136446	48033	233203	425865
襄汾县	211564	77227	320443	638777
洪洞县	295799	122691	457436	845420
古　县	183321	62594	196620	134769
安泽县	355530	99459	153967	126496
浮山县	31158	18329	150827	155832
吉　县	46236	16807	161840	103935
乡宁县	1099828	322696	372214	253271
大宁县	18567	10323	162110	66027
隰　县	23058	13144	179454	125756
永和县	39731	17666	138670	77807
蒲　县	702447	207072	246554	107746
汾西县	17102	12787	167410	182090
侯马市	77769	55606	196118	713932
霍州市	146401	61070	210830	378093

分县市区海关进出口总额一览表

表57　　单位：万元

	海关进出口总　额	进口额	出口额
全　市	308068	42972	265096
尧都区	81343	44	81300
曲沃县	39100	37814	1286
翼城县	3626	0	3626
襄汾县	21698	908	20790
洪洞县	756		756
古　县	68		68
安泽县	6359		6359
浮山县	591		591
吉　县			
乡宁县	200	200	
大宁县	31805	66	31740
隰　县	136		136
永和县			
蒲　县			
汾西县	1109		1109
侯马市	60092	3415	56677
霍州市	155		155

分县市区固定资产投资完成情况一览表

表58　　单位：万元

	2022年	2021年	同期比重（%）
全　市	6232966	5714512	109.1
尧都区	1260739	1206751	104.5
曲沃县	571480	559813	102.1
翼城县	224795	177472	126.7
襄汾县	439406	437639	100.4
洪洞县	467199	508489	91.9
古　县	286482	196458	145.8
安泽县	277614	184256	150.7
浮山县	131356	100267	131.0
吉　县	164063	140552	116.7
乡宁县	439982	400702	109.8
大宁县	174690	157939	110.6
隰　县	80098	61212	130.9
永和县	173088	160479	107.9
蒲　县	270292	243183	111.1
汾西县	95874	81514	117.6
侯马市	481563	436814	110.2
霍州市	291486	264130	110.4

分县市区城镇常住居民人均可支配收入一览表

表59

	人均可支配收入（元）	增长（%）
全　市	39075	5.7
尧都区	43758	4.8
曲沃县	42717	6.4
翼城县	38521	6.1
襄汾县	39079	5.3
洪洞县	37002	5.5
古　县	39736	5.6
安泽县	37659	6.7
浮山县	38225	4.8
吉　县	26701	5.0
乡宁县	39198	6.5
大宁县	26338	5.8
隰　县	29842	5.7
永和县	29875	6.9
蒲　县	35808	5.5
汾西县	33917	5.1
侯马市	37918	6.2
霍州市	39117	6.0

分县市区农村常住居民人均可支配收入一览表

表60

	人均可支配收入（元）	增长（%）
全　市	16334	6.8
尧都区	19984	5.6
曲沃县	20490	6.2
翼城县	15732	6.5
襄汾县	18144	5.9
洪洞县	16519	6.6
古　县	15234	7.0
安泽县	14558	7.6
浮山县	13228	7.3
吉　县	9376	8.2
乡宁县	14870	6.2
大宁县	7790	13.5
隰　县	10901	12.8
永和县	8222	14.2
蒲　县	13637	6.8
汾西县	8115	11.7
侯马市	20046	5.8
霍州市	19041	6.1

规模以上工业总产值及工业增加值行业构成一览表（一）

表61

行业名称	单位个数	现价工业总产值（万元）	产值占比（%）	工业增加值（万元）
总　计	636	34239925	100.00	100.00
煤炭开采和洗选业	243	15793982	46.13	74.66
黑色金属矿采选业	33	449241	1.31	0.65
非金属矿采选业	2	19414	0.06	0.02
农副食品加工业	20	187887	0.55	0.17
食品制造业	3	13881	0.04	0.04
酒、饮料和精制茶制造业	2	8631	0.03	0.05
纺织业	1	3611	0.01	0.00
纺织服装、服饰业	3	8707	0.03	0.02
石油加工、炼焦和核燃料加工业	19	4723831	13.80	7.07
化学原料和化学制品制造业	18	575833	1.68	1.57
医药制造业	12	126741	0.37	0.30
橡胶和塑料制品业	7	77130	0.23	0.23

注：本表数据均为月报口径

规模以上工业总产值及工业增加值行业构成一览表（二）

表62

行业名称	单位个数	现价工业总产值（万元）	产值占比（%）	增加值占比（%）
非金属矿物制品业	90	700029	2.04	1.12
黑色金属冶炼和压延加工业	18	7350190	21.47	5.38
有色金属冶炼和压延加工业	2	28681	0.08	0.01
金属制品业	21	745962	2.18	1.02
专用设备制造业	22	418169	1.22	0.52
汽车制造业	9	388780	1.14	0.82
电气机械和器材制造业	5	27461	0.08	0.04
计算机、通信和其他电子设备制造业	4	29574	0.09	0.04
其他制造业	0			
废弃资源综合利用业	11	527719	1.54	1.71
电力、热力生产和供应业	40	1011026	2.95	1.78
燃气生产和供应业	18	426564	1.25	0.52
水的生产和供应业	4	19443	0.06	0.06

注：本表数据均为月报口径

规模以上工业企业主要经济指标一览表（一）

表63　　单位：万元

	资产合计	流动资产合计
规模以上工业企业	46948704	22186838
#国有控股	26558794	12153343
按轻重工业分		
轻工业	647474	361584
重工业	46301230	21825253
按隶属关系分		
中央企业	2631440	917528
地方企业	19341097	10253118
其他企业	24976168	11016192
按登记注册类型分		
国有经济	42344	19513
集体经济	10933	8004
其他经济	46902392	22159321
按企业规模分		
大型企业	20930291	10986370
中型企业	16459437	6718883
小微型企业	9558976	4481585

规模以上工业企业主要经济指标一览表（二）

表64　　单位：万元、人

	应收账款	产成品	负债合计	营业收入	利润总额	从事工业生产活动的从业人员平均人数
规模以上工业企业	4721463	923100	31882558	35190412	3468657	153317
#国有控股	3036206	165085	17797274	10640112	2746843	79434
按轻重工业分						
轻工业	72338	40433	498424	499552	-926	6876
重工业	4649125	882667	498424	34690860	3469583	146441
按隶属关系分						
中央企业	88818	5695	960379	1577082	504996	5894
地方企业	2698929	101463	14088596	6660736	1758200	59203
其他企业	1933716	815942	16833583	26952594	1205461	88220
按登记注册类型分						
国有经济	6940	5049	28719	22626	-116	800
集体经济	2941	324	8729	78022	210	197
其他经济	4711582	917727	31845110	35089763	3468563	152320
按企业规模分						
大型企业	1306316	240438	15015794	12367705	1039132	60623
中型企业	2149305	304236	10405139	9357257	1957004	61855
小微型企业	1265843	378425	6461625	10270149	472521	30839

注：本表数据均为月报口径

分县市区农村主要经济指标一览表（一）

表65

	粮食总产量（吨）	小麦产量	秋粮产量	油料产量（吨）
全　市	2188187	864169	1324018	12596
尧都区	209327	109860	99467	487
曲沃县	164262	82182	82080	1202
翼城县	187025	105942	81083	381
襄汾县	451038	222903	228135	1668
洪洞县	368601	180495	188107	178
古　县	42738	2089	40649	366
安泽县	118992	0	118992	508
浮山县	85907	33397	52509	620
吉　县	30290	18	30272	850
乡宁县	84175	26154	58022	3394
大宁县	27966	0	27966	433
隰　县	64463	0	64463	697
永和县	55504	48	55456	611
蒲　县	82168	0	82168	476
汾西县	75294	23901	51393	427
侯马市	86428	46504	39924	0
霍州市	54007	30676	23331	299

注：粮食畜牧数据由国家统计局临汾调查队提供，粮食产量合计数由于小数位取舍产生的误差，未做机械调整

分县市区农村主要经济指标一览表（二）

表66

	禽蛋产量（吨）	奶类产量（吨）	肉类总产量（吨）	大牲畜年末存栏（头）	猪存栏（头）	羊存栏（只）	禽存栏（只）	棉花产量（吨）	水果产量（吨）
全　市	122255	51629	156981	102028	1022506	869495	16716979	22	1194438
尧都区	13716	9303	12152	8302	92870	81393	1362506	1	106948
曲沃县	8938	4983	13021	5306	76303	68600	1455593	0	92866
翼城县	8275	19888	23178	13574	121582	61253	740229	0	209015
襄汾县	28153	1589	26072	7626	164010	96195	3631941	0	110831
洪洞县	29810	7500	16529	18693	157595	118063	3168621	6	7077
古　县	1332	109	3126	1465	24367	24534	143021	0	1196
安泽县	1896	0	1306	1529	15770	37092	164505	0	746
浮山县	2766	369	4679	4376	32684	52057	211209	0	30009
吉　县	1786	66	3726	1653	37515	28486	155987	0	284342
乡宁县	10801	1067	7156	7776	68042	64406	906386	0	48053
大宁县	686	33	1910	1728	24804	16105	62501	13	30854
隰　县	2793	366	5738	3819	40968	28636	243230	0	208854
永和县	1082	43	2056	2328	6407	67195	207930	0	25036
蒲　县	550	51	6244	11770	42557	12984	183165	0	3825
汾西县	2974	305	16980	6623	35315	51021	2848799	0	6741
侯马市	3020	1921	3575	2427	22142	21264	481418	0	9796
霍州市	3675	4038	9531	3033	59575	40211	749938	2	18250

注：粮食畜牧数据由国家统计局临汾调查队提供，粮食产量合计数由于小数位取舍产生的误差，未做机械调整

分县市区规模以上工业主要经济指标一览表（一）

表67　　单位：万元

	单位数（个）	现价工业总产值	资产合计	流动资产合计	应收账款	产成品
全　市	636	34239925	46948704	22186838	4721463	923100
尧都区	89	2838863	3901215	1688668	934308	68122
曲沃县	39	7857703	5275410	1875489	106320	203679
翼城县	42	975146	869696	377396	154229	40076
襄汾县	67	3540635	2380952	1368399	210919	165391
洪洞县	92	3651895	6951304	2710706	618209	147130
古　县	35	1339272	1580368	532131	171392	26605
安泽县	23	2236034	3719042	2151389	652249	48986
浮山县	25	355946	428971	227715	68224	20131
吉　县	10	483308	866620	173699	76617	2903
乡宁县	50	3612923	4583736	2324538	869436	27891
大宁县	5	76120	117221	32287	15342	10231
隰　县	8	66764	329310	72393	24583	1015
永和县	7	263859	420986	66099	3421	6709
蒲　县	56	3797959	4779122	1910328	320338	46571
汾西县	11	192594	193921	95122	46539	5706
侯马市	50	1544615	1624379	890952	164837	78948
霍州市	27	1406289	8926453	5689527	284499	23003

说明：本表数据为月报口径

分县市区规模以上工业主要经济指标一览表（二）

表68　　单位：万元、人

	负债合计	营业收入	利润总额	利税总额	从事工业生产活动的从业人员平均人数
全　市	31882558	35190412	3468657	5304249	153317
尧都区	2757689	3077713	430474	676669	15729
曲沃县	4507882	8837347	-198131	-123098	13296
翼城县	662615	883053	125046	190590	5923
襄汾县	1599322	3789916	-22288	31254	15941
洪洞县	4396216	3710632	441002	610273	22962
古　县	1025197	1344437	200171	311194	8055
安泽县	2001269	1923119	473862	625703	7454
浮山县	248565	339698	48919	54362	2129
吉　县	165121	457944	176772	232203	1670
乡宁县	2098360	2899505	850722	1207152	16349
大宁县	45253	74758	-3816	-4533	945
隰　县	246888	60541	4408	10650	708
永和县	91246	263032	49679	58241	468
蒲　县	2858359	3943759	914872	1323684	12689
汾西县	152359	226300	2073	3260	1190
侯马市	1401444	1563498	-40365	-20446	8814
霍州市	7624773	1795161	15256	117092	18995

全省分市主要经济指标排序一览表（一）

表69

	常住人口（万人）		城镇（万人）	乡村（万人）	城镇人口比重	生产总值（亿元）		三次产业结构比（%）		
	指标值	位次	指标值	指标值	%	指标值	位次	第一产业	第二产业	第三产业
全　国	141175.0		92071.0	49104.0	65.2	1210207.0		7.3	39.9	52.8
山西省	3481.35		2226.50	1254.85	64.0	25642.6		5.2	54.0	40.8
太原市	543.50	1	485.54	57.96	89.3	5571.2	1	0.9	44.3	54.9
大同市	310.02	7	228.53	81.49	73.7	1842.5	8	5.8	44.9	49.3
阳泉市	131.11	11	94.77	36.34	72.3	1012.9	11	1.6	55.6	42.8
长治市	314.17	6	182.10	132.07	58.0	2804.8	2	3.5	65.8	30.7
晋城市	218.93	9	140.17	78.76	64.0	2305.4	4	3.4	66.0	30.6
朔州市	159.07	10	100.58	58.49	63.2	1536.2	9	6.4	49.4	44.2
晋中市	339.45	4	208.54	130.91	61.4	2112.3	7	7.4	55.7	36.9
运城市	471.85	2	240.29	231.56	50.9	2301.1	5	15.3	42.2	42.6
忻州市	265.56	8	146.96	118.60	55.3	1500.6	10	8.2	52.9	38.9
临汾市	390.66	3	213.98	176.68	54.8	2227.9	6	7.1	55.8	37.1
吕梁市	337.05	5	185.04	152.01	54.9	2418.9	3	4.5	69.6	25.9

全省分市主要经济指标排序一览表（二）

表70

	规模以上工业增加值增速（%）		固定资产投资（亿元）		一般公共预算收入（亿元）		一般公共预算支出（亿元）	
	指标值	位次	指标值	位次	指标值	位次	指标值	位次
全　国	3.6		572138		203703		260609	
山西省	8.0		8425.2		3453.9		5872.6	
太原市	8.5	7	1614.2	1	437.5	1	715.9	1
大同市	5.5	9	775.3	5	186.7	7	401.2	8
阳泉市	8.7	6	290.4	11	82.0	11	158.5	11
长治市	12.4	1	948.4	2	310.5	3	487.8	4
晋城市	11.9	2	711.1	6	283.0	4	386.7	9
朔州市	0.1	11	371.7	10	158.2	8	248.8	10
晋中市	9.7	5	850.3	3	187.1	6	413.7	7
运城市	10.7	3	781.4	4	113.3	10	487.3	5
忻州市	5.9	8	702.1	7	151.3	9	433.2	6
临汾市	10.3	4	623.3	9	200.6	5	501.5	3
吕梁市	5.1	10	675.7	8	342.2	2	552.3	2

注：全国财政收支为全口径数据，包含中央和地方一般公共预算收支

全省分市主要经济指标排序一览表（三）

表71

	社会消费品零售额总额（亿元）		进出口总额（亿元）		城镇常住居民人均可支配收入（元）		农村常住居民人均可支配收入（元）	
	指标值	位次	指标值	位次	指标值	位次	指标值	位次
全　国	439733		420678		49283		20133	
山西省	7562.7		1846		39532		16323	
太原市	1761.4	1	1467.1	1	43694	1	22822	1
大同市	757.7	3	51.8	3	38996	8	13864	9
阳泉市	324.5	11	10.6	10	39300	6	19057	3
长治市	663.7	5	14.8	9	41113	4	19437	2
晋城市	533.1	7	42.0	5	41669	2	19004	4
朔州市	339.6	10	7.2	11	41009	5	18449	5
晋中市	655.0	6	40.8	6	41188	3	18308	6
运城市	809.6	2	112.5	2	37479	9	15267	8
忻州市	438.5	9	23.6	8	36467	10	11810	11
临汾市	754.1	4	30.8	7	39075	7	16334	7
吕梁市	525.4	8	44.5	4	34243	11	12518	10

全省分市主要经济指标排序一览表（四）

表72

	粮食总产量（万吨）		原煤产量（万吨）		焦炭产量（万吨）		发电量（亿千瓦时）		粗钢产量（万吨）		钢材产量（万吨）		生铁产量（万吨）	
	指标值	位次	指标值	位次	指标值	位次	指标值	位次	指标值	位次	指标值	位次	指标值	位次
全　国	68652.8		449583.9		47343.6		88487.1		101795.9		134033.5		86382.8	
山西省	1464.3		130714.6		9799.7		4153.3		6423.2		6354.6		5833.5	
太原市	25.0	10	5141.5	10	1426.6	5	329.2	6	1383.7	2	1353.6	2	1023.5	3
大同市	127.4	5	16072.8	3			531.4	2	147.1	8				
阳泉市	23.7	11	6887.0	9	13.2	9	257.3	10						
长治市	124.2	7	16989.9	2	1653.0	2	439.9	4	591.2	4				
晋城市	68.3	9	13907.2	5	79.7	8	239.8	11	488.3	6	854.0	4	488.0	4
朔州市	126.8	6	21699.4	1			627.7	1						
晋中市	153.8	4	11663.3	7	719.9	6	277.2	8	264.9	7	138.1	6	264.9	6
运城市	288.1	1	1510.0	11	1502.3	3	290.2	7	1759.1	1	1707.7	1	1759.1	1
忻州市	201.7	3	13078.1	6	336.0	7	502.3	3	63.4	9	65.0	7	55.0	7
临汾市	218.8	2	8138.5	8	1490.6	4	258.0	9	1237.2	3	1222.6	3	1237.0	2
吕梁市	105.7	8	15627.0	4	2578.4	1	400.3	5	488.4	5	407.3	5	469.8	5

索　引

说明：

1.本索引采取主题分析方法，按汉语拼音字母顺序排列。

2.本索引名称后的数字表示内容所在的页码、数字后的拉丁字母（a、b、c）表示该页自左至右的栏别。